Geertje Tutschka

Strategische Kanzleientwicklung

Geertje Tutschka

Strategische Kanzleientwicklung

Gründung, Management, Führung und Marketing

2. Auflage

DE GRUYTER

Dr. Geertje Tutschka, MCC
Rechtsanwältin (D/A), Business-Coach, Trainer bei CLP – Consulting for Legal Professionals (München/Salzburg)

Hinweis:
Alle Angaben in diesem Werk sind nach bestem Wissen und Gewissen unter Anwendung aller gebotenen Sorgfalt erstellt worden. Trotzdem können weder der Verlag noch die Autorin Haftung für etwaige Fehler übernehmen.

ISBN 978-3-11-072695-4
e-ISBN (PDF) 978-3-11-072642-8
e-ISBN (EPUB) 978-3-11-072645-9

Library of Congress Control Number: 2021932689

Bibliografische Information der Deutschen Nationalbibliothek
Die Deutsche Nationalbibliothek verzeichnet diese Publikation in der Deutschen Nationalbibliografie; detaillierte bibliografische Daten sind im Internet über http://dnb.dnb.de abrufbar.

Einbandabbildung: Martin Barraud / OJO Images / Getty Images
Datenkonvertierung/Satz: jürgen ullrich typosatz, Nördlingen
Druck und Bindung: CPI books GmbH, Leck

www.degruyter.com

Meinem Mann,
weil ich gute Juristen liebe.

Vorwort

Als mein Buch „Kanzleigründung und Kanzleimanagement“ (De Gruyter 2018) auf dem Deutschen Anwaltstag 2018 in Mannheim am 7.6.2018 mit einem großartigen Book-Launch-Sektempfang von der Anwaltschaft, dem Verlagsteam von De Gruyter und den vielen Unterstützern und Begleitern begrüßt und gefeiert wurde, war es nicht das erste Buch, das versuchte, dieses komplexe Thema strukturiert darzustellen. Es war aber das erste Buch, welches es in dieser umfassenden, ganzheitlichen Form mit großem Praxisbezug für Deutschland und Österreich erreichte, ohne sich in theoretischen Erörterungen zu verlieren und den Anspruch zu haben, ein Lehrbuch zu sein.

Die Anwaltschaft als ein Haufen starker Individualisten hat es in den letzten hundert Jahren geschafft, sich als freier Beruf sowohl in Deutschland als auch in Österreich viel individuelle Freiheit zu bewahren – was sich selbstverständlich auch in ihrem Geschäft, den Kanzleien darstellt. So gibt es keine Blaupause zur erfolgreichen Kanzlei; jedoch einige wichtige unternehmerische Aspekte, die jeder Anwalt kennen sollte, der seine Kanzlei wirtschaftlich und sein Arbeitsleben sinnstiftend gestalten möchte. Und Aspekte, die möglicherweise Unternehmensberatern, die keine Juristen sind, fehlen – weil Branchenfremden oft schwer vermittelbar ist, dass die Rechtsbranche und auch ihr Geschäft schlicht anders ticken.

Und so begann die Erfolgsgeschichte des Buches bereits auf dem DAT 2018 mit dem Zusammentreffen der im Buch zu Wort gekommenen Experten der Branche, wie z.B. Markus Hartung, damals von der Bucerius Law School, der das Geleitwort verfasst hat, Sebastian von Glahn (TalentRocket), Johanna Busmann (BusmannTraining), Pia Löffler (Kanzleimarketing), Jochen Brandhoff (Legal Revolution), Martin Wohlrabe (Consilium), Katharina Miller (EWLA und Europäische Kommission), Dr. Arndt Eversberg (Roland Versicherung) u.v.m., denen auch heute noch ein herzliches Dankeschön gebührt.

Die Interviewreihe des Beck-Verlages sowie ganze Webinar-Reihen beim FFI-Verlag und der Anwaltsakademie zum Thema schlossen sich an.

Für Junganwälte wurden in Zusammenarbeit mit dem Forum Junge Anwaltschaft des Deutschen Anwaltsvereins zwei ergänzende e-Books für den MKG-Verlag zu den Themen „Kanzleigründung – leicht gemacht“ und „Die Kanzlei als erfolgreiches Unternehmen“ mit Checklisten und Übersichten erarbeitet.

Es folgten Interviews und Rezensionen in allen wichtigen Branchenblättern in Deutschland und Österreich – den meisten Spaß hat jedoch ohne Zweifel das mit Dr. Dominik Herzog gemacht.

Die fünfteilige Beitragsreihe in Haufe.Recht griff schließlich im Herbst 2019 die wesentlichen Inhalte in komprimierter Form auf.

https://doi.org/10.1515/9783110726428-203

Bei der Kanzleiumfrage des FFI-Verlages 2019, der Advotec-Aktion von Advoware auf dem Deutschen Anwaltstag 2019 in Leipzig, der Legal Revolution in Frankfurt 2019 und in meinem Vortrag zusammen mit Prof. Dr. Kilian der Soldan Stiftung auf dem virtuellen Deutschen Anwaltstag 2020 sowie 2021, mit dem DAV Auslandsverein Österreich zum Thema „Die Anwaltschaft in besonderer Verantwortung“ – es gibt kaum eine Veranstaltung der Branche in den letzten Jahren, auf der das Buch nicht präsent war, ist und sein wird.

Besonders stolz bin ich jedoch darauf, dass dieses Buch ergänzend zum Lehrmaterial für den Masterstudiengang für Juristen (ehemals Anwaltsrecht) mit dem Abschluss Master of Law (LL.M.) empfohlen und die zukünftigen Generationen der Anwaltschaft mit dem Thema „Strategische Kanzleientwicklung“ prägen wird.

Und das sagen Experten, Kollegen und Leser über das Buch:

„Das vorliegende Buch zeichnet sich durch die systematische Darstellung der Themen aus, die man berücksichtigen sollte, wenn man eine Kanzlei gründet oder man eine bestehende Kanzlei neu ausrichten, d.h. strategisch positionieren möchte.“

Markus Hartung, damals Direktor des Bucerius Center on the Legal Profession der Bucerius Law School, Vorsitzender des Berufsrechtsausschusses des Deutschen Anwaltvereins, im Geleitwort, Hamburg 2018

„Der Autorin ist ein Ratgeber der besonderen Art gelungen, der nicht nur darauf abzielt, dass der interessierte Kanzleigründer Checklisten abarbeitet, sondern er sich selbst und seine Vision vollständig hinterfragt, um sein Konzept auf solide Füße zu stellen.“

Wirtschaftsführer für Junge Juristen 2018/2019

„Als Erkenntnisquelle zum Thema Gründung und Management und immer-wieder-einmal-Nachschlagewerk für den Lebenszyklus einer Kanzlei: Empfehlenswert!“

kanzleiforum.beck-shop 2018

„Das Buch macht Mut, nicht nur eine Kanzlei zu gründen, sondern sie auch in jeder Lebensphase richtig zu managen und sich damit für die Zukunft in der Rechtsbranche zu wappnen. Dabei vergisst die Autorin nicht, sich mit ganz wesentlichen Fragen der notwendigen Begleitumstände für ein erfülltes anwaltliches Leben zu beschäftigen.“

Österreichisches Anwaltsblatt, 2019

„Das Buch hilft bei der Entscheidung, wann der richtige Zeitpunkt ist, die eigene, neue Kanzlei zu gründen oder eine bereits vorhandene Kanzlei umzustrukturieren, um sie neu auszurichten – und damit zukunftsfähig zu sein."

Anwalt aktuell, Österreich 2019

„Ein Buch, das zu einem Standardwerk für Kanzleigründung und Kanzleimanagement werden könnte."

Dr. Alix Frank-Thomasser, Rechtsanwältin und Gründungspartnerin Wien, 2019

„Dieses Buch gibt wertvolle strategische Handlungshinweise und Tipps für die Kanzleientwicklung und Umstrukturierung für bestehende Kanzleistrukturen. Insbesondere erhält man Hilfestellung für einen Neustart und eine Neuausrichtung sowie eine neue Strukturierung und organisatorische Verbesserung der bestehenden Kanzleistruktur. Klare Kaufempfehlung auch für erfahrene Rechtsanwälte und Kanzleiinhaber. Das Buch ist aber auch für Kanzlei(neu)gründer mit oder ohne vorherige Kanzleierfahrung geeignet und hilfreich."

Christiane Bohn, Rechtsanwältin, selbstständige Einzelanwältin, Deutschland 2020

„Mit dem treffenden Titel „Zurück in die Zukunft" beschreibt Dr. Geertje Tutschka, wie sich Kanzleien des Jahres 2020 und darüber hinaus aufstellen sollten, um erfolgreich sein zu können. Das Wissen um die veränderte Arbeitswelt, in der das Scheitern genauso dazu gehört wie das erfolgreiche Gründen und Aufbauen einer Kanzlei, das Entdecken und Ergreifen von Chancen, die auf den ersten Blick unpopulär erscheinen. Dieses Buch strotzt nur so vor gelebtem Jurist*innen-Wissen. Das zeigt sich auf jeder Seite, in jedem Satz, in jeder Fußnote, die sich zahlreichst in „Kanzleigründung und Kanzleimanagement" wiederfinden. Damit ist es eine empfehlenswerte Lektüre für alle, die sowohl am Anfang ihrer Kanzleikarriere stehen oder sich schon mittendrin befinden."

advoblog von Hülskötter und Partner, Deutschland 2020

„Mir hat das Werk „Kanzleigründung und Kanzleimanagement" von Dr. Tutschka bei meiner Kanzleigründung unwahrscheinlich geholfen. Es enthält viele interessante Denkanstöße und Hilfestellungen. Ich habe es zu einem Zeitpunkt gelesen, als ich die Existenzgründungsphase bereits rumhatte und konnte so alles nochmal reflektieren und die Gedanken zur Weiterentwicklung schweifen lassen. Absolut empfehlenswert!"

Anja E., Rechtsanwältin, 2020

„Hervorragendes Buch für alle Anwälte, die eine Kanzlei gründen und erfolgreich betreiben wollen. Es werden in fünf ausführlichen Kapiteln die notwendigen Schritte zur Kanzleigründung behandelt, beginnend mit einem Überblick zum Rechtsberatungsmarkt, einer Kanzleivision, dem eigentlichen Gründungsvorgang, einem ausführlichen Teil zum Kanzleimanagement und einem abschließenden Ausblick in die Zukunft."

E. Sammeth, Rechtsanwalt, Deutschland 2021

„Kollegin Dr. Geertje Tutschka hat sich in ihrem ersten bei De Gruyter erschienenen Buch der Mühe unterzogen, Erfahrungen rund um das Thema „Kanzleigründung und Kanzleimanagement" zu sammeln und an die Kollegenschaft weiterzugeben.

In ihrem nun vorliegenden Buch „Kanzleientwicklung" stellt sie wichtige Erfahrungen zur Verbesserung und stetigen Innovation bestehender Anwaltskanzleien zur Verfügung.

Dieses Thema ist in der jetzigen Situation ganz besonders aktuell: die durch die Corona-Pandemie verursachte wirtschaftliche und gesellschaftliche Krise stellt auch Rechtsanwälte und Rechtsanwältinnen vor eine enorme Herausforderung."

Dr. Rupert Wolff, Rechtsanwalt, Partner einer der ältesten familiengeführten Kanzleien Österreichs in Salzburg und Präsident des Österreichischen Rechtsanwaltskammertages ÖRAK, 2021

„Es ist doch so: Kinder und Kanzleien in die Welt zu bringen und beim Heranwachsen zu begleiten, verlangt ohne Zweifel Nerven, Einsatz und Durchhaltevermögen. Doch das alles Entscheidende ist: Ihnen „Wurzeln und Flügel" mitzugeben und sie nicht nur irgendwie durchzubringen."

Dr. Geertje Tutschka, PCC im Vorwort zu „Kanzleigründung und Kanzleimanagement", München/Salzburg 2018

Als das Buch 2018 auf dem DAT erschien,
war so etwas wie der Corona-Shutdown und ein Überrollen der Rechtsbranche mit Digitalisierung, kurzfristigen Rechtsanordnungen und Erliegen der Gerichtsbarkeit nicht absehbar – umso erstaunlicher, wie aktuell und drängend viele Kapitel aus 2018 in dieser Situation 2020/2021 immer noch bei den Kanzleien in Deutschland und Österreich waren.

In dieser Zeit stand ich mit CLP als staatlich anerkanntes und gefördertes Beratungsunternehmen für die Rechtsbranche ununterbrochen zur Verfügung: Vor allem das freitägliche kostenfreie Krisentelefon, die Clubhouse Talks sowie die Corona-Spezial Webinar-Reihe von „Restrukturierung" über „Krisenkommunikation“ bis „Master Mind Kanzlei“ und die zahlreichen Interviews für Podcasts, Panels und Fachmagazine unterstützten viele Kolleginnen und Kollegen im Überlebenskampf.

Aber auch CLP entwickelte ich weiter:

Beim weltweit größten Hackathon, dem „Wir vs. Virus“ der Bundesregierung Deutschland im Frühjahr 2020 unterstützte das Team von CLP als Mentor bei der Entwicklung von Legal Tech-Produkten im Kampf gegen das Virus.

Mittlerweile arbeiten wir nicht „nur“ behindertengerecht, sondern auch mit einem OfficeService durch einen integrativen Betrieb für Menschen mit Behinderung. Wir führen unsere Kommunikation und Versendung weitgehend papierlos und klimaneutral durch, verzichten seit 2019 auf nicht klimaneutrale Werbemittel, Plastikbehältnisse aller Art sowie tierische Lebensmittel in den Büroräumen, haben auch aus Klimagründen in unsere virtuelle Lernplattform für die CLP-Academy investiert und nutzen weitgehend zertifizierte Biohotels für unsere Veranstaltungen und Seminare. Lawyers4Future unterstützen wir ebenso inhaltlich und in Strategie und Führung aktiv wie die Diversity-Initiativen PANDA Lab Law, Breaking Through, Women in Law Vienna, Legal Geek London, UN Women, ALICE, ADAN, NMKJ und als Mentorinnen die AG Anwältinnen und den Deutschen Juristinnenbund.

Die zweite Auflage des Buches wurde denn auch nicht nur um Aktualisierungen zum Rechtsmarkt und Legal Tech ergänzt, sondern mit den seit dem Pandemiejahr wichtigsten Themen der Anwaltschaft: Strategische Positionierung, Führung und Zukunftsszenarien – die Themen, die seither unsere Kunden umtreiben und beschäftigen.

Kanzleientwicklung bleibt deshalb auch mit und nach Covid-19 ein spannendes Thema: Vielfalt und Gerechtigkeit, Klima und Nachhaltigkeit, Social Impact und historische Verantwortung werden gerade neu definiert; nebenbei auch noch unser Berufsbild.

Und wir und Sie sind mittendrin, haben die Wahl und die gestalterischen Möglichkeiten. Nicht nur für unsere Berufung und unseren Beruf, sondern für unser aller Miteinander.

Meine Vision ist eine Rechtsbranche, deren DNA Gerechtigkeit und Menschlichkeit ist. Zeitlos, reflektiert und zukunftsweisend. Nicht nur Spiegelbild der Gesellschaft, sondern auch deren Vorbild. Wir können Recht richtig – und richtig gut.

Was für eine Chance!

München/Salzburg 2022 — Dr. Geertje Tutschka, MCC

Geleitwort

Dr. Rupert Wolff (Präsident des Österreichischen Rechtsanwaltskammertages ÖRAK, Salzburg, Österreich)

„Wer den Sprung ins kalte Wasser nicht wagt, wird manchmal von anderen ins kalte Wasser geworfen!"

Der Schritt in die Selbständigkeit – ob alleine oder mit künftigen Partnern – will wohl überlegt sein.

Auch die Neuausrichtung einer bestehenden Rechtsanwaltskanzlei bedarf Planung.

Hier sind Ratschläge, Hinweise, Warnungen von großer Bedeutung, will man nicht Fehlentscheidungen anderer KollegInnen wieder und wieder durchmachen.

Kollegin Dr. Geertje Tutschka hat sich in ihrem ersten bei De Gruyter erschienen Buch der Mühe unterzogen, Erfahrungen rund um das Thema „Kanzleigründung und Kanzleimanagement" zu sammeln und an die Kollegenschaft weiterzugeben.

In ihrem nun vorliegenden Buch „Kanzleientwicklung" stellt sie wichtige Erfahrungen zur Verbesserung und stetigen Innovation bestehender Anwaltskanzleien zur Verfügung.

Dieses Thema ist in der jetzigen Situation ganz besonders aktuell: die durch die Corona Pandemie verursachte wirtschaftliche und gesellschaftliche Krise stellt auch die Rechtsanwälte und Rechtsanwältinnen vor eine enorme Herausforderung.

Wirtschaftspläne sind anzupassen, Tilgungspläne zu erstrecken, das MitarbeiterInnen Management steht vor einer neuen Herausforderung: Kurzarbeit, home office und damit verbundene technische Anforderungen: schnelles Internet, Drucker und Scanner, Video Conferencing – das alles kann man nicht aus dem Ärmel schütteln.

Alle Kolleginnen und Kollegen, unsere MitarbeiterInnen mögen ermutigt sein: die Arbeit eines Rechtsanwaltes ist auch Arbeit am Rechtstaat. Das schulden wir unserem Rechtstaat. Wenn wir das nicht tun – wer dann?

Ich danke Kollegin Tutschka!

Dr. Rupert Wolff
Präsident des Österreichischen Rechtsanwaltskammertages ÖRAK seit 10 Jahren in Wien als zentraler Vertretung aller österreichischen Rechtsanwälte und Rechtsanwältinnen. Er war von 1992 bis 2009 Delegationsmitglied der österrei-

https://doi.org/10.1515/9783110726428-204

chischen Delegation zum CCBE (Rat der Anwaltschaften der Europäischen Union), und übte im Jahr 2001 als erster Österreicher die Funktion des Präsidenten des CCBE aus.

Dr. Rupert Wolff ist selbst seit 1987 als Rechtsanwalt in Salzburg tätig, in einer Kanzlei, die 1919 von seinem Vorfahr Dr. Alfred Wolff in Salzburg gegründet worden war und mittlerweile in der vierten Generation über 100 Jahre als Kanzlei Wolff in Salzburg (www.Kanzlei-Wolff.at) geführt wird.

Salzburg im Mai 2022

Vorwort (1. Auflage 2018)

Sie sind Anwalt oder Jurist, Kanzleiinhaber oder Berufsanfänger; Sie sind ein erfahrener Kollege, der auf dem Weg ist, in eigener Kanzlei durchzustarten – in jedem Fall stehen Sie am Anfang; am Anfang eines großen Projektes: der erfolgreichen Gründung Ihrer Kanzlei, deren Management oder Entwicklung.

Dieses Buch hat den fast unrealistischen Anspruch, dabei sämtliche Kanzleikonstellationen abzuholen: den Einzelkämpfer ebenso wie die spezialisierte Boutique-Kanzlei, die mittelständische Kanzlei wie die Großkanzlei. Unrealistisch mag dieses Unterfangen sein, weil Kanzleien so individuell sind wie die Juristen, die sie führen und das Geschäftsfeld, auf dem sie tätig sind. Daher mag nicht jedes Kapitel für jeden Leser gleichermaßen notwendig oder spannend sein. Doch gibt es mehr Gemeinsamkeiten bei aller Unterschiedlichkeit als man im Allgemeinen annimmt.

Es ist wie bei der Kindererziehung: egal ob Babys, Kleinkinder oder Teenager – manche Dinge ändern sich nie und dazu gehört auch das Verhältnis zu uns Eltern. Das kann ich sagen als Mutter dreier junger Erwachsener und als deutsche Anwältin, die seit über zwanzig Jahren in Deutschland, den USA und Österreich in fremder und eigener Kanzlei tätig war und ist und seit nun fast zehn Jahren Jahren international Kollegen zum Thema Kanzleientwicklung bei CLP - Consulting for Legal Professionals berät, einer auf die Legal Branche spezialisierten Unternehmensberatung.

Es ist doch so: Kinder und Kanzleien in die Welt zu bringen und beim Heranwachsen zu begleiten, verlangt ohne Frage Nerven, Einsatz und Durchhaltevermögen. Doch das alles Entscheidende ist: ihnen „Wurzeln und Flügel" mitzugeben und sie nicht nur irgendwie durchzubringen.

Strategische Kanzleientwicklung sollte also bewußt und pro-aktiv, zielgerichtet und professionell stattfinden. Es sollte weder „Wachstum und Gewinnmaximierung um jeden Preis sein" noch sollte es sich auf ein „bloßes Reagieren" auf Veränderungen oder gar auf das berühmte „Feuerlöschen im Notfallmodus" reduzieren.

Wo und wofür soll meine Kanzlei in drei, fünf oder zehn Jahren stehen?
Wertvoll sind also Fragen wie:
Wie sehr kann ich mich dabei selbst verwirklichen?
Kann ich die mir wichtigen Werte leben und vermitteln?
Womit macht meine Kanzlei die Welt ein Stück besser?

https://doi.org/10.1515/9783110726428-205

Sind die Mitarbeiter meiner Kanzlei mehr als die Summe ihrer Kompetenzen? Wertvoller als die Fragen sind die Antworten darauf.

Wozu braucht es dieses Buch?

Es ist nicht das erste Buch, welches sich diesem Thema widmet. Es ist jedoch seit seiner 1. Auflage aus 2018 das erste und nach wie vor einzige Buch, welches sich der gesamten Komplexität des Themas Kanzleientwicklung stellt. So gibt es zwar mittlerweile zahlreiche Ratgeber und Fachbücher zu Gründung oder zu Management und sogar zu Marketing speziell für Kanzleien. Auch gibt es Fachbücher entweder aus der Perspektive von Managing Partnern namhafter Kanzleien oder solche speziell für Jung- und Einzelanwälte. Diese Einzelthemen gesamtheitlich und aus verschiedenen Perspektiven zu betrachten ist der besondere Anspruch dieses Buches.

Und manch einer wird sich vielleicht fragen, welche Daseinsberechtigung nun gerade ein derart umfangreiches Hardcover – Buch in einer Zeit der Digitalisierung hat. Nun es ist ganz einfach: Dieses Buch ist eine Absichtserklärung. Wir haben uns daher mit der Umschlaggestaltung und dem Titel besondere Mühe gegeben, damit er nicht nur dekorativ, sondern auch an Eindeutigkeit nicht zu überbieten ist. Wer dieses Buch liest, hat etwas vor. Daran sollte in seinem Umfeld kein Zweifel bestehen. Ich empfehle daher, sich nicht nur ein Buch für den Schreibtisch (in Sichtweite von Chef, Mitarbeiter und Kollegen zu legen), sondern auch eines für Ihre Sofaecke (Stichwort: Freunde, Kinder, Erbtante) und eines für den Nachttisch (für sich und Ihren Partner) anzuschaffen. Mit einem Hardcover-Buch zu diesem Thema geben Sie ein klares Statement ab: Jetzt wird es Ernst. Und es wird Sie jeden Tag gewichtig daran erinnern.

Formales:

Ich habe aus Gründen der Lesbarkeit nur eine Form – zumeist die männliche - verwendet. Damit möchte ich nicht die vielen starken Anwältinnen und erfolgreichen Juristinnen diskreditieren oder beim Leser – der Leserin – den Eindruck erwecken, diese hätten nicht ebenso etwas zum Thema beizutragen. Ganz im Gegenteil. Bitte lesen Sie für sich die verwendete Form wie es Ihnen beliebt. Ich persönlich halte die Wahl der Form nur für eine „Verpackungsfrage", die inhaltlich nichts hinzufügt. Ich verzichte daher auch gern darauf, mich selbst Anwältin zu nennen (oder Doktorin), da sich meine Befähigung nicht aus meinem Gender ableitet. Anwalt genügt für mich persönlich als Berufsbezeichnung vollkommen.

Wenn ich in diesem Buch den Begriff der Paralegals verwendet habe, bin ich mir bewusst, dass dieser nicht aus dem deutschsprachigen Rechtskreis stammt. Ich will ihn daher auch eher untechnisch verstanden wissen: als allgemeinen unspezifizierten Überbegriff für alle den Rechtsanwalt (Legal) unterstützenden Mitarbeiter: vom Auszubildenden über die Assistenz, das Sekretariat und Schreibbüro bis hin zur besonderes ausgebildeten und qualifizierten Fachkraft.

Als in Deutschland und Österreich zugelassene Anwältin und seit 2020 Präsidentin des Deutschen Anwaltvereins, Auslandvereins Österreich war es mir ein besonderes Anliegen, nicht nur für den deutschen Rechtsmarkt zu schreiben, sondern für den gesamten deutschsprachigen Markt. Wenn und soweit es österreichische Besonderheiten zu berücksichtigen gilt, werden diese explizit erwähnt. Als Kanzleiberaterin in der gesamten DACH Region und darüber hinaus möchte ich zeigen, dass der Blick über den eigenen Tellerrand auch für meine Legals nicht nur nützlich, sondern auch perspektiverweiternd sein kann (und zwar nicht erst seit dem deutschen beA-Wintermärchen).

Ein herzlicher Dank geht an die zahlreichen Kollegen aus kleinen und großen Kanzleien aber auch aus meinem Netzwerk an spezialisierten Service-Providern für die Legal Branche, die mit ihrem besonderen Fachwissen zu Marketing, Akquise, Controlling, Recruiting und vielem mehr dieses Buch nicht nur bereichert haben, sondern zu dem gemacht haben, was es sein soll: ein solides Basisbuch zum Thema "Strategische Kanzleientwicklung". Dabei liegt mir nichts ferner, als allgemeingültige Bauanleitungen für Kanzleien zu liefern. Vielmehr möchte ich für den Leser, der sich ernsthaft mit diesem Thema beschäftigen möchte, Übersicht, Struktur und Pragmatik in die Komplexität des Ganzen bringen. Ich verweise daher an vielen Stellen auf Spezial- und Ergänzungsliteratur. Es lohnt also ganz sicher ein Blick in das Literaturverzeichnis. Ein besonderer Dank gilt natürlich auch dem engagierten Team von DeGruyter, das wie immer professionell und souverän dieses Buch-Projekt erfolgreich begleitet hat. „Um ein Kind aufzuziehen, braucht es ein ganzes Dorf" – gilt eben auch beim Projekt Kanzleientwicklung.

Lohnt es sich heute überhaupt noch, eine Kanzlei zu gründen? Sollte man nicht jedem raten, liber etwas anderes zu studieren oder zumindest nicht in eigener Kanzlei – und auf eigenes Risiko selbst(und)ständig – tätig zu sein?

Ein ganz klares JA von mir.
Doch Sie sollten Spaß an Veränderungen und an Neuanfängen haben, Humor mitbringen und Leidenschaft. Und ein guter Jurist sein.

Deshalb bin ich besonders stolz, dass dieses Buch nun offizielles Lehrmaterial für den Masterstudiengang für Juristen (ehemals Anwaltsrecht) mit dem Abschluss Master of Law (LL.M.) an der Fernuniversität Hagen ist und die zukünftigen Generationen der Anwaltschaft mit dem Thema „Strategische Kanzleientwicklung“ prägen wird.

Ich liebe es, Anwalt und Unternehmer zu sein.
Ich liebe es, Kollegen auf ihrem Weg zu begleiten.

München/Salzburg 2018 Dr. Geertje Tutschka, PCC

CLP – Weil wir gute Juristen lieben.
Consulting for Legal Professionals
www.consultingforlegals.com
www.Geertje-Tutschka.com

Geleitwort (1. Auflage 2018)

Markus Hartung (Direktor des Bucerius Law School – CLP, Hamburg, Deutschland

Keine schlechte Entscheidung, die Sie mit dem Erwerb dieses Buchs getroffen haben. Immerhin zeigen Sie, dass Sie Ihre Kanzleientwicklung nicht nur dem Zufall überlassen wollen.

Zufall – das bestimmt die Entwicklung vieler Anwaltskanzleien. Für viele Anwälte ist Management der eigenen Kanzlei noch ein Fremdwort. Vielleicht gibt es zu Beginn mal gute Vorsätze, aber dann läuft es zu Beginn doch besser als gedacht, für Management ist da auch keine Zeit mehr. Das geht gut, bis ... ja, bis wann geht es gut? Bis die Kanzlei wächst. Jedenfalls die Kostenquote wächst. Oder eine Krise am Horizont erscheint. Oder ein neuer Wettbewerber auftaucht, der in Ihrem Sprengel wildert. Wenn irgendeiner der vielen Zufälle geschieht, die einen Plan B erfordern. Das ist alles so lange nicht schlimm, wie Sie einen Plan haben.

Der Rechtsmarkt in Deutschland hat sich als schwieriges und herausforderndes Umfeld erwiesen. Für die Sozietäten, die sich „strategisch aufgestellt" haben, war es eine Erfolgsgeschichte. Für andere nicht. Trotzdem sind in den letzten Jahrzehnten viele Anwälte dazugekommen – einen Großteil sicherlich aus Neigung, aber ein nennenswerter Teil auch deshalb, weil es nicht anders ging. Für alle galt, dass sie das, was sie als anwaltliche Unternehmer „können" müssen, weder im Studium noch im Referendariat lernen konnten. Selbststudium war nicht einfach. Und Literatur: Tatsächlich gab es schon vor vielen Jahren Managementliteratur für Anwälte. Allerdings eher Einzelerscheinungen, manchmal auch nur Eintagsfliegen. Nur wenige Werke haben sich seit 2010 tatsächlich etablieren können (z.B. in 3. Aufl. das Buch von Benno Heussen und das von Claudia Schieblon herausgegebene Kanzleimanagement-Buch, dessen 4. Auflage ansteht), andere sind dabei, sich zu etablieren (insbesondere Bücher zum Marketing, z.B. von Busmann, inzwischen in 2. Auflage, und von Halfmann, dessen 2. Auflage im Erscheinen ist).

Wenn ich als Mitautor des Schieblon'schen Buchs (zu den Themen Strategische Ausrichtung und Partnerwerdung) in dem vorliegenden Buch (Konkurrenz!) das Geleitwort schreibe, dann deshalb, weil die bloße Existenz dieses Buchs ein gutes Zeichen ist: Kanzleimanagement wird ernst genommen. So verführerisch der Rechtsmarkt mit seinen niedrigen Eintrittsschwellen auch sein mag – was braucht man schon mehr als seine juristischen sieben Sinne, ein Handy und einen Internetanschluss? –, so naiv wäre es zu glauben, es reiche aus, ein guter oder sogar exzellenter Jurist zu sein. Das vorliegende Werk zeich-

https://doi.org/10.1515/9783110726428-206

net sich durch die systematische Darstellung der Themen aus, die man berücksichtigen sollte, wenn man eine Kanzlei gründet oder wenn man eine bestehende Kanzlei neu ausrichten, d.h. strategisch positionieren möchte. Das alles folgt bestimmten Regeln, die man besser nicht ignoriert: Es beginnt mit einer eingehenden Marktanalyse und geht bis zur Ausführung und Umsetzung beschlossener Maßnahmen. Gerade heute, in Zeiten von Legal Tech und dem großen Erfolg vieler nichtanwaltlicher Dienstleister, muss sich jeder Rechtsanwalt fragen, warum Mandanten ausgerechnet zu ihm kommen sollen. Durch die Plattformen (wie 123recht.net oder anwalt.de) haben Anwälte inzwischen die Chance, ihr Profil auf einem sehr großen und viel transparenteren Markt anzubieten, aber damit verbunden ist eben auch: Das gilt für alle. Die Konkurrenz ist nicht kleiner geworden. Neben die erste Frage (warum ich?) tritt die zweite Frage: Wie mache ich es Mandanten so einfach wie möglich, mit mir in Verbindung zu treten und zu bleiben? Mandanten sind durch Legal Tech-Anbieter und durch das Internet verwöhnt und manchmal etwas bequem geworden, und da man seine Mandanten bekanntlich dort abholen muss, wo sie sind, muss man sich über die, technisch gesprochen, „Schnittstelle" sehr eingehende Gedanken machen. Überhaupt gehen wir davon aus, dass sich durch Legal Tech die anwaltliche Dienstleistung nachhaltig verändern wird, und darauf muss sich jeder Anwalt, jede Anwältin einstellen.

Um diese Kernfragen herum baut man dann seine Kanzlei auf – und was man dabei beachten sollte, lesen Sie hier. Ihnen (und dem Buch) wünsche ich viel Erfolg!

Markus Hartung, Rechtsanwalt, Direktor des Bucerius Center on the Legal Profession an der Bucerius Law School, Vorsitzender des Berufsrechtsausschusses des Deutschen Anwaltvereins, Hamburg/Berlin.
Markus.hartung@law-school.de
www.bucerius-clp.de

Hamburg, im Februar 2018

Inhaltsübersicht

Inhaltsverzeichnis

A. Der Rechtsberatungsmarkt

Kanzleistrategiemeetings sind in der Regel von dem Gedanken getragen, kurzfristig auf negative Entwicklungen zu reagieren:

Da ist **eine Kanzlei** zu schnell **gewachsen** und sieht sich plötzlich mit der Herausforderung konfrontiert, dass diese Kleinstteams weder ressourcenschonend miteinander kooperieren noch in dieselbe Richtung wollen.

Eine **andere Kanzlei** hat offensichtlich die **„falschen“ Mandanten** angezogen, die jedoch zu Hauf. Die Folge: Infrastruktur und das nötige Fachwissen sind dafür (noch) nicht vorhanden, bestehendes Know-How und Ressourcen bleiben ungenutzt.

Die **dritte Kanzlei** versteht sich als modern und **diversifiziert**. Das Förderprogramm für junge Anwältinnen zahlt sich nun nach einigen Jahren aus und man blickt stolz auf das erste ausgewogene Genderverhältnis. Doch nun verabschieden sich genau diese zukünftigen Partnerinnen in die Familienpause und schlimmer noch: sie kehren nicht wieder zurück. Mit dem Wegbrechen dieser zukünftigen High Potentials wird das Programm nun nicht nur als Fehlinvestition bewertet, sondern es fehlen tatsächlich für den bevorstehenden Generationenwechsel auf Führungsebene die aufgebauten Nachwuchskräfte. Und die Zeit wird knapp.

Diese Fallbeispiele werden uns durch das Buch begleiten und in den jeweiligen Kapiteln im Detail besprochen.

Tipp:
Nutzen Sie die Gelegenheit zur praktischen Anwendung des Gelesenen:
Skizzieren Sie zu jedem Beispiel bereits jetzt mit wenigen Stichworten zunächst das Problem und erste Lösungsansätze!

Was sagen uns diese Fallbeispiele?

Einerseits: die Anwaltsbranche ist so bunt wie das Leben. Keine Kanzlei gleicht der anderen. Kein Anwalt gleicht dem anderen.

Andererseits: Alle diese unterschiedlichen Kanzleien haben doch eines gemeinsam. Es fehlt ihnen an einer konkreten wertegetragenen Kanzleivision für die aktuelle Situation und einer Strategie, diese umzusetzen. Anwälte reagieren: Auf Marktbewegungen, Digitalisierung, Branchenwandel. Das muss sicher auch sein. Genau so haben es Anwälte gelernt. Genau so läuft es in den allermeisten Mandaten ab: erst ist das Problem da, dann geht's zum Anwalt.

Doch wichtiger als zu reagieren ist es zu agieren. Seinen Markt und seine Branche so gut zu kennen, damit man frühzeitig und zielgerichtet Kurswechsel vornehmen oder sich gar einen neuen Markt erschließen, Branchenwandel be-

https://doi.org/10.1515/9783110726428-001

einflussen kann. Dafür muss man jedoch sich selbst, seine Glaubenssätze und seine Sicht von der Welt bereit sein zu hinterfragen. Und genau das fällt vielen Anwälten schwer. Denn sie sind diejenigen, die dafür bezahlt werden, ihre Sicht der Dinge durchzusetzen.

! Die Kanzlei nicht als Anwalt zu entwickeln sondern mit dem Blick des Unternehmensinhabers – darauf kommt es an. In welchem Markt bewegen wir uns – und mit welchem Produkt? Das sind die zentralen Fragen.

Doch beginnen wir mit dem Anfang:

Kennen Sie Ihre Branche? Was sind im Moment die drei wichtigsten Faktoren, die Ihrer Branche zu schaffen machen, auch „GameChanger" genannt?

I. Zahlen, Daten, Fakten

Wozu sollten Sie dieses Kapitel lesen?
Sie erfahren, WER die „Player“ im Rechtsmarkt sind und wodurch dieser sich aktuell auszeichnet.

Übersicht

- Konkurrenzdruck
- Gender- and Generationshift
- Digitalisierung
- Fazit

1. Anbieter

- Juristen
  Rechtsanwälte (In- und Ausland)
  Notare
  Mediatoren
  Studenten und Referendare (D) / Konzipienten (Ö)
  Hochschullehrer, Professoren, Richter, Unternehmensjuristen, Verwaltungsjuristen
- Juristische Mitbewerber
- Nicht-Juristen
  Patentanwälte
  Wirtschaftsprüfer
  Steuerberater
  Personalberater
  Unternehmensberater
  Insolvenzverwalter, Verbraucherschutz, soziale Dienste
  Sonstige Berater
  Banken und Versicherungen
  Rechtsportale
  „Rechtsecke“ in Medien
- Legal Tech

2. Nachfrage

- Verbraucher
- Wirtschaftsunternehmen und Institutionen

167.000 Anwälte sind in Deutschland zugelassen[1], die in 51.900 Kanzleien arbeiten. Die Zahl der Anwaltszulassungen hat sich damit seit 1990 verdreifacht; seit 2020 ist sie um 50% gestiegen. Kamen 1950 noch circa fünftausend Einwohner auf einen Anwalt, sind es heute nur noch circa fünfhundert[2]. Damit bilden die deutschen Anwälte das Schlusslicht im europäischen Vergleich auch im Hinblick auf ihre durchschnittlich erzielbaren Einkommen. Dennoch: 119,6 Milliarden US-Dollar Umsatz erzielte die Branche 2019 weltweit; 7,4 Milliarden US-Dollar davon allein in Deutschland.

In Österreich sieht es mit 6.875 Anwälten anders aus – insbesondere wenn man den sonst üblichen Deutschland-Vergleichsfaktor „zehn“ nutzt. Das mag einerseits an den weit höheren Investitionskosten liegen (für die um 3 Jahre längere Ausbildung, die um ein Vielfaches höheren Zulassungs- und Ausübungskosten); andererseits aber auch an strukturellen Unterschieden für Syndikus-Anwälte oder für Familienpausen. Und nicht zuletzt sicherlich auch an weit weniger – und anderen – Großkanzleien als in Deutschland[3].

Konkurrenzdruck

Der Konkurrenzdruck ist groß: Viele Anwälte arbeiten achtzig Wochenstunden und mehr. Kanzleien stehen unter enormem Kostendruck oder gar vor dem wirtschaftlichen Aus.

Das alles sind gute Argumente für die Strategie der Kooperation in unserem ersten Fallbeispiel mit „Wachstumsschmerzen“.

Zwei weitere Faktoren kommen hinzu: Einerseits ermöglicht die Globalisierung[4] heute ohne weiteres, einen deutschen Anwalt in Shanghai zu beauftragen. Andererseits macht die zunehmende Gleichstellung von Mann und Frau auch nicht vor der Legal Branche halt. Mehr qualifizierte Juristinnen für denselben Markt und steigende Gehälter für die bislang schlecht bezahlten Anwältinnen sind die Folge[5].

---

1 Aktuelle Zahl: 167.092 laut BRAK Statistik vom 1.1.2021.

2 Siehe oben.

3 ÖRAK-Statistik vom 31.12.2021: die Hälfte davon ist bei der RAK Wien eingetragen; ansonsten handelt es sich weit überwiegend um Einzelkanzleien.

4 Eigentlich startete es schon mit dem Wegfall der Singularzulassung sowie der immer sicherer werdenden technischen Möglichkeiten.

5 Wobei einschränkend anzufügen ist, dass der 2stellige Zuwachs an Kolleginnen seit der Jahrtausendwende bei 35% stagniert in Deutschland laut BRAK Statistik vom 1.1.2021.

Gender- and Generationshift

Zwar ist dieser Umbruch im Rechtsmarkt noch lange nicht abgeschlossen[6]. Genaugenommen beweist sich die Branche gerade wieder als erzkonservativ, da das Gender Pay Gap in der deutschen Rechtsbranche im Vergleich zu anderen Branchen am Größten ist[7], obwohl bereits vor fast hundert Jahren, nämlich 1922, die erste Frau zur Rechtsanwaltschaft in Deutschland[8] zugelassen worden ist[9]. Und auch der Anteil der Anwältinnen an Entscheidungspositionen und Partnerschaften bildet im Vergleich zu anderen Branchen das Schlusslicht[10], obwohl heute so viele Frauen wie nie zur Rechtsanwaltschaft zugelassen sind[11].

Eine vom Deutschen Anwaltsverein beauftragte Studie der Prognos AG von 2013 prognostizierte „Die Zukunft der Anwaltschaft ist weiblich“, was viele Headline-Leser dazu verleitete, dies allein aus dem Trend der rasant wachsenden Zahl der Jurastudentinnen herzuleiten. In der Tat wird es schon in zehn Jahren mehr Anwältinnen als Anwälte in Deutschland geben, wenn sich dieser Trend fortsetzt.

Doch das Ergebnis der Zukunftsstudie war tatsächlich differenzierter: die Zukunftsforscher prognostizierten nämlich, dass der Rechtsberatungsmarkt unabhängig von den Geschlechteranteilen bei der Anwaltschaft quasi ab sofort vermehrt sogenannte „typisch weibliche“ Eigenschaften einfordern würde. Eigenschaften wie Diplomatie, Verhandlungsgeschick, Kommunikationsfähigkeit, Empathie und soziales Verantwortungsbewusstsein würden den ehemals „typisch männlichen“ Erfolgsfaktoren wie Durchsetzungskraft, Dominanz, Führung und Stärke den Rang ablaufen[12] und zukünftig klar bevorzugt werden von Mandanten. Ähnlich dem gesamtgesellschaftspolitischen Trend hin zu „weicher Macht“[13] und damit Abkehr vom bislang dominierenden Trend der „harten Macht“ durch militärische und wirtschaftliche Stärke. Weiche Macht beruht

6 Prof. Dr. Harald Koch, „Anwältinnen im internationalen Vergleich“, Anwaltsblatt 05/2017.

7 Dr. Tutschka in „Female Leadership in der Legal Branche“, S. 138 in djbZ 03/2017.

8 Die erste Rechtsanwältin in Österreich war übrigens Marianne Beth, die 1929 in Wien zugelassen worden ist.

9 Maria Otto – nach ihr ist der Maria – Otto – Preis des Deutschen AnwaltVereins benannt, der seit 2010 vergeben wird.

10 Aktuell sind nur ca. 10–20% der Partner weiblich: z.B. waren es 2019 nur 16% bei Clifford Chance, so Dr. Kerstin Kopp, Business Insider vom 23.12.2020. Dr. Tutschka in „Female Leadership in der Legal Branche“, S. 138 in djbZ 03/2017.

11 Laut BRAK Statistik vom 1.1.2020: über 35% in Deutschland; Laut ÖRAK Statistik vom 31.12.2021: über 23% in Österreich.

12 Dr. Tutschka, „Jurist oder Juristin – (k)ein Unterschied“, LTO vom 16.12.2015.

13 Betrifft auch Führung, Verhandlung oder Kommunikation.

auf kultureller Anziehung und politischer Vorbildwirkung[14]. Das alles sind gute Argumente für die ursprüngliche Strategie in unserem 3. Fallbeispiel „Gender- und Generationshift". Und gleichzeitig wird einmal mehr deutlich, dass der Misserfolg dieser Strategie eben nicht daran liegt, dass es keine guten Anwältinnen in der Branche gibt, sondern dass die Branche sie nicht halten kann.

Digitalisierung

Und als wären der stetig wachsende Konkurrenzdruck und die grundlegende Wandlung des Berufsbildes vom graumelierten Seniorpartner im dunkelblauen Zweireiher mit Goldknöpfen und klassischen Statussymbolen hin zum dienstleistungsorientierten Mandantenversteher auf Augenhöhe nicht schon genug, hält nun auch noch der technische Fortschritt Einzug in die Legal Branche. Diese konnte zwar den unbequemen Eindringling lange erfolgreich mit Recht und Gesetz, Tradition und Ignoranz[15] abwehren. Was man an der erfolgreichen Verhinderung der Einführung des „Besonderen elektronischen Anwaltspostfachs" (beA), welches weder am 1.1.2016, noch am 1.1.2017 noch am 1.1.2018 in Deutschland starten konnte, unterhaltsam nachverfolgen kann. Doch nun hat die Digitalisierung den Fuß in der Tür und ist nicht mehr aufzuhalten. Sie überrollt die Rechtsberatungsbranche gerade mit einer unglaublichen Wucht und Geschwindigkeit und lässt keinen Stein auf dem anderen.

Auch daran kann man sehen, dass der Markt für Rechtsberatung in Deutschland allen Unkenrufen zum Trotz immer noch ein sehr attraktiver Markt ist:

Während die stetig steigende Zahl der Anwaltszulassungen nur bedingt ein Indiz für die Attraktivität dieses Marktes ist, weil schwache Examensergebnisse, die eine Anstellung in der Justiz, in Unternehmen oder der öffentlichen Verwaltung verhindern zu einer „Flucht in die Anwaltschaft" führen[16], ist der stete Zustrom, den der deutsche Rechtsberatungsmarkt seit einigen Jahren durch renommierte englische und amerikanische Großkanzleien erfährt, schon aussagekräftiger. Das große Interesse, welches Kreditinstitute und Versicherer an

---

14 Als „Soft Power" beschreibt der US Politikforscher Joseph S. Nye dies in seinem Buch „The Means to success in world politics" (2004).

15 Manche behaupten auch Arroganz wäre im Spiel gewesen.

16 Dies gilt allerdings nur für Deutschland; in Österreich ist es umgekehrt, da die Separierung der Anwaltsausbildung nach dem Studium mit der Konzipientenzeit von 5 Jahren mit der Anwaltsprüfung abschließt und diese Rechtsanwaltsanwärter in der Regel eine sehr viel intensivere Ausbildung genossen haben als andere Juristen – und daher auch gern in anderen Bereichen wir Unternehmen gesehen sind.

einer aktiven Teilnahme am Rechtsberatungsmarkt entwickeln, spricht ebenfalls für die Attraktivität dieses Marktes.

Gleiches gilt für das Auftauchen neuer Serviceleistungen für die Rechtsberatung, wie beispielsweise der Dienstleistung „Prozessfinanzierung" oder „juristische Fachübersetzung" oder aber auf die Legal Branche spezialisierte Personalvermittler, Texter, PR-Spezialisten und Kommunikationsprofis für sensible Öffentlichkeitsarbeit wie beispielsweise bei Fällen, die hohes gesellschaftspolitisches Aufsehen erzeugen[17].

Auch die Automatisierung von juristischen Standardfällen als neues juristisches Produkt wie „geblitzt.de" oder „FlightRight" oder Marktplätze für anwaltliche Dienstleistungen wie „Anwalt.de" oder „LegalBase" sowie Internet-Portale für Rechtsauskünfte schießen wie Pilze aus dem Boden.

„Legal Tech" ist das Thema der Stunde: Zukunftskongresse und Legal-Tech-Messen, Kamingespräche, Fachtagungen und Podiumsdiskussionen sowie Medien widmen sich nahezu ausschließlich diesem ebenso angstbesetzten wie geschäftsträchtigem Thema.

Technikunternehmen und Dienstleister entdecken die Legal Branche: Egal ob Hardware (wie der „Anwaltskopierer") oder Software (wie Mandantenprogramme), Cloud- und Transferlösungen für die branchenspezifische besondere Datensicherheit, Diktierprogramme, Terminkalender. Fast scheint es, als gäbe es nichts mehr, was es nicht gibt. Die Stichworte E-Justiz[18], beA[19] und „elektronische Akte"[20] gehören zu den meistgenutzten Begriffen der Branche in den letzten Jahren. Das ist grundsätzlich nicht bedrohlich. Ja tatsächlich vereinfacht es auch vieles, spart Kosten und Zeit. Die Herausforderung besteht hier jedoch darin, dass die ohnehin in der Rechtsbranche eher wenig definierten Strukturen und Prozesse dadurch verändert werden müssen, denn Papierprozesse aus der „offline-Welt" einfach fantasielos identisch nach online zu transferieren, schöpft das Potenzial der Digitalisierung nicht annähernd aus.

---

17 Wie beispielsweise consilium aus Berlin oder Susanne Kleiner aus München.

18 Der Begriff gilt als Oberbegriff für den Einsatz von IT in der Justiz und Verwaltung als Teil des sogenannten E-Government.

19 beA: Besonderes elektronisches Anwaltspostfach (deutschlandweit einheitliches Kommunikationssystem zwischen Kanzleien, Gerichten und Behörden, welches den besonderen Sicherheitsanforderungen der Branche entspricht und hoffentlich in der nächsten Auflage keiner besonderen Erwähnung mehr Bedarf.); in Österreich ist der Elektronische Rechtsverkehr (ERV) bereits seit Jahrzehnten gängige Praxis, womit die österreichische Justiz wohl mittlerweile Weltführer sein dürfte.

20 Branchenkenner prophezeien, dass Kanzleien „die letzten Papier-Dinosaurer" sein werden in einer Welt der papierlosen Büros. Österreich führte seit 2020 bereits die elektronische Akte für Gerichte ein.

„Ein große Herausforderung ist, das Streben nach immer größerer Effizienz in der Mandatsbearbeitung auf der Produktionsseite abzubilden, u.a. durch den Einsatz von Software und Experten, die keine Volljuristen sind; parallel wird es immer schwieriger und wichtiger, in einem immer härteren und heterogeneren Wettbewerbsumfeld die eigene Differenzierung bei der definierten Zielgruppe herauszuarbeiten.

Unser Full Service-Ansatz und die intensive Pflege von Mandantenbeziehungen sichert uns auch in wirtschaftlich schwierigeren Zeiten eine Grundauslastung und hilft uns, auf besondere Situationen schneller zu reagieren.

Die größte Änderung in wirtschaftsberatenden Kanzleien ist die komplette Neustrukturierung der Produktionskette: Wo früher nur Volljuristen berieten, sind immer stärker auch Wirtschaftsjuristen, Betriebswirte und IT-Experten in verschiedenen Rollen sowie Software unmittelbar für den Mandanten im Einsatz.“

Jörg Overbeck, Rechtsanwalt, COO Oppenhoff und Partner, Köln

Dies ist den Wenigsten bewusst. Tatsächlich wird sogar dem konservativen Prozess der neue Prozess ohne weitere Überlegung danebengestellt. Dopplungen und systemische Lücken sind die fatale Folge, Kosten explodieren und ungeahnte Gefahrenquellen erhöhen das Haftungsrisiko enorm.

In unserem Fallbeispiel mit den „falschen Mandanten“ scheint genau das passiert zu sein und im kollabierenden Tagesgeschäft bleibt keine Zeit, sich mit den ineffizienten Strukturen zu beschäftigen. Statt dessen heißt es noch mehr Arbeit, noch mehr Überstunden, noch weniger Gewinn; mehr Fehler, mehr Wutausbrüche, mehr unzufriedene Mandanten und resignierende Mitarbeiter – ein Teufelskreis.

Ungeachtet der Risiken und Stolperfallen bietet die Digitalisierung jedoch in erster Linie Möglichkeiten und Chancen – nicht nur für effizienteres und schnelleres Arbeiten sondern vor allem auch für Innovation, also neue Geschäftsfelder und Produkte. Diese Chance muss die Branche ergreifen. Hier heißt es, den Anschluss an die eigene Klientel und die nächste Juristengeneration nicht zu verpassen. Es bedeutet aber auch, den sich ankündigenden Krisen in Wirtschaft, Demokratie und Klima begegnen zu können. Dass sich die Legal Branche in der Pandemie – Krise 2020 die Bezeichnung „systemrelevant“ erst erstreiten musste, zeigt, wie abgehängt das „Organ der Rechtspflege“ bereits jetzt ist.

Fazit

Die Legal Branche wird also gerade mit existenziellen Herausforderungen konfrontiert und dabei nicht nur neu modelliert, sondern in vielen Bereichen neu definiert:

1. Konkurrenzdruck vs. Globalisierung
2. Gender- and Generationshift vs. Wandlung des Berufsbildes
3. Digitalisierung vs. Wirtschafts- und Klimakrise

Alle Faktoren greifen ineinander und beeinflussen sich gegenseitig:

So ist der Konkurrenzdruck auch deshalb größer geworden, weil der Mandant dank Internet und modernen Kommunikationsmethoden (Digitalisierung) nicht mehr nur zum lokalen Anwalt geht (Globalisierung). Die Digitalisierung wiederum schraubt den vom Mandanten erwarteten Anspruch an den Serviceaspekt der Rechtsdienstleistung hoch. Denn Wissen muss er beim Anwalt nicht mehr teuer einkaufen, wenn dieses im Internet quasi rund um die Uhr kostenfrei abrufbar ist. So wandelt sich wiederum das traditionelle Bild des Juristen, der entweder nun auch rund um die Uhr verfügbar ist, gleichzeitig der Digitalisierung sei Dank effizienter und von überall arbeiten kann. Seine eigenen Ansprüche an ein erfülltes Arbeitsleben und eine ausgewogene Work-Life-Balance steigen.

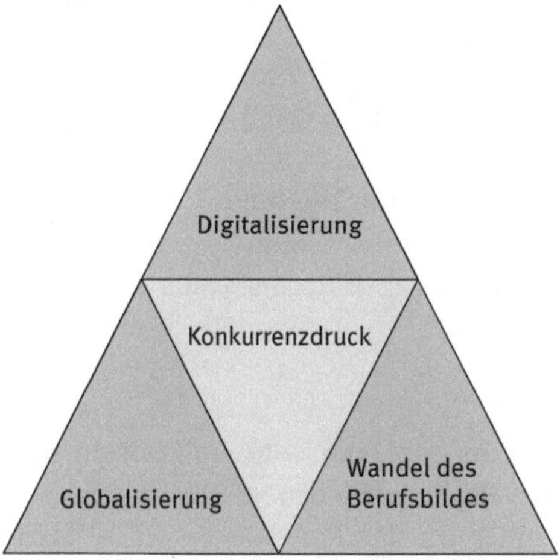

Herausforderungen der Legal Branche, © Dr. Geertje Tutschka

Die Komplexität der Herausforderungen von außen verändert die Branche von innen heraus. Und diese Veränderung macht deutlich, dass auch die Rechtsbranche den sogenannten „Gesetzen des Marktes“ unterworfen ist und zwar mehr als ihr selbst bewußt ist. Der Begriff der „Marktgesetze“ enstammt der konservativen Wirtschaftslehre des 19. Jahrhunderts und ist heute nicht unumstritten, da der Markt rein mathematisch/physikalisch beschrieben wird und ausschließlich reinen Sachzwängen unterworfen zu sein scheint. Staatliche Reglementierung bzw. die Übernahme von Verantwortung sei deshalb nicht notwendig. Es wird vom Menschenbild des sog. „homo oeconomicus“ ausgegangen, einem unempathischen und unsozialen Egomanen[21]. Jeder Markt wird

21 Maja Göpel, „Unsere Welt neu denken“, S. 62.

durch Angebot und Nachfrage bestimmt und soll durch den Preis sich selbst regulieren (sog. Marktgesetz).

Ein genauerer Blick auf die Anbieter und Nachfrager im Rechtsmarkt ist also erforderlich.

Wer erbringt heute alles Rechtsberatung und wer fragt Rechtsdienstleistung nach?

1. Anbieter

Tatsache ist, dass die Zahl der Anbieter in den vergangenen zehn Jahren überproportional gestiegen ist. Dies ist jedoch nur zu einem Teil auf die Zulassungsflut in der Anwaltschaft zurückzuführen.

Im Wesentlichen sind drei Gruppen zu unterscheiden:

- Juristen
  Die zahlenmäßig stärkste Gruppe sind Rechtsanwälte (inklusive Europaanwälte und Mediatoren) und Notare sowie die, die es einmal werden wollen, wie Studenten, Referendare, Assessoren oder auch Rechtsbeistände, Richter und Hochschullehrer

- Juristische Mitbewerber
  Daneben kommen auch diejenigen in Betracht, die keine Volljuristen sind bzw. Spezialisten aus eng begrenzten Rechtsbereichen wie Kammern, Verbänden, Schlichtungsstellen oder unter Umständen Patentanwälte, Wirtschaftsprüfer und Steuerberater, die als professionelle Wettbewerber eine eingeschränkter juristische Kompetenz haben.

- Nicht-Juristen
  Auch Berufsfremde und Anbieter ohne hinreichende juristische Ausbildung (Juristische Laien) aus anderen Branchen drängen (neben Legal Tech) verstärkt in diesen Markt.

Juristen: Rechtsanwälte

Ob Wettbewerb zwischen Rechtsanwälten besteht, hängt davon ab, in welchen Bereichen und wie sie arbeiten. Der Spezialist für Straßenverkehrsunfälle steht nicht im Wettbewerb mit dem sich auf das Vergaberecht konzentrierenden Kollegen. Der Familienrechtler ist nicht Konkurrent des Gesellschaftsrechtlers. Eher ist es so, dass beide sich im Einzelfall ergänzen können. Es ist wichtig für Anwälte, über den Tellerrand des eigenen Tätigkeitsbereichs zu schauen und Kontakt zu Kolleginnen und Kollegen, die andere Gebiete bearbeiten, zu halten. Denn auf diese Weise können neue Mandate aufgrund der Empfehlung von Kollegen in Bereichen, in denen diese nicht tätig sind, gewonnen werden.

Noch bis vor wenigen Jahren galt die Aussage, dass die Mehrzahl der kleinen bis mittelständischen Kanzleien lokal bestenfalls regional tätig sind und kein Wettbewerb beispielsweise zwischen einer auf Baurecht spezialisierten Kanzlei in München mit einer solchen aus Berlin besteht. Diese Zeiten sind (leider oder Gott sei Dank) vorbei. Der Wegfall der Singularzulassung stieß eine Tür auf, die der Rechtsmarkt dank der gleichzeitig sich entwickelnden Technologien und des Internets weit öffnete. Selbstverständlich spielt es heute überhaupt keine Rolle mehr, wo der Anwalt seine Kanzlei hat. Zwar suchen einige Mandanten noch den persönlichen Kontakt und wollen den Besprechungstermin in der Kanzlei. Die allermeisten sind jedoch nur zu gern nicht erst seit der Covid_19 Lockdowns tagsüber oder nach Feierabend bequem von zu Hause oder aus dem Büro heraus bereit, die nötigen Besprechungen mit dem Anwalt zu führen und die Unterlagen per Email gescannt zu übersenden. Ja manche können so sogar transparenten Zugang zu Ihrer e-Akte erhalten. Dank Smartphone ist der Anwalt nun überall und jederzeit erreichbar und hat auch überall die „Akte“ zur Hand – ein Fluch und Segen zugleich. Denn natürlich besticht die Vorstellung, auf einer Sonnenliege unter Palmen liegend seine Akten zu bearbeiten statt im tristen Hochhausbüro im verregneten Essen – und gleichzeitig ist diese Vorstellung ein Alptraum, wenn man auf dieser Sonnenliege gerade seine langersehnte Jahresurlaubswoche verbringt. Gleichwohl: viele Kanzleien bieten zumindest einzelne Produkte und Rechtsgebiete bereits explizit online an, wobei auch hier nicht pauschal gesagt werden kann, dass sich einzelne Rechtsgebiete dafür besser eignen als andere (wie beispielsweise „Scheidung online“, wo es doch gerade bei Scheidungen erfahrungsgemäß auch immer um eine vertrauensvolle, sensible und prozessbegleitende Betreuung der Mandanten geht). Heute kann man sagen, dass es eine Verschiebung vom WO zum WIE gegeben hat: online und digital ist nämlich vor allem bequem und kundenorientiert. Aber auch ganzheitliche Aspekte, „full service“ und „one stop“ Mentalität spielen ebenso eine Rolle, wie der Begleitservice durch (Legal) Coaches, Psychologen, Projektmanagern oder Agenturen.

Die „Gewichtsklasse“ einer Kanzlei spielt per se keine Rolle dabei, mit welchen anderen Anwaltskanzleien sie im Wettbewerb steht. Die Größe einer Kanzlei oder die Bekanntheit des Kanzleinamens sind nicht gleichzusetzen mit der Qualität der juristischen Dienstleistung oder der Kompetenz der Kanzlei in jedem Einzelfall. Zwar vergleichen Mandanten grundsätzlich Kanzleien derselben Größe miteinander. Doch kann der Experte, der in den Medien seit Jahren für ein bestimmtes Thema steht, publiziert hat, die sozialen Medien entsprechend bedient und präsent ist durchaus auch vor einem großen Kunden mit einer Großkanzlei konkurrieren.

Auch Anwälte aus anderen Ländern können Wettbewerber sein. In erster Linie natürlich die deutschen Anwälte, die sich im Ausland befinden. Gerade im außergerichtlichen Bereich, in der Beratung, aber auch bei der Recherche, Rechtsgutachten- und Schriftsatzfertigung sind diese als Kooperationspartner für Stoßzeiten beliebt[22]. Aber auch Europaanwälte, d.h. Anwälte, die aus dem europäischen Ausland stammen, sich aber in Deutschland zugelassen haben, können in vielen Bereichen auch die Aufgaben der inländischen Anwälte übernehmen. Thematisch gehören auch die den Rechtsanwaltskammern angeschlossenen Rechtsbeistände, die nach früherem Recht bestellt werden konnten, zu dieser Gruppe. Hierzu können aber auch „Anwälte" aus nicht EU-Staaten zählen, die sich in Deutschland nicht ohne weiteres zulassen können, gleichwohl aber immer auch einen ganz ordentlichen Mandantenstamm aus „Landsleuten" finden.

Juristen: Notare

Auch die so genannten „Nur-Notare" können Wettbewerber von Rechtsanwälten sein. Der Wettbewerb dieser Notare beschränkt sich auf den außergerichtlichen Bereich. Die wichtigsten Rechtsgebiete des Wettbewerbs mit Notaren sind das Gesellschaftsrecht, das Immobilienrecht, das Familienrecht und das Erbrecht. Zumeist wird es aber eher um ein „gemeinsames" Mandat gehen, bei dem der Anwalt den für eine Beurkundung hinzuzuziehenden Notar auswählt und seine Arbeit kontrolliert. Gerade bei größeren Transaktionen auf den Gebieten des Immobilienrechts und des Gesellschaftsrechts werden die Vertragsentwürfe von den Anwälten der Parteien erarbeitet. Der beurkundende Notar ist im Wesentlichen auf die Beurkundungsfunktion beschränkt.

Juristen: Mediatoren

Ähnlich verhält es sich bei den Mediatoren, die als Anwälte zusätzlich die spezielle Mediationsausbildung absolviert haben[23]. Mediatoren sind „Streitschlichter", d.h. sie vermitteln mit speziellen professionellen Kommunikations-

22 So rekrutieren gerade in den USA schnell wachsende „Giga-Kanzleien" tausende von Anwälten weltweit als Zuarbeiter, die von zu Hause aus in eng strukturierten Prozessen Rechtsdienstleistung zuarbeiten. Besonders attraktiv scheint dies gerade für Anwältinnen in der Familienpause bzw. mit betreuungsbedürftigen Kindern. Andererseits sind diese „Rechtsgiganten" als Arbeitgeber bzw. Kooperationspartner alles andere als sozial und karrierefördernd.

23 Wobei oft auch Nichtjuristen Mediatoren sind und sich in Rechtsfällen als Mediator versuchen. Anders bei Legal Coaches, die immer Juristen sind.

techniken die verschiedenen Standpunkte und leiten eine gemeinsame Lösungsfindung der Parteien an. Ziel ist, einen Gerichtsprozess zu vermeiden und die Sache aufgrund der individuellen Lösung der Parteien nachhaltiger und umfassender beizulegen. Aufgrund der Unparteilichkeit kann ein Mediator in diesen Fällen nicht gleichzeitig, vorher oder nachher als Anwalt tätig sein, sondern müsste dann einen Kollegen hinzuziehen.

Juristen: Studenten und Referendare (D)/ Konzipienten (Ö)

Gerade in den letzten Jahrzehnten suchen immer mehr Studierende und Referendare schon sehr frühzeitig den Bezug zur Praxis, sei es, weil sie sich ausprobieren wollen, sich ihr Studium finanzieren wollen oder aber für eine zukünftige Stelle vorbauen wollen. Obgleich diese weder fachlich noch in ihren Möglichkeiten einem Anwalt tatsächlich voll ebenbürtig sind, stellen diese gerade in Ballungsgebieten mit vielen und großen juristischen Fakultäten einen nicht unerheblichen Preiswettbewerb dar. So werden beispielsweise die Berliner Anwälte nicht müde, über derartige Dumpingpreise zu klagen.

Ob dies allerdings tatsächlich echte Wettbewerber sind? Wohl eher zukünftige Kollegen. Denn wer es tatsächlich als Anwalt nicht schafft, sich mit seinem Leistungsportfolio davon deutlich zu unterscheiden, sollte ohnehin noch einmal sorgfältig an seiner Kanzleistrategie arbeiten. Die große BRAO Reform wird ab 2022 die Interessenkollision für Referendare und wissenschaftliche Mitarbeiter in §§ 43 ff BRAO verschärfen.

Juristen: Hochschullehrer, Professoren, Richter, Unternehmensjuristen, Verwaltungsjuristen

Gleiches dürfte auch für Richter und Hochschullehrer als Wettbewerber von Rechtsanwälten auf dem Markt juristischer Dienstleistungen gelten. In der Tat ist der Anteil des Wettbewerbs, der Rechtsanwälte aus diesen Berufsgruppen erwächst, verhältnismäßig gering. Aber er ist immerhin vorhanden. Abgesehen von der Möglichkeit als Strafverteidiger aufzutreten, scheint die Domäne der Hochschullehrer im Bereich der juristischen Dienstleistungen die Erstellung von Gutachten zu komplizierten Rechtsfragen zu sein. Bevor Unternehmen sich auf größere Transaktionen oder die Änderung von Marktstrategien, deren rechtliche Grenzen noch nicht klar sind, einlassen, holen sie nicht selten Gutachten renommierter Rechtslehrer ein. Für das Projekt des Unternehmens sind diese Gutachten in doppelter Hinsicht von Bedeutung. Die Unternehmen schätzen zum einen die fachliche Expertise, zum anderen aber auch die überwältigende Wirkung eines solchen Gutachtens, die es aufgrund der besonderen Berühmtheit des Gutachters, jedenfalls gelegentlich, entfalten kann. Gerade größere Anwaltskanzleien haben eine Vorliebe für die Aufnahme prominenter Hochschullehrer in die Kanzlei entwickelt. Der Vorteil für diese Kanzleien besteht nicht nur in dem Gewinn an fachlicher Kompetenz, sondern auch in dem Zuwachs an Renommee und dem Zugang zu Netzwerken, die ihnen diese Hochschullehrer bieten können.

Auch Juristen, die in Unternehmen oder Verwaltung arbeiten, bieten gelegentlich oder auch regelmäßig Rechtsberatung an. Diese dürfte jedoch nicht wirklich auf dem Rechtsmarkt konkurrieren. Eher kommen wiederum nur Nebentätigkeiten als Gutachter, Berater oder Vortragender in Betracht, die ohnehin nicht den Rechtsberatungsmarkt tangieren. Gleiches gilt für Richter.

Das Gesetz zur Neuordnung des Rechts der Syndikusanwälte und zur Änderung der Finanzgerichtsordnung (Syndikusgesetz) vom 21. Dezember 2015 in Deutschland hat hier sicher mehr Klarheit gebracht. Eine Evaluierung der Bundesregierung aus 2020 kommt daher zu dem Ergebnis, dass sich das Gesamtkonzept einer gesetzlichen Regelung des Berufs der Syndikusrechtsanwältin und des Syndikusrechtsanwalts bewährt hat[24].

Juristische Mitbewerber

Rechtliche Dienstleistungen erbringen auch Kammern, Branchenverbände, Arbeitgebervereinigungen und Gewerkschaften in unterschiedlicher Intensität. Die Art der rechtlichen Dienstleistungen reicht von der Information über Gesetzesvorhaben, die für Kammermitglieder oder branchenzugehörige Unternehmen von Interesse sein können, bis hin zur Prozessvertretung vor den Arbeitsgerichten durch Arbeitgeberverbände und in größerem Umfang durch eine eigens gegründete Rechtsschutz-GmbH der Gewerkschaften. Die von diesen Vereinigungen erbrachten rechtlichen Dienste scheinen aus Sicht der Verbandsmitglieder unentgeltlich zu sein. Tatsächlich jedoch ist das Entgelt für diese Dienstleistungen, soweit es nicht aus sonstigen Einkünften der Verbände subventioniert wird, in den Beiträgen versteckt. So fachlich qualifiziert der eine oder andere Mitarbeiter dieser Verbände auch sein mag – eines ist er nicht: Er ist nicht unabhängig. Verbände verfolgen eigene Verbandsinteressen. Das ist legitim. Diese müssen aber durchaus nicht deckungsgleich mit den Interessen des Verbandsmitglieds sein. Ein Mandant, der sich von Verbänden vertreten lässt, wird sich immer fragen müssen, ob der Rat seines Vertreters allein seinen, des Mandanten, Interessen oder nicht womöglich im Einzelfall gegenläufigen Verbandsinteressen dient. Nur bei einem Rechtsanwalt kann der Mandant

24 BMJV vom 21.10.2020.

sicher sein, dass der Anwalt ausschließlich die Interessen des Mandanten und keine sonstigen Interessen wahrnimmt.

Nicht-Juristen: Patentanwälte

Die Tätigkeitsgebiete von Rechtsanwälten und Patentanwälten überschneiden sich im Wesentlichen in den Bereichen des Patentrechts, des Markenrechts und – in geringerem Maß – des Wettbewerbsrechts. Die Ausbildungsgrundlagen beider Berufe sind verschieden. Die professionelle Stärke von Patentanwälten liegt im Regelfall eher im technischen Bereich; sie sind dann auch fast immer Ingenieure. Wenngleich viele Patentanwälte einen hohen Spezialisierungsgrad in den sie betreffenden Rechtsgebieten aufweisen, fehlt ihnen zumeist breit angelegtes juristisches Wissen. Umgekehrt tun sich Rechtsanwälte oft schwer, das für das Patentrecht unabdingbare technische Verständnis aufzubringen. In patentrechtlichen Angelegenheiten wird es deshalb nur sehr wenigen Rechtsanwälten gelingen, ernstlich in Wettbewerb zu Patentanwälten zu treten. Rechtsanwälte, die sich für diesen besonderen Bereich des Schutzes des geistigen Eigentums interessieren und in der Regel auch den Fachanwalt für gewerblichen Rechtsschutz vorweisen, sollten weniger einen Wettbewerb durch Patentanwälte fürchten, als vielmehr eine Kooperation mit Patentanwälten suchen.

Nicht-Juristen: Wirtschaftsprüfer

Neben Prüfungsaufgaben sollten Wirtschaftsprüfer sich vorrangig der wirtschaftlichen Beratung nicht jedoch der rechtlichen Beratung von Unternehmen widmen. Dieses von der Wirtschaftsprüferordnung skizzierte Berufsbild gilt in der Praxis bereits seit langem nicht mehr. Weit über die wirtschaftliche Beratung von Unternehmen hinaus betätigen sich Wirtschaftsprüfer auch als Rechtsberater. In gesellschaftsrechtlichen Angelegenheiten gelingt qualifizierten Wirtschaftsprüfern eine ganzheitliche Betrachtung wirtschaftlicher, zivilrechtlicher und steuerrechtlicher Aspekte nicht selten besser als manchem Rechtsanwalt. Eine ganze Reihe von Wirtschaftsprüfern hat zudem eine juristische Ausbildung und viele sind auch als Rechtsanwälte zugelassen.

Das „Wirtschaftsprüfertestat“, das eigentlich nur besagt, dass die Buchhaltung ordnungsgemäß geführt wurde, genießt bei den prüfungspflichtigen Unternehmen einen sehr hohen Stellenwert. Diesem Stellenwert entspricht im Regelfall auch die Wertschätzung, die Wirtschaftsprüfern entgegengebracht wird. Wenngleich Prüfungstätigkeit und Beratung eines Unternehmens eigentlich nicht zusammenpassen, so hat es doch oft den Anschein, dass die Grenzen zwischen beiden Bereichen verschwimmen. Wirtschaftsprüfer sind sich durchaus der Tatsache bewusst, rechtliche Dienstleistungen für Unternehmen nicht konstant und in allen erforderlichen Bereichen in der nötigen Qualität erbringen zu können. Aus dieser Erkenntnis resultierte in den vergangenen Jahren eine von den großen Wirtschaftsprüfungsgesellschaften ausgelöste Welle von Zusammenschlüssen mit Rechtsanwaltskanzleien. Die im Zusammenhang mit diesen Zusammenschlüssen erhofften Synergieeffekte haben sich, soweit es die Annahmen der Wirtschaftsprüfer betrifft, wohl nicht ganz zu deren Zufriedenheit eingestellt. Wirtschaftsprüfer beklagen gelegentlich, dass sie durch Empfehlungen zwar Rechtsanwälten Mandate verschaffen, umgekehrt jedoch Rechtsanwälte nur in einem geringen Maß zu einem Mandatsaufkommen der Wirtschaftsprüfer beitragen. Für gesellschaftsrechtlich interessierte Anwälte kann die Kooperation mit Wirtschaftsprüfern oder die Arbeit in einer Wirtschaftsprüfungsgesellschaft hochinteressant sein. Junge Anwälte sollten sich jedoch darüber im Klaren sein, dass eine Wirtschaftsprüfungsgesellschaft stets eine Gesellschaft von Wirtschaftsprüfern bleibt. Rechtsanwälte werden dort für gewöhnlich eher als Außenseiter betrachtet.

Nicht-Juristen: Steuerberater

In der steuerrechtlichen Beratung von Unternehmen und Privaten haben die Steuerberater die Rechtsanwälte, bis auf die Fachanwälte für Steuerrecht, nahezu ganz verdrängt. Auf den ersten Blick überrascht diese Tatsache umso mehr, als sehr viele Steuerberater eine betriebswirtschaftliche, nicht jedoch rechtliche Ausbildung genossen haben und das Steuerrecht nun einmal dem Prinzip nach nichts anderes als ein Teil des Besonderen Verwaltungsrechts ist. Den Verlust dieses Marktsegments hat sich die Anwaltschaft selbst zuzuschreiben. Mancher Anwalt hat sich in gänzlich unangebrachtem Hochmut von der vermeintlichen „Taschenrechnerarbeit“ im Steuerrecht frühzeitig verabschiedet. Das Steuerrecht gehört nicht einmal zu den Basisfächern der juristischen Ausbildung, obgleich es für Unternehmen in einem Staat, der über eine der komplexesten und kompliziertesten Steuerordnungen der Welt verfügt, von höchstem Interesse und höchster Bedeutung ist. Mangels entsprechender Expertise ist ein großer Teil der Anwaltschaft gar nicht in der Lage, mit Steuerberatern im Bereich des Steuerrechts in Wettbewerb zu treten.

Dass Gesellschaftsverträge, Arbeitsverträge und Eheverträge von Steuerberatern erstellt werden, ist gar nicht so selten. Auch nicht selten ist, dass solche Verträge zwar steuerliche Belange hinreichend berücksichtigen, jedoch mangels entsprechenden Know-hows des Steuerberaters sonstigen wirtschaftsrechtlichen und insbesondere zivilrechtlichen Belangen nicht genügen. Nicht nur im eigenen Interesse, sondern auch im Interesse der Klienten ist zu empfehlen, als Kanzlei frühzeitig mit einer kompetenten Steuerberatergesellschaft zu kooperieren, da nicht nur im Gesellschaftsrecht, Arbeitsrecht und Familienrecht, sondern heute in nahezu jedem Rechtsgebiet steuerliche Fragestellungen zu berücksichtigen sind.

Nicht-Juristen: Personalberater

Werden Personalberater von einem Arbeitnehmer konsultiert, dann kommt es vor, dass sie ihren Kunden auch zu den rechtlichen Aspekten seines neuen Anstellungsvertrags beraten. Zwar sollte man meinen, dass Manager mit ersten Karriereerfolgen es gewohnt sind, auch bezüglich des eigenen Anstellungsvertrags mit einem spezialisierten Rechtsanwalt zusammenzuarbeiten. Tatsächlich ist dies jedoch oft nicht der Fall. Gerade renommierte Personalberater unterhalten für solche Fälle Kooperationen mit arbeitsrechtlich spezialisierten Rechtsanwälten. Gleiches gilt übrigens auch für Personalverantwortliche in Unternehmen, wie beispielsweise bei der sehr komplexen Entsendung des Arbeitnehmers ins Ausland[25].

Nicht-Juristen: Unternehmensberater

Gleiches gilt für Unternehmensberater: Auch hier zahlen sich frühzeitig etablierte langfristige Kooperationen zwischen dem Unternehmensberater und der entsprechend spezialisierten Kanzlei in jedem Falle aus. Bemerkenswert ist dabei, dass in Deutschland nach wie vor eine strikte Trennung zwischen Unterehmensberatung und Rechtsberatung zu erfolgen hat, obgleich gerade in wirtschaftsberatenden Kanzleien oder im Bereich des M & A hier Überschneidungen zum Tagesgeschäft gehören. In Österreich sind daher durchaus engere Kooperationen zwischen Rechtsanwälten und Unternehmensberatern zulässig.

Nicht-Juristen: Insolvenzverwaltung, soziale Dienste etc.

Nach § 5 RDG[26] kann den dort enumerativ aufgeführten Rechtskundigen die Besorgung von fremden Rechtsangelegenheiten in speziellen Bereichen gestattet werden. In der Folge wird unterschieden zwischen Rechtsdienstleistungen durch registrierte – etwa Rechtsanwälte oder sachkundige Unternehmen – und

---

25 Siehe dazu S. 5 „USA-Expat Quick Guide", von Tutschka, Kemper, Dittmeier.

26 Das Rechtsdienstleistungsgesetz (RDG; Gesetz über außergerichtliche Rechtsdienstleistungen) regelt seit dem 1. Juli 2008 die Befugnis, außergerichtliche Rechtsdienstleistungen zu erbringen. Es hat damit das bis dahin geltende Rechtsberatungsgesetz (RBerG) abgelöst. Anders als das RBerG regelt das Rechtsdienstleistungsgesetz nicht die Erbringung von Rechtsdienstleistungen im gerichtlichen; dies ist nunmehr in den jeweiligen Verfahrensordnungen geregelt.

nicht registrierte Personen. Zu letzteren gehören etwa Mitarbeiter von Behörden, die Insolvenzverwaltung, Verbraucherschutz oder soziale Dienste (§ 8 RDG).

Nicht-Juristen: sonstige Berater

Insbesondere (Versicherungs-) Berater und Inkassounternehmen bieten rechtliche Dienstleistungen an, die traditionell den Rechtsanwälten zuzurechnen wären. Die bekannteren Inkassounternehmen stehen bei ihren Kunden in dem Ruf, preiswerter und „unkomplizierter" als Rechtsanwälte zu sein. Dies mag zutreffen. Allerdings ist es keinem Anwalt verwehrt, sich auch auf diesem Gebiet zu betätigen. Eine durchdachte und mit Hilfe von moderner Computersoftware standardisierte Mandatsbearbeitung dürfte gerade jungen Anwaltskanzleien auch in diesem Bereich Wettbewerbsangebote zu attraktiven Preisen erlauben – und in der Tat sind gerade diese Fallgestaltungen Anlass für eine weitere Erfindung im Bereich Legal Tech. Für den Erfolg einer Anwaltskanzlei in diesem Bereich wird es entscheidend sein, den Mandanten davon zu überzeugen, dass die Kanzlei die Inkassofälle reibungslos und effizient abwickeln kann. So wird das Sanierungs- oder Insolvenzberatungsgeschäft heute weitgehend durch Diplom-Betriebswirte, Diplom-Kaufleute oder Diplom-Wirtschaftsjuristen erledigt. Neben diesen externen Beratern treffen Kollegen gerade bei der Betreuung kleinerer und mittelständischer Unternehmen immer wieder auf juristische Autodidakten, die intern als „Quasi-Juristen" fungieren. Der Unternehmer und auch der angestellte Geschäftsführer, beide Betriebswirte, die sich, bewaffnet mit den Standardkommentaren zum GmbH-Gesetz, allein auf eine Gesellschafterversammlung vorbereiten, sind gar nicht so selten. In einigen Ausnahmefällen haben sich solche Autodidakten tatsächlich beachtliche Kenntnisse angeeignet. Weit häufiger sind jedoch die Fälle, in denen Autodidakten für Erfahrung halten, was sie schon seit vielen Jahren konstant falsch machen. Autodidakten sind im Regelfall „Selbstversorger". Sie beraten sich selbst, nicht jedoch andere, die als Mandanten eines Rechtsanwalts in Betracht kommen. Im Wettbewerb mit diesen selbsternannten „Experten" steht ein Anwalt nur dann, wenn es um die rechtliche Betreuung des Unternehmens geht, das diese Autodidakten leiten.

Zwar können diese auch immer mal wieder im Kollegenkreis, Verein oder am Stammtisch zu Höchstform auflaufen. Echte Wettbewerber sind diese jedoch nicht. Rechtsberatung durch Laien verbietet schon das Gesetz.

Nicht-Juristen: Banken und Versicherungen

§ 5 RDG erlaubt es auch Dienstleistern aus anderen Branchen, die eigentlich Bankprodukte oder Versicherungen verkaufen oder Unfallautos reparieren, ihren Kunden die damit zusammenhängende Rechtsberatung mitzuliefern. Beiden ist gemeinsam, dass sie ihre Geschäfte zwar nicht ohne juristische Kernkompetenz betreiben können, juristische Dienstleistungen für andere bislang jedoch nicht zu ihrem Kerngeschäft gehörten. In sehr vielen Rechtsgebieten betätigen sich Banken und Versicherer als rechtliche Berater. Misslich ist für ihre Kunden, dass beide Unternehmensgruppen zwar in ihren Stabs- und Rechtsabteilungen durchaus über beachtliche juristische Kompetenz verfügen, diese Stabs- und Rechtsabteilungen aber dem Kunden gerade nicht zur Verfügung stehen. Der Kunde hat es mit Vertriebsmitarbeitern zu tun, denen eine juristische Ausbildung im Normalfall fehlt. Beratung über die Gestaltungsmöglichkeiten bei der Vermögens- oder Unternehmensnachfolge aber auch die Mitwirkung bei der Vorbereitung eines Erbscheinsantrags wird von Banken[27] „mitgeleistet", so wie Fragen des Baurechts oder der Sachmängelhaftung oft durch den Architekten mit abgeklärt werden.

Versicherungsunternehmen wirken auf verschiedene Weise auf den Markt für rechtliche Dienstleistungen ein:

Im Bereich der Kraftfahrzeughaftpflichtversicherung und der Kaskoversicherung sind Tendenzen der Versicherer erkennbar, Rechtsanwälte vollständig aus dem Markt zu verdrängen. Mit aufwendigen Kampagnen werben Versicherer darum, dass Versicherungsnehmer im Schadensfall die gesamte Abwicklung dem Versicherer und den von ihm eingeschalteten „Subunternehmen", wie Werkstätten und Sachverständigen, die vertraglich an den Versicherer gebunden sind, überlassen. Die von der unterlegenen Seite zu erstattenden Anwaltshonorare sollen durch den Ausschluss der Anwälte von der Vertretung der an einem Straßenverkehrsunfall Beteiligten eingespart werden. Aus Sicht der Versicherer handelt es sich bei den Anwaltshonoraren um vermeidbare Kosten. Dem Versicherungsnehmer wird suggeriert, dass er des Beistands eines Rechtsanwalts doch gar nicht bedürfe, weil die Versicherungsgesellschaft für das Wohl „ihres" Versicherungsnehmers sorgen werde. Recht geschickt wird darüber hinweggetäuscht, dass das Versicherungsunternehmen Geschäftspartner ist. Geht es um Ansprüche auf Versicherungsleistung, dann ist der Versicherer der Gegner des Versicherungsnehmers. Denn es besteht der evidente Interessengegensatz, dass der Versicherungsnehmer eine möglichst hohe Versicherungsleistung erhalten, der Versicherer hingegen eine möglichst geringe Versicherungsleistung erbringen möchte. Ein neues Model in diese Richtung ist das „obligatorische" Mediationsangebot an den Versicherten: Kommt der Versicherte mit einer Kostenschutzanfrage auf den Versicherer zu, wird dieser zu-

27 Oder durch Erbenermittler.

nächst mit einem Mediator verbunden, der den Fall „schnell und unbürokratisch" für ihn erledigen soll. Dieser Mediator ist vertraglich an den Versicherer gebunden mit dem Ziel, die Kosten so gering wie möglich zu halten und die Sache schnell zu erledigen. Eine ausführliche Rechtsberatung des Versicherten und eine Aufklärung, was genau Mediation ist und für den Rechtsanspruch bedeutet, erfolgt in der Regel nicht. Dies erfährt der Versicherte dann erst völlig überrascht von seinem Anwalt.

Den in Deutschland noch relativ neuen Bereich der Prozessfinanzierung haben mittlerweile auch die großen Versicherungsunternehmen für sich erschlossen. Um Rechtsanwälte zu ermuntern, Prozessfinanzierern Kunden zuzuführen, wird Rechtsanwälten eine für die Versicherungsbranche typische Vertriebsprovision in Höhe einer zusätzlichen Gebühr angeboten, die etwas vornehmer „ProFi" oder ähnlich genannt wird. Und auch das Model „exklusiver" Anwaltspools wird immer weiter ausgebaut. Das sind Anwälte, die sich gegenüber dem Versicherer in bestimmter Weise qualifiziert haben, um z.B. als ADAC Anwalt gelistet zu sein und damit entsprechend empfohlen zu werden. Die Kehrseite der Medaille ist jedoch, dass sich diese Anwälte gegenüber dem Versicherer vertraglich zu bestimmten Kostenreduktionen verpflichtet haben bis hin zu einem reduzierten Honorar.

Rechtsschutzversicherungen bieten aus Sicht der Anwälte sowohl Vorteile als auch Nachteile. In kleineren Kanzleien und in Einzelpraxen – und damit bei der zahlenmäßigen Mehrheit der Anwälte – sind rechtsschutzversicherte Mandanten regelmäßig willkommen. Der Nachteil des zusätzlichen Aufwands der Korrespondenz mit dem Rechtsschutzversicherer, welche eigentlich vom Mandanten separat zu vergüten wäre, und möglicher Debatten über die Höhe des Gegenstandswerts und den Anfall von Gebühren wird aus ihrer Sicht mehr als aufgewogen durch die hohe Sicherheit, dass ein Honorar innerhalb einer angemessenen Zeitspanne gezahlt wird. Ein weiteres Angebot von Versicherern ist der kostenlose Rechtsberatungsservice für Versicherte, z.B. für Vereine, welcher in der Regel mit einem niederschwelligen Pauschalangebot durch die Versicherungen bei Kanzleien eingekauft werden und nur in sehr wenigen Fällen tatäschlich den Rechtsberatungsbedarf der Versicherten tatsächlich erfassen und decken können.

Kreditinstitute bieten rechtliche Dienstleistungen in erster Linie noch als Mittel der Kundenbindung an. Nur in Teilbereichen, wie beispielsweise dem Stiftungswesen, offerieren sie ihre rechtliche Beratung zum Teil offen als eine entgeltliche Leistung. Die als Beiwerk angebotene rechtliche Dienstleistung erscheint aus Sicht des Bankkunden einfach zu erlangen, praktisch und vor allem preiswert, weil – vermeintlich – unentgeltlich. Das eigentliche Problem bei dieser Art von rechtlicher Dienstleistung erkennt der Bankkunde im Regelfall nicht. Denn die Bank ist nicht, wie der Rechtsanwalt, ein unabhängiger Berater und Interessenvertreter. Kreditinstitute verfolgen mit rechtlichen Dienstleistungen, die sie als Verkaufshilfe einsetzen, auch ihre eigenen Interessen am Absatz von Finanzdienstleistungen.

Im Wesentlichen bieten Kreditinstitute rechtliche Dienstleistungen im Bereich des Erbrechts, des Stiftungsrechts, des Immobilienrechts und des Gesellschaftsrechts an.

Im Bereich des Erbrechts erschöpft sich der rechtliche Service von Kreditinstituten zumeist in der Überlassung allgemeinverständlich formulierter Informationsbroschüren über die Grundzüge der gesetzlichen Erbfolge und die Möglichkeit, die Erbfolge durch letztwillige Verfügung zu regeln. Oft enthalten diese Informationsbroschüren Formulare, anhand derer Bankkunden das klassische – aber nicht immer sinnvolle – „Berliner Testament" erstellen können. Auch Vorlagen für postmortale Vollmachten findet man dort. Die Vermögensverwaltungsabteilungen der Kreditinstitute – neudeutsch: Private Banking – haben das Stiftungswesen und damit das Stiftungsrecht zunehmend für sich erschlossen. Primäres Ziel der Kreditinstitute ist, Stiftungen im Bereich der Vermögensverwaltung zu betreuen. Damit einher geht auch die rechtliche Beratung bei der Errichtung von Stiftungen. Im Bereich des Immobilienrechts gehen die Dienstleistungen von Kreditinstituten weit über die Gewährung von Krediten zur Kaufpreisfinanzierung bei gleichzeitiger Einräumung von Grundpfandrechten als Sicherheiten hinaus. Nahezu alle großen Kreditinstitute verfügen über Tochterunternehmen, die sich als Vertriebsunternehmen, vorrangig im Bereich privater Immobilien, betätigen. Neben organisatorischen Dienstleistungen, wie der Vereinbarung eines Notartermins, beraten diese Immobilienabteilungen ihre Kunden auch zum Inhalt von Grundstückskaufverträgen. Daneben besteht häufig eine dauerhafte Zusammenarbeit mit ausgewählten Notaren. Aus Sicht des Kunden, der nicht ahnt, dass möglicherweise auch der Grundstücksverkäufer zu den – wichtigen – Kunden desselben Kreditinstituts gehört, scheint die Hinzuziehung eines Anwalts überflüssig zu sein. Trotz einiger Ansätze hat es die Anwaltschaft bis heute nicht verstanden, eine breite Öffentlichkeit von den besonderen Vorteilen, die die Unabhängigkeit und insbesondere die Parteilichkeit eines Anwalts seinen Mandanten bieten, zu überzeugen. Investmentbanken nehmen bei größeren gesellschaftsrechtlichen Transaktionen regelmäßig eine Führungsrolle ein. Soweit sie nicht selbst die rechtliche Beratung leisten, koordinieren sie die Tätigkeit hinzugezogener Anwälte. Die „Projektleiter" gesellschaftsrechtlicher Umstrukturierungen sind häufig nicht mehr die Anwälte, sondern die Investmentbanken.

Die Entwicklung ist längst nicht abgeschlossen. Auch hier gilt jedoch, dass eine spezialisierte Kanzlei mit entsprechendem Marketing Kunden aber auch

Versicherer und Kreditinstitute erreichen kann und gern hinzugezogen wird, wenn faires und kollegiales Miteinander die Grundlage ist.

Nicht-Juristen: Rechtsportale

Der Interessierte kann im Internet nützliche Informationen auf verschiedenen juristische Portalen recht schnell und vor allem preiswert bzw. zu einem sehr niedrigen Pauschalpreis erhalten. Nur selten wird es jedoch gelingen, mit Hilfe des Internets Detailwissen zusammenzustellen oder gar ein Rechtsproblem vollständig zu lösen. Objektiv machen die über das Internet zu erlangenden Informationen die Inanspruchnahme eines Anwalts daher nicht überflüssig.

Hier gilt nichts anderes, als wenn ein Kranker im Internet zu seinen Symptomen recherchiert. Die Informationen werden von zweifelhafter Qualität sein; ein Arztbesuch unentbehrlich, wenn man es mit der Genesung ernst meint.

Gerade junge Unternehmen, die Geld (an der falschen Stelle) sparen wollen, erkennen dies gelegentlich jedoch nicht. Im Internet verfügbare Formulare werden dazu benutzt, allgemeine Geschäftsbedingungen zusammenzustricken. Auch einfache Gesellschaftsverträge kann man im Internet finden. Einen jungen Unternehmer davon zu überzeugen, dass die Formularverträge, die er im Internet gefunden hat, den Bedürfnissen seines Unternehmens nicht entsprechen und zumindest überarbeitungsbedürftig sind, fällt nicht immer ganz leicht. Spätestens im Schadensfall wird jedoch klar, dass sie ohne die Unterstützung eines Anwalts nicht auskommen werden.

Nicht-Juristen: „Rechtsecke" in Medien

Gleiches gilt für die Medien: Printmedien nahezu aller Couleur verfügen heute in der einen oder anderen Form über eine „Rechtsecke". In Wirtschaftsmagazinen findet der Leser regelmäßige Kolumnen, die sich mit Rechtsfragen befassen. In den großen deutschen Tageszeitungen, von denen sich einige wenige Volljuristen als Redakteure leisten, gibt es immer wieder sehr interessante und profunde Beiträge zu rechtlichen Themen. Und gerade in der Pandemie war das Bedürfnis nach rechtlichem Expertenbeiträgen erheblich. Rechtsanwälte sollten Beiträge in Printmedien zu rechtlichen Fragen nicht als „Konkurrenz" betrachten. Solche Beiträge erhöhen das Interesse der Öffentlichkeit an rechtlichen Themen, sensibilisieren für die Notwendigkeit, einen Rechtsanwalt zu konsultieren, sind aber kaum einmal geeignet, ein konkretes Rechtsproblem zu lösen und dadurch die Inanspruchnahme eines Anwalts überflüssig zu machen.

In Rundfunk und TV erfreuen sich Ratgebersendungen mit rechtlichem Inhalt immer noch zunehmender Beliebtheit. Manche Ratgebersendungen, wie der ARD Ratgeber Recht, sind beinahe schon zu Ikonen des deutschen Fernsehens geworden. Immer wieder kommt es vor, dass die Redaktionen solcher Ratgebersendungen versuchen, Gästen der Sendung, denen ein Rechtsproblem plagt, zu helfen. Allerdings besteht diese Hilfe dann nicht immer in der Erteilung von Rechtsrat und in der Unterstützung bei der justizförmigen Durchsetzung ihrer Rechte, sondern darin, kraft Medienmacht Druck auf die Kontrahenten, zumeist Institutionen, die an den Pranger zu stellen gerade in Mode gekommen ist, auszuüben, unabhängig davon, ob dem so Beschützten der von ihm behauptete Anspruch tatsächlich zusteht. Solche selbsternannten „Bürgeranwälte" haben mitunter ein nicht ganz spannungsfreies Verhältnis zur Rechtsordnung. Bis auf die „Ausreißer", bei denen Redaktionen versucht haben, ihre Meinungsmacht zugunsten von meist privaten Anspruchstellern auszuüben, stellen solche Ratgebersendungen keinen Wettbewerb für Rechtsanwälte dar. Im Gegenteil: Die Ratgebersendungen, die sich überwiegend mit den Problemen von Privatpersonen befassen, tragen zur Verdeutlichung der Notwendigkeit, einen Rechtsanwalt hinzuziehen, bei.

Eine andere, von der Frage des Wettbewerbs zu unterscheidende Frage ist, inwieweit Internet und Medien von ihnen als Anwalt gezielt genutzt werden können und sollten, um ihre Kanzleistrategie mit den Mitteln des Marketings umzusetzen und ihr Leistungsportfolio an die Mandanten zu bringen.

Legal Tech

Legal Tech als Sammelbezeichnung für alle möglichen IT-basierten Produkte für die Rechtsbranche, soll zukünftig die wohl bedeutendste Rolle als Anbieter von Rechtsdienstleistungen spielen. Dabei sind hier weder die oben beschriebenen Rechtsportale gemeint noch Softwarelösungen für Effizienzsteigerungen in der Mandatsbearbeitung. Gemeint sind vielmehr einerseits Pauschalangebote für Rechtsberatung (wie z.B. FlightRight, Geblitzt.de, wenigermiete.de, Online-Scheidung etc.) und andererseits alle mit sogenannter künstlicher Intelligenz und Machine Learning versehenen IT, welche z.B. im Bereich Smart Contracts, Blockchain etc. schon heute schneller und effizienter als jeder Jurist arbeitet[28].

Laut einer Umfrage von Future-Law 2018 sind Anwaltskanzleien bei der Innovation derartiger Innovationen mit 68% das Schlusslicht; 96% der Rechtsdienstleister und 88% der Rechtsabteilungen sind hingegen dabei in dieses neu

28 Einen spannenden und aktuellen Überblick bietet das empfehlenswerte Buch von Wagner in „Legal Tech und Legal Robots".

entstehende „juristische Ökosystem“ aus Technologie-Spezialisten und Juristen zu investieren[29].

Dabei sind wohl Rechtsabteilungen in Deutschland und Österreich relativ ähnlich gut aufgestellt, die österreichischen Rechtsanwälte hingegen in vieler Hinsicht technologischen Veränderungen gegenüber aufgeschlossener. Dies könnte darauf zurückzuführen sein, dass die Kommunikation mit den Gerichten (ERV) seit 1999 elektronisch ist und mit dem „Legal Tech Hub Vienna“ sich weltweit erstmals 2018 mehrer Großkanzleien zusammengeschlossen haben, um die Digitalisierung gemeinsam voran zu treiben[30].

Letztlich soll an dieser Stelle an die provokante These von Richard Susskind in „The end of Lawyers“ verwiesen werden, der bereits vor zehn Jahren eine Verschmelzung von rechtlicher und technologischer Kompetenz vorausgesagt hatte[31].

„Das Davos Digital Forum, welches ich 2018 gegründet habe, ist ein Think Tank, der weit mehr klassische Rechtsthemen umfasst. Ich bin mit Legal Tech und der Swiss Legal Technology Conference gestartet, habe aber sehr bald schon gesehen, dass der Fokus auf Rechtsthemen (für mich) zu klein ist. Recht ist immer auch beteiligt, Stichwort „Embedded Law“, spielt aber eine untergeordnete Rolle. Das ist aus meiner Sicht die richtige Positionierung – also sich in Projekte aktiv einbringen, um gemeinsam die Digitalisierung nach vorne zu bringen.“

Petra Arends-Paltzer, Rechtsanwältin und Hackathon Mentorin Gründerin Davos Digital Forum, Schweiz

---

Zurück zu unseren eingangs erwähnten drei Fallbeispielen:

Alle drei Kanzleien bieten solide Rechtsberatung durch Volljuristen an und sollten damit doch die Nachfrage treffen. Die Realität ist jedoch differenzierter:

Die Kanzlei mit „Wachstumsproblemen“ hat als Anbieter scheinbar alles richtig gemacht, denn Kooperation und Zusammenarbeit sollte sich in dem hart umkämpften Markt doch eher auszahlen als aufreibende Konkurrenzkämpfe. Und doch wirkt die Kanzlei in der Außenwahrnehmung bei den Klienten eher wie ein Schwarm kleiner Fische als ein „großer Fisch“.

Aber wo bleibt die Flexibilität und Diversität, die Schwarmintelligenz, wenn man sich durch diese Wachstumsschmerzen durchquält und zu einem „unbeweglichen Tanker“ entwickelt?

---

29 Umfrage Future Law 2018 und Studie „Future Fit Lawyer“, Wolters Kluwer 2019.

30 Sophie Martinetz/Sarah Maringele in „Quick Guide Legal Tech“, S. 83.; siehe auch www.lthv.eu.

31 Richard Susskind in „The end of Lawyers“, S. 270.

Die Kanzlei mit den „falschen Mandanten“ hat sich offenbar selbst überholt und müßte sich nun ehrlicherweise fragen, ob sie sich als Anbieter passend zu ihren neuen Mandanten verändern möchte oder aber so bleiben möchte wie sie ist und sich dann aber von diesen Mandaten verabschieden sollte. Angebot und Nachfrage scheinen hier durch einen Trigger auf den Kopf gestellt worden zu sein. Doch was ist falsch gelaufen und wie sollte die Lösung aussehen?

Die Kanzlei „ohne Partnerinnen“ schließlich wird sich noch einmal ganz neu fragen müssen, welche Art Kanzlei sie heute ist und in einigen Jahren sein will und wie dies zu erreichen ist. Dabei muss bewußt sein, dass sie den Aufbau der Partnerinnen in erster Linie als Reaktion auf ein Klientenbedürfnis vornahmen und nicht, weil sie plötzlich die Kolleginnen in ihren Besprechungen schmerzlich vermißten oder der Gesetzgeber sie dazu genötigt hätte. Was aber tun, wenn man als Anbieter sich eingestehen muss, dass man ein relevantes Kundenbedürfnis nicht wird abholen können?

Nehmen Sie sich erneut Ihre ersten Lösungsansätze vor und beantworten Sie die Fragen für jedes Fallbeispiel. **i**

Merke:
Die Anbieter rechtlicher Dienstleistung waren und sind vielfältig. Die neuen Anbieter zeichnet jedoch Effizienz, Schnelligkeit und Kostenbewußtheit aus.

---

2. Nachfrage

So sehr die Rechtsbranche aber gerade durcheinandergewirbelt wird und unter dem Konkurrenzdruck ächzt, war die Nachfrage nach rechtlicher Dienstleistungen noch nie so groß.

In einer Gesellschaft, die ihre „Normenflut“ beklagt, die immer komplexer und schneller wird, gehört Rechtsberatung mittlerweile zum Alltäglichen. Die Covid_19-Pandemie, welche mit Lockdowns zu einer massiven Beschränkung der Grundrechte und hohen Wirtschaftsverlusten führte und gleichzeitig zu immer neuen Regelungen und Verordnungen, hat diese Tendenz noch verschärft.

Doch wer fragt eigentlich nach rechtlicher Dienstleistung?

Es können Mandantengruppen nach ihren Bedürfnissen und der Situation, in der sie die Dienstleistung eines Anwalts in Anspruch nehmen, hinsichtlich der Rechtsgebiete, in denen sie Unterstützung benötigen und nicht zuletzt auch hinsichtlich ihres Preisbewusstseins unterschieden werden. **i**

Verbraucher

Die Inanspruchnahme rechtlicher Dienstleistungen durch einen **Verbraucher** im Sinne des §13 BGB ist regelmäßig durch eine akute Problemsituation gekennzeichnet. Nur selten nehmen Verbraucher die Beratung eines Rechtsanwalts zum Zweck der Risikovorsorge in Anspruch. Mit Ausnahme des Arbeitsrechts, das auch für Verbraucher von sehr hoher Bedeutung ist, benötigt diese Gruppe von Mandanten in erster Linie rechtliche Dienstleistungen mit Bezug zu privaten Lebenssituationen, wie der (Ver-)Mietung einer Wohnung (Mietrecht), dem Abschluss von Verträgen zu Konsumzwecken (Schuldrecht), der Gründung einer Familie und der Beendigung einer Ehe (Familienrecht), der Vermögensbildung in Form des Erwerbs von Immobilien (Immobilienrecht, Sachenrecht, privates Baurecht und zum Teil auch öffentliches Baurecht), der Weitergabe des Vermögens an die nachfolgende Generation (Erbrecht) und nicht zuletzt der Themen rund um das Auto (Schuldrecht, Straßenverkehrsrecht, Versicherungsrecht, Ordnungswidrigkeiten- und Strafrecht). Die Aufzählung dieser Lebenssituationen und der dazugehörigen Rechtsgebiete erhebt keinen Anspruch auf Vollständigkeit. Sie charakterisiert jedoch die Bereiche, in denen Verbraucher üblicherweise juristische Dienstleistungen in Anspruch nehmen.

Verbraucher sind überwiegend den Umgang mit Rechtsanwälten nicht gewohnt (sog. Single Shooter[32]). Umstände und Ablauf justizförmiger Verfahren kennen Verbraucher zumeist nur aus nicht eben realitätsnahen Fernsehserien und Spielfilmen, deren Handlung noch dazu oft im angloamerikanischen Rechtskreis spielt. Dies führt nicht selten zu klischeehaften und unrichtigen Vorstellungen von den Aufgaben und der Arbeit eines Rechtsanwalts. Anders verhält es sich hingegen bei Dauermandanten, die beispielsweise immer wieder mit ähnlichen Rechtsfällen (wie bei Vermietungen) oder mit einem gesamten Portfolio ihres Privatlebens (Kündigung, Ehescheidung, Nachbarschaftsstreit, Strafrecht etc.) erscheinen.

Hinzu kommt, dass Verbraucher Rechtsanwälte oft aufgrund von Empfehlungen (zufriedener) anderer Mandanten aus ihrem Bekanntenkreis (oder der Sternebewertung bei Google) auswählen oder aufgrund der ansprechenden Webseite, Experten-Artikeln in der Presse oder den sozialen Medien.

Eine besondere Rolle spielen die **rechtsschutzversicherten Verbraucher**: Diese leben in dem von den Rechtsschutzversicherern geschickt hervorgerufenen und unterhaltenen Glauben, dass „mich Rechtsberatung und Prozessvertretung nichts kostet, weil mein Rechtsschutzversicherer ja alles zahlt“. Diese Annahme ist nur in einem Teil der Fälle richtig. Rechtsschutzversicherer haben nach ihren

32 Wie beispielsweise bei einer Kündigung oder einem Verkehrsunfall.

Standardbedingungen im Regelfall nur das nach den Tabellen des RVG berechnete Honorar zu erstatten. Oft erlauben jedoch die unzulänglichen Sätze im Vergütungsverzeichnis des RVG eine kostendeckende Bearbeitung eines Mandats nicht. Hinzu kommt, dass Rechtsschutzversicherer (aber auch Prozessfinanzierer) ihren Versicherungsnehmern nicht nur bestimmte Anwälte empfehlen, sondern den empfohlenen Anwälten vorab ein Formularschreiben übersenden, wodurch dem Anwalt mitgeteilt wird, dass „unser Versicherungsnehmer beabsichtige, den Anwalt zu mandatieren" und zwar zu den gesetzlichen Mindestbedingungen, um eine mögliche höhere Vergütungsvereinbarung zwischen Mandant und Anwalt von vornherein auszuschließen. Beides beeinflusst natürlich den Rechtsberatungsmarkt massiv.

Wirtschaftsunternehmen und Insitutionen

Neben Verbrauchern kommen selbstverständlich auch **Unternehmen** und andere Institutionen wie die **öffentliche Hand** oder **Körperschaften ohne Gewinnerzielungsabsicht** als Rechtsratsuchende auf den Markt. Mittelständische und größere Unternehmen sind im Regelfall anwaltserfahren. Junge Unternehmen werden es bald sein, weil ein Unternehmen, unabhängig von der Branche, ohne kompetente Rechtsberatung auf die Dauer nicht auskommt. Im Regelfall sind Unternehmen mit der Arbeitsweise von Rechtsanwälten einigermaßen vertraut. Ihre Vorstellung von der Dienstleistung des Anwalts ist weniger klischeehaft. Ihre Erwartung an die Dienstleistung ist konkreter und spezieller als dies bei Verbrauchern der Fall ist.

Unternehmen mit eigener Rechtsabteilung und damit mit eigenem juristischen Know-how sind aus der Sicht des Rechtsanwalts oft ein „einfacher" Mandant, weil der Gesprächspartner auf der Mandantenseite die gleiche (juristische) Sprache spricht. Andererseits sind Unternehmen mit eigenem juristischem Know-how möglicherweise fordernder und kritischer gegenüber der Dienstleistung des Anwalts. Zudem sind sich Unternehmen ihrer Marktmacht im Regelfall auch sehr bewusst. Dies wirkt sich sowohl bei der Verhandlung über die Höhe des Honorars als auch bei der (erhöhten) Anforderung an die Dienstleistung des Anwalts aus. So wird gerade bei größeren Mandanten heute selbstveständlich davon ausgegangen, dass sich die zuarbeitenden Kanzleien auf das technische Ökosystem des Kunden einstellen und ihre Prozesse und IT an die der Rechtsabteilung anpasst – nicht umgekehrt. Auch die Beachtung der im Unternehmen geltenden Werte und Kultur sowie die Diversity und Compliance Vorgaben werden selbstverständlich heute bei der Kanzlei vorausgesetzt. Die klassische Abrechnung nach „billable hours" (Stundensatzabrechnung, die sich nach dem Status des Sachbearbeiters in der Kanzlei staffelt) gerät aufgrund straffer Budgets und einer

Abkehr von Macht und Status immer mehr in die Kritik und wird nach Meinung der Experten wohl bald der Vergangenheit angehören und Festpreisen weichen[33]. Mehr und mehr lassen Unternehmensmanager die „Markentreue“, die sie gegenüber dem Hersteller ihres Dienstwagens hegen, gegenüber den Anwälten des Unternehmens vermissen. Die vor einigen Jahren jedenfalls in Deutschland noch argwöhnisch beäugten „beauty contests“, bei denen mehrere Anwaltskanzleien eingeladen werden, sich um die Erteilung eines Mandats zu bewerben, sind im Bereich größerer Unternehmensmandate mittlerweile gang und gäbe[34].

Trotz nach wie vor steigender Nachfrage nach qualifizierter Rechtsberatung in einer immer komplexeren Welt, zwingen Kostendruck und die steigende Anbietervielfalt Klienten heute dazu, Rechtsrat nicht nur nach Vertrauen und Service zu wählen sondern die Preisfrage zu einem zentralen Faktor zu machen. Die oben erwähnten „Marktgesetze“ gewinnen an Bedeutung und drohen den Rechtsmarkt in die Beliebigkeit zu drängen.

Merke:
Der Markt rechtlicher Dienstleistungen ist damit zu einem Nachfrager Markt geworden.

Das bedeutet auch eine generell erhöhte Wechselwilligkeit der Mandanten. Kein Anwalt kann sich in der trügerischen Sicherheit wiegen, dass sein Mandant von heute auch sein Mandant von morgen sein wird. Ja schlimmer: es kommt zunehmend auch zu Wechseln während des laufenden Mandats.

Gleichzeitig hat der Rechtsmarkt seinen Nischencharakter verloren und wird von den großen IT- und Internetkonzernen entdeckt[35].

Was hat Ihnen das Kapitel gebracht?
Der Rechtsmarkt wird ebenso wie andere Märkte durch Angebot und Nachfrage bestimmt. Konkurrenzdruck, Gender- and Generationshift und Digitalisierung üben massiven Preis- und Kostendruck aus. Das bedeutet Effizienzsteigerung und Kostensenkung für den Rechtsberatungsmarkt, zieht aber auch alternative branchenfremde Anbieter und Rechtsberatungsprodukte an.

Dadurch wird der Markt zunehmend komplex und diversifiziert. Wichtig ist aber zu verstehen und sich darauf einzustellen, dass es vor allem ein sich verändernder Markt ist.

---

33 Dr. Tutschka, „The Future of the legal profession (Teil 1 und 2)“, im Blog CLP vom 24.2.2017.

34 Busmann, „Chefsache Mandantenakquisition“, S. 39, DeGruyter 2016.

35 Kai Jacobs bei Hartung, Bues, Halbleib in „Legal Tech – Die Digitalisierung des Rechtsmarktes“, S. 189.

II. Rechtliche Rahmenbedingungen

Wozu sollten Sie dieses Kapitel lesen?
Sie erfahren, WIE der Rechtsmarkt reguliert wird und weshalb er eben doch kein beliebiger Markt ist.

Übersicht

1. **Zulassung**
2. **Vergütung**
3. **Regeln**

In mancher Hinsicht ist der Markt für Rechtsberatung wie gezeigt ein Markt wie jeder andere. Er ist geprägt durch Angebot und Nachfrage sowie durch die Art der angebotenen und nachgefragten Dienstleistungen.

In vielerlei Hinsicht ist der Markt für Rechtsberatung aber eben gerade kein Markt wie jeder andere. Signifikant anders als bei anderen Märkten ist der Einfluss, den der Gesetzgeber auf diesen Markt nimmt. Anders als bei anderen Märkten, für die der Gesetzgeber als Rahmen im Wesentlichen das Wettbewerbsrecht und das Kartellrecht setzt und zunehmend auch Vorgaben zu Gleichstellung und Diversity, Klima- und Umweltschutz sowie Datenschutz aufstellt, nimmt der Gesetzgeber als Inhaber des Justizgewährungsmonopols massiven und sehr speziellen Einfluss auf diesen Markt.

Dies beginnt beim staatlichen Ausbildungs- und Zulassungsmonopol, bezieht sich auf Vergütung, Marketing und Wettbewerb und schließt letztlich mit speziellen Vorgaben für Insolvenz, Strafrecht und Schließung einer Kanzlei.

Die große BRAO Reform ist nun beschlossene Sache: Mit Wirkung zum 1. August 2022 wird die neue Bundesrechtsanwaltsordnung (BRAO) in Kraft treten – als Gesamtsystem zusammen mit dem neuen Steuerberatergesetz (StBerG) und der Patentanwaltsordnung (PatO). Außerdem wird das Verbot der Vertretung widerstreitender Interessen neu geregelt.

1. Zulassung

Der Gesetzgeber setzt in erster Linie bei der Zulassung zum Markt auf Anbieterseite an: Das Rechtsdienstleistungsgesetz (RDG) regelt seit dem 1. Juli 2008 in Deutschland die Befugnis, außergerichtliche Rechtsdienstleistungen zu erbringen und hat das bis dahin geltende Rechtsberatungsgesetz (RBerG) von 1935 abgelöst. Anders als das RBerG regelt das Rechtsdienstleistungsgesetz nicht die

Erbringung von Rechtsdienstleistungen im gerichtlichen Verfahren; dies ist nunmehr in den jeweiligen Verfahrensordnungen geregelt.

Für den Anbieter, der qualifizierte Dienstleistungen im rechtlichen Bereich erbringen will, ist eine solide juristische Ausbildung unerlässlich. Bei aller berechtigten Kritik an dem derzeitigen System der juristischen Ausbildung und ihren Inhalten sorgt doch das juristische Hochschul- bzw. Universitätsstudium, ergänzt um eine an das Studium anschließende praktische Ausbildung für hohe Qualität auf der Anbieterseite[1].

Nach § 4 BRAO kann zur Rechtsanwaltschaft nur zugelassen werden, wer entweder die Befähigung zum Richteramt nach dem deutschen Richtergesetz erlangt hat oder die Eingliederungsvoraussetzungen nach dem Gesetz über die Tätigkeit europäischer Rechtsanwälte in Deutschland (EURAG) erfüllt oder die Eignungsprüfung nach Teil 4 des EURAG bestanden hat. In den weitaus meisten Fällen erlangen Anwälte in Deutschland die Zulassung zur Rechtsanwaltschaft dadurch, dass sie zuvor die Befähigung zum Richteramt erwerben. Das heißt, dass sie ein rechtswissenschaftliches Studium an einer Universität erfolgreich mit einem Ersten Staatsexamen abschließen und nach dem anschließenden Vorbereitungsdienst erfolgreich das Zweite Staatsexamen ablegen, § 5 DRiG. Diese Hürde ist recht hoch. Traditionell liegen die „Durchfallquoten“ bereits beim Ersten Staatsexamen zwischen vierzig und fünfzig Prozent, manchmal darüber. Bekanntlich ist auch die Quote der Referendare, die das Zweite Staatsexamen endgültig nicht bestehen, nicht gerade gering. Es ist also gar nicht so einfach, die Befähigung zum Richteramt zu erlangen. Die Befähigung zum Richteramt ist lediglich eine von vielen Voraussetzungen, die Befähigung zum Rechtsanwalt zu erlangen, und keineswegs identisch.

In Österreich erwartet nach erfolgreichem Abschluss des JUS-Studiums an der Universität mit dem Mag. iur. den zukünftigen Rechtsanwalt eine intensive fünfjährige Ausbildung als Rechtsanwaltsanwärter in einer Kanzlei – bzw. den Notariatskandidat in einem Notariat. Diese wird mit der Rechtsanwaltsprüfung und Eintragung in die Liste der Rechtsanwälte gem. § 1 Rechtsanwaltsordnung beendet.

Unter Juristen in Österreich ist „Konzipient“ eine immer noch gängige Bezeichnung für einen Rechtsanwaltsanwärter, in der Schweiz „Substitut“. Während die nur einige wenige Monate umfassende Anwaltsstation für Referendare in Deutschland in der Regel eher die Ruhigste ist und zur Vorbereitung auf das 2. Staatsexamen genutzt wird, ist die 5-jährige Ausbildung österreichischer Anwaltsanwärter ein Knochenjob. Rund 2.200 Konzipienten kommen auf die

1 Branchenbericht der Sparkassen 2020, S. 19.

6.100 Anwälte und arbeiten in der Regel in diesen Jahren bei kleinem Gehalt 50–60 Stunden die Woche.

Daneben ist Recht heute auch mit einem Bachelor und Masterstudiumgang gern auch in Kombination mit Wirtschaft absolvierbar, was allerdings nicht zur Anwaltszulassung befähigt. Der LL.M. bzw. die Promotion nach abgeschlossenem Universitätsstudium sind eine beliebte Zusatzqualifikation für Rechtsanwälte[2].

Rechtlich ist es möglich, dass der frischgebackene Rechtsassessor nach Abschluss einer Berufshaftpflichtversicherung seine Zulassung zur Rechtsanwaltschaft beantragt, ein Büro einrichtet und zu praktizieren beginnt. Betriebswirtschaftlich sinnvoll ist das in der Regel gerade in Deutschland nicht. Der junge Rechtsanwalt muss seinen Beruf erlernen. Dies gelingt ihm am besten, wenn er bereits während der Referendarausbildung intensiv in einer Kanzlei mitarbeitet. Als Minimum empfiehlt sich, wenigstens noch ein Jahr als angestellter Anwalt zu arbeiten. Mir erscheint diese Zeitspanne noch zu kurz. Bei manchem „Spätstarter" stellt sich erst nach drei oder vier Jahren heraus, ob er als Rechtsanwalt etwas taugt. Dementsprechend dauerte es früher auch etwa vier Jahre, bis einem jungen Anwalt die Partnerschaft in einer Anwaltskanzlei angetragen wurde. Die schwieriger werdende wirtschaftliche Situation der Anwälte hat die Zeit bis zur Partnerschaft deutlich länger werden lassen. Die manchmal mehrere Jahre dauernde Einarbeitungszeit eines jungen Anwalts umfasst nicht nur das Vermitteln juristischen Rüstzeugs für die Praxis, sondern auch unabdingbare Kenntnisse über die Kanzleiorganisation und nicht zuletzt betriebswirtschaftliche Kenntnisse, die in der klassischen juristischen Ausbildung vollständig ausgespart bleiben[3].

Nicht zuletzt sind Kenntnisse über das anwaltliche Berufsrecht, Gebührenrecht, Haftungsfragen aber auch Berufsethik nicht ganz unwichtig – Rechtsgebiete, die bislang in Deutschland zumindest weitgehend in der Juristenausbildung ausgespart bleiben.

---

i

Anwaltliches Berufsrecht muss zur Grundausbildung jeden Anwaltes gehören, egal ob er in eigener oder fremder Kanzlei tätig ist.

Die Rechtsanwaltskammer München begrüßt denn auch jeden neuen Kollegen im Kammerbezirk egal ob Berufsanfänger oder gestandener Partner mit der Zu-

2 Mehr dazu in meinem Aufsatz zu „Weiterbildung für Juristen" vom 13.12.2020 auf dem CLP-Blog. So auch Masterstudiengang in „Legal Practice" der FU Hagen, für den dieses Buch als Studienliteratur dient.

3 Beipielhaft hier die österreichische Anwaltsausbildung, die die zukünftigen Anwälte in der Konzipientenzeit auch auf Themen wie Kanzleiorganisation, Strategie und Taktik im Mandat, Rhetorik und Berufsrecht etc. vorbereiten sollte.

sendung einer aktuellen Ausgabe der Textsammlung zum Anwaltlichen Berufsrecht[4]. Mit der großen BRAO Reform wurde diese Forderung nun aufgegriffen: Mindestens 10 Zeitstunden im Berufsrecht muss nun jeder Rechtsanwalt in seinem ersten Zulassungsjahr absolvieren (§ 43 f BRAO). § 43 Abs. 6 BRAO ordnet zwar zusätzlich eine allgemeine Fortbildungspflicht für Anwältinnen und Anwälte an, die aber weder konkretisiert noch sanktionierbar ist. Eine gesetzliche Regelung mit Bußgeldbewehrung war 2017 bei der kleinen BRAO-Reform im Bundestag gescheitert, so dass Deutschland nun Schlusslicht bei der anwaltlichen Fortbildung ist: Spanien, Ungarn und Österreich haben z.B. eine sanktionierte Fortbildungspflicht; andere Länder Qualitätssicherungssysteme durch Peer-Review. Dabei geht es schon längst nicht mehr um die in Deutschland übliche Fach-Fortbildung, sondern den Erwerb von Schlüsselkompetenzen wie Sachverhaltsermittlung oder Gesprächsführung, Kanzleimanagement, Büroorganisation und Personalführung. Immerhin fragt die EU-Kommission schon seit geraumer Zeit, womit Deutschland das Anwaltsmonopol durch extrem hohe Hürden auf dem Weg zum Berufseintritt rechtfertigen wolle, wenn danach keine obligatorische Fortbildungspflicht mehr besteht. Zu den Zulassungsvoraussetzungen der Rechtsanwaltsgesellschaften im Einzelnen in einem der späteren Kapitel.

2. Vergütung

Außerdem reguliert der Gesetzgeber den Marktpreis. Die Regulierung betrifft somit auch die Art und Weise, wie rechtliche Dienstleistungen erbracht werden dürfen und zu welchem Preis.

So schreibt der Gesetzgeber beispielsweise für den Bereich der forensischen Dienstleistung **Mindestpreise** vor. Denn nur in außergerichtlichen Angelegenheiten kann der Rechtsanwalt Vergütungen vereinbaren, die niedriger sind als die „gesetzlichen“ Gebühren, § 4 Abs. 2 Satz 1 RVG, § 49 b Abs. 1 Satz 1 BRAO[5]. Obwohl in der durch das RVG abgelösten Bundesgebührenordnung für Rechtsanwälte die vereinbarte Vergütung systematisch vor der Vergütungsberechnung nach den Werttabellen der Gebührenordnung geregelt gewesen war, wurde das

4 Huff / Löwe (Hrsg.), Textsammlung Anwaltliches Berufsrecht 2020.

5 Zum 1.1.2021 sind die Rechtsanwaltsgebühren nach RVG Tabelle ebenso wie die Sachverständigen- und Dolmetscherhonorare, Schöffen- und Zeugenentschädigungen sowie Gerichtsgebühren linear um 10%, in sozialrechtlichen Angelegenheiten um 20% erhöht worden. Eine längst überfällige Erhöhung, deren Umsetzung vor allem auch dem unermüdlichen Einsatz des Deutschen Anwaltvereins zu verdanken ist.

Tabellenhonorar durchgängig als „gesetzliche Gebühr" bezeichnet, gleichsam so, als ob das privatautonom vereinbarte Honorar eine „ungesetzliche Vergütung" wäre. Für das am 1. Juli 2004 in Kraft getretene RVG gilt dies sogar umso mehr, als hier systematisch die Vereinbarung einer Vergütung in § 4 RVG nach der Vergütungsberechnung gemäß dem Vergütungsverzeichnis geregelt worden ist, § 2 Abs. 2 S. 1 RVG. In § 22 Abs. 2 Satz 1 RVG hat der Gesetzgeber sogar eine **Obergrenze für die Vergütung** des Anwalts vorgesehen. Höher als 30.000.000,00 EUR darf der Gegenstandswert in derselben Angelegenheit regelmäßig nicht mehr sein. Schließlich sieht das RVG eine besondere Form für **Honorarvereinbarungen** vor, die zu Gunsten des Rechtsanwaltes vom RVG abweichen. Denn eine höhere als die gesetzliche Vergütung ist generell zulässig und vor allem dann geboten, wenn die gesetzlichen Gebühren keine angemessene oder kostendeckende Vergütung darstellen. Geringere als die gesetzlichen Gebühren sind nach § 49b Abs. 1 Satz 1 BRAO nur in den Fällen zulässig, in denen dies zulässig ist, so zum Beispiel in außergerichtlichen Angelegenheiten.

Für Ansprüche auf höhere als die gesetzliche Vergütung in Geld gilt Schriftform. Damit ist zwingend die Schriftform des § 126 BGB vorgeschrieben. Anders als § 126 Abs. 2 BGB gilt die Schriftform jedoch nur für die Erklärung des Mandanten, nicht aber für die gesamte Vereinbarung an. Voraussetzung ist somit, daß der Auftraggeber eigenhändig, also durch seine Unterschrift oder mittels seines notariell beglaubigten Handzeichens ein separates (!) Schriftstück unterzeichnet, aus dem heraus das Versprechen des Honorars in einer bestimmten Höhe ersichtlich ist. Die schriftliche Bestätigung durch den Mandanten ist auch dann noch erforderlich, wenn er bereits mündlich zugestimmt hat.

Wird die Formvorschrift nicht eingehalten, so ist nicht der gesamte Anwaltsvertrag nichtig, sondern der Anwalt kann für diesen Fall nur keine höhere als die gesetzliche Vergütung verlangen. Der Mandant schuldet also immer mindestens die gesetzliche Vergütung.

Eine Heilung des verletzten Formerfordernisses ist z.B. durch freiwillige Zahlung des vereinbarten Honorars möglich. Honorarvereinbarungen sind nur für Prozeßkostenhilfeverfahren und für den zur Beratungshilfe verpflichteten Anwalt nach § 8 Abs. 2 BerHG ausgeschlossen.

Die Intransparenz der Vergütung erzeugt aus Sicht der Nachfrager häufig den Eindruck, „die Katze im Sack zu kaufen". Dazu trägt auch bei, dass der Anwalt im Vorfeld naturgemäß nur vage Kostenauskünfte geben kann und erst Recht Vorabzahlung außer im Strafrecht eher unüblich ist. Die staatliche Gebührenordnung schafft nur scheinbare Klarheit. Ein juristisch nicht ausgebildeter Nachfrager kommt mit den Normen und den Gebührentabellen des Rechtsanwaltsvergütungsgesetzes nicht zurecht. Auch dürfte der (nachträgliche)

Berurteilungsspielraum des Anwaltes hinsichtlich Umfang und Tragweite des Mandats eine Besonderheit der Rechtsbranche sein, die in anderen Branchen eher unüblich ist.

Im Bereich der Beratung von Unternehmen dürfte zwar immer noch die **Abrechnung** von Anwaltshonoraren **nach dem Zeitaufwand** dominieren[6], was jedoch noch nichts über den Preis der endgültigen Leistung aussagt. Denn zu Beginn des Mandates weiß der Mandant im Regelfall noch nicht, welchen Zeitaufwand die Bearbeitung erfordern wird. Dem Anwalt ergeht es ähnlich. Zwar kann er sich auf Erfahrungswerte stützen. Wegen der Interaktivität der anwaltlichen Dienstleistung ist in umfangreichen Angelegenheiten der Einfluss des Mandanten auf den zur Bearbeitung des Mandats erforderlichen Zeitaufwand groß und von dem Anwalt im Vorhinein nur schwer einzuschätzen. Die Möglichkeit der Vergütung auf Erfolgsbasis war daher allseits gewünscht[7]. Mit dem Gesetz zum Legal Tech-Inkassodienstleister nach dem Rechtsdienstleistergesetz (RDG), dass der Anwaltschaft einen faien Wettbewerb auf dem Rechtdienstleistungsmarkt ermöglichen soll, wurde neben dem Verbot der Prozessfinanzierung auch das Verbot des Erfolgshonorars weitgehend gelockert.

Zu den Einzelheiten der Vergütungssysteme und der Vergütungshöhe für Anwälte lesen sie in einem der nächsten Kapitel.

Letztlich ist nun erstmals auch unentgeltliche Rechtsberatung in familiärer, nachbarschaftlicher oder ähnlich enger persönlicher Beziehungen zulässig (§ 6 RDG). Wer außerhalb dieses engen persönlichen Kreises Rechtsberatung unentgeltlich erbringt, bedarf dazu zwar grundsätzlich der Anleitung durch einen Juristen, allerdings ist dadurch nun auch die studentische Rechtsberatung in Deutschland (legal clinics/law clinics[8]) möglich geworden, bei der Jura-Studenten ratsuchenden Bürgern unentgeltliche Rechtsberatung erbringen. Ein sicherlich längst überfälliger Schritt des Gesetzgebers, wenngleich doch am Ende auch nicht völlig ohne Einfluss auf das Rechtsberatungsgeschäft und die Erwartungshaltung der Allgemeinheit, ob, wann und wie Rechtsberatung vergütet werden sollte.

---

6 Die üblichen Stundensätze reichen von 75,00–750,00 €, liegen also bei 350 € im Durchschnitt, abhängig von Rechtsgebiet, Qualifizierung, Ranghöhe innerhalb der Kanzlei und Standort, wobei der weit überwiegende Teil der Kollegenschaft mit einem Stundensatz zwischen 150 € und 250 € arbeitet, so der Branchenreport der Sparkasse 2020, 5; JUVE.de/ Rechtsmarkt/Stundensätze ff.

7 Hasso Suliak "Erfolgshonorare für Anwälte allseits erwünscht" in LTO vom 28.11.2019.

8 Branchenbericht der Sparkassen 2020, S. 18.

3. Regeln

Und letztlich: Eine Anwaltskanzlei ist ein **Wirtschaftsunternehmen**. Deshalb gelten für Anwälte selbstverständlich nahezu alle Regeln, die auch für andere Wirtschaftsunternehmen gelten, in gleicher Weise, wie beispielsweise das Gesetz gegen den unlauteren Wettbewerb.

Berufsrechtliche Spezialregelungen, denen andere Anbieter von juristischen Dienstleistungen nicht unterworfen sind, engen die wirtschaftliche Entfaltung von Rechtsanwälten jedoch noch weiter ein. Die allmähliche Lockerung des Werberechts für Rechtsanwälte (§ 43 b BRAO) ist kein Verdienst des Gesetzgebers, sondern Verdienst des Bundesverfassungsgerichts, dessen Zweite Kammer des Ersten Senats nicht müde wird, das grundlegende Missverständnis der Instanzgerichte in Bezug auf das Grundrecht der Anwälte auf freie Berufsausübung zu rügen.

Das Beachten dieser Spezialregeln ist aufwendig und kann einen Wettbewerbsnachteil gegenüber nichtjuristischen Wettbewerbern darstellen[9]. Den Anwälten sollte es jedoch gelingen, die besonderen Sorgfaltsanforderungen, die der Gesetzgeber an ihre Arbeit stellt, ihre fundierte Ausbildung und insbesondere ihre besonderen Pflichten zur Verschwiegenheit und Unabhängigkeit von den Interessen Dritter in den Augen der Öffentlichkeit als die Wettbewerbsvorteile darzustellen, die sie tatsächlich sind.

Die Spielregeln werden durch eine ganze Reihe standesrechtlicher Gesetze und Verordnungen bestimmt:
- Bundesrechtsanwaltsordnung (BRAO),
- Berufsordnung (BORA)
- Fachanwaltsordnung (FAO)
- Rechtsanwaltsvergütungsgesetz (RVG) und Beratungshilfegesetz (BerHG)
- Rechtsdienstleistungsgesetz (RDG) mit Einführungsgesetz und Verordnung,
- Partnerschaftsgesellschaftsgesetz (PartGG)
- Rechtsanwaltsverzeichnis- und -postfachverordnung (RAVPV),
- Elektronischer Rechtsverkehr Verordnung (ERVV)

Das österreichische Standesrecht gestaltet sich in etwa parallel:
- Rechtsanwaltsordnung (RAO)
- Disziplinarstatut
- Rechtsanwaltstarifgesetz (RATG), Entlohnungsrichtlinie und Allgemeine Honorar Kriterien (AHK)

9 Wie auch das Fremdbesitzverbot: Branchenbericht der Sparkassen 2020, S. 17.

Zudem kommen auf europäischer Ebene hinzu:
- Berufsregeln der Rechtsanwälte der EU (CCBE)
- Gesetz über die Tätigkeit europäischer Rechtsanwälte (EuRAG)

Allgemeine Vorschriften wie das StGB oder Geldwäschegesetz, die Dienstleistungs- Informationspflichten-Verordnung (DL-InfoV), das Mediationsgesetz, VwGO und OWiG spielen auch für die anwaltliche Tätigkeit eine Rolle.

Besonders hervorzuheben ist etwa die Verpflichtung zum Abschluss einer Berufshaftpflichtversicherung bzw. Vermögensschadenhaftpflichtversicherung (sogenannte Zulassungspolice oder Titulardeckung), wobei die Mindestdeckungssummen in Deutschland bei 250.000 € pro Versicherungsfall liegen und in Österreich bei 400.000 € pro Versicherungsfall, ebenso die Verpflichtung und die Vorschriften zur formellen Begründung und Einrichtung einer Kanzlei sowie die besonderen Vorgaben zu Kooperation und Werbung. Hierauf wird in den speziellen Kapiteln beispielsweise zu Marketing gesondert einzugehen sein.

Endlich kommt nun Bewegung in die Sache: Zur Neuregelung des Berufsrechts der anwaltlichen und steuerberatenden Berufsausübungsgesellschaften werden umfassende Neuregelungen in der Bundesrechtsanwaltsordnung (BRAO), dem Steuerberatungsgesetz (StBerG) und der Patentanwaltsordnung (PAO) erfolgen. Den Berufsausübungsgesellschaften sollen darin alle Europäischen Gesellschaften, Gesellschaften nach deutschem Recht und nach dem Recht eines anderen EU- und EWR-Mitgliedstaates zur Auswahl stehen und sogar selbst Träger von Berufspflichten, bei den Kammern zugelassen und in den elektronischen Verzeichnissen geführt werden. Außerdem sollen Kooperation mit anderen Berufsgruppen wie etwa Ärzten und Architkten möglich sein.

Was hat Ihnen das Kapitel gebracht?
In diesem Abschnitt haben Sie einen Überblick über die staatlichen Reglementierungen und Eingriffe in den Rechtsberatungsmarkt im Besonderen erfahren, deren Historie und Zielrichtung sowie sonstigen Marktbeschränkungen.

III. Das Produkt der Rechtsberatung

Wozu sollten Sie dieses Kapitel lesen?
Sie erfahren, WAS das Produkt bzw. die Dienstleistung der „Rechtsberatung“ ausmacht und wodurch es sich von anderen unterscheidet.

Übersicht

1. **Interessenvertretung**
2. **Krisenintervention und Vertrauen**
3. **Legal Coaching und Mediation**

Ein noch immer verbreitetes Rollenklischee sieht den Rechtsanwalt als einen eher behäbigen Rechtskundigen, der sich nach gründlicher Subsumtion des an ihn herangetragenen Sachverhalts unter die relevanten Normen dem Rechtsuchenden bemüht, juristisch richtige Antworten in einer allenfalls Fachleuten verständlichen Rechtssprache näherzubringen. Im Idealfall zeigt er noch verschiedene Verhaltensmöglichkeiten auf, lässt den Mandanten im Übrigen jedoch weitestgehend mit der Entscheidung, wie er sich sinnvollerweise verhalten sollte, allein.

Leider besteht dieses Klischee nicht ganz zu Unrecht. Denn von professioneller Dienstleistungsmentalität sind auch heute noch Kanzleien weit entfernt. Jeder Rechtsanwalt sollte sich bewusst sein, ein Dienstleister zu sein. Rechtsanwälte haben ihre berufliche Tätigkeit an den Bedürfnissen und Wünschen ihrer derzeitigen und potentiellen Mandanten auszurichten. Sie müssen stets versuchen herauszufinden, welches Ziel ihr Mandant verfolgt, und haben alles daranzusetzen, dieses Ziel für ihren Mandanten zu erreichen. Die Begegnung mit „seinem“ Rechtsanwalt darf für einen Mandanten nicht zu einem unerfreulichen Ereignis werden. Vielmehr muss die Zusammenarbeit des Anwalts mit dem Mandanten darauf ausgerichtet sein, den Mandanten nicht nur zufrieden zu stellen, sondern eine vertrauensvolle Beziehung aufzubauen.

Das Kernprodukt anwaltlicher Dienstleistung beschreibt § 3 Abs. 1 BRAO: Der Rechtsanwalt soll seinen Mandanten beraten und ihn vertreten. Nach § 1 Abs. 3 BORA[1] soll der Rechtsanwalt seinen Mandanten vor Rechtsverlusten schützen, rechtsgestaltend, konfliktvermeidend und streitschlichtend begleiten, vor Fehlentscheidungen durch Gerichte und Behörden bewahren und gegen verfassungswidrige Beeinträchtigung und staatliche Machtüberschreitung sichern.

---

1 BORA – die Berufsordnung für Rechtsanwälte in der Fassung vom 1.1.2018.

Diese Benennung verschiedener Aufgaben des Rechtsanwalts ist nicht abschließend. Beide Normen betonen die „Beschützerfunktion“ des Rechtsanwalts. Ein guter Rechtsanwalt wird sich jedoch nicht auf reaktives und rein defensives Verhalten beschränken, sondern aktiv – und wenn es sein muss, auch aggressiv – auf die Durchsetzung der Rechte seines Mandanten hinwirken. Die Formulierung, Aufgabe des Anwalts sei, den Mandanten (nur) „zu begleiten“, ist ungenau. Bei einer bloßen Begleitung des Mandanten sollte es ein Rechtsanwalt nicht belassen. Der Mandant darf Unterstützung und Beistand erwarten.

Die Realität in den Kanzleien hat sich aber in den letzten Jahren auch und gerade beim Thema „Mandantenbeziehung“ gewandelt: Dienstleister, Service und Mandantenzufridenheit sind keine Fremdwörter mehr. Der Durchschnittsmandant hat aber auch seine Bedürfnisse und Erwartungen geändert: Er möchte heute nicht mehr (nur) Information. Die bekommt er von überall her, mal mehr oder weniger validiert und nützlich, aber immer 24/7 und auch kostenlos. Der Zugang zum qualifizierten Rechtsrat ist nicht mehr an den Kollegen um die Ecke gebunden, sondern ebenfalls 24/7 überall und oft sehr günstig abrufbar. Der nachhaltige Aufbau oder Erwerb eines Mandantenstammes ist daher für Kanzleien von eher untergeordneter Bedeutung (und kann auch nicht mehr bei der Übertragung einer Kanzlei monetarisiert werden). Auch der früher befürchtete Wechsel des Mandanten zum Kollegen beim nächsten Mandat ist heute absolut übliche Praxis. Gefürchtet und steigend sind jetzt aber vor allem Mandatswechsel während eines laufenden Mandats.

„Wie ist die Rechtslage?“ lautet eine typische Fallfrage aus Studium und Examen. Nicht selten stellen auch Mandanten diese Frage. Die Annahme, der Mandant wünsche nur eine lexikalische Auskunft oder gar die, der Mandant verlange nach der Entfaltung von Rechtsbegriffen und einer schulmäßigen Lösung des „Falls“, wäre regelmäßig falsch.

Der Mandant, der nach der Rechtslage fragt, will in Wahrheit wissen: „Was soll ich tun?“. Vor „Beratungsschnellschüssen“ ist zu warnen.

1. Interessenvertretung

Kern dieser rechtlichen Beratung und Begleitung ist die Interessenvertretung.

Diese fängt damit an, dass der Rechtsanwalt die Situation des Mandanten zutreffend erfasst, rechtlich analysiert und bewertet. Eine vielleicht den Anforderungen einer Examensklausur genügende Bewertung des Ist-Zustandes reicht in der Praxis nicht aus.

Dabei sollte der Anwalt verschiedene Szenarien möglicher zukünftiger Entwicklungen durchdenken und Lösungsvarianten entwickeln. Über das Ergebnis der Analyse und die Bewertung ist der Mandant vollständig und möglichst bald zu informieren. Ein kluger Anwalt wird verschiedene Möglichkeiten der Problemlösung entwickeln und seinem Mandanten schildern. Besonderes Augenmerk verdienen unrichtige Vorverständnisse von Mandanten über rechtliche Zusammenhänge. Diese muss der Anwalt behutsam aber nachdrücklich korrigieren.

Zur Dienstleistung eines Anwalts gehört es auch, einen für den Mandanten leicht zu verstehenden Kommunikationsmodus zu wählen und, den Bedürfnissen des Mandanten entsprechend, den Sprachcode auf verschiedenen Ebenen variieren zu können. Teil des anwaltlichen Service ist es, Äußerungen Dritter, insbesondere Entscheidungen von Gerichten und Behörden, für den Mandanten zu „übersetzen".

In gerichtlichen Verfahren liegt es nahe, dass der Anwalt eine Führungsrolle übernimmt. Allerdings wird ein guter Anwalt seinen Mandanten keinen Moment lang als „Verfahrensobjekt" betrachten oder gar behandeln, sondern den Mandanten in die Prozessführung einbeziehen. Dies gilt besonders für die Abstimmung der Prozesstaktik mit dem Mandanten. Schließlich führt der Anwalt den Prozess des Mandanten, nicht seinen eigenen.

Wesentliche Voraussetzung für eine gelungene anwaltliche Dienstleistung ist die Leistungsfähigkeit des Anwalts. Leistungsfähigkeit im hier gemeinten Sinn setzt voraus, dass der Anwalt über das erforderliche rechtliche Fachwissen und die Fähigkeit, dieses Fachwissen nutzbringend für den Mandanten einzusetzen, verfügt.

Die Zufriedenheit des Mandanten mit der Dienstleistung ist das höchste Ziel anwaltlicher Servicebemühungen. Dies ist durchaus kein rein altruistisches Ziel. Denn ein hoher Grad an Mandantenzufriedenheit ist ein wichtiger Faktor für den Erfolg einer Kanzlei. Ein zufriedener Mandant empfiehlt die Kanzlei (hoffentlich) weiter. Ein unzufriedener Mandant wird seinen Unmut nicht unbedingt gegenüber seinem Anwalt, mit hoher Sicherheit jedoch im Bekanntenkreis äußern.

Wie wird Mandantenzufriedenheit hergestellt? Mandantenzufriedenheit ist das Ergebnis eines Vergleichsprozesses. Der Mandant vergleicht die von ihm erwartete Dienstleistung mit der von ihm wahrgenommenen Dienstleistung. Jeder Mandant hegt bei der Inanspruchnahme anwaltlicher Dienstleistung Erwartungen. Unzufrieden ist ein Mandant, wenn diese Erwartungen nicht erfüllt werden. Umgekehrt führt die Erfüllung von Mandantenerwartungen jedoch noch nicht automatisch zu einem hohen Maß an Mandantenzufriedenheit. Der Mandant setzt vielmehr als selbstverständlich voraus, dass seine Erwartungen erfüllt werden. Erst wenn die Erwartungen des Mandanten übertroffen werden, stellt sich ein Maß an Zufriedenheit ein, das zu einer langfristigen Mandantenbindung führen kann.

Die meisten Mandanten können die Qualität der anwaltlichen Dienstleistung mangels eigener Fachkompetenz in juristischer Hinsicht kaum zutreffend beurteilen. Juristische Fachkompetenz des Anwalts setzen sie als selbstverständlich voraus. Ob ein Anwalt „gut" ist, man mit seiner Leistung zufrieden sein kann, beurteilen Mandanten sehr häufig anhand von Ersatzindikatoren. Diese Ersatzindikatoren haben mit der objektiven juristischen Qualifikation nicht in jedem Fall etwas zu tun. Leicht nachvollziehbar ist, dass Mandanten Wert auf akademische Titel und Fachanwaltsbezeichnungen legen. Einleuchten dürfte auch, dass Empfehlungen zufriedener Mandanten neuen Mandanten eine Hilfe bei der Einschätzung ihres Anwalts sind. Nur scheinbar banal ist die Tatsache, dass auch die Erfüllung klischeehafter Vorstellungen nicht unerheblich zur Mandantenzufriedenheit beiträgt. Unternehmer als Mandanten haben nun einmal mehr Zutrauen zu einem Anwalt im dunklen Anzug als zu einem Anwalt in Freizeitkleidung.

2. Krisenintervention und Vertrauen

Die anwaltliche Tätigkeit ist keine Dienstleistung wie jede andere. Sie ist durch eine ganze Reihe von Besonderheiten geprägt. Eine dieser Besonderheiten besteht darin, dass Mandanten sehr häufig die Dienstleistung eines Anwalts in einer Ausnahmesituation in Anspruch nehmen, in Krisenzeiten. Vielfach werden Anwälte von Unternehmen benötigt, um wichtige unternehmerische Entscheidungen vorzubereiten und umzusetzen. Gerade Verbraucher nehmen die Dienste von Anwälten regelmäßig in Notsituationen, die sowohl wirtschaftliche wie auch private Belange betreffen, in Anspruch. Dies erfordert vom Anwalt nicht nur feine Antennen für den emotionalen Zustand des Betroffenen, um auch ein „Thema hinter dem Thema" rechtzeitig erkennen zu können. Es erfordert ferner ein gewisses Krisen- und Konfliktmanagement, welches sich in erster Linie um Stabilisierung der Situation sowie Aufbau von Sicherheit und Vertrauen bemüht. Da Krisen immer auch Veränderungsprozesse sind, ist ein grundlegendes Verständnis von Change-Management unerlässlich für den Erfolg in der Sache und die Zufriedenheit des Mandanten.

Das Besondere am Vertrauensbestandteil der anwaltlichen Dienstleistung ist, dass sie immateriell, nicht „fassbar" ist. Wichtige Teile der anwaltlichen Dienstleistung sind für den Mandanten nicht sichtbar. Zwar erlebt der Mandant seinen Anwalt im Gespräch, bei Verhandlungen mit Dritten, gelegentlich besonders intensiv im Fall der Prozessvertretung. Einen wesentlichen Teil der Arbeit des Anwalts, die Recherche und die intellektuelle Leistung, die hinter der Erstellung eines Vertragsentwurfs oder eines Schriftsatzes steht, sieht der Mandant im Regelfall gerade nicht.

Eine der größten Schwierigkeiten der anwaltlichen Dienstleistung besteht also darin, diese für den Mandanten sichtbar, greifbar zu machen. Natürlich kann ein Anwalt einem Mandanten Kopien des Schreibens der Gegenseite mit einem so genannten „Rotzettel" von schlechter Papierqualität und dem lieblosen Vermerk „zur Kenntnisnahme" übersenden. So etwas gibt es in der Praxis noch oft genug. Und tatsächlich lassen sich viele Mandanten das immer noch bieten. Wie positiv anders wirkt es jedoch auf den Mandanten, wenn er von seinem Anwalt zugleich mit der Kopie des Schreibens der Gegenseite eine kurze Stellungnahme, die den Inhalt des übersandten Schreibens zusammenfasst, erhält. Auch wenn noch eine gründliche Prüfung der Argumente der Gegenseite erforderlich ist, so kann doch dem Mandanten häufig eine erste Einschätzung mitgeteilt und er über mögliche Konsequenzen der Argumente der Gegenseite informiert werden. Selbst wenn dies nicht möglich sein sollte, so kann ein Anwalt seinen Mandanten zumindest darüber informieren, dass und wann nun die Prüfung der Argumente der Gegenseite ansteht. Selbstverständlich sollte ferner sein, den Mandanten dann nicht nur in die eigene Argumentation einzuführen und diese mit ihm zuvor abzusprechen, sondern eine grundsätzliche Richtschnur für das Mandat und die beste Strategie mit dem Mandanten gemeinsam erarbeitet zu haben.

Hinzu kommt das hohe Maß an **Individualität der Anwaltsleistung**. Selbst bei immer wieder auftretenden Aufgaben, wie beispielsweise dem Entwurf der Satzung einer GmbH, mögen zwar einmal formulierte Klauseln für viele Fälle wieder verwendbar sein. Dennoch sind stets die Besonderheiten der Interessen des Mandanten, die kaum einmal in zwei Fällen absolut identisch sind, zu berücksichtigen. In Massenverfahren mag ein gewisser Grad an Standardisierbarkeit erreichbar sein. Im Regelfall jedoch sind eigene Standardklauseln und Formularbücher zwar eine wertvolle und unverzichtbare Hilfe, jedoch noch keine Lösung des Problems. Und letztlich kommt der Interaktion mit dem Mandanten entscheidende Bedeutung zu. Regelmäßig ist die Mitwirkung des Mandanten bei der Erfassung des relevanten Sachverhalts aber auch im Verlauf eines Mandats erforderlich, da dieser immer wieder Entscheidungen treffen muss, die der Anwalt dem Mandanten nicht abnehmen kann. Anwaltliche Dienstleistung kann der Mandant nicht einfach über sich ergehen lassen, konsumieren. Er ist vielmehr ein wichtiger Mitwirkender bei dieser Dienstleistung. Die Rechtsberatung muss daher nicht nur auf die Bedürfnisse des Mandanten Rücksicht nehmen, sondern auch die Nachfrage ihrer Zielklientel befriedigen. Die Kanzlei muss Rechtsrat zu den Problemfeldern und den Rechtsbereichen bieten können, die von der Zielklientel typischerweise nachgefragt werden. Das kann dazu führen, dass eine auf Familienrecht ausgerichtete Kanzlei beispielsweise auch mehr und mehr Mandate zum Sozialversicherungsrecht oder auch Asylrecht erhält, weil die Zielklientel dies mitbringt. Eine strafrechtlich ausgerichtete Kanzlei kann sich Unversehens mit einer Vielzahl typischer Steuerrechtsmandate konfrontiert sehen.

Bei **Standardleistungen**, wie beispielsweise der Prozessführung, der Beantwortung rechtlicher Fragen, der Verhandlungsführung für den Mandanten und dem Entwurf von Verträgen sollten sich Anwälte immer bewusst sein, dass eine Vielzahl von Wettbewerbern genau dieselbe Leistung anbietet. Die eigene Überzeugung, dass sich die juristische Qualität ihrer Arbeit deutlich von der ihrer Wettbewerber abhebe, nützt meist wenig. Die Schwierigkeit bei einer so verstandenen Qualitätspolitik besteht darin, dass zum einem eine ganze Reihe von Wettbewerbern unter den Rechtsanwälten zumindest brauchbare juristische Arbeit abliefern kann und zum anderen, dass der Mandant regelmäßig nicht in der Lage ist, die fachliche Qualität der Arbeit zu beurteilen, sieht man einmal von offenkundigen fachlichen Schnitzern wie dem Versäumen einer Frist oder der Unkenntnis der aktuellen Rechtsprechung ab. Auch greift selbstverständlich bei jedem Anwalt für grobe Schnitzer die entsprechende Berufshaftpflichtversicherung, so dass seine gewisse „objektive Grundqualität" der Rechtsberatung mit dem in Deutschland greifenden System gewährleistet ist. Die Qualität des Dienstleistungsprodukts Rechtsberatung ist daher hier nicht aus der Sicht des Anwalts, sondern aus der Sicht des Mandanten zu messen. Grundsätzlich erwartet der Mandant, dass sein Anwalt im Fall der Fälle die Prozessvertretung übernimmt. Aber ist die Prozessvertretung allein deshalb schon ein Produkt der Rechtsberatung? Zu einem Produkt wird die Prozessvertretung erst dadurch, dass eine Kanzlei Prozesse für ihre Mandanten nicht nur in rechtlicher Hinsicht richtig, sondern auf eine besondere Weise, die sich von den anderen Anwälten unterscheidet, führt. Damit die Prozessführung aus Sicht des Mandanten nicht als eine austauschbare Dienstleistung, sondern als ein spezielles Produkt einer bestimmten Kanzlei erscheint, muss sie für den Mandanten erkennbar anders als die Leistung von Wettbewerbern sein. Dies kann beispielsweise durch zusätzliche, für die eigentliche Prozessführung nicht notwendige, Serviceleistung erfolgen: Gerichtsunerfahrenen Mandanten kann als Zusatzleistung die vorherige Erläuterung des Verfahrensablaufs, eventuell in einem Flussdiagramm, erläutert werden. Strukturierte Vor- und Nachbesprechungen eines Gerichtstermins sollten eigentlich zum Standardrepertoire jeder Anwaltskanzlei gehören. Insbesondere vor einem Gerichtstermin ist es erforderlich, mögliche Entwicklungen vorherzusehen und dem Mandanten zu erläutern, um ihn vor Überraschungen zu bewahren. In der Praxis erfolgt die Vorbesprechung oft in einem wenige Minuten kurzen Gespräch auf dem Gerichtsflur, womöglich in Hörweite des Prozessgegners. Emotionale Ausbrüche im Anschluss an eine überraschend verlaufene mündliche Verhandlung sind gar nicht so selten. Ausreichende Vorbereitung und eine strukturierte Terminvorbereitung kann diese Szenarien vermeiden, indem mögliche Entwicklungen und ihre Konsequenzen im Vorfeld besprochen werden. Aus Sicht des Mandanten kann sich dies wohltuend von der Dienstleistung anderer Kanzleien abheben. Insbesondere in dem für den Mandanten sichtbaren Teil seiner Dienstleistung kann ein Anwalt viel für die „Produktgestaltung" tun. Dazu gehören die einheitliche und ansprechende Gestaltung der von ihm präsentierten Dokumente, eventuell das Bindenlassen umfangreicher Dokumentationen für den Mandanten oder die gemeinsame Vorbereitung mit dem Mandanten mittels Übersichten und grafischer Darstellungen, die dem Mandanten das Verständnis der Situation und der möglichen Entwicklungen erleichtern.

Beratungsmandat

Im klassischen Beratungsmandat erfragt der Rechtsanwalt das Rechtsbegehren des Mandanten, um dann mit ihm gemeinsam die dafür erforderlichen Tatsachen zusammenzutragen. Können diese dann das Rechtsbegehren nicht tragen, erfolgt eine Beratung zu möglichen Alternativlösungen. Der Mandant allein entscheidet, welche Lösung angestrebt werden soll und welche für ihn die Richtige ist. Das überfordert viele Mandanten. Und zurück bleibt ein unzufriedener Mandant mit einer für ihn unbefriedigenden Lösung.

Das Wissensmonopol der akademischen Ausbildung hat die Rechtsdienstleister lange Zeit davor bewahrt, sich mit diesem Dilemma auseinandersetzen zu müssen. Heute bringt die Digitalisierung das Wissensmonopol der Beraterbranche massiv ins Wanken und kratzt ordentlich am Beratergeschäft. Wissen ist dank Internet heute kostenfrei überall und jederzeit abrufbar. Berater müssen umdenken und eine neue Servicekultur entwickeln, in welcher der Kunde endlich wieder im Mittelpunkt steht. Doch eigentlich ging der Kunde noch nie allein wegen der informativen Beratung in die Kanzlei. Ihm ging es immer schon darum, dass eine Lösung gefunden und umgesetzt wird. Heute reduziert sich jedoch in den meisten Mandatsgesprächen die Information des vorinformierten Kunden auf ein Minimum; nämlich auf den Teil, der nicht allgemein verfügbar ist: die auf die individuelle Situation des Mandanten zugeschnittene Information.

Nun verstehen die meisten Juristen die individuelle Situation des Mandanten als "Sachlage". Sachlichkeit und Distanz sind Grundprinzipien in der klassischen Rechtsberatung – und in der gesamten Rechtsbranche: Die Katalogisierung der

Mandatsakte, das traditionelle Besprechungszimmer (mit der Termin- und Präsenzkultur), die anwaltliche und richterliche Robe, ja selbst die Innenarchitektur der Gerichtssäle und die Prozessordnung wurden nur dafür entwickelt.

Von der Sachlage ausgehend, wird das Rechtsbegehren definiert (objektiv wie subjektiv) und der Jurist beginnt mit der entsprechenden Einschätzung und Information des Mandanten.

Völlig unberücksichtigt bleibt dabei in der Regel,

- in welchem emotionalen Zustand sich der Mandant befindet und in welchem Stadium der Krisensituation bzw. des Veränderungsprozesses,
- welche Rechtslösung für den Mandanten zu dessen Wertesystem und Lebensziel passt und
- wie die für die Mandatierung erforderliche Vertrauensbeziehung schnellstmöglich und nachhaltig etabliert werden kann – die Grundlage jeder Mandatierung.

Ein in der Rechtsberatung weitverbreitetes Paradigma in diesem Zusammenhang lautet: "Rechtsberatung ist nur dann professionell und seriös, wenn das Problem analytisch und sachlich angegangen und gelöst wird."

Man möchte nicht allzu sehr „menscheln". Emotionaler Abstand zum Mandanten hilft schließlich, einen kühlen Kopf zu bewahren. Und in der Tat ist die Versachlichung der Konfliktsituation, in der sich die Parteien in den allermeisten Fällen bereits die Köpfe heiß diskutiert haben, einer der Kernwerte des Anwaltsgeschäfts.

Merke:
Das versachlichte Beratungsmandat kann durch technische Lösungen prinzipiell ersetzt werden.

Doch gilt dies auch im Verhältnis zum Mandanten? Wie kann die für den Mandanten beste Rechtslösung gefunden werden und eine individuelle Beratung erfolgen, wenn der Mandant nicht als Mensch wahrgenommen wird? Der so arbeitende Jurist bietet heute in der Tat kaum mehr als eine technikbasierte Lösung – und fürchtet zu Recht, schon bald ersetzt zu werden.

Während dieser Anwalt in erster Linie seine juristische Fachexpertise zur Verfügung stellt und damit den Mandanten in Auseinandersetzungen, Verhandlungen oder in Gerichtsprozessen begleitet, bietet der Legal Coach eine Form von professionellem Kommunikations- und Prozessmanagement, welches dem Mandanten einen geschützten Rahmen für Entwicklung und eigene Entscheidungen bietet. In beiden Fällen bleibt der Klient Herr des Geschehens und der Anwalt/Rechtscoach allein dem Klienten gegenüber verpflichtet.

Wenn also die reine Beratung, die früher Kernkompetenz der Anwälte war, in den Hintergrund tritt und stattdessen nun Kompetenzen in Krisenmanagement, Konfliktlösung, Empathie, Kommunikation und Verhandlungsgeschick, strategischem und systemischem Verständnis eine wachsende Rolle spielen, dann wird er nicht austauschbar sein.

Das ist nichts Neues. Auch andere klassische Beraterberufe entwickelten sich in den letzten Jahren in diese Richtung. Die Beraterbranche wird zunehmend nahbarer, menschlicher.

Damit unterscheidet sich der Berater von morgen von Algorithmen und technischen Lösungen; aber auch von anderen Beratern. Der Berater von morgen ist nicht austauschbar.

Nicht austauschbar zu werden, kann aber auch durch eine einzigartige Kombination aus verschiedenen Fachkompetenzen, Berufs- und Lebenserfahrung erreicht werden. Trifft also juristische Expertise auf Kommunikations- und Krisenkompetenz, kann dieser coachende Jurist seinen Mandanten sehr viel besser in seiner derzeitigen Situation abholen und verstehen.

Derart sensibilisiert kann der Anwalt die Krise des Mandanten nicht nur rechtlich, sondern auch menschlich erfassen, deren Stadium bestimmen und die passenden Methoden auswählen, den Mandanten herauszuführen. Das sind nicht in erster Linie rechtliche Schritte, sondern eine Kommunikation, die das Sicherheitsbedürfnis des Mandanten anspricht. Der Mandant fühlt sich verstanden und der Anwalt kann die Informationen des Mandanten besser einordnen und verstehen, aber auch Strategie und Taktik sowie das Mandatsmanagement darauf abstimmen. Das führt zu einer vertrauensvollen und nachhaltigen Mandantenbeziehung, aber eben auch zur für den Mandanten passenden Rechtslösung. Das Geschäft wird belebt. Der Anwalt kann auf menschlicher Ebene helfen und fühlt sich in seiner Arbeit erfüllt und sinnstiftend[2].

Für die erfolgreiche Anwaltstätigkeit ist also ein vertieftes Verständnis von Veränderungs- und Kommunikationsprozessen unerlässlich. Dies garantiert nicht nur zufriedene Mandanten, sondern auch ein professionelles und damit effizientes Mandatsmanagement. Da dies in der anwaltlichen Ausbildung bislang ebenso wenig vermittelt wird wie betriebswirtschaftliches Know-how, bleibt es Aufgabe der Anwaltschaft, hier post graduate nachzubilden[1].

Mandanten kommen heute zwar vorinformiert – bzw. kommen gar nicht mehr persönlich – zum Anwalt ins Büro, befinden sich jedoch wie eh und je in einer persönlichen Krisensituation und einem Veränderungsprozess (sei es eine Kündigung durch den Arbeitgeber, ein Strafbescheid der Finanzbehörde, eine

---

2 *Dr. Geertje Tutschka* in: „Vom Jurist zum Legal Coach“, in: TalentRocket vom 15.8.2018.

drohende Insolvenz). Das macht ihnen Angst und nimmt dem Besuch die Freiwilligkeit (ähnlich dem Zahnarztbesuch). Kein Wunder, dass Anwälte nicht unbedingt den besten Ruf haben, werden sie doch regelmäßig mit all diesen negativen Situationen und Gefühlen assoziiert.

Nach den verschiedenen Modellen für Krisensituationen und Veränderungen werden diverse Stadien durchlaufen und zwar immer alle und immer alle nacheinander.

Ohne hier zu umfangreich auszuführen: Für die Mandatsbearbeitung macht es einen Unterschied, zu welchem Zeitpunkt der Mandant in die Kanzlei kommt:

- des „ersten Schocks" (z.B. hat er gerade die Kündigung erhalten)
- bereits in der Phase der Krise (z.B. hat er bereits Gespräche geführt) oder
- Akzeptanz (z.B. hat er sich bereits neuorientiert).

Im ersten Fall ist er zumeist nicht in der Lage, alle relevanten Fakten zu liefern. Die Verdrängungsphase hindert ihn daran. Das Tal der tiefen Krise ist noch nicht erreicht. Geht der Anwalt darauf nicht ein und liefert hier nicht mehr vertrauensbildende Maßnahmen als dass er Fakten verlangt, wird die Krisensituation schnell auf den Anwalt projiziert, der zum „Sündenbock" erklärt wird. Für den Mandanten kann dies sogar bedeuten, dass er in der Krisensituation verbleibt und sich in einer „Feedbackschleife" zurück zum Ereignis/Schock bewegt. Er bleibt im Prozess gefangen, ohne Chance auf Lösung des Konflikts. Keine Rechtslösung wird ihn zufriedenstellen.

Kommt der Mandant hingegen erst „wenn das Kind in den Brunnen gefallen ist" und er sich bereits in der Phase befindet, wo er sich mit der plötzlichen Veränderung abgefunden hat, wird er den Anwalt viel leichter und engagierter in der Aufbereitung des Mandats unterstützen können. Unkontrollierte emotionale Ausbrüche sind nicht (mehr) zu erwarten. Vielen Kollegen sind diese Mandanten gerade die Liebsten. Sie lehnen sich entspannt zurück und konzentrieren sich auf ihre eigentliche Arbeit; um dann überrascht festzustellen, dass der Mandant bei der erstbesten Gelegenheit wieder „weg" ist. Der Kollege hat verkannt, dass der Mandant in diesem Zeitpunkt nicht mehr derart offen und dankbar für eine intensive Kundenbeziehung ist wie zum akuten Krisenpunkt. Jetzt wird der Anwalt schnell „austauschbar" und „beliebig", wenn er nicht ganz gezielt beispielsweise mit ganzheitlichen Services und aktiv in den Aufbau der Mandantenbeziehung investiert. Soll ein Stammkunde gewonnen werden, muss hier nachhaltig Mandantenbindung erfolgen.

Das alles ist erlernbar und erspart viele Selbstversuche. Kommunikations- und Krisentrainings stellen daher eine ideale post graduate-Ausbildung für Anwälte gleich welchen Rechtsgebiets dar. Leider werden diese nach wie vor als

„Soft Skills" regelmäßig nicht in die berufliche Weiterbildung integriert. Die juristische Ausbildung fokussiert sich ausschließlich auf Fachausbildung: Im Studium aber auch in den Fachanwaltschaften nach FAO: Nach §§ 4 Abs. 2, 15 FAO sind für den Erhalt des jeweiligen Fachanwaltstitels 15 Stunden jährlich online oder offline zu absolvieren, maximal 5 Stunden davon dürfen im Selbststudium erfolgen. Allein die Pflichtfortbildung zur Erhaltung des Fachanwaltstitels zehren in den allermeisten Fällen die alljährlichen Zeit- und Finanzbudgets der beruflichen Weiterbildung auf. In Österreich gilt seit Juni 2021 die allgemeine Fortbildungspflicht gemäß § 10 Abs 6 RAO (allerdings gibt es dort auch keine fachanwaltliche Weiterbildung) von mindestens 36 Stunden innerhalb eines Zeitraumes von 3 Kalenderjahren durch die Teilnahme an facheinschlägigen Fortbildungsveranstaltungen (weltweit, sowohl in Form einer Präsenzveranstaltung als auch in digitaler Form); davon maximal 18 Stunden im Selbststudium.

3. Legal Coaching und Mediation

Mandanten kommen heute nicht mehr nur wegen des Fachwissens zum Anwalt. Meist haben sie sich ohnehin schon vorher im Netz in zahlreichen Foren oder Rechtsportalen informiert. Fachwissen ist quasi für jeden zu jeder Zeit kostenfrei abrufbar. Rechtsberatung ist heute schon lange nicht mehr das Präsentieren von Fachwissen, Begleitung und Prozessvertretung. Und das Handwerk der „Beratung" stand ohnehin nie auf dem Stundenplan zukünftiger Juristen. Bei Medizinern ist das zum Glück anders: Oder würden Sie zu einem Chirurgen gehen, der lediglich das theoretische Wissen hat, aber nie das Handwerk erlernt hat? Und da sind wir beim Thema: Was ist das „juristische Handwerk"? Die Subsumtion, die Rechtsberatung, die Prozessführung – alles zusammen oder nichts von alledem?

Mandanten kommen heute nicht nur in Krisensituationen zum Anwalt mit der Erwartungshaltung, er wird es schon für sie richten. Sie kommen zum Anwalt, um von ihm das „Fachwissen" anwenden und umsetzen zu lassen, um damit ihr Leben zu verändern. Und dies nicht etwa irgendwie, sondern nach ihrer persönlichen Idealvorstellung[3]. Die Schwierigkeit liegt zumeist darin, dass der Mandant selbst gar nicht so genau weiß, was seine Idealvorstellung ist. Die-

3 Dass dies frei von Rechtsfehlern erfolgt, wird vorausgesetzt und dass dies im Einzelfall auch mal nicht das Maximum dessen ist, was herausholbar gewesen wäre, wird gern in Kauf genommen.

se Erwartungshaltung besteht übrigens nicht nur bei Privatpersonen, sondern auch in Teams und Unternehmen[4].

So bohrt der Anwalt mit unbequemen Fragen nach Beweggründen, gibt Feedback und Empfehlungen, um diese Zielvorgabe herauszufiltern und gemeinsam eine erfolgversprechende Strategie zu entwickeln. Ein guter Anwalt wird mit Respekt vor dem Mandanten tatsächlich zuhören, sich zurücknehmen und nicht versuchen, dem Mandanten seine oder einfach die Standardlösung aufzuschwatzen – oder gleich die, die am meisten einbringt. Ziel ist, die auf die individuelle Lebenssituation des Mandanten jeweils passende Rechtslösung zu finden. Er „coacht". Und das meist ohne genau zu wissen, was und wie er das tut was er tut, sondern quasi aus dem Bauch heraus. Vielleicht ist es also an der Zeit, eine neue Qualität der Beratung anzuerkennen. Eine, die in Abgrenzung zu „Legal Tech", die menschlichen Qualitäten des Anwalts betont – wie Empathievermögen und Vertrauensbildung.

Mittlerweile gibt es einen Terminus dafür: **Legal Coaching**[5].

Doch was ist Coaching überhaupt?

– nach der in Deutschland geltenden gemeinsamen Definition der Berufsverbände für Coaches[6]:
  „Coaching richtet sich an einzelne Personen (bzw. Personengruppen) und unterstützt die Person bei der Gestaltung ihrer persönlichen Entwicklung, ihrer sozialen Rollen und ihrer Kooperationsbeziehungen sowie bei der Bewältigung ihrer Entscheidungs- und Handlungsanforderungen im Arbeitsleben. Der Coachingprozess ist vertraulich, strukturiert, methodengeleitet und zeitlich begrenzt. Die Coachingziele und -themen werden durch den Klienten bestimmt und zu Beginn zwischen Coach und Klient verbindlich vereinbart. Trotz der Zielorientierung bleibt der Coachingprozess ergebnisoffen. Coaching wird durch einen Coach ausgeübt, dessen (theoretische und praktische) Qualifizierung von einem Berufs- oder Fachverband[7] anerkannt ist. Im Dialog zwischen Coach und Klient werden Klärungsprozesse initiiert. Durch die Erschließung neuer Perspektiven werden Handlungsspielräume erschlossen, Veränderungsprozesse angeregt und begleitet so-

4 Siehe S. 11 der Studie „Dafür nehmen wir uns einen Anwalt – Erwartungshaltung von Unternehmen an moderne Anwälte im Konfliktmanagement", Bucerius Law School (CLP) in Zusammenarbeit mit Taylor Wessing.

5 Dr. Tutschka, „Legal Coaching – ein Hybrid" in NJW 30/2018.

6 Hier nur auszugweise dargestellt. Das vollständige Positionspapier finden Sie auf www.roundtable-coaching.eu.

7 Mangels staatlicher Reglementierung.

wie die Entscheidungs- und Handlungsfähigkeit gestärkt. Coaching basiert auf einem Dienstleistungsvertrag, in dem Zielsetzung und Rahmenbedingungen der Auftragserfüllung geregelt sind. In Abgrenzung dazu, ist das Ziel einer Expertenberatung die Unterstützung bei der Lösung eines Problems durch die bloße Bereitstellung besonderen Wissens und die Vermittlung desselben an den Beratungsklienten. Coaching hingegen versteht sich als eine Form der reflexiven Beratung, in der die Ressourcen des Klienten erschlossen werden und der Klient zur selbständigen Aufgabenbewältigung befähigt wird. Coaching setzt daher die Bereitschaft zur aktiven Beteiligung des Klienten voraus[8].

– nach den international einheitlichen Qualitätsstandards für Coaching[9] der Internationalen Coachingfederation (ICF)[10].
„Coaching ist ein partnerschaftlicher und zum Nachdenken anregender Prozess, der Menschen und Organisationen kreativ dabei unterstützt, ihr persönliches und professionelles Potential zu steigern. Die Interaktion mit dem Coach führt den Klienten zu umfassender Klarheit und aktivem Handeln. Der Coach ermutigt den Klienten, sich selbst und seine Möglichkeiten zu entdecken, begleitet ihn bei der Entwicklung von eigenen Lösungen und Strategien und erkennt stets die Eigenverantwortlichkeit des Klienten an. Die ICF-Kernkompetenzen regeln die theoretischen und praktischen Anforderungen an die Qualifizierung des Coaches, der nach den geltenden ICF-Ethikstandards handelt."

Obgleich es bereits in vielen Ländern gesetzliche Regelungen zur Profession Coach und der Ausübung von Coaching gibt – wie z.B. auch in Österreich und der Schweiz – besteht eine solche in Deutschland nicht. Eine aktuelle Gesetzesinitiative startete in Deutschland 2017 und legt erstmals die Definition zur Profession Coach und zu Coaching der deutschsprachigen Berufsverbände (RTC) der geplanten Regelung zugrunde[11]. Gleichzeitig ist es schlicht eine Frage der Zeit, wann die Europäische Union sich mit einer einheitlichen Regelung zum

---

8 Auszug aus dem Positionspapier zur Profession Coach des Roundtable der Coachingverbände (RTC) für den deutschsprachigen Raum von 2005.

9 Hier nur auszugweise dargestellt. Die vollständige Definition inklusive Kernkompetenzen und Ethikstandards finden Sie unter www.coachingfederation.org bzw. auf www.coachfederation.de.

10 Die ICF ist der größte Berufsverband professioneller Coaches weltweit und sorgt seit über 25 Jahren für international einheitliche Standards.

11 Schwertfeger, S. 46 „Gesetzesinitiative will Coachingmarkt regulieren" in „Wirtschaft und Weiterbildung", 01/2018.

Thema beschäftigen wird. Im Moment liegt ihr der sogenannte „Code of Conduct“ der wichtigsten Berufsverbände für Coaching vor, der sich gegen eine gesetzliche Regelung und für eine Qualitätskontrolle durch die Berufsverbände ausspricht[12].

Für professionelles Coaching ist daher heute eine gute Coaching-Ausbildung unerlässlich, am besten eine, die speziell auf Anwälte und Juristen zugeschnitten ist[13], damit sie sofort und leicht in die Rechtsberatung und den juristischen Alltag integrierbar ist. Für diesen Anwendungsbereich genügt eine Grundausbildung mit den wichtigsten und effektivsten Methoden und Tools für die Beraterbranche[14]. Für Wirtschaftsanwälte, die im internationalen Kontext arbeiten bietet sich eine Coachingausbildung nach internationalen Qualitätsstandards an (wie z.B. die der ICF). Ähnlich wie bei der Fachanwaltsausbildung weist nicht schon die Ausbildung allein den Anwalt als geprüften Spezialisten aus, sondern ebenso geprüfte einschlägige praktische Erfahrung, was durch das Zertifikat eines Berufsverbandes für Coaches sichergestellt wird[15]. Im Kern geht es um Kommunikationskompetenz und das Verständnis davon, wie Menschen „funktionieren“, was Juristen hilft, ihre Mandanten besser zu verstehen. Das Wissen und die Haltung eines Coachs bringen aber auch einen großen Mehrwert hinsichtlich der Selbstentwicklung mit sich. Die Fähigkeit, sich in Selbstreflexion und – gegenüber der Situation des Mandanten – in Demut zu üben, kommt dann wiederum dem Verstehen der Bedürfnisse des Gegenübers zugute. Juristen sind dann nicht mehr nur „Fachidioten“, die unsensibel in das Leben anderer Leute eingreifen, sondern können hier mit einer gewissen Reife gestalterisch tätig werden. Auch das Wissen, wann Coaching nicht zum Einsatz kommen sollte, bedarf übrigens eines guten Verständnisses der Thematik und ihrer ethischen Parameter[16].

Im Gegensatz zur Mediation gibt der Anwalt seine Parteilichkeit nicht auf, vertritt also weiter die Interessen des Mandanten. Zwar bietet sich bei völliger

---

12 Dr. Tutschka im Interview „Coachingtag diskutierte Regulierung des Coaching“ Coachingmagazin 01/2018.

13 Eine solche biete ich beispielsweise als zertifizierter Coach und Ausbilder bei der CLP-Academy in deutsch und englisch an. Es bedarf weder besonderer Vorkenntnisse noch einer Mediationsausbildung oder einer „allgemeinen Coachingausbildung“ und ist sofort nach Abschluss der Ausbildung in jede Rechtsberatung integrierbar und einsetzbar.

14 Dr. Tutschka, „Coaching als Baustein der Weiterbildung“, MyQ-Blog 09/2017.

15 Dr. Tutschka im Interview, S. 55 „Coaching ist keine Beratung“ im „IHK-Magazin für München und Oberbayern – Wirtschaft“, 01/2018; Dr. Tutschka „Coaching vs. Beratung – eine Frage der Perspektive“ Xing-Coaches Magazin 06/2017.

16 Dr. Tutschka, „Coaching ist das, was der juristischen Ausbildung fehlt“ in Coachingmagazin 01/2019, Dr. Tutschka, „The new fish in the pond“ Legal Business World 03/2019.

Unentschlossenheit des Mandanten auch ein kompletter Coachingprozess an[17]. In der Regel wird der Anwalt jedoch lediglich punktuell im Mandatsverlauf besondere Kommunikationstechniken (z.B. spezielle Fragemethoden) nutzen, um den Mandanten darin zu unterstützen, seine Ideallösung zu finden, für die der Anwalt dann die rechtlichen Grundlagen schaffen kann.

Legal Coaching wird als moderne, qualifizierte Rechtsberatung verstanden[18].

Merke:
Legal Coaching ist eine spezielle Intervention im juristischen Beratungsmandat.

Diese kommt insbesondere dann zum Einsatz, wenn der Mandant/Klient zwar mit dem Anspruch auf Rechtsberatung und Rechtbeistand einen Anwalt aufsucht, damit dieser seine Interessen wahrnimmt und vertritt, er jedoch noch unentschieden dazu ist, welches juristische Ziel und Ergebnis verfolgt werden soll.

Legal Coaching kann jedoch ebenso in der Unternehmensrechtsabteilung, als Richter oder Staatsanwalt oder aber in Verwaltung und Politik angewendet werden.

Legal Coaching wird grundsätzlich durch privatrechtliche Vereinbarung über die Vergütung entlohnt unter Beachtung etwaiger besonderer gesetzlicher Regeln (wie z.B. zur Anwaltsvergütung nach RVG). Ein Legal Coach gilt ähnlich wie ein Fachanwalt als spezialisiert und kann in der Regel einen erhöhten Stundensatz von mindestens 250 € veranschlagen.

Die post graduate Ausbildung für Juristen im Legal Coaching orientiert sich wie jede andere Ausbildung im professionellen Coaching an den Qualitätsstandards für Coachingausbildungen, wie z.B. mindestens 100 Ausbildungsstunden (davon 80% in direkter Interaktion mit dem Auszubildenden, d.h. kein reiner Fernunterricht nach dem FernUSG) vornehmlich zum Coachingprozess durch Vermittlung verschiedener Coaching-Tools und -Methoden, den Kernkompetenzen eines Coaches und den Ethik-Richtlinien.

Dabei sind einerseits die jeweiligen gesetzlichen Regelungen und Bestimmungen für Coaches, Coachingausbildungen und die Ausübung von Coaching einzuhalten und andererseits die berufsrechtlichen Regelungen für Juristen, wie z.B. die Rechtsanwaltsordnung in Österreich (RAO) oder die Bundesrechtsanwaltsordnung für Anwälte in Deutschland (BRAO).

---

17 Hierzu ist eine entsprechende Neuausrichtung der Beauftragung des Mandanten erforderlich, nachdem der Anwalt diesen Bedarf wahrgenommen und transparent gemacht hat.

18 Dr. Tutschka im Interview, S. 54 „Es gab ganz entscheidende Entwicklungen" in „Wirtschaft und Weiterbildung" 07/2017.

Legal Coaching Ausbildungen sind mit ihrer Kombination aus Theorie und Praxis in etwa mit der Ausbildung zum Fachanwalt (in Deutschland nach FAO) oder aber zum Mediator nach dem Mediationsgesetz (MedG) vergleichbar, sind in der Regel als berufliche Weiterbildung im Rahmen der Weiterbildungsverpflichtung und steuerlicher Absetzbarkeit erfasst und kosten ähnlich wie diese mehrere tausend Euro (derzeit > 5.000 €). Die Ausbildung wird mit einem Ausbildungs-Zertifikat abgeschlossen, welches jedoch nicht mit der unabhängigen Zertifizierung als Coach durch einen Berufsverband verwechselt werden sollte. Idealerweise ist das Curriculum der Coachingausbildung und der Ausbildungsanbieter inklusive Ausbildungstrainer von einem Berufsverband für Coaches akkreditiert, also hinsichtlich seiner Qualitätsstandards überprüft worden.

Legal Coaching als besondere psychologische Intervention sollte weder von juristischen Coaching-Laien noch von coachingfremden Professionen wie Mediatoren, Supervisoren, Therapeuten oder ähnlichen ausgeübt werden.

Für den Anwalt ergibt sich daraus der weitere Vorteil, dass sich seine außergewöhnliche Kombiqualifikation auch finanziell auszahlt und er sich außerdem deutlich von Coaches anderer Berufsrichtungen in der Wertigkeit seiner Leistung abhebt.

Der tatsächliche Mehrwert ergibt sich jedoch vor allem aus der nachhaltigen Vertrauensbildung durch Mandantenzufriedenheit: Erfahrungsgemäß ergeben sich nicht nur mehr Folgemandate, sondern vor allem auch umfänglichere Mandate schon in der Erstbeauftragung. Darin liegt der eigentliche Vorteil.

Neben dem monetären Vorteil und der Mandatenzufriedenheit werden noch zwei weitere Punkte von den Absolventen genannt: Eine Coachingausbildung führt immer auch zur Reflexion der eigenen Werte, eigener Kommunikationsmuster und des eigenen Führungsstils und damit zur persönlichen Weiterentwicklung.

Teilnehmer berichten, nun mit erhöhter Achtsamkeit und Sorgfalt zu agieren – sich selbst gegenüber, aber auch gegenüber anderen. Davon profitieren sie selbst und ihr persönliches Umfeld, vor allem aber auch ihre Mitarbeiter.

Eine gut funktionierende Work-Life-Balance und Mitarbeiterbindung sind daher nicht ganz unwillkommene „Nebenwirkungen“[19].

Einen ähnlichen Werdegang hatte die Mediation, als sie sich vor einigen Jahren in der Rechtsberatung einrichtete. Es bestand das Bedürfnis nach individuel-

19 Dr. Tutschka „Legal Coaching: Juristische Fachexpertise wirkungsvoll mit speziellen Kommunikationstechniken unterstützen“ im Anwaltspiegel 07/2019.

ler, eigenverantwortlicher Streitschlichtung jenseits von Prozessvertretung und Gerichtsentscheiden. Heute ist Mediation fester Bestandteil im Portfolio der Rechtsberatungsprodukte, auch wenn es genaugenommen ebenso den Gerichts- oder Schiedsgerichtsverfahren – oder allenfalls noch der „neutralen“ Position eines Notars – und damit dem Berufsstand der Richter als den Rechtsanwälten hätte zugeordnet werden können. Seit September 2017 gibt es den zertifizierten Mediator[20] nach dem ZMediatAusbV (der leider auch in Rechtsstreitigkeiten ein Nichtjurist sein darf). Seit 2016 gibt es in Deutschland auch einen Master of Law (LL.M.) für Mediation, den vor allem junge Juristen aus Wirtschaftskanzleien nutzen. Und mittlerweile unterstützen sogar Rechtsschutzversicherer in Ausnahmefällen Mediation[21].

Nach § 1 des Mediationsgesetzes[22] ist Mediation ein vertrauliches und strukturiertes Verfahren, bei dem Parteien mithilfe eines oder mehrerer Mediatoren freiwillig und eigenverantwortlich eine einvernehmliche Beilegung ihres Konflikts anstreben. Ein Mediator ist eine unabhängige und neutrale Person ohne Entscheidungsbefugnis, die die Parteien durch die Mediation führt. Und § 7a BORA präzisiert: Der Rechtsanwalt, der sich als Mediator bezeichnet, hat die Voraussetzungen nach § 5 Abs. 1 Mediationsgesetz im Hinblick auf Aus- und Fortbildung, theoretische Kenntnisse und praktische Erfahrungen zu erfüllen.

Kaum etwas hat die Grundlagen der Verhandlungsführung in den letzten Jahren wohl so nachhaltig beeinflusst wie die Mediation. Und die Zahl der Anwälte, die sich zu Mediatoren ausbilden lassen, steigt weiter. Obgleich der Preis des Verlusts der Parteilichkeit als Anwalt für die Erhöhung seiner Verhandlungskompetenz hoch ist: Der Anwalt, der die ihm anvertraute Streitigkeit als Mediator begleitet, haftet zwar wie ein Anwalt, verliert jedoch sein Anwaltsmandat und kann nicht mehr als Anwalt abrechnen. Gerade im Familienrecht, dem Top-Anwendungsgebiet der Mediation, hat sich daher eine neue Form der außergerichtlichen Einigung und Mediation etabliert: die Verhandlung und Einigung mit zwei in der Mediation geschulten Anwälten, die kooperative Mediation.

Anders als bei der klassischen Mediation

- hat tatsächlich niemand im Prozess die Mediatorenrolle inne
- beide Parteien sind anwaltlich vertreten und
- die Anwälte sind ausgebildete Mediatoren, die vielleicht sogar zusätzlich als sogenannte Konfliktcoaches ausgebildet worden sind (also zu Coaches, die nur in Konfliktsituationen begleiten dürfen)

---

20 Einen Überblick dazu finden Sie unter www.zertifizierter-Mediator.de.

21 Matthias Irle, „Miteinander statt gegeneinander“ in brandeins thema 05/2020.

22 Welches erst 2012 eingeführt worden ist.

Das bedeutet im Umkehrschluss auch, dass die involvierten Mediatoren zwingend Anwälte sind – eine Voraussetzung, die bei der klassischen Mediation nicht unbedingt vorliegen muss und daher aus juristischer Sicht manchmal zu unerträglichen Ergebnissen führt, weil juristische Laien Rechtswirkungen herbeiführen, die sie nicht erfassen[23].

Doch wann genau ist für den Mandanten die reine Rechtsberatung, Legal Coaching oder die Mediation sinnvoll?

Lassen Sie es mich an einem einfachen Beispiel darstellen: Wenn wir den Mandanten als „Reisenden" begreifen, der von A nach B möchte, dann befindet er sich zu dem Zeitpunkt, in welchem er sich entschließt, Hilfe zu nutzen, in einer für ihn unangenehmen, meist aus seiner Sicht ausweglosen, oft auch beängstigenden Situation. Er weiß allein nicht weiter, weil er an einer Weggabelung steht, weil er den Weg verloren hat oder weil er sich verlaufen hat.

Was braucht er, um weiter voranzukommen?

Eine Übersichtstafel, ein Hinweisschild oder eine Wegbeschreibung? Prima, dann genügen für ihn Informationen aus einem Buch, Zeitungsartikeln, einer Verbraucherstelle oder dem Internet.

Möchte er einen Experten nach dem Weg fragen und ihn sich erklären lassen, ist eine Rechtsberatung seine Wahl[24].

Soll dieser Experte ihn auf dem Weg begleiten, ihn bei Wegkreuzungen auf die Vor- und Nachteile jeder Strecke hinweisen, um besser entscheiden zu können und soll er sogar bei Gefahren oder einem Angriff ihm zur Seite stehen, ist die Beauftragung eines Anwaltes mit der Prozessführung ideal.

Wenn er sich jedoch jemanden wünscht, der ihn an die Hand nimmt, ihn emotional abholt und sortiert, damit er selbst wieder klar denken kann, ihm vielleicht sogar mit seinem Gepäck hilft, sich um ausreichend Proviant kümmert und ihm die Reise strukturiert und erleichtert – und dennoch den richtigen Weg kennt – dann ist Legal Coaching sein Produkt, was ihn quasi wie mit einer Kutsche (= Coach) zu seinem Ziel chauffiert.

---

23 *Dr. Tutschka,* „Verhandlungsführung 4.0" in Soldan Insight 29.1.2019.

24 Im nordamerikanischen und kanadischen Rechtssystem ist Rechtsberatung sehr teuer und für viele Rechtssuchende nicht erschwinglich. Legal Coaching bietet daher für die Juristen eine Möglichkeit, alternativ zu einer Rechtsberatung mit Legal Coaching den Rechtssuchenden in die Lage zu versetzen, sich selbst durch das Verfahren zu bewegen – zur reinen Rechtsinformation kommt die Prozessführung, Taktik, etwaige Stolperquellen und die Erarbeitung der Klientenstrategie hinzu und zwar zu einem deutlich niedrigeren Preis als eine Rechtsvertretung. Mit „The Legal Coaches Association" haben sich die ersten Legal Coaches in Kanada für diese Art von rechtlichem Beistand zusammengeschlossen (Jo-Anne Stark, Mastering the Art of Legal Coaching, S. 13).

Befindet er sich hingegen bereits inmitten einer Auseinandersetzung, kann ein Mediator Regeln vorgeben und beruhigend und schlichtend einwirken.

„In der Rechtsberatung wird es immer komplizierter und gleichzeitig hat die Digitalisierung vieles vereinfacht – nur menschlicher ist es nicht geworden. Darum finden wir diesen innovativen Ansatz Legal Coaching großartig und freuen uns, dass hier endlich auch einmal der Jurist als Mensch in den Mittelpunkt gestellt wird"

Anna Murk bei Legal Layman[25]

---

i Wo und wie Legal Coaches auf der ganzen Welt arbeiten, erfahren Sie in den Interviewreihen der CLP-Academy zum Thema „Legal Coaching".

Pure Rechtsberatung? Die findet also schon lange nicht mehr statt. Juristen sollen heute alles sein: Strategen, Manager, Kommunikationsexperten, Super-Stars, Schauspieler, Leader, Macher, Psychologen und ein guter Freund – ja und irgendwie auch ganz gute Juristen. Ist es da nicht an der Zeit, auch das „Handwerk", das WIE der Rechtsberatung professionell und fundiert zu erlernen und zu üben?

Der Trend zu Automatisierung, Standardisierung und Optimierung wird immer mehr Fahrt aufnehmen. Professioneller Beziehungsaufbau und verständnisvolles Miteinander lässt sich jedoch weder technisch optimieren noch durch Algorithmen und Legal Tech abbilden. Die Persönlichkeit des Anwalts, der menschliche Faktor, wird zunehmend zur Schlüsselfunktion werden, wie diese beiden „Spezialprodukte" der Rechtsberatung zeigen[26].

It's a people business[27] – gilt mehr denn je zuvor.

Ausbildungen im Vergleich

Welche Möglichkeiten habe ich als Volljurist, mich weiterzubilden?

Auch als voll ausgebildeter Jurist oder Anwalt mit Berufserfahrung sollten Sie regelmäßig in Weiterbildung investieren: Immerhin ist ihre Ausbildung (und der Abschlussnachweis) Ihr wertvollstes Kapital, welches jedoch schnell an Wert verlieren kann, wenn Sie es nicht vertiefen, aktualisieren oder zumindest regelmäßig auffrischen.

---

25 Anna Murk, „Der Mensch als Mittelpunkt einer juristischen Weiterbildung? Das gibts tatsächlich!" in Legal Layman 03/2021, einer modernen Rechtszeitschrift für Nichtjuristen.

26 Dr. Tutschka in „Der Anwalt als Konflikt- und Krisenmanager", im CLP-Blog vom 3.10.2017.

27 Gerber, S. 75 ff. „The E-Myth Attorney".

Dabei werden die Begriffe Fortbildung und Weiterbildung umgangssprachlich oft synonym verwandt für alle möglichen Vorträge, Diskussionsrunden, Seminare, Workshops, Trainings und Zusatzausbildungen. Auch die Anbieter sind vielfältig: neben akademischen Anbietern wie z.B. der Fernuniversität Hagen oder die Internationale Hochschule IU oder der Universität und Business School St. Gallen (Schweiz) bieten auch Berufsverbände wie der **Deutsche Anwaltsverein (DAV)** und **Anwaltsakademien (DAA, AWAK)**, aber auch WoltersKluwer, Haufe, Beck und zahlreiche Einzelinstitute Weiterbildungen für Juristen an. Auf zentralen Online-Plattformen werden die verschiedenen Weiterbildungen zusammengefasst, wie z.B. bei Fernstudiencheck.de, LTO oder 1aAnwaltsseminare, so dass man sich gut über die Suchmaschine einen (wenn auch nicht vollständigen) Überblick verschaffen kann.

Mittlerweile sind auch die juristischen Weiterbildungen in der virtuellen Welt angekommen. Wichtig ist hierbei zu unterscheiden, ob es sich um eine **synchrone** (Live-Webinar mit Interaktion) oder **asynchrone Online-Veranstaltung** (ausschließlich mit aufgenommenen Lehrvideos ohne Interaktion – sog. Fernunterricht) handelt. Nicht unwesentlich im Rahmen der Weiterbildung an einer Hochschule sind auch die jeweils dafür vergebenen ECTS-Punkte, sogenannte European Credit Transfer System Punkte, das europäische System zur Übertragung und Akkumulierung von Studienleistungen. Ein **ECTS**-Punkt steht für 25 Echtstunden á 60 Minuten an tatsächlichem Arbeitsaufwand für die Studierende/den Studierenden. Der Arbeitsaufwand eines Studienjahres wird für eine Vollzeitstudentin/einen Vollzeitstudenten mit 60 **ECTS**-Punkten bemessen.

Was ist der Unterschied zwischen Fachseminaren und anderen Seminaren?

Neben Fachseminaren zu rein juristischen Themen (neueste Gerichtsentscheidungen, Gesetzesänderungen, Spezial- und Randthemen) werden zunehmend auch andere Weiterbildungen speziell für Juristen angeboten. Diese umfassen entweder **betriebswirtschaftliche und Managementthemen** wie z.B. Buchhaltung, Kanzleisoftware-Schulungen und Büroorganisation oder sog. **Soft Skills** wie z.B. Stimme und Rhetorik, Führungskompetenz oder Präsentationstechnik.

Worin unterscheidet sich Weiterbildung oder Fortbildung von einer post graduate Ausbildung?

Nach der allgemeinen Juristenausbildung gilt es in der Regel, sich zu spezialisieren und von den Kollegen für den Mandanten zu unterscheiden.

Ähnlich wie ein Facharzt kann der **Fachanwalt** vertieftes Wissen, aber auch hohe praktische Erfahrung auf seinem Gebiet vorweisen und dieses durch sein

Fachanwaltszertifikat belegen. Die mittlerweile zahlreichen Fachanwaltsgebiete (ca. 25 in Deutschland) reichen vom Familienrecht über das Verkehrsrecht und Strafrecht bis hin zum Steuerrecht und können in verschiedenen Gebieten gleichzeitig erworben werden. Mittlerweile kann jeder dritte deutsche Berufsträger mindestens einen Fachanwaltstitel vorweisen[28]. In Österreich gibt es keine Fachanwaltsausbildung. Fachanwälte sind – anders als Nicht-Fachanwälte – verpflichtet, sich nachweislich regelmäßig in ihrem Fachgebiet fortzubilden bzw. den Fachanwaltstitel zu aktualisieren. Ähnliches gilt für die Ausbildungen zum Mediator, zum Konfliktcoach oder zum Legal Coach.

Allerdings können Anwälte in Deutschland unabhängig von Fachanwaltsbezeichnungen auch sog. **Tätigkeitsbereiche** (mindestens drei Jahre in diesem Bereich tätig) oder selbst gewählte Spezialgebiete angeben, die dann jedoch nicht von einer unabhängigen Stelle geprüft worden sind[29].

Auch akademische Zusatzabschlüsse wie die Promotion, also der **Doktortitel** (an der Universität), oder der Master of Law (**LL.M.**) als Masterstudiengang weisen vertieftes (theoretisches) Wissen in einem Spezialgebiet mit einem gewissen wissenschaftlichen Anspruch nach. Beide Abschlüsse können durch

---

28 und die Zahl der Fachanwälte ist von 11.080 (2000) auf 57.065 (2020) gestiegen. In der Regel sind maximal zwei Fachanwaltstitel verleihbar: Die Verleihung der Befugnis zur Führung einer dritten Fachanwaltsbezeichnung ist selbst bei Erfüllung sämtlicher Erteilungsvoraussetzungen von Gesetzes wegen (§ 43c I 3 BRAO) ausgeschlossen. § 43c I 3 BRAO ist mit der Beschränkung der Befugnis des Führens einer Fachanwaltsbezeichnung auf zwei Rechtsgebiete eine Berufsausübungsregelung, die nicht das Grundrecht der Berufsfreiheit verletzt, sondern durch vernünftige Erwägungen des Gemeinwohls gestützt wird. AnwGH Celle, Beschl. v. 11.2. 2004 – AGH 24/03 (nicht rechtskräftig) (Fundstelle: NJW 2004, 1113 f.). Allerdings: Die Zahl der Fachanwaltstitel steigt zwar nach wie vor, es fehlt jedoch mehr und mehr an Nachwuchs, besonders bei den ältesten Fachrichtungen, sodass es mittelfristig zu einem Rückgang der Zahlen kommen wird. Insbesondere das Sammeln der rechtsförmlichen Fälle und gerichtlichen Verfahren fällt den Anwärtern zunehmend schwer, da 1. Gerichtsverfahren stetig an Bedeutsamkeit verlieren, 2. diese Regelung nicht auf die Vereinbarkeit von Beruf und Familie Rücksicht nimmt und 3. es gerade Anwälten in ländlichen Gebieten schwerfällt, derart spezialisiert Fälle zu sammeln, da die Fachanwaltsordnung sich an den Gegebenheiten der 1990er Jahre orientiert.

29 Allerdings ist hier Vorsicht geboten, damit nicht die Werbeeinschränkungen zu tangieren: Die Verwendung der Bezeichnung „Spezialist für Verkehrsrecht" kann in Praxisbroschüren, Internetanschriften und ähnlichen Informationsmitteln verwendet werden, nicht hingegen auf dem Briefkopf, Kanzleischild oder in Anzeigen. *AnwGH Niedersachsen, Beschl. v. 27.10.2003 – AGH 4/03 (Fundstelle: NJW 2004, 1536 f.).* Etwas anderes gilt bei der Bezeichnis, „auf das Verkehrsrecht spezialisiert" oder „Experte im Verkehrsrecht" ohne Fachanwalt zu sein. Zusätzlich entstehen neben den Zertifikats-Ausbildungen zum Legal Coach oder Mediator zertifizierte Spezialisierungen wie z.B. der „Opferanwalt des Weißen Rings", den die Opferschutzorganisation erst 2021 eingeführt hat.

deutsche oder österreichische Juristen auch im Ausland erworben werden. In der Regel erzielen die Titelträger auch überdurchschnittlich gute Examensergebnisse in der allgemeinen Juristenausbildung. Die Titel werden lebenslang dem Namen vor- bzw. hintangestellt (in Österreich werden diese gegendert also z.B. Doktorin oder Doktora oder auch Dr.in oder Dr.a).
Die wesentlichsten Unterschiede zu allgemeinen und Fachfortbildungen sind:
- Die Kurse umfassen mindestens 100 Stunden
- Ausbildungen setzen in der Regel Interaktion voraus
- Sie schließen mit einer Prüfung und einem Ausbildungszertifikat ab
- Sie kosten mehrere tausend Euro
- Sie sind gesetzlich geregelt und von einer staatlichen Stelle kontrolliert (Ausnahme: Coaching)

Coaching ist nicht **gesetzlich geregelt** (weder national noch EU-weit oder international), wird aber seit Jahrzehnten durch die Berufsverbände für Coaches hinsichtlich Ausbildung, Qualität, Zertifizierung und Ethik streng überwacht und reglementiert. Mehr Informationen dazu entnehmen Sie bitte der Fachanwaltsordnung, der Promotionsordnung und dem Mediationsgesetz sowie für Coaching den Kernkompetenzen und Ethikrichtlinien der International Coaching Federation (ICF).

Ob zusätzliche praktische Kenntnisse erforderlich sind, die Ausbildungen nur von (Voll-)Juristen absolviert werden können oder sie erneuert werden müssen, variiert.

Worin unterscheiden sich die Lehrgänge zum Fachanwalt von denen zum Mediator, Konfliktcoach und Legal Coach?
Während die Fachanwaltsausbildung rein juristisches Fachwissen vermittelt, befassen sich die Ausbildungen in der Mediation und im Coaching nicht mit juristischen Themen, sondern vor allem mit Themen aus der Psychologie und Kommunikationswissenschaft (und können daher in der Regel auch von Nichtjuristen absolviert werden). Neben der Vermittlung von Gesprächsführungs- und Verhandlungstechniken (Negotiation und Arbitration) setzen diese Ausbildungen an der Persönlichkeit des Auszubildenden an, um Reflexion, persönliche Reife und Selbstmanagement zu erreichen. Ähnliches gilt auch für die Ausbildungen in Supervision und Mentoring.

Zusammengefasst bedeutet das:
- Ein Fachanwalt ist immer auch (Allgemein-)Anwalt.
- Ein Mediator oder Coach muss gar keine akademische oder Berufsausbildung und erst recht keine juristische Ausbildung haben – hat aber in der

Regel eine akademische Ausbildung (oft in Psychologie, Kommunikations- oder Sozialwissenschaften).
- Ausnahme ist der Legal Coach: Hier gilt dasselbe wie beim Fachanwalt – ein Legal Coach ist immer auch ein (Voll-)Jurist.

Was haben der Fachanwaltstitel und der Titel des Mediators oder Coachs gemeinsam?
Die Kurse umfassen in der Regel mindestens 100 Stunden (Fachanwaltslehrgänge und Mediation sogar per Gesetz 120 Stunden) und schließen mit einer Prüfung und einem Ausbildungszertifikat ab, welches auch die Praxiserfahrung bestätigt.

Die Kosten staffeln sich wie folgt:
- Fachanwalt: ab 2.500 €
- Konfliktcoach: ab 3.200 €
- Legal Coach/Konfliktcoach: ab 6.500 €
- Mediator: ab 6.500 €

Doch welche Weiterbildung lohnt sich für Sie als Jurist wirklich?
Nach den aktuellen Auswertungen des Soldan Instituts lohnt sich eine Zusatzqualifikation wie z.B. der Fachanwaltstitel für die meisten Anwälte:
- Fachanwälte haben höhere Stundensätze und Jahresumsätze
- Sie fühlen sich im Fachgebiet „sattelfest" und sind erfolgreicher
- Mandanten suchen heute nach dem Spezialisten, also dem Fachanwalt

Allerdings wirken andere Faktoren wie das Rechtsgebiet, die Lage der Kanzlei und auch die Anzahl der Berufsträger sich deutlich stärker auf Stundensatz und Umsatz aus. Bleiben immerhin noch die Punkte 2 und 3.

Der Stundensatz eines Fachanwalts liegt in der Regel bei 150–300 €/Stunde; dies kann auch ein juristischer Mediator, Konfliktcoach oder Legal Coach ansetzen. Fachanwälte werden in der Regel WEGEN ihrer Spezialisierung aufgesucht, während Mediatoren von Mandanten meist nicht wegen der Mediation, sondern wegen anderer Gründe aufgesucht werden. Zu Legal Coaches gibt es noch keine Erhebungen[30].

Zu bedenken ist jedoch, dass ein Mediator und Konfliktcoach seine Parteilichkeit als Anwalt aufgibt und damit sein Mandatsverhältnis. Er darf in dieser Sache und auch in Folgesachen nicht mehr als Anwalt tätig werden und nur

30 Nicole Genitheim, STAR-Report 2018 in BRAK-Mitteilungen 5/2018, S. 221 ff.

als Mediator/Konfliktcoach abrechnen. Anders der Fachanwalt oder Legal Coach, der sein Spezialwissen im Mandatsverhältnis einsetzen kann und Anwalt bleibt.

Auch ist realistischerweise zu sagen, dass die allermeisten juristischen Mediatoren in der Praxis nur wenige bis gar keine Mediationen tatsächlich durchführen, da hieran schlicht kein großer Bedarf besteht. Anders hingegen verhält es sich bei der praktischen Anwendung von Fachanwalts- und Coachingausbildungen, da diese immer auch punktuell zum Einsatz kommen.

So oder so – all diesen Ausbildungen wird Zukunftsfähigkeit bescheinigt:

Obwohl das „Geschäftsmodell“ Fachanwaltsausbildung boomt und in wenigen Jahren knapp 25 Spezialisierungen geschaffen worden sind, sind längst noch nicht alle Rechtsgebiete umfasst, wie z.B. Klimarecht, Datenschutzrecht oder das Vereinsrecht[31]. Die Mediation hat ihren Hype wohl hinter sich und es stellt sich Ernüchterung vor allem in der Anwaltschaft ein. Nur für ca. 5% aller Berufsträger ist Mediation interessant (davon sind 2/3 Frauen!) und die in Mediation ausgebildeten setzen Mediation nur in 5% ihrer Verfahren tatsächlich ein, so dass Mediation nur ca. 2,5% des Kanzleiumsatzes ausmacht, obgleich es überwiegend, nämlich zu 58%, mit Stundenhonorar und nicht einem Festpreis abgerechnet wird[32]. Nichtsdestotrotz sind alternative und nachhaltige Streitbeilegungen nach wie vor attraktiv und treffen den Puls der Zeit.

Coaching wird als DIE Personalentwicklungsmaßnahme der Zukunft beschrieben und ist mit seiner universellen Anwendbarkeit geradezu inflationär in Wirtschaft und Weiterbildung vertreten. Hier braucht es sicherlich noch Marktbereinigung um „Möchtegern-Coaches“, allerdings ziehen gut ausgebildete und hochqualifizierte Coaches auch heute schon, beispielsweise im Executive-Bereich, wichtige Fäden in Wirtschaft und Gesellschaft und können gehaltstechnisch durchaus mit Top-Juristen mithalten.

Diese drei Fragen sollten Sie sich stellen, bevor Sie sich für eine Aus- oder Weiterbildung entscheiden:

1. Passt die Ausbildung zu meiner Persönlichkeit, meinem Mandantenstamm, meinem Geschäftsmodell?
2. Habe ich ein konkretes Ziel für meine Persönlichkeit/Karriere/Kanzlei und investiere ich zielgerichtet und regelmäßig in die dazu passenden Aus- und Weiterbildungen für mich/meine Mitarbeiter?

31 Sportrecht, in der vorherigen Ausgabe noch mitgenannt, wurde 2020 als 24. Fachanwalt eingeführt.

32 Nicole Genitheim, STAR-Report 2018 in BRAK-Mitteilungen 5/2018, S. 222.

3. Stelle ich dafür regelmäßig ein ausreichendes und realistisches Weiterbildungsbudget an Geld und Zeit zur Verfügung?

... und nun ist es an Ihnen zu entscheiden: Welche Weiterbildung ist die Richtige für mich?

„Wer glaubt etwas zu sein, hat aufgehört, etwas zu werden." (Sokrates)

„Lernen ist wie Rudern gegen den Strom, hört man damit auf, treibt man zurück." (Laotse)

„Bildung ist nicht das Befüllen von Fässern, sondern das Entzünden von Flammen." (Heraklit)

Was hat Ihnen das Kapitel gebracht?

Sie können „Rechtsberatung" als spezielle Dienstleistung mit verschiedenen Facetten begreifen, welches gesetzlich definiert ist. Sie haben verstanden, dass je nach Mandatssituation, den Bedürfnissen des Mandanten und den Fähigkeiten des Juristen unterschiedliche Formate wie Legal Coaching oder Mediation zum Einsatz kommen können.

IV. Preisfindung und Wertschöpfung

Wozu sollten Sie dieses Kapitel lesen?
Sie erfahren, zu welchem Preis heute „Rechtsberatung“ eingekauft wird.

Übersicht

1. **Wertschöpfung**
2. **Geregelte Preisfindung**
3. **Fest- und Pauschalpreis**
4. **Fazit**

Das Anwaltshonorar, genauer seine Höhe, ist ein sensibles Thema. Viele Mandanten haben nur eine sehr vage Vorstellung von der zu erwartenden Höhe des Honorars für die anwaltliche Dienstleistung. Rechtsschutzversicherte Mandanten glauben, sich über die Höhe des Honorars überhaupt keine Gedanken machen zu müssen. Auch Anwälte begegnen dem Thema Honorar mit einer merkwürdigen Scheu. Vielfach wird die Honorarfrage im ersten Gespräch mit dem Mandanten ausgeblendet und der Mandant erst viel zu spät über die Höhe des zu berechnenden Honorars aufgeklärt.

Einer der Gründe dieses eigentlich verwunderlichen Verhaltens von Anwälten mag in der Furcht liegen, ein Mandat nicht zu erhalten, wenn das Honorar von vornherein als zu hoch erscheint. Tatsächlich ist die Erwartungshaltung potentieller Mandanten „Jetzt wird es teuer“. Allerdings: Befinden sich diese potentielle Mandanten mit ihnen im Erstgespräch, haben sie sich bewusst entschieden, in professionelle Rechtsberatung eine signifikante Summe zu investieren, weil die Sache es ihnen wert ist. Aus psychologischer Sicht ist daher die Zurückhaltung und Angst des Anwalts, den potentiellen Mandanten zu verschrecken, seine eigene Angst, überaschend hohe Rechnungen zu erhalten! Der Anwalt projiziert seine eigene Angst auf den Mandanten, ohne diesen nach seinen Bedürfnissen zu fragen und darauf einzugehen.

Tipp:
Probieren Sie aus, den Mandanten nach seinen Bedürfnissen beim Thema Transparenz und Zahlung der Vergütung zu fragen: Wieviel Aufklärung und Zahlungsoptionen möchte er? Gibt es ein Budget oder eine absolute Obergrenze? Besteht auf seiner Seite steuerlicher Gestaltungsspielraum oder Besonderheiten, die es zu beachten gilt? Was bedeutet ihm der Erfolg in diesem Rechtsstreit oder dessen Erledigung und was ist es ihm wert? Wäre zusätzlich für den Mandanten noch etwas wichtig und was wäre ihm zusätzlicher Service wert?

Das Verschweigen des voraussichtlichen Aufwands für die anwaltliche Dienstleistung ist keine Lösung. Früher oder später wird der Mandant eine Honorarberechnung erhalten. Wird er durch diese Honorarberechnung unangenehm überrascht, dann ist der Ärger vorprogrammiert. Und damit schließt sich der Kreis: Die Angst vor einer überraschend hohen Rechnung hat sich wie eine selbst erfüllende Prophezeihung realisiert.

Merke:
Investitionen und Zahlungsflüsse müssen geplant und organisiert werden. Jede überraschende Rechnung ist daher eine zu hohe Rechnung!

Zum anderen besprechen einige Anwälte mit ihren Mandanten die Honorarfrage nicht, weil diese Anwälte sich selbst nicht darüber im Klaren sind, was ihre Leistung eigentlich kostet. Erschreckend viele Anwälte machen sich kaum Gedanken darüber, wie der Preis für ihre Dienstleistung zu bestimmen ist wie hoch die Kosten des Mandats sind und was ihr eigener kostendeckender Stundensatz sein muss. Das Sekretariat oder die Buchhaltung schreibt die Rechnung oder die Teilrechnung oder fordert Vorschuss ein, wann immer der Anwalt dies kanzleiintern auslöst. Dabei gibt es hier einen nicht unerheblichen Gestaltungsspielraum. Diesen gilt es mandats- und mandantenbezogen auszuschöpfen mit Blick auf die Komplexität des Mandats, die eigene Expertise und Reputation.

Merke:
Wann, was wie bepreist wird, ist wesentlicher Bestandteil des Mandats und CHEFSACHE. Die Preisgestaltung ist neben der strategischen Aufbereitung des Mandats eine der Hauptbestandteile Ihrer Vorbereitungsarbeit.

Tipp:
Hat der Mandant die Mandatsdetails übermittelt – was nur bedeutet, dass Sie einen groben Einblick in die Thematik erhalten haben – folgt der Abgleich mit
- Ihrer Fachgebietsexpertise (Standard/Speziell)
- Ihren Ressourcen (Zeit und Auslastung)
- Ihrer Mandatsstruktur (A-Mandant?)

Das Ergebnis dieses Abgleichs ist die Grundlage Ihrer Preisgestaltung
Die Preisgestaltung setzt sich aus den folgenden Parametern zusammen:
- Vorschlag zum strategischen Konzept
- geschätzter Zeitaufwand
- geschätzte Kosten (Kanzleiservice, Ihre Auslagen; nicht externe Kosten wie Gerichtskosten)

- ggf. Aufschlag: Spezialgeschäft, B-Mandant/Neukunde, Einmal-Mandat (Single Shoot)
- ggf. Abschlag: Standardgeschäft, A-Mandant, Folgegeschäft erwartet
- Abgleich gesetzliche Gebühren (RVG)
- Umsatzsteuer (brutto oder netto – wegen ReverseCharge oder Kleinunternehmerregelung)

Ich empfehle, dem Mandanten JETZT eine kurze Rückmeldung zu geben mit dem Ziel, das Mandat zu erhalten oder abzulehnen. Die Rückmeldung sollte den Vorschlag zum strategischen Konzept verbunden mit einem Kostenvoranschlag enthalten.

Dieser Vorschlag sollte unbedingt mit dem Mandanten besprochen werden.

Ist eine Vereinbarung zu Konzept und Kostenvoranschlag erfolgt, sollte in einem nächsten Schritt hinsichtlich der Zahlungsmodalitäten klar kommuniziert werden:
- Besteht eine Rechtsschutzversicherung und deckt diese die komplette Dienstleistung ab?
- Soll die Abwicklung mit dem RSV durch den Anwalt erfolgen und wenn ja – unentgeltlich?
- Abschlagszahlung/Vorschuss/Ratenzahlung, gesondert bezogen auf Auslagen und Vergütung
- Wahrscheinlichkeit, die Kosten bei der Gegenseite zu regressieren
- Rechnungsdetails (Adressat, UID) und Zahlungsmöglichkeiten
- Zeithorizont

Merke:
Der Kostenvoranschlag kann mit einer Vergütungsvereinbarung versehen werden, die bei Auftragserteilung vereinbart wird.

1. Wertschöpfung

Wertschöpfung ist das Ziel produktiver Tätigkeit und transformiert vorhandene Güter in Güter mit höherem Geldwert, indem durch die Aktivitäten des Unternehmens und seiner Mitarbeiter und der investierten Kosten Güter mit höherem Marktwert geschaffen werden[1].

1 B. A. Rutherford: Value Added as a Focus of Attention for Financial Reporting: Some Conceptual Problems. In: Accounting and Business Research. 7, 1977, S. 215.

Wertschöpfungskette des Wirtschaftszweiges „Rechtsberatung“, © Dr. Geertje Tutschka

Kurz: Wertschöpfung ist die Wertgröße, um die der Output den Input übersteigt[2].

Eine höchstmögliche betriebliche Wertschöpfung (Gewinn) zu erzielen sollte das Ziel ökonomischen Handelns sein. Wenn nun der Input wertmäßig dauerhaft den Output übersteigt, also eine negative Wertschöpfung (Blindleistung) entstanden ist, ist diese für den Betrieb stark substanzgefährdend. Der Begriff ist aufgrund der vielfältigen Verwendung in verschiedenen wirtschaftlichen Bereichen der Wirtschaftslehren jedoch vornehmlich auf das produzierende Gewerbe anzuwenden und gilt grundsätzlich nicht für Beratungsleistungen.

Wie also bemisst man den „Wert“ anwaltlicher Dienstleistung? Nach Erfolg, Zeiteinsatz, Kompetenz? Um es vorwegzunehmen: Aus betriebswirtschaftlicher Sicht gibt es keinen objektiv richtigen Preis für anwaltliche Dienstleistung.

Im Wesentlichen gibt es drei Methoden für einen Anwalt, den Preis für seine Leistung zu finden.

Eine Methode besteht darin, einen **Marktvergleich** vorzunehmen. Welchen Preis verlangen andere Anwälte für ihre Leistung? Welcher Preis lässt sich am Markt durchsetzen? Die Methode des Marktvergleichs ist für Anwälte problematisch, weil die benötigten Vergleichsdaten kaum veröffentlicht werden. Kollegen werden einem Anwalt gerade noch mitteilen, ob sie üblicherweise nach den

2 Nach der Formel: Wertschöpfung = Gesamtleistung – Vorleistungen.

vom Gesetzgeber vorgegebenen Tabellensätzen oder nach ihrem Zeitaufwand abrechnen. Feinheiten wie die, ob (höhere) Gegenstandswerte mit Mandanten vereinbart werden, um erhöhtem Aufwand Rechnung zu tragen, oder wie die genauen Stundensätze einer Kanzlei sind, wird ein Anwalt nur im Einzelfall erfahren können und ebenfalls auf die regelmäßig vom Soldan Institut veröffentlichten aktuellen Durchschnittsstundensätze zurückgreifen können, ohne auf sein Rechtsgebiet, Lage etc. eingehen zu können.

Eine zweite Methode der Preisfindung besteht darin, die Höhe des Anwaltshonorars an dem **Wert der Leistung für den Mandanten** zu bemessen. Eine unmittelbare Koppelung des Anwaltshonorars an das Ergebnis der anwaltlichen Dienstleistung, ein echtes Erfolgshonorar, ist – noch – gesetzlich verboten, § 49b Abs. 2 S. 1 BRAO wird aber mit der großen BRAO Reform ab Mitte 2022 weitgehend möglich sein. Mancher mag dies bedauern. Mandanten erklären häufig, eine erfolgsabhängige Honorarberechnung zu bevorzugen. Jedoch bestehen gerade aus der Sicht guter Anwälte Bedenken gegen Erfolgshonorare. Die anwaltliche Dienstleistung ist eine interaktive Dienstleistung, die in Zusammenarbeit mit dem Mandanten erbracht wird. Der Mandant hat durch sein eigenes Verhalten stets Einfluss auf den Erfolg seiner Angelegenheit. Der Anwalt steht in der zweiten Reihe, kann vorbereiten, raten und ausführen. Die Entscheidungsmacht bleibt jedoch bei dem Mandanten. Würden Anwälte ein reines Erfolgshonorar vereinbaren, so wären sie in finanzieller Hinsicht nicht etwa nur von der eigenen Leistungsfähigkeit, sondern auch von dem Geschick und der Klugheit ihres Mandanten abhängig. Nicht in allen Fällen ist das eine reizvolle Aussicht für Anwälte. Eine Lösung dieses Problems kann darin bestehen, ein auskömmliches Grundhonorar mit einem Erfolgszuschlag zu vereinbaren. So oder so: es wird abzuwarten sein, wie die neue Regelung vom Markt angenommen werden wird, nachdem sie so lange erwartet worden ist und wie die Rechtsprechung darauf reagiert. Eines steht fest: mit der großen BRAO Reform hat sich der Gestaltungsspielraum deutlich vergrößert; dies muss aber nicht genutzt werden.

Eine dritte Methode berechnet den Preis für die Dienstleistung des Anwalts auf der Basis der **Kosten, die einem Anwalt durch seine Leistung entstehen**. Die zentrale Frage bei dieser Methode lautet: „Was kostet eine Anwaltsstunde?" Diese Frage kann nicht allgemeingültig beantwortet werden. Denn die Kostenstrukturen von Kanzleien sind sehr verschieden.

Um die Kosten einer Anwaltsstunde auszurechnen, müssen die Fixkosten einer Kanzlei am besten für den Zeitraum eines Jahres ermittelt werden. Zu den Fixkosten gehören die Büromiete, die dazugehörigen Nebenkostenvorauszahlungen, Kosten der Büroreinigung, Prämien für Versicherungen. Zu addieren sind die voraussichtlichen variablen Kosten. Zu den variablen Kosten gehören

Positionen wie Telefongebühren, Porti, Kosten für Büromaterial, Reparaturen von Bürogeräten, ein Etat für die Bibliothek (Bücher und Zeitschriften; Nachlieferungen), Repräsentationsaufwendungen, Beiträge zu Berufsvereinigungen, ein Marketingbudget sowie, dies ist zumeist der größte Kostenblock mit einem Anteil von knapp fünfzig Prozent in den Kanzleien, der Aufwand für die Gehälter der Mitarbeiter. Die Summe dieser Kosten muss ein Anwalt in einem Jahr erst einmal erwirtschaften, um nicht Geld mitzubringen, das heißt, etwas für das Vergnügen, in einer Anwaltskanzlei arbeiten zu dürfen, zu bezahlen.

Da ein Anwalt auch etwas verdienen möchte, muss zu den Kosten der Betrag addiert werden, den der Anwalt als Angestellter verdienen könnte (fiktives oder gewünschtes Jahresbruttogehalt). Hinzukommen muss für den selbständigen Anwalt eine angemessene Verzinsung des von ihm eingesetzten Kapitals. Erwirtschaftet ein selbstständiger Anwalt in einem Jahr den so festgestellten Betrag, dann steht er wirtschaftlich wirtschaftlich in etwa so da, als würde er als Angestellter arbeiten. Einen echten Gewinn hat er noch nicht gemacht.

Um den Preis für eine **Anwaltsstunde** festzustellen, muss die Summe von Kosten, Kapitalverzinsung und Wunschgehalt durch die Anzahl der von einem Anwalt in einem Jahr zu leistenden abrechnungsfähigen Stunden dividiert werden. Bei der Feststellung dieser Stundenzahl ist Vorsicht geboten. Macht ein Anwalt in einem Jahr einen Monat lang Urlaub und geht man davon aus, dass ein Monat durchschnittlich zwanzig Arbeitstage hat, dann bleiben einem Anwalt pro Jahr 220 Arbeitstage (11 Monate × 20 Tage). Da in diesen 220 Arbeitstagen auch die Teilnahme an Fortbildungsveranstaltungen und ein paar Fehltage wegen einer Grippe (oder auch Covid_19 Quarantäne) unterzubringen sind, werden 220 Arbeitstage im Jahr nur dann erreicht werden, wenn auch der eine oder andere Feiertag oder Samstag als Arbeitstag genutzt wird.

Bekanntlich haben Anwälte eine recht hohe tägliche Arbeitszeit und insbesondere eine überlange „Büroverweildauer“. Die Anzahl der Stunden, die ein Anwalt pro Tag im Büro verbringt, darf jedoch nicht mit der Anzahl der abrechnungsfähigen Stunden gleichgesetzt werden. Geht man davon aus, dass ein Anwalt durchschnittlich zehn Stunden pro Arbeitstag im Büro verbringt, so käme er rechnerisch im Jahr auf 220 Tage × 10 Stunden = 2.200 Stunden.

Einen ganz erheblichen Teil seiner Bürozeit verbringt ein Anwalt jedoch damit, sich der Mandatsakquise, der Fristenkontrolle, dem Rechnungsschreiben, Sichten der Post und e-mails, dem Kanzleimanagement, den Verwaltungsaufgaben, der Pflichtlektüre von Gesetzblättern und Fachzeitungen oder schlicht dem Schwatz mit Kollegen und Mitarbeitern zu widmen. Diese Zeit kann keinem Mandanten in Rechnung gestellt werden. Bei dieser Zeit handelt es sich nicht um abrechnungsfähige Leistungszeit. Nach sehr optimistischen Annahmen sollten zehn Bürostunden acht abrechnungsfähigen Leistungsstunden entsprechen. Zu

Demonstrationszwecken soll davon ausgegangen werden, dass von einem Anwalt pro Tag zumindest sechs abrechnungsfähige Leistungsstunden erwartet werden dürfen. Die Anzahl der Leistungsstunden (sogenannte Billable Hours) pro Jahr beträgt in diesem Fall 6 Stunden × 220 Tage[3] = 1.320 Stunden. Tendenziell wird man annehmen müssen, dass der Stundensatz sich proportional zum Verwaltungsaufwand erhöht – was erstmal nur für Stabilität im Einkommen, nicht aber für eine Einkommenssteigerung mit den Jahren spricht.

Warnung an alle Juristen: Jetzt wird gerechnet.

Was „verdient" ein Anwalt also so?

(Das Rechenbeispiel geht von einem Einzelanwalt aus, dessen Kanzlei keine eigene Rechtsform hat)

Betragen die dem Anwalt zurechenbaren Kosten pro Monat 10.000,00 € (diese bestehen z.B. aus den laufenden Kosten für Büro, IT und Serviceprovidern wie Putzfrau und Marketingagentur sowie den Personalkosten für Nicht-Juristen bzw. Sekretariat zuzüglich seine persönlichen Kosten wie Sozialabgaben, Zulassungs- und Versicherungskosten) und damit im Jahr 120.000,00 € und will der Anwalt im Monat (anfangs) 4.000,00 €[4], also 48.000,00 € jährlich, verdienen, dann muss er einen Umsatz von 168.000,00 € erwirtschaften, das bedeutet 14.000 € monatlich. An dieser Stelle sei erwähnt, dass das Statistische Berichtsystem für Rechtsanwälte (STAR) in seinem aktuellen Bericht einen Durchschnittsjahresgewinn für den männlichen Kollegen von 104.000 € bei 195.000 € Umsatz und bei der Kollegin von 65.000 € bei 142.000 € Umsatz ermittelt hat. Aufgeschlüsselt nach Ost und West fällt auf, dass in Westdeutschland Anwälte 209.000 € gegenüber 152.000 € der ostdeutschen Anwälte und westdeutsche Anwältinnen 155.000 € gegenüber 121.000 € der ostdeutschen Kolleginnen verdienen. Der STAR Bericht stellt auch fest, dass neben der Kanzleiform und dem Kanzleisitz Alter und die Qualifizierung durch einen Fachanwaltstitel zu Buche schlagen (mit Fachanwaltstitel sind 207.000 € statt 181.000 € erzielbar; in einer Sozietät sind 242.000 € statt 158.000 € erzielbar). Man könnte an dieser Stelle feststellen, dass Kolleginnen tendenziell sparsamer sind und weniger Kosten produzieren; traurige Gewissheit ist aber, dass es auch Jahrzehnte nach der Wiedervereinigung ein West-Ost-Gefälle gibt und nach wie vor eine deutliche Diskriminierung und Ungleichbehandlung weiblicher Juristinnen. Insofern verdient der männliche westdeutsche Kollege für die

---

3 In der Wirtschaft wird in der Regel von 200 Leistungstagen pro Jahr ausgegangen.

4 Beachten Sie, dass dieser Betrag noch nicht steuerlich bereinigt ist und damit nicht wirklich als „Netto" Betrag auf dem Konto landet – also auch nur grob mit dem Brutto-Jahresgehalt von ca. 100.000 € konkurriert, dem Anfangsgehalt in Großkanzleien.

gleiche Arbeit ca. das 1,7 fache, nahezu das Doppelte, seiner ostdeutschen Kollegin[5].

Merke:
Als grobe Faustformel kann man rechnerisch folgende Zahlenverhältnisse annehmen:
- Das Verhältnis von Anwalt : ReFa ist sowohl personell als auch finanziell bis zum Anwaltseinkommen von 5.000 €/mtl. 4 : 1 d.h. die ReFa kostet ca. 0,25% des Umsatzes
- Diese Kalkulation gilt unter diesen Umständen auch für das Verhältnis von Anwalt : Junganwalt, aber der angestellte Jurist erhöht den Umsatz; die ReFa reduziert Kosten bei standardisierbaren Mandaten (Digitalisierung kann dies jedoch meist besser)
- der Umsatz wird unter diesen Umständen in der Regel wie folgt verteilt: 50% Eigentümer, 25% Personal, 25% Sachkosten (mehr zu den Personalkosten in den nächsten Kapiteln)

Wir sehen also, dass unser Beispiel in keinem Falle eine Anwältin sein kann, sondern eher ein Kollege in Einzelkanzlei ohne Fachanwaltstitel und standardisierbares Geschäft in ländlichen westdeutschen Regionen mit einem konservativen Personalschlüssel von 1:1,5 (also z.B. einer Vollzeit-ReFa und einer Teilzeit Anwältin, ggf. plus Auszubildende), was ihm diese relativ hohen Kosten verursacht. Dies bedeutet, dass er im Durchschnitt pro Stunde ein Honorar von mindestens (168.000,00 €: 1.320 Leistungsstunden) 127,27 € (ohne Mehrwertsteuer) erwirtschaften muss, um sein Ziel zu erreichen. Er zahlt also von seinem Umsatz von 168.000 € zuerst seine allgemeinen Rechnungen, die idealerweise steuersenkend sind, so dass ihm 48.000 € als Gewinn verbleiben. Diesen hat er zu versteuern, so dass ihm ein monatliches zu versteuerndes Einkommen von 4.000 €, also ein Netto-Einkommen zwischen 2.000–3.000 € monatlich verbleibt. Ist der Durchschnitt geringer, dann verdient er entsprechend weniger. Sinkt der Umsatz pro Stunde unter 90,91 €, dann sind nicht einmal die Kosten der Kanzlei gedeckt. Der Anwalt verdient nicht nur nichts, er muss Geld zuschießen, er zahlt für das Privileg, Anwalt sein zu dürfen. In einer modernen, digitalisierten Kanzlei mit einem Personalschlüssel von 1: 0,5 würde dieser Umsatz für den Kanzleigründer bedeuten, dass er jeweils 25% an Sachkosten und 25% an Personalkosten abführt und daher mit 7.000 € monatlich (also ca. 5.000 €) nach Hause geht. Nicht schlecht: das ist fast das Doppelte.

Für unseren Beispielanwalt bedeutet das, dass er seine monatlichen Kosten von 10.000 € auf 8.400 € senken muss!

5 STAR Bericht 2020 der BRAK.

i **Tipp**: (für alle Zahlen-Füchse)

1. Außen vor gelassen wurde dabei auch, inwieweit das Personal, welches in der Regel einen signifikanten Kostenanteil ausmacht, selbst auch Umsatz generiert, wobei sicher die Daumenregel gilt, dass Juristen mehr generieren als Nicht-Juristen und
2. woraus sich die monatlichen Kosten von 10.000 € zusammensetzen, weil unterschiedliche Positionen unterschiedlich steuerlich ins Gewicht fallen, weil z.B. Sozialversicherungsabgaben nicht wirklich als Kanzleikosten abzugsfähig sind und
3. ob zusätzliche Assets/Werte für die Kanzlei geschaffen worden sind (LegalTech Lösungen/Patente, Bücher/online Seminare, eventuell Großmandate/langfristige Kunden)

Die Feststellung des durchschnittlichen Stundenumsatzes, den ein Anwalt erzielen sollte, bedeutet jedoch noch nicht notwendigerweise, dass er nur dann, wenn er kontinuierlich Zeithonorare vereinbart, rentabel arbeiten kann. Entsprechende Umsatzdurchschnitte können auch nach anderen Honorierungsmodellen erzielt werden.

Wendet man dieses Beispiel auf einen Kanzleigründer an, so ist schwer vorstellbar, dass dieser von Anfang an einen durchschnittlichen monatlichen Umsatz von 14.000 € generieren kann. Mindestens 5.000 € monatlich erscheinen für die ersten 6–12 Monate schon sehr mutig. Dann dürfte der Kostenanteil eigentlich kaum mehr als 1.500–2.000 € monatlich betragen (also kein Personal, kein Büro, keinen Kredit), um zumindest von 3.000 € monatlich leben zu können (nach Bereinigung).

Was fällt auf bei diesem Rechenbeispiel?
Obwohl der Anwalt hier offenbar mit einem durchschnittlichen Stundensatz (s.o.) am Markt agiert, muss er 50 Stunden die Woche arbeiten, um monatlich 2.500 € (netto) zu verdienen (ohne Weihnachts- und Urlaubsgeld)[6]. Krankheitsbedingter Ausfall, allfällige Investitionen z.B. in Digitalisierung und seine Weiterbildung oder schlicht das Wegbrechen langjähriger Mitarbeiter und Akquise sind da nicht eingerechnet und kommen in der Regel obendrauf. Nicht eingerechnet ist ferner ein eventueller Ablösebetrag an seinen Kanzleivorgänger oder eine signifikante Tilgung eines Kredites, der vielleicht bei Gründung der Kanzlei aufgenommen worden ist. Auch dürften in dieser Kalkulation max. 2 Stunden täglich auf die alltägliche Kanzleiführungs- und Verwaltungsaufgaben entfallen, wie Personalführung, Mitarbeitergespräche, Vorstellungsgespräche, Vertragsmanagement, Kontoführungs- und Buchhaltungskontrolle, Reagieren auf und Reparieren von alltäglichen Büroproblemen, Partnerrunden und strategische Entscheidungen,

6 Dies kann sich als alleiniger Unterhalt für eine junge Familie mit Baby und Kleinkind etwas erhöhen; dennoch dürfte das in bescheidenen Wohnverhältnissen mit einem schmalen Jahresurlaub in manchen Regionen Deutschlands wie München kaum abbildbar sein.

Marketing, Webseite, Veranstaltungen etc.. Weitere 2 Stunden auf Mandatsarbeit, die nicht abrechenbar ist, weil das Mandat nicht zustande kam, es sich um einen Bestandskunden handelt oder die Forderung nicht realisierbar ist.

So oder so: auch diese Zeit von 2 x 2 Stunden ist mehr als knapp bemessen für all diese Aufgaben. Und: Nach diesen 10 intensiven Stunden täglich kommt der Anwalt nach Hause und hat sich bis dahin weder um seine privaten Dinge gekümmert noch um seine persönlichen Bedürfnisse.

Was fällt noch auf?

Die junge Kanzleigründerin, die mit nur knapp einem Drittel an Umsatz startet, zwar alles selbst macht und nur 1/10 bis 1/5 der Kosten hat, dabei aber signifikant mehr Leerlauf/Freizeit haben dürfte, geht am Ende mit demselben Geld nach Hause. Sie hat gut gewirtschaftet, wenn sie mindestens 12 Anwaltsstunden für ca. 120 € pro Woche verkauft hat und mit den restlichen Arbeiten auf maximal 30 Stunden die Woche kommt, wobei die Sekretariatsarbeiten nur 6 Stunden und die Arbeit an der Kanzlei (z.B. für Marketing und Akquise, weil Personalarbeit nicht anfällt) mindestens 12 Stunden umfassen sollten. Orientiert sie sich hingegen gleich großzügig von Anfang an an der Kostenstruktur des erfahrenen Kollegen und produziert auch ein Drittel seiner Kosten mit ca. 3.000 € monatlich, wird sie wohl in ihrem Kinderzimmer bei den Eltern für immer wohnen bleiben müssen mit 1.000–2000 € netto monatlichem Einkommen. Erst in dieser Reduzierung fällt unseren Kunden in der Beratungspraxis auf, wie unrentabel sie eigentlich arbeiten in ihrem selbst gebauten Hamsterrad. Ein Blick in die Statistik untermauert das: die wöchentliche Durchschnitts-Arbeitszeit lag 2018 in der Anwaltschaft bei 42,3 Stunden. Ca. 1/3 arbeitet mehr als 50 Stunden (hier sind überdurchschnittlich oft Männer betroffen) und ca. 1/3 weniger, also in Teilzeit (hier sind überdurchschnittlich oft Frauen vertreten). Beim Jahresurlaub schneiden Selbständige mit 19,5 Tagen am Schlechtesten ab; gegenüber 22 Tage bei angestellen Anwälten und 26,8 Tage bei Syndizi[7].

Klingt nach einem Knochenjob? Ist es auch!

Das Fatale daran ist, dass bei diesem Geschäftsmodell und dieser Kostenstruktur der Anwalt selbst sein bestes Pferd im Stall ist. Soll dieses Einkommen tatsächlich nur das Anfangseinkommen sein, hat er drei Stellschrauben:

1. Erhöhung seines Stundensatzes bis auf maximale Marktakzeptanz (ca. 250 €/Std.)[8] durch Zusatzqualifikationen, was allerdings der Kundenstamm zumeist nur in kleinen homöopathischen Dosen akzeptiert.

---

7 Nicole Genitheim, STAR-Report 2018, BRAK-Mitteilung 5/2018.

8 Kein Wunder, dass gerade für Kolleginnen in der Familienzeit, die vor der Wahl stehen: Kanzleigründung (ca. 120 €/Std.) vs. zuarbeitende Anwältin in einer globalen Rechtsfabrik

2. Erhöhung seiner Schlagzahl, d.h. Effizienzsteigerung durch kluge Prozesse, Automatisierung, Standardisierung,
3. Kostenreduzierung (z.B. Reduzierung des Verhältnisses von Anwalt zu ReFa von 1:1,2 auf 1:0,4 durch Digitalisierung).

Wie sieht die Praxis aus?

zu 1. der Anwalt scheut davor zurück, das Vertrauensverhältnis zu seinen Mandanten mit einer regelmäßigen Erhöhung seiner Stundensätze zu belasten oder seine Mandanten (sein Markt) geben keine höheren Stundensätze her.

zu 2. Die Erhöhung der Schlagzahl erfolgt in der Regel durch ein höheres, oft ungesundes und fehleranfälliges Arbeitstempo

zu 3. Die Kostenreduzierung bei den ReFas erfolgt durch Ausbeutung (mehr Arbeitsstunden für weniger Gehalt).

Gibt es eine Alternative?

Was passiert, wenn man seine 50 Stunden Woche reduziert und sich einen Kollegen ins Boot holt?

Das ist immer dann eine gute Idee, wenn der Kollege mindestens gleichstark ist in seinem Mandantenstamm und seiner Effizienz

- als Partner, weil sich dann in der Regel zwar der Umsatz verdoppelt, jedoch nicht die Kostenstruktur, die nun zwei Partner tragen
- als Angesteller, weil sich dann in der Regel zwar der Umsatz verdoppelt, jedoch der Kollege weniger mit seinem Angestelltengehalt verdient als dem Mandanten in Rechnung gestellt wird.

Dieses Grundprinzip des „wirtschaftlichen Erfolges durch Wachstum“ basiert also auf Effizienz und Ausbeutung. Das muss man als Kanzleiinhaber verstanden haben:

Wird das obige Beispiel als Dauerzustand zementiert – wie es in der Praxis bei vielen Kleinkanzleien der Fall ist – ist das das unwirtschaftlichste Modell. Großkanzleien und ihre Verteilungssysteme haben bislang nach diesem Grundprinzip funktioniert.

Könnte das also bedeuten, dass der vieldiskutierte Work-Overload in Großkanzleien im Vergleich dazu gar nicht so schlimm ist oder zumindest vergleichbar? Und verdienen Anwältinnen dort vielleicht eher gleichberechtigt, weil es

---

(ca. 250 €/Std.) die Wahl auf Letzteres fällt, weil sich entweder die Arbeitszeit deutlich auf eine Halbtagsstelle reduzieren läßt für dieses Geld von knapp 2.000 € netto oder sie einen relevanten Beitrag zum Familienunterhalt mit 4.000 € netto für 30 Std. beitragen können (mit sogenannter Heimarbeit wohlgemerkt).

auf der Rechnung der Großkanzlei ja für den Kunden gar nicht ersichtlich ist, ob eine Frau oder ein Mann die Arbeit erbracht hat? Hier hilft ein Blick in die Statistik: Angestellte Anwälte starten mit einem Jahresgehalt von ca. 100.000 € brutto in Deutschland (und 122.000 € in Österreich) – zum Vergleich mit dem mutigen Junganwalt, der in Deutschland in die Selbständigkeit startet, müßte man also das Netto-Jahreseinkommen mit ca. 50.000 € vergleichen. Anwältinnen starten mit (Überraschung: weniger!) 98.000 € und steigern sich (Überraschung: Steigerung um weniger!) auf 114.000 € (also sind nach 8 Jahren ca. da, wo der Kollege bereits nach 4 Jahren ist). Ausfall oder Reduzierung wegen Familienpausen sind natürlich nicht eingerechnet. Dennoch wäre das für Anwältinnen offensichtlich die finanziell günstigere Variante, denn einerseits ist auch in der Selbständigkeit die Familienpause nicht leicht und andererseits kann dieses Gehalt die toxisch-maskuline Atmosphäre in mancher Großkanzlei kaum ausgleichen. So brauchte es beispielsweise knapp 300 Jahre, um bei Freshfields Bruckhaus Deringer (gegründet in London 1743) 2021 zum ersten Mal eine Frau an die Führungsspitze zu setzen. Das Angestellten-Gehalt steigert sich bis etwa zum 8. Berufsjahr auf 124.000 € in Deutschland; das Partner – Gehalt ab ca. 10 Jahren auf bis zu 700.000 € (wobei in Österreich fast 10fache Kosten und ein erhöhter Steuersatz anfallen). Mehr zu den Vergütungssystemen im nächsten Kapitel[9].

Was bedeutet das für unsere drei Fallbeispiele?

1. Die „Wachstumsschmerzen“ der Kanzlei mit den vielen autonomen Kleinteams sind Ausdruck der zu hohen Kostenstruktur. Aus Organisationsentwicklungssicht steht diese Möchtegern-Großkanzlei vor der Frage ihrer Existenzberechtigung: schaffen diese Teams nicht den Sprung in eine kosteneffiziente, sinnvolle Gesamtstruktur zu einem „Großteam“ wird sie auseinanderbrechen, weil sie ihre Teammitglieder verschleißt.
2. Die Neuausrichtung bei der Kanzlei mit den „falschen Mandanten“ ist nicht aufschiebbar: die Kanzleiführung ist also gut beraten, wenn sie das Thema zur Top-Priorität macht und sich entweder strategisch gegen diese Mandanten entscheidet oder aber die Neuausrichtung nicht nur mit zusätzlichem Fachpersonal sondern mit zusätzlichen Ressourcen für Personal, Marketing und Management abfängt.
3. Und was ist der Kanzlei mit dem Gender –und Generationshift aus betriebswirtschaftlicher Sicht zu raten? Zukünftig solche Investitionen zu unterlassen? Tatsächlich sind dies deutliche Zeichen dafür, dass dieses „System Kanzlei“ seinen Leistungshöhepunkt überschritten hat: Aus Organisationsentwicklungssicht hat jede Organisation mit ihren Geschäftsmodellen,

9 brand.eins/thema 2021, Die Branche in Zahlen, S. 79.

Strukturen, Prozessen, Werten und Kultur eine bestimmte Leistungs- oder Lebenszeit, wenn sie nicht von Innen erneuert wird. Die Vergütungs- und Anreizsysteme haben das Maximum an Effizienz und Ausbeutung ausgereizt und greifen nicht mehr im jetzigen Arbeitnehmermarkt. Entweder erschließt man sich neue Märkte oder ändert sein „Geschäftsmodell" der Vergütungs- und Anreizsysteme.
Oder ist das am Ende überhaupt kein wirtschaftliches Thema?

2. Geregelte Preisfindung (RVG)

Die noch für vor dem 1. Juli 2004 übernommene Mandate geltende BRAGO erfreute sich bei vielen Rechtsanwälten einer erstaunlichen Beliebtheit, die auch dem heutigen RVG zuteil wird. Für die Anwendung dieser Regelwerke spricht deren (scheinbare) Einfachheit, ihre Üblichkeit, die Tatsache, dass Rechtsschutzversicherer Anwaltshonorare ihren Kunden, den Versicherungsnehmern, nur entsprechend den vom Gesetzgeber geschaffenen Tabellen erstatten und nicht zuletzt die Tatsache, dass sie Anwälten erlauben, Honorarverhandlungen mit ihren Mandanten unter dem Hinweis darauf, dass die Anwaltsvergütung gesetzlich geregelt sei, zu vermeiden.

Beide Regelwerke bemessen die Höhe der Anwaltsvergütung auf der Basis des **Gegenstandswertes** einer Angelegenheit in Kombination mit Tätigkeitsgebühren, die je nach Aktivität des Anwalts anfallen. Beide Regelwerke sehen Erhöhungen oder Ermäßigungen je nach der Schwierigkeit einer Angelegenheit und dem Aufwand, den ein Anwalt zu leisten hat, vor. Eines der Probleme dieser Regelwerke besteht darin, dass eine Tätigkeit regelmäßig nur einmal vergütet wird. Die zweite, dritte und eventuell erforderlich werdende vierte Besprechung mit der Gegenseite oder der zweite und dritte Gerichtstermin lösen keine neue Gebühr aus. Rein betriebswirtschaftlich betrachtet ist es für einen Anwalt finanziell uninteressant, sogar schädlich, in derselben Angelegenheit ein zweites Schreiben zu verfassen oder einen zweiten Termin wahrzunehmen. Umgekehrt verhält es sich in Österreich, wo jedes Schreiben grundsätzlich abgerechnet werden kann – hier gibt es aber auch noch eine „Vertragserrichtungsgebühr" aus der k und k Zeit, die vor „Papierverschwendung" schützen sollte. Die Vereinbarung eines Mindesthonorars ist für Mandanten mit dem Risiko verbunden, dass Mindesthonorare die Leistungsbereitschaft des Anwalts nicht unbedingt fördern.

Einem Unternehmer erscheint es absonderlich, ausgerechnet dem Gesetzgeber die Kalkulation der Preise, zu denen der Unternehmer seine Leistungen anbietet, zu überlassen. Viele Anwälte sind in diesem Punkt weitaus unempfindlicher. Liegt es daran, dass sie sich selbst nicht als Unternehmer verstehen?

Inwiefern die Honorarberechnung nach den vom Gesetzgeber vorgelegten Gebührentabellen unter wirtschaftlichen Gesichtspunkten sinnvoll oder womöglich ruinös ist, kann an **Beispielsfällen** ermittelt werden.

---

i

Manchem Anwalt, der sich gerade eben niedergelassen hat, mag es lukrativ erscheinen, die Prozessführung in einer durchschnittlich gelagerten Baupunktesache, die einen Gegenstandswert von EUR 20.000,00 hat, zu übernehmen. Ob und gegebenenfalls in welchem Umfang ein derartiges Mandat tatsächlich rentabel ist, wenn es nach dem RVG abgerechnet wird, lässt sich feststellen, wenn man die genannten Werte berücksichtigt. Zur Erinnerung: Die jährlichen Kosten einer Kanzlei sollen EUR 120.000,00 betragen. Der Anwalt will ein persönliches Einkommen von EUR 48.000,00 pro Jahr erzielen. Den erforderlichen Umsatz von EUR 168.000,00 will er mit 1.320 Leistungsstunden erwirtschaften. Demzufolge muss er pro Stunde einen Umsatz von EUR 127,27 erreichen.

Wie viel Zeit wird der Anwalt für die Baupunktesache aufwenden müssen und welches Honorar wird er nach dem RVG berechnen können?

Der Zeitaufwand wird sich zusammensetzen aus:

- Erste Besprechung mit dem Mandanten
- Durchsicht der vom Mandanten übergebenen Unterlagen und Prüfung der Rechtslage
- Diktat, Entwurf und Überarbeitung des Entwurfs für ersten Schriftsatz (Klageschrift oder Klageerwiderung)
- Durchsicht und Prüfung des ersten Schriftsatzes der Gegenseite und Information des Mandanten
- Weiterer Schriftsatz für den eigenen Mandanten (Replik oder Duplik)
- Beantwortung verschiedener Anfragen des Mandanten
- Vorbereitung des ersten Verhandlungstermins
- Wahrnehmung des Termins (einschließlich An- und Abfahrt sowie Wartezeit auf dem Gerichtsflur) und Terminsbericht an den Mandanten
- Durchsicht des Beweisbeschlusses und Vorbereitung auf den Beweistermin
- Beweisaufnahme und Information des Mandanten: Schriftsatz zur Beweiswürdigung
- Auswertung des Schriftsatzes der Gegenseite zur Beweisaufnahme und Information des Mandanten
- Durchsicht des Urteils und gegebenenfalls Prüfung der Notwendigkeit und der Erfolgsaussichten eines Rechtsmittels (Fristgebundenen Tat- Bestandsberichtigungsantrag nicht vergessen, § 320 ZPO)
- Kostenfestsetzungsverfahren (auch wenn dies weitgehend von nichtjuristischen Mitarbeitern erledigt werden kann)
  Arbeitet der Mandant nicht konzentriert mit, dauert es länger. Paradoxerweise benötigt man für diese Aufgabe umso weniger Zeit, je besser der Kollege auf der Gegenseite arbeitet. Es ist weitaus zeitraubender, einen schlechten Schriftsatz der Gegenseite zu bearbeiten, als einen guten. Im Verlauf des Mandats werden weitere, eventuell nur kurze und telefonisch geführte Abstimmungen mit dem Mandanten erforderlich sein. Dieser Zeitblock kann bei unprofessionellen Mandanten einen enormen Umfang annehmen.
- Insgesamt ca. 20,0 Stunden

Nach dem RVG kann der Anwalt eine Verfahrensgebühr nach Nummer 3100 der Tabelle (mit einem Satz von 1,3) und eine Terminsgebühr nach Nummer 3104 der Tabelle (mit einem Satz von 1,2) sowie die Pauschale nach Nummer 7002 der Tabelle abrechnen. Daraus resultiert die Honorarsumme von 1.635,00 €. Dividiert man diese Honorarsumme von 1.635,00 € durch die aufgewandte Zeit von 20 Leistungsstunden, dann stellt man fest, dass der Anwalt nicht den angestrebten durchschnittlichen Stundenumsatz von 127,27 €, sondern lediglich einen durchschnittlichen Umsatz pro Stunde von 81,75 € mit diesem Mandat erwirtschaftet hat.

Was bedeutet dieses Ergebnis hochgerechnet? Würde der Anwalt alle seine Leistungsstunden in einem Jahr nur zu einem Honorar von 81,75 € pro Stunde abrechnen können, dann müsste er, um die angestrebten 168.000,00 € zu erwirtschaften, pro Jahr nicht etwa 1.320 Leistungsstunden, sondern 2.055 Leistungsstunden erbringen. Dies bedeutet, dass er an jedem Arbeitstag nicht 6 Leistungsstunden, sondern 9,3 Leistungsstunden zu erbringen hat. Belässt es der Anwalt bei 1.320 Leistungsstunden im Jahr zu einem durchschnittlichen Stundenumsatz von 81,75 €, dann wird er am Jahresende 107.910,00 € eingenommen haben. Seine Kosten betragen 120.000,00 €. Verdient hat er nichts. Er muss allerdings die noch fehlenden 12.090,00 € auftreiben, um zumindest seine Kosten decken zu können. Kann er dies nicht, wird er über kurz oder lang seine Zulassung zur Anwaltschaft verlieren, § 14 Abs. II Nr. 7 BRAO.

Fazit: Das Mandat mit dem „schönen" Streitwert von EUR 20.000,00 war nicht rentabel. Weitere Mandate dieser Art bringen den Anwalt an den Bettelstab, wenn er diese Mandate nicht gleichschalten kann und nicht standardisiert und automatisiert. Das „gesetzliche" Honorar ist nicht etwa das einzig erlaubte Honorar, sondern nichts anderes als eine Mindestvergütung.

Diesem Problem kann ein Anwalt auf mehrfache Weise begegnen. Zum einen kann er versuchen, seine Kosten drastisch zu senken. Je geringer seine Kosten sind, desto geringer ist auch der durchschnittliche Stundenumsatz, den er erwirtschaften muss, um sein Gewinnziel zu erreichen.

Eine weitere Möglichkeit besteht darin, ein höheres als das sich aus dem Gesetz ergebende Honorar mit dem Mandanten zu vereinbaren. Die Vereinbarung eines höheren als des „gesetzlichen" Honorars ist erlaubt. Um dem Mandanten einen angemessenen Preis vorschlagen zu können, muss der Anwalt allerdings kalkulieren, welchen Zeitaufwand er voraussichtlich mit der Bearbeitung der Angelegenheit haben wird und wie hoch die Kosten sein werden, um das aus Sicht des Anwalts erforderliche Honorar zu erzielen.

Eine „einfache" Möglichkeit, das Anwaltshonorar schlagartig zu erhöhen, besteht darin, einen Vergleich zu schließen. Mandanten, die einmal erleben mussten, dass der zehn Minuten früher noch so zuversichtliche Anwalt im Gütetermin eines Arbeitsgerichtsprozesses „auf dringendes Anraten des Gerichts" vehement auf den Abschluss eines Vergleichs drängt, werden verständlicherweise den Verdacht nicht los, dass die plötzliche Vergleichsgeneigtheit des Anwalts vielleicht auch vom eigenen Gebühreninteresse gelenkt war. Ein derartiges Misstrauen ist keine gute Basis für eine vertrauensvolle Zusammenarbeit zwischen Anwalt und Mandant.

3. Fest- und Pauschalpreis

Aus der Sicht von Mandanten sind Fest- und Pauschalpreise eine wünschenswerte Angelegenheit. Der Mandant weiß von vornherein, was er zu erwarten hat[10]. Sie erleichtern zudem den Preisvergleich zwischen den Angeboten verschiedener Anwaltskanzleien.

Auch aus der Sicht des Anwalts ist diese Preisgestaltung durchaus interessant. Auch für ihn ist die Vorhersehbarkeit des zu erwartenden Honorars angenehm. Allerdings muss sich der Anwalt der Mühe unterziehen, vorab genau zu kalkulieren, wie hoch sein Aufwand in dieser Angelegenheit voraussichtlich sein wird, um nicht mit Verlust zu arbeiten. Das ist nicht immer ganz einfach. Der Erläuterungsbedarf des anwaltserfahrenen Unternehmensmandanten ist deutlich geringer als der des jungen Start-up Unternehmers.

Die Vereinbarung von **Festpreisen** für größere Projekte erfordert von dem Anwalt einige Erfahrung bezüglich des Umfangs, den solche Projekte annehmen können. Aus betriebswirtschaftlicher Sicht ist es unumgänglich, in den Festpreis ein Polster einzukalkulieren. Nimmt der Anwalt beispielsweise an, dass der Zeitaufwand für eine bestimmte Aufgabe insgesamt etwa 50 Stunden erreichen wird und beträgt der von ihm angestrebte Umsatz pro Stunde 200,00 €, dann ist die Vereinbarung eines Festpreises von 10.000,00 € für den Anwalt riskant. Jede Aufwandserhöhung, die durch den Mandanten oder durch Geschäftspartner des Mandanten verursacht sein kann, macht die Kalkulation zunichte. Der Anwalt sollte ein Sicherheitspolster von mindestens 15 Prozent (zusätzlich) einkalkulieren und einen Festpreis im Beispielsfall von 11.500,00 € vereinbaren.

Will ein Anwalt lieber nach seinem tatsächlichen Zeitaufwand abrechnen bzw. ist der Aufwand im Vorfeld nur schwer abschätzbar und empfiehlt sich dennoch der Festpreis, kann auch ein sogenannter Sockelbetrag als Festpreis kalkuliert werden, der mit dem zum jetzigen Zeitpunkt kalkulierten Zeitaufwand hinterlegt ist mit der Maßgabe, dass bei Überschreitung dieses Zeitaufwandes neu verhandelt wird bzw. jede zusätzliche Stunde abzurechnen ist. Neuverhandlungen während eines laufenden Mandates sind im Übrigen gar nicht so unüblich, da sich immer im Nachhinein weitere Details zum Sachverhalt ergeben können, rechtsverbindliche Entscheidungen getroffen werden oder sich schlicht die Zielvorgabe oder Interessenlage geändert haben kann.

Eine besondere Form des Pauschalpreises ist das immer noch äußerst beliebte **Stundenhonorar**. Wie die meisten anderen Dienstleister auch ist der Anwalt ein Verkäufer von Zeit und Bemühung. Die auf seinen Zeitaufwand bezoge-

10 Dies ist beispielsweise das Geschäftsmodell von „Scheidungsmanager.ch" oder „www.LegalBase.de"

ne Abrechnung seiner Leistung scheint deshalb für einen Anwalt die naturgegeben richtige Abrechnungsmethode zu sein. Nur dann, wenn ein Anwalt jede Stunde seiner Arbeit in einer bestimmten Angelegenheit gegenüber dem Mandanten abrechnen kann, ist er vor (eigenen) Fehlern bei der Kalkulation des für die Bearbeitung der Sache zu erwartenden Aufwands geschützt. Mancher mag die Angabe eines besonders hohen Stundensatzes zur Pflege des eigenen Images nutzen. Dem möglichen Einwand, ein Zeithonorar sei unfair, weil es den qualifizierten und schnell arbeitenden Anwalt benachteilige, lässt sich sehr leicht dadurch begegnen, dass Stundensätze unterschiedlich zu bemessen sind und der Spezialist eben einen weitaus höheren Stundensatz berechnen kann als derjenige Anwalt, der noch am Anfang seiner Karriere steht und sich in die Materie erst noch einarbeiten muss. Es gibt noch eine ganze Reihe weiterer Einwände gegen die Vereinbarung eines Zeithonorars zu Stundensätzen: Mandanten befürchten, die ihnen übersandte Honorarrechnung nicht kontrollieren zu können, weil sie nicht prüfen können, ob der von dem Anwalt behauptete Zeitaufwand tatsächlich angefallen ist. Anwälte befürchten, dass Mandanten, die den tatsächlichen Arbeitsaufwand des Anwalts im Regelfall nicht einschätzen können, eine zu langsame Arbeitsweise des Anwalts rügen werden. Abhilfe bis zu einem gewissen Grad kann eine möglichst transparente Abrechnung schaffen. Jeder Anwalt führt an jedem Tag einen Zeiterfassungsbogen, sei es in Papierform, sei es mit Hilfe eines entsprechenden Computerprogramms. In dem Zeiterfassungsformular wird die Angelegenheit, die Tätigkeit des Anwalts und die für diese Tätigkeit benötigte Zeitdauer notiert. Verbreitet war ein Notieren im Viertelstundentakt, so dass jede angefangene Viertelstunde (oder jede vollendete Viertelstunde) abgerechnet wird. Der Bundesgerichtshof hat jedoch 2020 die 15-Minuten-Zeittaktklausel, wonach bei einem Zeithonorar für jede angefangene Viertelstunde fünfzehn Minuten abgerechnet werden können, in einer formularmäßigen Vergütungsvereinbarung beerdigt (Bundesgerichtshof, Urteil vom 13. Februar 2020 – IX ZR 140/19, AnwBl Online 2020, 604 sowie ein Parallelurteil vom 13. Februar 2020 – IX ZR 141/19, siehe dazu die Besprechung von Blattner, AnwBl 2020, 344). Jedenfalls im Verbrauchermandat sei die 15-Minuten-Zeittaktlausel unwirksam, so der BGH. Zwar ist grundsätzlch eine pauschalierte Zeittaktklausel als solche wirksam. Anwältinnen und Anwälte müssten nicht minuten- oder gar sekundengenau ihre Dienstleistung erfassen und abrechnen. Welcher Zeittakt aber noch als akzeptabel erscheint, ließ der BGH offen – das galt sowohl für das Verbrauchermandat als auch erst recht für Mandate im unternehmerischen Bereich. Das Landgericht Karlsruhe schafft jetzt 2021 ein wenig Klarheit: Es hält jedenfalls einen 5-Minuten-Zeittakt für akzeptabel (Landgericht Karlsruhe, Urteil vom 19. Januar 2021 – 6 O 213/18, AnwBl Online 2021, 740). 2019 waren beim LG Freiburg (Urteil vom 19. Juli 2019 – 8 O 56/18) und OLG München (Urteil vom 05. Juni 2019

– 15 U 318/18 Rae; AnwBl Online 2019, 613 mit weiterführender Anm. Schons) 6 Minuten als 1/10-Stunde noch akzeptabel. Blattner hat nach der BGH-Entscheidung den 6-Minuten-Zeittakt empfohlen (AnwBl 2020, 344, 346). Ist der vereinbarte Zeittakt unwirksam, bleibt die Honorarvereinbarung dennoch wirksam, es ist dann minutengenau abzurechnen. Auch bei einem Zeittakt sollte daher die Erfassung minutengenau erfolgen. Mit der Honorarberechnung wird dem Mandanten zusätzlich eine gesonderte Auswertung der in seiner Angelegenheit aufgewandten Arbeitszeit übersandt. Vollkommen ausräumen lässt sich der Verdacht des Mandanten, dass der Anwalt vielleicht doch habe schneller arbeiten können, jedoch nicht. Eine weitere Besorgnis von Mandanten besteht darin, dass zu viele Anwälte auf ihre Angelegenheit „angesetzt" werden, um „Stunden zu schinden". In der Praxis mag so etwa vorkommen. Auch für diesen Punkt gilt, dass die anwaltliche Dienstleistung in besonders hohem Maße ein Vertrauensgut ist. Dieses Vertrauen muss sich der ein Zeithonorar berechnende Anwalt durch einen stets korrekten und fairen Zeitaufschrieb verdienen und erhalten.

Die absolute Höhe eines nach dem Zeitaufwand bemessenen Honorars lässt sich im Vorhinein nur schwer abschätzen. Größere Unternehmen, die über ein festes Budget für Rechtsberatung verfügen, schätzen dies ebenso wenig wie Privatmandanten. Soll es bei einer Abrechnung nach dem Zeitaufwand bleiben, dann können die Anwälte eine Kappungsgrenze anbieten. Die Kappungsgrenze ist der Höchstbetrag des Honorars in einer Angelegenheit, der, unabhängig vom tatsächlichen Zeitaufwand der Anwälte, nicht überschritten wird. Das Angebot einer Kappungsgrenze setzt eine sorgfältige Kalkulation des zu erwartenden Zeitaufwands voraus.

Die Höhe des Zeithonorars steht nicht in unmittelbarer Relation zum wirtschaftlichen Nutzen der anwaltlichen Dienstleistung für den Mandanten. Aus der Sicht des Mandanten kann dies ebenso ärgerlich sein wie aus der Sicht des Anwalts. Auch Fälle von geringen wirtschaftlichen Wert für den Mandanten können erhebliche fachliche Probleme bergen, die nur mit einem Zeitaufwand zu bewältigen sind, der in keiner vernünftigen wirtschaftlichen Relation mehr zu dem Ergebnis steht. Der Anwalt sollte mit seinem Mandanten besprechen, ob es nicht wirtschaftlich sinnvoller wäre, die Angelegenheit auf sich beruhen zu lassen. Wünscht der Mandant jedoch aus einem Affektionsinteresse heraus, dass „der Fall durchgezogen wird, koste es was es wolle", dann sollte der Anwalt genau hinterfragen, welchen Wert in Geld der Mandant der Befriedigung seines Affektionsinteresses beimisst. Umgekehrt gibt es Fälle, in denen ein Anwalt mit nur einigen Stunden Zeitaufwand dem Mandanten erhebliche wirtschaftliche Werte sichert oder verschafft. Ein faires Honorar lässt sich in solchen Fällen nur durch die Vereinbarung eines ungewöhnlich hohen Stundensatzes oder durch eine Kombination von Honorierungsmethoden erreichen.

Schließlich bedarf es einigen verkäuferischen Talents, einem neuen Mandanten die Angemessenheit eines Stundensatzes von 280,00 € nahe zu bringen, der erklärt, bislang habe er niemals mehr als 250,00 € pro Stunde gezahlt. Der Anwalt kann den Mandanten davon überzeugen, dass er für den höheren Stundensatz einen weitaus höheren Nutzen als bislang erhalte. Er kann auch darauf hinweisen, dass er schneller arbeitet und die absolute Höhe des zu erwartenden Honorars trotz des höheren Stundensatzes für den Mandanten günstiger sein wird. Gerade Selbstständige verstehen aber in der Regel, dass auch Kanzleien kostendeckend arbeiten müssen und akzeptieren daher in der Regel das Argument eines solide kalkulierten Stundensatzes, wenn der Service stimmt.

4. Fazit

In einem von den Nachfragern dominierten Markt können die Anwälte nicht immer den von ihnen gewünschten Abrechnungsmodus durchsetzen. Aus Sicht des Anwalts wäre es auch unklug, starr an einem bestimmten Abrechnungssystem festzuhalten. Auch in ihrem Abrechnungsverhalten müssen Anwälte, ausgerichtet auf die Bedürfnisse ihrer Zielklientel, flexibel sein.

Gegenüber **rechtsschutzversicherten Mandanten** lassen sich andere als die nach den Tabellensätzen des RVG berechnete Honorare nur sehr schwer durchsetzen. Erforderlich werdende Erhöhungen des Honorars sollten unter Beibehaltung des Abrechnungsmodus, etwa durch die Vereinbarung einer zusätzlichen Gebühr, erreicht werden. In für Privatmandanten existentiellen Fällen, wie beispielsweise einem Kündigungsrechtsstreit, lässt sich die Vereinbarung eines Zeithonorars auch dem rechtsschutzversicherten Mandanten leichter vermitteln. Die Versicherungsleistung steht natürlich dem Mandanten zu.

Für viele Kollegen ist das rechtsschutzversicherte Mandat ein lukratives Mandat. Dabei wird in der Regel vergessen, dass die Korrespondenz von der Deckungsanfrage bis zur Abrechnung nicht zum Mandat gehört, sondern ein zusätzlicher Service für den Mandanten ist. Der Anwalt läßt sich diesen in der Regel nicht vergüten, weil er so auf der vermeintlich sicheren Seite ist, sein Honorar nicht vorbesprechen und verhandeln zu müssen und nicht das Insolvenzrisiko tragen zu müssen. Ein Trugschluss: in aller Regel macht die Rechtsschutzversicherung aus betriebswirtschaftlichen Gründen selbst beim gesetzlichen Mindesthonorar Abstriche oder läßt sich zumindest auf lange Diskussionen ein. Die meisten Kollegen werden dazu einschlägige Erfahrungen haben. Aus betriebswirtschaftlicher Sicht sind daher Rechtsschutzmandate weit weniger attraktiv als es den Anschein hat.

Durch die **Vereinbarung von Kappungsgrenzen** können Höchstbeträge eines im Vorhinein nicht genau abschätzbaren Honorars festgelegt werden. Solche Kappungsgrenzen liegen in erster Linie im Interesse des Mandanten.

Bei umfangreichen Projekten, die eine intensive Einarbeitung des Anwalts erfordern, kann es immer wieder geschehen, dass ein Unternehmen das Projekt abrupt abbricht, ohne dass bislang ein größerer wirtschaftlicher Nutzen für das Unternehmen erreicht worden wäre. Um Diskussionen über das angeblich viel zu hohe Anwaltshonorar für den nur geringen Nutzen des Mandanten – der Mandant blendet für gewöhnlich die Tatsache aus, dass er selbst es war, der das Projekt abgebrochen hat – die Schärfe zu nehmen, kann von vornherein ein **Mindesthonorar**, ein Sockelbetrag vereinbart werden, der dem Anwalt in jedem Fall zusteht. Die Vereinbarung eines Sockelbetrags kann mit der Regelung kombiniert werden, dass die Stundensätze ab einer bestimmten Anzahl von Leistungsstunden kontinuierlich geringer werden. Der Anwalt muss bei solchen Absprachen darauf achten, dass er ab einem bestimmten Zeitpunkt mit seinem Stundenhonorar nicht unter die Kostendeckungsgrenze rutscht.

Lockangebote scheinen vor allem jüngeren Anwälten reizvoll, um neue Mandanten zu gewinnen. Erste Arbeiten werden für ein sehr geringes Honorar erledigt. Für die außergerichtliche Arbeit lässt das RVG ein Unterschreiten der Tabellensätze zu. Mit der Vereinbarung von Dumpingpreisen tun sich Anwälte keinen Gefallen. Zum einen wird es äußerst schwer sein, dem Mandanten nach dem Ablauf der „Lockphase" klar zu machen, dass die Anwälte eigentlich ein deutlich höheres Honorar abrechnen müssen. Zum anderen hat ein übertriebener Preiswettbewerb noch keiner Branche je genutzt. „Schnäppchenjäger" sind keine loyalen Kunden. Das gilt auch für Mandanten. Wer als Anwalt Wert auf dauerhafte Mandantenbeziehungen legt, sollte zu fairen Preisen, nicht aber „billig" anbieten.

Auch in diesem Fall bestätigen Ausnahmen die Regel. Kollegen, die beispielsweise in großen Mengen Mahnverfahren für Telekommunikationsunternehmen betreiben, können durch Rationalisierungseffekte ihre Kosten so deutlich senken, dass die Abwicklung des einzelnen Mahnverfahrens zu einem weitaus geringeren Preis als von einer Allgemeinkanzlei angeboten werden kann. Fairerweise wird man aber sagen müssen, dass die Wahl der Anwaltskanzlei für die regelmäßige Bearbeitung der Mahnverfahren nicht aufgrund des Preises erfolgt war. Denn jede Kanzlei – egal ob klein oder groß – wird bei einer ständigen Fülle wiederkehrender Standardleistungen hoffentlich Systeme und Prozesse erstellen, die eine kostengünstige, effiziente Bearbeitung erlaubt[11].

11 S. 14 „Effiziente Anwaltsorganisation", TeleLex.

Dauermandanten kann (und sollte) also ein **Mengenrabatt** gewährt werden. Sonderbarerweise wissen nur wenige Anwälte, welches die drei Mandanten sind, mit denen sie ihre höchsten Umsätze pro Jahr erzielen, obgleich die meisten Kanzleisoftwarelösungen bei entsprechender Einstellung dies leicht ermitteln könnten. Diese drei Mandanten – je nach Größe der Kanzlei können das auch fünf, zehn oder mehr Top-Mandanten sein – sind für eine Kanzlei besonders wertvoll und sollten deshalb auch eine besondere Wertschätzung erfahren. Diese besondere Wertschätzung kann sich zum einen in gesteigertem Service ausdrücken. Zum anderen erwarten „Großkunden" regelmäßig auch ein finanzielles Entgegenkommen. Dagegen ist nichts einzuwenden. Anwälte müssen nur darauf achten, nicht von wenigen großen Mandanten wirtschaftlich abhängig zu werden.

Bei größeren Mandaten von hoher wirtschaftlicher Bedeutung, insbesondere bei gesellschaftsrechtlichen Transaktionen, werden bisweilen Honorare nachverhandelt. Im Erfolgsfall geht der Nachverhandlungswunsch von den Anwälten aus. Ist die Angelegenheit abgeschlossen, dann ist es dem Anwalt gestattet, auch wirtschaftlich an dem Erfolg seiner Arbeit beteiligt zu werden. Rechtlich besteht kein Anspruch auf die erfolgsabhängige nachträgliche Erhöhung des Anwaltshonorars. Gleichwohl existieren ungeschriebene Gepflogenheiten in diesem Bereich anwaltlicher Dienstleistungen. Gentlemen's agreements binden manchmal enger als notariell beurkundete Verträge.

Zuletzt noch ein Wort zu den Zahlungsmodalitäten: Der Vergütungsanspruch ist wie jeder andere Anspruch im Zweifel sofort fällig, was jedoch in der Praxis kaum umgesetzt wird. Zumindest sollte der Anwalt seinen gesetzlichen Anspruch auf einen angemessenen Vorschuss gelten machen[12]. Im Fall der Honorarvereinbarung über einen Festpreis oder ein Zeithonorar sollte eine angemessene **Vorschussregelung** in die Vereinbarung aufgenommen werden. Bei jungen Anwälten fällt immer wieder eine merkwürdige Abrechnungsscheu auf. Je schneller ein Anwalt sich daran gewöhnt, nicht nur seine fachliche Arbeit gut und zügig zu erledigen, sondern auch alsbald abzurechnen, desto besser. Die meisten Mandanten erwarten, eine Rechnung für die Dienste ihres Anwalts zu erhalten. Verärgert sind sie jedoch, wenn diese Rechnung „überraschend", beispielsweise nach mehr als einem halben Jahr, nachdem die Angelegenheit abgeschlossen ist, eintrifft. Sind Zeithonorare vereinbart, dann rechnen Anwälte zumeist ihren Aufwand monatlich ab. Auch die quartalsweise Abrechnung von Zeithonoraren ist nicht unüblich. Wer für größere Unternehmen arbeitet, muss sich daran gewöhnen, dass die unternehmensinternen Prüfungen und Buchungsvorgänge

12 Auch im Verhältnis zu rechtsschutzversicherten Mandanten besteht kein vernünftiger Grund, auf das Vorschussrecht des Anwalts zu verzichten.

etwa drei oder vier Wochen Zeit in Anspruch nehmen können, bevor das Anwaltshonorar beglichen wird. Wesentlich länger sollte es allerdings nicht dauern. Falls doch, muss der Anwalt mit seinem Mandanten darüber reden.

Längere Abrechnungsperioden sind für den Anwalt riskant. Zum einen muss er um die Liquidität der eigenen Kanzlei besorgt sein. Zum anderen sollte er nicht für übermäßig lange Zeit das Risiko der Illiquidität des Mandanten tragen. Auch Mandanten, deren Zahlungsfähigkeit vermeintlich „so sicher wie die der Bank von England" war, sind schon insolvent geworden. Wenn der nicht leistungsfähige Mandant darum bittet, den Honoraranspruch in Raten erfüllen zu dürfen, wird kaum ein Anwalt dieses ablehnen, erspart es ihm doch Zeit und Geld, den Vergütungsanspruch titulieren und durchsetzen zu lassen.

Wir sind es gewohnt, die meisten Dienstleistungen, die wir in Anspruch nehmen, sofort zu bezahlen. Das gilt für den Kinobesuch ebenso wie für die Inanspruchnahme eines Friseurs, einer Wäscherei oder einer Autoreparaturwerkstatt. Es gibt keinen sachlichen Grund dafür, dass es beim Anwalt anders sein sollte. Wenn ein Privatmandant nach vierzehn Tagen seine Honorarrechnung noch nicht bezahlt hat, dann stimmt etwas nicht. Entweder hat er die Rechnung gar nicht erhalten (das ist sehr selten), er ist mit der Rechnung nicht einverstanden (das gibt es häufiger) oder er gehört zu derjenigen Gruppe von Mitmenschen, die zwar gerne Leistung in Anspruch nehmen, dafür aber am Liebsten nichts zahlen möchten. Eine freundlich formulierte Zahlungserinnerung tut zumeist ihre Wirkung (und führt zum Schuldnerverzug). Von zweiten, dritten, „letzten" und „nun wirklich allerletzten" Mahnungen halte ich nichts. Zahlt der Mandant nach einer Mahnung nicht, dann ist es für den Anwalt besser, mit der gleichen Intensität und Konsequenz, die er zuvor bei der Mandatsbearbeitung gezeigt hat, seine eigenen Honorarinteressen gegenüber dem ehemaligen Mandanten durchzusetzen.

Gerade in diesem Punkt gehen unter Kollegen die Meinungen jedoch weit auseinander. Mancher Anwalt beweist gegenüber säumigen Mandanten eine wahre Engelsgeduld und wird auch dafür belohnt. Der Mandant kommt immer wieder. Er zahlt allerdings auch immer wieder nur sehr spät.

In meinen Coachings und Trainings zum Thema „Geld, Vergütung und Wert" kann ich diesen Kollegen oft relativ schnell deutlich machen, dass ihr Umgang mit dem Zahlungsverzug der Mandanten ihre eigene Einstellung zum Geld spiegelt. Hier bestehen oft unbewusste „Paradigmen" und „Wertungen" rund um das Thema „Geld" und „Geschäft", die es gilt, sich bewusst zu machen. Erst dann kann konkret entschieden werden, ob man daran festhalten möchte oder ob sie nur blockieren und man sich von ihnen verabschieden möchte. In jedem Fall ist es wert, sich nicht nur aktiv mit den eigenen Stundensätzen auseinanderzusetzen, sondern auch sich immer mal wieder mit den persönlichen

Glaubenssätzen zum Geld auseinanderzusetzen[13]. Denn ein säumiger Mandant ist vielleicht ärgerlich und kostet zusätzlich Zeit und Geld. Doch wenn dies zum Phänomen wird, reagieren diese nur auf die „Botschaft der Kanzlei“, die Rechnung muss nicht sofort bezahlt werden.

i Zuletzt noch ein **Tipp**:
Es schadet nicht, dem Mandanten im Zusammenhang mit der Honorarberechnung einen Zusatznutzen, auf den der Mandant rechtlich keinen Anspruch hätte, zu bieten.

Die meisten Anwälte führen für rechtsschutzversicherte Mandanten die Korrespondenz mit dem Rechtsschutzvesicherer unentgeltlich. Man sollte dem Mandanten jedoch klarmachen, dass dieser Service eigentlich Geld kostet und man dem Mandanten dieses (von dem Rechtsschutzversicherer nicht zu erstattende) Entgelt für den zusätzlichen Service schenkt.

Mittelständischen Mandanten, die über keine eigene Rechtsabteilung verfügen, kann ein Anwalt die Übersendung einer Honorarnote dadurch „versüßen“, dass er sich beispielsweise einmal den Internetauftritt des Mandanten anschaut und daraufhin prüft, ob die Homepage des Mandanten die nach § 5 TMG erforderlichen Angaben enthält. Diese Prüfung kostet nicht viel Zeit und Mühe, kann aber wertvoll für den Mandanten sein. Manche „Experten“ haben sich darauf spezialisiert, das Fehlen der Angaben nach § 5 TMG kostenpflichtig abzumahnen. Für den (nicht abgerechneten) Tipp, der bares Geld wert ist, wird der Mandant dankbar sein. Der Anwalt sollte seinen Mandanten jedoch wissen lassen, welchen Wert dieser unentgeltliche Rat hat.

Zuletzt noch ein Satz zum Thema Folgegeschäft: die wenigsten Anwälte haben einen bewussten Blick darauf, was sich aus einem Mandat als eventuelles Folgegeschäft generieren lässt. Ein kostenloser Hinweis kann ein guter Einstieg in ein „Zufallsmandat“ sein. Besser ist aber, in ein offenes Gespräch mit dem Mandanten zu investieren und diesen nach seinem Beratungsbedarf zu fragen. Dafür können sich Anknüpfungspunkte aus dem Mandat ergeben oder aus dem sonstigen Lebensumfeld des Mandanten. Es muss gar nicht immer ein „Rechtsproblem“ sein. Dem Mandanten hier klar zu machen, dass man schon in einem frühen Stadium rechtlich gut beraten wichtige Weichen stellen kann, ist der beste Einstieg in das Folgemandat.

13 Wie z.B. „Über Geld spricht man nicht“, „Geld verdirbt den Charakter“, „Eher geht ein Kamel durch ein Nadelöhr, als dass ein Reicher in den Himmel kommt“.

Was hat Ihnen das Kapitel gebracht?
Sie verstehen, wie die Dienstleistung „Rechtsberatung“ preislich kalkuliert werden kann und muss.

V. Eine Branche im Wandel: Die Kanzlei der Zukunft

Wozu sollten Sie dieses Kapitel lesen?
Sie lernen die wichtigsten „Game Changer“ des Rechtsmarktes kennen, Entwicklungstendenzen und Zukünftsszenarien.

Übersicht

1. Die Digitalisierung
- Gesetzliche Regelung
- Legal Tech im Kernbereich der juristischen Tätigkeit
- Legal Tech mit Hilfsfunktion zur juristischen Tätigkeit
- Legal Innovation

2. Neues Berufsbild durch den Gender- und Generationshift

3. Pandemien und Wirtschaftskrisen

4. Zukunftsszenarien

167.000 zugelassene Rechtsanwälte in Deutschland, 500 Einwohner pro Anwalt. Die Zahl der Anwälte seit 1990 verdreifacht. Die Hörsäle der juristischen Fakultäten übervoll:

Wie sieht die Zukunft der Legal Branche aus?

Im Jahr 2013 hat der deutsche Anwaltsverein bei der Prognos AG die oben Studie zur Zukunft des deutschen Rechtsmarktes in Auftrag gegeben. Diese präsentierte sodann auf dem alljährlich stattfindenden deutschen Anwaltstag Ihre Zukunftsstudie für die deutsche Anwaltschaft „Der Rechtsdienstleitungsmarkt 2030“[1] mit folgenden Zukunftsszenarien:
- Der weiter zunehmende Konkurrenzdruck wird sich insbesondere in den Städten und Ballungsgebieten verschärfen.
- Damit verbunden ist ein höherer Kostendruck, die Vergütung wird weiter sinken.
- Standardisiertes Wissen und die Bereitstellung standardisierter Rechtslösungen wird immer mehr von anderen Anbietern übernommen werden und als Einkommensquelle für die Rechtsanwaltschaft abnehmen.
- Eine weitere Folge des Kostendrucks wird sein, dass die nicht-juristischen Mitarbeiter in den Kanzleien deutlich reduziert werden und deren Aufgaben immer mehr von technischen Lösungen übernommen werden.

---

1 Die Zukunftsstudie für die deutsche Anwaltschaft ist beim deutschen Anwaltverein beziehbar.

- Das Wissensmonopol der Anwälte wird weiter schrumpfen.
- Gleichzeitig wird jedoch die Persönlichkeit des Anwalts von zentraler und entscheidender Bedeutung im Konkurrenzkampf werden. Dies wird durch die Zunahmen der Spezialisierungen und vielfältigeren Kanzleiformen und Zusammenschlüssen unterstützt.
- Auch der weitere Abbau von Justizinfrastruktur wird es erforderlich machen, dass die Bedeutung sozialer Einrichtungen, aber alternativer Akteure, wie beispielsweise Pro-Bono-Tätigkeiten der Anwaltschaft, alternative Finanzierungsformen, oder aber die Hinzuziehung von Mediatoren, Psychologen, Vermittlern, eine spannende Entwicklungsmöglichkeit für Anwälte darstellen wird.

Fakt ist also, dass die Legal Branche an einem Wendepunkt steht. Die bereits eingangs erwähnten drei großen Herausforderungen werden in der Zukunftsstudie deutlich prognostiziert und in ihrer Entwicklungstendenz beschrieben:

1. Die Digitalisierung

Die Digitalisierung stellt bereits jetzt für die Branche Fluch und Segen gleichermaßen dar. Einerseits sind ungeahnte Kommunikations- und Optimierungsmöglichkeiten denkbar. Die Anschaffung- und Einrichtungskosten der technischen Hilfsmittel amortisieren sich regelmäßig schneller, als die Einarbeitung neuer Mitarbeiter. Weiterer Personalabbau führt zu Kosteneinsparung und Risikominimierung.

– Gesetzliche Regelung

Problematisch an dieser Situation stellt sich jedoch insbesondere dar, dass viele technische Lösungen noch nicht dem für die Rechtsbranche erforderlichen Sicherheitsstandard entsprechen[2] und in den meisten Fällen die Gesetzgebung den technischen Möglichkeiten hinterher hinkt[3]. Das bedeutet, dass sich die Anwaltschaft auch in Zukunft immer mehr in rechtlichen Grauzonen bei der Nutzung von Technik und technischen Hilfsmitteln bewegen wird. Gleichzeitig aber nicht umhinkommt, sich mit einem gewissen technischen Grundverständnis immer auf dem Höhepunkt der Zeit zu halten, um rechtliche Risiken

2 Erst Recht nicht den „neuen“ Anforderungen an den Datenschutz.

3 Das „Besondere elektronische Anwaltspostfach“ (beA) war seit Jahren immer wieder verschoben worden und ist dafür ein prägnantes Beispiel.

abschätzen zu können. Dieser technologische Wandel wird die Arbeitsprozesse und die Marktsituation für die Anwaltschaft stark verändern[4]. Gerade untersucht das Bucerius Center on the Legal Profession, ob Legal Tech die Kanzleien wirklich dazu bewegt hat, ihre Geschäftsmodelle und ihr Serviceangebot, ihre Einkommensmodelle und organisatorischen Strukturen zu überdenken[5], nachdem sie 2016 in der Zusammenarbeit mit der Boston Consulting Group in der Studie „How Legal Technology will Change the Business of Law" festgestellt hat, dass Legal Tech 30–50% der Arbeit von Junganwälten ausführen könnte.

Immerhin wird die große BRAO Reform auch hier ab Mitte 2022 einiges ermöglichen: so wird ein engeres Zusammenarbeiten mit anderen Berufen, namentlich Ingenieuren und Technikern, möglich sein. Wagniskapital in Anwaltskanzleien zu investieren wird aber weiterhin nicht möglich sein[6].

Ab 1.1.2022 wird nun auch das bereits 2013 mit dem **Gesetz zur Förderung des elektronischen Rechtsverkehrs** (sog. eJustice-Gesetz) beschlossene Besondere elektronische Anwaltspostfach (beA) für alle verpflichtend eingeführt. Das beA nutzt ebenso wie das besondere elektronische Notarpostfach (beN), das besondere elektronische Behördenpostfach (beBPO) und das neue elektronische Bürger- und Organisationspostfach (eBO) das **Protokoll „OSCI-Transport"** (Online Services Computer Interface) das mit Einführung von EGVP seit vielen Jahren das Rückgrat der deutschen Justizkommunikation bildet. Dieses gewährleistet die klassischen Ziele Integrität, Authentizität, Vertraulichkeit und Nachvollziehbarkeit bei der Übermittlung von Nachrichten durch das sog. Prinzip des doppelten Briefumschlags.

Mit dem eJustice-Gesetz werden die Rechtsanwaltschaft und die Behörden zur Vorleistung gezwungen.

Nennenswert sind z.B. die **Arbeitsgruppe „Modernisierung des Zivilprozesses"** im Auftrag der Präsidentinnen und Präsidenten der Oberlandesgerichte, des Kammergerichts, des Bayerischen Obersten Landesgerichts und des Bundesgerichtshofs ebenso wie das Projekt des BMJV „Tech4Germany", um eine Software-Lösung für Online-Zugänge für Bürger für das Durchsetzen kleiner Forderungen zu erleichtern und die teils noch in den Kinderschuhen steckende Digitalisierung der Gerichte zu steigern oder die Bürgerbeteiligungsinitiative „Digitale Verwaltung neu denken" des Bayrischen Staatsministeriums für Digitales.

---

4 Prognos, Der Rechtsdienstleistungsmarkt 2030 Seite 138.
5 New Directions in Legal Services, ARK Group, Bucerius Law School (CLP).
6 Mehr dazu bei der Kanzleigründung.

Gerade darf ich mit dem Autorenteam um Prof. Riem von der Universität Passau zum Buch „Die Digitalisierung des Zivilprozesses“ beitragen, welches die wichtigsten Erkenntnisse aus dem Transformationsprozess zusammenfasst.

Mit der sog. Digitalisierungsrichtlinie (EU-Richtlinie 2019/1151) müssen die EU-Mitgliedsstaaten bis 08/2022 Online-**Gründungen von Kapitalgesellschaften** ermöglichen. Der Bundestag hat ein entsprechendes Umsetzungsgesetz am 10. Juni 2021 verabschiedet („DiRUG“). Das Gesetz hat bereits den Bundesrat passiert. Unternehmen und Gründer können daher **ab dem 1. August 2022** bequem **vom Büro oder von zu Hause** aus eine GmbH oder die bei Start-ups beliebte Unternehmergesellschaft (UG (haftungsbeschränkt)) gründen.

Die Digitalisierung bringt auch eine Internationalisierung der deutschen Anwaltschaft mit sich. Mandate werden zunehmend international, was wiederum besondere Anforderungen an die Anwaltschaft mit sich bringt[7].

Die Prognos-Studie führt weiter aus, dass das größte Potenzial letztlich in der Optimierung von Kanzleimanagement und Kanzleimarketing liegt[8].

Gerade das Kanzleimanagement wird von der Professionalisierung und Digitalisierung der Managementaufgaben profitieren, indem vor allem die Ressourcen Zeit, Personal und Geld durch die Digitalisierung effizienter eingesetzt und kontrolliert werden können. So wird geschätzt, dass ca. 22% der anwaltlichen Tätigkeit und bis zu 35% der Assistenztätigkeit in der Kanzlei zukünftig automatisiert werden kann[9].

Die sich stetig entwickelnden Informations- und Kommunikationstechnologien bieten zahlreiche Möglichkeiten, um den Erfordernissen einer flexiblen und transparenten sowie kundenorientierten, rechtsberatenden Dienstleistung Rechnung zu tragen.

Die digitale Akte und das beA sowie der Ausbau der IT-Infrastruktur in Kanzleien ist hierbei zwingende Voraussetzung. Gerade die technologische Entwicklung ist als einer der zentralen Treiber für die Entwicklung am Rechtsdienstleitungsmarkt von der Prognos AG identifiziert worden[10].

Sind Innovation und LegalTech also die Feinde der Rechtsbranche, weil disruptiv?

Frisst Legal Tech die Legals?

---

7 Heussen, S. 320, „Anwaltsunternehmen führen“.

8 Prognos der Rechtsdienstleistungsmarkt 2030 Seite 176.

9 brand.eins/thema 2021, Die Branche in Zahlen, S. 79.

10 Prognos der Rechtsdienstleistungsmarkt 2030 Seite 180.

i Unter **LegalTech** versteht man technische Anbieter, die standardisierte Problemlösungen anbieten. Hier sind beispielsweise Anbieter wie Flightright, Legalbase oder geblitzt.de[11] gemeint, die zu Pauschalpreisen pauschale Rechtsdienstleistungen anbieten. Legal Tech können Softwarelösungen sein oder aber Vermittlungsplattformen für Legal Service[12].

Merke:
Kanzleien sind aufgefordert, die Chancen, die Legal Tech bietet, aktiv zu nutzen, sei es in betriebswirtschaftlicher Hinsicht (Effizienz, Kostenminimierung, Schnelligkeit, Risikomanagement) oder in strategischer Hinsicht (Personalsuche, Employer Branding, Kunden- und Serviceorientiertheit) oder aber zur Erschließung neuer eigener Geschäftsfelder.

Nachfolgend möchte ich einen kurzen Überblick über den derzeitigen Stand bieten[13]:

Dabei orientiere ich mich an der „Kartographie der Legal Tech Landschaft" nach Jens Wagner, wonach Legal Tech in drei Grundkategorien oder auch Dimensionen eingeteilt werden kann:

1. Legal Tech im Kernbereich der juristischen Tätigkeit
2. Legal Tech für die rechtlich relevanten Rahmenbedingungen
3. Legal Tech mit Hilfsfunktion zur juristischen Tätigkeit[14]

– Legal Tech im Kernbereich der juristischen Tätigkeit

Software-Lösungen
Hierzu zählen in erster Linie die Dokumentenanalyse sowie alle Daten-Erfassungssysteme ebenso die juristischen Online-Datenbanken und Wissensmanagement-Systeme zur juristischen Recherche, letztlich aber auch automatisierte Vertragsprüfungs- und Verhandlungstools, Rechtsgeneratoren und die automatisierte Dokumentenerstellung. Letztere sind als sogenannte Legal Robots bereits nicht nur mit lernfähigen Algorithmen ausgestattet, sondern auch mit sogenannter Künstlicher Intelligenz (KI oder AI)[15].

11 Caspar Tobias Schlenk, „Der Smartlaw Gründer startet das nächste Legal Start up" in Gründerszene vom 3.4.2016.

12 Einen guten Überblick bietet Hartung, Bues, Halbleib, „Legal Tech – die Digitalisierung des Rechtsmarktes", 2017.

13 Während der Arbeit an der ersten Ausgabe dieses Buches, 2017, war der Legal Tech Markt noch recht überschaubar; viele Anbieter tauchten so schnell auf wie sie verschwanden. Daher sah ich davon ab, einen detaillierten Überblick zu bieten. Das scheint nun anders zu sein. Wie viele der obigen Angebote am Markt bleiben, wird die nächste (dritte) Auflage zeigen.

14 Jens Wagner, Legal Tech und Legal Robots, S. 16.

15 Spannende Einblicke bietet Jens Wagner, Legal Tech und Legal Robots, S. 56.

Als Beispiel für die Dokumentenerstellung sei Legal Smart Documents, Lawlift, TeamDocs, Escriba, Consultimator, Goyaa, BlockAxs, Hotdocs, Legal OS, Legito, Prime Legal AI, Methodigy, Legalmatic, ScriptomatTemplafy, SMASHDOCs, SMARTCONEXVertragsgenerator, top.legal und Janolaw genannt; für die Dokumentenanalyse sind gerade DATEV, consilio, LEGARTIS, Codefy, Contract Analyzer, epiq, EVANA, inserve, juracus, Kira, KLDiscovery, Legility, NAIX und LeReTo am Start.

Aber auch die sogenannten standardisierten Rechtsdienstleistungen gehören hierher, alles von FlightRight über wenigermiete, online-scheidung, rightnow, Bryter, clarius.legal und legalzoom.com bis rocketlawyer.com.

– **Legal Tech für rechtlich relevante Rahmenbedingungen**

Diese kennen wir bereits als automatisierte Gerichts- und Verwaltungsverfahren oder auch gesetzliche Formerleichterungen und -vorgaben. Das besondere elektronische Anwaltspostfach (beA nach § 31 a BRAO) gehört hierher[16], auch die elektronische Akte oder das elektronische Integrationsportal (eIP) der bayerischen Justiz[17] (Stichwort: eJustice und eGovernment).

Neu sind für die allermeisten die sogenannte Keyless Signature Infrastructure (KSI) Technology, Smart Contracts, Blockchain, Online Dispute Resolution und Blockchain Arbitration.

16 Das beA ist nun seit 1.1.2022 verpflichtende Realität (Art. 26 VII ERV-Gesetz).

17 Die elektronische Akte soll bis spätestens 1.1.2026 in Deutschland verpflichtende Realität werden. Jens Wagner, Legal Tech und Legal Robots, S. 28. In Österreich ist sie dies seit 2021 der Fall: 2013 wurde das Projekt «Justiz 3.0» in Angriff genommen und bereits 2016 startete der Pilotbetrieb der digitalen Aktenführung an verschiedenen Gerichten. 2019 arbeiteten rund 700 Justizmitarbeitende mit dem digitalen Justizarbeitsplatz, wo die elektronischen Akten bearbeitet, zugewiesen und eingesehen werden kann. Der **ELAK (Elektronischer Akt)** ist ein zentrales Konzept der österreichischen eGovernment Strategie, die seit 2004 die voll elektronische Aktenverwaltung, automatisierte Abwicklung von Geschäftsprozessen, Archivierung und eine nahtlose Verwaltungskooperation zwischen den Behörden ermöglicht (Stichwort: One-Stop-Government). Heute wird der elektronische Akt im Bund (ELAK) als zentrales E-Government-System der österreichischen Bundesverwaltung von den Bundesministerien, obersten Organen, Gerichtshöfen, ausgegliederten Rechtsträgern und nachgeordneten Dienststellen des Bundes genutzt und ist als zentrales Element der Geschäftsfallbearbeitung ein entscheidender und integraler Bestandteil des Arbeitsplatzes der Zukunft, der schon heute sowohl zeit- als auch ortsunabhängig täglich 24 Stunden zur Verfügung steht. In der Zukunft soll der ELAK als Wissensplattform und zur Automatisierung von Prozessen mit dem Einsatz künstlicher Intelligenz erweitert werden. 1,5 Mio. Akten und 20 Mio. Dokumente werden mit ELAK in Österreich in Summe pro Jahr elektronisch verarbeitet. 12.000 Benutzerinnen und Benutzer aus den Bundesministerien arbeiten heute mit ELAK, der vom Posteingang bis zur Erledigung durchgängig elektronisch funktioniert – damit ist der ELAK ein echtes europäisches Referenzprojekt.

– **Legal Tech mit Hilfsfunktion zur juristischen Tätigkeit**

Der wohl vielseitigste Bereich von Legal Technology sind technische Tools, die nur am Rande mit der eigentlichen Rechtsberatung zu tun haben, dennoch den Kanzleialltag prägen und das Kanzleigeschäft in den letzten Jahren verändert haben. Die meisten dieser Produkte wurden anfangs als sogenannte „Disruptive Innovation" bezeichnet, auch wenn sie in anderen Branchen längst etabliert waren.

i Disruptive Innovation ist eine „zerstörerische Erfindung", die ein Produkt, eine Technologie, eine Dienstleistung oder ein Geschäftsmodell hervorbringt, welches sich an die etablierten „Spielregeln" und „Machtverhältnisse" des Marktes nicht anpassen muss oder diese bewußt umgeht. Zumeist beginnt sie in einer kleinen, unscheinbaren Nische einer Branche und führt schließlich zur völligen Auflösung/Zerstörung von vorhandenen Geschäftsmodellen, Kundenbeziehungen, Produktserien und Dienstleistungen bis hin zu einer Neuordnung des Marktes. Bestes Beispiel dafür sind traditionelle Tankstellen in Bezug auf e-Autos oder LKW/Bus-Fahrer in Bezug auf autonomes Fahren.

Hierzu zählen allgemeine Kanzleisoftware und Kanzlei-Tools ebenso wie die virtuelle Akte, Dokumentenmanagement und Workflowmanagement, aber auch Plattformen für Zusammenarbeit bis hin zu Videotelefonie (wie z.B. Teams, Adobe, Slack, Skype, Zoom), Legal Spend Management und eBilling, also alles, was mit der richtigen Kostenschätzung und Abrechnung zu tun hat.

Das sogenannte Legal Project Management (LPM), welches zwar grundsätzlich ohne technische Tools funktioniert, wurde speziell an der Schnittstelle von Definierung und Optimierung von vorhandenen analogen Prozessen hin zu Digitalisierung, Effizienz und Evaluation entwickelt.

Als Kanzleisoftware seien exemplarisch genannt: DATEV, RA-MICRO, STPKanzleisoftware, Renostar, AnNoText, Kleos, Advoware, Advolux, Kanzlei-Manager, LawFirm, Legalvisio, NOAH, rainmaker, ShakeSpeare. Diese unterscheiden sich einerseits im Aufbau nach Modulen und Funktionalitäten und damit in der Preisstruktur, andererseits nach der Erfahrung am Markt. Wichtige Parameter bei der Entscheidung neben Funktion und Preis sind vor allem vorhandene und funktionierende Schnittstellen, aber auch die zur Software passende Kanzleigröße und Mandatsstruktur. Mehr dazu später.

Lösungen für die Mandantenkommunikation sind beispielsweise aktuell DATEV, 5FSoftware, Advobot, CODIAC, Iurio, MavonRA; für Kanzlei-Tools etwa DictNow, AnwaltsGebühren.online, 4voice Sprachtechnologien, DictaNet, DragonLegal, LAS, jurmatix Legal Intelligence, LexSuperior, Philips SpeechLive, Veronym, vub Paperboy; für juristische Datenbanken zur Recherche LEXinform, beck-online, Deutsches Anwalt Office Premium, ESV-Digital, LexisNexis, juris – Das Rechtsportal, Owlit, Otto Schmidt online, Wolters Kluwer Online. Auch kostenfreie und durchaus nutzbringende Datenbanken seien erwähnt: Bundesanzeiger, nuzer.de, dejure.org, Gesetze im Internet, kommentar.de, Lexetius, omsels.info, openJur, Openlaws, Rechtsprechung im Internet, Urteile & Gesetze und Verwaltungsvorschriften im Internet.

Plattformen für Legal Tech Produkte zählen dazu ebenso wie „Common Legal Platforms". Das sind Kollaborationsplattformen für die Zusammenarbeit mit Rechtsabteilungen großer Unternehmen. Bei großen Datenmengen oder besonders sensiblen, langwierigen Themen von strafrechtlicher Relevanz wie dem „Dieselskandal", aber auch bei M&A oder bei regelmäßigen Patentanmeldungen gibt in der Regel das Unternehmen die Plattform vor, was die Kanzlei vor die Herausforderung stellt, nicht nur diese Plattform kompatibel zu ihrer Kanzlei-IT einzustellen, sondern auch verschiedene Plattformen täglich zu koordinieren. Eine sogenannte Legal Mark-up Language oder Common Legal Platform würde für die Kanzleien eine signifikante Erleichterung bedeuten.

Auch das sogenannte Legal Outsourcing und online Recruiting zählen dazu. Das sind Klassiker der Karriereportale wie der Beck Stellenmarkt, azur JUVE, LTO Karriere, aber auch neue wie Legal Careers, Karriere-Jura.de, Legalhead, TalentRocket, PERCONEX. Im Legal Outsourcing kommen AdvoAssist, Axiom, Clarius.Legal, Digitorney, Lawyers on Demand, reThinkLegal, VARIO, Terminvertreter.com, clients&candidates, Xenion.Legal in Betracht.

Letztendlich stehen hier aber auch sämtliche Online-Vermarktungen und Online-Vermittlungsplattformen, wie z.B. 123recht.de, advocado, anwalt.de, anwalt24, anwaltssuche, Anwalt-Suchservice, Das Deutsche Anwaltsregister (DAWR), DASD Deutscher Anwaltssuchdienst, Deutsche Anwaltshotline, Deutsche Anwaltsauskunft (für Mitglieder des Deutschen Anwaltvereins), fachanwalt.de, fachanwaltssuche.de, JuraForum, jusmeum, ra-fachanwalt.de, rechtsanwalt.com. Hinzu kommen auch die zahlreichen anwaltlichen Netzwerke, welche in der Regel ebenfalls eine Präsentation ihrer Mitglieder in der einen oder anderen Form bieten.

Mittlerweile gibt es auch Legal Tech-Beratungsfirmen wie Future-Law.at in Österreich: LawApoynt, SFS, Unterschied & Macher, Advoservice, Advotisement und ganze Legal Tech-Plattformen wie Reynen Court (inklusive App-Store) oder auch die kostenfreien Angebote des ffi-Verlages wie das Legal Tech Verzeichnis und Legal Tech Magazin oder auch das Legal Tech Verzeichnis der Schweitzer Fachinformationen bzw. ein solches für Österreich von Future-Law.at. Bitte beachten Sie, dass nicht alle Tech-Lösungen jeweils länderunabhängig funktionieren.

Selbstverständlich sind diese Auflistungen nicht abschließend und ändern sich laufend.

i In regelmäßigen Abständen werden von zentraler Stelle sogenannte Legal Tech Verzeichnisse[18] herausgegeben, die einen guten, aktualisierten Überblick bieten. Auch die Ausstellerverzeichnisse für Kongressformate in der Legal Branche (wie z.B. für die advotec des Deutschen Anwaltstages, die virtuelle Kanzlei-Expo von Wolters Kluwer oder die Legal Revolution) sind hilfreich.

Berufsverbände wie der Deutsche Anwaltsverein bieten im Übrigen im Mitgliederbereich an vielen Stellen besondere Tarife für Mitglieder bei einigen der vorgestellten Lösungen an.

Davon zu unterscheiden sind die von den technischen Serviceprovidern entwickelten Branchenlösungen für den Legal-Sektor. Hier geht es um technische Produkte, die speziell für den Kanzleibereich entwickelt worden sind, beispielsweise im Hardwarebereich der Anwaltskopierer von Konica Minolta oder Rico, oder im Softwarebereich spezielle Kanzleilösungen für kanzlei-interne Prozesse. Zwar steckt hier noch einiges in den Kinderschuhen und die Legal Branche leidet im Moment an halbfertigen, unausgegorenen Produkten. Die Chance besteht jedoch darin, die technischen Serviceprovider darin zu begleiten, ein maßgeschneidertes, zielgruppenoptimiertes Produkt zu entwickeln, welches die Legal Branche in die Zukunft begleitet. Ich selbst habe mit CLP in den letzten Jahren viele Hard- und auch Softwareanbieter dabei begleitet, ihre Produkte für den Legal Markt zu optimieren und in diesen nachhaltig einzuführen.

Erste Ansätze sind mit dem beA gemacht. Entwicklungsfähige Kanzleisoftware wie von RA Micro, AdwoWare und STP seit Jahren in den Markt gebracht, ist vorhanden. Nun gilt es, Anfangsschwierigkeiten auszumerzen, Sicherheitslücken zu schließen und flexible Schnittstellen zu schaffen, um den im Wandel befindlichen Kanzleimarkt flexible Lösungen anzubieten. Dabei ist es ist kein Geheimnis, dass immer mehr Unternehmen die Zielgruppe Legal als neuen vertikalen Markt entdecken. Vertikale Märkte, wie beispielsweise der Bildungssektor oder aber auch der Krankenhausbereich, treten zunehmend in den Fokus der Unternehmen, die sowohl ihre Produkte als auch Ihre Marketingstrategie auf diese vertikalen Märkte ausrichten. Die frühzeitige Einbindung von Experten aus diesen Branchen ist dabei von entscheidendem Vorteil: schon bei der strategischen Ausrichtung, bei der Produktentwicklung und später bei der Aufsetzung des Marketingkonzeptes. Firmen wir RA Micro oder STP setzen dabei auf die Anstellung von Juristen in der Produktentwicklung oder in der Marketingabteilung und im Vertrieb. Andere Unternehmen setzen eher auf die Hinzu-

18 Legal Tech 2021: 150 Angebote für Kanzleien. Eine Marktübersicht, Fachinfo-Verzeichnis des ffi-Verlages.

ziehung von externen Beratern und Testkanzleien für Ihre Produktinnovationen.

– **Legal Innovation**

Nach Vorbildern aus der Tech-Szene und Studenten-Initiativen entwickelten sich zunächst die ersten „Hubs", lose Zusammenschlüsse, die ganz im Sinne der neuen Agilität „Professionals" unterschiedlicher Branchen zusammmenbrachten, um mit Methoden wie Scrum[19], Kanban[20], Business Model Canvas[21] oder Design Thinking[22] Rechtsberatung neu zu denken.

Was war wirklich neu?

Neu war die Perspektive:

Rechtsberatung wird konsequent aus der sogenannten „Nutzer"-Perspektive gedacht – das kann der Rechtsberater als Nutzer eines Legal Tech-Produkts wie hochspezialisierter Vertragssoftware aber genauso sein wie die Rechtsabteilung eines Unternehmens oder der sogenannte Endverbraucher.

Legal Design Thinking oder Legal Project Management sind Methoden zur Prozesssteuerung (einerseits bei der Entwicklung, andererseits bei der Optimierung), die original aus anderen Branchen kommend speziell auf den Lebenszyklus eines Mandats/einer Akte abgestimmt sind.

Neu war aber auch die Fehlerkultur:

Die europäische und erst recht die deutsche Kultur fokussiert sich auf zwei Aspekte bei Entwicklung und Wachstum:

1. Fehler und deren Monitoring und Ausbesserung
2. Schwächen und deren Umwandlung in Durchschnittswerte

---

19 Scrum ist eine Entwicklungsmethode für Produkte, kann aber auch für Projektentwicklung eingesetzt werden. Ursprünglich entwickelt für Softwaretechnik kommt es heute in vielen unterschiedlichen Bereichen zum Einsatz.

20 Kanban ist eine Entwicklungsmethode für Produktionsprozesse, die sich am Verbrauch von Materialien am Bereitstellungsort und am Verbrauchsort orientiert.

21 Das Business Model Canvas ist eine Art „Leinwand" (engl. Canvas), auf der in neun Abschnitten ein Geschäftsmodell oder eine Produktidee von der Entwicklung bis zum Vertrieb dargestellt wird. Es kann als sog. „Sandkiste" (SandBox) für die geschäftliche Entwicklung innovativer Ideen genutzt werden oder als strategische Managementvorlage für vorhandene Produkte und Dienstleistungen.

22 Siehe Erklärung im Anschluss.

Dies zieht sich durch unser gesamtes Gesellschaftssystem und ist natürlich auch der Juristenausbildung, dem System der Rechtspflege und der Rechtsbranche immanent. Wie der Blick auf andere Kulturen zeigt, muss das aber nicht so sein. Der Innovationsschub im Silicon Valley ist nicht aus Zufall auf US-amerikanischem Gebiet entstanden und die Gründerszenen in Deutschland und Österreich haben nicht von ungefähr enorme Hürden bei der Suche nach Investoren zu nehmen.

Die Fehlerkultur ist in der amerikanischen Kultur tief verwurzelt in den „Pioneer"- und „Pilgrim"- Geschichten, den „Goldgräber"- und Glücksritter-Vorfahren, den Entdecker- und Abenteurer-Genen. „No risk – no fun" ist sicherlich kein typisch deutsches Lebensmotto und erst recht keine Maxime, wenn es um Recht und Gesetz geht. Und dennoch: In einer Welt, die sich immer schneller dreht; in der die Erfindung von heute schon Schnee von gestern ist, sind langwierige konservative Prozesse – die im Sinne von Risikomanagement sicherlich in ruhigen Zeiten durchaus sinnvoll sind – nicht opportun. Die Corona-Pandemie hat gezeigt: Nie war die Entwicklung von verschiedenen Impfstoffen und das Durchlaufen des Zulassungsverfahrens schneller möglich. „Trial and Error" (zu deutsch: Versuch macht klug) hat konservatives Risikomanagement abgelöst.

So auch in der Innovation von Legal Technology:

Vorsichtig angefangen hat es mit sog. „Retreats[23]", „Master Mind Groups[24]", „Legal Design Jams[25]" und „Hackathons"[26].

Der beeindruckendste Hackathon war sicherlich der der Bundesregierung Wirvsvirus im März 2020[27]: Unter der Schirmherrschaft von Kanzleramtsminister Helge Braun und der Staatsministerin für Digitalisierung Dorothee Bär sowie gemeinsam mit den Mitorganisatoren aus der digitalen Gemeinschaft (unter an-

---

23 Retreats sind eigentlich spirituelle Entspannungsauszeiten, haben sich heute aber auch als „allgemeiner Rückzug aus dem Alltagsleben" durchgesetzt: Für die Entwicklung von Legal Tech wurden also Auszeiten außerhalb des Büros geschaffen, in welcher ungestört und „neu" im geschützten Rahmen in kleinen, ausgewählten Teams gedacht werden konnte.

24 Master Mind Groups sind homogene Gruppen, die sich durch regelmäßigen gegenseitigen Austausch gemeinsam voran bringen möchten bzw. ein zuvor definiertes Problem lösen.

25 Jams sind eigentlich zwanglose Zusammentreffen aus der Künstlerszene zur Improvisation, bekannt z.B. unter Musikern als Jam Session oder Poetry Slam für junge Autoren/StandUp Performance. Für die Entwicklung von Legal Tech wurde so die „Kreativzeit" genannt, z.B. für ein mittägliches Treffen von einer Stunde. Jams finden zumeist inhouse statt.

26 Hackathons sind gigantische offene (Online-)Veranstaltungen (meist kostenfrei) unter einer bestimmten Aufgabenstellung zum Austausch und zur Zusammenarbeit zahlreicher fremder Menschen mit unterschiedlicher Herkunft, Hintergrund und Erfahrung mit dem Ziel, so innerhalb von 24 oder 48 Stunden ununterbrochener Arbeit ein erstes (Zwischen-)Ergebnis zur Problemlösung zu erzielen.

27 www.bundesregierung.de vom 20.7.2020 und www.wirvsvirus.org.

derem Tech4Germany, Digitalrat, Prototype Fund) engagierten sich über 28.000 Teilnehmer innerhalb von wenigen Tagen für einen 48 Stunden-Wochenend-Marathon. Insgesamt wurden rund 1.500 Projekte aus knapp 3.000 Herausforderungen, den sogenannten „Challenges", im Zusammenhang mit der Corona-Pandemie bearbeitet. Darunter über hundert Herausforderungen der Bundesministerien oder von Behörden wie dem Bundesamt für Bevölkerungsschutz oder der Bundespolizei. Der Rest der Vorschläge stammt aus der Zivilgesellschaft, von Unternehmen sowie von Kliniken. Viele der Projekte waren reine Legal Tech-Applikationen, fast alle brauchten in der einen oder anderen Weise rechtliche Unterstützung insbesondere beim Datenschutz und Grundrechtseingriffen. Ich war mit CLP als sog. Mentor dabei und begleitete diverse Projekte gleichzeitig. Aus einigen von ihnen sind interessante und hilfreiche Initiativen entstanden, z.B. zum Thema Home Schooling, Essenslieferung und Online-Stores regionaler Anbieter, aber auch Contact Tracing oder optimale Verteilung von Krankenhausbetten. Man war per Video, Slack und anderen Plattformen nahezu ununterbrochen im Austausch, bekam mehrmals am Tag zentrale Video-Liveschaltungen zum Beispiel zu Dorothee Bär und den Veranstaltern und feierte am Sonntagabend die ersten Ergebnisse. Mit den sog. „Solution Enablers" ging es danach weiter und es wurde bei der Suche nach Investoren, der Produktion des Prototyps etc. begleitet.

Weiter ging es mit studentischen Initiativen und ThinkTanks[28] nach dem US-amerikanischen Vorbild von ThinkLaw wie z.B. Recode Law[29] oder Legal Tech Lab Cologne oder MLTech[30]. Später schossen Hubs[31] und Meet-ups[32] in nahezu allen großen deutschen Städten aus dem Boden.

---

28 Ein ThinkTank ist eine sog. Denkfabrik einer in sich geschlossenen Gruppe, die durch Erforschung, Entwicklung und Bewertung von politischen, sozialen und wirtschaftlichen Konzepten und Strategien Zukunftsforschung betreibt.

29 Recode Law ist eine Initiative aus Studenten und Referendaren, die ich z.B. bei der jährlichen Digital Justice Conference 2021 unterstützt habe.

30 Labs (dt. Labore) sind Zusammenschlüsse zur „Feldforschung" aus unterschiedlichen Professionen: Für die Entwicklung von Legal Tech ähnlich den Jams sog. „Kreativ- und Innovationsbereiche".

31 Ein Innovation Hub verwendet den technischen Telekommunikationsbegriff Hub i.S.v. Netzwerk/Verbindung als einen Knotenpunkt, an dem vielfältige Ideen, Akteure und Technologien zusammenfließen und kreativ vernetzt werden.

32 MeetUp ist ein unverbindliches, einmaliges Netzwerktreffen einer offenen Gruppe zu einem bestimmten Thema. „Legal Hackers" ist eine globale Bewegung von Anwälten, politischen Entscheidungsträgern, Technologen und Akademikern, die kreative Lösungen für einige der dringendsten Probleme an der Schnittstelle von Recht und Technologie erforschen und entwickeln. Bei lokalen Treffen, Hackathons und Workshops spüren Legal Hackers Probleme und Möglichkeiten auf, wie Technologie die Rechtspraxis verbessern und informieren kann und wie

Der Legal Tech Hub Vienna als Zusammenschluss von sieben großen österreichischen Kanzleien zur gemeinsamen Innovation von Legal Tech war sicherlich einer der ersten und größten seiner Art[33].

Das Liquid Legal Institute ist ein ähnlicher Zusammenschluß in Deutschland – auf demokratischer Vereinsbasis –, um gemeinsam Innovation zu ermöglichen. Bemerkenswert ist hierbei, dass offenbar die klassisch konservativen Businessformen (GmbH etc.) zur Entwicklung neuer Geschäftsideen und Produkte nicht den richtigen Rahmen bieten gleichzeitig aber nachhaltige und gemeinnützige Gesellschaftsformen wie die gGmbH wohl für diese Zusammenschlüsse (noch) nicht attraktiv sind[34].

Unter Reinvent Law haben sich sodann erstmals universitäre Studentengruppen mit Kanzleien, Rechtsabteilungen und sog. Legal Tech Ventures [35] zusammengeschlossen, um Synergien zu bündeln. Gerade ist die Legal Tech University Partner geworden. Universitäten versuchen also dringend, den Anschluss an die Legal Tech-Bewegung zu finden. Mittlerweile ist auch der erste LL.M. in Legal Tech absolvierbar: An der Universität Regensburg[36].

«An der EBS Law School machen wir uns in einem umfassenden und aufwendigen Prozess Gedanken über die Zukunft der Juristenausbildung", so Prof. Dr. iur. Emanuel V. Towfigh, Dekan der Fakultät. «Ein wichtiger Teil davon ist der Umgang des Rechts mit der Digitalisierung. So spielt etwa Legal Tech in Kanzleien und Unternehmen schon heute eine maßgebliche Rolle, während die Ausbildung sich dem Thema nicht widmet. Dem wollen wir mit unserem neuen Schwerpunkt entgegenwirken: Die Studierenden sollen fit gemacht werden für die Bereiche, mit denen sie in ihrem Berufsleben unweigerlich zu tun haben werden.»[37]

Nicht zuletzt sind auch eMagazin-Formate wie Rethinking Law, Legal Layman[38] oder Legal Revolutionary zu erwähnen. Letzteres ist das eMagazin der Legal Re-

---

sich Recht, Rechtspraxis und Politik an die sich schnell verändernde Technologie anpassen können – so z.B. bei den „Munich Legal Hackers" seit 2016.

33 *Martinetz/Maringele*, Quick Guide Legal Tech, S. 80.

34 Gerade begleite ich eine juristische Dissertation, die sich dieser Problematik annimmt.

35 Legal Tech Ventures sind Investoren im weitesten Sinne, die mit Know-how, Kapital und Netzwerk unterstützen.

36 Das interview mit der ersten Professorin und selbsternannten Lawfluencerin (Influencerin in Law) Dr. Christina-Maria Leeb unmittelbar bevor sie Professorin wurde, finden Sie auf /www.consultingforlegals.com/aktuelles/s/2/tag/interviews/

37 „Digitalkompetenz im Jurastudium" in: smartlegalmarket vom 7.5.2019.

38 Ein Format, welches sich an Nichtjuristen (also die Nutzer) wendet und z.B. wie vorhin erwähnt die Legal Coaching Ausbildung der CLP-Academy 2020 vorgestellt hat – zu finden auf

volution, eines mehrtägigen Kongressformats für die neuesten Legal Tech-Innovationen.

Leider sah der Anwaltverein (DAV) bis heute nicht die Notwendigkeit, dem eine eigene Arbeitsgemeinschaft oder ein sonstiges Format zu widmen. Denkbar wären ja z.B. auch bestimmte Kollaborations-Plattformen wie Slack oder Teams. Die gerade neu aufgebaute Intervisions-Plattform im geschlossenen Mitgliederbereich des DAV dürfte dafür wenig geeignet sein. Hier läuft es mehr schlecht als recht unter der AG Kanzleimanagement wenig sichtbar vor sich hin. Aber das kann sich ja noch ändern.

Da überraschen die Ergebnisse der Studie „The Future Fit Lawyer“ von WoltersKluwer nicht, wonach derzeit **lediglich 68% erst die allerersten Schritte in Richtung Legal Tech unternommen** haben und **weniger als die Hälfte, nämlich 49%, nur neue Technologien einsetzen**.

- am ehesten war die Partnerriege dagegen (55%),
- am zweithäufigsten scheute man Kosten (50%) und
- immerhin 31% geben an, dass die Klienten das nicht wollen.

Und doch geben **66% an, beim Technologieeinsatz dann doch erheblich rentabler gearbeitet** zu haben, und **25% haben sogar eigene interne Legal Tech-Produkte entwickelt:**

- 33% haben dafür externe IT-Spezialisten engagiert
- 25% haben dafür Innovations-Formate wie Jams, Hubs, Labs geschaffen
- 22% haben mit einem Start-up zusammengearbeitet

Es wurden neue Positionen geschaffen: Chief Operating Officers (COO) sorgen für die Optimierung der Prozesse, „Innovation and Knowledge Directors“, „Legal Technology-Spezialisten“ oder „Manager Legal Operations“ treiben die Digitalisierung voran[39].

Merke:
Im Ergebnis sind Kanzleien jedoch das Schlusslicht bei der Innovation „Legal Technology“[40].

---

www.consultingforlegals.com/aktuelles/detail/news/der-mensch-als-mittelpunkt-einer-juristischen-weiterbildung-das-gibts-tatsaechlich/.

39 *Ulrich Lüdke*, Neue Kanzleimodelle“ in: Unternehmervertraute vom 30.12.2019.

40 Den 68% bei den Anwälten stehen 96% in den Rechtsabteilungen gegenüber, so die Studie „The Future Fit Lawyer“, WoltersKluwer, 2019. Dies bestätigt auch die Future Law-Studie „Die digitale Rechtsabteilung 2035“, 2019. Dabei muss jedoch erwähnt werden, dass Legal Tech hier doch zumeist „Office Tech“ ist, so Pia Lorenz, „Näher am Business, doch von Legal Tech weit weg“, LTO vom 29.4.2020.

Wichtig zu wissen ist dabei, dass keine dieser Studien und Umfragen einen signifikanten Unterschied bei der Entwicklung oder Nutzung von Legal Tech in jeglicher Art und Weise bei der männlichen oder der weiblichen Anwaltschaft feststellen konnten. Allerdings gab es zwei Faktoren, die sich nachweislich negativ auf die Entwicklung und den Einsatz von Legal Tech auswirkten:

1. Je älter die Anwältin oder der Anwalt, desto weniger fand Beschäftigung mit dem Thema Legal Tech statt[41].
2. Je homogener die Entscheidungsriege, desto geringer war die Legal Tech-Berührung[42].

Fakt ist: Heute halten 66% Legal Tech für die Lösung für Effizienz und Kostenreduktion. Weitere 19% beschäftigen sich mit Legal Tech, um den Zugang zum Recht zu verbessern[43]. Dennoch waren in den Anfängen von Legal Tech nur Männerstimmen zum Thema zu hören: Nur männliche Referenten, rein männliche Diskussionsrunden, nur Veröffentlichungen von männlichen Kollegen. Der Anwaltszukunftskongress hatte noch vor wenigen Jahren zum Thema einen ganzen Tag geplant – ausschließlich mit Männern, da es angeblich keine Anwältinnen gäbe, die sich mit Legal Tech beschäftigen, mit der Folge, dass in der weiblichen Kollegenschaft ein Teilnahme-Boykott stattfand. Die Initiative „Women in Legal Tech“ holte daher berechtigterweise 2018 erstmals und in der Folge alljährlich Frauen auf die Bühne und zeichnete speziell diese für ihr Engagement in Legal Tech aus.

Bleibt zu erwähnen, dass die österreichischen Kollegen dabei positiv weit vor den deutschen Kollegen stehen[44], wohl auch deshalb, weil Österreich seit Jahrzehnten die elektronische Kommunikation in Justiz und Verwaltung nutzt[45].

Neue Entwicklungen auf diesem Markt zu verfolgen und deren Potenziale für die eigene Kanzlei zu prüfen, wird zu einem Schlüsselfaktor werden. Es bleibt zu hoffen, dass die Rechtsanwaltschaft die Digitalisierung als Chance begreift und sich nicht als Bremser und Bedenkenträger versteht. Der Fehl-

41 Was sich vor allem in den Kanzleien entscheidend auswirkte, in denen eben die Entscheider (Partner) die älteren Semester waren.

42 Und dabei war es völlig egal, ob es sich um eine rein weibliche/männliche Partnerschaft handelte, ob es sich um homogene Altersstruktur oder ethnisch-kulturelle Zugehörigkeit handelte.

43 brand.eins/thema 2021, Die Branche in Zahlen, S. 79.

44 So jedenfalls die Umfrage Future-Law, „Der Anwaltsberuf 2035“, 2018.

45 Wenn z.B. eine Auskunft aus dem Melderegister ansteht, lassen sich deutsche Anwälte mühsam per Kanzleisoftwareschnittstelle, per Post oder E-mail über Wochen von Meldeadresse zu Meldeadresse weiterleiten, während österreichische Anwälte einfach eine aktuelle Zentralauskunft für ganz Österreich vornehmen – online und in minutenschnelle.

start des beA dürfte der deutschen Rechtsanwaltschaft insofern eine Lehre sein[46].

Fazit:
Was bedeuten die Möglichkeiten der Digitalisierung für unsere Fallbeispiele?

Tipp:
Versuchen Sie zunächst innezuhalten und digitale Lösungsansätze für die drei Fallbeispiele zu entwickeln:
1. Wachstumsschmerzen: Sind viele Kleinkanzleien eine Großkanzlei?
2. Falsche Mandanten: Neuausrichtung und Ressourcenänderung?
3. Gender- und Generationshift: Aus alt mach neu?

Was würde es bedeuten, wenn man für die vielen bundesweit verstreuten Kleinkanzleien eine sinnvolle und einheitlich IT-Infrastruktur etabliert, Prozesse neu definiert und gleichschaltet? Wenn man das Ganze von einer einheitlichen virtuellen Assistenz sowie einer ressourcenschonenden und lösungsorientierten virtuellen agilen Meetingstruktur zu fachlichen und Kanzleientwicklungsthemen begleitet?

Was wäre, wenn mit einer auf die Bedürfnisse der Neumandate zugeschnittenen Softwarelösung diese innerhalb kürzester Zeit den Personalschlüssel bei den ReFas von 1:1 auf 1:0,5 halbieren würde? Was wäre, wenn man junge Fachkräfte mit einer hochmodernen Infrastruktur und der Möglichkeit des remote Arbeitens nicht nur begeistern sondern quasi überall rekrutieren könnte?

Was würde passieren, wenn man sich beim Ausbau der IT-Infrastruktur an den Bedürfnissen junger Juristinnen orientiert? Was, wenn man der nächsten Generation die wichtigsten Mandanten überlässt und dank digitaler Lösungen jederzeit die Mandatsentwicklung monitoren kann und gleichzeitig ungehinderter jederzeitiger Zugang zu den Partnern ermöglicht wird, die sich ihrerseits auf einen nachhaltigen internen Wissentransfer fokussieren? Was wäre, wenn man junge Juristinnen in agile Entwicklerteams integriert, um die nächste nachhaltige und ökologisch sinnvolle Legal Tech Lösung mit zu entwickeln?

Was wäre wenn?

---

46 Nur am Rande sei erwähnt, dass die österreichischen Kollegen seit Jahrzehnten den elektronischen Rechtsverkehr problemlos nutzen – wie übrigens ebenfalls alle Kommunen und Behörden; Pia Lorenz, „Ist das beA noch zu retten?“, LTO vom 28.12.2017.

2. Neues Berufsbild durch den Gender- und Generation-Shift

Mit der zunehmenden Digitalisierung werden die Möglichkeiten der Work-Life-Balance sowie die Ansprüche der Generation Y und die Vereinbarkeit von Beruf und Familie besser bedient werden können. Bereits jetzt sind nahezu 50% der Absolventen der Rechtsstudiengänge weiblich, bereits jetzt sind über 35% der zugelassenen Rechtsanwälte weiblich[47]. Auch wenn diese bislang noch vornehmlich in Teilzeit beziehungsweise eher nicht in den Entscheidungspositionen sitzen. Die Rechtsbranche ist mit einer Quote von unter 5% weiblicher Partner übrigens ebenso wie beim Gender Pay Gap[48] das Schlusslicht im Vergleich zur deutschen Wirtschaft[49].

Es wird prognostiziert, dass bereits innerhalb der nächsten zehn Jahre ein ausgewogenes Verhältnis von Frauen und Männer in der Anwaltschaft vorhanden sein wird. Schon 2017 haben mehr Frauen als Männer, nämlich 52 zu 48%, eine Anwaltszulassung erhalten[50]. Dies wird zu einem grundlegenden Wertewandel und einer Änderung des Berufsbildes führen. Der „graumelierte Fuchs im dunkelblauen Goldknopfdoppelreiher" hat ausgedient. Ebenso das „hemdsärmelige Liebling Kreuzberg Model". Neue Vorbilder werden definiert. Unternehmen stehen für Diversität und Gerechtigkeit ein und fordern dies nun auch von ihren Dienstleistern ein: zumal heterogene Teams erwiesenermaßen leistungsstärker sind[51]. Die Höhe des Gehaltes und die Aussicht auf Partnerschaft gehören für die neue Generation von Anwälten und Anwältinnen längst nicht mehr zum obersten Ziel, wohl aber Gleichstellung in Beruf, Macht und Geld sowie Work-Life-Balance und Familienzeit und schon bald auch Themen wie „Purpose", „Social impact", Nachhaltigkeit.

New Work wird auch in Anwaltskanzleien Einzug halten: unter dem Schlagwort New Law wird bereits heute versucht mit Hilfe von Globalisierung und Digitalisierung anwaltliche Dienstleistung mit weltweiten „juristischen Legebatterien" zu unterfüttern. Diese weltweit angeworbenen meist jungen Juristen wird bei einem Anteil von 70% ihres Honorarvolumens sämtliche Administration, Marketing

---

47 Dr. Tutschka, „Diversity in deutschen Kanzleien" in Edition F vom 30.3.2016.

48 Dr. Koch, „Anwältinnen im internationalen Vergleich", NJW 05/2017; Dr. Tutschka, „The pink elephant in the room" in CLP – Blog vom 24.5.2017.

49 Dr. Tutschka, „Female Leadership im Legal Sector", S. 137 in DjbZ 03/2017; „Justitia wir haben ein Problem" in JuraBlogs vom 26.4.2016; „Männer und Frauen in juristischen Berufen" in Legal Tribune online vom 16.11.2015.

50 Jessika Kallenbach, „Zukunft der Anwaltschaft ist weiblich" in Anwaltsblatt vom 28.5.2019.

51 Barbara Helten, „Tipps für den erfolgreichen Pitch" in lto vom 25.5.2021.

und Akquise abgenommen[52]. Dank Legal Tech werden Mandanten weltweit mit klugen Formularen bedient. Künstliche Intelligenz übernimmt die Auswertung und alltägliche Abwicklung. Für die Freelancer bleiben die Spezialfälle. Papierlos, remote, maximale Freiheit klingen nach New Work. Eine Umsatzbeteiligung geht mangels eines eigenen großen Klientenstammes und der Austauschbarkeit der eigenen Leistung in der Regel in Leere. Dennoch ist diese „Uberisierung des Rechtsmarktes" auf dem Vormarsch und insbesondere bei den Jungjuristinnen in Deutschland und Österreich in der Familienpause beliebt, zumindest beliebter als in den heimischen Großkanzleien in familienfeindlichen und diskriminierenden Strukturen zu arbeiten. Denn mit der Austauschbarkeit der Rechtsberatung erfahren sie zumeist zum ersten Mal im Leben eine gerechte Entlohnung[53].

Allen Unkenrufen zum Trotz: Die Anwaltschaft erfindet sich gerade neu[54].

Und wie genau macht sie das?

In erster Linie mit Spezialisierung und Segmentierung[55]:

Es erfolgt eine fachliche Schwerpunktsetzung beispielsweise durch Erwerb weiterer Fachanwaltstitel, aber auch eine Spezialisierung auf ausgewählte Mandantensegmente oder die Definition und Profilierung von Geschäftsfeldern. Gleichzeitig wird die regionale Fokussierung statt der Eröffnung weiterer Standorte bevorzugt und stattdessen eine Kooperation mit anderen Kanzleien, aber auch mit anderen Unternehmen, wie beispielsweise Unternehmensberatern und Wirtschaftsprüfern angestrebt. Immer mehr Kanzleien setzten darauf, sich zu sogenannten Boutique-Kanzleien im Rahmen ihrer Spezialisierung zu entwickeln. Dies sind kleine Kanzleieinheiten, die hochspezialisiert sich lediglich auf ein Marktsegment fokussiert haben[56]. Ein weiteres Modell ist, dass sich kleine Kanzleieinheiten, wie die Boutique-Kanzlei, durch ein überregionales oder überprofessionales Netzwerk zu einer sogenannten One Stopp Kanzlei aufstellen können. Dies bedeutet, dass Mandate einer ganzheitlichen Lösung zugeführt werden und flankierende Dienstleistungen die durch das Netzwerk abgebildet werden können. Der Vorteil dabei ist, dass Vertrauensbasis des Mandates auf andere Dienstleistungen ausgeweitet werden kann und sich der Mandant vollumfänglich abgeholt fühlt.

---

52 Diese globalen „Rechtsfabriken" hatte ich bereits oben bei der Preisgestaltung und Umsatzberechnung kurz erwähnt.

53 Dr. Alix Frank-Thomasser, „Die Uber-Anwältin" in anwalt aktuell 06/20.

54 Dr. Tutschka, „Change is not in our DNA" in Huffington Post vom 30.3.2016.

55 Richard Susskind, Tomorrow's Lawyers, S. 45.

56 Wie beispielsweise NEUWERK in Hamburg, Naber in „Partner vs. Associate" im CLP-Blog vom 17.6.2016.

Letztlich kann aber auch eine zunächst regional aufgestellte, jedoch hoch spezialisierte Kanzlei sich neu orientieren, indem sie ein Nischenprodukt überregional unabhängig von Öffnungszeiten oder regionalen Gegebenheiten ja quasi international als „online-Kanzlei“ anbietet. Diese online Kanzleien sind maßgeblich von der Digitalisierung geprägt und entwickeln sich gerade in den Rechtsbereichen, die ebenfalls länderübergreifend und international ausgerichtet sind, wie z.B. der Datenschutz oder IP-Law.

Der Spezialisierung in Form von Fachanwaltstiteln wird dadurch Rechnung getragen, dass immer mehr und neue Fachanwaltschaften etabliert werden, wie beispielsweise 2015 der Fachanwalt für Wirtschaftsrecht oder 2016 der Fachanwalt für Migrationsrecht und 2020 der Fachanwalt für Sportrecht.

Auch ist eine Ausgliederung bestimmter Spezialgebiete aus größeren Rechtsgebieten denkbar, wie beispielsweise damals das Erbrecht aus dem FA für Familien- und Erbrecht und zukünftig das Expatrechtes aus dem Arbeitsrecht[57].

Die Zukunftsstudie beschreibt aber auch, dass die Rechtsbranche bereits über ein Überangebot an rein fachlicher Weiterbildung verfügt und es hier zu einem Ungleichgewicht im Verhältnis zur Ausbildung von sogenannten Softskills und Persönlichkeitsfaktoren kommt.

Das wird daran deutlich, dass die zunehmenden Fachanwaltschaften nicht mehr, wie noch vor Jahren, automatisch zu einer Gewinnerzielung beitragen können und die Erwartungshaltung des Marktes zwar einerseits Spezialisierungen einfordert, andererseits aber ganzheitliche Problemlösungen immer relevanter werden[58].

Es wird zunehmend also nicht nur um reine Gesetzesanwendungen und rechtliche Lösungen gehen, sondern stärker auf ein problemlösungs- und dienstleistungsfokussiertes ganzheitliches Angebot Wert gelegt werden. Schnelle Reaktionszeiten, Informationstransparenz, ein Höchstmaß an Flexibilität, ein besonderes Alleinstellungsmerkmal und eine vertrauensvolle Mandatsbeziehung sowie die Einbeziehung rechtsferner Überlegungen aus IT und Technik Wirtschaft, Gesellschaft und Psychologie werden zu entscheidenden Kriterien.

Die „Future Ready Lawyer“ Studie von Wolters Kluwer von 2019 hat 700 Juristen aus den USA und 10 europäischen Ländern befragt (Deutschland war dabei; Österreich und Schweiz waren nicht dabei) und festgestellt, dass

– die Bewältigung der zunehmenden Informationsmenge und -komplexität sowie

57 Dr. Tutschka, Kuschel, Dittmeier S. 6 in „USA Expat Quick Guide“.

58 Prognos der Rechtsdienstleistungsmarkt 2030 Seite 179.

- Effizienz- und Produktivitätssteigerung und
- das Verständnis davon, welche Technologien im Rechtsmarkt den höchsten Mehrwert bieten und auf die veränderte Klienteninteressen reagieren zukünftig entscheidend sein werden.

Analysetools sowie transformative Technologien wie Machine Learning und Künstliche Intelligenz werden zukünftig fixer Bestandteil der anwaltlichen Dienstleistung sein.

Nur ein Drittel der Kanzleien sieht sich dafür im Moment entsprechend vorbereitet, weil technisches Unverständnis aufgrund Überalterung vorliegt und keine finanziellen oder organisatorischen Ressourcen zur Verfügung stehen. Auch der Widerstand der Kanzleiführung und die Angst vor Veränderung wird angeführt. Nur 68% der Kanzleien hat bislang in Legal Innovation investiert gegenüber 98% der Rechtsdienstleister und 88% der Rechtsabteilungen. Schon 2025 werden aber 75% der Juristen der Generation Millenial angehören, die als sogenannte Digital Natives aufgewachsen sind und Technologie intuitiv und selbstverständlich in ihre Arbeits- und Lebenswelt nutzen. Zudem werden Legal Tech Unternehmen massiv in diese neuen Technologien investieren und ihren Vorsprung weiter ausbauen.

Dabei wird der Kampf um Mandate in den USA vor allem damit entschieden, wer Kundeninteressen am Besten und kostengünstigsten abholt. In Europa werden Spezialisierung und 24/7 Service entscheiden.

Es wird erwartet, dass sich dieser Wandel mit zunehmender Geschwindigkeit vollziehen wird: kleinere agile und flexible Einheiten werden sich schneller anpassen können, so dass sich auch in Bezug auf das Grundprinzip „Wachstum für wirtschaftlichen Erfolg" ein Umdenken anbahnt. Großkanzleien wie wir sie heute kennen werden zum Auslaufmodell: tendenziell wird die Kanzleigröße abnehmen und Kooperationen in der Branche zunehmen[59].

Merke:
Zukunftsfähig ist, wer schon heute
- in junge technik-affine High Potentials und eine moderne IT – Infrastruktur investiert,
- seine Prozesse optimiert und seine Spezialisierungs-Positionierung ausbaut.
- Entscheidend wird sein, ob die Kanzleiführung veränderungs- und zukunftswillig ist.

Spezialisierung und fachliche Expertise gerade im Nischenbereich werden deshalb nur noch in Verbindung mit Charisma und einer Vertrauen erweckenden

59 Ulrich Lüdke, „Neue Kanzleimodelle" in Unternehmervertraute vom 30.12.2019.

Persönlichkeit des Anwalts[60] sowie einer entsprechenden Corporate Identity und einem starken Netzwerk zukunftsfähig sein[61].

Das Mandantenfeedback und die Kundenzufriedenheit werden zum entscheidenden Optimierungstool für die Anwaltschaft. Schon jetzt werden neben den rein fachlichen Weiterbildungsangeboten und den Rhetorik- und Performancetrainings auch Persönlichkeitsentwicklungsprogramme oder Zusatzkompetenzen wie interkulturelle Kommunikation, Coachingtechniken[62], Mediation, betriebswirtschaftliches Know-How, Projektgestaltung oder Marketing angeboten. Das wird von dem Trend gestützt, dass die Anwaltschaft seit 2017 nur deshalb wächst, weil die bislang noch relativ kleine Teilgruppe an Europäischen Anwälten nach dem EuRAG sowie den nach §206 BRAO zugelassenen Rechtsanwälten aus einem ATS-Signatarstaat und die doppelt zugelassenen Sydikusanwälte **signifikant wachsen**: sich sogar von 10.642 auf 20.243 zwischen 2017 und 2020 verdoppelt haben. Mehrsprachigkeit, interkulturelles Verständnis sowie das Verständnis komplexer internationaler Wirtschaftsverflechtungen zeichnen sie aus. Hingegen schrumpft der Berufsstand der deutschsprachigen niedergelassenen Anwälte wegen Überalterung (hier vor allem in den ostdeutschen Bundesländern sowie in den westdeutschen ländlichen Gebieten) aber auch wegen einer Absolventenkrise. Trotz weiter hoher Studierendenzahlen schließt nur ein Bruchteil das Jurastudium erfolgreich ab und steht als Nachwuchsanwalt zur Verfügung. Die Prognose von Prof. Dr. Matthias Killian der Soldan Stiftung geht daher von einem Stopp des Branchenwachstums aus und prognostiziert sogar bis 2030 einen spürbaren Rückgang an Berufsträgern. Die Prognose geht von einem Rückgang der derzeit niedergelassenen Anwälte von 146.795 (bei 165.901 Anwälten insgesamt für 2020) auf bis zu 119.942 im Jahr 2030 aus. Zum Vergleich: 2017 waren noch 154.683 Anwälte niedergelassen, was ca. 10.000 Anwälte weniger alle 3 Jahre bedeutet[63].

In zweiter Linie wird es um die „Industrialisierung der Rechtsprozesse" gehen. Der noch stärker werdende Kostendruck wird plan- und kalkulierbare Budgets, Messbarkeit der anwaltlichen Dienstleistung und verstärkter Einsatz von Legal Tech einfordern. Die wachsenden Anforderungen der Wirtschaft an den Rechtsberatungsmarkt durch Komplexität, Krisen- und Risikovorsorge und

60 Dr. Geertje Tutschka, „Warum Gender Diversity in deutschen Kanzleien so wichtig ist" in Soldan Insight vom 25.2.2016.

61 Future Ready Lawyer, Wolters Kluwer 2019.

62 Dr. Geertje Tutschka, „Business Coaching für Anwälte" in NJW 24/2015.

63 Prof. Dr. Matthias Killian, „Niedergelassene Anwaltschaft schrumpft" in Anwaltsblatt vom 4.8.2020.

–management werden diese nicht nur an die Inhouse Juristen sondern auch an externe Juristen weitergeben[64].

Sie stehen nun am Anfang; am Anfang der Neuausrichtung Ihrer Kanzlei, vielleicht einer Kanzleigründung oder auch -umgründung. In jedem Falle am Beginn eines aufregenden Prozesses, am Anfang einer großen Aufgabe, am Beginn einer arbeitsreichen Zeit. Und dabei spielt es keine Rolle, ob Sie gerade erst ins Berufsleben starten, sich nach einer Familienpause neu orientieren und neu durchstarten möchten. Oder aber Sie sich schlicht auf dem Höhepunkt Ihrer Karriere als Anwalt auch noch als Unternehmer, sprich Kanzlei-Inhaber, beweisen möchten. Ihnen steht eine besondere Zeit bevor.

Dieses Buch soll Ihnen einen ersten Überblick über die nächsten notwendigen Schritte, wichtige Fragestellungen und Problemfelder geben. Nun ist es an Ihnen, die Ärmel hochzukrempeln und loszulegen. Eines kann ich Ihnen versichern: Sie sind nicht allein! Willkommen im Kreis der Kanzlei-Inhaber, lieber Kollege, liebe Kollegin!

3. Pandemien und Wirtschaftskrisen

Wirtschafts- und Konjunkturkrisen gibt es in regelmäßigen Abständen. Seit 2020 wissen wir, dass wir auch mit Pandemien und Lockdowns rechnen müssen, die monatelang ja jahrelang unsere Arbeits- und Lebenswelt auf den Kopf stellen.

Mit der Jahrhundertflut 2021 und dem EU-Green Deal dürfte zudem auch dem letzten Klimakrisenleugner klar geworden sein, dass es in Sachen Nachhaltigkeit, Klimaverträglichkeit und Artenschutz so nicht weitergehen kann und mutiges Umdenken gefordert ist.

Was bedeutet das für den Rechtsmarkt? Hat dieser in der Vergangenheit nicht immer auch von Krisen profitiert?

Tatsächlich geht es der Branche gut. Angesichts vielfältiger Corona-Sonderregelungen hatte die Wirtschaft enormen Beratungsbedarf, so dass temporäre Gerichtsschließungen mit der Folge der Verzögerung vieler Verfahren wirtschaftlich kaum spürbar, sondern eher willkommen waren. Erwartungen zufolge sollen sich die durch den Lockdown bedingten Verzögerungen bis 2022 erledigt haben[65] – so noch die Prognosen Mitte 2021 vor dem zumindest teilweisen Lockdown zum Jahreswechsel 2021/2022. Nach dem signifikanten Einbruch

64 Inga Vogt „Das große Interview zur Zukunft der Rechtsabteilung“ in ZUJ 01/2021, S. 44 ff.; Georg Berger, „Die Industrialisierung des Rechts“ in ZUJ 01/2021, S. 54 ff.

65 Das ergeben Studien sowohl für Deutschland (Future Ready Lawyer Studie 2021) als auch für die USA (ABA Profile of the Legal Profession 2021).

in der Branche im Herbst 2020 und der Durststrecke im Frühjahr 2021 geht es laut anwalt.de (nach ca. 210 Anwälten aus 4.300) nun im Frühjahr 2022 bergauf.[66]

Staatliche Fördermittel und Investitionshilfen kurbelten die Wirtschaft und auch das Rechtsberatungsgeschäft an. Andere Beratungsbranchen wie Steuerberater, Wirtschaftsprüfer und Unternehmensberater sind ebenfalls stabil[67].

Dennoch hatte ein gutes Drittel tatsächliche finanzielle Einbußen: In der Future Lawyer Studie 2021 gaben 40% der Juristen an, ihr Geschäft sei zurückgegangen; 51% gehen davon aus, das Geschäft werde vor 2022 nicht wieder das Niveau von vor der Pandemie erreichen. Zudem senkten 61% der Organisationen im letzten Jahr ihre Kosten. Beratung im Strafrecht, Familienrecht oder Verkehrsrecht war – anders als im Arbeitsrecht und Wirtschaftsrecht – kaum noch gefragt.

Die Situation unseres Fallbeispiels 2 war für viele Kanzleien Alltag: Die „falschen“ Mandanten wurden angezogen oder aber Bestandsmandanten kamen mit völlig neuen, pandemiebedingten Problemen. Sich hier fortlaufend in neue Sonderregelungen einarbeiten zu müssen, brachte jede noch so stabile Kostenkalkulation durcheinander. Hinzu kamen nicht unerhebliche Zahlungsverzögerungen bei den Mandanten bis hin zu einer Zunahme der ehrenamtlichen Tätigkeit vieler Kollegen. Enorm hohe Investitionskosten aufgrund des Digitalisierungsstaus sowie Mitarbeiterfluktuation wegen schlechten Krisenmanagements und eklatanter Führungsfehler verschärften die wirtschaftliche Situation.

Die Überalterung der Branche machte sich bemerkbar: Kollegen kurz vor dem Ruhestand fragten sich, ob sie dies noch „auf den letzten Metern“ mitmachen sollten. Zwar war an eine Übergabe der Kanzlei in dieser Zeit nicht zu denken; erst recht nicht an einen Verkauf. Gleichzeitig wurden aber bei vielen Gesundheit und Familie wichtiger. Lebenszeit war plötzlich zu kostbar, um sie im Büro zu verbringen. Und so gingen trotz erheblicher finanzieller Verluste viele Kollegen vorzeitig in Pension[68].

Gesundheit, Familie und Lebenszeit erlangten auch bei jüngeren Generationen eine andere Priorität. Allerdings vergrößerte Home Office vor allem für Anwälte mit kleinen Kindern oder aus sozial schwachen Schichten die Doppelbelastung ungemein. Für viele waren Beruf und Privatleben nicht mehr trennbar. Erholungsphasen und klare Feierabendregelungen fehlten beim Remote-Arbeiten, da die Branche sich bis zu diesem Zeitpunkt erfolgreich dagegen ge-

---

66 So der www.anwalt.de Index von Februar 2022.

67 *Alexander Sieben* „Gestärkt aus der Krise“, in: Haufe, Taxulting vom 16.4.2020.

68 ABA Profile of the Legal Profession 2021; Future Ready Lawyer Studie 2021.

wehrt hatte[69]. Burnouts und hohe Stresslevel waren die Folge. Dies ist äußerst alarmierend, hat doch die Branche zudem bereits seit Jahren mit erhöhtem Suchtpotential, steigenden Selbstmordraten, häufigeren Depressionen und Fällen von plötzlichem berufsbezogenen Tod – hierzulande immer noch ein Tabu-Thema – zu kämpfen.

Allerdings berichteten auch fast drei von vier Anwälten (71%) in Großkanzleien, sie seien besorgt, dass der Aufenthalt in einem Bürogebäude während eines Arbeitstages seit 2020 aus verschiedenen Gründen nicht mehr sicher sei, u.a. wegen unzureichender Belüftung und Sicherheit in öffentlichen Räumen. In Kanzleien mit 100 bis 249 Anwälten (68%) und Kanzleien mit 50 bis 99 Anwälten (75%) äußerten ähnlich viele Anwälte die gleichen Bedenken. Bei den Einzelanwälten sind es nur 42%, bei den Anwälten in Kanzleien mit zwei bis neun Anwälten 54%.

Die Impfpriorisierung wurde sehr kontrovers diskutiert und zum Teil abgelehnt. Aber auch Impfverweigerer und Coronaleugner sind in Kanzleien jeder Größe anzutreffen.

Mehr als ein Viertel der Anwälte (29%) in Großkanzleien gab daher an, dass sie sich Sorgen machen, wenn sie ihrem Arbeitgeber gegenüber Gesundheits- und Sicherheitsbedenken äußern. Fast die Hälfte (47%) gab an, dass sie befürchten, als nicht engagiert für die Kanzlei angesehen zu werden, wenn sie nicht zur Arbeit in der Kanzlei zurückkehren, wenn sie dazu aufgefordert werden. Und 28% gaben an, dass sie befürchten, entlassen oder beurlaubt zu werden, wenn sie nicht ins Büro zurückkehren, wenn sie darum gebeten werden.

Hinzu kam in dieser Zeit eine tiefe Spaltung der Gesellschaft hinsichtlich politischer Themen, die auch quer durch Kanzleien verlief:

Klimawandel & Fridays4Future (Lawyers4Future), Black lives matter, MeToo & Gender Equality, LGBTQ+ & Diversity und die Weltpolitik mit Trump & Co.

Noch nie waren die Fronten so kontrovers und verhärtet.

Kann die Rechtsbranche deshalb als krisenresistent bezeichnet werden? Können wir so weitermachen wie bisher und uns auf das Tagesgeschäft fokussieren?

Ein ganz klares Nein.

Wie wir in den vorherigen Kapiteln gesehen haben, ist und wird die Digitalisierung einer der größten Treiber der Veränderung des Rechtsmarktes sein. Die nächste Anwalts- und Klienten-Generation wird in nur fünf Jahren bereits

69 Anders in vielen deutschen Unternehmen, die auf jahrelange Erfahrung mit Home Office zurückblicken und daher z.B. abends, nachts oder am Wochenende keinen Serverzugriff mehr zulassen.

den überwiegenden Teil der Mandatsverhältnisse ausmachen, die Nutzung und den Umgang mit Technologien als selbstverständlich voraussetzen und ganz natürlich integrieren. Um darauf vorbereitet zu sein, nehmen Technologieunternehmen gerade riesige Investitionssummen in die Hand.

Die Pandemie-Lockdowns dürften den letzten Skeptiker überzeugt haben, dass großflächige repräsentative Papierbüros nicht mehr zeitgemäß und ein überflüssiger Luxus sind, den man sich leisten wollen muss. In Zahlen: So hat sich die Quote für Home Office auch in den Top 50 Kanzleien in Deutschland von 5% vor Corona über 79% in den Jahren 2020/2021 auf 42% Ende 2021 eingepegelt: 33% der Top 50 wollen daher ihre Bürofläche reduzieren[70].

Merke:
Ohne Digitalisierung, intelligente Technologien, effektive Prozesse und Strukturen geht es nicht.

Die wirklichen Gewinner von Konjunkturkrise, Lockdown, Wirtschafts- und Klimakrise sind daher die Kanzleien,
- die bereits vor 2020 in Digitalisierung investiert und
- ihre Prozesse und Strukturen entsprechend technologiegerecht modernisiert und
- Kanzleimitarbeiter entsprechend geschult und eingearbeitet haben.

Denn Digitalisierung endet nicht, wenn das IT-Team die neue Hard- und Software installiert hat und das Büro wieder verlässt. Maßgeblich ist, wie gut die neue IT in die täglichen Arbeitsabläufe integriert wird.

„Das letzte Jahr war der umfangreichste digitale Workshop aller Zeiten. Das hat die ganze Gesellschaft sieben Jahre früher digital-affin gemacht.“

Jeroen Zweers[71]

Kanzleien, die erst mit dem Lockdown anfingen, über Digitalisierung und deren Integration in die Kanzlei nachzudenken, haben wertvolle Zeit verloren. Waren zusätzlich langwierige Diskussionen und Entscheidungsrunden zu bewältigen, war der Vorsprung der digitalisierten Kanzleien kaum noch aufzuholen.

Kleinere Kanzleiteams konnten schneller und flexibler reagieren – in der Entscheidung und in der Umsetzung. Handelte es sich darüber hinaus um di-

70 Die Branche in Zahlen in brand.eins/thema 2021, S. 78.
71 Future Ready Lawyer Studie 2021.

vers besetzte Teams – ohne Berührungsängste vor neuen Technologien und offen für Veränderung –, gab es wenig „Reibungsverlust“ und Kanzleien konnten sich ungehindert auf die effiziente Umsetzung konzentrieren.

Merke:
Das durch die Pandemie verschärfte Digitalisierungserfordernis stellte sich als Game Changer heraus: Entwicklungsfähigkeit wurde zum maßgeblichen Kriterium für Kanzleierfolg.

Und dies sind die aktuellen Top 5:
1. Digitalisierung als Existenzgrundlage
2. Effiziente Prozesse und Strukturen
3. Veränderungsfähige Kanzleistrategie und Führung
4. Spannungsfeld „Kanzlei-Größe“
5. Gute Mitarbeiter und High Potentials[72]

Wer bisher keine Zeit für das Thema Kanzleientwicklung hatte und „viele Jahre vor lauter Arbeit kein Geld verdient hat“[73], muss jetzt begreifen, dass er sich auf das Falsche konzentriert und den Anbruch einer neuen Zeit verschlafen hat.

4. Zukunftsszenarien

Was sind Zukunftsszenarien?

Zu jeder Zeit wurde versucht, die Zukunft vorherzubestimmen.

Von Prognostikern, Orakeln und Schamanen bis hin zu Sterndeutern und Wahrsagern haben sich Entscheider durch alle Jahrhunderte hindurch beraten lassen. Mal mehr mit dem Wissen der Vergangenheit und den Vorfahren, mal mehr mit Bauchgefühl und Intuition.

Die Wirtschaftswissenschaften haben es mit Zahlen versucht:

Forecasting und Budgetplanung sind klassische Prognosemethoden basierend auf einer Projektion für einen <u>zukünftigen Zeitraum</u> auf der Grundlage von Daten <u>aus einem vergangenen Zeitraum.</u> Der „Blick in den Rückspiegel“ und das „Lernen aus den Fehlern der Vergangenheit“ sind wichtig.

Beim **Scenario Thinking** geht es im Unterschied dazu im Wesentlichen darum, Situationen zu ermitteln und zu analysieren, die in der Zukunft eintreten können – unabhängig von der Vergangenheit. Stellen Sie sich die Szenarienpla-

---

72 Was mich veranlasst hat, dieser aktuellen Auflage dem Thema „Führung und Personalmanagement“ neben „Marketing und Akquise“ ein eigenes Kapitel zu geben.

73 *Alexander Sieben* „Gestärkt aus der Krise“, in: Haufe, Taxulting vom 16.4.2020.

nung so vor, als würden Sie mehrere Notfallpläne für dasselbe Ereignis erstellen und zwar bezogen auf die wahrscheinlich wichtigsten Risikofaktoren (sog. Driver oder Treiber).

Bei der Kombination dieser beiden Modelle – dem **Scenario Planning** oder **Scenario Forecasting** – geht es darum, basierend auf der umfangreichen Analyse der Ist-Situation

1. der Branche
2. der Kanzleistrategie
3. der Vorherberechnungen (Forecasting)

die beiden wichtigsten „Treiber“ oder auch „Game Changer“ für die Zukunft zu ermitteln und damit ein „Szenario-Kreuz“ zu entwickeln:

Forecasting und Scenario Thinking sind die beiden Themen, die in der Branche aktuell

- einen Hype auslösen,
- vielen Angst machen und
- gefühlt viel zu oft in den (Fach-) Medien kursieren.

Zukunftsszenarien werden also entwickelt, indem Trends herausgefiltert und bewertet werden: Die, die am wahrscheinlichsten eintreten werden und die, die für den Erfolg des Unternehmens am wichtigsten sind.

Merke:
Während die klassische strategische Planung in der Regel mit der Einigung auf die Vision eines Unternehmens beginnt, endet die Szenarienplanung mit der Vision.

In der Corona-Pandemie haben Zukunftsinstitute und -studien neuen Aufschwung erfahren. Was wird sich nach Corona ändern?

Mit den oben beschriebenen Methoden haben Zukunftsinstitute als die beiden wichtigsten Treiber menschliche Beziehungen und Vernetzung definiert. Ersteres könne entweder auf lokaler Ebene gelingen, womit das Institut Familie einen neuen Aufschwung erfahren, aber auch die Angst vor allem „Fremden“ (Nationalismus) wieder aufflammen würde. Oder aber es gelinge global, so dass die Menschheit etwas wie ein neues Miteinander, einen gemeinsamen Plan entwickeln könne[74]. Dabei werde ein neues, weltumspannendes Nachhaltigkeitsparadigma entwickelt werden. In diesem Szenario wird Digitalisierung zur Existenzgrundlage. Eine Kombination aus all diesen Szenarien verfolgt übrigens China mit seinem Traum von der chinesischen Weltherrschaft: Lokal ist dann

74 Zukunftsinstitut “White Paper 2021: Der Corona-Effekt – vier Zukunftszenarien”.

das neue global[75]. Deloitte sieht hingegen die Entwicklung der deutschen Wirtschaft als Dreh- und Angelpunkt: „Die Zukunft der deutschen Unternehmen wird einen enormen Einfluss auf die deutsche Wirtschaft, Gesellschaft und Politik haben“[76]. Maßgeblich werde danach sein, ob deutsche Unternehmen zukünftig in Erfindung und Entwicklung führend bleiben oder den Anschluss verpassen und zu bloßen Produktionsstätten werden.

„Die Ergebnisse der Analyse lassen in jedem Fall einen wirtschaftlichen Strukturwandel mit Folgen für einen noch weitergehenden Kulturwandel erwarten. Die genaue Richtung ist heute noch sehr schwer abzuschätzen, doch nur durch überlegtes und nachsteuerndes politisches Handeln lassen sich negative Dynamiken bei einzelnen Schutzgütern in der Corona- Krise vermeiden. Das politische Ringen um die Abwägung der Schutzgüter wird uns auch in der parallel verlaufenden Klimakrise noch lange begleiten. Beide Krisen erfolgen auf unterschiedlichen Zeitskalen, müssen aber aktuell und heute bearbeitet werden, damit der Übergang vom passiven Schock zur aktiven Transformation gelingen kann“[77].

Tatsache ist also, dass die Gesellschaft auch ohne Pandemie an entscheidenden Veränderungspunkten angelangt ist:

Ungebremstes Wachstum zur Wissens- und Wohlstandsgesellschaft oder weg vom Wachstumsparadigma hin zur nachhaltigen und ausgleichenden Gesellschaft? Kulturwandel und Ende des Patriarchats, Veränderung der aus dem 19. Jahrhundert stammenden Arbeitswelt[78].

Merke:
All dies hat an ganz vielen Stellen auch Einfluss auf die Veränderung des Rechtsmarktes, sei es bei der (Neu-)Bewertung von Recht und Gerechtigkeit, der Führung und Entwicklung des Wirtschaftsunternehmens Kanzlei oder in der Arbeitswelt Kanzlei.

Was sind also mögliche Zukunftsszenarien für die Branche?

Nach der Future Ready Lawyer Studie 2021, die im März 2021, genau ein Jahr nach Beginn der Pandemie, in zehn europäischen Ländern (u.a. Deutschland) und den USA durchgeführt wurde, werden in den nächsten Jahren die größten Treiber im Rechtsmarkt sein:

---

75 Zukunftsideen für 2040, in: Laborpraxis Vogel.

76 *Marc R. Benioff* Enterprises in Germany in 2030, Deloitte.

77 *Dr. Wolfgang Schade*, Überlegungen zu Szenarien der verkehrlichen und ökonomischen Folgen der Corona-Pandemie in Deutschland, in: Deutsche und Europäische Szenarien für 2013-2015 (M-Five).

78 *Stefan Hradil*, Zukunftsszenarien für Deutschland, in: Bundeszentrale für politische Bildung (bpb) vom 31.5.2012.

1. Steigende Bedeutung von Legal Technology: 76%
2. Sich ändernde Erwartungen von Kunden/Unternehmensführung: 74%
3. Fokus auf verbesserte Effizienz und Produktivität: 73%
4. Fähigkeit, Nachwuchs anzuwerben und zu binden: 73%
5. Bewältigung zunehmender Informationsmenge und -komplexität: 72%

Damit stellen sich folgende Fragen:

Wird man es sich leisten können, auf die Mehrheit der Absolventen und High Potentials zu verzichten, weil man an patriarchalen Strukturen festhalten möchte, die alle Personen diskriminieren, unterbezahlen und abstoßen, die nicht weiß, männlich und heterosexuell sind?

Wird man es sich leisten können, an teuren, repräsentativen Büroräumen voller Papier und langer Korridore mit hohen Energiekosten festzuhalten, und gleichzeitig Klienten 24/7 mit hohen Energiekosten auf der ganzen Welt beraten können?

Wird man es sich leisten können, strategische Entscheidungen für die Zukunft der Kanzlei von denjenigen treffen zu lassen, die Technologien weder verstehen noch nutzen und die sich in wenigen Jahren aus der Kanzlei zurückziehen werden?

Die beiden wichtigsten „Treiber“ scheinen danach Digitalisierung und Klientenzufriedenheit zu sein, was sich in etwa mit den allgemeinen Zukunftsstudien deckt:

Zukunftsszenarien, (c) Dr. Geertje Tutschka

Merke:
Damit ist klar: Mit den beiden Treibern Klientenorientiertheit und Digitalisierung wird die mittelgroße, moderne und hoch spezialisierte Boutique-Kanzlei die Kanzlei der Zukunft sein.

Aus meiner Sicht leidet diese Zukunftsvorhersage an der homogenen Bestimmung der Ausgangslage: Legal Technology ist niemals Selbstzweck, sondern immer nur Mittel zum Zweck. Effiziente Prozesse und Bewältigung von Komplexität sind zwingende Voraussetzungen – keine zusätzlichen Treiber. Insofern wäre es wichtig, zu erfahren, wie sich die Informationsgruppe aus 700 Juristen aus zehn europäischen Ländern und den USA zusammensetzt: Aus 699 weißen, heterosexuellen Männern über 55?

Es ist doch so –Kanzleien haben zwei Kernzielgruppen: Klienten und Nachwuchskräfte

Diese unterscheiden sich eigentlich gar nicht so sehr, es sei denn man versuchte, die Nachwuchskräfte in althergebrachte Strukturen zu pressen. Ansonsten ergänzen sich beide Gruppen hinsichtlich ihrer Bedürfnisse, Kommunikation, Kompetenzen, Ziele und Sprache ganz gut.

Klienten:
Die Schere zwischen den Leistungsanforderungen der Klienten und dem Leistungsportfolio der Kanzlei geht schon jetzt weit auseinander, sowohl bei Privatkunden als auch bei Geschäftskunden, da aufgrund des Generationenwechsels und der wachsenden Anforderungen der Unternehmen kostensparende, effiziente, kundenorientierte und gesamtheitliche Lösungen bei immer komplexer werdenden Problemen mit höchster Spezialisierung erwartet werden. Dass diese Erwartungen zunehmend enttäuscht werden, führt zum Vertrauensverlust[79].

Alternative Rechtsdienstleister drängen schneller auf den Markt als die Anwaltschaft schrumpft, so dass sich der Druck auf wirtschaftlich schwache, unmoderne und überalterte Kanzleien erhöht. Vorzeitiger Ruhestand und ein endgültiger Abschied vom Kanzleiverkauf als Altersvorsorge sind die Folge.

Nachwuchskräfte:
New Work wird auch vor der Rechtsbranche nicht Halt machen. Anwälte werden ihre Leistung weltweit remote anbieten, wodurch Arbeitskräfte abwandern, konkurrierende ausländische Anwälte auf den Markt drängen und typische, auf Langfristigkeit angelegte Partnerstrukturen an Attraktivität verlieren werden.

„In der Wissenschaft etwa hat die Remote-Zusammenarbeit seit Jahrzehnten für Durchbrüche gesorgt. Viele Unternehmen arbeiten in standortübergreifenden Teams an neuen Produkten oder Dienstleistungen – oft nutzen sie die Zeitzonen, um die Entwicklung zu beschleunigen.

79 *Harald Willenbrock* Hausrecht, in: brandeins thema 05/2020.

Tatsächlich könnte man argumentieren, die Konzentration von Aktivitäten auf Personen, die rein zufällig im selben Büro sitzen, sei eine Einschränkung."

Sally Guyer[80]

92% der Unternehmensberater gehen davon aus, dass der Anteil der Remote-Arbeit auch nach der Pandemie hoch bleiben wird. Diese Einschätzung steht im engen Zusammenhang mit dem Thema Nachhaltigkeit: Eine Unternehmensberatung kann nicht einerseits beim Kunden für klimaschützende Maßnahmen werben und andererseits den Eindruck erwecken, bei Themen wie Inlandsflügen nicht ausreichend sensibilisiert zu sein.

Im Fokus stehen dabei die CO2-Emissionen: Denn Mobilität ist dem Projektgeschäft im Consulting inhärent und Reisen zu Kunden und Projektpartnern werden auch perspektivisch nicht vermeidbar sein. Um bei diesem Thema konkreter zu werden, hat der BDU eine „Benchmark-Erstellung hinsichtlich des CO2-Footprints im Consulting" angekündigt. Dazu sollen mobilitätsbezogene Werte für 2019 und 2020 herangezogen werden. Dadurch können auch die Effekte der Corona-Pandemie herausgestellt werden, heißt es in den Verbandsgrundsätzen zum Thema Nachhaltigkeit. Gesucht wird also eine Balance aus direktem Kundenkontakt vor Ort und digitalen Formen der Kommunikation – wobei der Nachwuchs hier seine Stärken ausspielen kann:

Digital Natives denken beide Interaktionsformen zusammen, die Brüche zwischen echten und virtuellen Begegnungen werden weniger stark wahrgenommen. Die jüngere Generation steht damit vor der Chance, in Beratungsunternehmen eine neue Form der Kundenkontaktkultur mitzuprägen[81], wenn man sie läßt.

Merke:
Kundennähe mit New Work und Klimaschutz zu vereinbaren, stellt also das Update des People's Business dar und verlangt nach neuen Ansätzen.

Als erste Generation, die wirklich mit Technologie aufgewachsen ist, werde die Generation Z „mehr als jede andere Generation in der Lage sein, von diesem wachsenden Bedarf an digitalen Fähigkeiten zu profitieren", heißt es in der Zusammenfassung der Studie im Rahmen einer Pressemeldung. Drei Eigenschaften der Generation Z seien dabei für den zukünftigen Arbeitsplatz besonders von Vorteil: Agilität, Kreativität und Neugierde. Für das People's Business der

80 Future Ready Lawyer Studie 2021.

81 *André Boße* New Work, Nachhaltigkeit, Purpose – Consulting in der Post-Corona-Zeit, in: Karriereführer vom 1.7.2021.

Consultingbranche sind diese drei Skills erst recht von zentraler Bedeutung: Beratungsnachwuchs, der über diese Eigenschaften verfügt, steht vor einer guten Zukunft. Trotz oder gerade wegen unsicherer Zeiten[82].

Millennials (Jahrgänge 1981–1995) sind eine optimistische Generation, die während eines Wirtschaftsbooms aufgewachsen sind und als von den Eltern verwöhnt angesehen werden. Diese werden in den nächsten fünf Jahren laut der Future Ready Lawyer Studie 2021 mit den heutigen Mittvierzigern 75% der Berufsträger ausmachen. Doch sind sie nicht mehr spielentscheidend.

Die Angehörigen der Generation Z (Jahrgänge 1996–2012) stehen bereits in den Startlöchern, bereit, das Ruder zu übernehmen: Sie sind pragmatischer, da sie während einer Rezession aufgewachsen sind. Die Pandemie hat sie mitten auf dem Weg ins Erwachsenenalter Anfang/Mitte zwanzig erwischt, als sie versuchten, mit Fridays For Future ihre Eltern zum Umdenken zu bewegen, damit diese nicht ihre zukünftige Lebensgrundlage zerstören. Die Lockdowns trafen sie, als der Austausch, das Entdecken sog. Peer-Groups und das Etablieren neuer Partnerschaften bis hin zur Partnerwahl für ihre Entwicklung essentiell, aber verboten waren und sie zurück in ihre Kinderzimmer verbannte. Resilienz ist in ihrer DNA so fest verankert wie eine gesunde Skepsis gegenüber dem Status quo, aber auch Zukunftsangst. Die Mitglieder der Generation Z sind ethnisch, sexuell, politisch und ethisch vielfältiger als jede Generation zuvor und sie sind auf einem guten Weg, die am besten ausgebildete Generation zu werden – trotz jahrelangem Home Study. Sie sind reflektiert, psychisch belastet und die wahrscheinlich erwachsenste Generation von Heranwachsenden, die uns je begegnet ist. Außerdem sind sie die eigentlichen „Digital Natives", die sich kaum oder gar nicht an die Welt vor dem Smartphone erinnern können. Sie sehen Digitalisierung nicht mehr als Bedrohung für menschliche Beziehungen, sondern als ein Aufwerten des Miteinanders: Die Erweiterung der technischen Möglichkeiten, miteinander zu kommunizieren, führt zum Anstieg der Quantität; das Offline-Miteinander wird von profanen und langweiligen Sequenzen befreit (z.B. Terminfindung) und zu einer neuen, menschlicheren Qualität erhoben. Insofern wird auch ein menschlicherer Ansatz in der Rechtsberatung erwartet[83].

Diese Digital Natives werden in spätestens fünf Jahren ihre Ausbildung abschließen und in den Arbeits- und Wirtschaftskreislauf eintreten; in zehn Jahren werden sie zu Entscheidern des Rechtsmarktes werden.

Steigender gesellschaftlicher Druck, stärkere Regulierungen der Politik, z.B. seitens der EU durch Maßnahmen wie dem Green Deal oder der EU-Taxonomie

---

82 *André Boße* New Work, Nachhaltigkeit, Purpose – Consulting in der Post-Corona-Zeit, in: Karriereführer vom 1.7.2021.

83 *Maurus Schreyvogel* Rechtsmarkt 2021, in: ZUJ 1/2021.

und nicht zuletzt einer Finanzwirtschaft, die in großen Schritten Nachhaltigkeit zum Dealmaker macht, hat sich Sustainability zu einem Kernthema wirtschaftlichen Erfolgs entwickelt. Immer mehr Unternehmen wird klar: Wer in Zukunft am Markt bestehen will, muss im Bereich der Nachhaltigkeit eine gute Performance liefern. Consultants erfüllen die Aufgabe, ihre Kunden dabei zu unterstützen, den Status Quo zu analysieren, Maßnahmen zu erarbeiten, Parameter für die Wirksamkeit zu entwickeln und nicht zuletzt Nachhaltigkeit in der Unternehmensstrategie zu verankern. Dieses weite Panorama der Nachhaltigkeitsberatung ist für die nächste Generation besonders interessant.

Dem Personalmanagement wird daher eine Schlüsselrolle zukommen: Die richtigen Kompetenzen in der richtigen Teamzusammensetzung werden den Erfolg bestimmen. Der hart umkämpfte und nunmehr globale Markt der zukünftigen technikaffinen, international ausgebildeten und kosmopolitischen High Potentials wird die Arena des Rechtsmarktes sein. Dafür braucht es Arbeits- und Vergütungsmodelle, die diese neuen Generationen ansprechen; die alten tun es definitiv nicht[84]. Diese zu rekrutieren ist das Eine, sie zu binden das Andere: Teambuilding, Kanzleikultur und Führung sind dafür essentiell. 24 Monate Online Onboarding im Recruiting aufgrund einer Corona-Pandemie waren machbar – jetzt geht es darum, diese neuen Mitarbeiter zu einem Team zu formen und langfristig zu binden.

Zu diesen beiden Kernzielgruppen tritt Komplexität:
VUCA wird seit Jahren als Modell für die aktuelle Komplexität durch die Welt der Organisationsentwicklung getrieben: VUCA ist ein Akronym, das erstmals 1987 in Anlehnung an die Führungstheorien von Warren Bennis und Burt Nanus verwendet wurde, um die Volatilität, Ungewissheit, Komplexität und Mehrdeutigkeit von Rahmenbedingungen und Situationen zu beschreiben oder zu reflektieren[85], und auch vor dem Rechtsmarkt nicht Halt macht.

Eine Anpassung des Rechts wird notwendig werden: Veränderung ist das neue Normal –Organisationen müssen also dringend dafür sorgen, dass ihre Verträge und Vertragsprozesse zweckmäßig sind[86]. Die meisten bisherigen Geschäftsverträge wollen jedoch Sicherheit schaffen und damit den Status Quo zementieren. Sie sollen feste Verpflichtungen vereinbaren und Konsequenzen für ein Nichterfüllen festlegen und setzen voraus, dass sich an der Grundsituation nichts verändert. Es geht um Risikoverteilung: Haftungen, Entschä-

---

84 *Arne Storm* Alles was Recht ist, in: brandeins thema 5/2020; *Kristina Läsker* Das Ende der alten Welt, in: brandeins thema 5/2020.

85 VUCA: volatility, uncertainty, complexity and ambiguity.

86 *Hubertus Drinkuth* Der Nachhaltigkeitsberater im Interview, Karriereführer vom 1.7.2021.

digungen, Leistungsverpflichtungen. Man investiert endlose Stunden und hohe Geldbeträge, um Bedingungen zu vereinbaren, die sich für den Umgang mit Pandemien und Krisen letztlich als irrelevant erweisen. Da muss nicht erst Corona passieren, sondern auch der BREXIT hat gezeigt, dass Rechtsgefüge keinen Bestand für die Ewigkeit haben[87].

Das war einmal! Verträge müssen heute komplex und flexibel sein wie eine Klauselbibliothek. Das eindimensionale Lösungsdenken von A nach B hat ausgedient. Lösungen finden gleichzeitig und um Jahrhunderte versetzt statt. Menschenrechte reichen weit in die Vergangenheit und in die Zukunft. Datenschutz und Ethik müssen heute vor allem bei neuen Technologien und der Digitalisierung mehr denn je auch von Juristen mitgedacht werden[88]. Dafür sorgen der EU Green Deal, aber auch Gesetze wie das neue Lieferkettengesetz[89]. Demut vor dem Nichtwissen ist das neue „Allwissen" der Wissenschaften. Aber auch eine politische Verantwortung wird zunehmend für Juristen diskutiert. Sie werden längst nicht mehr nur als „Handwerker" gesehen[90].

Es geht darum, Unternehmenswerte wie den **Markenwert** zu schaffen, der immer stärker an Nachhaltigkeit gekoppelt ist. Mit Blick auf den Human Ressources-Markt zeigt sich, dass immer mehr junge Menschen bei der Wahl ihres Arbeitgebers darauf achten, ob ihnen dieser Job „Purpose" verspricht. Unternehmen, die ihre Hausaufgaben in Sachen Nachhaltigkeit nicht gemacht haben, bekommen daher keine Talente mehr, trotz guter Gehälter und hoher Attraktivität des Arbeitsortes.

Und zuletzt: Viele Unternehmen haben erkannt, dass ihr Geschäftsmodell gegen externe Schocks nicht so gut gewappnet ist wie gedacht. Klimaverträglichkeit ist das eine; mit den neuesten Gerichtsentscheidungen kommen Menschenrechtsproblematiken hinzu[91].

Zur Klimaverträglichkeit kommt die soziale Verträglichkeit. Sozial verträglich ist der neue Joker in jeder Debatte: E-Justice und e-Gouvernment sollen Antworten darauf bieten und den Zugang zum Rechtsmarkt erleichtern. Neben Legal Tech versuchen Formate wie Legal Coaching in den Hochpreismärkten von Nordamerika und Kanada Alternativen zu bieten.

---

87 *Dr. Anke Nordemann-Schiffel* und *Dr. Julian Klagge* Brexit and Brands – Was Markeninhaber beachten müssen, in: Anwaltspiegel vom 6.1.2021.

88 *Dr. Andrea Panzer-Heemeier* und *Tobias Neufeld* The next big thing im Rechtsmarkt: Nachhaltigkeit, in: Anwaltspiegel vom 6.1.2021.

89 *Prof. Dr. Cordula Meckenstock* Rechtsmarkt 2021, in: ZUJ 01/2021.

90 *Ingo Müller* Furchtbare Juristen. Die unbewältigte Vergangenheit der deutschen Justiz; *Andreas Molitor* Die Wächter der Ordnung, in: brandeins thema, 05/2020.

91 *Hubertus Drinkuth* Der Nachhaltigkeitsberater im Interview, in: Karriereführer vom 1.7.2021.

Immer wenn es um Komplexität geht, besteht das Bestreben, zu vereinfachen – oder aber mit **Risikovorsorge** mögliche Folgen abzufedern. Forecasting und Scenario Design entspringen genau diesem Bestreben: Es geht nicht in erste Linie darum, die Zukunft schon heute zu kennen, sondern mögliche negative Folgen abzuschätzen und sich vor ihnen zu schützen. Nun haben auch Forecasting und Scenario Planning die Corona-Pandemie 2020/2021 nicht vorhergesagt – oder doch? Haben Wissenschaftler nicht stets hiervor gewarnt und wurden ignoriert, weil andere mögliche Zukunftsszenarien angenehmer erschienen? Es erinnert ein wenig an die Klimakrise, oder?

So oder so: Risikomanagement erlebt gerade einen enormen Aufschwung – und zwar nicht nur bei den Risikoprofis, den Versicherern[92], – sondern rückt zunehmend in den juristischen Fokus. Dem war es zwar stets immanent, so z.B. bei der oben beschriebenen Risikoverteilung in Vertragsverhandlungen. Nur selten hatte dieses Thema jedoch auch in den Strategiemeetings seinen Platz: Kein Wunder, hat man doch hier bislang überwiegend auf Probleme reagiert; an Vorsorge war nicht zu denken.

Das muss anders werden. Die Corona-Lockdowns haben gezeigt, wie schnell und professionell Hygienekonzepte in Kanzleien aus dem Nichts auf der Grundlage brandneuer Vorgaben entwickelt und umgesetzt werden können. Die Erfahrungen mit der Umsetzung der Datenschutzvorschriften aus den Jahren zuvor und der Einrichtung von Datenschutzbeauftragten haben gezeigt, dass es geht, wenn es sein muss. Datenschutzkonzepte und Hygienekonzepte sind Konzepte für Risikomanagement. Diese müssen ausgebaut werden. Hinzukommen sollte gleichzeitig eine Strategieplanung, die immer auch einen (Krisen-)Plan B mitdenkt und hier vor allem Wirtschafts- und Personalressourcen aufbaut.

Gewinnen werden diejenigen, die jetzt tätig werden, weil sie aus Erfahrung gelernt haben, und nicht, wenn es bereits zu spät ist.

Fazit:
Die oben beschriebene Kanzlei der Zukunft muss also wie folgt modifiziert werden:

Zukunftsfähig wird die mittelgroße, moderne und hoch spezialisierte Boutique-Kanzlei sein, die einerseits einen hohen Anteil an jungen, technikaffinen High Potentials beschäftigt und sich andererseits eine professionelle Geschäftsführung leistet, die Risikomanagement betreibt.

---

92 *Prof. Dr. Bruno Mascello* Risikomanagement im Rechtsmarkt neu gedacht, in: Anwaltspiegel vom 6.1.2021.

5. Fazit

Was bedeutet das für unsere drei Fallbeispiel-Kanzleien?

1. Die vielen Kleinkanzleien mit den „Wachstumsschmerzen“ könnten wie vorgeschlagen dem Ruf der Digitalisierung folgen, ihre Strukturen und Prozesse optimieren, Kosten signifikant senken und die Lebensqualität der Partner deutlich erhöhen. Oder –und im Hinblick auf diese Zukunftsszenarien haben sie tatsächlich die Wahl –sie entscheiden sich bewusst, kooperierende Kleinkanzleien zu bleiben (und dem Grundprinzip „Wachstum“ abzuschwören). Das schließt die vorgeschlagene digitale Lösung zur Effizienzsteigerung nicht per se aus. Wäre jedoch ein deutlicher Strategiewechsel. Die Entscheidung bestimmt die Zukunft der Kanzlei und muss strategisch wohl überlegt in der Partnerrunde getroffen werden. In Abstimmung mit den Werten und Zielen und der Vision der Kanzleiinhaber.
2. Die Kanzlei mit den „falschen Mandanten“ sollte Kundenzufriedenheit zu ihren Kernwerten erheben und dies zu ihrem internen Leitstern machen. Die erfolgreiche Neuorientierung kann als Blaupause für zukünftige Veränderungsprozesse dienen. Kundenzufriedenheit ist eine der drei Zukunftskriterien.
3. Die traditionelle Großkanzlei tut gut daran, sich neu zu erfinden: Statt den Fokus auf die Bedürfnisse der Senior Partner zu legen (finanzielle Sicherheit, Bestand), die ohnehin in absehbarer Zeit sich verabschieden wollen, sollten sie ganz im Sinne der auf Organisationen abgewandelten Maslow´schen Bedürfnispyramide (s.u.) auf die Bedürfnisse der zukünftigen Partner fokussieren: das wären die Bedürfnisse eines idealerweise diversen Teams aus technik-affinen Millenials und Generation Z, die multi-nationale Cosmopoliten sind. Gender Equality und New Work sollte fachlich und finanziell gesetzt sein, um mit der internationalen Konkurrenz aus „New Legal“ konkurrieren zu können. Vor den Partnern liegt ein weiter Weg des Kulturwandels in gelebte Vielfalt.

Was hat Ihnen dieses Kapitel gebracht?
Sie haben einen Blick in die „Glaskugel“ werfen können, in ihre berufliche Zukunft – wenn Sie so wollen. Ob und was von dem Gezeigten tatsächlich eintritt, liegt unter anderem auch an Ihnen!

B. Die Kanzleivision

Worum geht es bei Kanzleigründung und -management?

Jede Kanzlei sollte wie jedes Unternehmen über eine „Idealversion"[1] ihrer Selbst verfügen. Diese wird der Kanzlei durch den Inhaber bzw. durch das dafür verantwortliche Team vorgegeben. Diese Idealversion sollte prinzipiell schon mit der Kanzleigründung vorliegen und sich weder in erster Linie an der Marktsituation noch am Know-How der Mitarbeiter orientieren. Sondern vielmehr daran, wozu das Unternehmen, die Kanzlei gegründet wird bzw. einst gegründet worden ist. Notwendigerweise sollte also der Inhaber bzw. das Team eine genaue Vision davon haben, wo die Reise hingehen soll und wie sie dafür die Kanzlei nutzen wollen[2].

Der Prozess, eine solche Kanzleivision zu entwickeln, kann durch einen professionellen Business-Coach, der idealerweise etwas von der Legal Branche und vom Kanzleigeschäft versteht, unterstützt werden. Etwas anderes ist es hingegen, sich Rat durch Experten oder Berater (in Buchform, Seminar oder Consulting) einzuholen oder einen erfahrenen Kollegen als Mentor ins Boot zu holen. Während Erstere sich eher an objektiven Idealversionen orientieren, spielen bei Letzteren die subjektiven Erfahrungen eine entscheidende Rolle. Ein Business-Coach wird sich hingegen, wenn er denn auch als solcher ausgebildet und zertifiziert worden ist[3], an der individuellen Situation orientieren und gemeinsam in weniger als einem Drittel der Zeit das Bild der idealen Kanzlei visionieren[4]. Entscheiden Sie selbst, ob sich diese Investition lohnt.

Selbstverständlich kann sich solch eine Idealversion im Laufe der Zeit auch ändern, erweitern oder reduzieren. Sie sollte jedoch immer gleichsam wie ein „Leuchtturm", nach dem man sich ausrichtet und orientiert, klar und stabil sein. Schwammige Allgemeinfloskeln oder ein bunter Strauß sehr unterschiedlicher Dinge sind nicht geeignet. Vielmehr ist dies ein untrügliches Zeichen dafür, dass das Unternehmen, die Kanzlei sich von einem klaren Idealbild ihrer Selbst entfernt. Es ist dann zu fragen, ob sie immer noch dem ursprünglichen Zweck dient oder ob nicht eine Neu- bzw. Umgründung ansteht.

---

1 manche nennen es auch „Vision" oder schlicht „Ziel", wobei letzteres es nicht ganz trifft.

2 Schieblon in „Kanzleimanagement in der Praxis", S. 24., Verlag Springer-Gabler.

3 Da sich viele Berater im Markt tummeln, die sich lediglich marketingwirksam/„neudeutsch" Coach nennen, obwohl sie tatsächlich keine Coachingleistung erbringen oder als Coach ausgebildet worden sind, empfehle ich, sich hier unbedingt die entsprechende Zertifizierung als Coach durch einen Berufsverband (vergleichbar etwa mit dem Fachanwalt) zeigen zu lassen.

4 Dr. Tutschka, „Der Rechtsanwalt als Unternehmer", TeleLex, S. 17.

https://doi.org/10.1515/9783110726428-002

Die Vorstellung, „Rechtsberatung im deutschen Markt zu erteilen", genügt dafür also keineswegs, auch wenn wohl die überwiegende Mehrheit der Kanzleien in Deutschland zu genau diesem Zweck gegründet worden waren[5]. Da schon in der Zielvorgabe die rechtlichen Parameter für Kanzleien einbezogen werden sollten, muss also notwendigerweise das Ganze beispielsweise mit Gewinnerzielungsabsicht betrieben werden[6].

In dieser Situation macht jedoch möglicherweise eine andere Rechtsform Sinn, wie z.B. die Gründung eines Vereins oder einer Stiftung. Vor genau so einer Entscheidung standen die Initiativen „Liquid Legal Institut" sowie „Lawyers 4 Future" (die ich strategisch berate) – und haben sich letztendlich für die Rechtsform des eingetragenen Vereins entschieden[7].

5 Claudia Bonacker, „Kanzleigründung und Kanzleistrategie" in Haufe vom 20.1.2014.

6 Ggf. kommt sonst Ihr Finanzamt auf die Idee, Ihre Kanzlei als „Hobby" einzustufen.

7 Kai Jakob, Dierk Schindler, Roger Strathausen, Liquid Legal: Towards a Common Legal Platform, S. 11.

I. Persönlichkeit des Anwalts

Wozu sollten Sie dieses Kapitel lesen?
Sie verstehen, wie Sie Ihre individuelle Kanzleivision aufgrund dieser allgemeinen Rechtsmarkt-Bestandsaufnahme entwickeln und welche Rolle Ihre Persönlichkeit dabei spielt.

Übersicht

1. **Ziele setzen: SMART Methode**
2. **Status Quo: Was wollen die Mandanten, was fragen sie nach?**
3. **Ressourcenanalyse (SWOT)**
4. **Einschränkungen, Begrenzungen, Verpflichtungen**
5. **Anwalt vs. Kanzleiinhaber**

Am Anfang steht die Idee, der Wunsch nach der eigenen Kanzlei. Doch dann kommen die Bedürfnisse der Mandanten, der Markt, die Fähigkeiten und Persönlichkeiten der Mitarbeiter dazwischen und der Terminkalender des Alltagsgeschäfts übernimmt die Führung.

Nur ca. ein Viertel der Berufsanfänger startet seine berufliche Karriere in der Selbstständigkeit mit eigener Kanzlei. Der weitaus überwiegende Teil möchte erst einmal Berufserfahrung sammeln und beginnt im Angestelltenverhältnis. Nach acht Jahren hingegen hat sich das Verhältnis fast umgekehrt: Knapp zwei Drittel der Berufsträger sind in der Selbstständigkeit angekommen. Das kann der Aufstieg in die Partnerschaft sein, aber auch das Verlassen der ursprünglichen Kanzlei und die Eigengründung oder Übernahme einer Kanzlei.

Die genaue Kenntnis des Rechtsberatungsmarktes im Allgemeinen und im Besonderen (für spezielle Fachgebiete, bestimmte Regionen etc.) ist erfolgsentscheidend.

Die meisten starten mit einem Zeitplan für die Umsetzung des Projektes Kanzleigründung, wobei der Schwerpunkt darauf liegt, wann der ideale Zeitpunkt für die Kanzleigründung ist. Selbstverständlich ist es immer gut, einen Plan zu haben. Wer es jedoch wirklich ernst meint, sollte mit der Erarbeitung einer Kanzleivision starten:

Diese sollte einerseits das Geschäftsmodell, also z.B. ein Spezialgebiet, einen besonderen Service, umfassen sowie die Positionierung dieses USP (Unique Selling Point – das Alleinstellungsmerkmal) am Markt. Idealerweise geht der Erarbeitung des Alleinstellungsmerkmals eine genaue Marktanalyse voraus:

Gibt es für diese Lösung tatsächlich einen Bedarf? Wo steht die Konkurrenz? Wo, wann und wie funktioniert dieses Angebot am besten?

Andererseits sollte diese aber auch beinhalten, wofür die Kanzlei stehen soll, welche Werte dort gelebt werden und in welcher Kultur des Miteinanders dort gearbeitet wird: Soll die Kanzlei zum Gemeinwohl beitragen, für gesellschaftliches oder gar gesellschaftspolitisches Engagement stehen? Wird sie streng hierarchisch geführt oder eher den Mitarbeitern viel Eigenverantwortung übertragen? Sind Feedback und Verbesserungsvorschläge willkommen und wie sieht es mit der Fehlerkultur aus?

Merke:
Nicht nur aus berufsethischen Gründen sollte eine Kanzlei für bestimmte Werte stehen und sich über die in ihr gelebte Kultur im Klaren sein.

In der Annahme, dass alle anderen so sind wie man selbst, unterschätzen Unternehmensinhaber immer wieder, wie wichtig es ist, nicht nur Klarheit über die eigenen Werte und Bedürfnisse zu haben, sondern diese auch klar zu kommunizieren. Wird das Unternehmen dann noch von einem Führungsteam geführt, wie in den allermeisten Kanzleien, ist die Klarheit spätestens dann dahin, wenn man sich nicht hinreichend auf einen Führungsstil und einheitliche Werte und Mitarbeiterkultur geeinigt hat. Hier hilft Schriftlichkeit.

Merke:
Den Rat, den der Anwalt immer wieder Mandanten nach einer missglückten vermeintlichen Absprache mitgibt, sollte er hier unbedingt bei der eigenen Kanzlei befolgen.

Es erinnert an den Arzt Frankenstein, der, nur weil er es technisch kann, Körperteile zu einem Körper fügt und ihn zum Leben erweckt. Doch ist dieses Etwas deshalb ein Mensch? Sicher nicht: Es fehlt ihm die Seele, Herzensbildung, ein moralischer Kompass. Frankenstein ist ein eindrucksvolles Plädoyer für Werte, Ethik und Kultur und gilt damit gleichermaßen auch für Unternehmen und Organisationen, also auch für Kanzleien.

Eine Sonderstellung nehmen dabei selbstverständlich die sogenannten Einzelkanzleien ein, in denen der Anwalt quasi in Personalunion gleichzeitig die Kanzlei ist und die immerhin ca. ein Drittel der Kanzleien ausmachen. In diesem Fall spiegelt die Kanzlei dessen Persönlichkeit und Werte wider.

Für die Erarbeitung des Geschäftsmodells eignet sich ganz hervorragend das Business Model Canvas, womit detailliert das Besondere an Rechtsberatung und Zielmandantschaft, die Schlüsselkontakte, die Akquise und Mandantenkommunikation und vieles mehr herausgearbeitet werden kann.

Doch spätestens hier kann es zu einem Dilemma kommen: It´s a people business (zu deutsch: Es kommt im Geschäft auf den Menschen an.).

Bei der Erarbeitung des Geschäftsmodells nach den Bedürfnissen des Marktes und der korrespondierenden Werte und Kultur taucht in der strategischen Umsetzung die Frage auf: Wer sind hierfür die richtigen Mitarbeiter und Kollegen? Bin ich der Richtige für dieses Geschäftsmodell? Welche Persönlichkeiten braucht die Mandantschaft? Das kann und sollte zu einem ehrlichen Ergebnis führen, was im Zweifel auch bedeuten kann, sich gegen eine angedachte Kanzleivision zu entscheiden und stattdessen auch die Perspektive sowie die Frage, welche Mitarbeiter und welches Know-how für die Kanzleigründung tatsächlich zur Verfügung stehen, von Anfang an mit einzubeziehen.

Merke:
Eine gesunde Selbsteinschätzung der eigenen Stärken und Schwächen und das Bewusstsein für die eigenen Werte und Lebensziele des Kanzleiinhabers bzw. der Partner sind wichtige Bausteine auf dem Weg zur Gründung.

Unternehmensgründung und -führung ist immer auch eine tiefgreifende Selbsterfahrung und Möglichkeit zur persönlichen Entwicklung. Kanzleigründung beginnt also in erster Linie bei Ihnen.

Das Modell der Spiral Dynamics (Beck/Cowan in: „Spiral Dynamics“), welches von dem US-amerikanischen Psychologieprofessor Clare Graves bereits in den 60er-Jahren entwickelt wurde, gibt in Form einer “Universal-Landkarte” einen Überblick über die menschliche Entwicklung. Sich mit der Komplexität der Spiral Dynamics zu beschäftigen, bevor eine Kanzlei gegründet wird, hilft, Zusammenhänge zu verstehen:

- Warum brauchen Start-ups “Anarchie”, um erfolgreich zu sein?
- Wieso bewahren komplexe Hierarchiestrukturen Großunternehmen vor dem Untergang, wo sie doch erwiesenermaßen innovationsfeindlich sind und zu homogenen Führungsteams führen?
- Warum verunsichern Schlagworte wie “Agilität” und “New Work” die ältere Generation, die wiederum die Datensicherheit als “wertvoll” einschätzt?

Daher kommt es entscheidend auf Ihre Persönlichkeit an.

It’s a people business[1].

---

1 Gerber, S. 9, „The E-Myth Attorney“.

Das gilt nicht nur bezogen auf die Mandanten und das Befriedigen ihrer Bedürfnisse.
Dies gilt ebenso bei der Frage, was Sie persönlich mitbringen.

Wer sind Sie? Was macht Sie aus?
Den Teilnehmern in meinen Workshops zu diesem Thema fallen da in erster Linie ihre Ausbildung zum Volljuristen ein, ihre Titel und Abschlüsse.

Doch ist es das? Kommt auch nur ein Mandant zu ihnen als Anwalt, weil sie das 2. Staatsexamen mit xyz abgeschlossen haben oder einen Doktortitel haben?

Der Mandant kommt, weil er eine Empfehlung bekommen hat oder er den Auftritt im Internet ansprechend fand. Beim Erstkontakt entscheidet er, ob er die Person sympathisch findet. Ob er vertraut.

Deshalb ist es wichtig zu wissen, wer man ist, wofür man steht und welche Aspekte davon für den Mandanten wichtig sind: Identität und Identifizierung.

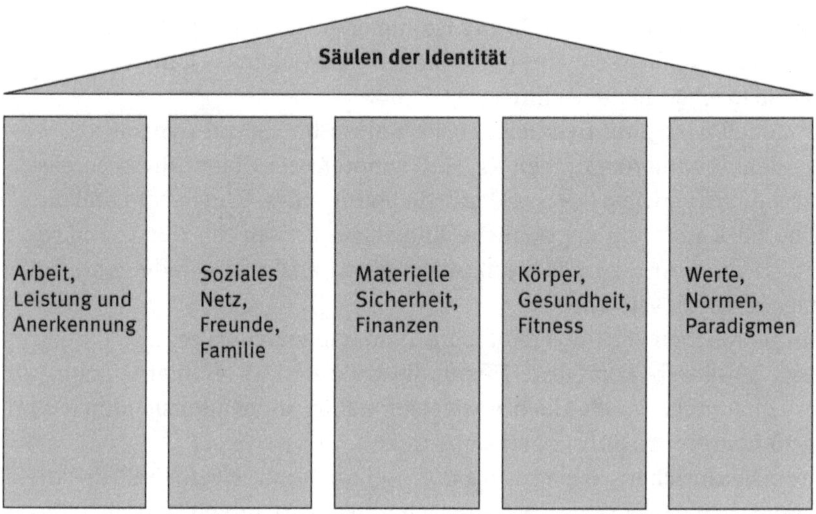

Die fünf Säulen der Identität nach H. Petzold[2], © Dr. Geertje Tutschka

Identität ist die Einzigartigkeit und Unverwechselbarkeit jedes Menschen. Unter Identität (v. lat.: Wesenseinheit, gleich, Gleichheit) verstehen wir unsere einzigartige Persönlichkeitsstruktur und die Verhaltensweisen, welche wir uns aneig-

---

2 Hilarion Petzold ist 1944 in Deutschland geboren und gilt als eine der Leitfiguren in der modernen Psychotherapie.

nen oder wieder ablegen. Sie zu entwickeln ist ein lebenslanger Prozess, der sich in Wechselwirkung zwischen Mensch und Umwelt abspielt. Die verschiedenen Aspekte der Umwelt, die auf die Identitätsbildung Einfluss nehmen, hat Petzold in den „fünf Säulen der Identität" abgebildet.

Dabei geht es noch nicht in erster Linie darum, welche Charaktereigenschaften Sie haben: welchen Führungsstil Sie bevorzugen, ob Sie ein Teamplayer sind, welcher Lerntyp sie sind, wie Sie mit Zeit und Geld umgehen, ob Sie eher der Verkäufertyp, der Kumpel, der Nerd oder der Penible sind.

Selbstverständlich hat jeder ein bestimmtes Bild von sich im Kopf. Doch die wenigsten machen sich die einzelnen Aspekte dieses Bildes und in welchem Verhältnis diese zueinander stehen konkret bewusst. Dabei kann es sich natürlich immer nur um eine aktuelle Momentaufnahme handeln[3].

Wofür ist das wichtig?

Einerseits werden Sie selber nur dann ein erfülltes Leben führen und dies auch ausstrahlen, wenn alle Aspekte in einem ausgewogenen Verhältnis zueinanderstehen. Ihre berufliche Vision bzw. Ihre Kanzleivision sollte dies also berücksichtigen, um erfolgreich umgesetzt werden zu können.

Andererseits brauchen Ihre Kollegen und Mandanten Informationen aus diesen fünf Aspekten Ihrer Persönlichkeit, um sich „ein Bild" von Ihnen machen zu können. Um Sie als Person zu sehen, den Sympathiecheck machen zu können und ganz wichtig, eine Beziehung zu Ihnen aufbauen zu können und Ihnen zu vertrauen. Viele dieser Informationen geben Sie bereits vor dem ersten Kontakt (durch Artikel, Webseite, Bücher, Empfehlungen, Kanzleiempfang), einige in der Sekunde bevor Sie den Mandanten begrüßen (mit Auftreten, Körpersprache, Inszenierung). Die wenigen fehlenden Puzzleteile wird sich der Mandant dann aus dem Gespräch mit Ihnen ziehen oder mit „Blaupausen" aus seinen Schubladen füllen (sprich: Vorurteile nutzen, um die Lücken zu schließen). Um diesen Prozess bewusst steuern zu können, ist es wichtig, sich zu kennen und die wesentlichen Aspekte für den Mandanten nach außen zu betonen.

Anwälte und Kanzleien neigen jedoch dazu, das Rechtsgebiet, Titel und Abschlüsse in den Vordergrund zu stellen und die Person dahinter völlig zu verstecken. Das macht sie nicht nur austauschbar, sondern für den Mandanten irgendwie blass, fast unsichtbar und nebulös, unnahbar, ja nicht greifbar. Die denkbar schlechteste Voraussetzung für einen vertrauensvollen Beziehungsaufbau.

---

3 Mit dem sogenannten Lebensrad sind übrigens die verschiedenen Aspekte der Momentaufnahme sehr schön messbar.

An dieser Stelle kommt dann in meinen Seminaren regelmäßig der Einwand, dass man ja schließlich sein Fachwissen in einem bestimmten Rechtsgebiet verkauft und nicht sich selbst. Ich weise dann stumm auf den Einleitungssatz (den ersten Satz dieses Kapitels).

Was auch immer Sie verkaufen oder meinen zu verkaufen: Sie werden es nur über Ihre Identität verkaufen. Sie können lediglich steuern, welchen Schwerpunkt Sie in jedem der fünf Identitätsbereiche nach außen tragen möchten. Doch seien Sie sich sicher, dass Lücken mit Vorurteilen geschlossen werden. Möchten Sie sich als Strafrechtler aufstellen, sollten Sie gute Gründe haben, warum Sie Strafrechtler sind und wie das zu Ihrer Identität passt. Stellen Sie sich als Scheidungsanwalt dar, braucht es Informationen aus Ihrem eigenen familiären Kontext. Wirtschaftsanwälte meinen gern, sie seien an dieser Stelle fein raus, da ihr Rechtsgebiet ja quasi keinen Bezugspunkt zur Person hat und so schön neutral ist. Man kann ja Zahlen sprechen lassen. Doch auch hier gilt: wer nicht austauschbar sein will, sollte sich gut überlegen, warum M & A logischerweise zu ihm gehört. Der Mandant – in diesem Fall die Kontaktperson aus dem Unternehmen – wird sich nicht an das perfekte Diagramm erinnern, wohl aber an Herrn Müllers Geschichte, wie ihn das Thema M & A gefunden hat.

---

i Stricken Sie also frühzeitig nicht nur an Ihrer Erfolgsgeschichte, sondern vor allem an Ihrer „personal story“, die Ihr Rechtsgebiet bzw. Ihr Rechtsberatungsprodukt trägt.

Darin enthalten ist natürlich die Frage: **Wer wollen Sie sein und wo wollen Sie hin?**

Dies sollte jeder in aller Ehrlichkeit für sich selbst beantworten. Eine gute Einstiegshilfe bietet zumeist die Antwort auf die Frage: Was hat Sie heute morgen bewogen aus dem Bett aufzustehen? Helfen kann auch „Was soll in Ihrem Nachruf, auf Ihrem Grabstein stehen?“ Ich bevorzuge: Wozu das alles?

Ziel ist es, sich eine konkrete Vorstellung der Idealversion seiner selbst, seines Lebens zu machen, um sich daran auszurichten. Denn nichts ist doch frustrierender, als wenn man am Ende feststellt, dass man die Idealversion eines anderen gelebt hat.

Vielen meiner Teilnehmer trete ich damit regelmäßig zu nahe. Sie meinen, derartige Überlegungen seien Privatsache und hätten mit ihrer Arbeit und ihrer Kanzlei nichts zu tun. Immerhin seien sie kein Einzelanwalt, der quasi mit seiner Kanzlei identisch ist. Doch das ist zu kurz gedacht.

Ich gebe zu, dass die Antwort auf diese Fragen nicht einfach zu geben ist. Erst recht ist dies sicherlich nicht unbedingt etwas, was man am Liebsten in einem Seminar mit fremden Kollegen bespricht. Und manchmal tut Ehrlichkeit an dieser Stelle auch weh.

Und doch: Jede Kanzlei soll am Ende die persönlichen Lebensziele jedes Mitarbeiters verwirklichen können. Und diese Menschen müssen für den Mandanten erlebbar sein.

Haben Sie eine Idealversion Ihres Lebens, Ihrer Selbst, ist diese mit konkreten Zielen auszufüllen[4]. Steht das Ziel fest, stellt sich im nächsten Schritt die Frage: Und wie erreiche ich mein Ziel? Da kommt die Strategie ins Spiel. Was genau aber ist eine Strategie? Strategie ist dem Ursprung nach ein militärischer Begriff und bedeutet Heerführung. Clausewitz begriff Strategie als die Lehre vom Gebrauch der Gefechte zum Zweck des Krieges. Weniger martialisch lässt sich Strategie als ein Bündel von Verhaltensregeln, von Normen verstehen, die sämtlich darauf ausgerichtet sind, ein Ziel zu erreichen. Alle Detailentscheidungen auf dem Weg zu diesem Ziel haben sich an diesem Normenbündel, der Strategie, auszurichten[5].

Wie wird eine Strategie entwickelt? Strategieprozesse sind oft diffus und zäh. In Literatur und Wirtschaftslehre gibt es sehr vielfältige Modelle und Methoden.

Ich nutze für meine Kunden zum Einstieg gern diese von mir entwickelte vereinfachte Struktur, die es jedem in fünf Schritten ermöglicht, alle wesentlichen Punkte für die Entwicklung einer erfolgreichen Strategie zu erfassen, zu bearbeiten und zu lösen.

---

1. Ziel
2. Status Quo
3. Ressourcen/Potenzial
4. Einschränkungen/Grenzen
5. Rolle, Verantwortung

Im Wesentlichen funktioniert dieses System wie ein Navigationsgerät:
- Zuerst wird das genaue Ziel eingegeben,
- dann wird der Standort bestimmt,
- die vorgegebene Software nutzt die Infos zu Geschwindigkeitsbegrenzungen, Stau etc.
- bestimmte Parameter bestimmen, ob Autobahnen genutzt werden, der direkte Weg gewählt wird o.ä.
- Letztlich wird danach die optimale Route berechnet inkl. Kilometer und Zeit

4 R. Römermann, Anwaltliches Marketingmanagement, Rn. 639, geht davon aus, dass Kanzleiziele für die Dauer von fünf bis zu zwanzig Jahren Bestand haben.

5 Siehe auch Hartung S. 12 in „Kanzleimanagement in der Praxis".

Die Strategie-Methode „5 steps to success“ kann dem Prozess Struktur geben, vor allem wenn es sich um eine individuelle Vision handelt.

Merke:
Das Ziel der Methode ist die Reduzierung von Komplexität.

Dabei ist zu beachten, dass es sich um einen strukturierten Prozess zur Erarbeitung handelt; das Ergebnis, dessen Umsetzung und erste Schritte sind somit nicht inkludiert.

Die Methode im Überblick

Ziel:
SMART (spezifisch, messbar, attraktiv, realistisch, terminiert)
START WITH WHY (Warum, Was, Wie)
KISS (Keep it simple, stupid)
auch:
Vision, Mission & Zweck;
Leitbild & Compliance/Verhaltensregeln;
Werte & Kultur

Status quo:
Bestandsanalyse
Analyse/Anamnese der Persönlichkeit, des Unternehmens sowie des Umfeldes (Systemik)
Assessments, Typenanalyse, Persönlichkeits-Profile können hier genutzt werden (HOGAN, MBTI, 360 Grad Feedback, StrengthsFinder, Enneagram)
PEST (Umfeldanalyse zur strukturierten Ermittlung der Einflussfaktoren)
- **P**olitisch
- **Ö**konomisch (= **E**conomical)
- **S**ozial
- **T**echnologisch

Die Fleißarbeit besteht darin, die ermittelten Trends nicht nur aus dem Bauchgefühl abzuleiten, sondern mit Quellen belegen zu können. “Keine Behauptung ohne Beweis” ist eine wesentliche Voraussetzung, um die Umfeldanalyse glaubwürdig zu machen.

SWOT (umfasst Status quo/Ziel und Ressourcen/Begrenzungen als 4er-Matrix)

Nach der Analyse beginnt die Synthese. Aus der Umfeldanalyse kennen wir die Chancen und Risiken (vertikal), aus der Unternehmens- oder Persönlichkeitsanalyse die Stärken und Schwächen (horizontal). Das Ziel ist es, in diesem Schritt die fünf bis sieben Hauptherausforderungen zu ermitteln[6].

- **S**trengths (Stärken)
- **W**eaknesses (Schwächen)
- **O**pportunities (Chancen)
- **T**hreats (Risiken)

Rolle und Verantwortung:
Ziel und Bestandsanalyse werden aus dem Blickwinkel der jeweiligen Rolle nachjustiert.
Unter Rolle und Verantwortung können z.B. Führungsverantwortung/Vorgesetzter, Elternschaft Mutter/Vater, extern, privat, Ehrenamt u.v.m. fallen.

Ressourcen:
Ausbildungen, Abschlüsse, Berufserfahrung
Persönliche Lebenserfahrung, Talente, kultureller Hintergrund

Begrenzungen:
gesetzliche Verpflichtungen (z.B. Fürsorge, Beruf, Zulassungen, Ämter, Genehmigungen)
persönliche Verpflichtungen (z.B. Wellbeing, Resilienz, Gesundheit/Krankheit, Hobbies, Sprache)

Die Methode in der Anwendung:
Es wird mit der Erarbeitung des Status Quo und des Zieles begonnen, wobei dies schrittweise und parallel erfolgt.

Kurz vor dem Finalisieren dieser beiden Eckpunkte sollten Rolle und Verantwortung einbezogen werden, um sowohl für das Ziel als auch den Status quo den „Blickwinkel" auf das Thema zu schärfen und zu spezifizieren. Beides wird nachjustiert.

Die Ressourcen und Begrenzungen können quasi parallel, punktuell herausgearbeitet werden. Dabei ist wichtig, dass sich diese immer auf Ziel und Status quo (sowie ggf. Rolle) beziehen, also relevant sind.

Sind alle fünf Schritte bearbeitet, ist der Prozess in aller Regel im Finale; der TRAUM oder die Vision ist komplett herausgearbeitet und es stehen

---

6 Mehr dazu in wenigen Seiten auf S. 139.

unmittelbar die Entscheidung sowie die ersten Schritte zu deren Umsetzung an.

Merke:
Für die fünf Schritte kann auch die linke Hand (Handteller zum Gesicht) oder das Wort TRAUM (DREAM) als „Eselsbrücke" genutzt werden. Jeder Finger steht dann für sich inhaltlich und per Handzeichen für einen der 5 Schritte bei der Erarbeitung der Strategie.

T = Traum: Ziel – „top" (Daumen hoch)

R = Ressourcen: Bausteine des Erfolgs – „Achtung, sorgsam damit umgehen!" (Mama mahnt mit dem Zeigefinger)

A = Ausgangslage: Status quo – „It sucks" (gestreckter Mittelfinger)

U = Umstände: Limitierungen – z.B. das Eheversprechen (der Ring am Ringfinger)

M = Mission: Rolle – „Pinky Promise" (die „kleinen Verpflichtungen" des Alltags)

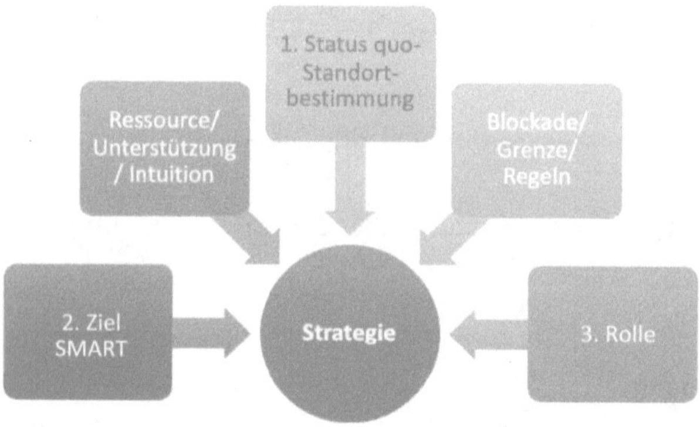

1. Ziele setzen

Bei der Zielfindung dürfen Sie durchaus kreativ sein. Allgemeinfloskeln jedoch, wie „ein guter Jurist zu sein", sich als „Anwalt der Gerechtigkeit" zu sehen, als „Staranwalt" zu gelten oder schlicht „reich und glücklich" werden zu wollen, beschreiben keine Ziele im hier gemeinten Sinn.

SMART Methode
Jede Zieldefinition sollte für den Anfang in einem einfachen, klaren Satz formuliert und an diesen fünf Parametern überprüft werden. Ich empfehle meinen Kanzleien, sich an der im Wirtschaftsmanagement gängigen SMART Methode zu orientieren:
S = Spezifisch (specific)
M = Messbar (measurable)
A = Ansprechend (accepted)
R = Realisierbar (reasonable)
T = Terminiert (time-bound)

---

i

Ein solch „smartes" Ziel kann also beispielsweise sein:
Ich möchte mit meiner Kanzlei im Rechtsgebiet xyz mit zwei weiteren Partnern und mindestens drei Angestellten am Ende des dritten Jahres seit der Gründung einen Gewinn von insgesamt xxx € erwirtschaftet haben.

Dies entspricht einer SMARTen Zieldefinition[7].

Möchten Sie die beste oder die größte Kanzlei in einem bestimmten Rechtsgebiet leiten, sollten Sie die entsprechende Partnerschaft anstreben. Möchten Sie als Experte zu einem bestimmten Thema beispielsweise bestimmte soziale Projekte oder eine bestimmte Politik fördern, sollten Sie publizieren und Vorträge halten. Möchten Sie mit Ihrer Arbeit als Rechtsanwalt gesellschaftlich etwas bewirken, sollten Sie sich in bestimmten Projekten engagieren oder Aufklärung betreiben. Mögliche weitere wirtschaftliche Ziele sind das Erreichen eines bestimmten Umsatzes pro Jahr, das Überschreiten einer Einkommensgrenze oder schlicht die Unabhängigkeit von Kreditinstituten, die dadurch erreicht wird, dass die Kanzlei zur Finanzierung ihrer Ausstattung und einer etwaigen Expansion keine Kredite in Anspruch nimmt und aus eigener finanzieller Kraft wächst. Auch nicht oder nur zum Teil monetäre Ziele sind denkbar: z.B. nur

7 Ob das Ziel für Sie ansprechend ist – Sie also auch emotional berührt – müssen Sie für sich selbst entscheiden.

ganz bestimmte Mandanten (Verbraucher) zu betreuen oder auch, besonders berühmt zu sein („die bekannteste Kanzlei in der Stadt“).

Dieses Ziel kann sich aber auch mit Kanzleizielen decken: beispielsweise als Kanzlei eine bestimmte Größe zu erreichen oder zu halten. In Stellenangeboten von Kanzleien findet man immer wieder die Formulierung, dass die Kanzlei darauf bedacht sei, eine überschaubare Größe zu haben, in der jeder jeden kennt. Andere Kanzleien legen darauf weniger Wert und möchten lieber eine „law firm around the world“ sein[8]. Eine andere Kanzlei hat sich, ihrem pfiffigen Kanzleimotto nach zu beurteilen, zum Ziel gesetzt, beständig größer zu werden. Das Ziel einer Kanzlei kann es auch sein, einen bestimmten Marktanteil in einer Region zu erringen. Der Marktanteil kann sich auf ein bestimmtes Rechtsgebiet, beispielsweise das Aktienrecht, auf eine Branche (Telekommunikationsunternehmen) oder auf eine bestimmte Art von Mandanten (mittelständische Unternehmen) beziehen. Ein mögliches wirtschaftliches Ziel einer Kanzlei ist die Spezialisierung auf ein Rechtsgebiet, wie beispielsweise das Strafrecht oder das Arbeitsrecht. Ein legitimes Ziel kann auch das Erreichen eines bestimmten Rufs, eines Images, sein („die familienfreundlichste Kanzlei am Platz“; „immer da, wenn man sie braucht“; „die fähigsten Verhandlungspersonen weit und breit“). Auch kanzleiinterne Ziele können von Bedeutung sein. Mancher Anwalt legt Wert auf ein besonders angenehmes Arbeitsklima in der Kanzlei. Wohl jeder Anwalt strebt an, dass sich die Mitarbeiter im Büro wohl fühlen und gerne in dieser Kanzlei arbeiten.

Alle diese Ziele schließen sich nicht gegenseitig aus, müssen jedoch nicht zwingend sämtlich in jeder Kanzlei verfolgt werden. Welche Ziele eine Kanzlei erreichen möchte, ist in erster Linie eine Geschmacksfrage oder besser, die persönliche Entscheidung des Inhabers; aber nicht nur.

Vermeintliche Zielkollisionen, also mehrere Ziele die sich widersprechen, sind fast immer Ziele, die nicht SMART waren, also insbesondere nicht realistisch:

Das Ziel „Spezialisierung auf das Sozialrecht“ und das Ziel „Beratung und Vertretung ausschließlich von kleinen Unternehmen“ passen nur schlecht zueinander. Sonderlich viele sozialrechtliche Probleme haben kleine Unternehmen nicht. Der angehende Sozialrechtler wird bei dieser Klientel nicht ausgelastet sein. Die Lösung des Zielkonflikts kann darin bestehen, die Zielgruppe der Mandanten um Privatpersonen und Sozialkassen zu erweitern.

Das Ziel „eine kleine Kanzlei mit nicht mehr als vier Anwälten“ passt nicht zu dem anspruchsvollen Ziel, in einer Großstadt „bei Verkehrsunfallsachen ei-

8 www.kleiner-law.de: „Kleiner wird größer“.

nen Marktanteil von fünfzig Prozent“ erreichen zu wollen. Mit nur vier Anwälten ist das nicht zu schaffen.

Das Umsatzziel „Bearbeitungsumsatz jedes Partners pro Jahr mindestens EUR 400.000,00“ kann in Konflikt mit dem Kanzleiziel „hoher Bekanntheitsgrad durch Mitgliedschaft in Vereinen“ geraten. Übertreibt ein Partner die „Vereinsmeierei“, dann wird ihm kaum noch genug Zeit bleiben, sein persönliches Umsatzziel zu erreichen. Auch kann es erforderlich werden, Ziele an die Erfordernisse des Marktes anzupassen.

---

i

Und nicht zuletzt: Der Anwaltsberuf ist ein anstrengender und zeitintensiver Beruf. Der Zeiteinsatz im Anwaltsberuf ist enorm. Berichte, wonach angestellten Anwälten im Jahr etwa 2.000 abrechnungsfähige Stunden (hinzu kommt Zeitaufwand für Verwaltungsaufgaben, Weiterbildung und Akquisition) abverlangt werden, sind durchaus kein Ammenmärchen. Partner, also Kanzleiinhaber, leisten bisweilen noch mehr. Ein derart hoher Zeiteinsatz ist aber nicht jedermanns Sache und muss es auch nicht sein. Sie werden sich an die Allgemeinwerte aus der Wirtschaft von S. 66 dazu erinnern: 200 Leistungstage mit ca. 6 Leistungsstunden pro Tag (plus Verwaltungsaufgaben für mindestens 2 Stunden), also realisitsche 1.200 Leistungsstunden pro Jahr. Früher oder später wird ein Anwalt entscheiden müssen, einen wie großen Anteil seiner Lebenszeit er seinem Beruf widmen will.

Ein Unternehmen Kanzlei zu führen ist nicht weniger anstrengend. Anwalt und gleichzeitig Unternehmer zu sein, kann für viele bedeuten, dass Privates oft zu kurz kommt. Umso wichtiger ist es, bei der Zielfindung neben den Zielen für die Kanzlei auch die seiner anwaltlichen Karriere und auch die privaten Ziele zu berücksichtigen:

Ein mögliches privates Ziel, das einen beruflichen Bezug hat, kann sein, niemals Akten zur Bearbeitung mit nach Hause zu nehmen[9], oder niemals länger als bis 22.00 Uhr zu arbeiten. Die Digitalisierung, WLAN und die flächendeckende Einführung von Smartphones, Laptop und Co sei Dank ist heute die Erreichbarkeit und die Leistungsfähigkeit überall zu jeder Zeit von jedem grundsätzlich gegeben. Es scheint keine natürliche Grenze mehr zu geben: weder nachts, noch am Wochenende, im Erholungsurlaub, im Mutterschutz oder im Krankheitsfall. Um sich die wichtigen Erholungs- und Regenerationsphasen zur Befriedigung der menschlichen Grundbedürfnisse zu sichern, bedarf es meiner Erfahrung nach mehr als nur guten Zeitmanagements. In erster Linie bedarf es Egomanagement sowie klare Grenzziehung und Durchsetzungskraft. Ein anderes privates Ziel kann sein, völlig unabhängig vom sonstigen Zeiteinsatz, pro Jahr mindestens zweimal für drei Wochen Urlaub zu machen. Einige Anwälte sind nicht bereit, ihre gesamte Arbeitskraft dem Anwaltsberuf zu widmen. So

---

9 egal ob in Papierform oder digital.

gibt es Kollegen, die beispielsweise auch Geschichte studiert haben und regelmäßig in Historikerkreisen sehr beachtete Abhandlungen veröffentlichen. Ihre geschichtliche Autorentätigkeit nimmt einen erheblichen Teil ihrer Arbeitszeit in Anspruch. Man muss das so wollen. Dagegen ist nichts einzuwenden.

Mancher hat das private Ziel, in einer bestimmten Region zu leben. Der Wunsch danach kann familiäre Gründe haben oder Heimatverbundenheit sein oder durch die hohe Lebensqualität einer Region motiviert sein. Ein ganz wichtiges und oft wenig beachtetes Thema ist die Partnerschaft und Familienplanung. Dazu gehören auch Freundeskreis, mehrere Generationen der Familie sowie ein stabiles soziales Netz. Einerseits gehört dies zu den menschlichen Grundbedürfnissen und spielt bereits in das Thema „Erholung und Regeneration" hinein. Ein einsamer Mensch wird schneller krank, ist einem erhöhten Stresspegel ausgesetzt und rutscht weitaus häufiger ins Burnout. Andererseits sind die Gespräche mit Freunden und Familie für viele Juristen auch ein Katalysator, Psychohygiene, ja fast eine Supervision, um mit den menschlichen Dramen ihrer Mandanten auf Dauer umgehen zu können. Letztlich ist dies auch eine Vorsorge für den Lebensabend und eine Investition. Weshalb ich auch immer mehr Juristen erlebe, die bewusst auf professionelle Unterstützung zugreifen; sei es, um ihre beruflichen Themen und Krisen mit einem Coach oder Supervisor [10] aufzuarbeiten oder sich tatsächlich an das Aufräumen alter Prägungen und Paradigmen mit Hilfe eines Psychologen zu machen, um ihr volles berufliches Potenzial entfalten zu können und gleichzeitig nicht damit kostbar erarbeitete Partnerschaften und Freundschaften zu „verschleißen". Aber auch ein zeitintensiver Sport wie beispielsweise Reiten, Bergsteigen oder Marathon oder die Anschaffung eines Tieres, das Erlernen eines Instrumentes sollte nicht nur als Hobby abgetan werden, sondern kann Lebensqualität spenden sowie Energie und Kraft für den Beruf generieren.

Welche Ziele sich ein Anwalt selbst setzt und welche strategischen Ziele er für die Kanzlei entwickelt, kann ihm niemand vorschreiben. Aber nicht alle Ziele lassen sich miteinander vereinbaren:

Einerseits kann es schwierig sein, sich bei mehreren Partnern, einem Inhaberteam auf eine einzige strategische Ausrichtung und eine einheitliche Kanzleistrategie festzulegen. Hier hilft die Hinzuziehung von Experten, die Partnerverhandlungen professionell begleiten, durch Teamcoaching, Moderation oder begleitende Beratung, um die energiezehrenden Ausfechtungen schnell und souverän zu meistern. Andererseits können die implementierten Systeme der Zielerreichung zuwiderlaufen.

---

10 Beides bietet z.B. CLP – Consulting for Legal Professionals speziell für Juristen von speziell geschulten und ausgebildeten Juristen an.

Ist in einer Kanzlei die Vergütung durch ein Lockstepsystem[11] geregelt, dann wird das neue Ziel eines Partners, der eine für ihn kommode Vergütungsstufe in diesem System erreicht hat, in Zukunft ausschließlich rechtsgeschichtlich interessante Mandate zu bearbeiten, vielleicht für einen Moment zu einem zynischen Schmunzeln, nach kurzer Zeit aber zu dem (berechtigten) Zorn seiner Kollegen führen. Bei aller Kollegialität werden es sich die anderen Anwälte nicht bieten lassen, dass sich einer ihrer Kollegen anscheinend das Ziel gesetzt hat, auf Dauer weniger zum Kanzleierfolg beizusteuern als alle anderen. Im Ursprung haben Lockstepsysteme etwas von der beamtenrechtlichen Alimentation. Je länger ein Anwalt der Kanzlei angehört, desto mehr verdient er. Moderne Lockstepsysteme berücksichtigen daher auch die Akquisitionsleistung, den reinen Bearbeitungsumsatz, den Anteil der Verwaltungsaufgaben für die Kanzlei und andere Faktoren mehr. Neuere Lockstepsysteme kennen nicht nur den Weg „nach oben“ zu höheren Vergütungsstufen. In den letzten Jahren ist es gerade in den internationalen Kanzleien auch zu Rückstufungen gekommen.

Eine ungeschickte Strategie kann bereits in sich den Kern für Konflikte unter Kollegen bergen. Ist es das Ziel einer Kanzlei, die beschäftigten Anwälte zu höchstmöglicher Akquisitionsleistung zu motivieren, dann kann sie die Vergütung der Anwälte nach dem Prinzip „you eat what you kill“ regeln[12]. Ein Anwalt bearbeitet nur die Fälle, die er selbst akquiriert hat. Die Höhe seiner Vergütung richtet sich nach der Höhe des von ihm selbst akquirierten und erarbeiteten Umsatzes. Dieses System ist so ungewöhnlich nicht. Jeder Einzelanwalt arbeitet nach diesem Prinzip und es ist sicherlich auch das System, welches unser Fallbeispiel Nr. 1 nutzt (die Möchtegern-Großkanzlei).

In einer etwas größeren Kanzlei jedoch, in der sich die Anwälte spezialisieren, kann dieses Prinzip dazu führen, dass neu akquirierte wettbewerbsrechtliche Mandate nicht mehr an den Spezialisten für Wettbewerbsrecht abgegeben, sondern von dem eigentlich für das Arbeitsrecht zuständigen Anwalt, der nun einmal das wettbewerbsrechtliche Mandat akquiriert hat, bearbeitet werden. Die Nachteile für die Kanzlei sind vielfältig. Der Mandant wird nicht bestmöglich „bedient“, weil nicht der Spezialist, sondern der Arbeitsrechtler seinen wettbewerbsrechtlichen Fall bearbeitet. Der Wettbewerbsrechtler wird bei nächster Gelegenheit in Erwägung ziehen, das ihm zugefallene Kündigungsschutzmandat hausintern nicht weiterzugeben. Nach und nach werden die An-

11 Ein klassisches Vergütungssystem in Großkanzleien, wo die Mandatsgewinnverteilung nach bestimmten Punkten vergeben wird; mehr dazu im Kapitel „Performance Systeme und Vergütungsmanagement“ bei E. Kanzleiführung und Personalmanagement.

12 Busmann, „Chefsache Mandantenakquisition“, S. 220.

wälte der Kanzlei dazu erzogen, „Einzelkanzleien in der Kanzlei“ zu bilden. Einen ähnlichen Effekt hat wohl auch unser Fallbeispiel Nr. 2 (die Kanzlei mit den Falschmandaten) erlebt nur mit dem Unterschied, dass es sicherlich im Vorfeld keinen entsprechenden Spezialisten gab, man dann aber versäumt hat, innerhalb kurzer Zeit einen solchen einzukaufen/auszubilden/aufzubauen.

Merke:
Die Kanzleiziele müssen schriftlich formuliert werden. Daran führt kein Weg vorbei. Die schriftliche Fixierung zwingt zur Konkretisierung des Ziels. Spätestens beim Durchlesen des Formulierten fallen einem selbst die phrasenhaften Wendungen, die nicht zur Zielformulierung taugen, auf. Eine andere Frage ist, ob alle Ziele der Kanzlei veröffentlicht werden müssen.

Im Internet sind auf den Homepages von Anwaltskanzleien im Bereich Selbstdarstellung nicht selten unter der etwas hochtrabenden Überschrift „Philosophie“ Visionen und Zielformulierungen der Kanzleien zu finden. In der Regel sind diese Formulierungen umso ambitionierter je weiter der Kanzleisitz von Europa entfernt ist[13].

Hier wird zumeist nicht sauber zwischen Werten, Visionen und Zielen unterschieden.

Sind Sie sich der Werte und Vision Ihrer Kanzlei klar und bewusst, muss selbstverständlich die ganze Welt – und vor allem Ihre Mandanten – davon erfahren. Schwieriger wird es, wenn in diesem Punkt weniger Klarheit oder gar Widersprüche bestehen. Dann ist es besser, auf die Veröffentlichung zu verzichten[14].

Ziele gehören in der Regel nicht auf die Homepage oder in die Kanzleibroschüre, können allerdings unter Umständen publiziert werden. In jedem Fall sollten Sie allen Mitarbeitern der Kanzlei hinreichend bekannt sein. Ziele, die spezielle Vorteile für Ihre Mandanten erzeugen, können hingegen veröffentlicht werden.

2. Status Quo

Standortbestimmung – Das System Kanzlei verstehen

Warum eine Standortbestimmung, wenn doch eines ganz sicher ist: So wie es ist, soll es nicht bleiben. Beim Thema Kanzleigründung möchte man Ideen und Konzepte entwickeln, sich mit Produkten und Dienstleistungen beschäftigen. Vielleicht möchte man auch Kanzlei und Rechtsberatung völlig neu denken

---

13 Beispiele bei Hartung in Schieblon „Kanzleimanagement in der Praxis“, S. 27.
14 zu Werten, Kultur und Ethik der Kanzlei lesen sie im folgenden Kapitel.

und zum Legal Tech-Unternehmer werden. Was nach “Flow” klingt, endet unweigerlich im Chaos, befolgt man nicht einige wichtige Grundregeln – wie das “3-Phasen-Modell” von Lewin zeigt.

Um zu verändern und “neu zu denken” muss man zunächst einmal die Dienstleistung Rechtsberatung verstanden haben und das Konstrukt Kanzlei als etabliertes System zur Erbringung dieser Leistung. Dabei hilft ein Blick in die Berufsrechtsordnung ebenso wie in begleitende Regelungen. Kanzleien sind als “Mini-Organisation” prinzipiell in zwei Ebenen unterteilt: Anwälte und Nichtanwälte mit verschiedenen Hierarchiestufen. Dieses System wird sowohl durch die etablierten Partnerschaftsregelungen als auch durch gesetzliche Regelungen manifestiert, weshalb es kaum aufgebrochen werden kann.

Doch viel wichtiger als diese Spielregeln sind die Spieler – denn wie beim Fußball macht es einen Unterschied, ob man sonntagnachmittags auf dem Dorfanger spielt oder in der Champions-League und wie das Team zusammengesetzt ist. Zur Standortbestimmung gehört also vor allem auch, die Kompetenz, die Fähigkeiten, die Expertise und das Potenzial der Kollegen und Mitarbeiter richtig einzuschätzen:

It’s a people business (zu deutsch: Es kommt im Geschäft auf den Menschen an.).

Merke:
Die Zusammensetzung des Kanzleiteams ist ein wesentlicher und weitgehend unterschätzter Erfolgsfaktor.

Nun kann man sagen: Ich fange ja gerade erst an. Keine Ahnung, wer in meinem Team sein wird. Wie die Branchen-Statistik zeigt, gründen zwei von drei Anwälten nicht allein und als Berufsanfänger, sondern

1. zusammen mit Kollegen in Partnerschaft oder zumindest Bürogemeinschaft
2. sind keine Berufsanfänger, sondern haben bereits mindestens fünf Jahre Berufserfahrung, was bedeutet, dass sie
3. Führungs- und Teamerfahrung haben und
4. einen substantiellen Mandantenstamm bedienen und
5. im Markt positioniert sind.

Eine komplette Kanzlei-Neugründung ist daher eher die Ausnahme.

Die Regel ist hingegen die sogenannte Aus- und Umgründung, die im Wesentlichen drei Ursachen hat:

1. unternehmerische Ursachen
2. fachliche Ursachen
3. persönliche Ursachen

Den unternehmerischen Ursachen liegt idealerweise geschäftliches Wachstum zugrunde. Das kann bedeuten, dass aufgrund von Mandats-„Schwergewichten" nun aus Haftungsgründen ein Rechtsformwechsel ansteht. Das kann aber auch bedeuten, dass Großkunden die Eröffnung weiterer Standorte oder das "Einverleiben" kleinerer lokaler Kanzleien nötig machen und neue Partnerstrukturen geschaffen werden müssen.

Das Paradebeispiel für fachliche Ausgründungen sind die sogenannten Boutique-Kanzleien – oft von langjährigen Partnern aus Großkanzleien heraus gegründet. Diese hochspezialisierten Kleinstkanzleien bestehen aus wenigen Experten, die sich nicht nur mit einem Fachgebiet auf eine ganz bestimmte Zielgruppe, sondern oft sogar auf eine einzige Rechtsfrage spezialisiert haben. Die Ausgründung ist dann der richtige Weg, wenn dieses Spezialgebiet vom „Brot-und-Butter-Geschäft" der Großkanzlei verdrängt wird. Interessant ist sie aber auch für die sogenannten Komplementär-Rechtsgebiete, die der anspruchsvollen Mandantschaft eine gesamtheitliche Beratung und den Schaufenster-Rechtsgebieten der Kanzlei damit Geschäft und Umsatz garantieren, selbst aber ihre Abteilungsleiter mangels originären Umsatzes kaum auf Partner-Niveau heben. Weitere Beispiele, die ich persönlich bei CLP begleitet habe, sind z.B.

- das Auseinanderdividieren von Rechtsanwalts- und Patentanwaltsgeschäft
- das Ausgründen von Legal Tech Produkten, Unternehmensberatungen oder Seminar- und Repetitorgeschäft aus einer bestehenden Kanzlei
- das Ausgründen eines Anwalts, der als externe Rechtsabteilung einen Großkunden (katholische Kirche oder Dachverband als Arbeitgeber) begleitet und damit zunehmend aufgrund der Interessenkollision das Restgeschäft der Kanzlei lahmlegt.

Merke:
Die weitaus größte Zahl an Kanzleigründungen erfolgt durch den Zerfall oder die Etablierung von Partnerschaften aus persönlichen Gründen.

Die persönlichen Ursachen für Aus- und Umgründungen bringt das Leben mit sich: da wird sich verliebt und gestritten, Alfa-Tierchen, Egomanen und Platzhirsche haben zu wenig Platz zum Rangeln und das Aufeinandertreffen von (Werte und Kultur) Galaxien führt unmittelbar zu Star Wars, denn zusammen ist man nicht weniger allein. Die persönlichen Ursachen stehen aus meiner Erfahrung aus mehreren Jahrzehnten in der Branche an der Spitze der Ursachen für Kanzleigründungen.

Die Überarbeitung, Modernisierung und Neustrukturierung der jahrzehntealten etablierten Partnerwerdungsregelungen und damit nicht weniger als dem Gesellschaftsvertrag ist daher für viele Kanzleien heute überlebenswichtig, um

- einerseits die Stabilität der Partnerschaft zu gewährleisten und
- andererseits überhaupt erst Nachwuchsjuristen für den Partnerweg zu motivieren.

Einer von vielen neuen Ansätzen kann der Einsatz moderner Recruiting Tools für die Partnerwerdung sein. Warum nicht zukünftige Partnerpersönlichkeiten und -zusammenschlüsse nach den Leadership Forecast Series der Hogan Assessments analysieren – wie das in Großunternehmen längst üblich ist?[15]

Der Kanzleikauf bzw. die Übernahme einer Kanzlei gehört streng genommen nicht zur Kanzleigründung.

Dennoch soll der Vollständigkeit halber erwähnt werden: Was vor nicht allzu langer Zeit noch als "idealer Eintritt in die Selbstständigkeit" galt, ist heute schlicht obsolet. Nur in den wenigen Ausnahmefällen, in denen die Kanzlei nicht mit dem (scheidenden) Kanzleiinhaber identisch ist, sondern sich eine eigene Marke mit eigenem Mandantenstamm etabliert hat, mag das heute noch gelingen. In der Regel gilt jedoch, dass diese (Einzel-)Kanzleien mit dem Anwalt aus dem Geschäftsleben ausscheiden und ihm nicht seinen Altersruhestand sichern. Das liegt daran, dass die Mandate auf ihn und seine Person zugeschnitten und damit nicht übertragbar sind und vor allem daran, dass der Mandantenstamm im selben Alter ist und ebenfalls aus dem Geschäftsleben ausscheidet. Die Sparkasse als Investitionspartner legt daher ebenso wie andere Finanzpartner für den Verkaufswert einer Kanzlei grundsätzlich reduzierende Multiplikatoren an[16].

Einen ganz neuen und hochinteressanten Aspekt bringt das Reizthema Legal Tech: Dass Kanzleien innovativ sein müssen, um Produkte und Dienstleistungen für den Rechtsmarkt nicht nur nebenbei zu entwickeln, liegt auf der Hand. Viele Kanzleien haben ihre Prototypen in der Schublade und ihre Alfa-Versionen auf der Teststrecke. Doch wie geht es weiter? Eine Idee wurde zum Produkt und soll nun auf den Markt gebracht werden.

Kanzleien sollen sich im Legal Tech Business etablieren und dies nicht den Nichtjuristen überlassen: Doch ist Legal Tech noch Kanzlei-Business?

15 Dazu mehr unter E. Kanzleiführung und Personalmanagement.
16 siehe dazu auch den jährlichen Branchenreport der Sparkasse aus der Analyse ihrer Finanzierungskunden.

Es geht um die ganz banalen Fragen eines jeden Start-ups: Wo finde ich Investoren, wie baue ich Marketing und Vertrieb auf? Und die nicht ganz so banale und spezielle Frage: Ist das noch Kanzlei-Geschäft? Habe ich als Anwalt die erforderliche Zulassung? Ist die Rechtsanwaltskammer oder das Gewerbeamt zuständig? Und wann genau sollte das "Kind" das Haus verlassen oder besser: Wann *muss* es das Haus verlassen? Gerade für die Themen Investoren, Partnerschaften, Vertrieb und Marketing ist es bei all den Reglementierungen für die Rechtsberatung entscheidend, ob das Produkt aus einer Kanzlei oder aus einem Unternehmen heraus auf den Markt gebracht wird.

In welcher Rechtsform das Ganze dann gegründet wird, entscheiden Formalien, Haftungsfragen, gesunder Menschenverstand und persönliche Vorlieben.

Dabei sollten etablierte Rechtsformen von der Gesellschaft bürgerlichen Rechts über die Bürogemeinschaft und die Partnerschaft bis hin zur GmbH ebenso Berücksichtigung finden wie neuere Modelle: Was spricht z.B. dagegen, sich mit anderen, noch nicht etablierten Kollegen im Rahmen einer Genossenschaft zusammenzuschließen?

Kurt Lewin, Sozialpsychologe und Begründer der sog. Berliner Schule um 1950, sagt: Der Weg führt durch das Chaos. Am Beispiel eines Eisblocks demonstriert er anschaulich, dass der Weg von einem festen Aggregatszustand (Eisblock) zum anderen (Eiswürfel) durch völlig unbekanntes Gebiet (Auftauen) führen muss und damit kaum planbar ist. Die festen Konstanten in seinem Modell sind allenfalls der Ist- und der Endzustand.

Was zeigt das Modell für die Kanzleigründung? Chaos gehört am Anfang des Projekts Kanzleigründung mit dazu. Man sollte es zulassen und sich darauf einlassen. Nach Lewin ist sicher: Chaos dauert nicht ewig und Strukturen werden sich finden.

Doch sollten Sie Ihre Hausaugaben gemacht und Ihre sorgfältig evaluierte Standortbestimmung nicht nur in der Schublade haben, sondern direkt am Reißbrett für den Entwurf Ihrer neuen Kanzlei.

Zur Ermittlung des sogenannten Status Quo gehört zum einen die Marktanalyse, zum anderen auch die realistische Einschätzung der jetzigen Positionierung und Position am Markt. Das vorhandene Know-How und Potenzial spielt ebenso hinein wie die rechtlichen Rahmenbedingungen, finanziellen Verpflichtungen, Mandantenstamm und -struktur.

Wenngleich Rechtsanwälte in der Wahl ihrer Ziele frei sind, nützt ihnen die Zielplanung nichts, wenn ihre Ziele nicht die Bedürfnisse des Marktes, das heißt, die Bedürfnisse der Mandanten, treffen. Nach einer ersten Phase des Formulierens von Zielen, die im Wesentlichen den Wünschen des Anwalts entsprechen, sind in einem zweiten Schritt die Ziele an die Anforderungen der Mandanten anzupassen[17].

Was aber wollen die Mandanten? Was fragen sie nach?

Nicht von ungefähr habe ich dem Rechtsmarkt und seinen Entwicklungen ein umfangreiches Eröffnungskapitel gegönnt. Auch wenn die meisten Leser keine Frischlinge sind, so neigen Anwälte nach meiner Erfahrung dazu, mit Scheuklappen durchs Leben zu gehen und dies noch nicht einmal zu bemerken[18]. Nur den Rechtsmarkt seiner Region oder seines Rechtsgebietes zu kennen, führt zu eindimensionalen Entscheidungen. Ein Perspektivenwechsel kann den Blickwinkel erstaunlich weiten und das Verständnis für die Wechselwirkung und Komplexität des Marktes fördern. Den gesamten Markt und dessen Herausforderungen zu kennen, gehört daher zur ständigen Pflichtübung jeden Anwaltes, der es ernst mit seinem Beruf meint. Mindestens ebenso wichtig ist, sich darüber mit anderen auszutauschen: mit den eigenen Kollegen um Lücken zu schließen, mit Kollegen, die das komplette Gegenteil von einem selbst sind und mit Unternehmern aus anderen Branchen. Erst die Diversität der Blickwinkel kann die Vielschichtigkeit erzeugen, die einen Hauch von „objektiver Realität" verspricht.

Industrie- und Dienstleistungsunternehmen beantworten solche Fragen für gewöhnlich durch eine Marktanalyse. Evaluation heißt das Zauberwort. Hand aufs Herz: Wann haben Sie das letzte Mal eine Mandantenbefragung durchgeführt. Und ausgewertet. Anwälten fehlt überwiegend das betriebswirtschaftliche Rüstzeug, selbst Marktanalysen durchzuführen, auch wenn mit der Vielzahl von Anbietern es noch nie so einfach war[19]. Professionelle Marktanalysen durch Marktforschungsinstitute können sich die meisten Kanzleien nicht leisten. Fragt man nach Datenmaterial zu den Märkten für Anwälte, dann ist die niederschmetternde Antwort: „Die Absatzmärkte der Anwaltskanzleien stecken im dichten Nebel." Es besteht die Möglichkeit, die Nachfrage nach anwaltlichen Dienstleistungen über einige Indikatoren jedenfalls zum Teil zu analysieren. Einige Indikatoren sind die Bevölkerungsdichte und die Unternehmensdichte in einer Region. Beide Indikatoren geben Auskunft über die Anzahl potentieller Nachfrager nach anwaltlichen Dienstleistungen. Mit ein wenig Mühe können

---

17 Dr. Tutschka, „Der Rechtsanwalt als Unternehmer", S. 38; Hartung in Schieblon, „Kanzleimanagement in der Praxis", S. 24.

18 Und ich nehme mich da nicht aus.

19 Auch wenn zugegebener Maßen nicht alle für Rechtsanwälte aus Datenschutzgründen einsetzbar sind.

die entsprechenden Zahlen von jedem Anwalt für eine bestimmte Region selbst recherchiert werden. Die Bundesrechtsanwaltskammer BRAK liefert jährlich zumindest Grund-Daten der Anwaltzulassungen.

Aufgrund der Globalisierung ist es heute jeder Anwaltskanzlei möglich, ihre Dienste weltweit anzubieten – ein Faktor, der sich erst in den letzten Jahren etabliert hat und den allermeisten Kanzleien noch nicht bewusst ist. Kein Schuhladen einer mittelgroßen Kleinstadt in Deutschland kann heute noch allein von seinem lokalen Geschäft (seinen Stammkunden und der Laufkundschaft) leben[20] – egal wie breit aufgestellt oder spezialisiert er ist. Warum also glauben Anwälte und Kanzleiinhaber heute immer noch, dass ihr Geschäft vor allem lokal, allenfalls regional betrieben wird? Meine Kunden führen dann gern das Argument der „vertrauensvollen Mandatsbeziehung" ins Feld. Ich antworte dann regelmäßig, dass Vertrauen nichts mit Blickkontakt zu tun hat, sondern mit Ehrlichkeit und Zuverlässigkeit gepaart mit solidem Handwerk und Professionalität. Das alles ist heute online abbildbar, mit Zahlen und Fakten belegbar. Evaluation für online-Geschäfte ist einfacher und besser als bei jedem Händler um die Ecke, dem ich beim Einkauf nur ins Gesicht schauen kann, ohne dass ich zwanzig aktuelle Kundenstimmen sofort abrufbar habe.

Als weiteres Argument wird dann gern angeführt, dass die Dienstleistung deutscher Rechtsanwälte sich nun mal auf den deutschen Rechtsmarkt erstreckt. Korrekt. Doch auch der deutsche Rechtsmarkt hat noch nie nur lokal oder regional stattgefunden und findet heute nicht mehr nur innerhalb der deutschen Grenzen statt. Aus eigener Erfahrung als deutsche Rechtsanwältin weiß ich, dass deutscher Rechtsrat nicht nur online heute von vielen Deutschen, die außerhalb Deutschlands wohnen, dringend benötigt wird sondern auch von Nichtdeutschen, die deutsche Rechtsbeziehungen haben, wie beispielsweise im deutschen Grenzverkehr mit den Nachbarstaaten oder wirtschaftlichen/kulturellen/sportlichen Kooperationen mit Deutschland. Leider verwechseln viele Kanzleiinhaber ihre eigene Lebenswirklichkeit mit der Realität und den tatsächlichen Möglichkeiten[21].

Zwar kann für auf die Beratung von Unternehmen ausgerichtete Kanzleien der Sitz der Unternehmenszentralen von Bedeutung sein. Denn regelmäßig befinden sich die „Einkäufer" rechtlicher Dienstleistung, Rechtsabteilungen und die Geschäftsleitung, in der Unternehmenszentrale. Aber ebenso wie manche Regionen überschätzt werden, werden andere Regionen unterschätzt. Nicht je-

---

20 und das gilt nicht erst seit der Pandemie mit diversen Lockdowns sowie den Lieferschwierigkeiten für bestimmte Teilprodukte.

21 Da es als deutscher Jurist eher unwahrscheinlich ist entsendet zu werden, ist beispielsweise das Entsendungsrecht (Expatriation) ein nahezu unentdecktes Rechtsgebiet.

dem ist geläufig, dass die Region Ostwestfalen Sitz von Weltmarktführern ist. „Big Business“ findet nicht nur in Frankfurt am Main, sondern auch rund um Bielefeld und Gütersloh (mitten im Nirgendwo) statt.

Ein weiterer Indikator für die Attraktivität einer Region kann die Konzentration von Anwaltskanzleien sein. Dieser Indikator ist jedoch mit Vorsicht zu genießen, wie nicht nur das Beispiel der neuen Bundesländer zeigt. Traditionell bleiben viele Absolventen als Rechtsanwälte in den Städten, in denen sie studiert haben; teils, weil diese Städte sehr schön sind, teils aus Bequemlichkeit oder familiären Verpflichtungen[22].

Eine generell schwache Nachfragesituation bedeutet nicht zwingend den Niedergang aller Anwaltskanzleien in dieser Region. Dies hängt mit der individuellen Situation einzelner Anwälte zusammen. Einem Kollegen beispielsweise, der von einem typischen Mandatsmittler, einem Rechtsschutzversicherer, mit neuen Mandaten geradezu „beworfen“ wird, macht es wenig aus, dass die Nachfrage nach anwaltlichen Dienstleistungen in seiner Region insgesamt sinkt. In den neuen Bundesländern haben kleinere Kanzleien mit günstigen Kostenstrukturen vom Rückzug der Großkanzleien profitiert.

Neben der Analyse des Marktes ist die des Wettbewerbs und der Wettbewerber für den Erfolg entscheidend. Anwaltskammern und der Deutsche Anwaltverein haben recht genaue Daten über die genaue Anzahl der in einer Region zugelassenen Rechtsanwälte und existierenden Kanzleien. Datenmaterial zur Anwaltsdichte einer Region findet man gelegentlich auch in Wirtschaftsmagazinen. Auf Nachfrage sind die Redaktionen meiner Erfahrung nach bei der Recherche gerne behilflich. Auch die Anzahl der nicht-juristischen Wettbewerber, insbesondere der Steuerberater, Wirtschaftsprüfer und Kreditinstitute, lässt sich mit verhältnismäßig geringer Mühe ermitteln, soweit sie denn relevant sind. Die Art der von Wettbewerbern angebotenen juristischen Dienste und die Rechtsgebiete, in denen sie sich betätigen, sind schnell herauszufinden. Die Wettbewerber publizieren und bewerben ihr Leistungsangebot durch Internetauftritte, Kanzleibroschüren, die Veranstaltung von Seminaren und die Veröffentlichungen.

Problematischer ist, den Preis, den die Wettbewerber für ihre Leistungen berechnen, zu ermitteln. Vielleicht ist dies für die meisten Anwälte (noch) gar nicht so wichtig. Die Mehrzahl der Einzelanwälte und auch der kleineren Büros rechnet überwiegend nach den Tabellensätzen des RVG ab. Auch wenn ein Preisdruck auf dem Markt für Anwaltsleistungen deutlich spürbar ist, so kann doch von einem voll entbrannten Preiswettbewerb (noch) keine Rede sein. Das

22 Allerdings hat sich dieser Aspekt im zweiten Jahr des Online-Studiums zumindest für die Statistik überholt.

„pitchen" und „paneln", das Bewerben von Kanzleien um ein ausgeschriebenes Mandat, bei dem auch Preisangebote eine nicht ganz unerhebliche Rolle spielen, findet bei den meisten Kanzleien (noch) nicht statt[23].

Für die Marktanalyse kommt es nicht allein auf den Ist-Zustand an. Auch (mögliche) zukünftige Entwicklungen müssen berücksichtigt werden. Zum ersten Mal hat eine Generation, die ihr Vermögen unbelastet durch Kriege bilden konnte, damit begonnen, ihr Vermögen auf die nachfolgende Generation zu übertragen. Zum ersten Mal nehmen auch Väter Elternzeit und setzen ihren Anspruch auf Teilzeitarbeit um. Noch nie wurden so viele Start-ups gegründet oder online-Geschäfte getätigt. Noch nie wurden derartige Vermögen in Bitcoin investiert. Diese gesellschaftlichen Entwicklungen bieten neues Beratungspotenzial. Gleiches gilt für den Datenschutz, der gar nicht schnell genug mit der Digitalisierung und den neuen Technologien Schritt halten kann. Und die Worte mit P und C will ich hier gar nicht erst als weitere Beispiele bemühen.

3. Ressourcenanalyse (SWOT)

Für die Kanzleivision und strategische Ausrichtung ist jedoch nicht nur die Marktanalyse erforderlich, sondern auch die Analyse der eigenen Stärken und Schwächen und zwar sowohl der Anwälte als auch der Kanzlei.

Eine realistische Einschätzung, ob man selbst als Anwalt den Anforderungen des Markts genügt und die Anforderungen von Mandanten erfüllen kann, kann und muss ein wichtiges Korrektiv bei der strategischen Ausrichtung sein. Nicht immer können und sollten(!) Schwächen nachgebessert und behoben werden. Erfolgversprechender ist es, sich auf seine Stärken zu konzentrieren[24].

Eine verbreitete Analysemethode ist die **„SWOT-Analyse"**[25].

S = Stärken (Strengths)
W = Schwächen (Weakness)
O = Chancen (Opportunities)
T = Risiken (Threats)

Diese Art der Analyse erfasst und bewertet die individuellen Stärken, Schwächen, Chancen und Risiken eines Anwalts und seiner Kanzlei. Er kann sich auf die gesamte Kanzlei erstrecken und auch nur auf Teilbereiche oder Standorte.

---

23 Busmann in „Chefsache Mandantenakquisition", S. 39.
24 Buckingham in „Entdecken Sie Ihre Stärken Jetzt", S. 223.
25 Hartung in Schieblon in „Kanzleimanagement in der Praxis", S. 28.

Möglich ist auch, sie zu einzelnen Mandanten zu erstellen. Gemessen werden sogenannte „Hard Facts“ (im Wesentlichen alles, was in konkreten Kennzahlen messbar ist) und Soft Facts (alles andere: wie die Qualität der Mandatsbeziehung, Kundenzufriedenheit, Reputation) und zwar jeweils nach internen und externen unterschieden[26].

Die Selbstanalyse verlangt von einem Anwalt ein erhebliches Maß an **Selbstkritik**, weil auch die eigenen Unzulänglichkeiten offengelegt werden müssen. Dies sollte einen Anwalt nicht zu sehr beunruhigen. Denn die Analyse dient dazu, entdeckte Schwachstellen abzubauen. Welche Kriterien in eine SWOT-Analyse einzubeziehen sind, kann nicht allgemeinverbindlich festgelegt werden. Denn die zu berücksichtigenden Kriterien hängen von den durchaus nicht einheitlichen Marktbedingungen der zu analysierenden Kanzlei ab.

Ein Anwalt muss über das erforderliche Fachwissen, die juristische Expertise verfügen, um den Anforderungen eines Mandanten gerecht werden zu können. Die Vorstellung, dass ein Anwalt tatsächlich in allen Rechtsgebieten in gleich guter Qualität arbeiten kann, ist illusorisch. Juristische „Allwissenheit“ ist bei vernünftiger Ausrichtung der Anwaltskanzlei gar nicht erforderlich. Eine gute juristische Grundausbildung, verbunden mit der Bereitschaft und der Selbstdisziplin, das eigene Wissen permanent zu aktualisieren und in den für Mandanten wichtigen Bereichen zu erweitern, genügt für den Anfang.

Zum Know-how gehört nicht nur das juristische Fachwissen. Ein Anwalt muss auch organisatorische Probleme lösen können. Dazu gehört – ganz trivial – die Aktenführung. Die Organisation einer Anwaltskanzlei muss der Anwalt, gleichgültig ob angestellt oder selbständig, kennen und beherrschen. Strukturen und Prozesse müssen wie von selbst laufen, sinnvoll sein und die Mandatsinteressen unterstützen. Jeder junge Anwalt sollte zu Übungszwecken einige Tage lang selbst das Registrieren des Posteingangs und des Postausgangs und insbesondere das Notieren von Fristen übernehmen. Es schadet nicht, wenn ihm dabei sicherheitshalber die erfahrene Büroleiterin über die Schulter schaut.

Zum Know-how des Unternehmers Anwalt gehören auch **betriebswirtschaftliche Kenntnisse** und Fertigkeiten. Moderne Kanzleisoftware kann die monatlichen Einnahmen/Ausgaben anhand vorhandener Daten übersichtlich darstellen. Auswerten muss der Anwalt diese Daten selbst. Der Unternehmer Anwalt muss seine oder die von seinem Referat verursachten Kosten kennen, um beurteilen zu können, ob er rentabel arbeitet. Kenntnisse über Marketinginstrumente und die Fähigkeit, diese einzusetzen, werden in Zukunft unerlässlich sein.

---

26 Hartung in Schieblon „Kanzleimanagement in der Praxis“, S. 30.

Im Allgemeinen wird dann auch angenommen, dass **„Fast, firm, friendly"** die Kurzfassung des Anforderungsprofils an jede Anwaltskanzlei lauten könnte.

! Im Einzelnen heißt das:
- Erreichbarkeit der Anwälte,
- Schnelligkeit der Reaktion und der Sachbearbeitung,
- Zuverlässigkeit,
- Verständlichkeit der Kommunikation,
- Freundlichkeit,
- Preis der anwaltlichen Leistung

Hinzu kommen persönliche Präferenzen, Vorlieben und Abneigungen. Es ist äußerst unwahrscheinlich, dass ein Anwalt Aufgaben, die ihm zutiefst zuwider sind, hervorragend erledigt. Wer sich der Strafverteidigung verschreibt, dem muss bewusst sein, dass er es nicht immer mit den besten Mitgliedern der menschlichen Gesellschaft zu tun haben wird und er sich des öfteren in der Justizvollzugsanstalt aufhalten wird. Manchen stört die Hektik, die bei der Bearbeitung von Verfügungsverfahren im Bereich des Wettbewerbsrechts auftreten kann. Bei der Selbstanalyse geht es nicht um eine Beurteilung der Vorlieben oder Abneigungen eines Anwalts. Es geht darum, herauszufinden, auf welche Art anwaltlicher Tätigkeit er sich konzentrieren und welche er besser meiden sollte.

Um die Erwartungen von Mandanten zu erfüllen, besser zu übertreffen, müssen auch verschiedene materielle Voraussetzungen erfüllt sein: Die Kanzlei muss für Mandanten bequem zu erreichen sein. Die Lage eines Büros und seine Ausstattung sagen – jedenfalls aus Sicht des Mandanten – etwas über das Selbstverständnis des Anwalts und die zu erwartende Dienstleistung aus. Das gilt aber heute mit der Pandemie- und Home Office Erfahrung der letzten Jahre genauso für eine gut ausgebaute Online-Besprechungsstruktur. Aus Mandantensicht mag der Parkplatz vor der Haustür, Geschäftszeiten am Wochenende oder der Hausbesuch des Anwalts eine größere Bedeutung haben als die Einrichtung des Büros oder die Automarke des Kanzleiinhabers.

Nicht uninteressant ist auch die **technische Ausstattung der Kanzlei**: Ist die Kommunikation mit der Kanzlei leicht und bequem für Mandanten nutzbar? Ist die Mandatsbearbeitung und Kostenstruktur transparent z.B. mit meiner digitalen Akte? Welche sonstigen Serviceleistungen lässt sich mein Anwalt für mich einfallen? Fühle ich mich bei meinem Anwalt aber auch bei seinen Mitarbeitern verstanden und aufgehoben? All dies kann heute eine Rolle spielen.

Aber auch ohne die Anwendung der SWOT-Analyse ist es wichtig, sich dem Thema Ressourcen, Potenzial und Know-How der Kanzlei zuzuwenden sowie die rechtlichen und tatsächlichen Einschränkungen, Grenzen und Verpflichtungen zu sehen.

Die Ressourcen der Kanzlei sind in erster Linie die Mitarbeiter, deren Fachwissen und Kompetenzen (Man Power/Human Ressources). Hinzu kommen Fachkräfte und Mitarbeiter mit besonderer Erfahrung, Spezialwissen und Know-How.

Hierzu können Kollegen, Angestellte, Referendare und Auszubildende zählen, aber auch nicht-juristische Mitarbeiter. Ebenso Service-Provider, wie der Software-Bereitsteller, die Putzfirma, der Vermieter der Büroräumlichkeiten, der Website-Provider und der Papierlieferant. Aber auch Fachservices wie der Steuerberater Ihres Vertrauens bzw. ein umfangreiches Kollegennetzwerk.

Das Potenzial der Kanzlei wird in erster Linie durch die bestehenden und zukünftigen Mandate abgebildet.

Doch auch mögliche und vorhandene Kooperationspartner, die abhängig vom jeweiligen Fachgebiet Unternehmen sein können, Autohäuser und Versicherer, aber auch Gerichte, die Ihnen Verfahren zuweisen, können dazu zählen.

Potenzialanalyse – Was steckt unter der Motorhaube?

Man muss nicht Reinhold Messner sein, um zu wissen, dass über den Erfolg von Erstbesteigung bei Gipfeltouren das WER entscheidet. Die realistische Einschätzung der Ausgangssituation und eine inspirierende Vision sind wichtig; sich selbst mit seinen Stärken und Schwächen zu kennen jedoch ebenso.

Hier können professionelle **Persönlichkeits-Assessments** wie
- das Hogan Assessment (das wohl international bekannteste Assessment für Führungskräfte),
- das 360 Grad Feedback,
- das Reiss Profil oder
- die Profile Dynamics (ein Persönlichkeitstest, der an die oben erwähnten Spiral Dynamics anknüpft)

helfen, aber auch kleinere Tests wie der **StrenghtsFinder** durchaus brauchbare Ergebnisse liefern.

Empfehlenswert ist zudem die Zusammenarbeit mit einem **professionellen Coach**, der mit verschiedenen Methoden wie
- dem Shadowing,
- dem Spiegeln,
- der Provokation oder
- dem Feedback

individuelle Marker und Paradigmen herausarbeiten kann.

Merke:
Die erfolgreiche Kanzleigründung wird nur zu einem geringen Teil von Ausbildung und Erfahrung bestimmt. Wichtiger ist das Kontaktnetzwerk; entscheidend sind jedoch die Persönlichkeit und die unternehmerischen Fähigkeiten des Kanzleigründers.

Persönlichkeit ist ein Aspekt neben Ausbildung und Erfahrung. Persönliche Belastbarkeit (Resilienz), Flexibilität und die Bereitschaft, die eigene Komfortzone zu verlassen, sind weitere Aspekte. Und selbstverständlich sollte dieser Prozess nicht auf nur einen von mehreren Kanzleiinhabern beschränkt sein, sondern auf die gesamte Partnerschaft sowie den Mitarbeiterstab ausgeweitet werden.

It's a people business (zu deutsch: Es kommt im Geschäft auf den Menschen an).

Und weil das so ist, sollten hier auch die vorhandenen und potenziellen Mandanten einbezogen werden sowie etwaige Kooperationspartner, wie beispielsweise Netzwerke und Versicherungen, Prozessfinanzierer, ADAC u.ä., die mit sog. Vertragsanwaltsstatus durchaus zum "Brot-und-Butter-Geschäft" beitragen können.

Neben dem Potenzial, welches in den eigenen oder den Fähigkeiten der Kollegen und Mitarbeiter begründet ist, – also im weitesten Sinne den "human resources" (HR) – liegen oft ungenutzte und nicht beachtete Ressourcen in den Finanzen und im Marketing.

Merke:
Statt Einsparungen und Reduzierung von Kosten und Investitionen kann Mandatsoptimierung mit Hilfe von Legal Tech und Legal Project Management oft deutlich bessere und schnellere Ergebnisse erzielen.

Finanzielle Ressourcen können sich einerseits aus Einsparungen ergeben: durch strikte Kosten- und Investmentkontrolle (Controlling), Effektivierung von Kanzleiprozessen und Optimierung des Mandatsservice z.B. durch Legal Project Management, aber auch durch Legal Tech, also den Ersatz teurer, ineffizienter menschlicher Arbeit durch preiswertere Software.

Andererseits geht es aber auch um Investments, Finanzierungen und die Ausschöpfung von Fördermitteln. Nach meiner Erfahrung haben sich die allerwenigsten Kollegen mit der Vielfalt an Möglichkeiten auseinandergesetzt, was wohl vor allem auch daran liegt, dass eine Kanzleigründung heute nicht mehr mit einem Kanzleikauf für eine größere Summe verbunden ist. Es mag aber auch daran liegen, dass bei vielen Kollegen heute immer noch der Glaubenssatz vorherrscht, die Kanzlei lieber "klein und fein, aber mein" zu gestalten, als sich mit einem großen Schuldenberg dem Erfolg, also dem stetigen Wachstum zu verpflichten.

Letztlich sind auch die Möglichkeiten, die sich aus systematischem (online-) **Marketing und Vertrieb** ergeben, noch wenig bekannt und einkalkuliert. Zwar gehört Marketing (neben der Akquise) für die meisten heute selbstverständlich dazu (Artikel, Flyer, Anzeigenschaltung, Logo etc.), ebenso die Webseite.

Systematisches Online-Marketing ist hingegen für viele Kollegen noch ein Fremdwort. Zum Einen fehlt das technische Verständnis, zum Anderen ist nicht klar, inwieweit es das Berufsrecht überhaupt zulässt. Nur wenige Mutige probieren es aus, beherrschen sodann den Markt, finden ihren Weg und wichtiger: Mandanten und Geschäft.

Am Ende ein Wort zum Kanzleigründer selbst: Oben wurde schon kurz die Bedeutung des Resilienzfaktors angesprochen, also jenes Messwerts, der für die persönliche Belastbarkeit steht. Dieser wird ebenso wie das Stärken/Schwächen-Profil nicht unwesentlich vom persönlichen Netzwerk aus Freunden und Familie getragen. Ein Abenteuer startet man am besten bei guter Gesundheit und mit verlässlichen, vertrauensvollen Partnern – vor allem im privaten Bereich. Das bedeutet persönliches Investment und Vorleistung. Wie schon gesagt: Es beginnt bei Ihnen.

4. Einschränkungen, Begrenzungen, Verpflichtungen

Nicht zu unterschätzen ist ebenso eine offene und ehrliche Einschätzung aller Begrenzungen und Verantwortlichkeiten. Diese können sich aus der Kanzlei selbst ergeben aber auch aus der Positionierung oder den persönlichen Verhältnissen des Kanzleiinhabers. In Betracht kommen hier beispielsweise Behinderungen, Pflegeaufgaben, Elternpflichten aber auch Kredittilgung, Wettbewerbsklauseln, persönliche Abneigungen, moralische und ethische Überzeugungen usw. Die Analyse sollte hier jedoch auch darlegen, welche unumgänglich sind (wie z.B. rechtliche Aspekte), welche nur temporär und welche frei gewählt sind. Zu den allgemeinen Regelungen des Rechtsmarktes wurde bereits im Eingangskapitel ausführlich eingegangen.

5. Anwalt vs. Kanzleiinhaber

Wenige Kanzleiinhaber haben ihre Kanzlei jemals unter dem Blickwinkel betrachtet, welch komplexes Anforderungsprofil die Kanzlei für Mitarbeiter, Mandanten und sie selbst erfüllen muss. Und noch weniger haben sich Gedanken dazu gemacht, wie unterschiedlich die eigenen Bedürfnisse sein können, je nachdem in welcher Rolle – ob als Anwalt oder Partner – man sie definiert. Ein dritter Blickwinkel eröffnet sich spätestens dann, wenn man als Führungskraft mit Mitarbeiterverantwortung auf dieses Anforderungsprofil schaut.

So kann z.B. die Anschaffung einer neuen Kanzleisoftware als Anwalt durchaus wünschenswert sein, weil umständliche Prozesse vereinfacht werden. Als Kanzleiinhaber stellt sich natürlich die Frage nach dem ROI (Return on Investment) und der strategischen Relevanz. Als Führungskraft werden Sie die Sorge einiger Mitarbeiter wahrnehmen, durch preiswerte Algorithmen abgelöst zu werden, und sich Gedanken dazu machen, wie diese Mitarbeiter nun sinnstiftend anderweitig eingesetzt, ja idealerweise sogar gefördert werden können, sodass sie sich bei Einführung der neu angeschafften Software nicht in passiven Widerstand flüchten.

Rollenkonflikte sind als Kanzleiinhaber an der Tagesordnung. Rollenklarheit bei den zu treffenden Entscheidungen ist also das A und O bzw. das Um und Auf.

Wie bekomme ich Rollenklarheit?

1. Keine spontanen Entscheidungen
2. Faktische Rollentrennung (personell, zeitlich, örtlich)
3. Perspektivenwechsel
4. Strategische Prioritäten setzen
5. Feedbackschleifen im geschützten Rahmen

Dies kann mit einem Mentor stattfinden oder im vertrauten Kreis. Ein erfahrener, neutraler und professioneller Coach bietet am Ende jedoch die ideale Unterstützung – und ist noch dazu jederzeit abrufbar.

Ohnehin sollte die Investition in die eigenen unternehmerischen Fähigkeiten für jeden Kanzleigründer ganz oben auf der Prioritätenliste stehen, persönliche Weiterentwicklung und nicht nur -bildung eingeschlossen.

Denn nochmal: die Kanzleigründung beginnt und endet bei Ihnen.

Die Frage, die Sie sich ebenso wie jeder andere Anwalt stellen sollten, lautet: Warum wollen Sie diese Kanzlei gründen?

Um den Beruf des Rechtsanwaltes ausüben zu können, ist es ganz sicher nicht erforderlich, eine Kanzlei zu gründen. Es gibt vielfältige Möglichkeiten, im Angestelltenverhältnis (voll- oder teilzeitverpflichtet) oder aber unter Umständen auch als freier Mitarbeiter für Kanzleien zu arbeiten, ohne selbst Unternehmer also Kanzleiinhaber zu sein.

Vielleicht sollten wir hier einen genaueren Blick darauf werfen, was genau die rein „anwaltliche Tätigkeit" ist, wo diese also aufhört und die unternehmerische Tätigkeit beginnt.

Die Tätigkeit als Anwalt ist Aktenbearbeitung, juristische Recherche und Sachinformation für die Entwicklung einer optimalen juristischen Lösung. Sie besteht aus Mandantenkontakt und dem Auftreten vor Gericht und Behörden (in schriftlicher Form durch Schriftsätze und in mündlicher Form in den Verhandlungen). Alles in allem ist aber die anwaltliche Tätigkeit per se kaum mehr als eine sachbearbeitende Tätigkeit, ein Handwerk – wenn man so will – mit Aspekten einer kundenorientierten Dienstleistung. Mit einem deutlichen Schwerpunkt in der Kommunikation, aber auch bei der Zusammenarbeit und Interaktion mit Kollegen und nicht-juristischen Mitarbeitern, in der Administration oder im Servicebereich.

Die Vielfalt anwaltlicher Tätigkeit wirkt wie ein bunter Strauß an Kompetenzen:

Anwaltliche Kompetenzen, © Dr. Geertje Tutschka

Der Erfolg dieser anwaltlichen Tätigkeit wird einerseits vom Fachwissen, also dem juristischen Know-How des Anwalts bestimmt, welches er sich während des Studiums und des Referendariats sowie während seiner beruflichen Tätigkeit angeeignet hat. Anderseits aber ebenso von seiner Lebenserfahrung und seiner Bereitschaft, mandantenorientiert zu arbeiten sowie seiner Fähigkeit, die wirklichen Bedürfnisse und Ziele seines Mandanten zu verstehen. Nicht zuletzt aber ebenso von seinem strategisch taktischen Geschick bei der Mandats- und

Prozessführung sowie seinem betriebswirtschaftlichen Verständnis und seiner Praxisnähe bestimmt.

Die rein juristische Arbeit erfordert selbstverständlich nicht, selbst eine Kanzlei zu eröffnen bzw. eine Kanzlei zu gründen. Auch der Mandantenkontakt und die Personalführung erfordern das nicht. In der Tat ist die Frage, warum Sie eine Kanzlei gründen möchten, eine davon unabhängige und zu unterscheidende Frage.

Das Produkt der Rechtsberatung kann also durch jeden als Anwalt zugelassenen Volljuristen erbracht werden. Wenn Sie aber mit dem Verkauf und der Vermarktung dieses Produktes Geld erwirtschaften möchten, geht es um Unternehmertum.

Leider gibt es noch nicht den Begriff „Kanzleitum". Jahrzehntelang sollte der Begriff der Kanzlei nicht mit dem des Unternehmens gleichgesetzt werden. Das entsprang zum einen den rechtlichen Beschränkungen zum anderen aber auch dem Selbstverständnis des Berufsstandes als Organ der Rechtspflege. Heute ist selbstverständlich längst anerkannt, dass die Kanzlei wie ein Unternehmen zu führen ist. Kanzleigründung ist Unternehmensgründung; Kanzleiführung ist Unternehmensführung[27].

Wofür ist das wichtig?

Zum einen muss das Rad hier natürlich nicht neu erfunden werden. Selbstverständlich kann man auf viele gute und sehr gute Bücher und Hilfestellungen für Management, Führung und Marketing zurückgreifen – immer mit dem aufmerksamen Blick für die Besonderheiten der Legal Branche und der rechtlichen Regelungen für den Berufsstand des Anwalts.

Zum anderen aber ist es von entscheidender Bedeutung für Ihren Erfolg, dass sie zwischen ihrer Position als juristischem Sachbearbeiter, will sagen Rechtsanwalt, und der des Kanzleiinhabers strikt unterscheiden[28]. Und zwar in jeder Situation.

Die Kanzlei erfordert, dass Sie nicht als Anwalt, sondern vielmehr als Unternehmer sich jenseits der rein juristischen Tätigkeit mit Fragen der Unternehmensentwicklung und -führung beschäftigen. Hierzu zählen beispielsweise Personalführung, Strategie und Taktik, Bilanzierung und Budgetierung[29]. Die

27 Dr. Tutschka, „Der Rechtsanwalt als Unternehmer", TeleLex, S. 15.

28 Machen Sie es sich am Anfang zur Routine, sich bei jeder Entscheidung im Kanzleialltag zu fragen, in welcher Rolle Sie diese Entscheidung treffen. Versuchen Sie dann, die jeweils andere Position einzunehmen. Bei meiner Moderation von Partner-Strategiemeetings setze ich in der Regel die Kanzlei (fiktiv) mit an den Tisch der Partnerrunde: Perspektivwechsel und AHAs folgen unmittelbar.

29 Dr. Tutschka, „Partner vs. Associate" in Kanzleijob.de vom 17.6.2016.

beiden Rollen Anwalt und Kanzleiinhaber sauber zu trennen und auseinander zu halten, wird Ihre wichtigste Aufgabe sein[30].

Den möglichen Einwand, dass ein junger Anwalt, der in eine bestehende Kanzlei eintritt, Kanzleiziele bereits vorfindet und sich deshalb um die Zielfindung nicht zu bemühen braucht, gilt nicht uneingeschränkt. Denn auch der junge Anwalt, der sich in einer größeren Kanzlei anstellen lässt, muss zumindest die Kanzleiziele kennen, um seine tägliche Arbeit daran ausrichten zu können. Bestenfalls sollten sich die Kanzleiziele sogar mit seinen persönlichen Lebenszielen und –werten sowie der Idealversion von seiner „Karriere" decken. Ich empfehle daher jungen Anwälten, sich schon im Vorfeld des Bewerbungsverfahrens damit auseinanderzusetzen, wofür eine Kanzlei steht und stehen möchte. Spätestens im Vorstellungsgespräch sollte dann die Kanzleivision zum Thema gemacht werden.

Ob Sie zusätzlich zur Rolle des Anwalts auch die Position des Kanzleiinhabers einnehmen wollen, sollten Sie sich also reiflich überlegen.

Von den 165.000 in Deutschland zugelassenen Anwälten sind circa 80% zumindest zeitweise mehr oder weniger freiwillig in eigener Kanzlei tätig. Nicht für alle Kollegen ist es verlockend, der eigene Chef zu sein, Entscheidungsfreiheit und Verantwortung zu haben, aber eben auch das geschäftliche Risiko einer Kanzleigründung zu tragen. Kein Wunder. Der Konkurrenzdruck wird härter, der Kampf um die Mandate rauer und die Zahl der Insolvenzen steigt, wie wir gesehen haben. Anwaltskanzleien müssen heute vor allem eines sein: wirtschaftlich. Die Zeiten, in denen sich Business und Kanzlei ausschlossen, sind längst Geschichte.

Die meisten Kanzleiinhaber stolpern jedoch nach wie vor eher unvorbereitet in die Unternehmensgründung: Junge Juristen lernen auch heute noch in der Ausbildung, dass sie Ihren Traumberuf mit juristischer Tätigkeit entfalten. Von Kanzleiführung Management und Wirtschaftsdenken und dem Kreieren ihrer persönlichen Kanzleivision haben die meisten bis zum Abschluss ihrer Ausbildung nichts gehört. Aber gerade von dieser Kanzleivision sind Zielsetzung und Strategie abhängig, die vom aller ersten Tag über den wirtschaftlichen Erfolg und die Zukunft der Kanzlei entscheiden. Begriffe wie Rechnungslegung, Buchführung, Marketing, Personalführung, Steuererklärung, sowie betriebswirtschaftliches Know-How kommen nur gelegentlich in der juristischen Ausbildung vor. Von Businessplan, Alleinstellungsmerkmal und Zielgruppendefinition hören die meisten juristischen Absolventen dann auch erst, wenn sie schon als Anwalt tätig sind bzw. eine Kanzlei gegründet haben. So überlassen nicht

30 Dr. Tutschka, „Kanzleigründung ist Unternehmensgründung" in Haufe vom 17.12.2015.

wenige Kanzleiführung und Kanzleimanagement anderen, Profis eben, die das gelernt haben. Der Anwalt an sich möchte juristisch arbeiten, inhaltlich eben[31]. Unternehmerische Notwendigkeiten werden da schnell lästig.

Ich treffe in meiner Arbeit immer wieder auf Kanzleien, in denen diese Themen hartnäckig verdrängt und ausgeblendet werden oder zumindest versucht wird, diese Themen an einen Spezialisten outzusourcen.

Gleichzeitig wird die Branche aber auch mit Beratungsangeboten, Seminaren und Handbüchern zum Kanzleimanagement überschwemmt. Verkannt wird dabei, dass mit Kanzleimanagement zu beginnen, hieße, das Pferd von hinten aufzuzäumen. Die Kanzleivision ist das Herzstück der Kanzleigründung.

Tatsache ist, dass auch die Kanzleigründung darüber hinaus wie jede andere Unternehmensgründung von **drei wesentlichen Faktoren** bestimmt wird:

!

1. Die Persönlichkeit des Inhabers.
2. Der Businessplan und die Strategie
3. Die Implementierung von Strukturen und Systemen.

Fest steht, dass anders als in der Wirtschaft nur wenige Anwälte vor Ihrer Kanzleigründung einen Businessplan aufstellen und eine Kanzleistrategie entwickeln.

In der Wirtschaft hingegen ist oft die Implementierung von Strukturen und Systemen der Knackpunkt, an dem Unternehmen beim Sprung vom Kleinstunternehmen zum Klein- bzw. mittelständischen Unternehmen scheitern: Etwa nach 3 bis 5 Jahren oder ab einer Mitarbeiterstärke von 5 Angestellten. Den Wandel der Rolle des Firmengründers vom General Manager, vom Mädchen für alles und All-Rounder hin zum Unternehmens- und Personalführer und strategischen Visionär schaffen nur wenige. Im Kanzleibusiness ist es jedoch nahezu unmöglich sich mehr und mehr aus dem operativen Geschäft zurück zu ziehen und nicht mehr juristisch zu arbeiten. Hier unterscheidet sich der Kanzleigründer ganz wesentlich von allen anderen Unternehmen.

Erfolgreiche Kanzleigründung und Führung hat also immer auch damit zu tun, inwieweit der Anwalt seine Rolle als Jurist und als Kanzleiinhaber nebeneinander ausüben kann; sich also im Selbstmanagement übt. Nach meiner Erfahrung gibt es aber noch einen weiteren ganz gravierenden Unterschied zwischen Kanzleien und herkömmlichen Unternehmen: Die völlige Unterschätzung der Rolle der Persönlichkeit, der persönlichen Einstellung und Zielsetzung des Kanzleiinhabers. Das mag standesgemäße Arroganz sein. Das historisch beding-

31 Dr. Anja Hall, „Warum sollte man in der Großkanzlei nicht altwerden können?“ in LTO vom 29.6.2016.

te Verwechseln von Titeln und Abschlüssen mit Kompetenz oder die berühmte Betriebsblindheit[32].

Doch warum ist bei der Kanzleigründung gerade die Persönlichkeit des Inhabers von so ganz wesentlicher und entscheidender Bedeutung?

Zunächst einmal ist das Kanzleibusiness ein Business, welches von Menschen für Menschen Servicedienstleitungen anbietet. Wie wir gesehen haben können LegalTech, Pauschalanbieter von Rechtsdienstleitungen und automatisierte Rechtsauskünfte den menschlichen Aspekt des Anwalts nicht ersetzen, also die Persönlichkeit des Anwalts, dessen Charisma und Lebenserfahrung. Dies wird der entscheidende Wettbewerbsvorteil jedes Anwalts und jedes Kanzleigründers sein, der zukünftig eine immer größere Rolle spielen wird. Noch wichtiger aber ist, dass man am Kanzleierfolg messen können wird, ob Ihnen der unternehmerische Aspekt Spaß macht: Man ist nur gut indem was man gern tut.

Aber nicht jeder ist ein geborener Unternehmer. Das ist gut so. und manches kann man sicherlich auch lernen oder beim Spezialisten „einkaufen", wie Marketingexperten und Steuerberater. Ein gutes Beispiel ist hier der Auftritt der Kanzlei Schnee-Gronauer:

SCHNEE+GRONAUER UNTERNEHMER. ANWALT.

© Rechtsanwalt Schnee-Gronauer. Der Unternehmeranwalt

Doch das Unternehmen Kanzlei führen müssen sie dennoch selbst. Sie sollten also bestimmte Eigenschaften wie visionäres und strategisches Denken, wirtschaftliches Verständnis[33], Durchsetzungskraft, Leadership-Qualitäten mitbringen. Seien Sie hier ehrlich zu sich selbst. Ein Persönlichkeits-/Stärkentest[34] oder das Feedback von Freunden, Kollegen oder Ihrem Coach kann unterstützen. Als Kanzleiinhaber tragen Sie wirtschaftliche Verantwortung, der Sie gerecht werden müssen[35].

---

32 Dr. Tutschka, „Kanzleigründung ist Unternehmensgründung" in Haufe vom 17.12.2015, Gerber, „E-Myth Attorney" S. 57.

33 „Kommerzielles Denken" hat es das BVerfG genannt (Urteil vom 12.12.2016, Az. 1 BvR 2576/04).

34 Ein einfacher und wirkungsvoller Test ist der „Strenghtsfinder" von Buckingham in „Entdecke Deine Stärken" (gallup).

35 Hartung in „Berufsbild des Anwalts" in LTO vom 10.1.2018.

Kanzleigründung ist Unternehmensgründung: Schweißtreibend, mit vielen Zahlen und wenig juristischer Arbeit. Sie können Spezialisten zur Unterstützung anheuern. Der Kanzleigründer und Entscheider aber bleiben Sie selbst bzw. die Partnerrunde. Und bei Ihnen selbst bleibt auch die Verantwortung, in die Kanzlei Ihre Persönlichkeit einzubringen und den Kurs vorzugeben. Nehmen Sie es nicht nur hin! Lernen Sie es zu lieben! Nichts ist so spannend, wie etwas Eigenes aufzubauen, es wachsen zu sehen. Und dabei nichts dem Zufall zu überlassen. Ihre persönliche Einstellung und Zielsetzung ist der erste Schritt, die Entwicklung Ihrer persönlichen oder gemeinsamen Kanzleistrategie der Zweite.

Dann erst sind Sie wirklich Kanzleigründer. Alles andere ist Sachbearbeitung.

Haben Sie sich nun selbst die Frage beantwortet, warum Sie genau diese Kanzlei gründen wollen und mit wem, und warum es nicht genügt, in der sachbearbeitenden Position des Anwalts zu bleiben, geht es an die Umsetzung.

Dabei am Ende noch ein Wort zur differenzierten Unterscheidung von Solo-Selbstständigem/Freiberufler und Unternehmer: In der Wirtschaft entscheidet der rechtzeitige und reibungslose Übergang von der bloßen Selbstständigkeit, die quasi nur die „geschäftliche Vermarktung" der eigenen Dienstleistung ist, zum Unternehmen oft über den Fortbestand des Geschäfts. Denn erst wenn das Geschäft auch ohne die eigene Dienstleistung und Person läuft, ist es wirklich ein Unternehmen. Nach meiner Erfahrung bleiben gerade Einzelkanzleien oder kleine Kanzleien mit bis zu 5 Partnern in der Rechtsbranche jedoch sehr viel länger, oft sogar für die gesamte Geschäftszeit in dieser Phase – und können so auch einigermaßen zurechtkommen, weil das Kanzleigeschäft aufgrund der staatlichen Regulierung (bislang) weit weniger wachstumsgetrieben ist.

Das ändert sich gerade: damit wird es zukünftig um so mehr darum gehen, wie stark bei den Kanzleiinhabern das sog. Unternehmergen vorhanden ist – und gelebt wird.

Was hat Ihnen das Kapitel gebracht?
Sie haben verstanden, welche Rolle Ihre Persönlichkeit bei der Kanzleientwicklung spielt.

II. Kanzlei und Produkt DNA

Wozu sollten Sie dieses Kapitel lesen?
Sie verstehen, welch wichtige Rolle Werte, Ethik und Kultur bei der Kanzleivision spielen.

Übersicht

1. **Werte, Kultur, Ethik**
2. **Produkt- und Honorarpolitik**
3. **Das Kanzlei-Team**

Auf der Basis Ihrer Kanzleivision ist die individuelle Kanzlei-DNA zu entwickeln:

Wofür steht Ihre Kanzlei? Womit setzt Sie das um und mit wem?

1. Werte, Kultur, Ethik

Die Werte Ihrer Kanzlei zu entwickeln ist ein ständiger Prozess. Er beginnt mit Ihren Werten, denen Ihrer Partner und Mitarbeiter.

Wofür wollen Sie stehen? Wofür wollen Sie sich einsetzen?

Während die eigenen Werte den meisten noch relativ klar vor Augen sind, machen sich doch die wenigsten Gedanken zu den Werten ihrer Kanzlei. Man hebt es sich gern auf für später, wenn man mal Zeit dafür hat. Also niemals.

Eine Entscheidung mit Folgen. Denn tatsächlich repräsentieren diese Werte Ihre Arbeit, Ihre Leistung, also am Ende auch Sie selbst. Sie sollten klar kommuniziert werden und noch wichtiger, auch tatsächlich gelebt werden. Nur dann können sie ihre volle Wirkung entfalten.

Doch was sind Unternehmenswerte?

Sie werden gern als Leitprinzipien im Unternehmen definiert und bilden den moralischen Kompass, der alle Aktivitäten und Entscheidungen beeinflussen sollte. Auf diesen Kernwerten wird die Kanzleikultur und -philosophie aufgebaut. Sie bilden die Grundlage für das Vertrauen ihrer Mandanten und die Loyalität ihrer Mitarbeiter.

Fragen Sie sich also stets, was die wichtigsten Werte für Ihre Kanzlei sind, was Ihre Kanzlei von allen anderen unterscheiden soll. Die Herausarbeitung dieser Werte kann in einem partnerschaftlichen Prozess erfolgen und sollte im Übrigen auch in regelmäßigen Abständen wiederholt werden. In lockerer, reflektierter Atmosphäre ohne Zeitdruck und Störung kann – ggf. unter der Moderation eines Experten – eine der wichtigsten Grundlagen für den Aufbau und die Entwicklung Ihrer Kanzlei entstehen.

Hier sehen Sie das Ergebnis eines solchen Prozesses, die Kernwerte einer Kanzlei zu identifizieren.

Kanzleiwerte, © Dr. Geertje Tutschka

Ich verwende hier in meinen Trainings gern wie schon oben erwähnt das drastische Beispiel „Frankenstein“: Ein Wissenschaftler „baut“ sich mit viel technischem Sachverstand einen „Menschen“ und erweckt ihn zum Leben, ohne sich Gedanken darüber zu machen, ob dieser eine Identität, eine Seele, ein Gewissen hat. Er erschafft ein trauriges Monster.

Mit dem entsprechenden Know How kann man vieles „ins Leben bringen“. Entscheidend für den Erfolg aber auch den eigenen Verdienst ist jedoch, auf der Grundlage welcher Werte ist es entstanden? Was war die Motivation und welches Menschenbild lag zugrunde? Hat das Produkt also eine Seele?

Stehen die Kanzleiwerte gilt es, darauf eine entsprechende Kultur aufzubauen. Dies beginnt bei der Mandantenkommunikation und dem Branding der Kanzlei, muss aber auch in den Veranstaltungen und Zusammenkünften und der Mitarbeiterführung spürbar werden. Transparenz und Verlässlichkeit schaffen hier Rituale (wie der Ablauf der jährlichen Weihnachtsfeier), die Prämierung bzw. Auszeichnung besonderer Leistungen aber auch geschriebene oder ungeschriebene Regeln für den täglichen Umgang miteinander. Feedback und Kontrolle helfen, diese Grundregeln tatsächlich zu leben[1].

Wichtig ist:

- Werte und Kultur müssen zu den Menschen in der Kanzlei passen und
- Werte und Kultur müssen durch die Menschen in der Kanzlei gelebt werden.

Der deutsch-österreichische Managementberater Peter Drucker fasste es einmal so zusammen: Culture eats strategy for breakfast. Ein schönes Beispiel ist das Ergebnis bei der Kanzlei Winheller[2]:

„Für uns bei Winheller gehörte die Erarbeitung unserer Kanzleiwerte und Grundsätze bei der Gründung der Kanzlei ebenso dazu wie die rechtlichen und betriebswirtschaftlichen Aspekte. „If you get the culture right, everything else will take care of itself." Unsere Grundwerte sind die Basis unserer täglichen Arbeit, die Richtschnur für die Erweiterung unseres Teams und bei Neueinstellungen sowie der Kompass unserer strategischen Ausrichtung und Entwicklung. Gleichzeitig arbeiten wir an ihrer Spezifizierung und Umsetzung, indem wir sie und unsere Unternehmenskultur in regelmäßigen Abständen auf den Prüfstand stellen.

Was uns das bringt?

Beim Business Development ist Wachstum einfach, wenn die Grundlage gelegt ist. Wir wollen im Markt gut dastehen und uns gegen die harte Konkurrenz (Großkanzleien, LegalTech) wappnen. Wachsen können wir aber nur auf einem festen Fundament. Unsere Core Values sind dieses Fundament.

Im Recruiting sind unsere Core Values extrem hilfreich: Wir stellen niemanden (mehr) ein, egal wie toll er fachlich ist und wie viel Umsatz er ggf. mitbringt, wenn er nicht zu uns passt. Damit fahren wir sehr gut. Es hat aber auch etwas gedauert, bis wir verstanden hatten, wie wichtig das ist. Ein weiterer wertvoller Nebeneffekt der Core Values: Mitarbeiter kommen viel seltener auf die Idee, in schwierigen Situation den Chef um Rat zu fragen und können häufig selbst entscheiden."

Stefan Winheller
Rechtsanwalt, LL.M. Tax (USA), Fachanwalt für Steuerrecht
Gesellschafter, Geschäftsführer der WINHELLER Rechtsanwaltsgesellschaft mbH, Frankfurt a.M.

Und wo kommt die Ethik ins Spiel?

Es mag Fragen und Entscheidungen im Kanzleialltag geben, die weder allein nach Recht und Gesetz noch nach den Kanzleiwerten beurteilt werden können. Die in der Grauzone zwischen Richtig und Falsch liegen. Dann sind wir beim Thema ethisches Handeln[3].

---

1 Heussen, „Anwaltsunternehmen führen", S. 305.

2 Nachzulesen auch auf der Webseite unter www.winheller.com.

3 Dr. Streck, „DAV-Ratgeber für Junge Rechtsanwältinnen und Rechtsanwälte", S. 62.

Der Deutsche Anwaltverein (DAV) befasst sich seit geraumer Zeit mit dem Thema Anwaltsethik und rief 2011 den Ausschuss Anwaltliche Berufsethik ins Leben, der inzwischen Anwaltsethik und Anwaltskultur heißt. Der Ausschuss befasst sich mit den allgemeinen Fragen der Berufsethik. Leitfrage[4] ist, ob es ethische Regeln jenseits des Rechts oder über den Gesetzesnormen gibt und wenn ja, ob es hierfür wiederum Normen gibt. Gibt es hierfür keine Normen, so fragt die Berufsethik danach, nach welchem Mechanismus entschieden werden kann, ob etwas gut oder schlecht ist.

Als Jurist und Anwalt haben Sie nach Jahren des Studiums und der praktischen Ausbildung ein fundiertes Verständnis unseres Rechtssystems entwickelt, verstehen internationale und politische Zusammenhänge. Doch Ihr Unrechtsbewusstsein, Ihr Gerechtigkeitsempfinden wurde bereits viel früher angelegt: Bereits in den ersten drei Lebensjahren werden die Grundlagen gelegt, mit der Entwicklung der Sprache und des komplexen Denkens wird es weiterentwickelt und schon in den ersten Schuljahren ist der Aufbau Ihres Unrechtsbewusstseins, Ihres Gerechtigkeitsempfindens weitgehend abgeschlossen, ja Sie haben sogar bereits ein gewisses Verständnis für die Begriffe Moral, Recht und Ordnung gebildet.

So ist Ihr Unrechtsbewusstsein und Ihr Gerechtigkeitssinn einerseits als Teil Ihrer Individualität bereits genetisch/biologisch angelegt aber genauso auch das Produkt der elterlichen und „gesellschaftlichen" Erziehung sowie Ihrer Interaktion mit anderen Menschen[5]. Diese im frühen Kindesalter gebildeten Erfahrungen prägen unser Denken und Fühlen unser gesamtes weiteres Leben, da sie mit Emotionen verknüpft sind. Unterricht in Ethik und Philosophie sowie das Jurastudium und weitere Ausbildungen können unsere Gerechtigkeitsempfinden allenfalls noch auf der geistig-intellektuellen Ebene weiterentwickeln.

Womit beurteilen wir heute als gestandene Juristen also unsere juristischen Entscheidungen über „Gut oder Böse", über „Richtig oder Falsch"? Sie ahnen es bereits: es ist nicht in erster Linie unsere juristische Ausbildung und Berufserfahrung.

---

4 Der DAV spricht sich gegen die schriftliche Fixierung berufsethischer Richtlinien aus und unterstützt eine offene, fortwährende Diskussion. Gleichzeitig hat er sich der Mühe unterzogen, sich selbst zum 150. Geburtstag zum ersten Mal ein Leitbild zu schenken, welches in einem mehrjährigen Prozess auf vielen Ebenen des Verbandes unter Anleitung von Experten und auf der Grundlage der Berufsethik entwickelt worden ist. Damit wurde ein Imagewandel eingeleitet, den man vor allem auch an den Themen für den Jahreskongress Anwaltstag ablesen konnte: „Die Kanzlei als erfolgreiches Unternehmen" (2020) und „Die Anwaltschaft in besonderer Verantwortung" (2021). Mehr dazu im Blog bei CLP am 11.06.2020 und in den News aus 06/2021 sowie gleich.

5 Nach dem Religionsphilosophen Martin Buber „Der Mensch wird erst am DU zum ICH." (1923).

Eine erst jetzt thematisierte Besonderheit für uns in Deutschland besteht darin, dass unsere Erziehung von den Erfahrungen der Nachkriegsgenerationen mehr oder weniger unbewusst eine Prägung, die weit früher bereits durch Religion wie das Christentum oder bestimmte Staatsformen, Kriege und Staatsverträge beeinflusst worden war. Selbstverständlich sind die in Deutschland heute vorherrschenden allgemeinen Moralvorstellungen, unsere Idee von „Recht und Ordnung", ja selbst unsere Rechtsordnung insgesamt das Produkt der Überwindung des Nationalsozialismus. Die Einflüsse der ganz individuellen Erfahrungen in und nach den Weltkriegen bis in die übernächste Generation – also bis heute – wird jedoch gerade erst erforscht. Traumatisierende Gewalterfahrungen, Heimatverlust und Existenzängste wurden über Jahrzehnte unreflektiert als „Lebenserfahrungen" und „Überzeugungen von Moral, Recht und Ordnung" an die nächsten Generationen übertragen und leiten uns unbewusst auch heute noch in unseren auch juristischen Entscheidungen[6].

Das sich hier viel in den letzten Jahren getan hat, zeigt die Überarbeitung des Leitbildes des Deutschen Anwaltsvereins und das zum 150 Jahr Jubiläum gewählte Thema des Anwaltstages „Die Anwaltschaft in besonderer Verantwortung: Leuchttürme der Anwaltschaft", ebenso die Ausstellung in der Hauptgeschäftstelle zum Thema Anwaltschaft in der Nazizeit sowie die Neuauflage und Weiterentwicklung von „Advokaten 1938" für die Österreichischen Rechtsanwälte sowie die Etablierung des „Maria Otto Preises" 2010 – benannt nach der ersten Anwältin in Deutschland von 1922 – zur Auszeichnung von Anwältinnen. Letztlich setzte in jüngster Vergangenheit sogar der Beck Verlag ein Zeichen, als er nach jahrelangem Ringen sich endlich entschloss, die juristischen Standardwerke für Deutschland (Schönfelder, Palandt und Maunz/Düring) nach fast 100 Jahren nicht mehr weiter nach Nazi-Juristen zu benennen, sondern diese umzubennnen. Leider reichte der Mut denn doch nicht dazu, jüdische Juristen oder gar Juristinnen statt dessen mit der Namensgebung zu ehren[7].

---

i

Möchten Sie also ein tieferes Verständnis dafür entwickeln, welche Paradigmen, Entscheidungsmuster und Perspektiven Sie unbewusst verinnerlicht haben, sollten Sie sich aktiv mit Ihrer ganz persönlichen Familien-Kriegs-Geschichte oder Religionsgeschichte auseinandersetzen[8]. Auch in diesem Zusammenhang ist es also wichtig, an der eigenen Geschichte, Ihrer „Personal story" zu schreiben.

---

6 Ingo Müller, „Furchtbare Juristen. Die unbewältigte Vergangenheit der deutschen Justiz", S. 45.

7 Janwillem van de Loo, „Palandt umbenennen –das Ende der Geschichte?" in Anwaltsblatt vom 28.7.2021 (Janwillem van de Loo hatte 2016 die Initiative „Palandt umbenennen" mit einer Webseite ins Leben gerufen und sich seither dafür eingesetzt.).

8 Bode, „Kriegsenkel: Die Erben der vergessenen Generation", S. 25 ff.

Aber auch top-aktuelle Themen wie die Klimakrise und die höchstrichterliche Entscheidung zum Schutz der Rechte nachfolgender Generationen oder die Weiterentwicklung des Artenschutzes für Wildtiere und des Tierwohlaspektes für Nutztiere berühren immer öfter auch unsere Berufsethik: und sei es, wenn wir als Kanzleiinhaber über nachhaltiges und klimaneutrales Arbeiten im Büro diskutieren[9]. Am Ende hat uns aber gerade die Pandemie mit der Diskussion um die Impfpflicht, die Priorisierung unseres Berufsstandes und die Triage gezeigt, wie schnell und überhitzt ethische Diskussionen geführt werden können. Oder was halten sie von der Diskussion von der Vorbildfunktion und besonderen Verantwortung des „Organs der Rechtspflege" beim Thema „Impfung"?

2. Produkt- und Honorarpolitik

Produkte müssen verkauft werden. So auch die anwaltliche Dienstleistung.

Allerdings wird im Allgemeinen lediglich das Produkt Rechtsberatung beworben und weder auf die Bedürfnisse des Mandanten eingegangen noch die zugrundeliegenden Werte erwähnt. Sinek[10] bringt in seinem Klassiker „Start with Why" ein prägnantes Beispiel:

Sie können natürlich das Produkt PC so bewerben:
„Wir machen großartige PC's. Sie sind benutzerfreundlich und sehen gut aus. Wollen Sie einen kaufen?"

Apple macht es so:
„Wir leben dafür, den Status quo herauszufordern. Wir glauben an neues Denken. Unsere Produkte fordern den Status quo heraus: sie sind benutzerfreundlich und gutaussehend. Wir machen PC's. Wollen Sie einen kaufen?"

Apple-Werbung ist keine Werbung, sondern ein Statement. Das bietet den Nutzern die Möglichkeit, sich damit zu identifizieren. Derartige Statements sprechen uns unmittelbar an, gehen in den Bauch und ins Herz. Alles andere ist Werbung und möchte mit Informationen, Statistik und Argumenten unseren Kopf überzeugen. Das ist anstrengend und schnell zu viel. Eleganter und weit-

9 Welche Entscheidungen wir bei CLP dazu getroffen haben, erzähle ich Ihnen am Ende des Buches im Abschnitt Autorin.
10 Sinek, „Start with why", S. 57.

aus überzeugender ist es daher, wenn Sie sich die Mühe machen, Ihre Kunden mit Ihrem wertebasierten Statement abzuholen.

„Start with Why", © Dr. Geertje Tutschka

Rechtsberatung als Dienstleistung zu verstehen heißt, nicht nur auf die Bedürfnisse des Mandanten einzugehen und diese zu befriedigen, sondern dass neue Bedürfnisse nach anwaltlicher Dienstleistung, die der Mandant zuvor noch gar nicht hatte, geweckt werden. Dabei geht es nicht um den Effekt des „Cross Selling", bei dem ein Mandant, der mit der Arbeit der Kanzlei in einem arbeitsrechtlichen Fall zufrieden ist, die Kanzlei in Zukunft auch in gesellschaftsrechtlichen Fragen mandatiert. Denn in diesem Fall bestand bereits ein Bedürfnis des Mandanten nach gesellschaftsrechtlicher Beratung, dass er früher bei einem Wettbewerber befriedigte. Gemeint ist vielmehr das Generieren eines bislang noch nicht existierenden oder zumindest von dem Mandanten bislang noch nicht wahrgenommenen Beratungsbedarfs. Neben Kommunikationsaktivitäten ist hierzu auch die Kreation neuer Dienstleistungsprodukte erforderlich.

Das Erfinden neuer Produkte für den Markt juristischer Dienstleistungen schien lange Zeit auf den ersten Blick schwer, wenn nicht unmöglich zu sein. Schließlich ist eine Anwaltskanzlei kein Industrieunternehmen, in dem eine neue „Ware" entwickelt werden könnte. Tatsächlich gab und gibt es eine ganze Reihe von Möglichkeiten und Gelegenheiten, neue „Anwaltsprodukte" zu kreieren. Bisweilen geben der Gesetzgeber und die Medien hierzu den Anstoß. Eigeninitiative und Kreativität sind erlaubt. Insbesondere das Schlagwort **„Legal Tech"** ist in diesem Zusammenhang in aller Munde, ein Sammelbegriff für alle möglichen, denkbaren neuen Produktansätze, wie beispielsweise:

- Kanzleisoftware
- Cloudlösungen
- Besondere Sicherungssysteme
- Akten-Archivierung
- Standardisierte Rechtsprodukte wie „Flightright“ oder „geblitzt.de“
- Rechtsberatung zu Pauschalpreisen
- Anwaltsplattformen
- Hochkomplexe Hardware mit vielen „special effects“, die in die Ära der „papierlosen Kanzlei“ überleiten sollen,
- Ergänzungsprodukte zum beA (besonderes elektronisches Anwaltspostfach)

Die Aufzählung ist wahrscheinlich schon in diesem Moment überholt und kann keinesfalls vollständig sein. Täglich kommen neue Produkte und Ideen hinzu. Der interessierte Leser kann mit minimalem Aufwand sehr gute Zusammenfassungen zum aktuellen Stand in jedem online-Format für die Legal Branche erhalten. Anwälte sind hier als Berater und Experten bei der Produktentwicklung, den Testläufen und dem Marketing und der Produkteinführung gefragt[11].

Hinzu kommt der Beratungsbedarf, den gerade die Legal Branche in diesen schwierigen Zeiten hat. Seminare, Workshops, Autorentätigkeit zu den Themen der neuen Herausforderungen für Kollegen, aber auch neue Veranstaltungsformate, Konferenzen und Messen können Produkte sein. Gleiches gilt für den Bereich des professionellen Recruitings und der Personalentwicklung für Großkanzleien oder die diversen Mentorenprogramme, bei denen erfahrene Juristen sich mit neuen Produkten ausprobieren können[12]. Auch in den verschiedenen Bereichen des Marketings und der Kommunikation haben sich mittlerweile erfahrene Anwälte ein zweites Standbein aufgebaut, wenn es z.B. darum geht, sensible Themen zu kommunizieren oder besonderes Anwaltsmarketing zu betreiben.

Die folgende Gegenüberstellung zeigt die Attraktivität der Legal Branche als Zielgruppe:

---

11 So habe ich mit CLP beispielsweise den europaweiten Launch des Anwaltskopierers begleitet.

12 Insbesondere für Anwälte, die Vollzeit in ihrer eigenen Kanzlei eingespannt sind, kann es eine willkommene Abwechslung sein, ihre Kompetenzen in Seminaren und Workshops mit jungen Kollegen zu teilen oder bei erfahrenen Kollegen vorzustellen und so ggf. auch neue Kooperationspartner zu gewinnen.

Zielgruppe LEGAL	
contra	**pro**
• Hoher Konkurrenzdruck	• Starkes finanzielles Potential
• Starke Marktbewegung	• Long-term Relationship
• Traditionell und konservativ	• Entwicklungsfähigkeit

Zielgruppe Legal, © Dr. Geertje Tutschka

„Die Dienstleistung der gewerblichen Prozessfinanzierung hat sich seit 1999 in Deutschland und großen Teilen Europas fest etabliert. Im Gegensatz zum amerikanischen Model bleiben Anwalt und Finanzierer getrennt, d.h. der Anwalt kann sich allein auf seine Tätigkeit für den Mandanten konzentrieren. Der Prozessfinanzierer unterstützt, wo gewünscht und – abhängig vom Usus der verschiedenen Unternehmen – begleitet das Verfahren mal mehr, mal weniger. Für den Anwalt hat diese Zusammenarbeit mehrere Vorteile: er kann Mandate führen, die ansonsten an den finanziellen Mitteln der Mandanten scheitern. Sein Honorar wird durch den Prozessfinanzierer gesichert und schließlich steuert dieser sein Fachknowhow bei. Dem Mandanten kann der Anwalt über die Rechtsberatung hinaus eine attraktive Lösung anbieten, auch als „David" gegen einen finanziell stärkeren „Goliath" vorzugehen. Alle für eine optimale Verfahrensführung notwendigen Gelder stellt der Finanzierer zur Verfügung und übernimmt zudem auch das Risiko eines Prozessverlustes. In der Regel liegen dessen Erfolgsbeteiligungen dafür zwischen 20% und 40% vom Ertrag eines Prozessausgangs. Finanziert werden zudem auch Mediationen und Schiedsverfahren. In Deutschland gibt es im Wesentlichen drei Anbieter: die ROLAND ProzessFinanz AG aus Köln, die Legial AG aus München sowie die Foris AG aus Bonn. Da die Prozessfinanzierer keine Rechtsberatung leisten (dürfen), muss ein Anspruch zunächst zwingend durch den Anwalt anhand der Sach- und Rechtslage beurteilt werden. Nur wenn der Anwalt zum Ergebnis überwiegender Erfolgsaussichten einer gerichtlichen Durchsetzung kommt, lohnt sich eine Anfrage."

Rechtsanwalt Dr. Arndt Eversberg, Vorstand der ROLAND ProzessFinanz AG, einer der erfahrensten Prozessfinanzierer in Europa.

Dazu gehört ferner, dass die anwaltlichen Dienstleistungen oder die Bündelung neuer Dienste für den Mandanten leicht verstehbar gemacht werden. Kaum ein potentieller Mandant wird freiwillig juristische Fachzeitungen lesen. Allgemeinverständliche Kurzdarstellungen in Tageszeitungen oder Magazinen mögen das Interesse einzelner potentieller Mandanten wecken. Ein neues Dienstleistungsprodukt ist mit einem solchen Beitrag noch nicht geschaffen. Präsentationssoftware und moderne Präsentationstechnik erlauben, auch komplizierte rechtliche Zusammenhänge anschaulich darzustellen und potentiellen Mandanten den Nutzen, den ihnen die neuartige Dienstleistung bringen kann, aufzuzeigen. Für Anwälte scheint es noch ungewöhnlich zu sein, Dienstleistungspakete als computerunterstützte Präsentation für Mandanten aufzubereiten. Dabei ist der Schritt von dem unabdingbaren Internetauftritt zur computergestützten Präsentation tatsächlich nicht weit. Große Rechtsanwaltskanzleien, insbesondere solche, die intensiv mit Wirtschaftsprüfungsgesellschaften zusammenarbeiten, unterhalten eigene Abteilungen, die derartige Präsentationen professionell aufbereiten und den Anwälten der Kanzlei zu Akquisitionszwecken zur Verfügung stellen[13].

Für kleine Kanzleien tut es auch ein drucktechnisch ordentlich gestaltetes Faltblatt, in dem die Komponenten einer speziellen Dienstleistung, die eine Kanzlei anbietet, zusammengefasst werden. Ein solches Faltblatt kann im Anschluss an einen Vortrag vor den Mitgliedern von Industrie- und Handelskammern, Wirtschaftsverbänden und sonstigen Interessengemeinschaften verteilt werden und so den Vertrieb des neuen „Produkts" unterstützen.

Auch eine besondere Honorarpolitik kann helfen. Dabei sollte weniger am Preis selbst „geschraubt" werden als vielmehr auf offene und transparente Abrechnung gesetzt werden, Verlässlichkeit und Mandantenkomfort. Hierauf zielt beispielsweise die Zusammenarbeit mit einem Prozessfinanzierer.

Letztlich ist auch die Distributionspolitik auf Produkt und Zielklientel auszurichten: **„Wie kommt die anwaltliche Dienstleistung zum Mandanten?".** Wer diese Frage mit einem knappen „per Post" beantwortet, liegt zwar nicht vollständig falsch, hat jedoch nur einen Aspekt der Distributionspolitik erfasst. Hier sollte sowohl auf die Wünsche und Präferenzen der Zielklientel in Bezug auf Sachmittel und personelle Ressourcen als auch auf die Erreichbarkeit und die Verfügbarkeit des Anwalts Rücksicht genommen werden.

Viele Kanzleien tüfteln gerade an eigenen Produkten für ihr Spezialgebiet, für ihre Mandanten oder einfach, weil es Ihnen Spaß macht. Es bleibt also spannend.

3. Das Kanzlei-Team

Die dritte Säule der Kanzlei sind die Menschen Ihres Unternehmens. Dazu gehören die Rechtsanwälte ebenso wie die Fachangestellten, die Partner ebenso wie die Mitarbeiter, aber auch besondere Abteilungen wie Steuer, Insolvenz, Vollstreckung, IT, Marketing und Buchhaltung – ja selbst das Putzteam, der Pförtner und sonstige Dienstleister der Kanzlei. Sie alle repräsentieren nach außen, sind das Gesicht Ihrer Kanzlei[14].

---

13 So der O-Ton in der 1. Auflage 2018; mittlerweile hat Anna Murk und ihr Team das oben beschriebene online Magazin für Nichtjuristen „Legal Layman" herausgebracht und junge Wilde wie Sue Reiter haben sich auf „Rechtsvisualisierung" spezialisiert.

14 Busmann, „Chefsache Mandantenakquise", S. 17.

Sie sollten also nicht nur Ihre Kanzleivision und Werte kennen und anerkennen, sondern auch diese symbolisieren. Die richtigen Mitarbeiter zu finden – und zu halten – ist daher eine der wichtigsten und gleichzeitig schwierigsten Aufgaben jedes Kanzleiinhabers[15]:

It's a people business.

Was hat Ihnen das Kapitel gebracht?
Sie haben verstanden, welch wichtige Rolle Werte, Ethik und Kultur bei der Kanzleivision spielen.

15 Dazu mehr im nächsten Kapitel.

III. Positionierung und Ausrichtung

Wozu sollten Sie dieses Kapitel lesen?
Sie können Ihre Kanzleientwicklung an der Kanzleivision ausrichten.

Übersicht

1. **Was ist Ihre Expertise**
2. **Was unterscheidet Ihre Kanzlei/Ihr Produkt?**
3. **Zielgruppe**
4. **Wie bedienen Sie Ihre Mandanten?**

Sie haben sich bereits Gedanken dazu gemacht, warum Sie Ihre Kanzlei gründen möchten. Das heißt, warum Sie neben Ihrer anwaltlichen Tätigkeit, der rein juristischen Tätigkeit, zusätzlich die Rolle des Kanzleiinhabers ausüben möchten. Sie haben sich ferner Gedanken dazu gemacht, wie Sie diese unternehmerische Tätigkeit und Ihre Kanzlei umsetzten möchten: ob als Einzelkanzlei oder in Zusammenarbeit mit Kollegen oder als Umgründung einer bereits bestehenden Kanzlei. Sie sollten sich nun Gedanken dazu machen, was Ihre Kanzlei von anderen Kanzleien unterscheidet.

Die Frage nach der derzeitigen Positionierung am Markt ist vor allem bei Umgründungen, Aufsplittungen oder Zusammenschlüssen von Kanzleien wichtig, um keine Ressourcen und bereits vorhandene Mandantenstämme, Dienstleistungsprodukte oder Kundenquellen zu verlieren, die nicht in der einen oder anderen Form weiter genutzt werden könnten; als Startkapital für die neue Kanzlei gewissermaßen.

Aber auch bei der Neugründung kann diese Frage eine Rolle spielen, dann nämlich, wenn ein Anwalt sich aus einem Angestelltenverhältnis heraus selbstständig macht[1]. Aber auch ein Berufsanfänger kann sich bereits durch Praktika, in der Referendarstation, auf seiner vorherigen beruflichen Laufbahn, aus privaten Beziehungen oder aus ehrenamtlichen und Freizeitaktivitäten heraus ein gewisses Potenzial aufgebaut haben, welches ihm nun durchaus nützlich sein kann. Selbst bei alteingesessenen Hasen sind erfahrungsgemäß diese bereits vorhandenen Geschäfts-Quellen nicht immer präsent und werden weitaus seltener genutzt, als es zu erwarten wäre.

---

1 Und dies geschieht so in der Tat bei der weit überwiegenden Mehrzahl der Neugründungen.

Bei der Positionierung geht es in erster Linie darum, ausgehend von Ihrem Idealmandanten und Ihrem Rechtsgebiet einerseits den Markt zu ermitteln und andererseits den Markt zu bestimmen[2].

---

i

Hier geht es also in erster Linie um Recherchetätigkeit.
Sie sollten Ihre Mitbewerber, Ihre sogenannte Konkurrenz in diesem Rechtsgebiet und für diese Idealmandanten finden und kennen lernen.
Sie sollten genau analysieren, was Ihre Mitbewerber anbieten und wie sehr und wie lange diese im Geschäft sind? Wichtig können auch begleitende wirtschaftliche Analysen sein.
Sie sollten die Angebote und Produkte Ihrer Mitbewerber kennen, die dazugehörigen Marketingmaßnahmen und wie der Markt darauf reagiert.
Bestenfalls haben Sie bereits Erfahrung im Angestelltenverhältnis bei Ihrer Konkurrenz gesammelt und haben insofern auch einen gewissen Insider-Blick.

Im unten erwähnten Beispiel des Musikspezialisten könnte es also darum gehen zu ermitteln, welchen Marktzuwachs und welche Entwicklung der Musikmarkt in den nächsten 5 bis 10 Jahren nehmen wird (innerhalb Deutschlands ebenso wie weltweit).

Haben Sie den Markt und Ihre Mitbewerber hinreichend analysiert, ist es Zeit, sich selbst, Ihr Rechtsgebiet und Ihr Alleinstellungsmerkmal in diesem Markt zu positionieren.

Auch hier geht es wiederum um nichts anderes, als um die Frage: Was Sie von Ihren Mitbewerbern unterscheidet, und warum dies einen Mehrwert für Ihre Mandanten darstellt?

Aus dem besonderen Problem Ihrer Mandanten, welches Sie lösen möchten, entwickeln Sie Ihre Positionierung, Ihre Zielgruppendefinition und Ihr Spezialrechtsgebiet. Daraus wiederum wird die sogenannte Markenbildung entstehen[3].

1. Was ist Ihre Expertise

Warum sollten Sie sich das überlegen?

In den meisten Fällen wird eine Kanzlei von einem „Gesicht", einer Person dominiert. Das kann bei traditionellen Kanzleien der Kanzleigründer sein, dessen Namen die Kanzlei noch trägt und der als Ölportrait im Empfang hängt. Das kann aber auch einer der Anwälte sein, der besonders publikumswirksam agiert und immer wieder in der Tagespresse erscheint.

---

2 Trimborn von Landenberg, Erfolgreich starten als Rechtsanwalt, S. 25f.

3 Siehe zum Marketing im übernächsten Kapitel.

Das Gesicht der Kanzlei kann für Ihre Mandanten aber auch „die gute Seele des Hauses" sein: ihre langjährige Mitarbeiterin, die in der gesamten Stadt bekannt ist. Hier geht es darum, dass Sie selbst strategisch entscheiden, wer für Sie und Ihre Kanzlei stehen soll.

Ihr **Alleinstellungsmerkmal** oder Ihr USP (Unique Selling Preposition/ Point) wird es Ihnen leichter machen, genau die Mandanten anzuziehen, mit denen Sie tatsächlich arbeiten möchten. Und damit Ihre besondere Leistung bspw. als Experte in einem bestimmten Rechtsgebiet an den Mandanten zu bringen.

Vielleicht haben Sie sich als Anwalt bereits auf ein bestimmtes Rechtsgebiet festgelegt oder haben eine ganz bestimmte Vorstellung davon, wie Sie Ihre Mandanten am Besten beraten möchten. Möglicherweise sind Sie auch aufgrund Ihrer besonderen Lebenserfahrung wie beispielsweise Auslandserfahrung oder Erfahrung in der Rechtstabteilung eines Unternehmens, besser als andere Kollegen in der Lage, Mandate in diesem Bereich zu bearbeiten und zum Erfolg zu verhelfen, weil Sie Know-How, ein Netzwerk aber eben auch Expertise in diesem Bereich aufgebaut haben.

Oder aber Sie sind erst noch auf der Suche nach Ihrem besonderen Alleinstellungsmerkmal.

Grundsätzlich ist dazu zu sagen, dass die juristische Ausbildung allein regelmäßig nicht dazu geeignet ist, Ihnen Ihr besonderes Alleinstellungsmerkmal zu verschaffen. Zwar ist innerhalb des Studiums durchaus aufgrund der Wahlfachbildung schon frühzeitig eine Spezialisierung auf ein bestimmtes Rechtsgebiet möglich. Auch ist im Referendariat die Möglichkeit gegeben, sich in den entsprechenden Wahlstationen in bestimmte Rechtsgebiete besonders einzuarbeiten. Andererseits fehlt es in der Ausbildung zumeist an geeigneten Mentoren, Beratern oder engagierten Kollegen, die einerseits Ihre besonderen Fähigkeiten und Stärken erkennen und andererseits hier auch eine gewisse Hilfestellung bei der Wahl des Rechtsgebietes bieten oder gar bereit sind, mit Ihnen den Grundstein für ihre Spezialisierungsmarke zu legen.

Nach meiner Erfahrung nutzen Juristen in der Regel einen der drei folgenden Wege, ihr Spezialgebiet zu entwickeln:

- Sie probieren in den ersten Berufsjahren verschiedene Berufe und anwaltliche oder sonstige juristische Tätigkeiten aus, um sich einen Ein- und Überblick in den verschiedenen Bereichen zu verschaffen, sich einen gewissen Erfahrungsschatz anzueignen, um dann nach 5 bis 10 Berufsjahren für sich zu entscheiden, wo die eigenen Stärken liegen und wie diese am Besten im weiteren beruflichen Kontext umgesetzt werden können.

- Die Alternative dazu ist, die erstbeste sich bietende Chance zu nutzen und sich darin einzurichten. Dafür spricht, dass die Zufriedenheit im Beruf in der Regel zu 80% von einem engagierten Team, einem motivierenden Chef und einer adäquaten Entlohnung bestimmt wird[4].
- Die dritte Möglichkeit besteht darin, die eigenen Stärken und das Alleinstellungsmerkmal mit professioneller Hilfe durch einen Mentor oder einen Business-Coach zu entdecken und zu entwickeln. Auch dieser wird sicherlich nicht im Rahmen einer Einzelstunde oder eines eintägigen Zusammentreffens das Alleinstellungsmerkmal erkennen können. Eine Zusammenarbeit im Wege eines Prozesses über mehrere Monate[5] ist jedoch regelmäßig geeignet, Klarheit und Zielgenauigkeit zu bekommen, was im Vergleich zu den anderen Wegen eine enorme Zeit- und Kosteneinsparung bedeutet.

Da Sie dieses Buch erworben haben und sich die Zeit nehmen, es zu lesen, gehe ich davon aus, dass Sie sich seit einiger Zeit bereits mit dem Gedanken der Kanzleigründung beschäftigten und insofern auch mit der Findung Ihres Alleinstellungsmerkmales.

Ihnen ist klar, dass sich die Kanzleigründung heute grundlegend von der in früheren Zeiten unterscheidet, in denen es genügte, nach den bestandenen Examina ein ansprechendes Schild an der Hauswand anzubringen und darauf zu warten, dass die Mandanten zur Tür hereinspazierten und Ihnen Ihre Rechtsmandate mitbrachten. Oder dass man sein Hobby als Pferdesportler und Jäger oder seine Ambitionen als Mediziner oder Bauunternehmer damit bereicherte, dass man seine anwaltliche Tätigkeit auf diesen Bereich erstreckte, sodass man quasi sein Hobby zum Beruf machen konnte. Das mag in manchen Bereichen auch heute noch so zutreffen, denken wir nur an das Beispiel des Musikliebhabers, der den nächsten Hit einer Newcomer-Band beim ersten Ton erkennt und sich später auf Musikverträge, Urheberrechte und die Rechte von Künstlern und Musiker im Allgemein spezialisiert.

In der Tat sind also Ihre besonderen Erfahrungen, Fähigkeiten und Merkmale Ihrer Persönlichkeit der Schlüssel für Ihren USP, Ihr Alleinstellungsmerkmal. Dies unterscheidet sich vom Ansatz her kaum von dieser traditionellen Vorgehensweise. Was sich jedoch unterscheidet, ist der strategisch-taktische Ansatz: Ihren USP im Vorfeld zu finden und zu definieren, um daraus schließlich die Kanzleipositionierung und -strategie zu entwickeln.

4 Jochen Mai, „Zufriedenheit im Beruf" in Karriere-Bibel vom 1.5.2016.

5 ein nachhaltiger, erfolgversprechender Prozess umfasst in der Regel mindestens sechs besser zwölf Monate.

Um Ihren ganz persönlichen USP zu finden, bietet sich einerseits an, alle Ihre besonderen Fähigkeiten im Rahmen eines Coaching-Prozesses zusammenzutragen, z.B. auf einem Flip Chart. Das eigenhändige Schreiben mit Stift und die Benutzung von verschiedenen Farben ist generell besser geeignet, kreative Prozesse in Gang zu setzen, als bloß darüber zu reden oder in die Tastatur eines PC's zu tippen[6]. Bedenken Sie: In den allermeisten Fällen geht es darum, eine besondere Kombination aus bereits bestehenden Rechtgebieten zu finden, die bestenfalls mit einer Ihrer besonderen persönlichen Fähigkeiten oder einer besonderen persönlichen Lebenserfahrung korrespondiert[7].

Diese kann beispielsweise darin bestehen, dass Sie ein Flüchtlingskind aufgenommen haben und nun über besondere Kenntnisse zur Situation von Flüchtlingen verfügen. Diese kann aber auch darin bestehen, dass Sie als Hundehalter besondere Kenntnis von bestimmten Erbkrankheiten oder bestimmten Verhaltensauffälligkeiten einer bestimmten Rasse haben oder über Erfahrungen in der Zusammenarbeit mit Hundetrainern verfügen. Nutzen Sie also alle Ihre persönlichen Erfahrungen und Eigenschaften, Ihren USP zu finden. Letztlich entwickeln sich gerade aus diesen Kombinationen nicht nur Alleinstellungsmerkmale sondern ganze neue Rechtsgebiete, die Sie bestenfalls von Anfang an zum Experten in diesem neuen Rechtsgebiet machen.

Im Moment bestehen 24 Fachanwaltschaften des DAV. Jährlich kommen circa 2 neue Fachanwaltschaften dazu. Sie sollten jedoch nicht den Fehler machen, eine Fachanwaltschaft mit Ihrem Alleinstellungsmerkmal zu verwechseln. Das Alleinstellungsmerkmal wird in erster Linie von Ihrer Persönlichkeit und nicht von Ihrer Qualifikation bestimmt. Die Qualifikation kann bestenfalls diese Persönlichkeit und diese besonderen Kenntnisse und Fähigkeiten unterstützen und dokumentieren[8]. Diese sogenannten Cross Competencies – auf die ich später noch beim Thema Marketing zu sprechen komme - sind also Ihr wahres Kapital: der Fachanwaltstitel ist mittlerweile ein „Standard-Baustein“, der unbedingt mit einem „Special Feature“ kombiniert werden sollte – und damit meine ich nicht die Kombination mehrerer Fachanwaltstitel oder Fachanwaltstitel, die nur wenige haben! Im Frühjahr 2022 waren die Fachanwälte in Arbeitsrecht, Familienrecht, Steuerrecht, Verkehrsrecht und Miet- und Wohnrecht führend und bestimmten mit signifikanten 20% und 16 % bzw. 6–8 % den Anwaltsmarkt. Dies

6 Auch für den Fall, dass Sie bereits Ihr Alleinstellungsmerkmal, Ihr Rechtsspezialgebiet kennen, sollten Sie diesen Schritt nicht überspringen.

7 Ben Schulz, „Artgerechte Bodenhaltung“, S. 5.

8 Ben Schulz, „Erfolg braucht Dein Gesicht“, S. 62.

sind also die aktuellen Standardbausteine beim Anwaltsbusiness, ohne die Sie zukünftig kein Geschäft generieren werden[9].

Was unterscheidet also Ihre Kanzlei?
Welches Problem Ihrer Mandanten möchten Sie lösen?
Was können Sie mit Ihrer Kanzlei besser als andere Anbieter?

2. Was unterscheidet Ihre Kanzlei/Ihr Produkt

Zusätzlich zum Aufbau Ihrer Expertise geht es darum, dies am Markt Ihrer Zielgruppe mit geeigneten Mitteln zu platzieren: durch Ihre Kanzlei.

Um sich im Markt durchzusetzen, muss eine Kanzlei ihren eigenen Markt definieren, sich am Markt „positionieren". Dazu ist ein eigenständiges Profil erforderlich. Die Kanzlei muss aufzeigen, durch welche Vorteile für Mandanten sie sich von ihren Wettbewerbern abhebt, einen sogenannten USP (den „Unique Selling Point"), also ein Alleinstellungsmerkmal bzgl. ihrer Produkte und Dienstleistung vorweisen. Diese unterscheidungserheblichen Vorteile müssen nicht in Bezug auf alle Gruppen von Wettbewerbern immer dieselben sein.

Eines der Unterscheidungsmerkmale gegenüber nicht juristisch gebildeten Wettbewerbern kann die besondere fachliche Qualifikation des Rechtsanwalts sein. Als Unterscheidungsmerkmal gegenüber anderen Anwälten kann beispielsweise auch der Preis oder die Spezialisierung der angebotenen Dienstleistung dienen. Grundsätzlich entscheidet sich der USP jedoch an den beiden Kriterien „Geschäftsfeld" und „Zielgruppe".

Das Geschäftsfeld wird in der Rechtsbranche traditionell mit dem Rechtsgebiet gleichgesetzt. Muss es heute aber nicht mehr. So beackern „Flightright" und „geblitzt.de" durchaus dasselbe Geschäftsfeld – nämlich die Mandanten, die in standardisierbaren Rechtsfragen eine schnelle und einfache Lösung online suchen. Der eine jedoch im Beförderungsrecht und der andere im OWi-Recht.

„Wer alles macht, macht nichts richtig" – diese Binsenweisheit gilt auch für die Geschäftsfelder, in denen ein Anwalt tätig wird. Die Geschäftsfelder eines Rechtsanwalts können nach sehr verschiedenen Kriterien abgegrenzt und bestimmt werden. Diese Kriterien lassen sich nicht allgemeingültig in eine Prioritätenreihenfolge bringen. Entscheidend ist, dass eine Anwaltskanzlei es überhaupt unternimmt, aus dem Bündel von Betätigungsmöglichkeiten auf dem

9 statista vom 25.01.2022.

Markt für rechtliche Dienstleistungen die für sie passenden Geschäftsfelder zu identifizieren und auszuwählen. In der Praxis nutzen Rechtsanwälte zur Einteilung des Rechtsberatungsmarkts mögliche Kategorien nicht singulär, sondern in Kombination mit anderen Kategorien.

Möglich ist die Ausrichtung einer Kanzlei auf ein bestimmtes Produkt, beispielsweise die Prozessführung auf dem Gebiet des Verwaltungsrechts, die allen potentiellen Nachfragern angeboten wird. Möglich ist auch die Ausrichtung auf ganz spezielle Nachfrager, beispielsweise die Berufsgruppe der Ärzte, denen eine umfassende Betreuung angeboten wird. Zu dieser umfassenden Betreuung gehört dann möglicherweise nicht nur die Beratung und Vertretung im Bereich des Kassenarztrechts und des ärztlichen Berufsrechts, sondern auch auf den Gebieten des Arbeitsrechts, des Mietrechts (in Bezug auf die Praxisräume) und möglicherweise auch des Straßenverkehrsrechts. Es liegt auf der Hand, dass solche Spezialisierungen noch nicht konkret genug sind, um ein scharf konturiertes Profil der Kanzlei zu schaffen. Denn im ersten Fall hat die Kanzlei die Zielgruppe, der sie ihre Dienste anbieten will (alle Nachfrager) noch nicht eingegrenzt. Im zweiten Fall fehlt es an einer Ausrichtung auf die besonderen Bedürfnisse der Zielgruppe.

Ein weiteres Kriterium der Marktsegmentierung kann die Entscheidung für den Preis der angebotenen Dienstleistung sein. Eine Kanzlei kann sich dafür entscheiden, die Preisführerschaft (die teuerste Kanzlei am Platz) oder auch die Kostenführerschaft (preiswerter als alle anderen) anzustreben. Die Berücksichtigung nur dieses Kriteriums allein verurteilt eine sinnvolle strategische Ausrichtung der Kanzlei allerdings zum Scheitern. Denn es fehlen Entscheidungen zur angebotenen Produktpalette und zu den Zielmandanten, die mit einer solchen Ausrichtung angesprochen werden können.

Anwälte müssen sich also überlegen und entscheiden, welche Dienste sie welcher Gruppe von Mandanten zu welchem Preis anbieten wollen. Zwar ist es durchaus möglich, zwei voneinander verschiedenen Mandantengruppen unterschiedliche Produkte zu jeweils anderen Preisen anzubieten. Eine Kanzlei kann sich beispielsweise dafür entscheiden, die Vertretung von Arbeitnehmern vor den Arbeitsgerichten ausschließlich unter Berechnung der Tabellenhonorare des RVG zu übernehmen. Unternehmer sollen im Bereich des Wettbewerbsrechts ausschließlich gegen Vereinbarung eines Zeithonorars beraten und vertreten werden. Weder Mandantengruppen noch Produktpaletten sind jedoch beliebig miteinander kombinierbar. Anwaltskanzleien sollten also eine Diversifizierung nicht zu weit treiben. Um ein klares Profil einer Anwaltskanzlei zu schaffen, darf die Kanzlei nicht den Eindruck eines „juristischen Gemischtwarenladens“ vermitteln.

Aufgrund ihrer Ausbildung teilen Anwälte ihre Berufswelt in Rechtsgebiete ein. Nahezu alle Kanzleien haben Schwerpunkte in verschiedenen Rechtsgebieten. Diese Schwerpunktbildung geschieht allzu häufig noch zufällig, weitaus seltener geplant. Eine klare strategische Ausrichtung kann eine Kanzlei beispielsweise dadurch erreichen, dass sie sich ausschließlich auf das Strafrecht spezialisiert. Es gibt auch erfolgreiche Kanzleien, die sich mit nichts anderem als dem Arbeitsrecht oder dem Verwaltungsrecht befassen. Damit einher geht die stetig zunehmende Anzahl der Fachanwälte. Doch die Spezialisierung auf bestimmte Rechtsgebiete lässt sich in der Praxis nicht stringent durchhalten. Denn das Problem eines Mandanten in einer Angelegenheit ist nicht immer nur auf ein bestimmtes Rechtsgebiet beschränkt. Selbst Standardangelegenheiten wie Straßenverkehrsunfälle betreffen meistens mindestens drei Rechtsgebiete, das Schadensersatzrecht des BGB, das Versicherungsrecht und das Strafrecht beziehungsweise das Ordnungswidrigkeitenrecht. Zwar ist es möglich, die Bearbeitung des zivilrechtlichen Teils und des strafrechtlichen Teils dieser Angelegenheit in die Hände zweier verschiedener Spezialisten zu geben. Aus Sicht des Mandanten wirkt dies jedoch kompliziert und ist von ihm, jedenfalls in Standardfällen, nicht erwünscht. Schließlich ist es Mandanten häufig nicht möglich, ihre Probleme dem „richtigen" Rechtsgebiet zuzuordnen. Der Anwalt, der als Spezialist im Werkvertragsrecht auftritt, wird von einem Laien nicht unbedingt als „Baurechtler" identifiziert werden.

Der eine Gesellschaft mit beschränkter Haftung ständig beratende Arbeitsrechtsspezialist wird die Gesellschaft auch in einem Rechtsstreit mit dem angestellten Geschäftsführer vertreten wollen. Dazu muss er jedoch aus „seinem" Rechtsgebiet heraustreten. Denn das Dienstvertragsrecht des Geschäftsführers gehört streng genommen nicht zum Arbeitsrecht. Der Geschäftsführer einer GmbH ist kein Arbeitnehmer. Wesentliche Normen, die die Rechte und Pflichten eines Geschäftsführers regeln, sind gesellschaftsrechtlicher Natur. Der Rechtsstreit zwischen der GmbH und dem Geschäftsführer über den Bestand des Dienstvertrags wird auch nicht vor den Arbeitsgerichten, sondern vor den ordentlichen Gerichten ausgetragen.

Erfolgversprechender ist die Ausrichtung auf bestimmte Aufgaben- oder Problemfelder. Eine Kanzlei kann beispielsweise darauf ausgerichtet sein, Themen wie „Beruf und Arbeit", „Rund um den Straßenverkehr", „Hausbau und -kauf" oder „Altersversorgung mit Schnittstellen zur Vermögensberatung", abzudecken. Derartige Aufgabenbereiche umfassen mehrere Rechtsgebiete. Auch der Themenkomplex „Klimaschutz" wird zunehmend relevant für die Anwaltschaft. Die Spezialisierung des Anwalts orientiert sich dann an typischen, für den Mandanten relevanten wirtschaftlichen Zusammenhängen, nicht vorrangig an Rechtsgebieten.

Will eine Kanzlei mehrere Aufgabenfelder für sich erschließen, dann müssen diese Aufgabenfelder zueinander passen. Anwälte, die zugleich Beratung im „high end Bereich" des Gesellschaftsrechts und Interessenwahrnehmung auf dem Gebiet des Wohnungsmietrechts betreiben wollen, wirken in den Augen von Nachfragern nicht glaubwürdig. Eine derartige Kombination wäre kontraproduktiv. Nachfrager werden einer solchen Kanzlei weder Kompetenz im Mietrecht noch im Gesellschaftsrecht zutrauen. Unabhängig davon dürften auch die Mandantenkommunikation nebst Marketing sowie der Außenauftritt undefiniert erscheinen.

3. Zielgruppe

Eine der wichtigsten Entscheidung bei der strategischen Ausrichtung einer Anwaltskanzlei ist es daher, die Zielklientel, die die Kanzlei mit ihren Leistungen ansprechen will, zu definieren[10]. Jeder Anwalt muss für sich selbst die Fragen beantworten: **„Für wen will ich arbeiten? Mit wem will ich es beruflich zu tun haben?"**

Haben Sie Ihren Idealmandanten so beschrieben, ist es relativ einfach, das dazugehörige Rechtsgebiet noch näher einzugrenzen.

Die nächste Frage sollte dann lauten:

„Welches Problem dieser Mandanten möchte ich lösen?"

---

i Ihre Zielgruppe sind also genau die Mandanten
- die ein Problem in einem ganz besonderen Rechtsgebiet haben
- wofür Sie eine Lösung bieten
- die Ihre anwaltliche Tätigkeit wollen
- die sich Ihre anwaltliche Tätigkeit leisten können

Die Art von Mandanten, die betreut werden sollen, ist das Kriterium für die Einteilung der Geschäftsfelder. Eine Kanzlei kann sich darauf konzentrieren, Verbraucher, Unternehmen oder vorrangig die öffentliche Hand zu vertreten. Weitere Unterteilungen werden erforderlich sein: Welche Art von Unternehmen soll vertreten werden? Nur Unternehmen einer bestimmten Branche? Nur Unternehmen ab einer bestimmten Bilanzsumme? Sollen Verbraucher in allen Rechtsfragen oder doch nur in bestimmten Bereichen vertreten werden? In welchem Sektor sollen Kommunen und Behörden vertreten werden? In allen Bereichen des Verwaltungsrechts? Auch in zivilrechtlichen Fallgestaltungen?

10 Dr. Tutschka, Der Rechtsanwalt als Unternehmer, TeleLex, S. 27.

Bereits mehrfach erwähnt wurden gängige Unterscheidungen von Mandantengruppen in Unternehmer und Verbraucher. Je nach den persönlichen Präferenzen eines Anwalts können aber auch Kriterien wie das Bildungsniveau von Mandanten, die Einkommenshöhe, die Zugehörigkeit zu einer sozialen Gruppe, die Branchenzugehörigkeit sowie regionale Bezüge für die Definition der Zielgruppe zu berücksichtigen sein.

In einem von der Nachfragerseite dominierten Markt wie dem Markt für rechtliche Dienstleistungen ist es unter Marketinggesichtspunkten ideal, die Ausrichtung an den Bedürfnissen der Zielklienten zu orientieren. Andererseits darf die Bedeutung der Vorlieben und des Talents des Anwalts für bestimmte Geschäftsfelder oder Rechtsgebiete nicht vernachlässigt werden. Selbst wenn die Nachfrage nach anwaltlichen Dienstleistungen im Bereich des Wirtschaftsstrafrechts noch so groß sein mag, so sollte ein Anwalt, der mit dem Strafrecht nun einmal nichts zu tun haben will und womöglich auch davon nichts versteht, seine Zielklientel nicht ausschließlich an dem Kriterium der größten Nachfrage ausrichten.

Für die Bestimmung der Zielgruppe einer Kanzlei ist vielmehr ein steter Pendelblick zwischen den Bedürfnissen der gewünschten Zielgruppe einerseits und andererseits dem Geschäftsfeld, in dem ein Anwalt arbeiten will, erforderlich. Nur wenn beide Bereiche berücksichtigt werden, wird ein Anwalt seine Zielgruppe scharf genug und Erfolg versprechend eingrenzen können.

Kernpunkte

Zielgruppenorientiertes Marketing A, © Dr. Geertje Tutschka

Die Zukunft sind...

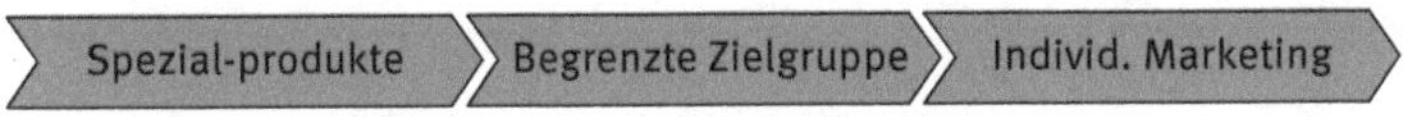

Zielgruppenorientiertes Marketing B, © Dr. Geertje Tutschka

Anwälte müssen sich also überlegen und entscheiden, welche Dienste sie welcher Gruppe von Mandanten zu welchem Preis anbieten wollen. Zwar ist es durchaus möglich, zwei voneinander verschiedenen Mandantengruppen unterschiedliche Produkte zu jeweils anderen Preisen anzubieten. Weder Mandantengruppen noch Produktpaletten sind jedoch beliebig miteinander kombinierbar.

Und noch ein letzter Hinweis:
Junge Anwälte, die gerade in eine bestehende Kanzlei eingetreten sind, übersehen häufig, dass zu ihren Mandanten nicht nur die Klientel der Kanzlei, sondern auch die anderen Anwälte der Kanzlei und möglicherweise insbesondere der Seniorpartner, zu dessen Entlastung sie eingestellt wurden, gehören. Welche Bedürfnisse haben diese „Mandanten im eigenen Büro"? Für einen angestellten Anwalt wird es eine gute strategische Entscheidung sein, auch die eigene Kanzlei als „seinen Markt" zu betrachten, an dessen Bedürfnissen er seine Tätigkeit auszurichten hat.

4. Wie bedienen Sie Ihre Mandanten

Ihre Kanzleivision sollte so detailliert wie möglich alle drei Kernfragen umfassen: **WARUM, WAS, WIE**[11]**.**

Die ersten beiden Punkte haben wir bereits ausführlich behandelt und auch schon den einen oder anderen Punkt dazu erwähnt,
- wie ein Produkt/Service maßgeschneidert werden kann
- wie Ihre Zielmandantschaft angesprochen werden kann
- wie geschickte Honorar- und Preispolitik funktioniert
- wie Distributionspolitik unterstützen kann
- wie die Kanzleiwerte die strategische Ausrichtung bestimmen

An dieser Stelle daher abschließend nur so viel: Die Positionierung und Ausrichtung Ihrer Kanzlei hört nicht bei Ihrer Leistung und Expertise auf.

---

i Ihre Leistung muss auch so an Ihre Zielmandanten geliefert werden,
- dass die Qualität Ihrer Leistung erhalten bleibt,
- dass diese Lieferung Ihrer Leistung angemessen ist
- dass Sie sich an den Bedürfnissen Ihres Kunden orientiert
- und dass auch hier Ihre Kanzleiwerte klar erkennbar sind

Sich des eigenen Lieferprozesses bewusst zu werden, um ihn überprüfen und gegebenenfalls korrigieren zu können, ist ein erster wichtiger Schritt.

Und auch hier spielt der Aspekt, dass der Mandant sich in seinen Bedürfnissen abgeholt fühlen muss und den Anwalt als vertrauensvollen Partner wahrnimmt, eine entscheidende Rolle.

Wenn Sie also nur eine Information aus diesem Kapitel mitnehmen, dann diese:

---

11 Simon Simek, „Start with Why", S. 133.

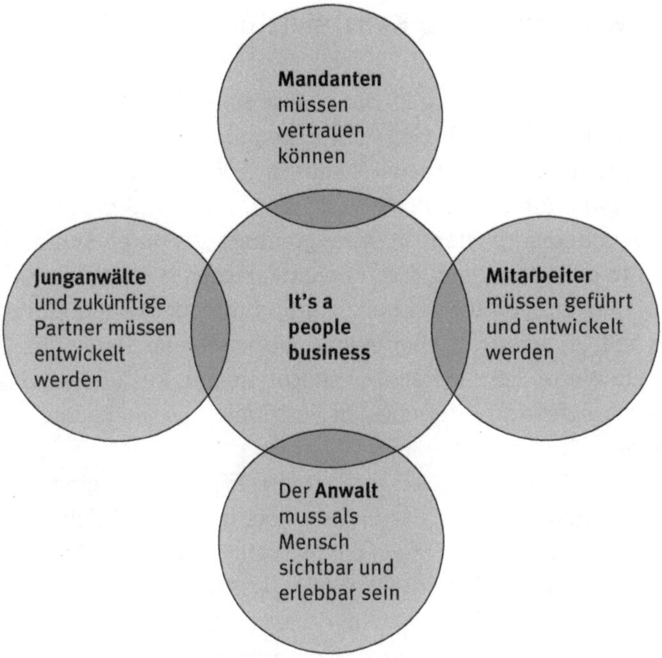

„It's a people business", © Dr. Geertje Tutschka

IV. Setting zur Entwicklung einer Kanzleivision

Vielleicht haben Sie bereits eine konkrete Idee, wie Ihre Kanzlei aussehen und welche Rechtsgebiete sie abdecken soll, vielleicht haben Sie aber auch bislang nur eine vage Vorstellung davon. Beginnen Sie nun in jedem Falle damit, an dieser Idee, an dieser Vorstellung zu feilen, sie zu konkretisieren und mit so vielen Details wie nur möglich anzureichern bis eine greifbare Vision entstanden ist. Dabei geht es nicht in erster Linie um die äußeren Faktoren wie Markterfordernisse, formelle Voraussetzungen für die Kanzleigründung oder Qualifikationen. An dieser Stelle geht es eher um eine emotional/irrationale Darstellung Ihrer Kanzlei. Es geht um Werte, um die Kanzleiphilosophie und Kultur. Es geht um das Herzstück Ihrer Kanzlei und Ihrer eigenen Positionierung als Rechtsanwalt, Experte Ihres Fachs.

Vielleicht war dies bereits Thema eines Ihrer Partnertreffen. Nach meiner Erfahrung wird dieser Themenkomplex in Partnermeetings jedoch allenfalls am Rande gestreift, um endlich die lästigen Fragen der Marketingleute zu beantworten, die endlich eine „Kanzlei-Vision“ auf die Webseite packen möchten, weil es dafür nun mal ein freies Feld gibt. Meist schwingt dieses Thema aber auch als Grundton durch den geschäftigen Alltag der Kanzlei und die Strategiesitzungen.

Höchste Zeit, sich mit diesem Themenkomplex näher zu beschäftigen.

Vielleicht haben Sie bereits über Jahre bestimmte Aspekte und Ideen gesammelt. Jetzt ist es Zeit, diese Kiste hervor zu holen, diesen speziellen Ordner Ihres Computers zu öffnen, die Post-it’s von der Pinnwand zu nehmen und vor sich auf dem Tisch auszubreiten.

Falls Sie bislang nichts von alledem getan haben, nehmen Sie sich jetzt Zeit dafür. Je nachdem wie weit Ihre Ideen und Vorstellungen bereits gediehen sind, sollten Sie dafür mehrere Stunden einplanen: einen Nachmittag, ein Wochenende oder regelmäßig ein bis zwei Stunden ungestörte Zeit.

Was bedeutet „ungestörte Zeit“, werde ich an dieser Stelle in meinen Seminaren immer wieder gefragt. Deshalb möchte ich ganz kurz auf das **„perfekte Setting“** einer solchen ungestörten Visionsarbeit eingehen:

- ein ablenkungsarmer Raum
- entsprechende Arbeitsmittel
- keine Bildschirme, Handys oder technischen Geräte
- ausreichend Wasser

Für einen ablenkungsarmen Raum sollten Sie schon deshalb sorgen, um dieser so wichtigen Vorarbeit auch den entsprechenden Rahmen einzuräumen. Erfahrungsgemäß kommen an dieser Stelle immer wieder Einwände wie: ich habe meine besten Ideen unter der Dusche/beim Joggen/im Schlaf/beim Autofahren ... Das mag sein und diese Ideen sammeln Sie hoffentlich auch. Doch um sich hier wirklich in einen konkreten Arbeitsprozess begeben zu können, ist es notwendig, dafür einen geschützten Raum zur Verfügung zu stellen – ohne Einflüsse von außen[1].

Genügt es also, sich schlicht einen „Termin mit sich selbst" in den Bürokalender einzutragen? Grundsätzlich ja, wenn Sie denn im Büro nicht von anderen Bildschirmen oder Arbeitsgegenständen zu sehr abgelenkt sind.

Berücksichtigen Sie jedoch, welcher Lerntyp Sie sind.

Sind Sie eher ein visueller Typ, entfernen Sie Bilder, Bücher, technische Geräte, Kunst, Projekttafeln und bemalte Flipcharts. Nutzen Sie für Ihre Visionsarbeit unbedingt Farben, bunte Post-It's, wenn möglich aussagekräftige Bilder und Symbole. Dazu verwenden Sie ein mindestens A3-großes Blatt weißes Papier und flüssig malende Stifte.

Sind sie hingegen eher der auditive Lerntyp, sollten Sie für absolute Stille sorgen bzw. es sich so einrichten, dass Sie bestimmen, welche Geräusche sie hören.

Entnehmen Sie weitere Einzelheiten bitte der folgenden Graphik:

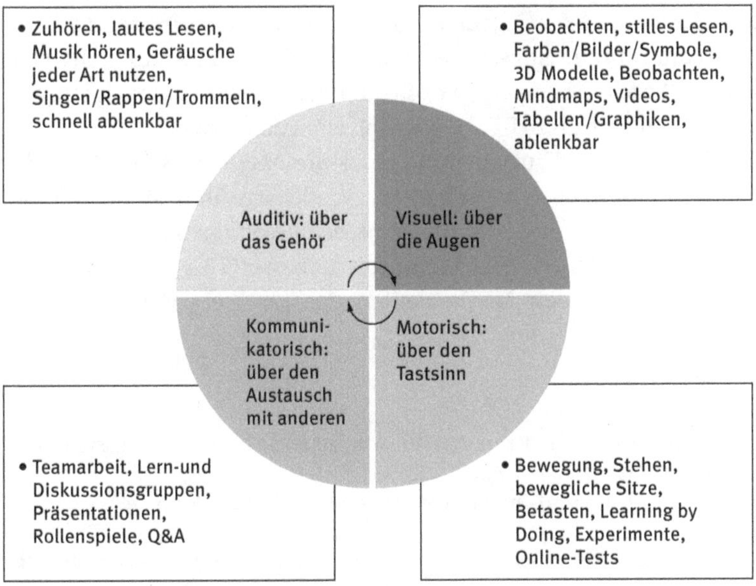

1 Nancy Kline, „Time to think", S. 131 ff.

Wissenschaftler sind sich einig, dass Handschreiben einen intensiveren Denkprozess mit mehr Verknüpfungen fördert als bloßes Tippen oder gar Diktieren[2].

Nach meiner Erfahrung eignet ein großes Blatt weißen Papiers besser noch ein Flip Chart besonders gut. Wichtig ist hierbei, dass das Format in jedem Falle das des üblichen DIN A4 Formates übertrifft. Das größere Format gibt Raum für kreative Ideen und verschiedene Themen, öffnet Geist und Sinne für neue Dimensionen. Mit verschiedenen Farbstiften können Sie so Ihre Ideen sammeln und gleichzeitig Prioritäten setzen, Beziehungen zueinander herstellen, offene Fragen kennzeichnen. Sie können daran auch sehr gut mit Unterbrechungen arbeiten, und es auch mehrere Tage ruhen lassen.

i **Achtung:** Arbeiten Sie in dieser Phase unbedingt als erstes allein. Ziehen Sie erst nach Abschluss dieses Prozesses gegebenenfalls Freunde, Partner, Kollegen zu Rate und holen Sie sich deren Feedback ein.

Sind Sie ein Teamplayer und brauchen Sie den Input von Kollegen beziehungsweise den Austausch mit Ihnen oder können Sie nur dann richtig kreativ werden, wenn Sie dabei kommunizieren, ziehen Sie allenfalls einen professionellen Coach zu Rate, der Sie in dieser Phase der Visionsbildung unterstützt. Ein professioneller Coach, der bestenfalls Erfahrung in der Rechtsbranche besitzt[3], wird diesen Prozess beschleunigen und intensiveren können[4].

Auch wenn Sie eine Kanzlei gemeinsam mit Kollegen gründen möchten bzw. als Partnerteam führen, ist es wichtig, dass zunächst jeder für sich seine eigene individuelle Kanzleivision entwickelt, um erst im Anschluss daran aus diesen Kanzleivisionen eine einheitliche Kanzleivision zu formen.

Sollten Sie sich nicht die Hinzuziehung eines professionellen Coaches leisten wollen oder können, stehen verschiedene Werkzeuge und Methoden zur Selbstanwendung zur Verfügung, die dem Entwicklungsprozess Struktur verleihen können und sicherstellen, dass Sie nichts vergessen[5]. Es gilt jedoch, aus der Vielzahl der verschiedenen Möglichkeiten das für Sie passende auszuwählen.

---

2 Prof. Ursula Bredel (Professorin und Expertin für Orthographiedidaktik) in „Es ist gut fürs Gehirn mit der Hand zu schreiben", Die Welt, 15.1.2015.

3 Bärbel Schwertfeger (Psychologin) in „Sie können alles erreichen", KarriereSpiegel vom 6.12.2013.

4 Coaches speziell für die Rechtsbranche finden Sie beispielsweise unter www.consultingforlegals.com.

5 Lars Lorber, „Menschenkenntnis – Der große Typentest", S. 79 f.; Marcus Buckingham, „Entdecken Sie Ihre Stärken jetzt!", S. 80.

Fallbeispiele:
In unseren drei Fallbeispielen stellt sich die Frage, ob die Herausforderungen, denen sich diese Kanzleien gerade stellen müssen, mit ihrer Kanzleivision zu tun haben.

1. Beim Beispiel der **„Wachstumsschmerzen"** arbeiten die vielen Kleinteams nicht nur ineffizient zusammen. Sie steuern auch wie viele Einzelkanzleien in unterschiedliche Richtungen. Offensichtlich hat man diesen Zusammenschluss immer eher aus operativer Sicht gesehen. Alle Maßnahmen zur Prozessgleichschaltung werden jedoch im Sande verlaufen, wenn man sich nicht dazu durchringt, einerseits eine einheitliche Führungsebene zu etablieren und andererseits diese Führungsebene genau diesen beschriebenen Visionsprozess durchläuft. Mit den Persönlichkeiten der Partner die Werte und Kultur der Kleinkanzleien zu bestimmen, und darauf aufbauend sich auf die Werte und Kultur des Großteams zu einigen, wird für die zukünftige Entwicklung wesentlich sein.
2. Beim Beispiel mit den **„falschen Mandanten"** wäre zu fragen, ob hier Werte und Kultur der Kanzlei gegebenenfalls einer Überarbeitung bedürfen, im Hinblick auf die neue Zielgruppe aber auch im Hinblick auf neue Mitarbeiter und ggf. den vermehrten Einsatz von Technologien. Dieser Transformationsprozess sollte unbedingt zum Anlass genommen werden, die Kanzleivision zu modernisieren und den anstehenden Veränderungsprozess darauf aufzubauen.
3. Beim Beispiel mit dem **Gender- und Generationshift** liegt die Entscheidung bei den Partnern: soll alles so bleiben wie es ist, werden sie sich von der Idee verabschieden müssen, für Nachwuchskräfte und Klienten attraktiv zu sein. Wollen sie das nicht, müssen sie sich verändern und zwar nicht mit der Einführung von Frauen- und Familienförderprogrammen sondern im Kern: bei Werten, Kultur und Kanzleivision. Meine Empfehlung wäre hier, ausgewählte Nachwuchskräfte sogar schon einzubeziehen und zu lernen, diesen zuzuhören. Darin liegt das grösste Potential.

Was hat Ihnen das Kapitel gebracht?
Sie haben verstanden, wozu eine Kanzleivision wichtig ist, wie eine Kanzleivision erarbeitet und im Kanzleialltag eingesetzt wird.

C. Kanzleigründung

Beginnen möchte ich damit, Ihnen fünf gute Gründe zu nennen, keine Kanzlei zu gründen.

Man muss keine Kanzlei gründen, um als Anwalt tätig sein zu können; aber man muss Anwalt sein, um eine Kanzlei gründen zu können. Vorbei sind die Zeiten, in denen Absolventen keinen Arbeitsplatz fanden und sich zwangsläufig selbstständig machen mussten. Die Statistik zeigt, dass sich Anwälte heute erst nach reiflicher Überlegung und mehreren Jahren Berufserfahrung eine Kanzleigründung zutrauen.

Tendenziell stagniert die Zahl der Kanzleigründungen seit Jahren und die Zulassungszahlen gehen seit 2017 kontinuierlich zurück, obgleich die Abschlusszahlen an den Universitäten nach wie vor leicht zunehmen.

Das kann daran liegen, dass gerade Großkanzleien ständigen Bedarf an Nachwuchsjuristen haben, der Rechtsberatungsmarkt in Deutschland aber weitgehend gesättigt ist.

Auch mag es daran liegen, dass Justiz und Verwaltung überaltert sind und dort gerade ein erhöhter Bedarf an Nachwuchsjuristen besteht. Vor einigen Jahren noch unvorstellbar, geht der Staat heute proaktiv sowohl in die Universitäten als auch auf die Anwaltschaft zu, um zu rekrutieren.

Auch strömen immer mehr Juristen in alternative Berufe und Branchen, die für Juristen mittlerweile durchaus attraktive Karrierewege bieten.

Eine Kanzleigründung ist daher für einen Großteil der Juristen heute ebenso wenig wie die Partnerschaft das erstrebenswerte Ziel ihrer beruflichen Karriere.

Was spricht dagegen?

Grund 1: Gesetzliche Begrenzungen

Der Anwaltsberuf ist ein freier Beruf. Jedoch muss der Anwalt als Organ der Rechtspflege ihn in gewissen, berufsrechtlich vorbestimmten Bahnen ausüben. Was dem Berufsstand einerseits Freiheit und Würde verleiht, begrenzt ihn andererseits – in erster Linie in unternehmerischer Hinsicht. Gemeint sind hier die Regelungen zur branchenübergreifenden Kooperation, zum Marketing, zur Ausbildung, zur Vergütung und Zulassung etc.

In Zeiten, in denen Kanzleien mit der freien Wirtschaft um den begrenzten Markt konkurrieren müssen, werden diese Einschränkungen immer mehr zur Belastung für die Kanzleien, da Legal Tech-Anbieter, Versicherer und Dienstleister anderer Branchen ihnen naturgemäß nicht unterliegen. Hinzu

https://doi.org/10.1515/9783110726428-003

kommt, dass dank der Digitalisierung Fachwissen heute ohnehin überall, zu jeder Zeit und kostenfrei abrufbar ist, was das Rechtsberatungsmonopol der Anwaltschaft in den Grundfesten erschüttert und zunehmend staatliche, gemeinnützige und wohltätige Institutionen ermutigt, ihren Service zum Wohle der Allgemeinheit in Richtung Rechtsberatung auszuweiten.

Mithin sind die gesetzlichen Reglementierungen der Anwaltschaft nicht mehr zeitgemäß. Die große BRAO-Reform war somit längst überfällig.

Grund 2: Unternehmerische Grenze

Dass gerade im Bereich der kleinen und mittleren Kanzleien ein gewisser Stillstand eingetreten ist und hier viele Kanzleien nicht die für erfolgreiches, gesundes Wachstum erforderlichen Umsätze und Gewinne erzielen, ist kein Geheimnis.

Viele Kanzleien leben quasi "von der Hand in den Mund" und sind kaum mehr wirtschaftlich.

Die nach wie vor problematische Regelung zur "Entziehung der Anwalts-Zulassung bei Vermögensverfall" hält viele Kanzleiinhaber davon ab, Insolvenz anzumelden.

Die bürokratischen Hürden zur Schließung einer unwirtschaftlichen Kanzlei vor der Insolvenz führt in vielen Fällen dazu, dass sie zumindest auf dem Papier bestehen bleibt, aber tatsächlich nicht mehr bedient wird. Aus unternehmerischer Sicht fatal, gehört doch ein gewisses unternehmerisches Risiko notwendigerweise zum Erfolg dazu – ebenso wie das Recht auf eine zweite Chance. Nur dann entstehen Antrieb, Innovation und Entwicklung in der Branche.

Es ist kein Zufall, dass genaue Zahlen zu Kanzleiinsolvenzen und – schließungen zumindest in den Berufskammern nach wie vor fehlen, obgleich es sie faktisch gibt. Einen Gefallen tut man sich damit nicht, wird doch das mit einer Kanzleigründung verbundene unternehmerische Risiko dadurch nur schwer bewertbar, was es Finanzdienstleistern und Gründern gleichermaßen schwer macht, eine realistische Einschätzung vorzunehmen und eine Kanzleigründung zu einem "Blindflug" machen kann.

So ist das vorliegende Buches auch in der zweiten Auflage weit und breit allein mit dem Thema über die Schließung einer Anwaltskanzlei.

Grund 3: Kompetenzgrenze

Nach einer aktuellen Umfrage des ffi-Verlages gibt

- die Hälfte der befragten Inhaber kleiner und mittlerer Kanzleien an, sich "weniger gut" in unternehmerischen Themen auszukennen und keinerlei Tools aus dem Business Development zu nutzen,
- ein Drittel an, nach eigener Einschätzung zumindest über "das wichtigste betriebswirtschaftliche Know-How" zu verfügen; immerhin nutzt knapp jeder vierte einen Businessplan,
- immerhin jeder achte jedoch an, sich als Kanzleiinhaber gar nicht auszukennen, und
- die Hälfte der Befragten zumindest an, sich für die Themenkomplexe Kanzleigründung und -entwicklung, Strategie und Management sowie Positionierung und Marketing zu interessieren, und zwar mehr als für den „Dauerbrenner" Legal Tech und Digitalisierung.

Merke:
Die Gründung einer Kanzlei ist komplexer geworden.
Zudem ist die erfolgreiche Kanzleiführung komplexer geworden, was jeder zweite Teilnehmer uneingeschränkt bestätigt und immerhin jeder vierte zumindest teilweise bestätigen kann. Die Digitalisierung hat ungeahnte Möglichkeiten eröffnet, aber auch Risiken gebracht. Neue Entwicklungen finden schneller statt, so dass man kaum Schritt halten kann. Produkte werden kurzlebig und beliebig.

Grund 4: Kapazitätsgrenze

Erstaunlich genug gibt nach der Umfrage des ffi-Verlages immerhin
- ein Achtel an, dass sie ihre Arbeitsweise in den letzten 5–10 Jahren nicht geändert haben und das gut funktioniert,
- ein weiteres Viertel an, auf die erhöhten Anforderungen und die Komplexität mit mehr "Manpower" zu reagieren, indem sie selbst oder mit zusätzlichem Personal heute mehr arbeiten als noch vor einigen Jahren,
- die überwiegende Mehrheit hingegen an, mit dem bewussten Einsatz von Software und Zeitmanagement zu reagieren, um effektiver zu werden.

Keiner der Befragten hat bislang die ideale Lösung gefunden. Das Finden guter neuer Mitarbeiter, um den Anforderungen gerecht zu werden, bereitet große Schwierigkeiten. Allgemein gibt es zu viel Arbeit für zu wenig Personal. Auch dadurch ist Wachstum kaum möglich, als Kanzlei aber auch persönlich. Als Kanzleiinhaber arbeiten sie am Rande der Belastungsgrenze.

Grund 5: Persönliche Grenze

Zuletzt ist auf die persönlichen Grenzen hinzuweisen. Zwar spielen hier auch die Themen Berufsethik, persönliche Werte und Prägungen hinein. Marketing, Akquise und Vertrieb sind nicht jedermanns Sache. Ebenso natürlich gesundheitliche Beeinträchtigungen oder private Verpflichtungen Angehörigen gegenüber.

Das Entscheidende hier ist jedoch: Neue Werte möchten gelebt werden. Work-Life-Balance ist längst kein Modewort mehr. Lebenszeit ist kostbarer geworden. Zeit für die Familie, für Regeneration und Gesundheit sind wichtiger als sich nicht nur beruflich sondern auch unternehmerisch zu verwirklichen.

Jeder zweite Kanzleiinhaber gibt in der Umfrage an, keine Zeit für die wichtigen Dinge im Leben zu haben. Noch gibt es für den deutschen und österreichischen Markt keine aussagekräftigen Studien zur Gesundheit der Berufsträger. Fakt ist allerdings, dass es hier nicht anders aussieht wie in anderen Ländern: so haben sich in den USA sowohl die American Bar Association als auch das Institute for Well-beeing in Law seit einigen Jahren um belastbare Statistiken bemüht mit erschreckendem Ergebnis: das Sucht- und Depressionspotenzial ist stark erhöht, ebenso wie die Selbstmordrate und das Risiko des plötzlichen Todes am Schreibtisch.

Tatsächlich bereitet der Anwaltsberuf weder auf eine Kanzleigründung vor noch auf die damit verbundene unternehmerische Tätigkeit und Führungsaufgabe. Genau genommen behindert die Ausübung des Anwaltsberufes sogar die Kanzleigründung und -führung – kommen doch die unternehmerischen Aufgaben regelmäßig nach einem langen, intensiven Arbeitstag in der Kanzlei hinzu.

Eine Kanzleigründung muss man wollen. Oder eben nicht – wie diese fünf Gründe zeigen.

Wachsende Anforderungen von Seiten der Mandanten, steigender Konkurrenz- und Kostendruck sowie die fortschreitende Digitalisierung stellen heute besondere Anforderungen an Kanzleiführung und -management. Dennoch hat sich die juristische Ausbildung im Sinne einer reinen Fachausbildung kaum geändert. Unternehmerische und betriebswirtschaftliche Themen werden nach wie vor nicht abgebildet, obgleich immer noch der weitaus größte Anteil der Juristinnen und Juristen den Anwaltsberuf einer Karriere im Staatsdienst oder in der Wirtschaft vorzieht. Und immerhin zwei Drittel der Anwältinnen und Anwälte starten dann auch innerhalb der ersten acht Jahre in die berufliche Selbstständigkeit.

Führungsfragen, Managementaufgaben und unternehmerisches Denken gehören für die meisten jedoch schon viel früher zum beruflichen Alltag ganz selbstverständlich dazu, bringt doch die juristische Tätigkeit in der Regel per se

Ressortverantwortung mit Personal- und Budgetverantwortung mit sich. Kein Wunder also, dass laut einer aktuellen MkG-Umfrage aus 08/2019 bei Anwältinnen und Anwälten Kanzleientwicklungsthemen wie Strategie, Positionierung und Management ganz oben auf der Wunschliste für Weiterbildung stehen anderseits aber für diese Branche kaum angeboten werden bzw. nicht als Weiterbildung (nach FAO) gewertet.

Im MkG-Spezial 2018 „Erfolgreiche Kanzleigründung leicht gemacht“ haben wir einen besonderen Schwerpunkt darauf gelegt, wie man sich als Junganwalt mit der Kanzleigründung beschäftigt.

Nach meiner jahrelangen Erfahrung in der Strategiearbeit mit Anwältinnen und Anwälten sind in den meisten Kanzleien diese Vorarbeiten noch sehr sorgfältig gemacht worden – dann aber im Tagesgeschäft in der Schublade verschwunden. Die langen Bürotage gerade in den ersten Jahren lassen kaum Zeit, sich kreativ und energiegeladen an die Überarbeitung der Ursprungspläne zu machen. Dabei ist es doch so wichtig, auf Kurs zu bleiben oder Korrekturen rechtzeitig vorzunehmen.

Die eigentliche Herausforderung liegt also – wie so oft – darin, „am Ball zu bleiben“ und Kanzleientwicklung zum Dauerthema zu machen.

Doch wie gelingt das?

1. Die richtige Frage stellen: Was verkaufen Sie?
2. Business Model Canvas: Ihre Geschäftsmodell-Matrix mit Zukunftspotenzial
3. Controlling: The Hidden Champion

Als Peter Drucker, deutschsprachiger Top-Management-Coach aus Wien, in den 90er-Jahren seine berühmten „fünf entscheidenden Fragen des Managements“ entwickelte, hatte er ganz sicher keine Anwaltskanzlei vor Augen: Vielmehr hatte er sich aus dem sozialen Sektor und der Arbeit mit Krankenhäusern heraus der Arbeit mit Ehrenamtlern und NGOs zugewandt – einer zweifellos ganz besonderen Branche.

Dennoch: Diese Frage ist Dynamit – auch für Kanzleien: Was verkaufen Sie?

Als ich den Mitgliedern des Verbandes der Insolvenzanwälte auf ihrer Jahrestagung diese Frage stellte, waren die ersten Antworten Allgemeinplätze: Rechtsberatung, Interessenvertretung und Service. Doch was sucht der Schuldner kurz vor der Privatinsolvenz wirklich beim Insolvenzanwalt? Ein Kollege meldete sich nach einer Pause und erzählte, seine Mandanten würden in der Kanzlei hörbar ein- und ausatmen und zwar zum ersten Mal seit langer Zeit. Mandanten würden sich regelmäßig bei ihm bedanken, dass er ihnen den Stein von der Brust genommen habe und sie jetzt wieder Luft zum Atmen hätten. Verkauft er Luft? Eine Lungentherapie? Tatsächlich suchen und finden Mandanten Hoffnung bei ihm.

Das zu wissen bedeutet, die Bedürfnisse seiner Kunden zu kennen, passgenaue Produkte anbieten und die Sprache seines Marketings und Vertriebs darauf abstimmen zu können. Mit anderen Worten: Die richtigen Kunden mit dem richtigen Service und dem richtigen Produkt anzuziehen.

Finanz- und Budgetplanung sollte unbedingt für weniger komplexe und vor allem zeitnahe Kanzleientwicklungen eingesetzt werden.
Wichtig ist, das eigene Gehalt nicht zu „vergessen". Auch sollte der Gewinn der Kanzlei zumindest nicht ohne Weiteres mit dem eigenen Gehalt gleichgesetzt werden, denn immerhin sollen damit auch Investitionen getätigt und Reserven gebildet werden. Ein weiterer Aspekt ist die Altersvorsorge: Anders als in früheren Zeiten werden Kanzleien heute nicht mehr beim Eintritt in das Rentenalter verkauft. Zu kurzlebig und personengebunden sind Mandatsbeziehungen geworden; zu wenig Signifikanz und eigenständigen Wert haben noch immer die Strukturen und Prozesse in den meisten Kanzleien. Der Kaufpreis sichert also nicht mehr neben den Rentenanwartschaften und Ansprüchen aus dem Versorgungswerk der Rechtsanwälte dem Kanzleiinhaber seinen Altersruhestand. Altersvorsorge sollte also von Anfang an auch in die unternehmerische Planung Ihrer Kanzlei einbezogen werden.

Empfehlenswert ist auch, diese Planung nicht nur auf die finanzielle Perspektive zu begrenzen, sondern auch den zeitlichen Aufwand (als Äquivalent für unser aller Lebenszeit) konkret einzuplanen.

Mit einer genauen **Finanzbuchhaltung** können Nutzung und Ausschöpfung der Budgets kontrolliert werden – sie ist aber nicht der alleinige Maßstab.

Voraussetzung ist auch, dass **Budgets** detailliert geplant und beschrieben werden. Ferner sind die Verantwortungen und Entscheidungswege für die Ausgabe der Budgets exakt festzulegen. Es empfiehlt sich, gewisse **Obergrenzen** einzuführen und immer mit einem **Vier-Augen-Prinzip** zu arbeiten. Auch sollte bereits im Vorfeld klar sein, was passiert, wenn Budgets nicht verbraucht werden oder **Budget-Umwidmungen** erfolgen müssen, weil an anderen Stellen plötzlich unvorhergesehener Investitionsbedarf besteht. Auch ein Risiko- und **Versicherungsmanagement** sollte nicht fehlen.

In vielen Kanzleien fällt spätestens jetzt ein gewisser Nachbesserungsbedarf bei der **Definition von Zuständigkeiten und Aufgabenprofilen** sowie der Beschreibung von **Prozessabläufen und Entscheidungsstrukturen** auf. Werden diese nicht angepasst, kann es schnell zu unerkannten Zeit- und Geldfressern im Mandatsbudget kommen oder – fast noch schlimmer – frustrierten Mitarbeiterinnen und Mitarbeitern, die an alltäglichen Störfaktoren verzweifeln. Bei der Erfassung und Überprüfung der notwendigen Daten und Abläufe für effektives Kanzleimanagement kann Kanzlei-Software eine gute Unterstützung bieten – am besten mit Arbeits- und Zeiterfassung oder Mandatsbudgetverwaltung (hierauf wird im nächsten Kapitel näher eingegangen). Ersetzen kann eine solche Software die vordefinierten Verantwortlichkeiten und Prozesse jedoch nicht.

Und noch ein Tipp, der Ihren Kanzleierfolg maßgeblich beeinflussen wird: In die Budgetplanung sollten unbedingt auch Ihre unternehmerischen Aufgaben einbezogen werden. Das bedeutet einerseits, dass die dafür genutzte Zeit mit einem finanziellen Ausgleich verbunden ist (damit sie nicht nach einem anstrengenden Arbeitstag noch als „unbezahlte Tätigkeit" obendrauf kommt oder einfach weggelassen wird). Das bedeutet aber auch, dass der Umsatz und der Gewinn der Kanzlei kontinuierlich mitgeplant und kontrolliert werden muss.

Zuletzt auch noch ein Wort zu Ihren **persönlichen Ressourcen in Ihrer Doppelfunktion** als Kanzleiinhaberin oder Kanzleiinhaber und Anwältin oder Anwalt: Ausreichende Regeneration und der Erhalt Ihrer Gesundheit sowie eines erfüllenden Lebens müssen Top-Priorität haben, um langfristig auf Erfolgskurs bleiben zu können. Dies zu vernachlässigen oder gar „Raubbau" zu betreiben, ist in höchstem Grade unprofessionell – wenn auch leider unsere Leistungsgesellschaft das Paradigma vorspiegelt, dass nur ein schmerzhafter Einsatz zum Erfolg führen könne. Studien beweisen das Gegenteil: Eine gewisse Leichtigkeit im Alltag ist essentiell für den Erfolg und unbedingt notwendig, um Kreativität zuzulassen und aufrechtzuerhalten. Machen Sie sich bewusst, dass nur Sie allein entscheiden, was Sie brauchen und was Ihnen guttut[1].

Je sorgfältiger Ihre Planungsarbeiten im Vorfeld waren, umso einfacher wird es Ihnen fallen, diese umzusetzen.

Gleichzeitig sollten Sie nicht davon ausgehen, dass Sie alle Eventualitäten im Vorfeld abklären können. Seien Sie also nicht überrascht, sondern erwarten Sie förmlich, dass es Widerstände, Unwägbarkeiten und Probleme bei der Realisierung Ihrer Idee geben wird. Gehen Sie davon aus, dass der Erfolg Ihrer Kanzleigründung nicht danach bemessen wird, dass Sie die Probleme umgangen haben oder dass es ein Problem gab, sondern welche kreativen Lösungen Sie für die Realisierung Ihres Herzensprojektes trotz dieser Probleme gefunden haben.

Die Gründung Ihrer Kanzlei ist nicht von vornherein auf eine bestimmte Anzahl von Fehlentscheidungen und Irrwege begrenzt. **Der Weg ist auch hier-**

1 *Dr. Geertje Tutschka* u.a. „Die Anwaltskanzlei als erfolgreiches Unternehmen", MKG 2019.

bei letztendlich das Ziel. Dennoch sollten Sie nichts dem Zufall überlassen.

So offen Sie für Unvorhergesehenes sind, so streng sollten Sie sich an Planvorgaben und Ihre ursprüngliche Idee halten. Ihre Kanzleivision wird der Leuchtturm bei Ihrer Reise durch unbekanntes Gewässer sein, das Gipfelkreuz bei Ihrer Bergbesteigung, der Fixstern, nachdem Sie Ihre Route in unwegsamen Gebiet navigieren.

Nichts dem Zufall zu überlassen bedeutet, Ihre Planung ebenso sorgfältig umzusetzen.

Die aus Ihren Ideensammlungen gewonnenen Erkenntnisse sollten als Leitgedanken bei der weiteren Planung beibehalten werden. Auch und vor allem dann, wenn es bei der Umsetzung zur Einbindung von Spezialisten wie Steuerberater, Unternehmensberater, Marketingexperten und Web-Designer bis hin zum Netzwerk der Kollegen, die Ihnen mit Rat und Tat zur Seite stehen, kommen soll.

I. Strategie

Wozu sollten Sie dieses Kapitel lesen?
Sie erfahren wie Sie Ihre Kanzleivision in eine konkrete Strategie umsetzen.

Übersicht

1. Gründungskonzept

2. Businesskonzept

3. Umsetzung der Kanzleivision

Der erste Schritt zur Umsetzung Ihrer Kanzleigründung ist die Erstellung Ihres Gründungskonzeptes nebst Businesskonzept, wobei das eine eher die allgemeine und besondere Markt- und Mandantenstruktur und das andere eher die finanzielle Seite betrifft.

Der Anspruch dieses Buches besteht darin, Ihnen einen Überblick über die wesentlichen mit der Kanzleigründung zusammenhängenden Themenkomplexe zu vermitteln, um sie auf Ihr Gespräch mit dem Spezialisten wie dem Unternehmensberater, Steuerberater oder Gründerservice vorzubereiten. Jede Kanzleigründung ist so individuell wie eine Geburt. Es wäre vermessen, hier ein allgemeingültiges „Kochrezept" zu präsentieren. Ebenso vermessen wäre es, mich hier als Betriebswirtschaftler zu präsentieren, der ich nicht bin.

Wenn es Ihnen wie mir als Jurist geht, dass nämlich steuerliche Zahlenspiele eine eher untergeordnete Rolle spielen, die ich gern Experten überlasse, ist dieser Abschnitt genau richtig für Sie: Sie werden mit den notwendigen Grundkenntnissen und Begriffen vertraut gemacht, um mit Ihrem Experten auf Augenhöhe Ihr Konzept durchzusprechen.

Allen anderen empfehle ich die umfangreiche und detaillierte Literatur zum betriebswirtschaftlichen Hintergrund einer Unternehmensgründung.

1. Gründungskonzept

Die Frage, „Wie" Sie Ihre Kanzlei gründen wollen, ist mehr als ein rein formaler Aspekt. Die Beantwortung dieser Frage hängt u.a. von Ihrer Kanzleivision ab, aber auch davon, aus welcher beruflichen Situation heraus sie gründen und mit welchen verfügbaren Ressourcen Sie diese Kanzlei umsetzen wollen.

Mit anderen Worten: Ein wesentlicher Faktor ist die jetzige Situation und die Ihnen zur Verfügung stehenden Möglichkeiten. Damit sind sowohl die rechtlichen und steuerrechtlichen Aspekte einer bislang bestehenden Kanzleieinheit gemeint. Aber auch, das Fachwissen und die Kompetenzen, Büroräumlichkeiten und -ausstattung oder aber Netzwerkkontakte und Mandatschancen, auf die Sie im Moment Zugriff haben.

Für eine Kanzleigründung kommen folgende **Modelle** in Betracht:
- Neu- und Erstgründung (Start up)
- Neuordnung/Abspaltung (Spin off)
- Fusion/Reorganisation
- Übernahme/Kauf einer bestehenden Kanzlei bzw. Eintritt in eine solche

Jede Kanzleigründung ist anders und hat eine eigene Choreographie. Die Auflistung ist daher keinesfalls abschließend gemeint. Tatsache ist, dass im Gegensatz zu früheren Zeiten heute weniger Kanzleigründungen von Berufseinsteigern erfolgen, sondern eher in späteren Jahren durch Fusionen, Umstrukturierungen, Abspaltungen etc.[1].
Eine davon zu unterscheidende Frage ist, in welcher **Rechtsform** Sie die Kanzlei gründen möchten. Es kommen in der Praxis im Wesentlichen vier Formen in Betracht:
- die Bürogemeinschaft
- die Gesellschaft bürgerlichen Rechts
- die Partnerschaftsgesellschaft/Sozietät
- Anwalts-GmbH

Mit der großen BRAO Reform werden ab August 2022 weitere Rechtsformen und Kooperationen möglich sein. So wird die GmbH und Co KG kommen, was bedeutet, dass im Wesentlichen alle Rechtsformen aus Deutschland, der EU sowie den EU Staaten und des EWR zulässig sein werden. Auch die Berufsausübungsgesellschaft wird liberalisiert und Bürogemeinschaften lassen nun Kooperationen mit anderen freien und gewerblichen Berufen zu[2]. Der Familienrechtler kann dann mit dem Kinderarzt oder Psychotherapeuten eine Bürogemeinschaft bilden. Auch sind sogenannte Praxisnetze wie in der Ärzteschaft im ländlichen Raum denkbar, um Logistik, IT-Technik, Zweigstellen, Qualitätssicherung, fachlichen Austausch und Nachwuchsausbildung zusammenzulegen – z.B. in Form einer GmbH & Co. KG . Dies wäre sogar grenzüberscheitend möglich nach der

1 DAV-Ratgeber für junge Rechtsanwälte und Rechtsanwältinnen, S. 219 f.; Prognos, Der Rechtsdienstleistungsmarkt, S. 21 ff.
2 Mehr dazu in Dr. Nicolas Lührig, „Große BRAO Reform gilt ab 1.8.2022: Mehr Freiheit für die Anwaltschaft“ in Anwaltsblatt vom 14.7.2021.

Europäischen wirtschaftlichen Interessenvereinigung (EWIV), die die grenzüberschreitende Kooperation von Kanzleien in der EU erleichtere. Letztlich ist nun auch die doppelstöckigen Berufsausübungsgesellschaften nach § 59i Abs. 1 Satz 1 BRAO (neue Fassung) möglich, in der eine Partnerschaftsgesellschaft alle Anteile an einer Anwalts-GmbH hält. Erwähnenswert ist an dieser Selle auch die jüngste BGH Entscheidung zu der Frage, ob das Weisungsrecht der Gesellschafter in § 37 GmbHG gegen § 46 BRAO verstößt, der die Tätigkeit als Anwalt als eigenverantwortlich und unabhängig beschreibt, was vertraglich und tatsächlich gewährleistet werden muss. Diese Vorgaben sah der BGH (Urteil vom 07.12.2020, AnwZ – Brfg 17/20) durch die rechtliche Weisungsgebundenheit in der GmbH für den anwaltlichen Geschäftsführer verletzt. Hervorzuheben ist allerdings, dass die BGH-Rechtsprechung nicht für Geschäftsleiterpositionen in allen Kapitalgesellschaften gelten. In der Aktiengesellschaft handelt der Vorstand weisungsfrei und entscheidet über die Leitung des Unternehmens im eigenen Interesse (§ 76 AktG). Die Weisungsfreiheit des AG-Vorstands ließe sich somit mit der geforderten Unabhängigkeit von § 46 BRAO in Einklang bringen. Aber auch in der GmbH sind Konstruktionen denkbar, die die anwaltliche Unabhängigkeit gewährleisten könnten. Verfügt der GmbH-Geschäftsführer über die Beteiligungsmehrheit, können ihm grundsätzlich die Mitgesellschafter keine Weisung erteilen. Ähnliche Ergebnisse ließen sich mit gesellschaftsrechtlich vereinbarten Zustimmungsvorbehalten oder Stimmvereinbarungen erreichen. Inwieweit solche vertraglichen Konstruktionen mit der BRAO in Einklang zu bringen sind, werden die Gerichte noch entscheiden müssen.

Kapitalbeteiligungen ohne dass die Gesellschafter den Anwaltsberuf in der Gesellschaft ausüben, werden weiterhin nicht möglich sein so wie auch nicht Stille Gesellschaften und partiarische Darlehen. Anwaltskanzleien können zwar über Beteiligung an nicht-anwaltlichen Gesellschaften den Zugang zu Fremdkapital erreichen (z.B. über eine Software-Gesellschaft), aber nicht auch selbst andere am Gewinn beteiligen, weil Kapitalgeber keinen Einfluss auf die anwaltliche Tätigkeit haben dürfen und die Transparenz nicht sichergestellt sei. Und während es im gewerblichen Bereich viele Fördermöglichkeiten für Existenzgründer oder auch in Krisenzeiten gibt, greifen diese Programme meist für den freien Beruf nicht. Das bedeutet vor allem, jede der Formen hat Eigenschaften, die für die optimale Auswahl in ihrer spezifischen Situation dringend beachtet werden sollten. Unterscheidungen bestehen z.B. bei Eintragungserfordernissen, der Rechtspersönlichkeit und Kapitalausstattung, Haftung der Gesellschafter bzw. Partner, der steuerlichen Behandlung oder der Vertretung.

Ein Patentrezept für die richtige Rechtsform gibt es nicht, sondern immer nur eine Individualentscheidung aufgrund der aktuellen individuellen Situation. Unterstützung durch gesellschaftsrechtliche und Steuerexperten ist daher dringend anzuraten, um später Schwierigkeiten, lästige Formalien oder schlimmstenfalls finanzielle Einbußen zu vermeiden.

An dieser Stelle kann das Buch „Gründung, Erwerb und Veräußerung einer Rechtsanwaltskanzlei" empfohlen werden. Im Autorenteam sind Dennis Janz LL.M. und Dr. Thilo Schnelle LL.M. als ausgewiesene Experten im Bereich des Steuerrechts und Steuerstrafrechts mit betriebswirtschaftlichem Hintergrund sowie die Strafrechtlerin Dr. Arabella Pooth.

Die Entwicklung von Legal Tech Produkten aus Anwaltskanzleien heraus stellt viele vor die Herausforderung von Ausgründungen. Die Übernahme von wichtigen Marktanteilen durch reine Legal Tech Unternehmen aber auch Versicherungen verschärft den Druck auf die Branche enorm. Schon seit einigen Jahren zweifeln Finanzierer an der Wirtschaftlichkeit der Übertragung bestimmter Kanzleitypen, insbesondere ländlicher Einzelkanzleien, die stark Inhabergeprägt sind und sich nur selten auf den Digitalisierungsweg begeben haben.

Dennoch ist mehr Bewegung denn je auf dem Kanzleimarkt: Übernahmen, Abspaltungen, Ein- und Ausgliederungen, Ein- und Austritte und der konstante Strom an Jungjuristen, die ein Auskommen suchen.

Da kommt ein Buch wie dieses gerade rechtzeitig, zumal vergleichbare Bücher zum Thema bereits über 10 Jahre alt sind und daher kaum mehr brauchbar als professioneller Wegweiser.

Den einzelnen Kapiteln ist (leider) nicht zu entnehmen, welcher Autor mit welcher Expertise es jeweils verfasst hat, obgleich an manchen Stellen sehr unterschiedliche Schreibstile sowie die unterschiedliche steuerliche, betriebswirtschaftliche oder rechtliche Perspektive auffallen.

Dennoch ist es dem Autorenteam gelungen, die komplexe Materie strukturiert darzustellen. Für den steuerlich eher unbelasteten Leser vielleicht etwas zu wenig Grundlagen und Basiswissen, für den Steuerrechtler jedoch in jedem Fall eine sehr hilfreiche Darstellung.

Wichtig ist auch sich zu vergegenwärtigen, dass das Buch sich ausschließlich aus steuerlicher Sicht dem Thema nähert und die betriebswirtschaftliche und rechtliche Perspektive nur angerissen werden soweit es für die steuerliche Darstellung notwendig ist. So kann das Buch keinesfalls einziger Ratgeber für die Gründung oder den Erwerb einer Rechtsanwaltskanzlei sein – möchte es aber auch nicht.

Einzelne Kapitel sind außergewöhnlich gut gelungen.

So zeichnet sich Kapitel 4 „Gestaltungsmöglichkeiten bei der Wahl der Gesellschafterform" durch seine Übersichtlichkeit aus. Kapitel 1 „Bewertung von Anwaltskanzleien" wiederum differenziert sehr schön nach den jeweiligen Kriterien für die Unterschiedlichkeit der Kanzleien.

Das Aufzeigen von problematischen Situationen und Stolperfallen, noch nicht entschiedener Zweifelsfälle und Szenarien für Rechtsprechungsänderungen schaffen Gestaltungsspielraum. Etwas zu kurz kommen aus meiner Sicht das aktuelle Thema Datenschutz und die besondere Verschwiegenheitsverpflichtung bei Kanzleiübertragungen gerade auch im Hinblick auf die besonderen technischen Lösungen in den Kanzleien, das Thema Markenwert und Bewertung der (digitalen) „Reichweite" aufgrund der Positionierung der Kanzlei und der Anwälte, die Bewertung kanzleieigener Produktentwicklungen sowie Bezüge zum Ausland.

Sehr positiv fällt auf, dass viele Fallbeispiele und Lösungen angeboten werden, um dem Leser ein tieferes Verständnis zu ermöglichen. Auch die zahlreichen Checklisten sind hilfreich, wenn auch gerade bei Letzteren aufgrund der allgemein gehaltenen Überschriften leicht vergessen werden kann, dass diese keinesfalls als umfassende sondern eben nur steuerliche Checkliste (z.B. für eine Kanzleiveräußerung) genutzt werden sollte.

Alles in allem ist dem Autorenteam ein fundiertes und umfassendes steuerrechtliches Fachbuch zum Thema Kanzleierwerb gelungen, welches vor allem dem die Kanzleiübertagung bergleitenden Steuerberater wichtige Impulse gibt.

Dem zukünftigen Kanzleiinhaber kann es eine gute Einführung in die steuerrechtliche Komplexität eines Kanzleierwerbs geben und ihn auf das Gespräch mit dem verkaufenden Kollegen oder seinem Steuerberater vorbereiten.

Kein Anwaltskollege wird nach der Lektüre dieses Buches jemals wieder den steuerlichen Gestaltungsspielraum für seine Kanzlei unterschätzen. Und damit ist schon viel erreicht![3]

Nur ein Hinweis: Die haftungsrechtliche Behandlung sollte keine allzu große Rolle für die Entscheidung der Rechtsform spielen, da das wesentliche Haftungsrisiko bei Rechtsanwälten in der Regel schon durch die Berufshaftpflichtversicherung aufgefangen werden kann.

---

i

Die Erarbeitung eines **Gründungskonzeptes** ist nicht nur für Sie und Ihre Partner eine wichtige Grundlage, sondern dient auch als Basis für ein sogenanntes Existenzgründungskonzept bei Finanzierungsanträgen[4]. Sie sollten daher nicht nur bei Neugründungen, sondern auch bei einem Eintritt in eine bestehende Kanzlei, beim Umstrukturieren oder bei Übernahme einer Kanzlei ein Gründungskonzept erarbeiten bzw. ein bestehendes überarbeiten.

---

3 Dennis Janz u.a. „Gründung, Erwerb und Veräußerung einer Rechtsanwaltskanzlei".

4 eine ausführliche Aufzählung finden Sie beispielsweise bei Miecke in v. Landenberg, „Erfolgreich starten als Rechtsanwalt", S. 76, 104ff. Dies kann Ihnen jedoch auch ein Förderberater individuell erarbeiten.

Ihr Gründungskonzept sollte sich nicht nur mit dem Rechtsmarkt im Allgemeinen und Ihrem Rechtsgebiet im Besonderen beschäftigen. Es sollte sowohl Ihre Kanzleivision und Unternehmenswerte als auch Ihre Expertise, Kanzlei- und Produkt DNA sowie Chancen und Risiken Ihrer Gründung zu dieser Zeit an diesem bestimmten Standort mit diesem Konzept nüchtern beschreiben[5]. Damit legt es den Grundstein für Ihr späteres Qualitätsmanagement und Controlling.

Es sollte die Bereiche Dienstleistung, Personal und Sachmittel, Marketing und Finanzen umfassen[6].

Ein besonderes Thema ist der **Kanzleikauf**, also das Einkaufen in eine bestehende Kanzlei oder die vollständige Übernahme einer solchen als Existenzgründung oder Zusammenschluss. Während diese Art noch bis vor ca. 20 Jahren die üblichste Form einer Kanzleigründung war, zählt es heute wohl eher zu den Ausnahmen. Grund dafür ist die Höchstpersönlichkeit der Dienstleistung Rechtsberatung. In den wenigsten Fällen haben sich Mandanten einfach an den Nachfolger „übertragen“ lassen. Wie wir oben gesehen haben, besteht ohnehin eine starke Fluktuation. Und eine Mandantenkartei sagt noch nichts darüber aus, welchen Umsatz man damit generieren kann, zumal unabhängig von der persönlichen Verbundenheit zum Alt-Anwalt die Mandanten zumeist eine ähnliche Altersstruktur aufweisen – also ebenfalls vor dem Eintritt ins Rentenalter stehen. Einen wirtschaftlich realistischen, objektiven Kanzleiwert zu ermitteln, ist heute fast ausgeschlossen. Allenfalls kann auf der Grundlage eines Ertragswertverfahrens[7] ein sogenannter personengebundener Praxiswert ermittelt werden, der jedoch im jeweiligen Einzelfall sicherlich auch einem gewissen Liebhaberwert Rechnung trägt. Laut der Bundesrechtsanwaltskammer wird der Kanzleiwert aus der Multiplikation des bereinigten Umsatzes mit einem Bewertungsfaktor ermittelt, der in der Regel zwischen 0,3[8] und 1,3 liegt[9]. Letztlich ist

5 Auch dürfte es eine Rolle spielen, ob Sie sich in einem Ballungsgebiet mit einer Vielzahl von Anwälten wie München mit 22.150 Anwälten, Frankfurt mit 18.515 oder Berlin mit 14.025 niederlassen oder in einer eher „anwaltsleeren“ Gegend; Branchenbericht der Sparkasse 2020, S. 8.

6 Einzel-Beispiele finden Sie im Internet, ein allgemeines finden Sie bei Miecke in v. Landenberg, „Erfolgreich starten als Rechtsanwalt“, S. 188 f.

6 Miecke in v.Landenberg, „Erfolgreich starten als Rechtsanwalt“, S. 93.

7 Miecke in v.Landenberg, „Erfolgreich starten als Rechtsanwalt“, S. 200 f.

8 der Minimumfaktor von 0,3 wird daher schon dann angesetzt, wenn der Alt-Anwalt älter als 60 Jahre ist und er tendiert nach 0, wenn überdies die Kanzlei unwirtschafltich geführt wird, Branchenbericht der Sparkasse 2020, S. 20.

9 im Gegensatz dazu liegt der Bewertungsfaktor bei Steuerberatern aufgrund der Dauermandate in der Regel bei 2 Branchenbericht der Sparkasse 2020, S. 20.

auch die mitverkaufte Infrastruktur heute und erst Recht nach der Etablierung des HomeOffices zu Pandemiezeiten in den allermeisten Fällen kaum noch von Wert, da prestigeträchtige Kanzleiausstattung und die vorhandene Technik anders als früher kaum zu Buche schlagen[10].

Beim Einkauf werden in der Praxis **verschiedene Modelle** der prozentualen Gewinnbeteiligung angeboten, die jedoch sorgfältig zu prüfen sind. Zwar ist hier der Vorteil, quasi vom ersten Tag an sofort losarbeiten zu können und auf bestehende Infrastruktur, zuverlässige Strukturen und Prozesse zugreifen zu können, nicht zu unterschätzen. Allerdings sind individuelle Träume vom eigenen Büro hier sicherlich vorerst nicht realisierbar, da es gerade am Anfang gilt, sich zurückzunehmen und anzupassen. Der Arbeits- und Gewinnverteilung sollte übrigens besondere Aufmerksamkeit gewidmet werden, da hier das größte Konfliktpotenzial liegt. Auch ist ein Abgleich der Kanzleivision und insbesondere der Werte- und Kulturebene besonders wichtig, um sich nicht finanziell an etwas zu beteiligen, hinter dem man nicht steht – unabhängig von der gegenseitigen Ergänzung der Rechtsgebiete.

Eine Alternative kann hier der eher formlose Zusammenschluss in einer **Bürogemeinschaft** sein, wo an sich eigenständige Rechtsanwälte sich lediglich anteilig an den vorhandenen Ressourcen (Miete, Personal, IT etc.) beteiligen, um Kosten zu sparen und mit zusätzlicher Kompetenz und Manpower gegenseitiges Geschäft und Flexibilität bei Öffnungszeiten zu erzielen. Der Vertrag sollte dann jedoch nicht nur die anteilige Übernahme der Kosten, sondern ebenso die Eigentumsverhältnisse bei Neuinvestitionen regeln. Und obwohl sich die Anwälte einer Bürogemeinschaft in der Regel auf sich ergänzende Rechtsgebiete fokussieren, ist ein häufiger Diskussionspunkt die Zuweisung neuer Mandate, die gebietsübergreifend sind oder aber keinem Gebiet explizit zugewiesen werden können. Auch hierzu sollte vorab Einigkeit erzielt werden.

Kleine und mittlere Kanzleien werden jedoch zunehmend ständig oder projektbezogen zusammenarbeiten. Ein Beispiel dafür sind die vier Anwältinnen, die sich für ein großes Mandat als „Event Lawyers“ für ca. 4 Jahre für die Fußballeuropameisterschaft in Berlin 2024 zusammengetan haben. Die hochspezialisierten Boutiquen (Fachanwältin für Sportrecht, für Vergaberecht, Urheber- und Medienrecht, eine Veranstaltungsspezialistin und eine Notarin) konnten so gegenüber Großkanzleien überzeugen[11].

Eine neue und komplexe Frage ist es hingegen, wenn es sich um eine Legal Tech Lösung handelt, für die gegründet werden soll.

---

10 Branchenbericht der Sparkasse 2020, S. 20.

11 Zander, in „Vier gewinnt“ in Anwaltsblatt 3/2022, S. 138.

Legal Tech Gründung

Wie wir im Abschnitt Rechtsberatungsmarkt gesehen haben, ist Legal Tech gekommen, um zu bleiben. Die Produktpalette ist ebenso vielfältig wie die Anbieter. Der zusätzliche Digitalisierungsschub durch die Pandemie hat dazu geführt, dass in diesen Bereich große Investitionen getätigt werden. Mit Legal Tech – so scheint es – kann man im Moment viel Geld verdienen. Ist es auch ein Businessmodell für Anwälte? Und wie passt das in eine Kanzlei?

Wenn Legal Tech-Produkte und -Dienstleistungen durch Anwälte entwickelt werden, passiert dies meist „nebenbei“: ein Problem in der eigenen Kanzlei löst man intelligent mit IT und erkennt, dass Entwicklungspotential besteht. Dabei kommt es nicht darauf an, welche Technologie eingesetzt wird, ob es eine komplexe Technologie wie Künstliche Intelligenz (KI) oder eine schon etablierte Technologie ist. Entscheidend sind der Kundennutzen und das effektive Lösen eines Problems. Technologie ist schließlich kein Selbstzweck und misst sich an den Problemen, die sie löst.

Warum also nicht ein von der eigenen Kanzlei losgelöstes Produkt für andere Kanzleien auf den Markt bringen? Immerhin ist man selbst mit der Technologie hoch zufrieden. Aber genügt das?

In der Wirtschaft würde man mit diesem Piloten in eine umfangreiche Testphase starten. Man würde Schwachstellen identifizieren, ihn unterschiedlichen Stresstests unterziehen, würde Zielgruppen befragen. Die eigenen Erfahrungen und das eigene System Kanzlei sind nicht das Maß aller Dinge.

Merke:
Annahmen müssen validiert werden.

Denkbar sind drei mögliche Szenarien für die Entwicklung einer Legal Tech-Idee:

1. Kanzleiintern: Wenn das Legal Tech-Produkt eher Leistungen innerhalb der Kanzlei unterstützen soll, ist eine enge Anbindung an diese durchaus sinnvoll.
2. Legal Tech neben der Kanzlei: Geht es eher darum, ein Geschäftsmodell zu entwickeln, das auch unabhängig von der Kanzlei funktioniert, wäre eine separate Ausgründung vorzuziehen.
3. Legal Tech statt der Kanzlei: Letztlich kann auch eine „Umgründung“ im Raum stehen, wenn die Kanzlei selbst mittel- oder langfristig gar nicht weiter betrieben werden, sondern das Legal Tech-Produkt in den Vordergrund treten soll und auch ein Scheitern der Kanzlei ein durchaus realistisches Zukunftsszenario darstellt. Die Frage der Schließung/Übertragung und auch Insolvenz einer Kanzlei sollte von Beginn an mitbedacht werden, da

diese – anders als bei anderen Unternehmen – einige formelle „Fallstricke“ bereithält.

Daneben stellt sich die Frage nach den Ressourcen in der Entwicklungsphase des Legal Tech-Produkts:

Ressource Anwalt

Der Zeitaufwand für die Entwicklung eines solchen Produkts, für Marketing und Vertrieb, aber auch für Personalarbeit und operative Aufgaben sollte nicht unterschätzt werden. Gerade wenn die Ausgründung zu einem eigenen Geschäft führen soll, wird die übliche Mandatsarbeit nicht möglich sein. Hier wäre zu überlegen, ob man während der Entwicklung einer Legal Tech-Geschäftsidee einer Teilzeitbeschäftigung nachgeht und ob man sich zusätzliche Unterstützung für Marketing und Vertrieb holt.

Ressource IT-Spezialisten

Auch muss eine Entscheidung darüber getroffen werden, ob und wie mit IT-Entwicklern zusammengearbeitet werden soll. Bei einem technologiebasierten Produkt ist es in der Regel notwendig, sich zusätzliche technische Kompetenz zu holen. Dabei muss zum Einen entschieden werden, ob man dies durch Beauftragung externer Entwicklerinnen bzw. Entwickler macht, oder ob Entwickler direkt Teil der Ausgründung werden, entweder als Angestellte oder als Teilhaber. Auch hier ist die Zielrichtung der Geschäftsidee ein wichtiger Entscheidungsfaktor.

Grundsätzlich ist es von Vorteil, das Kern-Know-how im Unternehmen anzusiedeln. So wird eine potenzielle Abhängigkeit von externen Personen reduziert. Wenn also die technische Entwicklung Kernaufgabe der Geschäftsidee ist, weil z.B. eine neue und komplexe Technologie genutzt wird, dann spricht dies dafür, diese Entwicklerinnen bzw. Entwickler auch im neuen Unternehmen zu integrieren und zu beteiligen. Steht jedoch die technische Komponente gar nicht im Vordergrund, dann kann die externe Entwicklung, z.B. durch eine Agentur oder einen Freelancer, vor allem aus Kostengründen durchaus sinnvoll sein.

Die Zusammenarbeit zwischen Rechtsanwalt und Entwickler ist dabei oft für beide Seiten Neuland und kann eine Herausforderung darstellen. Grundsätzlich ähneln sich beide Berufsgruppen jedoch in ihrer Arbeitsweise: Beide müssen sehr genau und logisch arbeiten. Auch werden Rechtstexte oft mit Codes verglichen, da beide streng logisch aufgebaut sind. Dennoch unterscheidet sich die Zusammenarbeit mit Menschen anderer Berufsausbildung stets von der mit den „eigenen Leuten“ – vor allem im Bereich der Kommunikation. Dies muss aber kein Nachteil sein. Ganz im Gegenteil: Interdisziplinäre (agile) Zusammenarbeit kann eine sehr lehrreiche und bereichernde Erfahrung sein. Ein anderer Hintergrund bzw. Fachbereich bringt schließlich immer andere Fragestellungen und Blickwinkel auf Sachverhalte und deren Beurteilung mit sich.

Nicht ganz unwesentlich ist in diesem Zusammenhang die Klärung der Führungsrolle und der Rechte am Produkt.

Merke:
Die Auswahl der Mitgründer und Entwickler sollte gründlich erfolgen: Unter Umständen stehen wichtige Technologieentscheidungen an, deren Korrektur teuer werden könnte. Ähnliches gilt für die richtigen Mitarbeiterinnen und Mitarbeiter für Marketing und Vertrieb.

Ressource Finanzen

Wenn das Angebot eine juristische Dienstleistung darstellt, schließt das Fremdbesitzverbot eine direkte Finanzierung durch externe Investoren aus, denn eine Rechtsdienstleistung muss grundsätzlich von einem Rechtsanwalt erbracht werden. Stellt das Angebot keine Rechtsdienstleistung dar, so bleibt eine externe Finanzierung dann ausgeschlossen, wenn das Legal Tech-Produkt im Rahmen der Kanzlei entwickelt und vertrieben werden soll.

Damit stellt eine Ausgründung eine durchaus attraktive Business Development-Entscheidung dar, nämlich immer dann, wenn aufgrund komplexer Technologie die Entwicklung des Produkts einige Zeit in Anspruch nehmen wird oder wenn es mit hohem Kapitalaufwand sehr schnell auf den Markt gebracht werden soll.

Klar muss aber auch sein, dass Investoren als Miteigentümer an allen grundsätzlichen Entscheidungen zu beteiligen sind und in den meisten Fällen nach einer gewissen Zeit bestimmte Zahlungsrückflüsse erwarten. Sie können im Gegenzug oft durch ihre Erfahrung oder ihr Netzwerk unterstützen und so neben dem reinen Kapital auch viel Know-how einbringen. Dies gilt selbstverständlich nur für professionelle Investoren, die rein wirtschaftlich motiviert sind, also Investitionen als Geschäftsmodell betreiben.

Spezielle Gründungsservices für derartige Legal Tech-Startups unterstützen eher bei der notwendigen Infrastruktur und Formalitäten. Privatinvestoren aus dem Familien- und Freundeskreis sind in der Regel reine „Geldgeber“ und ausschließlich persönlich motiviert. Einen Sonderfall stellt es hingegen dar, wenn die Kanzlei selbst mit Leistungen und Services in das Legal Tech-Unternehmen investiert, z.B. indem sie Personal, Räumlichkeiten und Geräte zur Verfügung stellt. Viele Gründer bevorzugen es dennoch, ihr Unternehmen zu „bootstrappen", also ohne externes Kapital aufzubauen.

Neben dem Berufsrecht müssen bei der Entscheidung, ob eine Ausgründung erfolgen soll, auch gewerbe- und steuerrechtliche Fragen bedacht werden: Anwälte unterliegen als Mitglieder der freien Berufe grundsätzlich nicht der Gewerbesteuerpflicht. Wenn Sie im Rahmen Ihres Legal Tech-Angebots allerdings Leistungen anbieten, die nicht rechtsberatend sind, kann dies eine Gewerbesteuerpflicht auslösen. Diese Fragen sollten vorher ausführlich geprüft werden.

Großkanzleien haben heute eigene Legal Tech-Einheiten, in denen Lösungen für die eigene Praxis oder für Mandanten entwickelt werden[12]:

Beispiel: asgaro GmbH – Digitaleinheit als Impulsgeber für neue Prozesse
Die asgaro GmbH ist aus einer Projektarbeit der Kanzlei lindenpartners hervorgegangen. Gesellschafterin ist neben den beiden Partnern der Kanzlei Thomas Asmus und Eric Romba auch die Volkswirtin und Expertin für digitale Transformation Dr. Birte Gall. asgaro berät Kunden bei der digitalen Transformation und entwickelt auch eigene Legal Tech-Produkte, deren Einsatz keiner Zulassung nach dem Rechtsdienstleistungsgesetz bedarf, z.B. für die Abwicklung erbrechtlicher Prozesse bei Banken.

Für die Gründung als externe Einheit sprach neben vielfältigen anderen Argumenten, dass Digitalexperten, die nicht Rechtsanwälte sind, nicht als Partner an einer Rechtsanwalts-Partnerschaft beteiligt werden können. In einer eigenen Einheit können damit digitale und juristische Kompetenz ausgewogener zu einer neuen Disziplin verknüpft werden. Ob ein digitales Projekt letztlich von lindenpartners oder asgaro aufgegriffen und verwirklicht wird, hängt vor allem von berufsrechtlichen Fragen und der Nähe zur juristischen Beratung ab. Insoweit ergänzen sich die Angebotsprofile; zugleich ergibt sich bei der Repräsentanz nach außen und der Beauftragung eine natürliche Trennung. Laut Unternehmen steigt die Zahl der Projekte, bei denen sowohl rechtliche Kenntnisse als auch solche im Bereich der IT und Digitalisierung gefragt sind.

Ihr Fazit: Eine Digitaleinheit kann Impulsgeber für das Neudenken von Prozessen sein. Nach meiner bisherigen Erfahrung ist aber auch eine Kanzlei bereits eine Einheit, deren Strukturen eine gute Grundlage bilden, um agil zu arbeiten: Rollen werden regelmäßig neu definiert und wechseln nach Bedarf den Inhaber, ad-hoc Projektteams werden gebildet und wieder aufgelöst; die Teams

12 *Dr. Sven von Alemann*, in: „Die Kanzlei als erfolgreiches Unternehmen", MKG 2019.

arbeiten dabei weitgehend selbständig und die Interdisziplinarität wächst schrittweise durch neue Projektmanager, Legal Engineers, COOs und andere Team-Mitglieder.

Beispiel: SKW Schwarz @ Tech GmbH – von einem Marketing-Vehikel zum Subunternehmen

Die SKW Schwarz @ Tech GmbH ist eine Ausgründung der Kanzlei SKW Schwarz. Nachdem Stefan Schicker, Managing Partner von SKW, schon seit mehreren Jahren durch Meetups und Vorträge aktiv die deutsche Legal Tech-Szene mitgeprägt hatte, wurde SKW Schwarz @ Tech 2018 gegründet, um vor allem die technische Weiterentwicklung der Kanzlei zu unterstützen. SKW will sich auf Tätigkeiten fokussieren, die sich durch das Zusammenspiel von manueller und automatisierter Arbeit auszeichnen. Hier ist eine solide Grundausstattung an Tools und Automation notwendig. Da aber auch hier die Gewerbesteuerpflicht ein Thema war, wurde SKW Schwarz @ Tech 2018 ausgegründet. Neben der Veranstaltung von Schulungen und Seminaren entwickelt die SKW Schwarz @ Tech 2018 auch Tools – intern für die Kanzlei wie extern für Kunden. Ein erfolgreiches Event war beispielsweise die Ausrichtung eines SKW-internen Hackathons.

Beispiel: nice.report – Wie effizienzsteigernde Technologie zum Geschäftsmodell wird

nice.report ist eine Gründung erfahrener Immobilienanwälte aus Berlin, die 2015 aus einer Großkanzlei ausgestiegen sind, um als 3A die Beratung zu Immobilientransaktionen innovativer und effizienter anbieten zu können. Gesellschafter von nice.report sind mittlerweile u.a. auch die für die Entwicklung entscheidenden Programmierer. Anstoß zur Gründung war hier das Erkennen von Automatisierungspotenzial in der eigenen Rechtsberatung. nice.report setzt beim kollaborativen Schreiben von Due-Diligence-Reports durch die Anwältin bzw. den Anwalt einerseits und beim Lesen und Auswerten durch den Mandaten andererseits an. Die Erstellung des eigentlichen Reports wird schneller und besser, indem für und durch den Nutzer eine Datenbank von Textbausteinen entsteht, die beim Schreiben des Reports vorgeschlagen werden. So wird eine bessere Vergleichbarkeit erreicht und es kann eine präzisere Analyse erfolgen, die dann dem Leser neue Möglichkeiten zur Weiterverarbeitung der Report-Inhalte eröffnet (z.B. übergreifende Analyse mehrerer Reports bei sukzessiven Objektankäufen für einen neuen Immobilienfonds). Für Anwalt und Mandant ist damit ein effizienteres Arbeiten möglich. Die Erfahrung von nice.report ist, dass das Konzept als Türöffner für Mandanten dienen kann, die auf diese Weise sehen, mit welch effektiven Prozessen die Kanzlei arbeitet. Das nice.report-Team stellte allerdings auch fest, dass für das selbständige Vermarkten und den Vertrieb der Software ein größeres Zeitbudget erforderlich ist[13].

2. Businesskonzept

Das Businesskonzept umfasst die gesamte finanzielle Seite Ihres Kanzlei-Unternehmens. Dabei sollten über den typischen Finanzteil eines klassischen Businessplans hinaus unbedingt auch der private Finanzbedarf des Anwaltes (bzw. der Anwälte) Beachtung finden. Schließlich möchten Sie als Anwalt ja davon leben können.

Für die Erstellung des Businessplans (Finanzteil) können Sie Experten (wie Unternehmens- und Steuerberater) heranziehen oder aber die vielen Unterstützungsangebote unterschiedlicher Anbieter und Hilfestellungen aus dem Internet nutzen.

---

i

Empfehlenswert ist es, hierfür besondere Programme bzw. Software zu nutzen[14]. Hilfreiche Tipps und Tools bietet auch die Arbeitsgemeinschaft Kanzleimanagemet des DAV, das allgemeine Informationsportal für DAV-Mitglieder sowie das FORUM Junger Anwälte. Erwähnenswert ist auch der preisgünstige „DAV Ratgeber für Junge Rechtsanwältinnen und Rechtsanwälte" (5 €), der aus einer Sammlung von Texten zu verschiedenen Themen rund um den Anwaltsberuf und die Kanzleigründung besteht und regelmäßig ein Update erfährt. Im Internet sind zahlreiche Tipps, Checklisten und Software erhältlich, die durchaus brauchbar sind.

Empfehlenswert sind außerdem Gründungskurse der IHK und anderer Anbieter und Gründerzentren, sowie im speziellen der Masterstudiengang „Lawyer and Legal Practice" (früher „Anwaltsrecht") der Fernuniversität Hagen[15] sowie die Veranstaltungen des Forums Junge Anwaltschaft des Deutschen Anwaltvereins (DAV), der Deutschen Anwaltsakademie, des Soldan Instituts oder des Deutschen Anwaltsinstitut u.a.

Nicht unerwähnt möchte ich lassen, dass Anwältinnen hier besonders unterstützt und gefördert werden, beispielsweise durch „Frau und Arbeit" und besondere Fördernetzwerke. Hier können neben MentorMe und Panda Lab Law vor allem die Mentorinnen-Programme der DAV Arbeitsgemeinschaft Anwältinnen sowie des Deutschen Juristinnenbundes genannt werden.

Weniger empfehlenswert ist der allgemeine Gründerservice, der vom Arbeitsamt für Gründen aus der Arbeitslosigkeit, IHK o.ä. zur Verfügung gestellt wird. Diese sind für Kanzleigründungen in der Regel nicht geeignet, da sie vor allem auf Gewerbegründungen zugeschnitten

---

13 Ebenda.

14 Entsprechende Businessplan-Software wird beispielweise kostenlos von den Wirtschaftsbeziehungsweise Industrie- und Handelskammern, aber zum Teil auch von Rechtsanwaltskammern zur Verfügung gestellt.

15 Sie finden mich dort als Lehrbeauftragte mit meinen Lehrskripten seit 2015 bzw. dieses Buch als empfohlene Studienliteratur seit der 1. Auflage.

sind und die BRAO hier doch ganz wichtige Besonderheiten ausweist. Auch die bekannten BAFA Förderungen für Existenzgründung und Unternehmensberatung sind nur selten für Kanzleien nutzbar – allenfalls bei Ausgründungen mit Legal Tech Produkten. Aus eigener Erfahrung wissen wir bei CLP – Consulting for Legal Professionals, wie sehr unsere speziell auf Kanzleien zugeschnittene Unternehmensberatung standardisiert werden muss, um die BAFA Lizenz zu erhalten, so dass der tatsächliche Mehrwert für unsere Anwälte fast verlorengeht. Dennoch konnten wir gerade in der Corona-Pandemie einige Kanzleien damit unterstützen.

Merke:
Fördermittel für Freiberufler und Kanzleien stehen weder auf Bundes- noch auf Landesebene zur Verfügung und werden auch nicht von Anwaltsberufskammern, Versorgungswerken und dem Berufsverband DAV zur Verfügung gestellt, wie das in anderen Branchen üblich ist.

Zu den Kosten gehören Investitionskosten, Betriebskosten und private Lebenshaltungskosten. Dazu gehören auch Ihre Krankenversicherung, Berufshaftpflichtversicherung, die Betriebshaftpflichtversicherung, eine Berufsunfähigkeitsabsicherung plus eventuelle Versicherungsleistungen für Angestellte und Auszubildende sowie die Altersvorsorge mit dem Versorgungswerk[16] o.ä. Für die Planung Ihrer Einnahmen stellen Sie eine Prognose für die Nettoumsätze an und berücksichtigen mögliche Risiken. Dabei kalkulieren Sie auch Ausfälle und „Durststrecken“ mit ein und machen sich Gedanken, wie diese mit Ersatzgeschäft überbrückbar sind.

Über § 4 Abs. 3 EStG können Sie als Einzel-Anwalt auf eine Bilanzierung verzichten und lediglich eine Einnahmen- Überschussrechnung erstellen[17]. Sie haben also keine Buchführungspflicht[18]. Allerdings wird in der Regel eine Belegbuchführung bzw. eine Journalbuchführung in Betracht kommen, um die entsprechenden Nachweise vorhalten zu können[19]. Anwalts- bzw. Mandantensoftware sind in der Regel mit einem entsprechenden System ausgestattet, idealerweise mit einer Schnittstelle zum DATEV-System des Steuerberater.

Ich möchte Ihnen jedoch auch nicht vorenthalten, dass der klassische Businessplan mittlerweile bei Experten umstritten ist. Gerade in der Start-Up-Kultur wird nach modernen, technikunterstützten Methoden gesucht, die Kreativität

16 Detaillierte Aufstellung bei Miecke in Landenberg, „Erfolgreich starten als Rechtsanwalt“, S. 208 ff.

17 Die kompliziertere Gewinnermittlung durch Betriebsvermögensvergleich kommt bei Berufseinsteigern regelmäßig nicht Betracht, § 4 Abs.1 EStG so Philipp, „Die erfolgreiche Kanzleigründung“, S. 134.

18 Miecke in Landenberg, „Erfolgreich starten als Rechtsanwalt“, S. 221.

19 Philipp, „Die erfolgreiche Kanzleigründung“, S. 135.

fördern und „mitdenken". Agile Teams und Scrum sind hier die Schlagwörter der Stunde. Dies mag für eine klassische Kanzleigründung zwar eher am Rande interessant sein.

Es gibt jedoch zwei Gründe, warum Sie sich dennoch damit beschäftigen sollten:

- diese Alternative kann Sie tatsächlich wieder zurück in Ihre Kreativität bringen, wenn das „Trauma des Jurastudiums" oder „die Jahre im Hamsterrad einer Großkanzlei" diese völlig verschüttet haben. Kreativität ist aber der Schlüssel für den Erfolg Ihrer Kanzlei.
- Diese Modelle bergen in sich technische Affinität und Spielpotenzial. Wie wir gesehen haben, erlebt der Rechtsmarkt gerade eine nie gekannte Digitalisierung. Längst ist noch nicht alles erfunden, was hier möglich zu sein scheint. Diese Alternativen laden gerade zu sein, sich mit auf diese Spielwiese zu begeben[20].

Das Business Model Canvas hat sich zum Mittel der Wahl entwickelt, um das Geschäftsmodell und eine Startup Idee zu visualisieren und zu testen, ob diese auch unternehmerisch sinnvoll ist. Viele Experten sind mittlerweile der Meinung, dass das Business Model Canvas den veralteten Business Plan vollständig ersetzen kann[21]. Es umfasst neun Elemente: Zielgruppe, Nutzenversprechen, Kommunikations- und Marketingkanäle, Service, Einnahmeportfolio und Kostenstruktur, Schlüsselressourcen, -aktivitäten und -partnerschaften.

Wichtig ist mir an dieser Stelle lediglich, Ihnen zu vermitteln, dass Sie sich Gedanken dazu machen, wodurch Ihre Kanzlei zum Business, zum Geschäft wird.

Sie sollten also Ihre wirtschaftlichen Ziele, Umsatz und Gewinn für den nächsten Monat, das nächste halbe Jahr, das nächste Jahr, die nächsten drei, und die nächsten fünf Jahre genauestens definieren. Und genau dort liegt auch das Problem: Ein Businessplan ist immer ein „Wunschzettel an den Weihnachtsmann"; ein Traum, eine Vision. Bestenfalls eine „Absichtserklärung" oder eine „Hochrechnung", die jedoch schon nach wenigen Monaten nichts mehr mit der Realität, einer seriösen Prognose oder der tatsächlichen Entwicklung Ihres Kanzleibusiness zu tun hat.

---

20 Drei Gründer-Bücher, die hier empfohlen werden: Campus „Business Model Generation", „Business Model YOU", Ash Maurya „Scaling Lean".

21 Carolin Gattermann, „Drei Business Bücher, die jeder Gründer lesen sollte", Startplatz vom 11.4.2017.

Die Frage ist also, warum sollten Sie dann überhaupt einen Businessplan bzw. ein Business Model erstellen? Zunächst wird ein Businessplan inklusive dem beschriebenen Gründungskonzept bei Fremdfinanzierung vom Geldgeber (Bank) verlangt werden.

Aber auch unabhängig davon ist die Antwort ebenso einfach wie überzeugend: Weil Sie einen Plan brauchen, ein Ziel[22].

Studien haben gezeigt, dass Collegestudenten, die bereits eine feste Vorstellung von Ihrem zukünftigen Gehalt zu einem bestimmten Zeitpunkt haben, eine 90% höhere Wahrscheinlichkeit haben, dieses Einkommen auch tatsächlich zu erzielen, als Ihre Collegestudentenkollegen, die nur eine vage bis keine Vorstellung davon hatten, wie hoch Ihr Einkommen sein wird. Sich hier mit konkreten Zahlen zu beschäftigen, heißt nichts anderes, als Ihre im vorigen Kapitel genau definierte Zielgruppen, Ihre Positionierung und Markenbildung in Zahlen und Businesssprache zu übersetzen. Ob Sie diese Erwartungen und Berechnungen tatsächlich erreichen werden, wird an Ihnen liegen – und an einer Vielzahl weiterer Faktoren.

Der perfekte Businessplan liegt in der Regel irgendwo zwischen zwei Parametern:

Zwischen der möglichst genauen Markthochrechnung als Optimum und Ihrem Traumergebnis als Maximum. Ob Ihr Plan eher zu der einen oder anderen Seite tendiert, ist keine Frage von richtig oder falsch, sondern eine Frage Ihres Typs.

Was ist es der richtige Weg für Ihren Typ? Der von Ihnen erstellte Businessplan sollte Sie in erster Linie motivieren, Ihnen Zuversicht und Selbstvertrauen verleihen. Doch vor allem sollten Sie fest an dessen Realisierung glauben können. Einen goldenen Mittelweg gibt es nicht. Nur Ihren eigenen persönlichen, individuellen Weg, Ihren Businessplan zu erstellen und mit diesem zu arbeiten.

Ihr finanzieller Teil des Businessplans umfasst vereinfacht drei Dimensionen:

!

- Einnahmen
- Kosten und Investitionen
- Entsprechende Budgets und Finanzierung

Bei den Einnahmen geht es vor allen Dingen um den Umsatz, da nur dieser für Ihre Kalkulation maßgeblich sind, also die Gebührenprognose[23]. Das sind natür-

22 Dr. Geertje Tutschka, „Warum Ihr Kanzleibusinessplan jetzt zählt“ in Huffington Post vom 6.11.2015.

23 Miecke in v.Landenberg, „Erfolgreich starten als Rechtsanwalt“, S. 202f.

lich in erster Linie Ihre Netto-Gebührennoten, aber auch Einnahmen aus Autorentätigkeit, Beratertätigkeit, Gutachtenerstellung sowie Kooperationen mit Partnern sollten hier Berücksichtigung finden. Sie können hier auf die oben erstellte Ressourcenliste zurückgreifen und diese nun monetär, das heißt, in Zahlen abbilden.

Bei den Kosten, die auf Kanzleigründer zukommen, sollten Sie zwischen einmalig anfallenden und laufenden Kosten unterscheiden.

Einmalige Kosten sind etwa:
- Verwaltungsgebühren: Zulassungsgebühr, Beglaubigungen
- Einrichtung
- Hardware wie Rechner, Fax, Telefonanlage usw.
- Kanzleisoftware inkl. Buchhaltungsprogramm (sofern kein Abonnement)

Den weitaus größeren Teil der Aufwendungen machen **laufende Kosten** aus, u. a.:
- Miete und Nebenkosten
- Mitgliedsbeiträge: Anwaltskammer, Versorgungswerk
- Versicherungen
- Personalkosten
- Telefon-, Internetvertrag
- Marketingausgaben
- Abonnements: juristische Datenbanken, Zeitschriften, Software etc.
- Fortbildungskosten
- Kredit-Tilgung

Selbstverständlich sind in dieser Kalkulation bzw. Aufstellung auch die damit verbundenen Kosten, Gehälter, Auslagen und Aufwendungen sowie Miete und Mitarbeitergehälter, aber auch die Kosten Ihrer Zulassung enthalten, so dass es in einem zweiten Schritt darum gehen muss, aus den veranschlagten Einnahmen den zu erwartenden Gewinn herauszurechnen[24]. Die Kosten der Zulassung sind Rechtsanwaltskammerkosten, Berufshaftpflichtversicherungskosten, Mitgliedschaften bei Rentenversicherung und Krankenkasse. Darüber hinaus ist er auch die Basis für zukünftige Investitionen, für Marketingmaßnahmen. Sie sollten hier so substantiiert wie möglich in den jeweiligen Zeitabschnitten diese Positionen darstellen.

Bedenken Sie: **Sie erstellen diesen Businessplan in erster Linie für sich selbst!**

---

24 Heussen, Anwaltsunternehmen führen, S. 262 ff.

Auch wenn in den meisten Fällen die Vorlage des Businessplanes für die Beantragung eines Kredites bzw. für sonstige staatliche Unterstützungsleistungen erforderlich ist, sollten Sie diesen Businessplan genau auf Ihre Bedürfnisse abstimmen und so erstellen, dass dieser bestmöglich für Sie im Alltag nutzbar ist. Sind Sie ein Zahlenmensch, sollte der Businessplan jegliche Ihnen wichtige Zahlen abbilden. Auch Tabellen können hier hilfreich sein. Sind Sie ein eher visueller Typ, unterstützen Chartübersichtskarten und Säulendiagramme.

Zusätzlich muss überlegt werden, ob Anschaffungen und Investitionen zu tätigen sind, Abschreibungen zu berücksichtigen oder der Einsatz von Share-Lösungen oder auch Leasingmodelle alternative Lösungen sind. Zu den Kosten gehören wie erwähnt auch Personalkosten sowie die Kosten etwaiger Serviceprovider, wie des Putzdienstes, des IT-Services oder der Papierlieferdienst. Als Faustregel kann gelten, dass die Personalkosten durchschnittlich 25–50% und die Marketingkosten ca. 10% des Umsatzes betragen.

Für die Sachkosten kann für die Erstgründung sehr individuell kalkuliert werden, zumal Leasing- und Sharemöglichkeiten aber auch gebrauchte Grundausstattungen am Anfang durchaus preisbewusste Lösungen sein können[25]. Klassisch-konservativ wurde früher im Allgemeinen eine Sachgrundausstattung einer Einzelanwaltskanzlei mit ca. 100.000 € kalkuliert. Heute mag in der Minimalausstattung ein Büroservice und ein Laptop mit Drucker und Handy in den ersten Monaten genügen und lediglich einen Sachmittelaufwand von 2.500 € im ersten Jahr auslösen.

Ich habe wie eingangs erwähnt, bewusst auf das Einfügen von Formularen und Beispielberechnungen verzichtet. Erstens bekommen Sie diese viel detaillierter und bequemer heute online, so dass das Herauskopieren oder gar Abschreiben alles andere als zeitgemäß für Arbeitsblätter ist. Zum anderen möchte ich nicht den Eindruck erwecken, dies wären auch nur annähernd Richtwerte, die es zu erfüllen gilt. Selbstverständlich benötigen Sie für die Eröffnung Ihrer Kanzlei nur Telefon, Laptop, Internet und Kanzleischild. Und selbstverständlich können Sie heute von überall arbeiten – also auch von Hawaii aus in Ihrer Kanzlei arbeiten oder vom Spielplatz im Stadtpark. Das ist das Schöne und auch das Schwierige an der Kalkulation. Sie allein entscheiden, was im Moment für Sie passt. Es gibt kein richtig oder falsch; kein professionell oder unprofessionell, solange Sie Ihre Kanzlei als Geschäftsmodell mit Gewinnerzielungsabsicht planen.

25 Branchenbericht der Sparkasse 2020, S. 24.

Aus meiner Erfahrung ist der schwierigste Posten in diesem Zusammenhang das „Gehalt", welches man sich selbst zugesteht. Dies wird allzu oft zu Unrecht mit dem „Gewinn" gleichgesetzt. Tatsächlich sollten Sie sich Gedanken machen, was Sie mit dem Gewinn machen werden: investieren in die Kanzlei oder Sicherheiten und Rücklagen bilden. Hier spielen auch Ihre persönlichen Umstände rein: haben Sie bereits Unterhaltsverpflichtungen gegenüber Ihrer Familie, müssen Sie Darlehen und Kredite bedienen (z.B. BaföG, PKW Finanzierung o.ä.), müssen Sie mit einem Teil des Geldes Ihre Eltern oder Geschwister unterstützen oder haben Sie selbst überdurchschnittliche Ausgaben wegen eines Hobbies[26], was Ihnen wichtig ist oder einem Zweitstudium bzw. Promotion.

Einrechnen sollten Sie hier aber auch denjenigen Teil Ihrer Arbeitszeit, den Sie vielleicht schon ehrenamtlich oder im Familienverbund festgeschrieben haben. Auch Ihr Tag hat nur 24 Stunden. Und wenn Sie Zeit für Partner und Kind haben möchten, steht diese Zeit nicht für die Kanzlei zur Verfügung. Nicht nur die Familienrechtler wissen, dass Ehe und Familie spätestens in zweiter Linie eine finanzielle Angelegenheit ist und nicht nur Privatvergnügen. Seien Sie also realistisch in Ihrer Planung. Und überprüfen Sie auch Vorurteile und Paradigmen, die hier vielleicht unbewusst Ihre Entscheidungen beeinflussen: Selbstverständlich dürfen Sie auch Spaß haben und sich Zeit für sich nehmen oder an einem Montag auf Skitour gehen, wenn das Wetter danach ist und es Ihnen gefällt. Sie allein entscheiden – das ist wiederum der Vorteil der Selbstständigkeit, nicht nur „selbst und ständig" beschäftigt sein zu müssen.

---

i Ganz häufig übersehen wird aber auch ein notwendiger Liquiditätsplan, also die Frage, wie sie laufende Kosten oder Investitionen im Verhältnis zum zeitlichen Eingang Ihrer Einnahmen bezahlen. Hierbei sollte unbedingt beachtet werden, dass Klienten nicht immer pünktlich zahlen oder es Ausfälle geben kann. „Auf Sicht fahren" bewährt sich auch beim Thema Liquidität: Sie sollten mindestens 6 Monate, idealerweise 18 Monate ihre laufenden Kosten mit den jetzt vorhandenen Mitteln decken können, damit es keine unangenehmen Engpässe gibt.

Das Gehalt eines Anwalts steigt in der Regel mit den absolvierten Berufsjahren:
- Junganwalt: 43.000 €
- bis 5 Jahre: bis 70.000 €
- bis 10 Jahre: bis 110.000 €
- länger: bis 166.000 €

---

26 Pferde, Ski und Golf sind hier sicherlich die gewöhnlichen, es kann aber auch ein Tauch- oder Pilotenschein sein.

Die Größe der Kanzlei ist ebenso ein wichtiger Einflussfaktor auf den Verdienst als Anwalt. Laut einer Umfrage des Soldan-Instituts für Anwaltsmanagement verdienen Anwälte in kleinen Kanzleien mit bis zu zehn Mitarbeitern jährlich zwischen 38.000 und 55.000 € brutto. In Kanzleien, die bis zu 20 Mitarbeiter beschäftigen, liegt das Anfangsgehalt bei bis zu 75.000 €. In mittelständischen Kanzleien mit ungefähr 20 bis 100 Mitarbeitern kann das Bruttojahresgehalt bis zu 100.000 € betragen. Rechtsanwälte in Großkanzleien – rund 650 Berufsträger in Deutschland – können in den ersten Jahren mit bis zu 155.000 € rechnen. Eine Gehaltsstudie des Juve-Karriereportals von 2020 zeigt, dass in Deutschlands Großkanzleien ein Einstiegsgehalt von bis zu 125.000 Euro brutto möglich, jedoch nicht die Norm ist.

Berufsanfänger in Unternehmen erhalten dagegen ein monatliches Durchschnittsgehalt von 5.300 € brutto (Stand: Juni 2019). Je größer das Unternehmen, desto mehr Gehalt kann den Berufseinsteigern winken. Allerdings gibt es branchenabhängig große Verdienstunterschiede. Zu den Top-Branchen zählen die chemie- und erdölverarbeitende Industrie mit einem Jahresbruttogehalt von bis zu 108.100 € der Maschinen- und Anlagenbau – Jahresbruttogehalt von bis zu 106.300 € und Banken – Jahresbruttogehalt von bis zu 95.100 €. Das Schlusslicht bilden Verbände, der öffentliche Dienst und die Medienbranche. Bei Juristen im öffentlichen Dienst liegt das Gehalt je nach Besoldungsgruppe und Rang im Bund zwischen gut 4.500 und knapp 8.000 € brutto im Monat. Die Medienbranche entlohnt Anwälte mit einem durchschnittlichen Bruttojahresgehalt von 61.700 €.

Das Einkommen von Richtern und Staatsanwälten wird dagegen als Besoldung bezeichnet. Die Besoldungsordnung R gliedert sich in Besoldungsgruppen R1 bis R10 beziehungsweise R11 tabellarisch auf. Nach dieser Ordnung wird das Arbeitsentgelt einheitlich für beide Berufsgruppen geregelt. Innerhalb der einzelnen Gruppen beeinflussen die Erfahrungsstufen die Höhe der Besoldung und spiegeln gleichzeitig die Berufserfahrung wider. Seit der Föderalismusreform 2006 sind die Bundesländer eigens für die Höhe und Regelungen zur Besoldung zuständig. Davon ausgenommen sind Bundesrichter: Diese werden noch bundeseinheitlich nach dem Bundesbesoldungsgesetz (BBesG) bezahlt. Zusätzlich greift das BBesG auch dann, wenn ein Bundesland kein eigenes Landesbesoldungsgesetz hat. Generell steigt das Einkommen für Richter und Staatsanwälte mit der Einstufung in eine höhere Besoldungsgruppe und beginnt bei ca. 3.500 €monatlich. es kann auf ca. 12.000 € monatlich für den Generatbundesanwalt bei BGH steigen[27].

27 gehaltsreporter.de: Gehalt Anwalt; Stand: 01/2020.

In der Planungsphase stehen meist noch nicht alle Informationen in ausreichendem Maße zur Verfügung. Sammeln Sie über mehrere Tage, Wochen und Monate immer wieder Kostenpunkte oder arbeiten Sie mit Praxisquoten. Viele dieser kleinen versteckten Punkte werden gerne übersehen, können aber in Summe auch einen gut kalkulierten Businessplan über den Haufen werfen. Bei der Aufstellung der beabsichtigten Investitionen dürfen Sie kreativ werden, solange sie sich hier natürlich im Rahmen des entsprechenden Budgets bewegen. Vor allem geht es jedoch an dieser Stelle um die Frage, welche Maßnahmen von den vielfältigen Möglichkeiten priorisiert und zuerst in Angriff genommen werden sollten.

Für die konkrete Finanzierungsstrategie werden die beabsichtigten Investitionen und Kosten im sogenannten Budget zusammengefasst.

Ein **Budget** umfasst drei Punkte:
1. Zuweisung zu einem bestimmten Thema
2. Geldbetrag, der diesem Thema zur Verfügung gestellt werden soll
3. Zeitfenster, in welchem der Geldbetrag dem Thema zur Verfügung stehen soll.

Außerdem sollten Sie generell für all Ihre Budgets definieren, was für den Fall, dass das Budget überschritten werden muss, erfolgt sowie was für den Fall, dass das Budget nicht ausgeschöpft wird, mit den unverbrauchten Geldbeträgen erfolgt.

Hier bietet sich ein sogenanntes Notfallbudget an, auf welches unverbrauchte Gelder eingezahlt und unvorhergesehene Budgeterweiterungen entnommen werden können.

Auch für dieses Notfallbudget sollten Sie sich im Vorfeld Gedanken darüber machen, wann ein solcher Notfall besteht und wer letztendlich darüber entscheiden soll.

Darüber hinaus sollten Sie, nachdem Sie alle Budgets gebildet haben, diese gegenüberstellen und überprüfen, ob die Bedeutung der jeweiligen Themen in Ihrem Kanzleibusiness durch die dem Thema zur Verfügung gestellten Geldbeträge abgebildet wird.

Auch sollten Sie Budgets zu verschiedenen Themenkomplexen zusammenstellen und ein Gesamtbudget daraus entwickeln.

Haben Sie so Ihre Budgets ermittelt und aufgestellt und das Feintuning bei der Gewichtung vorgenommen, gilt es nun sicherzustellen, wie diese Budgets finanziert werden.

Grundsätzliche kommen drei **Finanzierungen** in Betracht:
1. Eigenkapital

2. Gewinn
3. Fremdfinanzierung

Sie sollten hier alle drei Finanzierungsressourcen genauestens kalkulieren und nebeneinander aufstellen um sicherzustellen, dass Sie für die Budgets erforderliche Geldmittel zur Verfügung haben. Grundsätzlich wird empfohlen, dass die Finanzierung in erster Linie die Grundkosten Ihrer anwaltlichen Tätigkeit sicherstellt und Fremdfinanzierung so gering wie möglich gehalten wird. Eine Besprechung mit Ihrem Steuerberater kann jedoch für Ihre spezifische Situation klären, ob es sich am Ende nicht für Sie auszahlt, mit mehr Fremd- als Eigenkapital zu arbeiten.

Ein professioneller Businessplan ist Voraussetzung, um Fördergelder oder eine Fremdfinanzierung durch Bankdarlehen zu erhalten. Mögliche Förderungen, die Kanzleigründer beantragen können, sind:
- Förderkredite von Banken: Einige Banken, wie die KfW, bieten spezielle Gründerkredite für Existenzgründer und junge Unternehmen an.
- Gründungs- und Wachstumsfinanzierung (GuW) von Bund und Ländern: Eine Übersicht der Förderinstrumente bietet z. B. das Bundesministerium für Wirtschaft und Energie (BMWi).
- Gründungszuschuss der Bundesagentur für Arbeit: Wer noch mind. 150 Tage Anspruch auf Arbeitslosengeld hat und mit der Selbständigkeit die Arbeitslosigkeit beendet, kann für max. 15 Monate diese Förderung beziehen.
- Einstiegsgeld (ESG): Bezieher von Arbeitslosengeld II können unter bestimmten Voraussetzungen für max. 24 Monate Einstiegsgeld erhalten.
- Bezuschussung oder Übernahme von Existenzgründungsberatungen oder -seminaren.

Ist Ihr Businesskonzept komplett, legen Sie es bitte nicht in die Schublade, sondern erstellen Sie sich eine Übersicht, die Sie sich an gut sichtbarer Stelle an Ihren Arbeitsplatz heften.

Entwickeln Sie eine Routine, wo Sie jeweils an einem bestimmten Tag der Woche sich ein bestimmtes Zeitfenster nur für die Überarbeitung, Anpassung und Kontrolle Ihres Businessplanes reservieren, damit dieser immer den aktuellen Gegebenheiten und dem Stand Ihres Kanzleibusiness angepasst wird.

Nur wenn Sie mit Ihrem Businessplan tatsächlich arbeiten und ihn zur Grundlage Ihres Handelns und Ihrer Entscheidungen machen, hat sich die dafür aufgewendete Zeit seiner Erstellung auch wirklich gelohnt. Nur unter Zuhilfenahme Ihres Businessplanes sind Sie in der Lage als Kanzleiinhaber unternehmerisch, planmäßig und strategisch zu handeln, auch schwierige Zeiten durchzustehen und auf Unvorhergesehenes überlegt und souverän zu reagieren.

3. Umsetzung der Kanzleivision

Sie haben nun Ihre Kanzleivision entwickelt und eine erste Idee davon, was Ihre Kanzlei von anderen Kanzleien unterscheidet und welchen Mehrwert Ihre Kanzlei Ihren Mandanten bieten wird. Sie haben auch sichergestellt, dass die dafür erforderlichen finanziellen Mittel zur Verfügung stehen und mit Ihrem Businessplan eine Finanzstrategie entwickelt. Es gilt nun auf der Grundlage dieses Businessplans Ihre Kanzleivision in Einzelschritten umzusetzen und eine detaillierte Kanzleistrategie zu entwickeln.

Abgesehen vom Organisatorischen (welches im folgenden Kapitel näher erörtert wird) geht es zunächst um die Frage, wie Sie Ihr spezielles Rechtsgebiet innerhalb Ihrer Kanzlei präsentieren möchten, wie Sie Ihre Mandanten akquirieren wollen, wie Sie Ihren Service gestalten möchten und wie Ihre Werte innerhalb der Kanzlei gelebte Team- und Führungskultur werden, aber auch Außenwirkung für die Mandanten erzeugen.

Sie können hierfür einen bestimmten Leitsatz verwenden, aber auch einzelne wichtige **Werte definieren**, die Ihnen besonders wichtig sind. Dies wird Ihnen später helfen, Ihre Kanzlei auf Kurs zu halten, wenn es gilt, Unwägbarkeiten zu umschiffen und Umwege in Kauf zu nehmen. Ein Symbol oder Leitbild kann hier ein guter Wegweiser sein.

Wofür ist das an dieser Stelle wichtig?

Wenn Ihre Kanzlei mehr werden soll als die „technische Voraussetzung" Ihrer anwaltlichen Tätigkeit, wenn Sie für Ihre Mitarbeiter und Mandanten zu einem festen Bestandteil ihres Lebens werden soll, muss diese Kanzlei die Bedürfnisse dieser Menschen befriedigen. Wie im vorherigen Kapitel bereits dargestellt, entstammen diese Grundbedürfnisse den fünf wichtigsten Lebensbereichen: Ihre Kanzlei sollte also im Umkehrschluss diese Bedürfnisse auf diesen fünf verschiedenen Ebenen Ihrer „Zielgruppe" treffen.

Die Maslow'sche Bedürfnispyramide[28] zeigt, dass alles menschliches Handeln durch das Stillen von Bedürfnissen motiviert ist, wobei die unteren vier

28 Abraham Maslow (geboren 1943) war ein Psychologe, der sich mit den Bedürfnissen des Menschen auseinandergesetzt hat. Seine Motivationstheorie „Maslow'sche Bedürfnispyramide" zählt zu den bekanntesten und bedeutendsten seiner Art.

als Defizit-Bedürfnisse und die obere Kategorie als Bedürfnisse des Seins oder Wachstumsbedürfnisse zusammengefasst werden können. Beginnend bei der untersten Kategorie baut sich die Pyramide nach psychologischen Bedürfnissen, Bedürfnissen nach Sicherheit, Zugehörigkeit, Wertschätzung und Selbstverwirklichung auf. Entwicklung geschieht von unten nach oben.

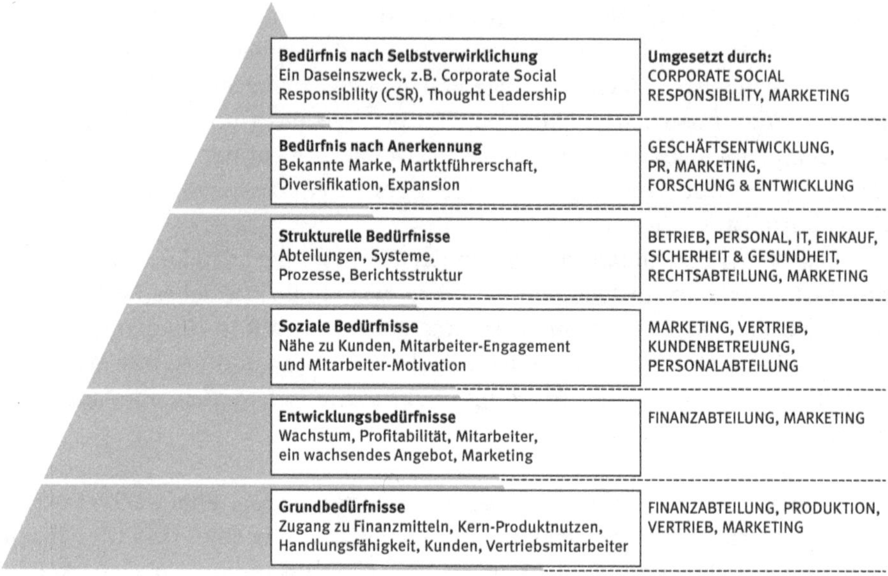

Maslow'sche Bedürfnispyramide, © B2B international Marktforschungsinstitut

Heute ist allgemein anerkannt, dass selbstverständlich auch Unternehmen – und so auch Kanzleien – nach diesem Muster funktionieren. Immerhin haben auch Sie Ihre Kanzlei gegründet, um das Bedürfnis Ihrer Mandanten nach einer bestimmten Rechtsberatung, einem Service oder einer Problemlösung zu stillen.

Die Gründung einer Kanzlei sollte also ebenso „organisch“ erfolgen: Sie beginnen mit der Implementierung der Grundlagen (Einrichtung, Ausstattung, Personal, Etablierung von Prozessen und Strukturen). Danach geht es erst um Fragen des Marketings, die Erweiterung des Service, die Aufstockung der Mitarbeiter. Nach den ersten Monaten sollten Sie sich mit Themen wie Führung, und Motivation Ihrer Mitarbeiter beschäftigen (die Probezeiten sind nun ausgelaufen), aber auch um Nachhaltigkeit und Langlebigkeit von Mandantenbeziehungen, da die ersten Mandate nun abgeschlossen sind und es gilt, diese Mandanten auch zukünftig wiederzusehen. Die Kanzlei wächst und es werden weitere

Einrichtungen und Systeme oder auch angepasste Aktenprozesse notwendig. Die ersten Ablagen erfolgen. Manche Prozesse müssen optimiert werden.

Nun gilt es, sich mehr um die **Außenwirkung** zu kümmern, sich Gedanken zu Marke, Branding und auch zum Employer Branding zu machen. Sie sollten entscheiden, ob Sie langfristig eher selbst ausbilden möchten und sich frühzeitig um den Aufbau von Nachwuchskräften kümmern.

Sind die Grundstrukturen etabliert, sollten Sie nicht vergessen, auf der Zielgeraden einzulaufen: Ihre Kanzlei wird langfristig nur dann gut funktionieren, wenn Sie sich nun sukzessive um den wertebasierten Aufbau von gesellschaftspolitischen und sozialen Projekten kümmern, Sie sich im Berufsverband engagieren und Sie Ihrer Kanzlei damit einen „Daseinszweck" vermitteln – und diesen auch nach innen und außen kommunizieren und leben. Die Möglichkeiten sind vielfältig. Gerade deshalb überrascht es, dass nur wenige Kanzleien diesen Prozess wirklich bis zu Ende durchlaufen, sondern spätestens auf Stufe vier wieder zurück zu eins gehen oder aber schon bei Stufe drei den Autopiloten einschalten und es den Strukturen und Prozessen selbst überlassen, sich zu entwickeln. Was sie auch tun. Nur eben eher wie Pflanzen in einem Biotop oder Dschungel als in einem englischen Garten. Es ist Ihre Entscheidung.

Was hat Ihnen dieses Kapitel gebracht?
Sie können Ihre Kanzleivision in eine konkrete Strategie umsetzen.

II. Formalien

Wozu sollten Sie dieses Kapitel lesen?
Sie lernen die wichtigsten Formalitäten kennen.

Die formellen Anforderungen an eine Kanzleigründung sollen hier nicht umfassend abgebildet werden, sondern nur die wesentlichen Informationen sowie die Spezialisten, an die Sie sich hierzu wenden können. Jede Gründung weist sicherlich spezifische Besonderheiten auf.

---

i Bitte nehmen Sie unbedingt das umfangreiche Unterstützungs- und Beratungsangebot in Anspruch und lassen Sie sich individuell beraten, um das für Sie passende Individualpaket zu schnüren.

Zuständig für die Anmeldung Ihrer Kanzlei ist in erster Linie die für Sie zuständige Rechtsanwaltskammer. Die Rechtsanwaltskammern verfügen auch über diverse Informationsblätter und Checklisten dazu, die ich Ihnen empfehle anzufordern. Nach der BRAO ist zunächst ein **Antrag bei der zuständigen Rechtsanwaltskammer** erforderlich, welche den gleichzeitig mit dem Antrag eingereichten Nachweis der Befähigung zum Richteramt (der Abschluss der beiden Staatsexamina) prüft. Mit diesem Antrag ist ebenfalls der **Nachweis einer Berufshaftpflichtversicherung** einzureichen, da diese zwingende Voraussetzung für die Zulassung zur Rechtsanwaltschaft ist. Nachzuweisen ist ferner die **„Einrichtung einer Kanzlei"**. Dafür ist nicht zwingend Büroeinrichtung erforderlich. Noch nicht einmal ein Kanzleischild ist unbedingt erforderlich. Erforderlich ist jedoch eine Postadresse innerhalb des Zuständigkeitsbereiches der Rechtsanwaltskammer sowie die Kontaktdaten per Telefon, Fax oder Email (und zukünftig auch das beA). Es soll also Erreichbarkeit der Kanzlei sichergestellt werden. Sobald der Antrag auf Zulassung genehmigt worden ist, besteht die Verpflichtung, in die **Rechtsanwaltskammer** einzutreten. Eine entsprechende Regelung findet sich in den §§ 60ff. BRAO. Die Rechtsanwaltskammer ist eine Körperschaft des öffentlichen Rechts und überwacht die Einhaltung des Berufsrechtes. Sie fungiert ebenso als Beratungs- und Schlichtungsstelle und bietet darüber hinaus Informationen und Fortbildungen für die Mitglieder an. Der **Kammerbeitrag** beläuft sich auf ca. 300,– € im Jahr.

Da dieser grundsätzlich einkommensunabhängig ist, ist dieser auch von Berufsanfängern und Kanzleigründern grundsätzlich zu entrichten. Eine Befreiung oder Reduzierung ist regelmäßig nicht möglich. Mit der Zulassung zur Rechtsanwaltschaft ist neben der Kammerzulassung und dem Abschluss einer Berufshaftpflichtversicherung[1] darüber hinaus die **Mitgliedschaft in einer Versorgungseinrichtung** (Rentenversicherung) erforderlich. In den meisten Fällen haben die Länder **Versorgungswerke für Rechtsanwälte** eingerichtet, die über freiwillige oder aber über Pflichtmitgliedschaften verfügen. Zwar ist die Mitgliedschaft in einem Versorgungswerk der Rechtsanwälte grundsätzlich positiver zu bewerten als die Mitgliedschaft in der allgemeinen Rentenversicherung. Gleichwohl würden wohl die meisten Berufskollegen eine private Versicherungsmöglichkeit bevorzugen. Die Rentenversicherungsbeiträge werden jeweils nach Einkommen festgesetzt. Es gibt die Möglichkeit während langer Krankheit, Mutterschaft oder aber auch bei keinem oder geringem Gewinn am Anfang einer Kanzleigründung die Beiträge auf ein Mindestmaß zu reduzieren, d.h. auf ca. 150,– € pro Monat. So wie es einen Mindestbeitrag gibt, gibt es auch Höchstbeitragssätze, welche für Sie dann vielleicht in naher Zukunft relevant sein werden. Der Beitrag orientiert sich länderabhängig für Selbstständige am Einkommen. Zum Vergleich: In Bayern beträgt 2021 der monatliche Höchstbeitrag 1.320,60 €, der Mindestsatz 165,10 €.

Dem Anmeldebogen bei der regional zuständigen Rechtsanwaltskammer legen Sie als zugelassener Rechtsanwalt bei:

- Lebenslauf mit aktuellem Lichtbild
- amtlich beglaubigte Kopie des zweiten Staatsexamens
- gegebenenfalls Nachweis über die Berechtigung zur Führung eines akademischen Grades
- Führungszeugnis der Beleg-Art N
- Erklärung, dass kein Versagungsgrund gem. § 7 BRAO, wie insbesondere Unwürdigkeit, vorliegt
- Nachweis einer abgeschlossenen Berufshaftpflichtversicherung (§ 51 BRAO) oder die Vorlage einer vorläufigen Deckungszusage: Die Mindestversicherungssumme beträgt 250.000 € je Versicherungsfall.
- Begleichung der Zulassungsgebühr: Der Betrag richtet sich nach der Gebührenordnung der jeweiligen Rechtsanwaltskammer, im Durchschnitt liegt er bei ca. 250 €.

Zuletzt noch ein Wort zur Einrichtung einer **Kanzlei im Ausland:**

Der erste Schritt ist immer die Zulassung im Heimatland also z.B. Deutschland.

Dabei ist zunächst zu unterscheiden, ob die Kanzlei im europäischen Ausland oder in einem sogenannten Drittstaat eingerichtet wird. Im europäischen

1 Die Berufshaftpflichtversicherung muss den Vorgaben der BRAO entsprechen, das heißt, die vorgegebenen Deckungssummen im In- und Ausland abdecken.

Ausland kann sich jeder deutsche Rechtsanwalt grundsätzlich als sogenannter Europaanwalt niederlassen. Das heißt nicht, dass dieser im Europarecht tätig ist, sondern vielmehr, dass dieser Anwalt die europäische Freizügigkeit im Hinblick auf seine Berufsausübung genießt. Lässt sich der Anwalt lediglich für einen kurzen Zeitraum im Ausland nieder, besteht die Möglichkeit, sich im Inland, also in Deutschland, von der Kanzleipflicht für ein bis zwei Jahre auf Antrag befreien zu lassen. Es ist dann lediglich erforderlich, einer Kontaktadresse und einer Kontaktperson für amtliche Zustellungen zur Verfügung zu stellen. Lässt sich der Rechtsanwalt hingegen dauerhaft im Ausland nieder, wird dies in einem Drittstaat in den allermeisten Fällen an der mangelnden Zulassungsfähigkeit zu den dortigen Gerichten scheitern. In den allermeisten Fällen wird es sich hier um eine Entsendung zu einer größeren Kanzlei handeln, so dass dieser Entsendungs- oder Expatriate-Status, und damit der zugrundeliegende Arbeits- beziehungsweise Entsendungsvertrag auch die Zulassungsfragen kanzleiintern regelt. Eine eigene Kanzlei in einem sogenannten Drittstaat zu gründen ist ausgeschlossen. Allerdings steht es natürlich dem deutschen Rechtsanwalt frei, die Zulassungsprüfung des Gastlandes zu absolvieren und sich dann dort als sogenannter inländischer Anwalt niederzulassen.

Lässt sich ein deutscher Anwalt im europäischen Ausland als sogenannter **Europaanwalt** nieder, wird sein weiteres Berufsleben von dieser Doppelzulassung bestimmt sein, das heißt, er wird auch im europäischen Ausland immer den Zusatz seines Heimatlandes beifügen müssen (Deutscher Rechtsanwalt, Zulassung bei der Rechtsanwaltskammer xyz, Deutschland). Er wird also bei der Rechtsanwaltskammer seines Heimatlandes grundsätzlich Mitglied bleiben und dort auch die entsprechenden Kammer-Beiträge abführen. Er wird darüber hinaus bei der im Gastland zuständigen Rechtsanwaltskammer Mitglied werden müssen und die zuständigen Beiträge abführen. Darüber hinaus benötigt er eine Berufshaftpflichtversicherung, welche die Deckungssummen für das Heimat- und das Gastland abdecken. Letztlich ist zu entscheiden, welchem Rentenversorgungsträger er zuzuweisen ist. Zumeist bestehen verschiedene Wahlmöglichkeiten, die auf Antrag den im Ausland tätigen deutschen Anwalt dem Versorgungsträger des Gastlandes oder dem Versorgungsträger in Deutschland zuzuordnen. Trotz der europäischen Freizügigkeit ist also die Berufsausübung im europäischen Ausland von Anträgen, Paragraphen und behördlichen Entscheidungsträgern bestimmt, sodass sich jeder Rechtsanwalt gut überlegen sollte, ob eine Kanzleigründung im Ausland tatsächlich wirtschaftlich sinnvoll erscheint, auch wenn natürlich das Alleinstellungsmerkmal (deutscher Anwalt) sehr viel einfacher zu realisieren ist.

Neben der Anmeldung bei der Rechtsanwaltskammer bedarf es selbstverständlich auch der **Anmeldung beim Finanzamt**. Die Eröffnung der Kanzlei ist beim zuständigen Finanzamt anzuzeigen, welches bei Bedarf auch eine sogenannte Unbedenklichkeitsbescheinigung[2] für die Agentur für Arbeit bzw. das Jobcenter soweit Anwartschaften bestehen (Stichwort: Überbrückungsgeld bei Existenzgründung) nach mehreren Jahren als angestellter Anwalt oder Bank ausstellt. Als sogenannter freier Beruf erhalten Sie eine entsprechende Steuernummer. Ich empfehle hier dringend die Beauftragung eines Steuerberaters, der Sie durch alle Fragen wie der Umsatzsteuer-Voranmeldung, Absetzbarkeit von Büroräumen innerhalb einer Wohnung bis hin zur ordnungsgemäßen Anfertigung einer Gebührenrechnung, beraten wird.

Sonstige **behördliche Fragen** können beispielsweise auftauchen, wenn Sie die Kanzlei in einem reinen Wohngebiet bzw. in einem reinen Mietshaus einrichten. Hier sind beispielsweise die Fragen zu klären, ob die gewerbliche Nutzung der Räumlichkeiten zulässig ist oder hier eine entsprechende Umwidmung erfolgen muss. Außerdem ist zu klären, ob genügend sanitäre Einrichtungen vorhanden sind und die erforderlichen Feuerschutztüren und Fluchtwege.

Zu klären wäre weiter, ob die von Ihnen nun als Kanzlei zu nutzenden Räume vom Vermieter tatsächlich auch gewerblich vermietet werden sollen. In den meisten Fällen gelten für gewerbliche Mietverträge andere Regelungen als für Wohnraummietverträge. Auch das Anbringen eines Kanzleischildes an der Hauswand kann genehmigungsbedürftig sein, ebenso die Bereitstellung von Parkplätzen vor dem Haus.

Bereits ab der Zulassung gilt die **Kanzleipflicht**, d. h. der Rechtsanwalt muss im Bezirk der Anwaltskammer, deren Mitglied er ist, eine Kanzlei unterhalten. Für den Nachweis über die Einrichtung einer Kanzlei reicht es aus, das Kanzleischild anzubringen sowie die Kontaktdaten der Kanzlei (Anschrift, Telefon, Fax, E-Mail) der Kammer mitzuteilen. Damit ist die Erreichbarkeit gewährleistet. Die Verpflichtung, dass der Rechtsanwalt am Gerichtsort seiner Zulassung auch seinen Wohnsitz nehmen muss (sog. Residenzpflicht), besteht seit 1994 nicht mehr. Arbeiten von zu Hause ist mit dem Anwaltsberuf vereinbar.

Nicht erst seit der Pandemie stellt sich die Frage der Kanzlei im HomeOffice: Sie können auch in Ihrer Privatwohnung eine Kanzlei gründen. Für die Anbringung eines Kanzleischildes, sollten Sie Ihren Vermieter unbedingt um Erlaubnis fragen. Andernfalls droht eine Kündigung. Da jedoch in der Regel wenig Publikumsverkehr stattfinden dürfte, der andere Mieter unzumutbar beeinträchtigt, steht einer Zustimmung in der Regel nichts im Weg.

Die gesetzlichen Mindestvoraussetzungen bei der Einrichtung von Kanzleien bleiben auch für Kanzleien in Privatwohnungen bestehen. Sanitäre Einrichtungen, Feuerschutztüren und Fluchtwege müssen vorhanden sein.

---

2 Miecke in v. Landenberg, „Erfolgreich starten als Rechtsanwalt“, S. 232.

Letztlich sollten Sie selbstverständlich kranken- und unfallversichert sein für Ihren Beruf als Rechtsanwalt sowie über eine Hausrat- und Privathaftpflichtversicherung verfügen. Sollten Sie sofort mit **Mitarbeitern** starten, sind hier entsprechende Anmeldungen bei der Berufsgenossenschaft, beim Arbeitsamt bzw. dem Sozialversicherungsträger erforderlich.

Folgende Versicherungen sind zu empfehlen: Berufshaftpflichtversicherung: Sie ist Voraussetzung für die Zulassung zur Anwaltschaft und damit die erste Versicherung, um die sich Anwälte – nicht nur Kanzleigründer – kümmern müssen. Die BRAO-Reform zum 1.8.2022 verpflichtet Berufsausübungsgesellschaften zukünftig, eine eigenständige Berufshaftpflichtversicherung abzuschließen.

Kranken- und Pflegeversicherung: Grundsätzlich können Selbstständige entweder eine private Kranken- und Pflegeversicherung abschließen oder in der gesetzlichen Krankenversicherung freiwillig versichert bleiben. Der Tarif sollte die Zahlung von Krankentagegeld beinhalten, um bei längerem Verdienstausfall abgesichert zu sein.

Berufs- oder Erwerbsunfähigkeitsversicherung: Auch wenn keine Pflicht besteht, sollten Sie diese Versicherung dennoch abschließen. Eine Kanzlei zu führen, bedeutet viel Verantwortung und Stress. Vor Unfällen oder Krankheit ist zudem niemand gefeit.

Freiwillige Arbeitslosenversicherung: Anwälte haben als Freiberufler die Möglichkeit, sich freiwillig zu versichern. Voraussetzung: Vor Aufnahme der selbstständigen Tätigkeit standen sie innerhalb der letzten 24 Monate mind. 12 Monate in einem Versicherungspflichtverhältnis (z.B. als Arbeitnehmer).

Sachversicherungen: Haben Sie Ihre Geschäftsräume kostspielig eingerichtet, kommt eine Sachversicherung in Betracht. Sachschäden in der Kanzlei werden damit versichert.

Bürohaftpflichtversicherung: Kommen Mandanten in Ihren Kanzleiräumen zu Schaden, schützt Sie diese optionale Versicherung gegen Ansprüche.

Bitte denken Sie daran, alle erforderlichen Anträge und Anmeldungen unbedingt fristgerecht einzureichen, am besten noch bevor Sie Ihre Tätigkeit aufnehmen, um hohe Ordnungsstrafen oder gar Schließung zu vermeiden. Auch wenn dieser Teil der Kanzleigründung Ihnen lästig erscheint und alles andere als zukünftige Mandanten akquiriert: Nachträgliche Korrekturen, Richtigstellungen oder Nachmeldungen sind in den allermeisten Fällen nicht nur teuer, sondern umso aufwendiger.

Was hat Ihnen dieses Kapitel gebracht?
Sie haben die wichtigsten Formalitäten kennengelernt.

III. Einrichtung

Wozu sollten Sie dieses Kapitel lesen?
Sie erfahren, was es an Grundeinrichtung für die Kanzlei braucht.

Übersicht

1. Infrastruktur

2. Personal und HR

3. Büroeinrichtung und IT

Abhängig von der Art der Zielklientel kann die Wahl des Bürostandorts von erheblicher Bedeutung sein. Eine Kanzlei, die auf Privatpersonen ausgerichtet ist, wird besonderen Wert auf die leichte Erreichbarkeit der Kanzleiräume, auch mit öffentlichen Verkehrsmitteln, legen. Will die Kanzlei „Laufkundschaft" bedienen, dann sollten sich die Kanzleiräume in einer „Lauflage" in der Innenstadt befinden. Für eine forensisch ausgerichtete Kanzlei ist die Gerichtsnähe von Vorteil. Die Gerichtsnähe dient dabei nicht vorran gig der Bequemlichkeit der Anwälte, sondern der Zeitersparnis durch kurze Wege im Interesse des Mandanten. In vielen Städten gibt es „Anwaltsgegenden", Viertel oder einige Straßenzüge, in denen sich Anwaltskanzleien ballen. Die räumliche Nähe zu Wettbewerbern muss kein Nachteil sein. Die Kanzlei, die ihr Büro in einer solchen Gegend einrichtet, zeigt, dass sie „dazugehört".

Durch die Wahl des Bürostandorts können – unter Umständen gewollte – Zugangsbarrieren geschaffen werden. Kanzleiräume in einem Büroturm, in unmittelbarer Nachbarschaft der Büros großer Unternehmen, deuten darauf hin, dass diese Kanzlei wohl eher an Unternehmensmandanten als an einer Privatklientel, die aus einkommensschwachen Schichten stammt, interessiert ist. Umgekehrt sollte sich eine Allgemeinkanzlei davor hüten, einen allzu exklusiven Standort zu wählen, weil dieser möglicherweise auf die Zielklientel der Kanzlei abschreckend wirkt.

Ähnliches gilt für die Inneneinrichtung der Kanzleiräume. Jede Zielklientel wird helle und freundliche Räume als angenehm empfinden. Der Empfangsbereich und eventuelle Wartezonen müssen ansprechend gestaltet sein. Übertreibungen, gleichgültig ob es sich dabei um eine „billige" oder „hochexklusive" Möblierung handelt, schaden. Kein Mandant möchte den Eindruck haben, dass sein Anwalt nicht bereit ist, in eine ordentliche Büroeinrichtung zu investieren, noch, dass sein Anwalt (auf Kosten der Mandanten) überzogenen Luxus betreibt.

1. Infrastruktur

Bei einer Kanzleigründung haben Sie die Wahl, mit der Minimaleinrichtung oder mit der optimalen Einrichtung, dann aber ggf. finanziert, zu starten.

Mit der minimalen Einrichtung zu starten heißt, hier eine Grundausstattung der Kanzleiräumlichkeiten vorzunehmen, die es erlaubt, sämtliche für den Kanzleibetrieb und die anfallenden Arbeitsabläufe erforderlichen technischen Anforderungen und Möbel vorzuhalten. Die optimale Einrichtung demgegenüber bildet nicht nur die Minimalanforderungen ab, sondern kann bereits Strukturen und Systeme in diesen Arbeitsabläufen optimieren und gegebenenfalls Erweiterungs- und Entwicklungspotenzial abbilden. Darüber hinaus besteht natürlich die Möglichkeit bei einer optimalen Kanzleieinrichtung bereits thematisch Bezug zum Kanzleibranding zu nehmen, d.h. auch bei der Ausstattung und Einrichtung die besonderen Merkmale der Kanzlei einfließen zu lassen, wie beispielsweise klassisch konservativ oder eher modern und innovativ.

Auch die Kanzleifarben und das Logo können in die optimale Kanzleieinrichtung bereits integriert werden.

Zur Minimalanforderung an die Kanzleieinrichtung gehören in erster Linie die durch die Rechtsanwaltskammer vorgegebenen Anforderungen an die Erreichbarkeit der Kanzlei. Das heißt, Sie sollten telefonisch erreichbar sein sowie per E-Mail bzw. beA. Ein Festnetz- oder auch Faxanschluss ist hingegen nicht notwendigerweise erforderlich, da dies auch Ihr PC abbilden kann. Allerdings sollten Sie neben einem PC oder Laptop mit gewisser Speicherkapazität auch über einen guten Drucker in Verbindung mit Kopier- und Scanfunktion verfügen. Erforderlich ist ferner ein guter Buchkalender. Schreibtisch, Schreibtischstuhl sowie Büroschränke und Ablagefläche sind selbstverständlich. Ebenso die Grundausstattung an Büromaterial. Die Stempel sollten Sie personalisiert anfertigen lassen.

Ebenso sollte ein Kanzleischild auf die Kanzlei aufmerksam machen.

Zur optimalen Büroeinrichtung sollten Sie sich immer dann entschließen, wenn es Ihnen in Partnerschaft mit Anderen oder in Bürogemeinschaft möglich ist, von vornherein mit einem ausreichendem Budget zu starten. Eine bislang noch nicht abschließend geklärte Frage ist, unter welchen Bedingungen der Start einer Kanzlei in sogenannten Co-Working-Spaces zulässig ist. Sensibel sind hier sicherlich die Fragen der Diskretion und des Datenschutzes zu behandeln.

Ein auf die Bedürfnisse junger Kanzleigründer ausgerichtetes Konzept bietet übrigens Northcote in Wien, die die für eine Anwaltskanzlei erforderliche Infrastruktur nebst Büroeinrichtung, IT und Personal vorhält[1].

i Ziehen Sie jedoch unbedingt Spezialisten hinzu, um Ihre Ideen für die Kanzlei professionell umsetzen lassen zu können. Derartige Spezialisten können IT-Lösungsanbieter sein, aber auch Innenausstatter, Designer bis hin zu Feng-Shui Beratern. Nicht von ungefähr konzipieren heute die großen Hotelketten und Modelabel Ihre Geschäfte mit Designerdüften, Farbspezialisten und Branding-Experten.

So sollte auch beim Betreten Ihrer Kanzlei der Mandant sofort von Ihrer Kompetenz und Dynamik überzeugt werden und in seinen Bedürfnissen abgeholt werden. Unterschätzen Sie nicht die Macht des ersten Eindruckes, auch wenn bei vielen Kanzleien heute der durch die Tür hereinkommende Kunde von eher untergeordneter Bedeutung ist und die meisten Mandate Online bzw. telefonisch abgewickelt werden, werden diese Kanzleiräumlichkeiten zum Schlüsselfaktor beim nächsten Mandantentreffen. Und natürlich zum künftigen Lebensmittelpunkt von Ihnen und Ihren Mitarbeitern. Denn Sie werden den Großteil Ihres Tages in diesen Räumlichkeiten verbringen: eine angenehme störungsfreie und inspirierende Arbeitsatmosphäre kann die Qualität Ihrer Arbeitsleistung durchaus steigern.

2. Personal und Human Ressources

Selbstverständlich können Sie eine Kanzlei als Einmann-Kanzlei betreiben ohne weitere Mitarbeiter, als personelle Minimalversion. Empfehlenswert ist dies jedoch nicht.

Als Kanzleiinhaber haben Sie bereits die Rolle des Anwaltes und die Rolle des Unternehmensinhabers in einer Person vereint. Zudem müssen Sie Entscheidungen zu Marketing, Verkauf und Kanzleientwicklung allein entscheiden[2]. Übernehmen Sie nun auch noch den Telefondienst, die Schreibarbeiten und die Aktenverarbeitung, wird es Ihnen kaum noch möglich sein, anwaltlich tätig zu sein. Hier sollten Sie ökonomisch denken, und sich fragen, wie Sie an Ihre aktuelle Situation angepasste Lösungen finden.

Es ist nicht immer erforderlich, sofort mit einem größeren Stammpersonal zu starten. Füher war es ideal, wenn Sie von einer Schreibkraft, einer Telefon-

---

1 Siehe dazu www.northcote.at.

2 Michael Gerber, „The E-Myth Attorney“, S. 9 ff.

kraft, einer Assistenz und einer in Finanz- und Abrechnungsfragen versierten Kraft unterstützt werden und ebenso eine Putzkraft von vorneherein mit einkalkulieren, was allerdings eben auch heißen kann, lediglich einen entsprechenden Service bei einer Putzfirma einzukaufen, der jedoch nicht als Personalkosten zählt. Heute gilt die Daumenregel, dass auf einen vollzeitbeschäftigen Anwalt viel IT und maximal 0,5 Assistenzkräfte kommen plus einem Auszubildenden im nicht-juristischen bzw. juristischen Bereich[3]. Personalaufbau ist in den Kanzleien immer wieder von Rückschlägen gezeichnet und ich meine nicht, dass auch gute Mitarbeiterinnen mal schwanger werden oder der Kollege Elternzeit oder Teilzeit nehmen möchte. Es fehlt sowohl an einer strategischen Einbeziehung als auch an professionellem HR-Verantwortlichen. Auch die Einarbeitung und Führung ist in vielen Kanzleien ein Problemfeld, worauf im nächsten Kapitel näher einzugehen sein wird. Hier nur soviel dazu: bei der Kanzleigründung ist Personal ein nicht zu unterschätzender Risiko- und Kostenfaktor und man ist gut beraten, eine neue Kanzlei von Anfang an mit einem modernen 1: 0,5 Schlüssel für Anwalt zu „Sonstigem" zu planen. Die Pandemie hat zu einer Verschärfung der Situation der Rechtsanwalts- und Notarfachangestellten geführt: zu noch höherer Arbeitsbelastung und schlechteren Arbeitsbedingungen. Eine große Personalfluktuation und ein Personalwechsel fand statt, bei der schon bald die ReFas bestimmten, welche Stellen überhaupt noch attraktiv waren. Schlechtbezahlte und schlecht-digitalisierte Arbeitsplätze konnten kaum neu besetzt werden. Das Gleiche gilt für Anwaltsstellen. Die Statistik zeigt, dass eine Stellenneubesetzung durchschnittlich zwischen 5.000–7.000 € kostet (also ca. zwei volle Personalkostenmonate) und ca. 4 Monate dauert ab Ausschreibung. Der Schaden durch Abgang von Know How und Mandanten sowie die Investition durch erneute Einarbeitung und Einrichtung nicht mitgerechnet[4].

Das Einkommen als selbstständiger und angestellter Anwalt haben wir oben bereits aus vielen Perspektiven beleuchtet. Mit einem jungen Kollegen als Angestelltem als Kanzlei in Gründung zu starten, muss keine schlechte Idee sein, da so von vornherein das Thema Akquise (Umsatzsteigerung) idealerweise auf zwei Schultern verteilt wird und eher Zeit für Kanzleimanagement und –entwicklung bleibt. Als Jahreseinstiegsgehalt muss sicherlich mit mindestens 55.000 € brutto in dieser Situation gerechnet werden. In Österreich ist dies etwa mit einem Konzipienten vergleichbar, der sich in den 5 Jahren in der Kanzlei auf seine Anwaltsprüfung vorbereitet (erweitertes Referendariat): Mit einem Durchschnittsjahresgehalt von mindestens 45.000 € brutto (3667 €/mtl.).

3 Mehr dazu bei Andrea Fendt, „Der Rechtsanwalt als Ausbilder", 15 ff.

4 brand.eins/thema 2021, Die Branche in Zahlen, S. 79.

Doch mit welchem Kosteneinsatz muss man für **Rechtsanwaltsfachangestellte** rechnen? Laut dem Jobportal www.Stellenanzeigen.de ist für ReFas in München mit einem durchschnittliches **Gehalt** von 29.725 € brutto für Berufsanfängerinnen bis zu 54.961 € pro Jahr für „Alte Hasen" zu rechnen. Das bedeutet, dass die versierte Fachkraft ungefähr soviel wie der Junganwalt in Anstellung erhält.

Das sind also 2.477 € bis 4.580 € brutto/monatlich unter Umständen nach Sozialversicherungsabgaben und Lohnsteuer nicht mehr als 2.000 € bis 4.000 € netto für die Kanzleiangestellten (und damit unter dem Strich im Besten Fall auch nicht viel weniger als der Kanzleiinhaber).

Nichts anderes gilt in Österreich: Zwar gibt es hier keine besondere Ausbildung als Rechtsanwalts- und Notarfachangestellte (ReFa, ReNo oder das Äquivalent für Patentanwaltskanzleien: PaFa). Dennoch erhält laut dem Arbeitsmarkt Service (AMS) Österreich Kompass eine Anwaltssekretärin (mit höherem Schulabschluss) 1.640 € bis 1.830 € brutto. Das ist viel und wenig zugleich: im Vergleich zu anderen Wirtschaftszweigen kann man mit diesem Aufgabenfeld und Kompetenzprofil auch 1.440 € brutto oder in großen Unternehmen maximal 3.190 € brutto (ca. 1.000–2.500 € netto) monatlich verdienen.

Alles in allem: Mit den Sozialversicherungsabgaben etc. als Arbeitgeber ist mit einem Kostenfaktor von mindestens 80.000 € jährlich für einen Vollzeit-Angestellen zu rechnen.

Die Frage ist: Gibt es Alternativen (jenseits von noch stärkerer Digitalisierung)? Heute werden in vielfältiger Hinsicht flexible Dienste angeboten: das kann von Callcentern über Schreibbüros, bis hin zu Arbeitszeitfirmen reichen. Auch Juristen sind als Interim oder sogenannte „Lawyer on Demand" mit sehr guter Expertise von entsprechend spezialisierten Personalvermittlungsfirmen buchbar. Eine kurze Internetrecherche wird Sie mit den notwendigen Kontaktdaten versorgen. Dies ist nicht nur in mancher Hinsicht preiswerter als eine Teilzeit- oder Vollzeitkraft von vornherein über einen längeren Zeitraum einzustellen. Auch sind diese Dienste immer dann flexibel dazu buchbar, wenn die Kanzlei sich mit nur ein oder zwei Mandaten plötzlich über Nacht mit einem übermäßig großen Arbeitsaufwand konfrontiert sieht. So können Spitzenzeiten abgefangen werden, ohne das vorhandene Personal zu überarbeiten und zu verschleißen.

Zu Bedenken ist in diesem Zusammenhang auch, dass jedes Personal eingearbeitet, geführt und entwickelt werden muss, also in dieses Personal investiert werden muss. Mit Investitionen meine ich in erster Linie die zeitliche Zuwendung und das Heranführen an die Arbeitsaufgaben. Es müssen Strukturen und Systeme definiert werden, Arbeitsabläufe festgeschrieben werden, Zuständigkeiten geregelt werden, um mehrere Mitarbeiter nebeneinander und miteinander arbeiten lassen zu können. Gleichzeitig müssen Kontrollsysteme impliziert werden, die die ordnungsgemäße Erfüllung der anfallenden Aufgaben sicherstellen.

Hinzu kommt, dass aus diesen Mitarbeitern letztendlich ein Team zu formen ist. Dies bedarf konkreter Führungsmaßnahmen, regelmäßige Besprechungen, aber auch der Einführung von Belohnungssystemen, Teamevents und Routinen. Erfahrungsgemäß rentiert sich eine neueinzuarbeitende Kraft deshalb frühestens nach einem Jahr. Dies wird bei den meisten Kanzleigründungen übersehen und als Kosten- und Zeitbudget schlicht unberücksichtigt gelassen. Es wäre jedoch ein Fehler, auf diese Investition in den Mitarbeiter zu verzichten oder nach erfolgter Einarbeitung den Mitarbeiter sich selbst zu überlassen, um diesen dann alsbald wieder zu verlieren.

3. Büroeinrichtung und IT

Die Ausstattung einer Kanzlei mit Telefon und (noch) Telefaxgerät[5] ist eine Selbstverständlichkeit. Bei allen anderen technischen Bürogeräten, wie Kopierern, Aktenvernichtern und Scannern muss zwar nicht immer das neueste Modell genutzt werden. Diese Geräte dürfen jedoch auch nicht überaltert sein, damit eine effiziente Dienstleistung gewährleistet bleibt.

Bei der Kanzleisoftware sollten Sie sich für die Lösung eines Anbieters entscheiden, die ohne weiteres erweiterbar ist – und nun auch die erforderliche Kompatibilität zum beA aufweist. Grundsätzlich benötigen Sie jedoch zum Start nicht notwendigerweise eine Mandantensoftware. Allerdings kann diese viele hilfreiche Elemente abbilden sowie eine gewisse Ordnung herstellen. Der Weg zur elektronischen Akte, der durch das beA vorgeben ist, ist hiermit eingeschlagen. Gleichzeitig können damit buchhalterische Aufgaben kosteneffektiv wahrgenommen werden und auch die Archivierungskosten geringhalten werden. In vielen Fällen kann eine gut funktionierende Kanzleisoftware Mitarbeiter ersetzen, regelmäßige Arbeitsabläufe technisieren und automatisieren, wie beispielsweise bei der Mandatserfassung, der Information der Mandanten im laufenden Verfahren sowie im Kosten-Mahnverfahren.

Software

Der Markt für Kanzleisoftware ist groß und darauf sind – von bekannten Herstellern wie advoware, AnNoText und RA-Micro bis hin zu neuen Anbietern

5 Achtung: Gilt nur für Deutschland!

von Cloudsoftware wie Actaport, Kleos und Legalvisio – viele Anbieter vertreten[6].

Doch was ist bei der Auswahl wichtig und wie sollte man sich entscheiden?

Nahezu jede Kanzleisoftware bietet CRM-Standardfunktionen wie Akten-, Adress- und Beteiligtenverwaltung, die Verwaltung von Terminen, Aufgaben, Fristen und Wiedervorlagen. Wichtig bei der Auswahl von Kanzleisoftware ist zunächst einmal, das Ziel der Anschaffung für sich festzulegen.

Ziel 1: Kanzleiprozesse (vollständig) digital abbilden

Vielen bekannt sind Aktenberge, die sich auf dem Schreibtisch oder im Archiv „stapeln". Das sieht unschön aus und kann auch zum Datenschutzrisiko werden, wenn es keinen gesonderten Besprechungsraum gibt. Bei der Auswahl der Software ist also darauf zu achten, dass die Kanzleisoftware eine gut strukturierte Aktengeschichte und einen Dokumenten-Viewer aufweist, mit dem sich Dokumente anzeigen lassen.

Insbesondere die Kombination aus beidem vereinfacht die digitale Arbeit und erleichtert den Verzicht auf Papierakten.

Zudem sollten Kanzleiprozesse wie der Postein- und -ausgang möglichst digital abgebildet werden können und alle anfallenden Formate von Post (E-Mail, Scans, beA und E-Post) unterstützt werden. Denn häufig ist die Bearbeitung von Korrespondenz ein zentraler Aufgabenpunkt der täglichen Arbeit.

Zuletzt sollten Sie sich auch Gedanken über eine digitale Archivierungslösung machen. Die Einhaltung der erforderlichen Richtlinien für Finanzamt, Kammer und DSGVO vorausgesetzt, ist die digitale Archivierung nicht nur kostenschonender, sondern auch sicherer.

Ziel 2: Überblick aus unternehmerischer und betriebswirtschaftlicher Sicht

Wenn Ihnen unternehmerische Aspekte wichtig sind, sollten Sie darauf achten, dass Ihre Kanzleisoftware eine integrierte Mandanten- und Finanzbuchhaltung aufweist. Sind Sie im Bereich Inkasso aktiv, ist auch ein möglichst integriertes Forderungsmanagement mit vorbereiteten, automatischen Workflows wichtig. Einige Kanzleisoftware-Anbieter bieten solche Funktionen zur Prozessautoma-

6 Wir kooperieren bei CLP mit diversen dieser Anbieter sei es zur Produktentwicklung, – verbesserung oder der Marketingsbegleitung – Sie werden uns daher sicher schon bei einigen entdeckt haben. Wir empfehlen jedoch keine bestimmte Software und erhalten auch keine Provision, sondern nutzen diesen Ein- und Überblick bei unserer Arbeit.

tion für den Bereich Inkasso an, sodass bei standardisierbaren Mandaten Anschreiben, Wiedervorlagen und wichtige Vorgänge direkt bei Aktenanlage für Sie erledigt werden. Das spart wertvolle Zeit und macht Sie konkurrenzfähiger. Eine Prozessautomation gibt Ihnen aber auch in anderen Fachanwaltschaften die Möglichkeit, standardisierte Mandate möglichst kosteneffizient umzusetzen. Bei Aktenanlage werden alle wichtigen Schreiben erstellt und zur Kontrolle in den Postausgang gelegt. Damit bleiben Sie insbesondere für diese Mandate konkurrenzfähig und können sich auf die wirklich spannenden Mandate konzentrieren.

Prozessautomation und Kanzlei-Controlling helfen Ihnen in Ihrer Kanzlei, ein sogenanntes Legal Project Management (LPM) zu etablieren. Davon spricht man, wenn Mandate effizient und standardisiert in gleich hoher Qualität bearbeitet werden. Mit LPM rücken Sie den unternehmerischen Aspekt und die Bedürfnisse des Mandanten in den Fokus. Das stärkt die Mandantenzufriedenheit und sorgt für eine gute Weiterempfehlungsquote.

Um das Wachstum Ihrer Kanzlei aus unternehmerischer Sicht bewerten zu können, empfiehlt es sich, von Anfang an auf eine Software zu setzen, die betriebswirtschaftliche Auswertungen und ein Kanzlei-Controlling mit möglichst integrierter Zeit- und Tätigkeitserfassung für alle Nutzer einer Kanzlei ermöglicht. So behalten Sie stets den Überblick über den wirtschaftlichen Stand Ihrer Kanzlei und können frühzeitig erkennen, welche Prozesse in der Kanzlei „Zeitfresser" sind und Ihre Wirtschaftlichkeit negativ beeinflussen. Ein weiterer Faktor: Sollten Sie in Marketing investieren, lohnt sich eine betriebswirtschaftliche Auswertung umso mehr. Damit können Sie regelmäßig prüfen, wie effektiv Ihr Marketing ist und welche Marketingkanäle funktionieren. Kanzleisoftware, die implementierte oder individualisierbare Felder in der Akte bereitstellt, erleichtert die Auswertung. So können Sie beispielsweise beim nächsten Weihnachtsgruß ganz bewusst entscheiden, ob es besser eine handsignierte Weihnachtskarte per Post, eine standardisierte E-Mail oder doch besser ein Weihnachtsumtrunk in der Kanzlei oder virtuell sein sollte.

Ziel 3: Mobiles vs. stationäres Arbeiten

Aktuell wird auch die juristische Branche in punkto Arbeitsweise mit großen Veränderungen konfrontiert. Gerade jüngere Juristinnen und Juristen wünschen sich eine ausgeglichene Work-Life-Balance oder betreuen Mandate über größere Distanzen. Nicht zuletzt sorgen die gestiegenen Mieten für Kanzleiräume dafür, dass der Wunsch nach mobilem Arbeiten zunimmt. Hier sollten Sie Ihre aktuellen und mittelfristigen Bedürfnisse berücksichtigen. Haben Sie Räumlichkeiten für Ihre Kanzlei oder nutzen Sie Coworking Spaces, wo Sie Arbeitsplätze und Räumlichkeiten tage- oder stundenweise mieten?

Sollten Sie verstärkt mobil arbeiten, empfiehlt sich eine reine Cloudsoftware oder eine im Rechenzentrum betriebene Software. Letzteres wird aktuell von vielen etablierten Herstellern angeboten. Die Vorteile liegen in beiden Fällen auf der Hand: Sie haben Ihre Daten jederzeit zur Verfügung und können praktisch von überall aus arbeiten. Zudem müssen Sie nicht in kostenintensive Kanzleiserver investieren. Dies ist gerade zu Beginn der Anwaltskarriere bzw. Kanzleigründung nicht leicht.

Doch worin unterscheiden sich Cloudsoftware und rechenzentrumsbasierte Software? Bei Cloudsoftware befinden sich die Daten und Dokumente in Ihrer Kanzleisoftware sicher in der Cloud. Um die Sicherung und den Datenschutz Ihrer restlichen Daten müssen Sie sich in vielen Fällen allerdings selbst kümmern.

! **Tipp:**
Lassen Sie dabei das tägliche Back-up, die Sicherung der auf den Festplatten gespeicherten Daten vor Diebstahl über Verschlüsselung und den Schutz vor Viren und Trojanern nicht außer Acht[7].

Bei vielen Anbietern, die Kanzleisoftware im Rechenzentrum betreiben, wird dies für Sie übernommen, denn sie arbeiten komplett auf dem Rechenzentrumsserver. So werden sämtliche Daten täglich gesichert, das Monitoring für den Virenschutz, die Windows-Updates und teilweise sogar die Updates Ihrer Kanzleisoftware sind in der monatlichen Pauschale inbegriffen.

Wenn Sie viel mobil arbeiten wollen, sollten Sie prüfen, ob auch ein Offline-Arbeiten möglich ist oder ob dort, wo Sie arbeiten, eine Internetverbindung verfügbar ist.

Sind Sie viel unterwegs, empfiehlt sich die Investition in Geräte bzw. Software für mobiles Diktieren. Diktate von unterwegs können mit den richtigen Tools wie DNS Comfort und Dragon von Schreibkräften in der Kanzlei umgehend transkribiert werden oder lassen sich per Hintergrundspracherkennung direkt in geschriebenen Text umwandeln. Damit nutzen Sie auch die Zeit, die Ihnen zum Schreiben der Korrespondenz nicht zur Verfügung steht, beispielsweise im Auto auf dem Weg von einem Termin zum nächsten. Neben Ihren eigenen Zielen, die Sie mit der Anschaffung der Kanzleisoftware verfolgen, gibt es weitere Punkte, die Sie berücksichtigen sollten.

7 Auszug aus *Jeniffer Hülskötter* „Die Kanzlei als erfolgreiches Unternehmen“, MKG 2019.

Ziel 4: Kompatibilität mit bereits vorhandener Software und Geräten

Sie sollten auf gute Kompatibilität mit allen anderen technischen Geräten inkl. Software in der Kanzlei achten, wie z.B. vorhandenen Buchhaltungslösungen/Steuerberatervorgaben, Hardware wie PC/Drucker/Fax/Kopierer und der Telekommunikationsanlage inkl. mobiler Endgeräte wie Handys und Tablets. In diese Gesamtschau sollte am Ende auch der Datenschutzbeauftragte Ihrer Kanzlei einbezogen werden, den Sie ab einer Anzahl von zehn Mitarbeiterinnen bzw. Mitarbeitern, die auf Ihre Mandantendaten zugreifen dürfen, benötigen.

Ziel 5: Zielgruppengerechte Mandantenkommunikation

Abhängig davon, welche Mandanten zu Ihrer Zielgruppe zählen, gibt es Unterschiede bei der Art und Weise, wie Mandanten mit Ihnen kommunizieren möchten. Private Mandanten kommunizieren gern über E-Mail und über Messenger-Systeme. Rechtsschutzversicherungen hingegen tauschen sich mit Anwältinnen und Anwälten über die drebis-Schnittstelle aus. In Zukunft wird im Bereich des elektronischen Rechtsverkehrs das besondere elektronische Anwaltspostfach (beA) eine immer größere Rolle spielen. Aber auch für die herkömmliche Post gibt es Möglichkeiten, diese digital z.B. über den E-POST-Service abzubilden. Um Zeit und Geld zu sparen, lohnt es sich auch, Ihre Mandanten über eine virtuelle Akte (z.B. onlineAkte oder WebAkte) stets auf dem Laufenden zu halten. So können Sie Nachfragen zum Stand des Mandats reduzieren, denn alle Informationen und Dokumente zum Mandat sind permanent für den Mandanten abrufbar.

Es lohnt sich also, bei der Auswahl der Kanzleisoftware darauf zu achten, dass diese Schnittstellen zu den oben genannten Diensten vorhanden sind und diese auch sinnvoll in den Postein- und -ausgang integriert werden. Dies verhindert Medienbrüche, die häufig Zeit kosten und dazu führen, dass man nach alter Gewohnheit doch zur Papierakte greift. Sind die Kommunikationsschnittstellen möglichst gut in die Software integriert, haben Sie relevante Informationen immer an einem zentralen Ort.

Unabhängig von der rein anwaltlichen Tätigkeit kann eine gute Software auch die unternehmerische Führung Ihrer Kanzlei unterstützen.

Hier kommen die verschiedenen Aspekte des Personalmanagements in Betracht. Von der Zeiterfassung über Urlaubs- und Krankheitstage bis zu Zielvereinbarungen, Talent Development-Maßnahmen und Fortbildungen kann das Potenzial eines Mitarbeiters bzw. einer Mitarbeiterin präzise erfasst und ausgewertet werden. Auch sinnvolle Lösungen für das DSGVO-konforme Dokumentenmanagement, also das Speichern von Zeugnissen, Arbeitsbewertungen, Arbeitsverträgen oder Fotos sind denkbar.

Gleiches gilt für die digitale Unterstützung des Gebäudemanagements: Die Erfassung, Kontrolle und Auswertung der Kosten für die Kanzleiräume (Miete, Kredite, Investitionen, laufende Servicekosten, Nebenkosten, Parkkosten, Versorgung Büro/Getränke/Verpflegung etc.) sind zentraler Bestandteil erfolgreicher unternehmerischer Kanzleiführung.

Insgesamt sollte auch die engmaschige Kontrolle Ihrer Einnahmen und Ausgaben, der Budgetverwaltung und Investitionen heute softwarebasiert stattfinden, um in Ihrem Controlling zu jeder Zeit alle erforderlichen Daten zur Verfügung zu haben und bei Bedarf mit den richtigen Maßnahmen rechtzeitig reagieren zu können.

Sich zu Beginn für eine Software zu entscheiden, die nur Basisfunktionen bietet, erscheint zunächst sinnvoll. Zu viele Funktionen werden anfangs nicht benötigt und machen die Software zu komplex. Denken Sie aber bei Ihrer Entscheidung daran, dass beispielsweise beim jährlich zunehmenden Aktenaufwand eine integrierte Finanz- und Mandantenbuchhaltung viele Arbeitsschritte erübrigt und wertvolle Zeit spart. Funktionen wie Kanzlei-Controlling helfen, Ihre Kanzlei effizient und wirtschaftlich aufzustellen. Sollten Sie dann wachsen und neue Mitarbeiterinnen bzw. Mitarbeiter einstellen, ist auch eine ausgeklügelte Rechteverwaltung wichtig.

Tipp:
Schauen Sie sich zu Beginn die verschiedenen Kanzleisoftwareprogramme an. Erstellen Sie einen Kriterienkatalog, was Ihnen besonders wichtig ist bei der Nutzung der Software und achten Sie auf das Entwicklungspotenzial der Anwendung. Passt die Software in zwei bis fünf Jahren noch zu Ihnen? Unterstützt Sie diese auch dann, wenn Ihr jährlicher Aktenaufwand steigt, Sie mehr Mitarbeiterinnen bzw. Mitarbeiter einstellen oder Prozesse aus Kosten-Nutzen-Gründen automatisieren wollen? Ein Wechsel der Kanzleisoftware kann teuer werden. Wenn Sie aber merken, dass die Software, für die Sie sich entschieden haben, nicht zu Ihren Anforderungen passt, scheuen Sie die Umstellung nicht[8].

Ein Wort zum Telefon:

In den meisten Kanzleien wird es noch ein Festnetzt geben. Dies ist jedoch immer mehr entbehrlich. Alternative Anbieter erobern den Markt. Die meisten Smartphone können alle wesentlichen Hilfsmittel für eine effektive Bürokommunikation abbilden. So kann selbstverständlich neben dem reinen Telefonieren auch Zugriff auf das Email-System abgebildet werden.

---

8 Ebenda.

Darüber hinaus ist natürlich auch die Kalender- und Diktierfunktion erhältlich oder auch Recherche im Internet möglich. Sogar kurze Notizen und Texte können verfasst werden, Erinnerungen eingestellt werden und automatisierte Prozesse definiert werden. Ja sogar der Zugriff auf die elektronische Akte in der Kanzlei von außerhalb der Kanzlei ist möglich. Mit entsprechender Software ist es auch möglich, zu jeder Zeit des Mandates dem Mandanten eine konkrete Kosten- und Gebührenauflistung für das aktuelle Mandat zu geben. All diese Funktionen lassen es heute undenkbar erscheinen, als Anwalt ohne dieses Kommunikationsmittel je tätig gewesen zu sein[9].

Dass die Bibliothek einer Kanzlei gar nicht gut genug sein kann, gilt nach wie vor. Heute können mittels elektronischer Speichermedien und des Internets Recherchearbeiten weitaus schneller und gründlicher erledigt werden als früher. Diese Möglichkeiten muss eine Kanzlei nutzen. Dazu gehört auch, dass jeder Arbeitsplatz in einer Anwaltskanzlei mit einem Computer und Internetzugang ausgestattet ist.

Der Austausch von Dokumenten mit Mandanten gestaltet sich äußerst schwierig, wenn die Kanzlei nur die Uraltversion eines gängigen Textverarbeitungsprogramms benutzt.

Mittlerweile bestehen genügend technische Möglichkeiten, Mandanten online Zugriff auf die für sie geführten Akten zu geben. Der Mandant hat jederzeit die Möglichkeit, online den Bearbeitungsstand seiner Angelegenheit zu kontrollieren und alle bisherigen Aktivitäten, einschließlich der erstellten Dokumente nachzuvollziehen und einzusehen. In erster Linie Unternehmen, wohl auch zunehmend Privatmandanten, werden einen solchen Service gern in Anspruch nehmen. Eine Kanzlei sollte mit dem Angebot einer solchen Dienstleistung nicht warten, bis Mandanten diese anmahnen, sondern diese von sich aus anbieten.

Die Kommunikation über E-Mail ist selbstverständlich. Aber auch andere Kommunikationskanäle sind denkbar, sei es eigene, besonders gesicherte Kommunikationskanäle oder aber sogar für weniger wichtige Nachrichten SMS usw. Doch auch hier ist wieder genau zu recherchieren, welche dieser Anbieter die erforderlichen Sicherheitsstandards aufweisen[10].

---

9 Auch wenn es bei all den technischen Möglichkeiten nur einige wenige gibt, die tatsächlich den berufsrechtlich vorgegebenen Anforderungen für Vertraulichkeit und Datensicherheit entsprechen.

10 Da sich dieser Markt rasant entwickelt, kann ein gedrucktes Buch wie dieses selbstverständlich keine Aufstellung zu den den aktuellen Sicherheitsstandards entsprechenden Anbietern abbilden.

IV. Achten Sie auf Ihre Bedürfnisse

Zuletzt noch ein Wort zur **Ressourcenschonung**:

Sie sollten unbedingt und immer auf die

- Einhaltung von Erholungspausen
- ausreichend Schlaf
- ausreichend Zufuhr von Wasser und
- gesunde Ernährung sowie
- sonstige Biopausen achten
- ausreichend Bewegung bei Tageslicht/Sport
- Gesundheits-Check up beim Arzt und die
- Reduzierung von Alkohol, Zigaretten, Junk Food (Zucker und Fett) schadet nicht

Gerade in der Anfangszeit setzen sich viele unter enormen Erfolgsruck. Beflügelt von der Vorstellung über die zukünftige Kanzlei und deren Erfolge können Endorphine und Adrenalin Basisbedürfnisse überdecken und überflüssig erscheinen lassen.

Doch bedenken Sie: Ihr Körper und Geist sind Ihr wertvollstes Kapital in Ihrem Unternehmen. Wie eine Hochleistungsmaschine müssen diese aber gewartet und gepflegt werden, um ihre optimale Leistung erbringen zu können[1]. Machen Sie nicht den Fehler, bereits in dieser Phase Ihre Ressourcen anzuzapfen, um dann völlig ausgebrannt letztendlich das Projekt Kanzleigründung zu starten[2]. Ich habe in meiner Beratungspraxis als Coach und Trainer für Anwälte einige vielversprechende Projekte allein am Burn-Out des Inhabers scheitern sehen.

Gehen Sie verantwortungsbewusst mit sich selbst um: so wie gute Eltern sich nicht nur für die Kinder aufopfern, sondern sich ganz primär auch um ihre Bedürfnisse kümmern[3].

Wenn Sie es wirklich ernst damit meinen, eine gewinnbringende Kanzlei zu gründen, zum erfolgreichen Unternehmer zu werden, dann sollten Sie sich wie „Rocky“ vor seinem großen Kampf in Ihre körperliche Bestform bringen!

---

1 Arianna Huffington, „Sleep Revolution“, S. 8.

2 Ben Schulz, „Mit Vollgas in den Crash“, S. 151.

3 Ähnlich der Sicherheitsanweisung des Flugpersonals im Falle von Sauerstoffverlust, zuerst sich selbst die Sauerstoffmaske aufzudrücken und dann erst hilfsbedürftigen Personen zu helfen.

„Der Anwaltsberuf war schon immer meine Leidenschaft. Durch den Schritt in die Selbstständigkeit fühlt es sich aber noch weniger wie „Arbeit" an, da ich meinen Alltag genau so gestalten kann, wie es zu mir und meinen Prioritäten passt. Natürlich bringt die Selbstständigkeit Herausforderungen mit sich, aber eben auch maximale Freiheit."

Sarah Settele, Selbstständige Rechtsanwältin in Einzelkanzlei, Krumbach (www.Kanzlei-Settele.de)

Was hat Ihnen das Kapitel gebracht?

Sie haben verstanden, wie aus Ihrer Kanzleivision ganz konkret eine Kanzlei entsteht.

V. Checkliste für Ihre Kanzleigründung

(aus meinem MKG Spezial: Kanzleigründung leicht gemacht)

Gründungskonzept:
- Kanzleiwerte und Kanzleikultur
- Kanzleivision
- Kanzleiziel (kurz- und langfristig)
- Positionierung (Branding, Marketing und Akquise)
- Kanzleistrategie

Gründungsformalien:
- zwei bestandene juristische Staatsexamina
- Berufshaftpflichtversicherung in der gesetzlichen Basisversion
- Zustellungsadresse im Bezirk
- Antrag bei der zuständigen Rechtsanwaltskammer
- Kranken- und Rentenversicherung/Berufsgenossenschaft
- Meldung beim Finanzamt
- notwendige behördliche/erlaubnispflichtige Erfordernisse für die Kanzleiräume

Businesskonzept:
- Investitionskapital (Gründungsvolumen/Zuschüsse/Fremdfinanzierung)
- Einnahmen und Gewinn
- Finanzierungsplan und Budgetierung
- Kosten, Aufwendungen
- Investitionen

Managementkonzept:
- Personalkonzept
- Definition von Prozessen, Arbeitsabläufen und Strukturen
- Konkrete Stellenbeschreibungen und Zuständigkeiten
- Wissenstransfer
- Teambuilding
- Personalentwicklung durch Weiterbildung, Mentoring und Coaching
- Nachhaltigkeit und Mitarbeiterbindung

Konzept für Infrastruktur:
- Telefonanlage, Anrufbeantworter
- Kanzleikonto

- Kanzleischild, Stempel, Briefkopfdefinition
- PC-System mit Mandanten-Software und beA oder ERV Anbindung
- Kopierer mit Fax- und Scannfunktion, Drucker
- Büromöbel inklusive Sicherungstechnik
- Büro-Verbrauchsgegenstände und Kleinzubehör, Fristenkalender und Formulare
- Anwaltsbedarf (Robe, RA-Ausweis, Gesetzestexte, Kommentare)

D. Kanzleimanagement

Haben Sie Ihre Kanzlei gegründet und die ersten Monate oder vielleicht sogar Jahre erfolgreich am Markt platziert, gilt es, diese kontinuierlich zu entwickeln. Erfolg heißt Wachstum. Kanzleien, die sich nicht flexibel an den Markt anpassen und auf ihn reagieren und dabei stetig im Wachsen begriffen sind, werden sich auf Dauer nicht halten können.

Haben Sie also keine Angst davor zu wachsen, sondern entwickeln Sie Ihre Kanzlei konsequent in Richtung Wachstum. Gehen Sie von vorneherein davon aus, dass Sie größer werden, mehr Mandate und größere Mandate bearbeiten werden.

Um bei dieser Entwicklung nicht den Überblick zu verlieren, ist es wichtig
- mit Ihrer Kanzleivision einen Fixpunkt am Horizont im Auge zu behalten.
- sich Zwischenziele zu stecken und deren Erreichung zu feiern.

Anderenfalls kann schnell das Gefühl entstehen, sich in einem ständigen Hamsterrad zu befinden und niemals anzukommen. Ihre Kanzleivision hilft Ihnen, auf Kurs zu bleiben. Selbstverständlich ein Kurs, der auch korrigiert und angepasst werden kann und auch immer wieder in regelmäßigen Abständen korrigiert und angepasst werden sollte.

Umso wichtiger ist es aber auch, Zwischenziele zu definieren und deren erreichbaren Abschluss zu feiern. Erst im Rückblick wird vielen klar, welch weiten Weg sie bereits zurückgelegt haben und welche Entwicklung Sie vollzogen haben. Sie selber werden sich vielleicht nur noch schwach an Ihre Anfangszeit bei der Kanzleigründung erinnern, an Ihre erste Mitarbeiterin oder wie das Kanzleischild am Haus angebracht worden ist. Unwägbarkeiten und Probleme sind längst vergessen. Umso wichtiger ist es, sich von Zeit zu Zeit daran zu erinnern. Beziehen Sie in diesen Rückblick auch Kollegen und Mitarbeiter ein und nutzen Sie diese Gelegenheit, sich bei ihnen zu bedanken. Ein Kanzleierfolg ist immer auch ein Teamerfolg!

Doch wie genau können Sie das Wachstum Ihrer Kanzlei steuern?

Bei der Entwicklung Ihrer Kanzlei sollten Sie im Wesentlichen wie bei der Gründung vorgehen: Es geht also zunächst darum, ihre Kanzleivision zu überprüfen und gegebenenfalls anzupassen, um neue Aspekte einzubeziehen. Sodann geht es um die Entwicklung einer Kanzleistrategie und um die Definition von Zwischenzielen. Hierbei sollten Marktänderungen, sich auftuende Chancen oder neue Ideen einbezogen werden. Ebenso aber auch in der Vergangenheit

https://doi.org/10.1515/9783110726428-004

erzielte Niederlagen oder Erfolge ausgewertet und einbezogen werden. Letztlich sollten die bereits etablierten Strukturen und Systeme auf Effizienz und Optimierungsmöglichkeiten überprüft werden. Hier geht es um die Einsparung von Zeit und Geld sowie um die Erhöhung von Quantität und Qualität bei der Mandatsbearbeitung[1].

Machen Sie es sich also zur Regel, in viertel- oder halbjährigen Abständen, Strategiesitzungen zu etablieren, die den eingeschlagenen Kurs bewerten und gegebenenfalls korrigieren, um einmal im Jahr sodann die Strategie für das kommende Jahr festzulegen.

Nutzen Sie dafür sogenannte Klausurtage. Klausurtage werden von Kanzleiteams regelmäßig genutzt, um sich für zwei bis drei Tage außerhalb der Kanzlei zurückzuziehen, miteinander ins Gespräch zu kommen und fern ab vom Büroalltag sich über die mit der Kanzlei verfolgten Werte-Vorstellungen auszutauschen, persönlichen Kontakt zu intensivieren und die Teamfähigkeit zu stärken. Das Unternehmen Kanzlei ist Teamarbeit. Nutzen Sie auch hier gegebenenfalls Experten, um im Team auftretende Konflikte, Kommunikationsschwierigkeiten oder Moderationsdefizite zu schließen und die Klausurtage zu einer regelmäßigen fruchtbringenden Notwendigkeit für Ihre Kanzlei zu etablieren.

1 Zach Davis, „Zeitmanagement für Rechtsanwälte", S. 34.

I. Strukturen, Prozesse und Systeme

Wozu sollten Sie dieses Kapitel lesen?
Effektives Kanzleimanagement reduziert nicht nur Kosten, sondern ist vor allem gut für das Kanzleiklima. Hier erfahren Sie, wie es geht.

Übersicht

1. Profitabiliät, Prozesse und Systeme

2. Projekt- und Krisenmanagement
- Legal Project Management (LPM)
- Legal Service Portfolio Management
- Legal Design Thinking
- sonstiges Projektmanagement
- Krisenmanagement
- Integrated Dispute Management

3. Business Development

4. Buchhaltung, Controlling, Qualitätsmanagement und Compliance

5. Wissensaufbau und Entwicklung

Mit der Anpassung von Kanzleivision und Kanzleistrategie an den Markt bzw. veränderte Gegebenheiten gehen die Anpassung der bereits vorhandenen Strukturen und Systeme oder aber auch die Implementierung von neuen Strukturen und Systemen einher. Hier geht es in erster Linie darum, Zuständigkeiten, Kontroll- und Führungsebenen zu definieren, um die verschiedenen Bereiche sauber voneinander abzugrenzen[1].

Wie oben bereits beschrieben kann es durchaus Sinn machen, Spezialisten und Profis aus anderen Bereichen, wie beispielsweise Marketing, Psychologie oder Betriebswirtschaft einzubinden, die oft mit frischem und wirtschaftlich orientiertem Blick auf das Unternehmen Kanzlei schauen.

1. Profitabilität und Büroorganisation

So verschieden Anwälte sind, so unterschiedlich sind ihre Arbeitsprozesse und Büroorganisation. Die meisten haben sich über ihre eigenen Prozesse und Strukturen nie Gedanken gemacht. Und vielen fällt erst auf, dass es so etwas wie Bü-

---

1 Mehr dazu in „Effiziente Anwaltsorganisation – Ablaufsicherheit durch optimierte Kanzleiprozesse" von TeleLex.

roorganisation gibt, wenn Sie in einem anderen Büro plötzlich von anderen Prozessen überrascht werden[2]. Es gibt die Anwälte, die die Dinge „schon immer so gemacht haben“ und sich gegen jede Definition, Überprüfung oder gar Änderung sträuben. Und es gibt die anderen, die sich gern von der Struktur der Assistenzen umspielen lassen, soweit alles irgendwie läuft und nicht lästig ist.

Die Profitabilität der Kanzlei hängt ganz maßgeblich davon ab,

1. Einnahmen:
   a) wieviel abrechenbare Stunden (billable hours) zu
   b) welchem Stundensatz abgerechnet werden können
   ODER
   wie hoch die gesetzlichen Gebühren nach RVG sind
   ODER
   welche Pauschalvergütung vereinbart worden ist
   UND
2. welche Kosten dem gegenüberstehen

Einnahmen:

Je nach Rechtsgebiet, Kanzleigröße und Lage rechnen Anwälte entweder überwiegend nach gesetzlichen Gebühren ab bzw. arbeiten mit Gebührenvereinbarungen. Bei Gebührenvereinbarungen wird entweder die Variante der Pauschalvergütung oder die der abrechenbaren Stundensätze vereinbart. Unter Pauschalvergütung fallen auch diejenigen Mandate, die entweder standardisiert für einen Mandanten abgearbeitet werden können (z.B. im Forderungseinzug) oder eine längerfristige Beauftragung als stand-by „externe Rechtsabteilung“ mit monatlicher Vergütungspauschale.

Die klassische Vereinbarung nach Stundensätzen wird vornehmlich in großen Wirtschaftskanzleien genutzt, um den kostspieligen Unterbau mitzuversorgen und wird zunehmend vom Markt nicht mehr akzeptiert.

Wie wir bereits im Eingangskapitel zum Rechtsberatungsmarkt gesehen haben, gestalten sich die durchschnittlichen Jahresumsätze wie folgt:

Wirtschaftsanwalt Equity Partner	250.000–500.000 €
Wirtschaftsanwalt Partner	180.000–280.000 €
Wirtschaftsanwalt Counsel	150.000–250.000 €
Sozietätsanwalt	242.000 €
Fachanwalt	207.000 €
Rechtsanwalt (west)	209.000 €
Rechtsanwalt Beispiel vorn	168.000 €
Rechtsanwältin (west)	155.000 €

2 Heussen, „Anwaltsunternehmen führen“, S. 211.

Rechtsanwalt (ost)	152.000 €
Wirtschaftsanwalt Associates	80.000–140.000 €
Rechtsanwältin (ost)	121.000 €

Die durchschnittlichen Stundensätze variieren von 130 € über 250 € bis zu 390 €, können also das dreifache betragen, ohne dass sich an der anwaltlichen Leistung irgendetwas ändert. Spitzenverdiener arbeiten im Gesellschaftsrecht und Compliance, gefolgt von M&A sowie Wirtschafts- und Steuerstrafrecht.

Selbstverständlich geht man davon aus, dass im hochpreisigen Sektor in Fachfortbildung, Expertise und Erfahrung investiert worden ist. Fakt ist aber, dass dort auch der Kostenanteil durch den entsprechenden personellen Unterbau sowie repräsentative Büros und Ausstattung überdurchschnittlich hoch ist.

Insgesamt ist die Vergütung für anwaltliche Dienstleistung in den letzten Jahren gestiegen im Hinblick auf die Stundensätze (ca. 200 €) und gleichzeitig gesunken durch Legal Tech – Anbieter (ca. 50 €), die kostengünstig standardisierte Rechtsberatung anbieten.

Ein Grund für steigende Stundensätze sind die Fachanwaltschaften, die sich in den letzten 10 Jahren von 38.745 (2010) auf 56.305 (2020) drastisch erhöht haben (jeder vierte führt mindestens einen), wobei die Anzahl der Fachanwaltsrechtsgebiete gestiegen ist und die Mehrfach-Fachanwaltstitel (maximal 3 möglich). Ein weiterer Grund sind steigende Kosten für Mitarbeiter und Investitionen in Digitalisierung.

Effektive Büroorganisation als ernstzunehmenden Kostenfaktor begreifen die meisten erst jetzt, wo (zumeist technische) Serviceanbieter die Definition von Strukturen, Zuständigkeiten und Prozessen einfordern, um optimal mit Soft- und Hardware den Büroablauf unterstützen zu können. Ja in vielen Kanzleien wird dies sogar dem Anbieter überlassen, diese Prozesse zu definieren und zu etablieren – selbstverständlich mit nur mäßigem Erfolg.

Mit der Einführung von Qualitätsmanagementsystemen (QMS) kann jedoch nicht nur eine Kostenreduktion erzielt werden, sondern vor allem ein Wettbewerbsvorteil. Wiederkehrende Tätigkeiten und Abläufe – auch jenseits den bereits von der Kanzleisoftware definierten – verbindlich festzuhalten und zu standardisieren kann schnellen und einheitlich hohen Service garantieren[3]. Grundlage sollte jedoch einerseits das jeweilige Geschäftsmodell und die Qualitätsziele sein und andererseits die Bedürfnisse und Erwartungen der jeweiligen Mandanten[4].

---

3 Branchenbericht der Sparkasse 2020, S. 17.

4 Kanzlei und Markt, 4/2016, S. 4.

Grundsätzlich gilt gem. § 50 BRAO die Verpflichtung zur Handakte. Traditionell wird diese in Papierform geführt, chronologisch oder kaufmännisch sortiert.

Ich würde nun gern behaupten, dass in Zeiten des elektronischen Rechtsverkehrs und der digitalen Akte diese der Papierakte den Rang abläuft. Tatsächlich werden heute auch quasi alle Akten elektronisch abgebildet. Aber eben nur „auch“, denn tatsächlich gibt es nun zumeist zwei Akten: die aus Papier und die elektronische Akte. Zur Freude der Papierhersteller, die das papierlose Büro sicherlich bald in jeder Branche, nur nicht in der Rechtsbranche befürchten müssen. 97% der Rechtsanwälte verwenden immer noch kopierte oder gedruckte Dokumente für ihre Kommunikation. Gezeichnete Dokumente werden überwiegend auf dem postalischen Weg übermittelt, zusätzlich auch per Fax, zumal auch Fristen im Moment noch nur durch das Versenden von gedruckten Dokumenten eingehalten werden können. Verträge werden immer in mehreren Ausführungen vorgehalten. Zusätzlich wird die E-Mail-Kommunikation zur Akte ausgedruckt. Vom papierlosen Büro oder der digitalen Kanzlei ist die Branche also noch weit entfernt.

Ein besonderes Kapitel auf diesem Weg ist das Besondere elektronische Anwaltspostfach (beA) welches durch die Bundesrechtsanwaltskammer (BRAK) nach dem Gesetz zur Förderung des elektronischen Rechtsverkehrs eingeführt worden ist. Jeder Rechtsanwalt und jede Kanzlei soll danach untereinander, mit allen Gerichten und auch Behörden in einem besonders sicheren elektronischen Kommunikationsverfahren korrespondieren können. Dies sollte bereits zum wiederholten Male starten (was nun endlich ab 1.1.2022 erfolgt ist nach dem Inkrafttreten des ERV-Ausbau-Gesetzes). In Österreich und auch in anderen Ländern ist dies übrigens seit vielen Jahren im Rechtsverkehr sowie in Justiz und Verwaltung schon gegeben.

Die Vorteile liegen auf der Hand: Die klar definierten und verschlankten Prozesse und Strukturen in der digitalen Kanzlei bringen deutliche Einsparungen bei der Bearbeitungsdauer und beim erforderlichen Personal. Keine Frage: Die digitale Kanzlei arbeitet preiswerter und schneller – und natürlich zuverlässiger und sicherer. Ein klarer Wettbewerbsvorteil also.

Ein genauerer Blick auf Rechtsanwälte und Kanzleien verrät jedoch, dass es in erster Linie ein Generationenkonflikt ist: während junge Anwälte und neue Kanzleien sich mit der Einführung, Umsetzung und Anwendung derartiger Prozesse eher leicht tun, fällt es traditionellen, alteingesessenen Kanzleien um so schwerer, je älter die Altersstruktur bei Partnern und Büroangestellten ist. Damit ist es also auch ein Wettbewerbsvorteil auf dem umkämpften Markt der „High Potenzials“, der juristischen Nachwuchskräfte: Denn engagierte Büroassistenzen und Junganwälte von morgen möchten ihre Lehrjahre nicht mit veralteten Prozessen und Hilfsmitteln verbringen.

Originalbelege, Urkunden und Verträge, müssen sicherlich in papierner Form vorgehalten werden. Tatsächlich aber kann heute alles eingescannt und digital zugeordnet und sortiert werden (und die Originale wieder an den Mandanten zurückgegeben werden). Auch die Archivierungspflichten (unter Umständen bis zu 30 Jahre) zwingen nicht zur Papierakte. Zwar haben 60–70% aller Anwälte bereits begonnen, die Altakten einzuscannen und elektronisch zu archivieren. Der Prozess ist jedoch bei Weitem noch nicht abgeschlossen und wird eines der Zukunftsthemen der Branche sein. Schon jetzt werden verschiedene innovative technische Archivierungslösungen für die Branche angeboten, die jedoch längst noch nicht mit professionellen ECM-Lösungen[5] aus anderen Branchen vergleichbar sind. Moderne Archivierungssysteme können heute die gesetzlichen Vorgaben durchaus abbilden und sparen nicht unerhebliche zusätzliche Lagerkosten. Ein Kosten und Risikofaktor übrigens, den nur die allerwenigsten Kanzleien als laufende Kosten kalkulieren.

Die Büroprozesse drehen sich um das Management
- der Akte (Anlage, Führung, Lagerung, Ablage)
- der Fristen und Termine
- Buchhaltung und Zwangsvollstreckung sowie
- die Post (Eingang und Ausgang)[6]

Das **Fristenmanagement** ist dabei wohl das heikelste Thema, da hier die Haftungsrisiken begründet liegen. Empfehlenswert ist, nicht nur einen sehr erfahrenen Mitarbeiter explizit mit dem Aufgabenfeld des Fristenmanagements zu beauftragen, sondern auch mit einem doppelten Fristenkalender (schriftlich und elektronisch) sowie mit einem strikten Fristen- und Terminsystem (wie Vorfristen, Notfristen, Wiedervorlagefristen, Verjährungsfristen etc.).

Viele dieser Prozesse, Strukturen und Systeme werden von den Assistenzen etabliert. Der Nachteil dessen ist, dass diese sich dann oft unentbehrlich machen und in deren Abwesenheit Chaos ausbricht oder aber jede Assistenz ihr eigenes Hoheitsgebiet autonom verwaltet ohne sich mit anderen zu Schnittstellen und der Übergabe von Prozessen zu verständigen. Es ist daher ihre Aufgabe,

5 Enterprise-Content-Management (ECM) sind Methoden, Techniken und Werkzeuge zur Erfassung, Verwaltung, Speicherung, Bewahrung und Bereitstellung von Inhalten („Content“) und Dokumenten zur Unterstützung organisatorischer Prozesse in Unternehmen.

6 Geißinger, v. Landenberg, „Erfolgreich starten als Rechtsanwalt“, S. 252.

diese Zuständigkeiten und die Wirksamkeit der Prozesse und Strukturen zu bestimmen, zu beobachten und zu kontrollieren sowie ggf. zu korrigieren. Hier können Sie sich selbstverständlich der Hilfe eines erfahrenen Bürovorstehers oder eines Kanzleimanagers bedienen.

Vielleicht berufsbedingt kostenbewusst fragen vor allem Wirtschaftsprüfer und Steuerberater, warum eigentlich jeder Anwalt seine eigene Sekretärin haben muss. Diese Frage ist nicht unberechtigt. Nur wenn ein Anwalt ein Massendezernat führt, wird er alleine eine Schreibkraft vollständig auslasten. Spracherkennende Diktatsysteme können reine Schreibkräfte in erheblichem Umfang ersetzen. Die Aufgaben von Rechtsanwaltsfachangestellten gehen weit über das Schreiben nach Diktat hinaus. Bis auf einige Kontrollfunktionen sollte die gesamte Büroorganisation den nicht- juristischen Mitarbeitern einer Kanzlei übertragen werden.

An die Kanzlei gerichtete Anfragen, insbesondere telefonische Anfragen, sollten freundlich, schnell und kompetent beantwortet werden. Gibt es eine zentrale Telefonvermittlung, dann muss die entsprechende Mitarbeiterin so geschult sein, dass der Anrufer schnellstmöglich mit dem von ihm gewünschten Ansprechpartner oder demjenigen, der ihm Auskunft erteilen kann, verbunden wird. Betreut die Kanzlei ausländische Mandanten, dann muss die Empfangssekretärin zumindest gut Englisch sprechen. Großkanzleien beschäftigen permanent eigene Dolmetscher und Übersetzer, eine Dienstleistung, die wohl als nächstes von der Digitalisierung und immer besser werdenden Übersetzungsprogrammen überrollt werden wird.

Die Wirkung, die die nicht-juristischen Mitarbeiter auf Außenstehende haben können, darf nicht unterschätzt werden. Die Mandantenorientierung einer Kanzlei darf vor den Büromitarbeitern nicht haltmachen. Auch das äußere Erscheinungsbild der Kanzleimitarbeiter ist nicht unwichtig für die Außendarstellung einer Kanzlei. Weder legere Freizeitkleidung noch Abendgarderobe gehören in ein Büro, wobei hier natürlich auch die Besonderheiten der Mandantenzielgruppe eine Rolle spielt: ein Start-up wird eine andere Erwartungshaltung haben als eine Bank.

i **Erreichbarkeit und Verfügbarkeit** eines Anwalts sind das A und O anwaltlicher Distributionspolitik. Die anwaltliche Dienstleistung ist eine interaktive Dienstleistung. Bis auf einige wenige Ausnahmen ist es der Anwalt selbst, der im direkten Kontakt mit dem Mandanten seine Dienstleistung transportiert. Nichts verärgert einen Mandanten mehr, als wenn er seinen Anwalt nicht erreicht oder die erwartete Rückmeldung des Anwalts ausbleibt.

Anwälte sollten mindestens zu den büroüblichen Zeiten, also montags bis freitags zwischen 9.00 Uhr und 18.00 Uhr, besser bis 20.00 Uhr, erreichbar sein. Eine Lösung kann auch darin bestehen, eventuell durch den Einsatz von Aushilfskräften oder speziellem zentralem Telefonservice, für eine Besetzung der Telefonvermittlung während der gesamten Kernarbeitszeit zu sorgen.

„Ich startete 1988 in Wien als ONE WOMAN Show zunächst in einer kleinen Regiegemeinschaft gemeinsam mit einem Rechtsanwalt und Regiepartner, mit dem ich mir die Kosten der ersten Kanzleiräumlichkeiten teilte. Aber schon nach einem Jahr wuchs der Platzbedarf meiner Kanzlei und damit siedelte ich in die ersten eigenen Kanzleiräumlichkeiten. Seit über 20 Jahren arbeite ich nun gemeinsam mit meinen Berufspartnern in einer Rechtsanwaltsgesellschaft."

Rechtsanwältin Dr. Alix Frank, Partnerin von Alix Frank Rechtsanwälte GmbH in Wien (www.alix-frank.co.at).

Die permanente Verfügbarkeit von Anwälten mag aus Sicht von Mandanten wünschenswert sein. Praktisch kann kein Anwalt eine solche Anforderung vollständig erfüllen. Wer einen komplizierten Vertrag zu entwerfen, einen schwierigen Schriftsatz zu erstellen hat, benötigt zusammenhängende Zeitblöcke einiger Stunden konzentrierter Arbeit, die nicht durch Telefonate unterbrochen werden. Es wäre jedoch falsch, Mandanten von einer Sekretärin, womöglich noch mit der zurückweisenden Bemerkung „Rechtsanwalt XY hat gerade etwas Wichtiges zu tun. Rufen Sie später noch einmal an" abwimmeln zu lassen. Der Mandant fühlt sich zurückgesetzt und schlecht behandelt. Denn aus seiner Sicht ist sein Anliegen weitaus bedeutender als alles andere, das der Anwalt möglicherweise gerade zu tun haben könnte.

Weitaus besser ist es, dem Mandanten freundlich mitzuteilen, dass er leider den von ihm gewünschten Anwalt zurzeit nicht sprechen kann, dass der Anwalt ihn aber, sofern dies dem Mandanten Recht ist, zu einer bestimmten Uhrzeit zurückrufen wird. Der zugesagte Rückruftermin muss eingehalten werden. Geschieht dies zuverlässig, dann werden Mandanten es dem Anwalt nachsehen, dass sie ihn das eine oder andere Mal nicht sofort erreichen können.

Ein Anwalt sollte sich genau überlegen, wozu er ein Mobiltelefon nutzt. Hält er sich in seinem Büro auf, dann braucht er es nicht. Bewegt er sich außerhalb des Büros, Reisezeiten einmal ausgeklammert, dann hat dies im Regelfall mit einem Mandat zu tun, das seine volle Aufmerksamkeit verdient hat. Zudem ist darauf zu achten, wer gerade mithört. Ich erlebe immer wieder, wie offensichtlich „wichtige" Mandatsgespräche im Großraumabteil eines ICE geführt werden ohne Rücksicht auf Mitreisende, die dann mit den Einzelheiten des Mandats zwangsbeglückt werden – das Vertraulichkeitsgebot ist hier vollständig außer Kraft gesetzt.

Anrufer können in der Kanzlei eine Nachricht hinterlassen. Wenn das Rückrufsystem funktioniert und er auf die Rückmeldung nicht ungebührlich lange warten muss, dann wird der Mandant nicht verärgert sein, wenn er seinen Anwalt kurzfristig nicht erreichen kann. Umgekehrt wissen Mandanten es zu schätzen, wenn ein Anwalt sich im Gespräch mit ihnen nicht von hereinkommenden Telefonanrufen ablenken lässt.

Schreiben des Mandanten, gleichgültig ob diese per Post, per Telefax oder per E-Mail zugehen, müssen innerhalb eines festgelegten Zeitraumes beantwortet werden. Nicht immer ist es möglich, die erwartete Antwort sofort zu verfassen. Beunruhigungen und Nachfragen des Mandanten können durch die kaum Zeit kostende Mitteilung, wann er eine ausführliche Antwort voraussichtlich erhalten wird, vermieden werden.

Mandanten erwarten von ihrem Anwalt, dass er dann zu ihrer Verfügung steht, wenn es aus ihrer Sicht wichtig erscheint. Als Dienstleister sollte sich ein Anwalt davon verabschieden, die Notwendigkeit eines Zusammentreffens mit dem Mandanten an „objektiven" Kriterien zu messen oder danach zu beurteilen, ob ein weiteres Gespräch mit dem Mandanten die Angelegenheit voranbringt. Entscheidend ist die Sicht des Mandanten. Diese Sicht des Mandanten kollidiert nicht selten mit der Zeitplanung des Anwalts und tangiert auch die Rentabilität eines Mandats. Der Anwalt, der nach dem Vergütungsgesetz sein Honorar bemisst, kann nicht beliebig Zeit auf ein Mandat verwenden, will er nicht Verluste einfahren. In solchen Fällen ist Fingerspitzengefühl gefragt. Eine freundliche Sekretärin, der es gelingt, mit dem Mandanten einen anderen Termin zu vereinbaren, der etwas besser in den Zeitplan des Anwalts passt, gehört zu den Pluspunkten einer Kanzlei.

WER: Assistenz/RA		WIE: (Thema elektronische Akte)
• **Anlegen** – Daten – Kosten – Fristen	→	• **Handakte/System** – Erfassen und Zuordnung zur Akte – Kostenmanagement – Fristenmanagement
• **Managen** – Termine/Fristen – Besprechungen/Weiterverfügungen – Strategie/Wiedervorlagen	→	• **Bearbeiten** – SS/Schreiben an/von Dritte/Gegner/Mdt. – Protokolle: Gespräche/Termine – Aktennotizen/Recherche
• **Abschließen** – Daten – Kosten – Fristen	→	• **Archivieren** – Archiv – elektronisches Archiv

Workflow Mandantenakte, © Dr. Geertje Tutschka

WOFÜR

- **Akte**
  - Daten
  - Termine/Fristen
  - Notizen
- **Kosten**
  - Kostenblatt der Akte
  - Fremdgeld
  - Gebühren
- **Korrespondenz mit Dritten**
  - Formular für Behörden
  - zur Arbeitserleichterung

WIE

- **Vereinfachen der Datenerfassung**
  - Erfassen und Zuordnung zur Akte (print/system)
  - Buchen
  - Kostenmanagement
- **Kosten**
  - Zuordnung zur Akte (print/system)
  - doppelte Kontolle/Treuhänderschaft
  - Zeiterfassung
- **Vers./Gericht/Behörden/Mdt.**
  - Erklärungen: Vollmacht, Entb. ärztl. Schw.pfl.
  - Formularnachrichten (Kenntnisnahme/Verbleib)

Workflow Templates/Formblätter, © Dr. Geertje Tutschka

Die wichtigsten Formblätter und Templates der Papier-Handakte aus der Mottenkiste fanden Sie bei Soldan, wie z.B. den Mandatserfassungsbogen, die Vollmacht, den Ferngesprächsvermekr, den Zettel zur Weiterleitung eines Schriftstückes, den Fristenzettel usw., Ich möchte Ihnen die detaillierte Aufstellung zur passenden Kanzleisoftware des ffi-Verlages sowie die „Checkliste zu den Grundlagen des Mandatsmanagements" von Wolters Kluwer (beides in der Literaturliste zu finden) empfehlen, die wahrscheinlich schon wieder veraltet ist in dem Moment, wo Sie dies gerade lesen. Dennoch: Nutzen Sie die vielfältigen Möglichkeiten, sich über aktuelle Lösungen zu informieren und entscheiden Sie dann, wieviel Papierakte Ihr Büro noch braucht.

Buchhaltung und Abrechnung:

WER: Assistenz/RA

- **Unterscheiden**
  - Kosten/Auslagen
  - Fremdgeld
  - Gebühren
- **Managen**
  - Einzahlen
  - Auszahlen
  - Dokumentieren
- **Erfassen**
  - Kostenblatt der Akte
  - elektronischer Akte

WO: Buchhaltung/Kanzlei

- **Akte**
  - Erfassen und Zuordnung zur Akte (print/system)
  - Sichern/Verwalten
  - Abrechnung nach RVO oder Vereinbarung
- **Kopieren/Scannen/Arbeitsstunden**
  - Zuordnung zur Akte (print/system)
  - Buchen
  - Prüfen
- **Kostenmanagement**
  - wann und wie der Abrechnung entscheiden
  - Verfolgung von Ansprüchen/Nichtzahlungen

Workflow Kostenmanagement, © Dr. Geertje Tutschka

Informationsbeschaffung und Datenmanagement:

Ressourcen	**Kanzlei**
• **Unterlagen des Mandanten** – Originale/Kopien/Notizen → – Formate/Papierqualitäten – Urkunden/Bescheide	• **Elektronisch/Kopieren/Scannen** – Zuordnung zur Akte (print/system) – Zurücksenden (Post/Bestätig.) – Kostenmanagement
• **kanzleifremde Akten/Datenträger** – Hohe Seitenzahl → – Geheftet – Verschiedene Formate	• **Elektronisch/Kopieren/Scannen** – Zuordnung zur Akte (print/system) – Zurücksenden (Post/Bestätig.) – Kostenmanagement
• **Formulare** – Für die Mandatierung: Vollmacht, Schw.pflErkl. → – Für die Handakte: Kostenblatt – Für Behörden: PKH, Beratungsschein	• **Bezug durch** – Anbieter – Download – eigene Templates

Workflow Datenerfassung, © Dr. Geertje Tutschka

2. Krisen- und Projektmanagement

– Legal Project Management (LPM)

Dass sich gerade in der Digitalisierung des Kanzleimanagements viele Bezugspunkte zu Legal Tech ergeben, liegt auf der Hand. Bei aller Skepsis und Zurückhaltung gibt es auch viele Juristen und Juristinnen, die darin ihre Leidenschaft gefunden haben, die Juristerei technisch neu zu denken[7].

„Mich fasziniert das Thema Legal Technology schon seit geraumer Zeit und ich entdecke immer wieder neue Facetten. Gerade in Kombination mit der Zuarbeit zu klassischer juristischer Tätigkeit in der Kanzlei – bei mir vor allem im Bereich des IT-Rechts – mag ich dabei auch die Abwechslung sehr. Legal Tech kann sehr praxisnah sein, aber ermöglicht auch die Auseinandersetzung mit zahlreichen (rechts-)theoretischen Fragen bzw. macht dies sogar erforderlich. Ich bezeichne das immer gerne als den Wechsel von der Frosch- in die Vogelperspektive und zurück.

Im September 2018 wurde ich von Hogan Lovells, BRYTER und dem Legal Tech-Blog als ‚Woman of Legal Tech 2018' ausgezeichnet. Im Juni 2019 erfolgte die Aufnahme in das Talentprogramm ‚Bayerns Frauen in Digitalberufen (BayFiD)' als eine von 50 Frauen in Bayern durch das Bayerische Staatsministerium für Digitales. Meine Dissertation ist im September 2019 unter dem Titel ‚Digitalisierung, Legal Technology und Innovation – Der maßgebliche Rechtsrahmen für und die Anforderungen an den Rechtsanwalt in der Informationstechnologiegesellschaft' im Duncker & Humblot Verlag erschienen. Es geht darin vor allem um die berufsrechtlichen Aspekte von Legal Tech. Auch im Übrigen habe ich bereits vielfach zu Fragen des

7 *Andreas Hermanutz*, Kanzleiorganisation als essentieller Bereich der Digitalisierung, DStR 40/2020.

IT-, Urheber-, Medien- und Datenschutzrechts publiziert und zahlreiche Vorträge gehalten. Seit dem Wintersemester 2020/2021 begleite ich als Lehrende den neu geschaffenen Masterstudiengang Legal Tech (LL.M.) an der Universität Regensburg.“

Dr. Christina Maria Leeb, Universität Passau[8]

Legal Project Management (LPM) ist die Anwendung von Projektmanagement-Methoden und -Werkzeugen auf die Bearbeitung juristischer Sachverhalte durch:
- Analyse der Ausgangssituation
- Erarbeitung des individuell optimalen Ergebnisses/Sollsituation
- Zieldefinition und Klärung der Zuständigkeiten und Verantwortungen
- Strukturierung und Terminierung der Prozessschritte
- Ressourcenmanagement

„In der klassischen juristischen Ausbildung kommt das ganze Thema Projektmanagement und Kostenmanagement nicht vor. Dies zeigt sich natürlich auch in der täglichen Arbeit von Juristen, ob inhouse oder in einer Kanzlei. Gerade hier liegt aber die Chance für beide Seiten, den wachsenden Anforderungen gerecht zu werden: Schließlich wächst der Kostendruck auf Kanzleien, denn die wenigsten Inhouse-Abteilungen sind noch bereit, wie früher schlicht nach – meist nicht wirklich im Gesamtergebnis belastbar kalkulierbaren – Stundensätzen abzurechnen. Aber auch die Rechtsabteilungen sehen sich Budgetkürzungen ausgesetzt und müssen, wie alle anderen Abteilungen auch, anhand von KPIs zeigen, dass sie ihren Beitrag zum Unternehmenserfolg leisten. Dies in einem Umfeld von komplexer werdenden Projekten und schwindenden Ressourcen von kompetenten Juristen auf dem Arbeitsmarkt. Im LPM fit zu werden, kann hier allen helfen, nicht nur die Kosten sowie die oft straffen Zeitvorgaben der Projekte laufend managen und kontrollieren zu können, sondern auch klare Transparenz darüber zu haben, wo man steht, wo Teilprojekte noch hängen und wie sich der Einsatz der (personellen) Ressourcen verteilt. Wie überall schafft Transparenz meines Erachtens mehr Vertrauen zwischen den Beteiligten und sorgt für ein Gefühl der Fairness: Die abrechnende Kanzlei muss nicht mehr umständlich darlegen, dass sie die Bearbeitenden bestmöglich eingesetzt hat und um jede Stunde feilschen, und der Inhouse-Steuernde hat jederzeit die Gewissheit, dass er durch schlankere Prozesse, bessere Verzahnung mit den externen Bearbeitern und den optimalen Ressourceneinsatz einen guten Gegenwert für sein Budget bekommt und die sichere Zielerreichung gewährleisten kann. Hier ist dann auch die Schnittstelle zum zweiten großen Thema, das die Juristenwelt gerade umtreibt, gegeben: Automatisierung von Vorgängen durch Legal Technology (LT), Einsatz von Collaboration Platforms etc. LPM muss diese Tools klug einsetzen, ob beim Wissensmanagement, bei der Bearbeitung von Compliance-Vorfällen oder in Transaktionsprojekten: Setzt die Kanzlei oder das Inhouse-Team LPM und LT klug ein, kann (derzeit) damit ein Vorsprung gegenüber Mitbewerbern generiert und für die Anwälte Zeit freigeschaufelt werden, sich mit den Themen zu beschäftigen, die nach wie vor einen klugen Kopf und keinen Technologie-Einsatz erfordern. Ich weiß, dass viele Juristen auf der einen wie der anderen Seite noch die Augen davor zumachen in der Hoffnung ‚Das geht schon wieder vorbei‘, aber der digitale Wandel macht auch vor unserer Profession nicht halt und erfordert neue Skills. Als Jurist Methoden aus dem LPM und aus LT einzusetzen, wird uns in einigen

---

8 Lesen Sie das ganze Interview im CLP-Blog.

Jahren wahrscheinlich schon völlig normal erscheinen. Wer das heute nicht erkennt und sich darauf einstellt, läuft hier Gefahr, den Anschluss an die sich wandelnde Arbeitswelt zu verpassen."

Christina Sontheim-Leven, LL.M., Chief Legal and Compliance Officer, Postcon Deutschland B.V. & Co. KG[9]

„Wir nutzen LPM etwa für die Organisation von Masseklagen, in M&A-Projekten, Umstrukturierungen, Vergabeverfahren oder internationalen IP-Management-Projekten – all das sind Aufgaben, die von einem strukturierten Projektmanagement stark profitieren. Doch auch bei kleineren Projekten könnten einzelne Prinzipien Anwendungen finden, etwa eng getaktete Abstimmungen von Zwischenergebnissen mit dem Mandanten und weitere ‚agile' Ansätze. Durch LPM könnte KPMG Law leichter Pauschalen anbieten und attraktivere Budgets kalkulieren. Aus Mandantensicht ist das erhöhte Professionalität zu interessanten Preisen. Aus Kanzleisicht bedeutet es einen Fokus auf die Kernkompetenz: Anwälte konzentrieren sich auf das juristische Handwerk, die Qualität steigt. Auch wenn jedes Projekt anders und die Methode für eine belastbare statistische Auswertung noch zu jung sei: Geschätzt würde ich im Durchschnitt jedenfalls von einem zweistelligen Prozentbetrag ausgehen."

Philipp Glock, Standortleiter Leipzig und Co-Head Legal Process & Technology, KPMG Law Rechtsanwaltsgesellschaft mbH[10]

– Legal Service Portfolio Management

Portfoliomanagement ist ein Begriff, der in der IT (ITIL Service Portfolio Management), im Finanzwesen (Investment Portfolio Management) oder auch im Marketing (Product Portfolio Management) zur Herstellung des optimalen Gleichgewichts zwischen Investitionen und Wertbeitrag für das Unternehmen verwendet wird: Rechtsdienstleistungen werden nicht als separate Projekte, sondern als integrale Bestandteile eines einheitlichen Dienstleistungsportfolios gesehen.

Er ergänzt das traditionelle juristische Projektmanagement, indem er es darüber hinaus ermöglicht, den Status von Rechtsdienstleistungen während ihres gesamten Lebenszyklus zu verfolgen. Das Legal Service Portfolio Management ermöglicht es insbesondere, die Investitionen in bestimmte Rechtsdienstleistungen, die für das Unternehmen erbracht werden, über ihren gesamten Lebenszyklus hinweg zu verfolgen, und arbeitet mit anderen Service-Management-Prozessen zusammen, um sicherzustellen, dass die entsprechenden Erträge erzielt werden[11].

---

9 *Christin Sontheim-Leven*, LPM, Unternehmensjurist 01/2020.
10 *Philipp Glock*, LPM, Unternehmensjurist 01/2020.
11 *Ignaz Füsgen*, Legal Service Portfolio Management, Legal Revolutionary vom 24.2.2021.

„Ich bin mit Legal Tech und der Swiss Legal Technology Conference gestartet, habe aber sehr bald schon gesehen, dass der Fokus auf Rechtsthemen (für mich) zu klein ist. Ich bin also schon 2017/2018 auf die Themen Digitalisierung rund um Smart Cities gestoßen. Dazu gehören z.B. Mobilität, Logistik, Bildung + Arbeit, Partizipation + Kommunikation, Health, Smart Grids + Energie. Das sind aus meiner Sicht viel umfassendere und auch spannendere Themen als reines Legal oder Legal Tech.

Recht ist immer auch beteiligt, Stichwort ‚Embedded Law', spielt aber eine untergeordnete Rolle. Das ist aus meiner Sicht die richtige Positionierung – also sich in Projekte aktiv einbringen, um gemeinsam die Digitalisierung nach vorne zu bringen. Das Davos Digital Forum, welches ich 2018 gegründet habe, ist ein Think Tank, der weit mehr klassische Rechtsthemen umfasst. Ziel ist es, die Themen der Digitalisierung, Schwerpunkt Smart Cities/Smart Villages, für alle anhand echter ‚Hands-On'-Workshops verständlich zu machen. Es werden also Lösungen zu Problemen aufgezeigt, die Anregungen zur Umsetzung geben. Wenn man sich mit Themen beschäftigt, die über die klassische Juristerei hinausgehen, erweitert man seinen Hintergrund und sieht plötzlich mehr Licht am Ende des Tunnels. Im Ergebnis erreichen wir neue herausfordernde Ziele nur, wenn wir mit unterschiedlichen Personen und Berufsgruppen an einem Strick ziehen."

Petra Arends-Paltzer, Davos, Schweiz[12]

- **Legal Design Thinking**

Ursprünglich in den 1960er-Jahren von Ingenieuren als Methode für kreative Produktentwicklung entwickelt, wird Design Thinking seit den 1990er-Jahren auch als Managementmethode zur Lösung diverser komplexer Probleme in Wirtschaft und Gesellschaft angewendet. Spätestens seit den 2000er-Jahren wird Design Thinking auch für Innovationen im Dienstleistungsbereich eingesetzt. Es gibt inzwischen eine Vielzahl von Design Thinking Ausbildungen; zu den prominentesten gehören die d.school der Stanford University sowie im deutschsprachigen Raum das Hasso-Plattner-Institut. Design Thinking hat also ein sehr weites Anwendungsfeld und wird zur Entwicklung von Innovationen und Verbesserungen aller Art eingesetzt. Legal Design bezeichnet die Anwendung von zwei Methoden des Design Thinking auf juristische Sachverhalte wie z.B. den Entwurf von Verträgen oder Regelwerken. Design Thinking, auch Design Doing oder schlicht Design genannt, beschreibt bestimmte Methoden für die Entwicklung von Dienstleistungen oder Produkten.

Wir können dadurch Fähigkeiten entwickeln und trainieren, die den allermeisten von uns weder in die Wiege gelegt noch in der Juristenausbildung vermittelt wurden und die auch im juristischen Arbeitsalltag meistens stark vernachlässigt werden. Dazu gehören u.a. ein starker Fokus auf die Perspektive der Anwender von juristischen Dienstleistungen oder Arbeitsprodukten, die Arbeit

12 Lesen Sie das ganze Interview im CLP-Blog.

in multidisziplinären Teams, die Entwicklung innovativer und kreativer Lösungen sowie der Umgang mit noch-nicht-perfekten Lösungen (oder gar dem Scheitern) in einem iterativen Arbeitsprozess.

---

*„Legal Design ist ein Innovationsansatz, der Frameworks und Methoden, insbesondere aus dem Bereich des Designs nutzt, um Herausforderungen mit juristischem Bezug ganzheitlich und nutzerzentriert zu lösen. Mit Legal Design lassen sich Innovationsprozesse im Rechtsbereich strukturiert und zielführend gestalten. Dabei entstehen innovative digitale sowie analoge Produkte, Services, Prozesse, Systeme und Umwelten, die wirklich gebraucht und gerne genutzt werden. Eine wichtige Rolle spielt dabei, dass man schnell vom Planen ins Machen und Ausprobieren kommt. Viele beschränken sich an dieser Stelle auf den Design-Thinking-Prozess. Für mich bedeutet Legal Design jedoch, sich der ganzen Palette geeigneter Gestaltungsansätze zu bedienen, wie etwa dem Human-Centered-Design, Behavioural Design, Business Process Modeling usw. Dabei gilt es herauszufinden, wo und wie sich diese im Rechtsbereich am besten anwenden lassen. Mein Einstieg in das Design-Thinking-Studium am Hasso-Plattner-Institut war im Prinzip auch direkt ein sehr praktischer Einstieg in das Thema Legal Design. Das Studium ist so gestaltet, dass man von Anfang an entlang der Arbeit an echten Projekten lernt. Mein Team hatte damals zufällig eine Legal Design Challenge – auch wenn es den Begriff ‚Legal Design‘ damals noch nicht gab: Es ging darum, die europaweite Zusammenarbeit von Rechtsanwält*innen und NGOs im Bereich des Asylrechts zu verbessern.*

*So richtig bewusst geworden, was für eine entscheidende Rolle Design für den Rechtsbereich spielen kann, ist es mir aber erst, als ich schon eine Weile in meiner Rolle als Design Thinker bei SAP war. Eigentlich hatte ich gedacht, dass meine Entscheidung für Legal Design eine Entscheidung gegen die Rechtsbranche sein würde. Als dann das Thema Legal Tech mit einem Mal immer mehr Bedeutung bekam, wusste ich, dass nutzerzentriertes Software-Design auch dort eine große Rolle spielen würde. Dass mir das die Gelegenheit bieten würde, meine Fähigkeiten in Recht, Design und Tech doch noch gezielt miteinander zu verbinden. Parallel dazu wurde das Legal Design Lab in Stanford gegründet und der erste Legal Design Summit in Helsinki einberufen. Ich war nicht die einzige, die diesen Weg eingeschlagen hatte. Damit hatte die Sache auch endlich einen Namen: Legal Design. Ich nutze Legal Design heute vor allem, um entweder für Kunden oder auch gemeinsam mit Kunden und Nutzer*innen neue Produkte und Services zu entwickeln. Ein klassisches Beispiel ist das Re-Design eines juristischen Dokuments, wie z.B. eines NDA oder einer Richtlinie. Dokumente werden dabei bzgl. Form, Inhalt und Darstellung so neu gedacht, gestaltet, getestet und weiterentwickelt, dass sie im Ergebnis leichter zugänglich sind, besser verstanden werden und mehr Wirkung entfalten. Auch sehr gängig ist die Anwendung von Legal Design zur Konzeption einer Software, App oder Website. Ich lege großen Wert darauf, den Innovationsprozess für jeden Kunden individuell zu gestalten, anstatt immer das gleiche Programm abzuspulen. Dabei versuche ich meine Kunden dazu zu bewegen, so nutzerzentriert wie möglich zu arbeiten, auch wenn die Hemmschwelle bei Jurist*innen besonders groß zu sein scheint. Wichtig ist auch, Kunden nicht – etwa mit einem tollen Konzept für ein neues Produkt – alleine zu lassen, sondern immer die Umsetzung mitzudenken. Unsere Kunden sind insbesondere Kanzleien und Legal Tech Startups, hin und wieder auch Rechtsabteilungen. Was uns überrascht hat, ist, dass wir mittlerweile auch von Unternehmen außerhalb der Rechtsbranche Anfragen erhalten, die mit ihren Kanzleien nicht weiterkommen. Wir sollen dann dabei helfen, die juristischen Elemente, mit denen ihre Kunden in Kontakt kommen, wie z.B. den Prozess eines Vertragsabschlusses, so neu zu gestalten, dass diese genauso nutzerfreundlich sind wie der Rest des Nutzererlebnisses. Dass ich Juristin bin, ist insofern wichtig, als dass ich die besonderen Herausforderungen der Rechtsbranche im Allgemeinen und unserer Kunden im Speziellen inhaltlich ganz an-*

*ders nachvollziehen kann als eine Innovationsberaterin oder ein Innovationsberater ohne Rechtskenntnisse. Mein juristischer Hintergrund hilft mir zudem dabei, mit Kunden mehr auf Augenhöhe zu kommunizieren. Im Bereich der Automatisierung spielt mein Juristin-Sein vor allem dann eine Rolle, wenn es darum geht, sicherzustellen, dass die juristische Logik, die technisch abgebildet werden soll, korrekt hinterlegt wird. Ich habe mit meiner Mitgründerin Alisha Andert und meinem Mitgründer Joaquín Santuber zwei sehr kompetente und interessante Personen an meiner Seite, die ein ähnlich komplexes Skill-Set aus Rechts-, Design- und Tech-Expertise mitbringen. Das ist derzeit noch recht selten zu finden und es macht mir großen Spaß, mit den beiden zusammen zu arbeiten. Darüber hinaus verfügen wir über ein Top-Netzwerk aus Fachjurist*innen, Designer*innen und Entwickler*innen, die wir zur Realisierung von Projekten je nach Bedarf hinzuziehen. In interdisziplinären Teams zu arbeiten, ist für uns selbstverständlich. Darüber hinaus gibt es eine recht gut vernetzte, weltweite Community von Legal Designern, mit denen wir regelmäßig im Austausch stehen.“*

Lina Krawietz, Legal Designerin, Berlin[13]

- **sonstiges Projektmanagement**

Selbstverständlich gibt es in Kanzleien wie in jedem anderen Unternehmen auch Projekte zu den Themenkomplexen

- Business Development
  z.B. die Erschließung einer neuen Zielgruppe, des österreichischen Marktes oder die Umsetzung der DSGVO
- Marketing
  z.B. die Überarbeitung der Webseite oder die Neufassung der Kundenkommunikation
- Personalentwicklung
  z.B. die Einführung von Gleitzeit oder Erarbeitung von Stellenbeschreibungen

und weiteren Bereichen. Diese gekonnt aufzusetzen, zu verantworten, voranzutreiben und schließlich sauber abzuschießen und auszuwerten ist in Kanzleien eine ebensolche Herausforderung neben dem Alltagsgeschäft wie in jedem anderen Unternehmen. Zumeist werden hier externe Dienstleister hinzugezogen, die entsprechend betreut werden müssen, Zuarbeiten benötigen und einen Ansprechpartner brauchen. Das funktioniert nicht immer optimal. Was daran liegen kann, dass diese Projekte nicht die oberste Priorität haben.

Hinzu kommt sicherlich, dass Kanzleiinhaber im Umgang mit Projektmanagement wenig routiniert sind[14]. Wann ist schon ein Projekt ein Projekt und ab wann muss es gemanagt werden?

13 Lesen Sie das ganze Interview im CLP-Blog.

14 Foitzik, „Projektmanagement in Kanzleien“, Kanzleimarketing.de vom 21.2.2018.

- **Krisenmanagement**

Die Besonderheit besteht darin, dass anwaltliche Dienstleistung zur Problemlösung fast ausschließlich in Krisen- und Konfliktsituationen eingefordert wird.

Der Mandant befindet sich zumeist in einem „Ausnahmezustand“, der ihn „existenziell“ bedroht. Dabei ist es völlig egal, ob gerade sein Privatleben in Einzelteile zerfällt, sein Arbeitsverhältnis als Existenzgrundlage weggebrochen ist, ihm ein Gefängnisaufenthalt droht oder sein Unternehmen in ein finanzielles Fiasko geschlittert ist. Zum Anwalt kommt man nicht, weil es einem gut geht, sondern damit es irgendwann überhaupt wieder geht.

Biologisch korrekt reagiert der Mensch auf diese Situationen im Allgemeinen mit „Flucht“ oder „Angriff“. In jedem Fall aber ist sein rationales und strategisches Denken eingeschränkt. Gleichzeitig muss er in diesem Moment eine für ihn passende Lösung des Konfliktes, einen Ausweg aus der Krise, eine sinnvolle Veränderung seiner Situation visualisieren: Immerhin brauchen Sie von ihm mit der Mandatierung einen klaren Arbeitsauftrag. Jeder Psychologe würde dies zu einer „Mission impossible“ erklären. Für Sie – für uns – ist es unser tägliches Brot.

In erster Linie bedarf es eines besonderen Krisenmanagements
- wie De-Eskalation,
- sensible Kommunikation,
- Aufbau von Vertrauen und Sicherheit aber auch
- Begleitung und Anleitung für das Meistern der Krise

---

i Es sind also
1. besondere Kommunikationstechniken erforderlich, um den Mandanten überhaupt zu erreichen. Gleichzeitig muss
2. die Grundlage für vertrauensvolle Zusammenarbeit geschaffen werden: eine persönliche Beziehung zwischen Anwalt und Mandant muss entstehen. Und
3. gilt es, ein Ziel/eine Vision für den zukünftigen Idealzustand herzustellen und den Mandanten durch diesen Veränderungsprozess mit all seinen Höhen und Tiefen zu begleiten

---

Die verschiedenen Tätigkeitsfelder des Anwalts

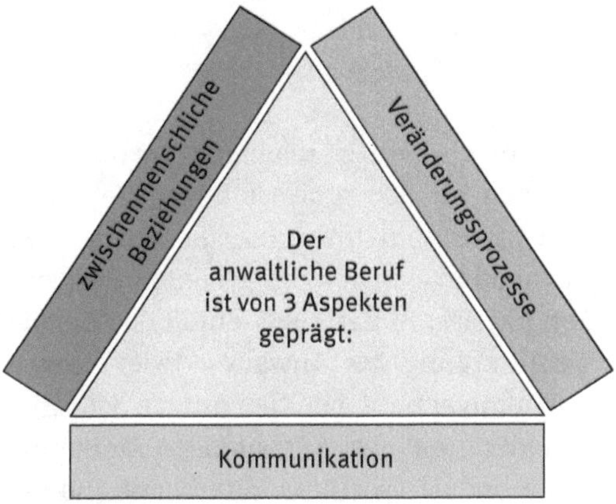

© Dr. Geertje Tutschka

Viele meiner Anwaltskollegen erwarten in unseren Seminaren, dass Ihnen einfache „Gebrauchsanleitungen“ für die „10 goldenen Mandantenfragen“ überreicht werden, um ab sofort jedes Mandat effizient und zügig danach abarbeiten zu können. Nie mehr endlos scheinende Mandantengespräche über (scheinbare) Belanglosigkeiten. Nie mehr Emotionen und Psycho-Management in den Kanzleiräumen, sondern schöne sauber-aufbereitete, relevante Fakten. Ein Traum für jeden Anwalt.

Leider funktioniert es so nicht.

Gleichwohl kann der Kanzleialltag im Umgang mit den Mandanten in derartigen Krisensituationen sehr viel mehr Effizienz und Professionalität gebrauchen.

1. Für eine wirksame Kommunikation ist es wichtig, sich deren Grundmuster zu vergegenwärtigen:

Kommunikation ist Interaktion

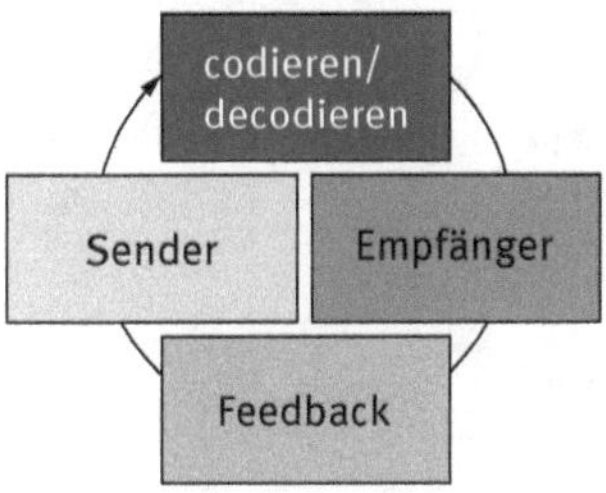

Kommunikation, © Dr. Geertje Tutschka

Dabei muss noch unterschieden werden
- beim **Sender** zwischen „Meinen" und „Sagen" und
- beim **Empfänger** zwischen „Hören" und „Verstehen"

bevor der Empfänger wiederum zum Sender wird, um zu reagieren (Feedback).

Das ist alles ist komplex. Kann jedoch für den professionellen Gebrauch trainiert werden und mit erprobten und wissenschaftlich untersuchten Techniken (wie Spiegeln, aktives Zuhören, Provokation etc.) bewusst gesteuert werden.

2. Beziehungsaufbau zum Mandanten passiert in der Regel durch das Erstgespräch und die anschließende Beauftragung des Anwaltes. Jeder Anwalt weiß, wie sensibel gerade diese Anfangsphase bei Neukunden ist. Hier kann professionelle Kundenkommunikation und begleitendes Marketing ebenso wirksam unterstützen wie besonders geschulte Mitarbeiter und definierte Prozesse.

3. Auch Veränderungsprozesse folgen bestimmten Mustern und Abläufen, deren Kenntnis Anwälte darin unterstützt, die Situation des Mandanten und dessen aktuelles Bedürfnis einzuordnen. Damit kann situativ angemessen und punktgenau reagiert werden. Überraschende Überreaktionen und Übersprungshandlungen des Mandanten bleiben aus. Der Mandant fühlt sich abgeholt, vertraut und ist zufrieden.

Nach Kurt Lewin folgen Krisen dem Muster „Freeze-Unfreeze-Refreeze". Er geht davon aus, dass der Normalzustand von Stabilität und Ruhe gekennzeichnet ist (quasi wie bei einem soliden Eisblock: „Freeze"). Im Gegensatz dazu ist die Krise vom Auflösen intakter Beziehungen, Chaos und Emotionalität gekennzeichnet (so wie beim Auftauen der Aggregatszustand gewechselt wird: „Unfreeze"). Bevor es dann wieder zu einer Stabilisierung der Situation kommt (wie beim erneuten Gefrieren in einer anderen Form: „Refreeze").

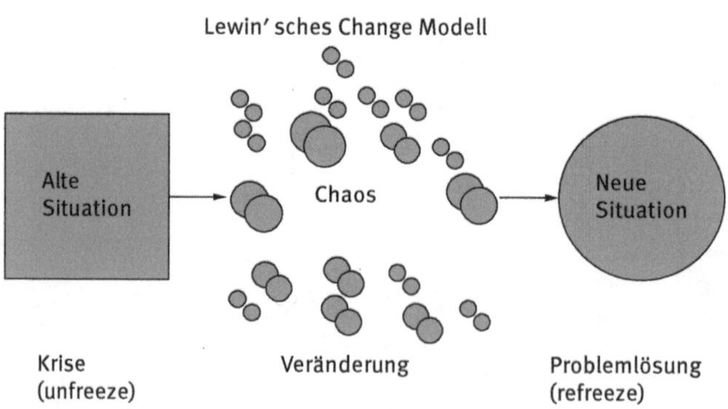

Change Modell nach Lewin, © Dr. Geertje Tutschka

Mandanten kommen zum Anwalt in der Phase der Veränderung, des Chaos'. Der Anwalt soll „abwehren", „reparieren", Veränderung „gestalten" und dabei Begleiter, Vertrauter und souveräner Partner sein. Sein Mandatsauftrag wird dabei nicht nur vom Rechtsgebiet bestimmt, sondern auch von der individuellen Situation des Mandanten und hier insbesondere davon, wo genau in diesem Veränderungsprozess sich der Mandant gerade befindet. Für uns Juristen ist dieses Modell sowohl auf die Mandatslaufzeit als auch auf das einzelne Verfahren (Gerichts- oder Verwaltungsprozesse) anwendbar, wobei sich die Strukturen ebenso wie bei den verschiedenen Rechtsgebieten lediglich minimal unterscheiden. In meiner langjährigen Arbeit mit Veränderungsprozessen habe ich die Erfahrung gemacht, dass noch ein vierter kleiner, aber signifikanter Abschnitt einzufügen ist: am Ende des Chaos kurz vor der Problemlösung findet immer ein „Vakuum" statt. Vergleichbar etwa mit der „Stillen Sekunde" vor einer Lawine erfolgt ein „Luftanhalten", Energie wird abgezogen, als würde die Problemlösung Ihren perfekten Auftritt inszenieren. Wofür ist das wichtig? Befindet sich der Mandant bereits in diesem Vakuum, wenn er zum Anwalt kommt, kann dieser nur noch sichernd, aber nicht mehr gestaltend eingreifen.

Doch wie funktioniert Krisenmanagement in der Kanzlei?

Großkanzlei haben in der Pandemie so Schlagzeilen gemacht:

Taylor Wessing entlässt zur Kostenreduktion fast 100 wissenschaftliche Mitarbeiter mit Prädikatsexamen, obgleich noch im letzten Jahr öffentlich erklärt wurde, dass deren vergleichsweise hohe Bezahlung dadurch gerechtfertigt sei, dass diese Mitarbeiter ein wesentliches Standbein zur Gewinnung zukünftiger High Potentials bilden.

Um Kosten zu reduzieren, nutzt *Norton Rose Fullbright* sein sog. Flex-Programm – wie schon in der Finanzkrise 2008 – dazu, Mitarbeiter zu temporärer Teilzeitarbeit und Gehaltsverzicht zu motivieren, obgleich das Programm ursprünglich für Personal Development und eine bessere Vereinbarkeit von Familie und Beruf entwickelt wurde.

Freshfields friert bis 2021 alle Gehälter ein; andere setzen mit der Nichtausschüttung von Partnergewinnen ein Zeichen. Während in den allermeisten Großkanzleien zumindest ein Einstellungsstopp gilt, lässt *Dentons* durch fünf neue Partnerernennungen aufhorchen und *Graf von Westphalen* mit der Eröffnung des neuen Büros in Berlin.

Krisenmanagement kann also so oder so betrieben werden – während die einen rein zahlenorientiert versuchen, sich zu konsolidieren, nutzen andere die

Krise, um mit Employer Branding ein Zeichen im hart umkämpften Markt der Nachwuchsjuristen zu setzen.

Geschickt gemacht. Aber auch kühl kalkuliert? Ob diese Maßnahmen gutes Krisenmanagement nach betriebswirtschaftlichen Maßstäben darstellen, wird wohl ein Geheimnis der Agierenden bleiben, die hoffentlich die jetzt höheren Kosten der Recherchearbeiten durch die Anwälte ebenso in die Berechnungen einbezogen haben wie die späteren Einarbeitungskosten für neue Kräfte. Krisenkommunikation – und zwar nach außen wie nach innen – waren diese Maßnahmen in jedem Fall, ob bewusst oder unbewusst. Dabei ist gerade diese die Königsdisziplin erfolgreicher Führung. Wenn in einer Krisensituation Sicherheit und Stabilität in jeder erdenklichen Hinsicht abnehmen, folgt in aller Regel ein Zusammenrücken der Teams, um die Situation gemeinsam zu meistern. Auch in der Corona-Krise haben wir diverse Solidaritätsbekundungen erlebt und fühlen uns vielleicht in mancher Hinsicht unserer Familie und Freunden mehr verbunden als zu Zeiten, in denen wir uns mit ihnen ungehindert hätten treffen können. Gleichzeitig wachsen die Sehnsucht und der Bedarf nach Führung und zwar nach einer solchen, die verantwortungsbewusst und zielgerichtet aus der Krise führt. Verantwortung soll dabei vor allem für die Menschen übernommen werden, die sich dieser Führung anvertrauen.

Anerkannte Leadership Assessments haben bestimmte Persönlichkeitstypen daraufhin untersucht, wie diese im Krisenfall – also unter großem Stress – als Führungskräfte reagieren und diese Verantwortung wahrnehmen. *Hogan Assessment* zum Beispiel nutzt hierfür sowohl die Funktion der eigenen Selbsteinschätzung als auch die der von uns gegenüber Anderen aufgebauten Reputation. Dabei wurde überraschenderweise festgestellt, dass nicht alle in Krisensituationen in erster Linie die Nähe zu anderen suchen und erst recht nicht als Führungskraft die erforderliche Verantwortung für andere übernehmen wollen.

Stattdessen wurden drei kritische Verhaltensweisen herausgearbeitet:

Die Führungskraft
1. entfernt und/oder isoliert sich vom Team,
2. sucht die Konfrontation mit einzelnen Teammitgliedern oder
3. begibt sich in das Team und bildet bilaterale Allianzen,

um die eigenen Ängste zu kontrollieren.

Dabei zeigen diese Führungspersönlichkeiten im Alltagsgeschäft oft Charakterstärke und zeichnen sich durch eine breite Anhängerschaft aus.

Gerade im ersten Fall beispielsweise brillieren diese Persönlichkeiten im Alltag oft als besonders gewissenhaft und unabhängig und werden als sachliche und energetische Gesprächspartner wahrgenommen.

In Krisensituationen ist ihnen hingegen „die Jacke näher als die Hose" und sie nutzen ihre Stärken vor allem im eigenen Interesse und nicht im Interesse des ihnen anvertrauten Teams. Sie fühlen sich an die eine oder andere Krisenintervention und Kanzleiführung von oben erinnert? Zu Recht. Nun sind derart reduzierte Informationen wie die oben genannten sicher nicht die ganze Wahrheit. Auch bilden derartige Maßnahmen nicht in erster Linie den Krisenmodus einzelner ab, sondern waren bestenfalls von allen notwendigerweise mitgetragene Mehrheitsentscheidungen.

Und doch stehen diese Maßnahmen und deren Kommunikation wie immer in Krisensituationen für eine bestimmte Führungskultur. Sie mögen nicht unbedingt im Einklang stehen mit der auf der gestylten Kanzlei-Webpage dargestellten Kanzleivision und den Kanzleiwerten, sind jedoch umso authentischer. Krisenmanagement und dessen sensible Kommunikation ist also vor allem deshalb die Königsdisziplin erfolgreicher Kanzleiführung, weil hier die wahren Werte und unternehmerischen Ziele ungeschönt zum Ausdruck kommen.

Idealerweise stimmen die Kanzleiwerte und die Kultur der Kanzleiführung mit denen der Außendarstellung überein. Was im Alltagsgeschäft und erst recht in wirtschaftlich stabilen Zeiten relativ leicht vorgetäuscht werden kann – in Krisenzeiten wie diesen werden Verwerfungen und Friktionen offensichtlich.

Stimmen die gesetzten Kriseninterventionen und deren Kommunikation nicht mit der Außendarstellung überein und bilden stattdessen eines der drei oben beschriebenen kritischen Führungsverhalten ab, wird die Kanzlei nicht nur als Arbeitgeber massiven Vertrauensverlust erleben, sondern auch im vertrauensbasierten Rechtsberatungsgeschäft schweren Schaden nehmen.

Wie kann das verhindert werden?

Die Bedeutung einer reflektierten Krisenintervention und bewussten Krisenkommunikation auch bei der Kanzleiführung dürfte den allermeisten deutlich geworden sein. Ob man dafür einen internen Krisenstab einrichtet, sich Profis holt oder zumindest damit beginnt, einen sogenannten Notfallplan vorzubereiten, bleibt jedem selbst überlassen. In jedem Fall sollte unmittelbar nach der unmittelbaren Krise eine Bestandsaufnahme der eigenen Führungspersönlichkeiten in der Kanzlei und ein Abgleich mit den Kanzleiwerten erfolgen.

Und so wie in der Wirtschaft werden krisensichere und erfolgreiche Kanzleiführungsteams auch in der Rechtsbranche künftig zielgerichtet aufgebaut und geschult werden müssen. Persönlichkeitstests, gezielter Teamaufbau, Wissenstransfer und bewusst eingesetzte Entwicklungsmaßnahmen werden zum ersten Mal eine größere Rolle spielen[15].

In der Tat durchläuft jeder Veränderungsprozess, jedes „Chaos“ sieben einzelne Prozessschritte im Hinblick auf den persönlichen Zustand des Mandanten, seiner Kompetenz zu realistischen Entscheidungen und persönlicher Entwicklung sowie veränderter Wahrnehmung und Präferenzen:

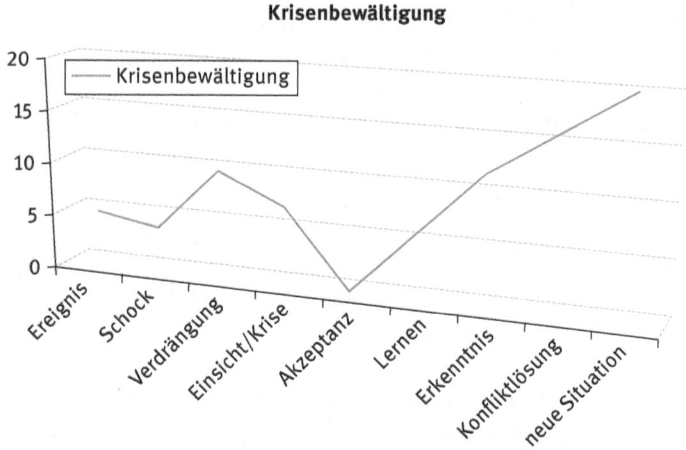

Krisenbewältigung nach Kostka/Mönch, © Dr. Geertje Tutschka

Für die Mandatsbearbeitung macht es einen Unterschied, ob der Mandant zum Zeitpunkt des Schocks in die Kanzlei kommt oder aber bereits in der Phase der Krise und Akzeptanz. Im ersten Fall ist er zumeist nicht in der Lage, alle relevanten Fakten zu liefern. Die Verdrängungsphase hindert ihn daran. Das Tal der tiefen Krise ist noch nicht erreicht. Geht der Anwalt darauf nicht ein und liefert hier mehr vertrauensbildende Maßnahmen als dass er Fakten verlangt, wird die Krisensituation schnell auf den Anwalt projiziert, der zum „Sündenbock“ erklärt wird. Für den Mandanten bedeutet dies aber auch, dass er in der Krisensituation verbleibt und sich in einer „Feedbackschleife“ zurück zum Ereignis/Schock bewegt. Er bleibt im Prozess gefangen ohne Chance auf Lösung des Konflikts.

Kommt der Mandant hingegen erst „wenn das Kind in den Brunnen gefallen ist“ und er sich bereits in der Phase befindet, wo er sich mit der plötzlichen Veränderung abgefunden hat, wird er Sie als Anwalt viel leichter und engagierter

15 *Dr. Tutschka*, Kanzleimanagement und Krisenkommunikation in Zeiten der Corona-Pandemie, Haufe.Recht vom 29.4.2020.

in der Aufbereitung des Mandats unterstützen können. Unkontrollierte emotionale Ausbrüche sind nicht (mehr) zu erwarten. Vielen Kollegen sind diese Mandanten gerade die Liebsten. Sie lehnen sich entspannt zurück und konzentrieren sich auf ihre eigentliche Arbeit; um dann überrascht festzustellen, dass der Mandant bei der erstbesten Gelegenheit wieder „weg" ist. Der Kollege hat verkannt, dass der Mandant in diesem Zeitpunkt nicht mehr derart offen und dankbar für eine intensive Kundenbeziehung war wie zum akuten Krisenpunkt. Jetzt wird der Anwalt schnell „austauschbar" und „beliebig", wenn er nicht ganz gezielt beispielsweise mit ganzheitlichen Services und aktiv in den Aufbau der Mandantenbeziehung investiert. Soll es ein Stammkunde werden und keine Eintagsfliege bleiben, muss hier nachhaltig Mandantenbindung erfolgen.

Für die erfolgreiche Anwaltstätigkeit ist ein vertieftes Verständnis derartiger Prozesse unerlässlich. Dies garantiert nicht nur zufriedene Mandanten, sondern auch ein professionelles und damit effizientes Mandatsmanagement. Da dies in die anwaltliche Ausbildung jedoch bislang ebenso wenig inkludiert ist wie betriebswirtschaftliches Know How, bleibt es die Aufgabe der Anwaltschaft, dies post graduate nachzubilden[16].

So ist es nicht überraschend, dass neben den Kanzleiprozessen selbst auch Formen des Mandatsmanagements neu entwickelt werden:

- **Integrated Disputmanagement**

In Weiterentwicklung zu bekannten Konflikt- und Schiedsverfahren, ADR Prozessen, Mediation und Smart Conflict Management bestimmen beim Integrated Dispute Management der Konflikt und seine Ursache sowie das definierte Ziel die Methode der Konfliktlösung mithilfe von Entscheidungsmodellen, analytischen Tools, Prozessrisikoanalysen, auf Big Data basierenden Prognosetools sowie Projektmanagementtools.

Die Vorteile liegen auf der Hand: Es entspricht dem modernen gesamtheitlichen Ansatz der Konfliktlösung, wird besser dem Einzelfall gerecht und schafft das Berufsbild des Dispute Managers, dessen Tätigkeitsschwerpunkt in der Strategieentwicklung sowie Koordinierung und Überwachung des Konfliktmanagements mithilfe von Legal Tech liegt. Die Prozessvertretung selbst bleibt bei den Anwälten.

---

16 Ich empfehle die Absolvierung von Konflikt- und Krisenmanagement- sowie Kommunikationskursen speziell für den Anwaltsberuf, um Relevanz und Nachhaltigkeit zu optimieren (wie z.B. durch mich bei CLP angeboten).

„Integrated Dispute Management ist ein Teil meines Berufszugangs und ich werde meine Erfahrungen laufend in dieses Konzept einfließen lassen. Ich hoffe aber vor allem, dass es Anstoß für eine neue Disziplin sein wird und durch die Beiträge aller, die sich dafür begeistern, einen neuen Standard für das Konfliktmanagement und die Konfliktbearbeitung schaffen wird."

Dr. Johannes P. Willheim, JONES DAY, internationaler Schiedsgerichtsanwalt[17]

3. Business Development

Kanzleientwicklung wird immer noch vor allem am Umsatz gemessen.

Allein in Deutschland erzielt die Rechtsbranche rund 24,2 Milliarden Euro jährlich[18].

Der Gesamtjahresumsatz der 100 stärksten Wirtschaftsanwälte lag 2018 bei 114 Milliarden US Dollar (10 Milliarden höher als das gesamte Bruttoinlandprodukt der Slowakei). In Deutschland hat sich der Gesamtjahresumsatz der 100 stärksten Kanzleien von 5,2 Milliarden Euro (2014) auf 6,8 Milliarden Euro (2018) gesteigert[19].

Die 165.000 Anwälte in Deutschland arbeiten in 62.000 Kanzleien. Die meisten davon sind als Gesellschaft bürgerlichen Rechts organisiert. Der Anteil an Rechtsanwalts-GmbH stagniert; der Anteil der PartnerGesellschaft mit und ohne beschränkte Haftung hat sich hingegen vervierfacht. 65.000 Anwälte und damit jeder dritte ist im Berufsverband Deutscher Anwaltverein DAV organisiert. Die Kammer München verzeichnet immer noch die meisten Mitglieder, gefolgt von Frankfurt a.M. und Berlin. Die Gesamtzahl der Beschäftigten in der Branche liegt bei 294.000. Das Kreditausfallrisiko ist laut Branchenbericht der Sparkasse von 2020 weiter auf niedrigem Niveau; die Umsatzrentabiliät ist deutlich gestiegen[20].

Rankings[21] messen die jeweilige Entwicklung der einzelnen Kanzlei-Umsätze. Ein genauer Blick darauf lohnt sich:

An der Spitze stehen die „Top 5" der USA:

---

17 *Dietmar Dworschak,* Integrated Dispute Management, Anwalt aktuell 01/2021.

18 Sam van Wijk, „Legal Tech – die Zukunft der Rechtsbranche" in politik-digital.de vom 23.3. 2017.

19 Wirtschaftskanzleien in Zahlen II, brandeins thema, S. 65.

20 Branchenreport der Sparkasse 2020, S. 8.

21 Ranking Stand Oktober 2017.

Kirkland Ellis	**4.155 Mill. Dollar Umsatz**
Latham Watkins	3.768 Mill. Dollar Umsatz
DLA Piper	3.112 Mill. Dollar Umsatz
Baker McKenzie	2.920 Mill. Dollar Umsatz
Dentons	2.900 Mill. Dollar Umsatz

Umsatzstärkste Kanzleien USA, Oktober 2019, © Dr. Geertje Tutschka

Kirkland & Ellis aus Chicago haben in den letzten Jahren aufgeholt und sind mit einem Gesamtumsatz von annähernd 4,2 Milliarden US-Dollar Marktführer. Weltweit zu den führenden Unternehmen zählt es ebenso beim Umsatz pro beschäftigten Juristen – und erwirtschaftete jeder Jurist im vergangenen Jahr durchschnittlich 1,6 Millionen USD. Das Kerngeschäft des Rechtsanwaltsgiganten liegt in den USA, wo das Unternehmen auch die spürbar meisten Anwälte (d.h., 1.830 von 2.598) beschäftigt. Daneben ist die Kanzlei lediglich in China, Hong Kong, Deutschland, Frankreich und Großbritannien mit eigenen Niederlassungen tätig. Derzeit vertritt Kirkland & Ellis unter anderem Volkswagen und andere Autobauer hinsichtlich des Dieselskandals oder Firmen wie BP, Nike und Abbvie[22].

Zum sogenannten "Magic Circel", der die fünf in London ansässigen großen Anwaltskanzleien bezeichnet, gehören neben Clifford Chance (Platz 8), Allen & Overy (Platz 12), Linklaters (Platz 13), Freshfields Bruckhaus Deringer (Platz 16) sowie Slaughter and May (Platz 72).

Die anglo-amerikanisch-chinesische Rechtsanwaltskanzlei Dentons ist gemessen an der Anzahl der beschäftigten Rechtsanwälte die bei weitem weltgrößte Anwaltskanzlei – nicht aber mit Blick auf die Höhe des Gesamtumsatzes. Denn in Sachen Umsatz schafft es Dentons international lediglich auf Rang 5. Eine aus Umsatzsicht verhältnismäßig kleine Rechtsanwaltskanzlei ist mit einem Team von 8.862 Anwälten die weltweite Nummer 2 – das chinesische Unternehmen Yingke.

1. Dentons: 10.977 Anwälte (USA & China)
2. Yingke: 8.862 Anwälte (China)

22 Christopher Wagner, „Die größten Anwaltskanzleien nach Umsatz" in Fachmagazin vom 11.11.2020.

3. Baker McKenzie: 4.809 Anwälte (USA)
4. DLA Piper: 3.894 Anwälte (USA)
5. CMS (Deutschland)[23]

Im Vergleich dazu sind die Umsatzzahlen der Großkanzleien in Deutschland (und Österreich) eher ernüchternd. Zwar spiegeln diese einerseits das jeweilige Verhältnis des Bruttoinlandproduktes wider. Andererseits spiegeln diese aber eben auch nationale Begrenzungsregelungen für die Branche, die Bedeutung der Rechtsberatung für die jeweilige Wirtschaft, die Umsatzorientiertheit der Kanzleien, ja und auch das gesellschaftliche Verständnis zur Wertigkeit der Rechtsberatung im Allgemeinen wider.

Freshfields Bruckhaus Deringer	**435,5 Mill. Euro Umsatz (+2,6 % zum Vorjahr)**
CMS Hasche Sigle	343,6 Mill. Euro Umsatz (+6,5 % zum Vorjahr)
Hengeler Mueller	271,7 Mill. Euro Umsatz (+9,1 % zum Vorjahr)
Hogan Lovells	253,4 Mill. Euro Umsatz (+15,6 % zum Vorjahr)
Noerr	231,5 Mill. Euro Umsatz (+0,89 % zum Vorjahr)

Umsatzstärkste Kanzleien Deutschland, Oktober 2020, © Dr. Geertje Tutschka

Schönherr	**58,8 Mill. Euro Umsatz (+3,0 % zum Vorjahr)**
Freshfields Bruckhaus Deringer	55,5 Mill. Euro Umsatz
Wolf Theiss	55 Mill. Euro Umsatz

Umsatzstärkste Kanzleien Österreich, Oktober 2020, © Dr. Geertje Tutschka

Bemerkenswert ist die Tatsache, dass in der europäischen Rechtsbranche historisch bedingt immer noch eine strikte Grenzziehung zwischen Deutschland und Österreich besteht. Während die Großkanzleien in Deutschland (hier vor

23 Ebenda.

allem die in Frankfurt) sich tendenziell eher zum britischen, amerikanischen und internationalen Markt ausrichten, sind die Großkanzleien in Österreich (hier in Wien) eher zum osteuropäischen Markt hin ausgerichtet. Das führt dazu, dass zumeist auch schon in weniger großen Wirtschaftskanzleien Österreichs traditionell in englisch gearbeitet wird, um der osteuropäischen Sprachenvielfalt gerecht zu werden. Auch an vielen osteuropäischen Universitäten wird in der Regel Rechtswissenschaft in englisch mit europäischem Bezug studiert. Die Übersicht zeigt ferner, dass sich in diesen verschiedenen Märkten (Osteuropa und Westeuropa) Großkanzleien unterschiedlich stark etablieren können und hier offensichtlich sehr verschiedene Kompetenzen und Stärken gefragt sind.

In puncto Produktivität, gemessen am Umsatz pro Anwalt, steht unter den Top-Ten der umsatzstärksten Kanzleien Hengeler an der Spitze, die als einzige deutsche Kanzlei die Marke von 900.000 Euro übertrifft. Bei den britischen Kanzleien lässt Freshfields mit ihren 854.000 Euro pro Anwalt Clifford Chance, Linklaters und Allen & Overy deutlich hinter sich.

Den meisten Umsatz pro Anwalt schaffen spezialisierte US-Kanzleien mit kleinerer deutscher Praxis: Die Rangliste beim Umsatz pro Anwalt führen zehn Kanzleien mit US-Herkunft an, erst auf Platz elf steht Hengeler, Freshfields steht dabei auf Platz 14. Platz eins hält Sullivan & Cromwell mit fast 1,2 Millionen Euro Umsatz pro Anwalt. Immerhin 29 der hundert Kanzleien konnten ihren UBT nicht steigern[24].

Wirtschaftlich gesehen geht es den österreichischen Wirtschaftsanwälten hervorragend, auch wenn hier mangels großer internationaler Kanzlein Stundensätze wie in Deutschland nicht erzielbar sind. Auch während Corona konnte der Umsatz um knapp drei Prozent steigen. 2,4 Prozent mehr Juristen zählte der gesamte österreichische Anwaltsmarkt im vergangenen Jahr – das ist der stärkste Anstieg seit mehr als einem Jahrzehnt. Verglichen mit dem Nachbarland Deutschland ist das Anwaltsnetz in Österreich allerdings noch immer sehr dünn. Gerade einmal 6400 Anwälte zählt das Land mit den knapp neun Millionen Einwohnern. Zum Vergleich: Die 83 Millionen Bürger der Bundesrepublik können mehr als 165.000 Anwälte zurate ziehen. Kommen auf einen Anwalt in Deutschland gut 500 Bürger, sind es in Österreich 1400.

Eine Erklärung dafür ist die geringere Wirtschaftskraft. Die Alpenrepublik beherbergt etwa weit weniger Konzerne, insbesondere solche mit internationaler Bedeutung. Das ist bis heute einer der wesentlichen Gründe, warum sich vergleichsweise wenige ausländische Kanzleien, insbesondere die profitstarken

---

24 Claudia Tödtmann, „Die umsatzstärksten Kanzleien in Deutschland" in blog.wiwi.de vom 1.10.2020.

Kanzleien, angesiedelt haben. Eine Ausnahme ist die „Magic Circle“ Kanzlei Freshfields Bruckhaus Deringer. Einen weiteren Grund machen Experten mittlerweile in den sehr konservativen, männerdominierten Führungsetagen fest. Obwohl die Hälfte der Rechtsanwaltsanwärter weiblich ist, kommen diese im Anwaltsmarkt nicht an. Dafür wird die konservative Struktur verantwortlich gemacht: die Zulassungskosten sind ein Vielfaches von Deutschland, Reduzierungen während der Familienzeit sind nicht vorgesehen. Partnerinnen sucht man in den größten Kanzleien ebenfalls vergebens. Diese finden sich eher in den mittelständischen Kanzleien oder machen sich erfolgreich selbstständig in eigener Kanzlei.

Spannend ist an dieser Stelle, wie sehr die Schere bei den Umsatzzahlen bereits bei den Top 5 in Deutschland auseinandergeht.

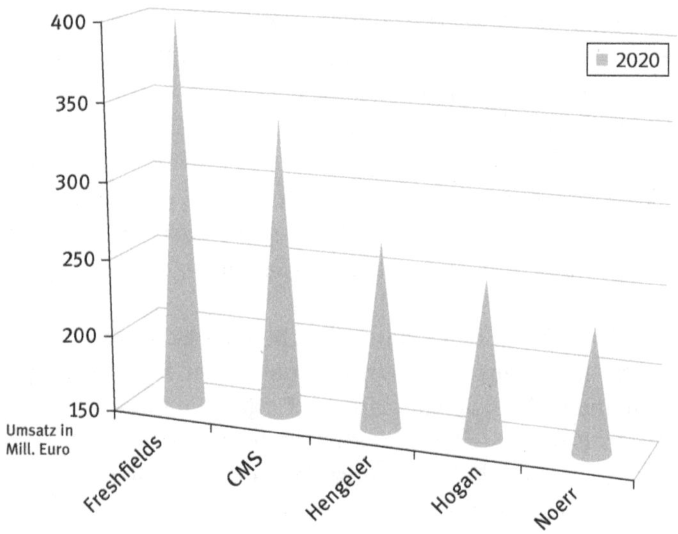

Vergleich der Umsatzstärke der Kanzleien Deutschland, Oktober 2020, © Dr. Geertje Tutschka

Nicht weniger spannend ist aber auch, wie unterschiedlich stark der jeweilige Zuwachs am Umsatz ist. Hier kann also in den kommenden Jahren auch auf nationaler Ebene sich einiges verändern.

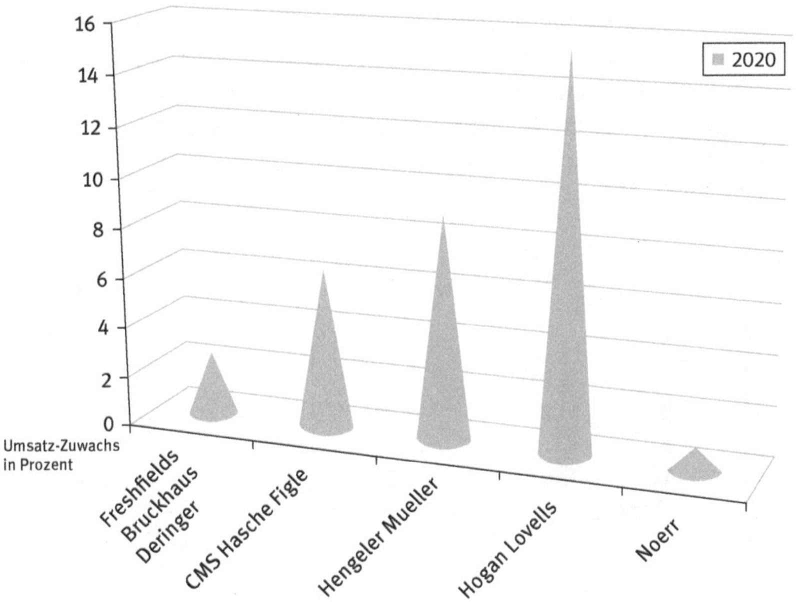

Vergleich des Umsatzzuwachses der Kanzleien Deutschland, 2017, © Dr. Geertje Tutschka

Die Zahl der in Deutschland zugelassenen Rechtsanwälte ist zwar 2017 erstmals um 0,2 Prozent auf 163.436 zurückgegangen.

Die deutschen Wirtschaftskanzleien verzeichnen jedoch insgesamt (nicht nur die Top 5) ein Umsatzplus von durchschnittlich 7%[25]. Anwaltskanzleien ohne Notariat erwirtschafteten jährlich ca. 3% mehr Umsatz[26], Notariate hingegen nur 2%.

Das mag zum einen daran liegen, dass sowohl der Spitzensatz als auch der durchschnittliche Stundensatz für anwaltliche Beratung so hoch liegt wie noch nie[27].

Die Dealflaute im Corona-Frühjahr 2020 ging also in den Kanzleien schnell vorbei: Arbeits- und Insolvenzrecht boomten dank Corona.

Nur 22 der 100 Kanzleien verringerten daher im vergangenen Jahr ihren Personalbestand. Alle Top-Ten haben ihre Personenstärke erhöht, Heuking Kühn Lüer Wojtek und Taylor Wessing sogar prozentual zweistellig.

In der Summe der hundert Umsatzstärksten wuchsen die Teamgrößen um mehr als sechs Prozent.

25 Branchenbericht der Sparkassen Deutschland 2020, S. 2.

26 Branchenbericht der Sparkassen Deutschland 2020, S. 2.

27 Statistisches Jahrbuch der Anwaltschaft 2017/2018 des Soldan Instituts.

Der Gesamtmarkt zeigt im Mehrjahresvergleich, dass eine Steigerung der Berufsträger zwar erst mit einer – vorläufigen – Senkung des Umsatz pro Anwalt korreliert. Auf lange Sicht aber ergibt sich aus den Zahlen eine höhere Produktivität in den Kanzleien mit hohen Umsätzen. Der Zusammenhang zwischen Personal- und Produktivitätszuwachs ist signifikant[28].

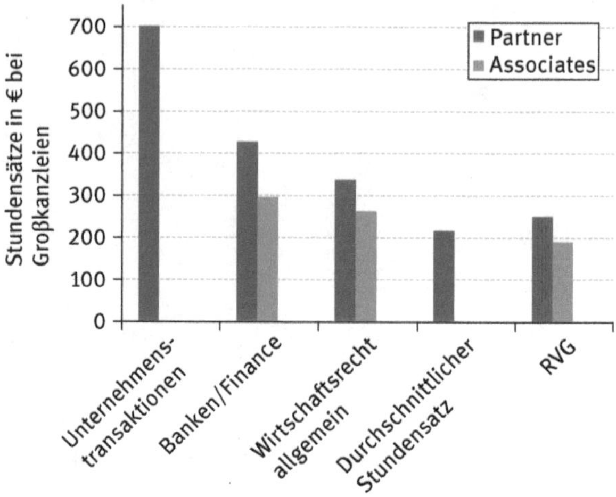

zum Vergeich das RVG:
– Außergerichtliche Beratung/Gutachten 250 €
– Erstberatung Verbraucher 190 €

Verhältnis der Stundensätze[29], © Dr. Geertje Tutschka

Zum anderen an der steigenden Zahl der Fachanwaltszulassungen:

Mittlerweile gibt es 24 verschiedene Fachanwaltstitel im Sinne des § 43c BRAO in Verbindung mit der FAO, wobei die Fachanwälte für Arbeits-, Familien- und Steuerrecht die mit Abstand meistgenutzten sind. Mit 53.600 Fachanwaltszulassungen für 42.900 Fachanwälte (man kann bis zu drei Titel gleichzeitig führen) besitzt mittlerweile jeder dritte Anwalt eine derartige Spezialisierung. Und davon konnte wiederum mehr als 2/3 ihren Umsatz nach Erwerb des Fachanwaltstitels steigern. Der Fachanwalt für Steuerrecht steigerte seine Umsätze mit durchschnittlich 47% am meisten[30].

Eine wichtige Rolle spielt jedoch auch das Rechtsgebiet:

---

28 Claudia Tödtmann, „Die umsatzstärksten Kanzleien in Deutschland" in blog.wiwi.de vom 1.10.2020.

29 JUVE Rechtsmarkt 2016.

30 Soldan Insight, 30.9.2014.

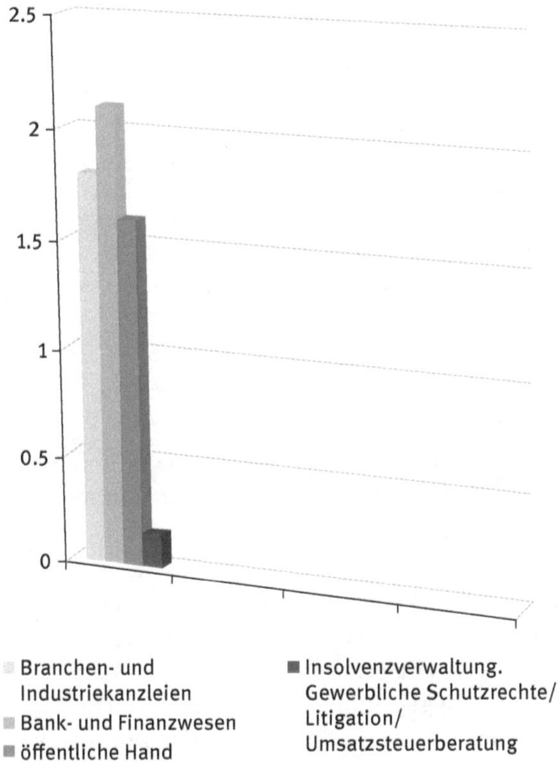

Verhältnis der Umsätze nach Rechtsgebiet[31], © Dr. Geertje Tutschka

Branchen- und Industriekanzleien erzielen also neben Kanzleien für das Banken- und Finanzwesen den größten Umsatz, wobei der Umsatz pro Anwalt 456.000 € bzw. 715.000 € pro Jahr beträgt.

Sieht man sich hingegen die grundsätzliche Verteilung der Mandate auf die verschiedenen Branchen an, kommt der überwältigende Anteil der Mandate aus dem umsatzschwachen Verbraucherbereich:

31 Branchenbericht der Sparkassen Deutschland 2020, S. 21.

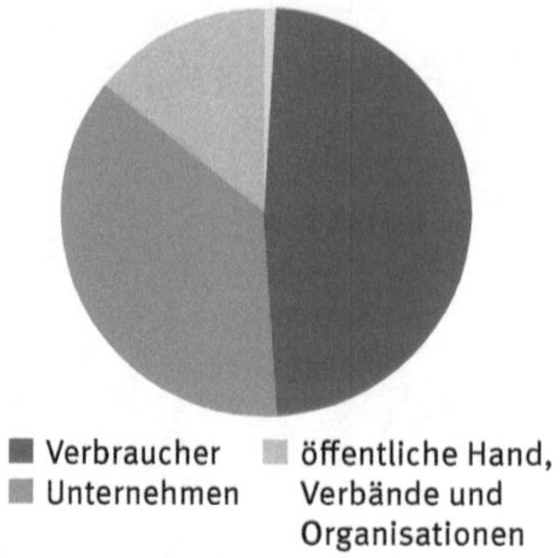

Mandatsstruktur[32], © Dr. Geertje Tutschka

Die Verbrauchermandate stammen überwiegend aus dem Zivilrecht und Strafrecht, aber auch aus dem Sozial-, Verwaltungs- und Steuerrecht. Interessant dabei ist auch, dass 50–70% dieser Mandanten Stammkunden sind[33].

Ein weiterer Aspekt für das Business Development ist der Standort der Kanzlei. Selbstverständlich macht es sowohl für Ihre strategische Ausrichtung als auch für Ihren Wettbewerb und damit Ihr Marketing einen Unterschied, ob Sie der einzige Anwalt weit und breit sind oder sich gegenüber einer Vielzahl von Kollegen behaupten müssen. München hat nach wie vor nicht nur die größte Anwaltsdichte im Vergleich zur Bevölkerung, sondern auch die meisten Anwälte insgesamt.

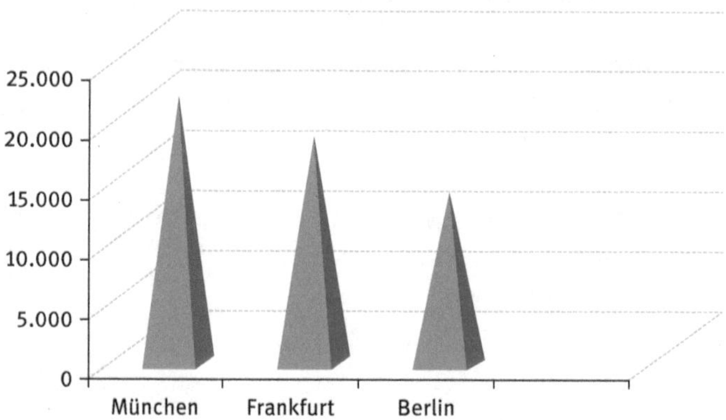

Rechtsanwälte nach Regionen[34], © Dr. Geertje Tutschka

32 Soldan Institut Insights, 1.6.2016.

33 Branchenbericht der Sparkassen Deutschland 2020, S. 4.

34 Branchenbericht der Sparkasse Deutschland 2020, S. 8.

Ein interessantes Detail dürfte an dieser Stelle sein, dass ganz Österreich weniger als ein Viertel der Anwälte Münchens hat. Im Vergleich der umsatzstärksten Kanzleien (s.o.) erwirtschaften diese jedoch nur ein Achtel der deutschen Spitzenkanzleien und waren damit nur halb so umsatzstark.

Dies ist vor allem deshalb interessant, weil die Nähe zum deutschen Rechtssystem – wenn auch die Tücke im Detail liegt –, die lokale Nähe aber auch die deutsche Muttersprache in Verbindung mit den Möglichkeiten der beruflichen Freizügigkeit der Europäischen Union Österreich eine spannende Erweiterung der deutschen Rechtsbranche darstellen könnte.

Ich möchte jedoch an dieser Stelle auf zwei Besonderheiten hinweisen:

Die österreichische Rechtsbranche ist der deutschen (gefühlt) Lichtjahre

- **voraus** bei der Einführung und alltäglichen Nutzung des elektronischen Rechtsverkehrs, der hier seit mehr als einem Jahrzehnt reibungslos zwischen Behörden, Gerichten und Anwälten funktioniert.
- **hinterher** bei der Gender-Gleichstellung, weshalb der Anteil der Anwältinnen trotz ausgewogener Zahlen der JUS-Studiengänge[35] bei unter einem Drittel liegt.

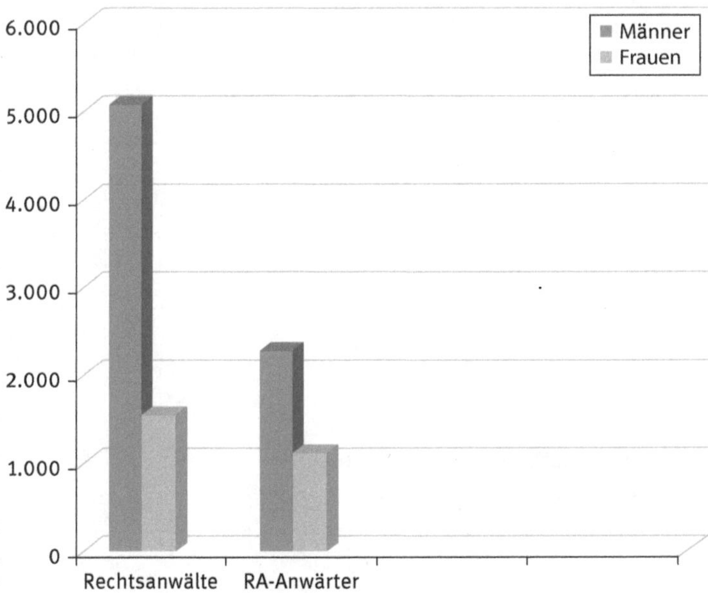

Rechtsanwälte in Österreich 2020[36], © Dr. Geertje Tutschka

35 JUS ist der Fachbereich Rechtswissenschaft/Jura an den Universitäten.

36 Statistik der ÖRAK vom 31.12.2020.

Unabhängig von Ihrer Qualifikation und Ihrem Standort ist also heute (leider) auch Ihr Geschlecht ein zu berücksichtigender Aspekt im Business Development.

Die Branche scheint sich zu stabilisieren: Die Umsatzrentabilität liegt seit 2015 bei über 30% und rangiert damit im Vergleich zu anderen Branchen auf einem sehr hohen Niveau. Insbesondere Spezial- und Boutique-Kanzleien verzeichneten einen sehr starken Umsatzzuwachs und bezeichnen ihre Ertragslage als sehr gut[37]. Insgesamt kann die Rechtsbranche als konjunkturstabil bezeichnet werden.

Die Insolvenzwahrscheinlichkeit ist zurückgegangen und liegt deutlich unter dem Durchschnitt aller Branchen[38], wobei er im Westen Deutschlands mit 0,51% deutlich niedriger lag als im Osten mit 0,86%. So gab es beispielsweise lediglich zwei Kreditausfälle in Hamburg hingegen zehn in Brandenburg im Jahr 2016.

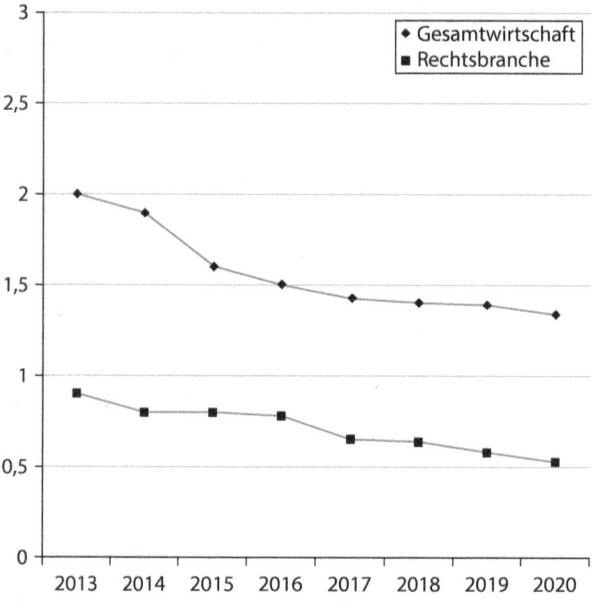

Creditreform – Risiko – Indikator[39], © Dr. Geertje Tutschka

37 Branchenbericht der Sparkassen Deutschland 2020, S. 11.
38 Branchenbericht der Sparkassen Deutschland 2020, S. 2.
39 Creditreform 2020, ebenda.

Insgesamt gibt es in Deutschland knapp 59.000 Anwalts- und Notarkanzleien.
- 2% erwirtschaften dabei 40% des Gesamtumsatzes der Branche
- 3% erwirtschaften einen Jahresumsatz von 250.000–2 Millionen €
- 70% erwirtschaften einen Jahresumsatz von bis zu 250.000 €
- 25% (ca. 15.000 Einzelkanzleien) erwirtschafteten lediglich einen Jahresumsatz von durchschnittlich 32.803 €[40].

Hierbei ist zu bedenken, dass der kalkulatorische Lohn für den Kanzleiinhaber mit ca. 5% anzunehmen ist und damit im Mittel des Dienstleistungssektors liegt[41]. Gleichzeitig bewegen sich die Einstiegsgehälter für angestellte Prädikatsjuristen in Großkanzleien bei 120.000 €. Stellen Sie sich also als Berufsanfänger die Frage nach der bestmöglichen Einstiegs-Konstellation sollten Sie unbedingt Ihren persönlichen Marktwert (zumindest aufgrund des Examensergebnisses) vorher getestet haben.

Die folgende Übersicht verdeutlicht dann auch, dass nur lediglich ein Viertel aller Berufsanfänger tatsächlich als Kanzleiinhaber starten. Neben finanziellen Erwägungen dürfte außerdem eine Rolle spielen, zunächst Erfahrung im „Kanzleigeschäft“ zu sammeln.

Die in diesem Zusammenhang vieldiskutierte Reform des Referendariats hat dabei durchaus ihre Berechtigung: Es kann informativ und berufsorientierend sein, alle Aspekte juristischer Tätigkeiten von der Staatsanwaltschaft, über den Richter- und Anwaltsberuf bis hin zum Rechtsamt kennenzulernen. Eine ausreichende Vorbereitung auf eine Kanzleigründung ist es hingegen auch bei maximalem Einsatz in Kanzleien während dieser Zeit nicht. Was im Übrigen auch für die fünf Jahre umfassende Konzipientenausbildung in Österreich mit anschließendem Anwaltsexamen gilt: denn auch hier umfasst die fünfjährige Ausbildung beim Anwalt ausschließlich fach- und mandatsbezogene Aspekte und kein betriebswirtschaftliches Know How, kein Leadership Development, kein Marketing oder ähnliches.

40 Branchenbericht der Sparkassen Deutschland 2020, S. 8.
41 Branchenbericht der Sparkassen Deutschland 2020, S. 12.

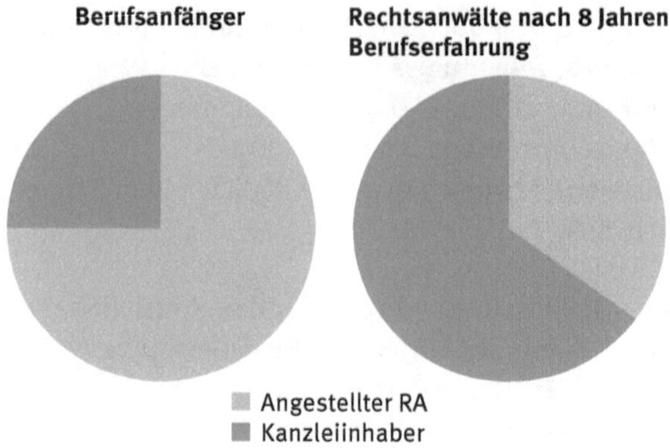

Verhältnis von angestellten Rechtsanwälten und Kanzleigründern[42], © Dr. Geertje Tutschka

Ein weiterer wichtiger Aspekt beim Business Development ist die Frage, ob man allein als Einzelanwalt oder aber in einer Partnergemeinschaft startet. Wie oben bereits dargestellt, sind die Umsätze der Einzelkanzleien signifikant geringer, was vor allem auch an der mangelnden Spezialisierung aber auch am ineffizienten Kanzleimanagement liegt. Ressourcenteilung, gegenseitige Vertretung aber auch der Mehrwert diverser Entscheiderteams sind hier die maßgeblichen Pluspunkte für die Partnerkanzlei.

Verhältnis von Einzelanwälten und Kanzleien mit mehreren Partnern[43], © Dr. Tutschka

42 Branchenbericht der Sparkassen Deutschland 2020, S. 6.
43 Branchenbericht der Sparkassen Deutschland 2020, S. 8.

Doch wie sieht die Prognose aus? Ist Spezialisierung das „Must Have“ für Ihr Business Development? Lohnt sich also der Erwerb eines der priorisierten Fachanwaltstitel, wie beispielsweise den Fachanwalt für Arbeitsrecht, um zu den 2/3 umsatzsteigernden Rechtsanwälten zu gehören?

Hier ist ein sehr viel intensiverer Blick in die Zahlen notwendig:

Während im Allgemeinen die Gerichtsverfahren zunehmen, haben sie im Arbeitsrecht abgenommen, was auf die verbesserte Arbeitsmarktsituation zurückzuführen ist. Allerdings sind Verfahren rund um das Thema Hartz IV deutlich gestiegen[44]. Die Zunahme der Gerichtsverfahren spiegelt sich hingegen deutlich in den Familiensachen wider, was den Erwerb des Fachanwaltes für Familienrechtes sehr viel attraktiver macht.

Bei dieser Ausgangslage kann unter dem Gesichtspunkt des Business Developments es also strategisch sehr viel besser sein, sich auf weniger überlaufene Gebiete zu fokussieren, wie beispielsweise den gerade erst aufgesetzten Fachanwalt für Migrationsrecht oder aber auf sich entwickelnde Rechtsgebiete, die noch gar keinen Fachanwaltstitel aufweisen, wie beispielsweise

- die Inhaber- und Nutzungsrechte im Internet forciert durch die Umsetzung der neuen Datenschutzrichtlinie
- das Expat- und Entsendungsrecht wird sich als bislang eher unbedeutender Teil des Arbeitsrechtes aufgrund der zunehmenden Globalisierung und wachsenden Bedeutung der Entsendung von Arbeitnehmern zu einem eigenständigen Rechtsgebiet entwickeln
- das Opferrecht
- das Recht der Vereine und NGO’s für den rasant wachsenden non-profit-Bereich oder aber
- die Spezialisierung auf die Investition in Kryptowährung (wie BitCoin) sowie deren steuerliche Behandlung[45].

Beobachtern der Branche zufolge werden sich darüber hinaus aber auch die Fachanwaltschaften für Verkehrsrecht, Erbrecht sowie Mietrecht entwickeln[46].

Aus betriebswirtschaftlichen Gründen kann es durchaus sinnvoll sein, sich diese neuen Geschäftsfelder auch mit temporärer Unterstützung aufzubauen, beispielsweise mit Lawyer on Demand, die bislang eher für Ausfallzeiten als Interim eingesetzt worden sind. Neben im Vergleich zu Festanstellungen gerin-

44 Branchenbericht der Sparkassen Deutschland 2020, S. 9.

45 Hier besteht gerade ein enormer Bedarf an Experten für Investorenveranstaltungen und Artikel.

46 Anwaltsblatt online, 23.3.2016.

gen Personalkosten erhält sich die Kanzlei genügend Flexibilität, um auf Marktveränderungen kurzfristig reagieren zu können. Ein nicht zu unterschätzender Aspekt ist ferner die „Helikoptersicht" dieser High Potenzials, die zumeist aus einer Vielzahl von Assignments zum Geschäftsfeld einschlägige und umfassende Erfahrungen mitbringen und damit neue Ideen und frischen Wind in eingefahrene Strukturen und Denkmuster. Letztlich punktet der Lawyer on Demand mit einem großen Netzwerk und dem Potenzial, Mandanten mitzubringen. Personalvermittler wie Xenion haben sich bereits auf die spezielle Marktsituation der Legals eingestellt und vermitteln explizit Lawyer on Demand an Unternehmen und Kanzleien.

„In einer Zeit der Transformation und Digitalisierung in der juristischen Arbeitswelt bietet der Einsatz von Lawyern on Demand flexible und maßgeschneiderte Lösungen für Projekte oder zur Verstärkung juristischer Teams in Ausfallzeiten sowohl für Unternehmen als auch Kanzleien. Talentierte Lawyer on Demand können ihre einschlägigen Erfahrungen aus verschiedenen Assignements und neue Perspektiven von außen einbringen. Gleichzeitig kann ein Anwalt als Lawyer on Demand ein ausgewogenes Portfolio für den nächsten Karriereschritt aufbauen sowie ein starkes, professionelles Netzwerk."

Rechtsanwältin Elisabeth Gawrych, Lawyer on Demand, Wülfrath

Business Development kann aber auch in der Bildung strategisch günstiger Allianzen bestehen. Weiter diskutiert wird, ob die Möglichkeit des Zusammenschlusses mit anderen Berufen weiter aufgeweicht werden soll, um im Sinne von agilen Teams ganzheitliche Projektarbeit gewährleisten zu können. Zwar begrüßen lediglich 31% die Entscheidung des Bundesverfassungsgerichtes, dass sich Anwälte nun mit Apothekern und Ärzten zusammenschließen können. Laut dem Soldan Institut wird diese Hemmschwelle aber mit der alten Generation an Anwälten verschwinden[47].

Eine andere Frage wird bleiben, inwieweit die Zulassung von sogenannten Alternative Business Structures (ABS) im deutschen Rechtsdienstleistungsmarkt zumindest teilweise das Anwaltsmonopol abschafft und zahlreiche neue finanzkräftige Akteure in den Markt holen wird. Klassische Finanzinvestoren wie Versicherungen oder Banken könnten dann Anteile von Kanzleien erwerben[48].

Der weitere Eintritt der Wirtschaftsprüfungsgesellschaften in den Rechtsmarkt, was zuletzt den Druck auf die Wirtschaftskanzleien enorm verstärkte,

---

47 Soldan Insight, 4.2.2016.

48 Der Rechtsdienstleistungsmarkt 2030, S. 18, Deutscher Anwaltverein, Prognos.

dürfte hingegen nicht zu befürchten sein: Das neue Abschlussprüfungsreformgesetz beendet langjährige Mandatsbeziehungen nun nach zehn Jahren[49].

Business Development bleibt einer der wichtigsten Bereiche für Kanzleien. Allerdings geht es dabei nicht nur um das Erschließen neue Geschäftsfelder. Sondern ebenso um die Optimierung der vorhandenen Mandantenstruktur. Was heißt das?

Wie in jedem Unternehmen gibt es auch bei Kanzleien Mandanten, die mit Großaufträgen oder einer Vielzahl von gleichen Aufträgen einen gewissen Sockelumsatz für die Kanzlei erzeugen. Dabei geht es nicht nur um das Autohaus oder den Sachverständigen, welche regelmäßig in Verkehrsunfallsachen mit der Kanzlei zusammenarbeiten oder das mittelständische Unternehmen, welches die Kanzlei mit einem Rahmenvertrag quasi als externe Rechtsabteilung nutzt. Es geht auch um Einzelmandate, die ein enormes Umsatzplus erzeugten oder Potenzial für Folgemandate mitbringen. Diese sogenannten A-Mandanten können beispielsweise Türöffner bei Innungen und Berufsvereinen sein, aber auch bei Veranstaltungen als Botschafter fungieren[50].

Die wenigsten Kanzleien werten jedoch ihre Mandantenstruktur regelmäßig aus, um sich diese A-Mandanten herauszufiltern und verstärkt zu nutzen.

Dabei wird in der Wirtschaft hierzu seit langem schon mit dem sogenannten Pareto-Prinzip[51] gearbeitet: Danach bringen in der Regel 20% der Kunden 80% des Umsatzes. Fokussiert man sich also auf diese 20% mit seiner strategischen Ausrichtung, seinem Marketing und Kundenbindungsstrategien, erzielt man die größtmögliche Umsatzsteigerung.

Pareto Prinzip

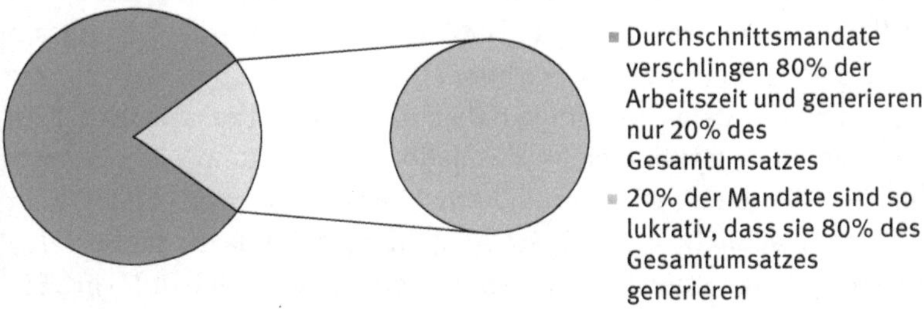

Verhältnis von Umsatz und Kunden nach dem Pareto Prinzip, © Dr. Geertje Tutschka

49 JUVE online Nachrichten 11.7.2016.

50 Hamtschek „Prädikat Empfehlenswert – Die A-Mandanten als Türöffner" in Kanzleimarketing.de vom 28.1.2018.

51 Vilfredo Pareto (1848–1923) lebte in Frankreich, Italien und der Schweiz. Sein Pareto-Prinzip zur Effizienzsteigerung entwickelte er, nachdem er als Ökonom für eine Bank feststellte, dass 80% des Umsatzes der Bank von 20% ihrer Kunden erbracht wurde.

Business Development muss also sowohl nach Außen als auch nach Innen stattfinden.

Kann aber auch bedeuten, Kosten zu minimieren, Ressourcen zu bündeln und Qualität zu standardisieren. Im Folgenden soll daher noch einmal auf die Bedeutung von Buchhaltung und Controlling aber auch von Qualitätsmanagement und Compliance eingegangen werden.

4. Buchhaltung, Controlling, QM und Compliance

Die Überprüfung der anwaltlichen Tätigkeit sollte unter zwei Blickwinkeln erfolgen.

Einerseits ist die Qualitätskontrolle der anwaltlichen Dienstleistung unabdingbar. Zum anderen sollte aber auch eine regelmäßige Kostenkontrolle erfolgen:

Die Qualitätskontrolle ist auch in der Anwaltskanzlei eine Daueraufgabe. Da Anwälte eine Dienstleistung vermarkten, ist die Qualität ihres Produkts nach verschiedenen Gesichtspunkten zu überprüfen.

Zum einen ist die **rechtliche Qualität der Dienstleistung** zu gewährleisten. Der Rechtsrat muss richtig sein. Dies reicht jedoch bei weitem nicht aus. Die Dienstleistung muss rechtzeitig erbracht werden. Der beste Schriftsatz ist wertlos, wenn er nicht fristgerecht eingereicht wird. Hinzu kommt: Mandanten warten nicht gerne. Sie möchten, dass ihr Problem schnell gelöst wird. Dem Mandanten nützt ein Rat nur dann, wenn er ihn auch verstehen kann. Mit Fachchinesisch ist ihm nicht gedient. Kann der Mandant den Rat seines Anwalts nicht verstehen, dann besteht die Gefahr, dass er allein aufgrund des Un- oder Missverständnisses den Rat seines Anwalts nicht befolgt. Schließlich kommt es darauf an, dass die juristische Dienstleistung dem Mandanten dabei hilft, sein Ziel zu erreichen. Dies mag simpel klingen. Doch tatsächlich ist dies in der Praxis in kaum einer Besprechung mit dem Mandanten üblich. Warum? Anwälte werden dazu schlicht nicht ausgebildet. Die rein fachliche universitäre Ausbildung führt dazu, dass bei den Studierenden und späteren Anwälten Unmengen von Wissen angehäuft wird. Ein Nebenprodukt dieser Ausbildung ist die Fähigkeit zum Beschaffen und Selektieren nach Relevanz sowie die Fähigkeit von abstraktem und subsumierendem Denken. Da aufgrund der fortschreitenden Digitalisierung und des Internets heute jedes Wissen immer und überall abrufbar ist, ist die juristische Fachausbildung mehr als überholt. Damit wird das einstige Nebenprodukt aufgewertet und stellt das tatsächliche Kapital der ausgebildeten Juristen dar.

Für den späteren Erfolg im Beruf aber bedarf es darüber hinaus auch Kommunikations- Präsentations- und Performancefähigkeiten. Dies bringen die künftigen Juristen nicht ohne weiteres mit. Viele Erlernen dies mühsam im Laufe ihres Berufslebens. Eine profunde Ausbildung könnte hier jedoch enorm unterstützen. Daher haben gerade in den letzten Jahren die **Mediationsausbildungen**, die viel Verhandlungsführung aber auch richtiges Zuhören und Fragestellen beinhalten, gerade unter den fertig ausgebildeten Juristen, die bereits einige Jahre im Beruf standen, einen wahren Boom erlebt. Heute werden sogar spezielle Coachingausbildungen nur für Juristen angeboten, die diesen helfen sollen, die entscheidenden Qualitäten im anwaltlichen Beruf herauszubilden. Warum hier der Staat immer noch einerseits bei der rein juristischen Fachausbildung eine professionelle Ausbildung zu einem absoluten Muss erklärt, bei den Kommunikationsfähigkeiten hingegen Laien toleriert, ist absolut unverständlich. Oder würden Sie gern von einem Chirurgen operiert werden, der sich zwar die medizinischen Kenntnisse theoretisch angeeignet hat, jedoch nicht gelernt hat ein Skalpell zu halten?

Und letztlich: Ein wichtiges, simples, in der Praxis aber häufig ignoriertes Kontrollinstrument ist das kritische Durchlesen der eigenen schriftlichen Ausführungen vor der Unterzeichnung. In größeren Kanzleien werden zumeist **inhaltliche Qualitätskontrollen** etabliert, indem jedenfalls größere Arbeiten wie Schriftsätze und Vertragsentwürfe einem Kollegen mit der Bitte um Durchsicht und Korrektur vorgelegt werden. Die Kontrolle der äußeren Form und der Verständlichkeit von Schriftstücken kann auch nichtjuristischen Mitarbeitern der Kanzlei übertragen werden. Wenn die eigenen Mitarbeiter den von einem Anwalt verfassten Text nicht verstehen können, dann wird es im Zweifel auch der Mandant nicht können. Schwieriger ist es, das Verhalten von Anwälten bei Verhandlungen, Diskussionen oder im Gerichtssaal zu prüfen und zu bewerten. Ein Kollege aus der eigenen Kanzlei, dem nicht die Verhandlungsführung obliegt, kann wertvolle Hinweise geben. Aber auch die Investition in einen externen Verhandlungsexperten lohnt sich. In guten Kanzleien hat auch der jüngste Anwalt das Recht, Änderungen vorzuschlagen, gleichgültig, ob der Entwurf von einem jungen Associate oder dem ältesten Namenspartner stammt. Es kommt auf die Güte der Arbeit an. Autorenstolz wird klein geschrieben.

Qualitätszertifikate sind aufgrund regelmäßiger Audits im Rahmen von **ISO oder kanzleispezifischen Zertifikaten** erhältlich.

In einer Rechtsanwaltskanzlei laufen täglich wiederkehrende Tätigkeiten, sogenannte Prozesse, ab. Beispielsweise der Posteingang und dessen weitere Verarbeitung. Diese Abläufe innerhalb der Kanzlei können standardisiert werden, um eine gleichbleibend hohe Qualität zu gewährleisten, ohne dabei den individuellen Aspekt des Falles zu vernachlässigen. In einem speziellen

Handbuch sind die Arbeitsabläufe festgehalten. Diese internen Prozesse werden regelmäßig von unabhängigen Gesellschaften überprüft und zertifiziert.

Damit wird sichergestellt, dass es von Kanzlei zu Kanzlei aber auch von Region zu Region prozesstechnisch bei gleicher Qualität unabhängig von Mitarbeiterwechseln bleibt.

In einer QM-Norm steht generell, welche Anforderungen das Management eines Unternehmens erfüllen muss, um einem bestimmten Standard bei der Umsetzung des Qualitätsmanagements zu entsprechen. Die Norm kann sowohl der internen Information für die Umsetzung innerhalb eines Unternehmens dienen als auch als Nachweis bestimmter Standards gegenüber Dritten.

Nach den APRAXA Standards hat QM folgende Vorteile für den Mandanten:

- gleichbleibend hohe Qualität der Organisationsabläufe
- Maximale Effizienz durch festgelegte und klar strukturierte Arbeitsabläufe
- ständige Fortentwicklung der Kanzleiabläufe
- Größtmögliche Minimierung von Fehlerquellen
- Zügigere Bearbeitung der Anfragen durch optimiertes Zuständigkeitsmanagement
- gleichbleibender Qualitätsstandard beim Mitarbeiterwechsel oder Vertretung
- regelmäßige Mandantenbefragung, dadurch ständige Verbesserung der Mandantenzufriedenheit
- Systematische Aus- und Weiterbildung aller Mitarbeiter
- Zertifizierung nach DIN EN ISO 9001 für den Bereich Kanzleiorganisation als Alleinstellungsmerkmal
- Einhaltung der APRAXA-Qualitätsanforderungen
- Zertifizierte Kanzleien sowie Kanzleien mit Qualitätssiegel unterhalten ein Beschwerdemanagement und befragen ihre Mandanten regelmäßig nach der Zufriedenheit. Von unabhängigen Dienstleistern wurde eine Kundenzufriedenheit von über 95% ermittelt
- Mehr als 40% der APRAXA Anwältinnen und Anwälte aus den Mitgliedskanzleien sind Fachanwalt in einem Spezialgebiet. Damit liegt die Quote bereits doppelt so hoch wie im Bundesdurchschnitt.
- Zugriff auf eine der größten deutschen Rechtsdatenbanken. Damit können sie bei der Fallbearbeitung stets auf tagesaktuelle Rechtsprechung und Fachliteratur zurückgreifen.
- Anschluss an EDV-System zum elektronischen Datenaustausch mit Rechtsschutzversicherungsgesellschaften angeschlossen zur schnellen Abwicklung von Deckungsfragen

Nach Hülskötter und Partner bietet QM folgende Vorteile:

1. Mandanten informieren sich vermehrt via Internet nach möglichen Kanzleien, die sie vertreten können und stoßen dabei fast schon zwangsläufig auf das Thema Qualitätsmanagement und Zertifizierung desselben. Wenn er dann die Wahl hat, ob er sich für eine Kanzlei mit oder ohne TÜV-Plakette entscheidet, fällt die Entscheidung in den meisten Fällen auf die Kanzlei mit QM-Siegel.
2. Vor allem die großen Versicherungsbetriebe wie die HUK oder Allianz verfolgen vermehrt eine Firmenpolitik der zertifizierten Dienstleister. Soll heißen: können gelistete Anwaltskanzleien keine QM-Zertifizierung gemäß DIN EN ISO 9001:2008 vorweisen, bleiben sie künftig bei der Vergabe neuer Mandanten seitens der Versicherungsgesellschaft außen vor.

Da in beiden Fällen ein erheblicher wirtschaftlicher Schaden die Folge ist, scheint die Antwort „Warum Qualitätsmanagement samt Zertifizierung?" eine triviale Sache zu sein. Denn das TÜV-Siegel kommt mehr und mehr als probates Marketinginstrument zum Einsatz.

Ein wichtiges Kriterium in Sachen Qualitätsmanagement ist das zugrunde liegende Handbuch, das die Prinzipien einer Kanzlei genau beschreibt, die die reibungslosen Abläufe garantieren sollen[52].

Bei der **Kostenkontrolle** ist Ihr Businessplan oder Ihr Businesskonzept die wichtigste Arbeitsgrundlage. Dieser Businessplan sollte kontinuierlich angepasst, ausgerichtet und mit neuen Markterfahrungen unterfüttert werden. Empfehlenswert ist auch, zu einer quartalsmäßigen Überprüfung des Businessplanes oder zu einer Halbjahresplanung überzugehen. Doch unabhängig von dieser regelmäßigen Anpassung sollte Sie sich Zeit nehmen, die Erfahrungen der letzten Monate kontinuierlich auszuwerten und umzusetzen. Lassen Sie Ihre Buchhaltung und Ihren Steuerberater in bestimmten Abständen Kassensturz machen und erstellen Sie einen voraussichtlichen Jahresabschluss, um zu überprüfen, ob Sie noch auf Kurs sind. Schauen Sie sich die Zahlen zu Gewinn und Verlust, Umsatz und Ausgaben genau an.

Untersuchen Sie monatliche Schwankungen und Muster und nutzen Sie Ihre Erkenntnis, um Ihre Abrechnungen darauf abzustimmen und Fehlinvestitionen und Geldfressern auf die Spur zu kommen. Trennen Sie sich jetzt von unprofitablen Strategien, lustlosen Mitarbeitern und unnützen Abonnements und Services. Müssen die Rückstellungen angepasst werden?

---

52 Michael Hülskötter im advoblog vom 24.7.2018.

Die Überprüfung kann in vier Schritten erfolgen:
- kenne ich alle Bürokosten
- sind alle Bürokosten notwendig
- können ungenutzte Ressourcen gegebenenfalls in Geld umgewandelt werden
- können alternative Anbieter Bürokosten einsparen

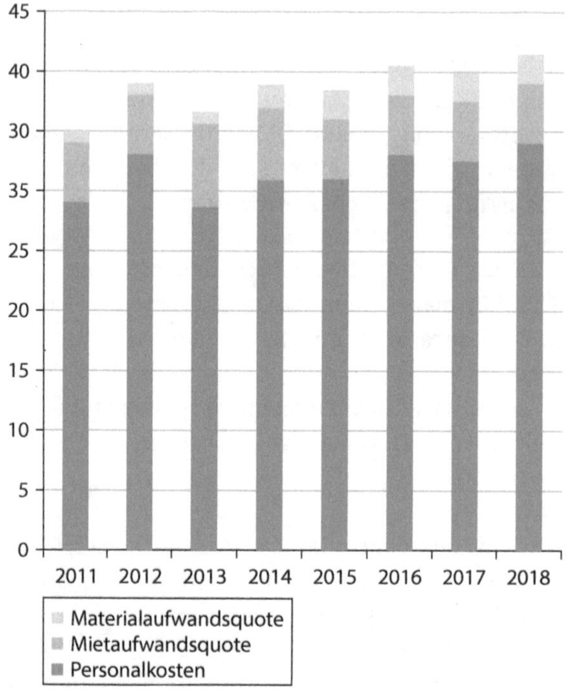

Kosten in der Kanzlei[53], © Dr. Geertje Tutschka

Im Allgemeinen sind die Personalkosten der mit Abstand größte Kostenfaktor. Daran ändert auch die Personaleinsparung und Einführung von Legal Tech wenig. Grund dafür sind die hohen Qualifikationskosten und Weiterbildungsbedarf der Mitarbeiter und Rechtsanwälte durch Neuerungen in Rechtsprechung und Gesetzgebung aber auch die Notwenigkeit von Schulungen für Personal- und Kanzleiführung, da diese nicht in der Ausbildung vermittelt werden, sowie technische Schulungen für die Einführung von Legal Tech.

Selbstverständlich haben Sie bereits für Ihr Businesskonzept eine genaue Kostentabelle erstellt. Nun gilt es, diese daran zu überprüfen, ob diese Kosten tatsächlich für die Erwirtschaftung des Umsatzes erforderlich sind. Zudem kann

53 Branchendienst der Sparkassen-Finanzgruppe, Stand 01/2020.

ein Anbieterwechsel zu Kosteneinsparungen führen. Kostensenkend wirkt sich auch aus, wenn Räumlichkeiten untervermietet werden (z.B. für Seminare am Abend oder Wochenende), Teilzeitkräfte flexibel von zu Hause arbeiten und den Schreibplatz nicht benötigen, Abstellfläche, Archiv und Material reduziert wird[54]. Neben den Kosten des Bürobetriebes sollten Sie die Arbeitszeit Ihrer Mitarbeiter aber auch Ihre eigene erfassen. Um kostenintensiven Abläufen auf die Spur zu kommen, sollten Sie Zuständigkeiten, Abläufe und Arbeitsmaterialien sowie die für bestimmte Tätigkeiten aufgewendete Arbeitszeit dokumentieren[55]. Anhand dieser Dokumentation können nicht nur Prozesse verschlankt werden, sondern auch überprüft werden, welche Einsparung z.B. der Ersatz dieser Tätigkeit durch technische Hilfsmittel einbringt. Gleichzeitig dient dies als Grundlage der Stellenbeschreibung und „Handbuch" für die Einarbeitung neuer Mitarbeiter.

Zur Einsparung von Personalkosten bieten sich außerdem **Outsourcing Maßnahmen** an, wie das Auslagern bestimmter Routine- und Verwaltungsaufgaben an externe Dienstleister (Legal Process Outsourcing).

Eine nicht zu unterschätzende Rolle spielt in der Legal Branche aber auch das Thema **Cash Flow**: Die Vergütung der anwaltlichen Tätigkeit erfolgt immer noch vorwiegend nach Abschluss der Tätigkeit und auch erst nach langen Zeiträumen. Zudem ist der Forderungsausfall in der Rechtsbranche überdurchschnittlich hoch. Das mag an zögerlichen und restriktiven Zahlungen der (Rechtsschutz-)Versicherer liegen, aber auch an Insolvenzen. Eine strenge Kostenkontrolle mit kostenbasierten Honorarnoten und professionellem Forderungsmanagement wird zukünftig zu den wichtigsten Aspekten gehören[56]. Zum Teil wird auch mit der Beauftragung von Factoring–Dienstleistern eine deutliche Reduzierung der Ausfallquote erzielt[57].

Die Reduzierung der allgemeinen Cash Flow Rate der Branche führt der Branchenbericht der Sparkasse auf die deutlich gestiegenen Privatentnahmen zurück. Gleichzeitig sind die Eigenkapitalquoten durch Einbehaltung der Gewinne gestiegen[58]. Gegen die Privatentnahmen und Einbehaltung der Gewinne ist aus betriebswirtschaftlicher Sicht erst mal nichts einzuwenden. Wenn dies denn wohl überlegt und strategisch vorbereitet ist. Keinesfalls sollte dies spontan „nach Gefühl" erfolgen oder weil man die Quote für sein Anwaltsgehalt (in der Regel 5% vom Umsatz) lediglich als Minimum definiert hat. Stattdessen sollte ein bewusstes Cash Flow Management betrieben werden, z.B. indem man kon-

54 Liker, „The Toyota Way to service excellence", S. 28 f.

55 Namislo in Landenberg, „Erfolgreich starten als Rechtsanwalt", S. 517.

56 Branchenbericht der Sparkasse 2020, S. 13.

57 Ebenda.

58 Ebenda.

tinuierliche Einnahmequellen generiert jenseits von Mandatslaufzeiten (quartalsweise oder monatliche Abrechnungsmodi bei Rahmenverträgen) oder aber alternative Einkommensquellen (wie Wissensverkauf für Ausbildungen und Seminare).

Diese Entscheidungen sollten weder spontan noch allein getroffen werden. Finanz- und Steuerverantwortliche gehören selbstverständlich ebenso ins Boot wie Eigentümer und Partner.

Sollten Investitionen getätigt werden? Sollten Zahlungen noch in diesem Jahr durchgesetzt werden oder besser ins nächste Jahr verschoben werden? Wurden die Budgets für Weiterbildung und Investitionen ausgeschöpft? Und haben sich diese Investitionen bereits ausgezahlt oder sollte für das kommende Jahr anders budgetiert oder anders investiert werden? Die Ergebnisse sollten regelmäßig in der Teambesprechung diskutiert werden, um gemeinsam über Kursänderungen beraten zu können. Wichtig ist jedoch auch, alle anderen Mitarbeiter ausreichend zu informieren.

So sollten Sie jederzeit wissen, wo Sie gerade stehen, insbesondere im letzten Quartal. Vielleicht war es ein starkes Jahr. Dann ist es wichtig, dass Ihnen nicht so kurz vor dem Ziel die Kräfte ausgehen. Vielleicht war es aber auch eher enttäuschend, weil ein wichtiger Kunde weggebrochen ist, Ihr bester Mitarbeiter lange krank ausfiel oder sich Ihr Partner von Ihnen getrennt hat. Dann geben Sie nicht auf. Entwickeln Sie gemeinsam einen Aktionsplan für die letzten Wochen. Nur wenn Ihre Mitarbeiter und Kollegen wissen, wo sie stehen, können sie sich auch engagiert einsetzen. Wichtig ist dabei, dass Sie genau überlegen, welche Aktionen in dieser Zeit des Jahres zu maximalem Erfolg führen. In diesem Zusammenhang ist auch ein kritisches Auge auf Ihre Mandantenstruktur zu werfen. Einerseits gilt es zu überprüfen, ob die strategische Ausrichtung und Positionierung genau die anvisierten Mandanten angezogen hat, so dass die Mandate zu Ihrer Infrastruktur passen. Andererseits ist zu überprüfen, ob diese Mandate den im Businesskonzept geplanten Umsatz erzielt haben bzw. inwieweit es Sinn macht, auf bestimmte lukrativere Mandanten zu fokussieren und sich von anderen, weniger umsatzstarken Mandaten[59] zu trennen.

Warum Controlling Ihrer Kanzlei Chefsache ist, erklärt der Unternehmeranwalt:

„In den letzten Jahren ist nach meiner Wahrnehmung die Anzahl von Kanzleien in wirtschaftlichen Schwierigkeiten gestiegen. In allen Fällen die ich als Sanierungsmandate oder Insolvenzverfahren auf dem Tisch hatte, war eine der Ursachen, dass der Anwalt nicht die richtigen Informationen zur Verfügung hatte um Entscheidungen treffen zu können und die Kanzlei

---

59 Hierzu können auch lukrative Mandate mit hohen Reisekosten zählen.

gleichsam im Blindflug nach Bauchgefühl gesteuert hat. Neben den „Standards" – insbesondere also, ob alle Rechnungen bei Fälligkeit bezahlt werden können (Liquidität), welchen Gewinn die Kanzlei abwirft und wie die Kosten sich entwickeln braucht der Anwalts-Unternehmer vor allem Antworten auf die Fragen, was die Zeit des Anwalts wert ist und welche Mandate „gut" sind. Mit den Auswertungen der meisten Kanzleiprogramme lassen sich diese Fragen allerdings bestenfalls in Ansätzen beantworten. Der erste Schritt ist daher die Entwicklung eines auf die Kanzlei zugeschnittenen Berichtswesens, das die Informationen liefert, die für die anstehenden unternehmerischen Entscheidungen wirklich gebraucht werden. Fragen Sie sich, was speziell Sie wissen müssen, um Ihre Kanzlei zu führen und verlassen Sie sich nicht auf die Informationen die der Programmierer Ihrer Software für sinnvoll hält. Unnötige Informationen sind wertlos! Der limitierende Faktor in Anwaltskanzleien ist – trotz aller skalierbaren Geschäftsmodelle – nach wie vor die Arbeitszeit der Anwälte. Diese muss daher besonders sorgfältig und für jedes Mandat „controlled" werden – ganz gleich wie es abgerechnet wird. Ein geeigneter Maßstab um unterschiedliche Mandate zu vergleichen ist der in dem jeweiligen Mandat realisierte Umsatz pro Stunde. Dieser ermittelt sich als Quotient aus realisiertem Umsatz abzüglich den direkten Kosten und der im Mandat aufgewandten Anwaltszeit. Wenn diese Kennzahl laufend und für jedes Mandat ermittelt wird, ist ein solider Grundstein dafür gelegt, die Kanzlei gut zu positionieren. Auch für die Abrechnung werden laufend Informationen benötigt und auch die schönste Rechnung (= abgerechneter Umsatz) nutzt nichts, wenn das Honorar nicht auf dem Konto landet (= realisierter Umsatz). Es kann nicht genug betont werden, wie wichtig es ist, den Forderungseinzug im Blick zu behalten, denn Honorarausfälle schlagen überproportional auf den Gewinn durch: bei einer Kosten- quote von 50% führt ein Honorarausfall von 5% zu 10% weniger Gewinn. Controlling ist Chefsache – nehmen Sie das Thema ernst!"

Rechtsanwalt und Diplom-Ökonom Dr. Andreas R. J. Schnee-Gronauer, Schüttorf.

Lassen Sie dabei aber nicht Ihr langfristiges Kanzleiziel aus den Augen. Im Tagesgeschäft und im Zahlenland kann man sich schnell verlieren. Man sieht buchstäblich den Wald vor Bäumen nicht mehr. Ihr langfristiges Kanzleiziel navigiert Sie auch durch Um- und Irrwege. Ihr Jahresergebnis und Ihr Businessplan sind dabei nichts anderes als ein weiterer Pflasterstein zur Verwirklichung Ihrer Kanzleiidee. Bewerten Sie also Planabweichungen mit Fokus auf das Endergebnis und lassen Sie dabei auch ihre persönlichen Wünsche und Pläne nicht unberücksichtigt.

Zum Abschluss hier noch ein Wort zu Compliance und Datenschutz. Datenschutz, ein perfektes Impressum auf allen online Profilen sowie entsprechende Abläufe für Daten und Schulungen für Mitarbeiter sollten längst Routine geworden sein. Compliance soll einerseits die Einhaltung von Recht und Gesetz sicherstellen, aber eben auch die Umsetzung der Kanzleiwerte, Standards und internen Richtlinien. Die mit Ihrer Kanzleivison verinnerlichten Werte sollten mittlerweile als Kanzleikultur gelebt werden. Das bedeutet, dass Prozesse und Verantwortlichkeiten festgeschrieben und standardisiert worden sind. Das bedeutet aber auch, dass bestimmte Routinen und Rituale mittlerweile dazu gehören, ebenso ein bestimmter Umgangston, ein „Willkommensprozess" für neue Mitarbeiter oder auch Bekleidungsrichtlinien bis hin zur Vorgabe, wie die Kanzlei sich am Telefon meldet. Auch dies sollte niedergeschrieben und immer weiter vervollständigt werden, wird doch hier Ihre „Kanzlei-DNA" zum ersten Mal greifbar und real. Das ist die Grundlage für eine wirkungsvolle und nachhaltige Comliance, die Ihre Kollegen und Mitarbeiter dazu anhält, diese Standards und Routinen täglich in Ihrer Kanzlei umzusetzen.

5. Wissensaufbau und -entwicklung

Neben der Personalentwicklung und effizienten Büroorganisation ist der Auf- und Ausbau des Know How die dritte wesentliche Ressource der Kanzlei.

Doch ebenso wie für Personal- und Kanzleimanagement wird der Anwalt und Kanzleiinhaber auch für den Erwerb und die Entwicklung seines Know How nicht bezahlt.

Zwar bringt jeder Anwalt eine „Grundausbildung" nach Studium und Referendariat mit. Kenntnisse über sein Spezialgebiet, Kommunikation und Verhandlungsführung, Büroorganisation und Business Development, Personalführung und Controlling muss er sich hingegen „Post Graduate" aneignen. Was die wenigsten wissen: für diese freiwillige Weiterbildung kann bei der deutschen BRAK das Zertifikat „Qualität durch Ausbildung" beantragt werden, wenn bestimmte Inhalte in einem bestimmten Umfang vermittelt wurden.

Interessanterweise besteht jedoch lediglich für das Führen einer Fachanwaltsbezeichnung eine kontinuierliche Fortbildungspflicht mit fünfzehn Stunden im Jahr gemäß § 15 FAO, davon fünf Stunden auch im Selbststudium. Das sind weniger als 20 Minuten pro Woche. Insgesamt liegt der Anteil der anwaltlichen Fortbildung tatsächlich bei durchschnittlich drei Stunden bei einer 50 Stunden-Woche[60].

60 Kilian, „Anteile der Arbeitszeit" S. 32, Anwaltsblatt 01/2018.

Verteilung der anwaltlichen Arbeitszeit

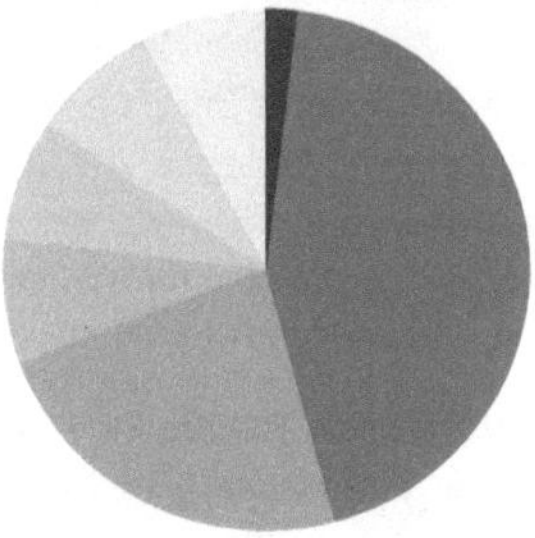

durchschnittliche Verteilung der Arbeitszeit eines Kanzleiinhabers[61], © Dr. Geertje Tutschka

Leider gibt die Studie nicht her, wieviel Anteil dabei auf die rein fachliche Fortbildung, welcher auf sogenanntes „Personal Development" und welcher auf reines Kanzleimanagement und Unternehmensführung entfällt. Auch ist nicht ersichtlich, ob hierzu auch Selbststudium sowie Coaching und Mentoring gezählt wird.

Das Bundesministerium der Justiz wagte mit Unterstützung der Bundesrechtsanwaltskammer (BRAK[62]) einen Vorstoß bei der nationalen Umsetzung der europäischen Berufsanerkennungsrichtlinie, eine generelle Fortbildungsverpflichtung für die Anwaltschaft festzuschreiben. Angedacht waren verbindliche vierzig Stunden im Jahr inklusive Selbststudium. Dies sollte sogar neben einer Rüge mit einem Bußgeld sanktioniert werden können. Das hätte die Anhebung auf mindestens fünfundvierzig Minuten pro Woche für alle Anwälte bedeutet, wäre aber immer noch nur ein Viertel der tatsächlichen Fortbildungszeit (im Durchschnitt) gewesen. Als besonders wichtig sah die BRAK dabei die Verpflichtung für Junganwälte an, sich innerhalb der ersten sieben Jahre mindestens zehn Stunden davon im Berufsrecht fortzubilden, was einer Investition von ca. 150 € gleichgekommen wäre, da dieses in der Juristenausbildung bislang überhaupt nicht gelehrt wird[63].

---

61 Studie „Anwaltstätigkeit der Gegenwart" des Soldan Instituts 2016. An der Studie beteiligten sich 1.593 Rechtsanwälte.

62 Die BRAK betreibt das Deutsche Anwaltsinstitut; der DAV die Deutsche Anwaltsakademie.

63 Dazu gehören die beruflichen Haftungsrisiken, einschränkende Wettbewerbsregulationen aber auch die Verschwiegenheitsverpflichtung.

„Fortbildung ist ein elementarer Bereich unseres Berufs. Das ist schon gesetzlich festgelegt, in § 43a BRAO. Deshalb sollte die Fortbildung auch einen Stellenwert im Bewusstsein der Kolleginnen und Kollegen bekommen, der gewährleistet, dass wir die Qualität unseres Berufs hochhalten können. Dieser gesetzlichen Fortbildungspflicht kommen sehr viele Kollegen bereits nach – und das gilt nicht nur für die Fachanwälte nach der Fachanwaltsordnung. Die Kollegen wissen ganz überwiegend, dass eine qualitativ hochwertige Rechtsberatung nur möglich ist, wenn man sich fortbildet."

Dr. Ulrich Wessels, Vizepräsident BRAK, Präsident der Rechtsanwaltskammer Hamm, Rechtsanwalt und Notar in der Sozietät Dr. Koenig & Partner GbR in Münster, Vorstandmitglied und Schatzmeister des Deutschen Anwaltsinstituts[64]

Leider immer noch erfolglos. Eine generelle Fortbildungspflicht besteht also für Anwälte und Juristen nach wie vor in Deutschland generell nicht und liegt damit weiterhin allein in der Eigenverantwortung der Berufsträger, sowohl beim OB als auch beim WIE. Ausnahme ist das Berufsrecht für Berufseinsteiger. In Österreich wurde diese generelle Fortbildungspflicht im Sommer 2021 eingeführt.

„Fortbildung bedeutet Karrierevorsprung und Marktvorteil auch gegenüber dem nichtanwaltlichen Wettbewerb! Fortbildung macht unsere Qualität nach außen sichtbar und ist eine 1a-Werbemaßnahme. Gerade in Zeiten von Digitalisierung und Legal Tech ist es aber nicht nur die FAO-Fortbildung, die die Position am Markt sichert, sondern und gerade auch die Auseinandersetzung mit Themen wie unternehmerischem Kanzleimanagement, strategischer Führung der Anwaltskanzlei und modernen Formen der Mandantenakquise. Nutzen Sie Ihre Chancen!"

Rechtsanwältin Anke Haug, Geschäftsführerin www.advoknowhaug.de, Anwaltsseminare und Fortbildung GmbH, Renningen

Die für die erfolgreiche Ausrichtung der Kanzlei notwendigen Aus- und Weiterbildungen auszuwählen, gehört zu einer der Schwerpunktaufgaben professionellen Personal- und Talentmanagemetns. Viele Kanzleien haben für diese „Standardfortbildungen" mittlerweile Inhouse-Programme aufgebaut, die Junganwälte quartalsweise oder auch in sogenannten Sommerakademien absolvieren können. Schwerpunkte sind dabei beispielsweise Verhandlungsführung sowie Pitch und Präsentation. Zusätzlich werden zumeist gewisse Fortbildungsbudgets zur Verfügung gestellt, die entsprechend abzurufen sind, beispielsweise für Zusatzqualifikationen und Abschlüsse.

Zum Wissensmanagement und Knowledge-Transfer gehört heute in jeder Kanzlei außerdem nicht nur die Standard-Bibliothek (Gesetze, Kommentare, Fachbücher) nebst Abonnement der wichtigsten juristischen Fachzeitschriften,

64 Pia Lorenz, „Am Wahlkampf gescheitert" in LTO vom 4.4.2017.

sondern ebenso ein auf das Spezialgebiet der Kanzlei abgestimmtes professionelles Research-Programm mit Zugang zu Online-Datenbanken[65]. Auch der regelmäßige Besuch von Fortbildungsveranstaltungen, Kongressen und Netzwerktreffen sollte dazugezählt werden. In welchem Umfang und zu welchem Gebiet liegt allein in Ihrer Entscheidung. Auf eine umfassende Darstellung kann daher an dieser Stelle verzichtet werden.

Eine andere Frage ist hingegen, wie mit **kanzleiinternem Wissen** umgegangen wird. Dieses Wissensmanagement (Knowlegde Management) umfasst Büroorganisation, Templates und Bausteine für Spezialgebiete der Kanzlei, aber auch die Erfahrung langjähriger Mitarbeiter. Nach Heussen halten zwar 75% Knowledge Management für wichtig. Es werden jedoch lediglich 5% des Umsatzes darin investiert[66].

Aus seiner Sicht bedarf es für erfolgreiches Knowledge Managements:
- Implementierung in Werte und Strategie (Budget)
- Bestimmung eines Verantwortlichen
- Abholung, Aufbereitung, Systematisierung, Dokumentation des Wissens
- Entgeltregelung
- Qualitätsmanagement

Leider boykottieren Konkurrenzdenken und Zeitdruck auch heute noch in den meisten Kanzleien diese wichtige Ressource[67].

Für **unsere drei Fallbeispiele** bedeutet das, dass möglicherweise bei Kanzlei Nummer eins optimiert werden könnte, weil zu erwarten ist, dass die unkooperativen Kleinteams jeweils eigene Prozesse leben. Vor allem für das Fallbeispiel zwei ist bei der strategischen Neuausrichtung für die Neumandate aber auch eine Anpassung der Prozesse mitzuentwickeln. Und wie steht es bei Kanzlei drei? Hier liegen sicherlich zu wenig Informationen für dieses Themenfeld vor. Daher lade ich Sie ein, sich verschiedene hypothetische Szenarien und deren Lösungsmöglichkeit selbst zu überlegen.

Was hat Ihnen das Kapitel gebracht?
Sie kennen die wichtigsten Themenfelder und Stellschrauben beim Kanzleimanagement.

---

65 Schwohnke in Landenberg, „Erfolgreich starten als Rechtsanwalt“, S. 384.
66 Heussen, „Anwaltsunternehmen führen“, S. 206.
67 Ebenda.

II. Zeitmanagement

Wozu sollten Sie dieses Kapitel lesen?
Sie erlernen die wichtigsten Methoden und Werkzeuge für effektives Zeitmanagement. Denn Zeit ist Geld – und Lebenszeit.

Übersicht

1. **Work-Life-Balance**
2. **Kommunikation**
3. **Aktenarbeit und Recherche**
4. **Effiziente Büroprozesse**

Kennen Sie das?

Der lang ersehnte Jahresurlaub steht vor der Tür. Seit Wochen haben Sie darauf hingearbeitet, den Schreibtisch von allen wichtigen Dingen und Fristensachen zu befreien, Termine zu verschieben, Liegengebliebenes in Wochenend- und Nachtschichten weggeschafft und den gutmütigen Kollegen, der Ihre Urlaubsvertretung übernimmt, eingewiesen.

Und nun das: genau jenes Projekt, auf das Sie seit Jahren hingearbeitet haben, entwickelt genau in dem Moment, in welchem Sie in den Urlaub starten wollen, den „Show Down“. Das alles entscheidende Finale wird in den zehn Tagen stattfinden! Während Ihres Urlaubs.

Sie haben die Wahl: Ihren Urlaub sausen zu lassen; Partner und Familie ihre Unabkömmlichkeit zu erklären oder in den Urlaub zu fahren und Ihre Kollegen die Lorbeeren einheimsen zu lassen: Die Lorbeeren für die Monate zäher Kommunikation, politisch-taktischer Spielchen und die vielen Nachtschichten. Sie wissen, wovon ich rede?! Gut. Willkommen im Club!

Das bedeutet, Sie haben einen gewissen Level auf Ihrer Karriereleiter erreicht. Sie ahnen bereits, was ich Ihnen jetzt verrate: Sie sind einer der Auserwählten der Unentbehrlichen! Karrierestufe + Status + Gehaltsgruppe + Verantwortung = UNENTBEHRLICHKEIT.

Also was ist jetzt mit Urlaub? Klar, der steht Ihnen natürlich gesetzlich zu. Ebenso wie die Überstundenkappung bzw. -vergütung. Es können Ihnen sogar bewilligte Urlaubstage zurückgebucht werden ab einem bestimmten Eingebundensein in E-Mail-Kommunikation und Telefonate. Wir sind Juristen. Soviel zur Theorie. Nützt Ihnen das was? Nein.

Denn Ihr Arbeitgeber erwartet Ihre Unentbehrlichkeit selbstverständlich zum Selbstkostenpreis. Und wenn Sie ohnehin Ihr eigener Chef sind, geht das Ganze sowieso auf Ihr Konto und Ihre Verantwortung.

Was hat das alles mit Zeitmanagement zu tun?

Hätten Sie daran irgendetwas mit gutem Zeitmanagement ändern können? Hilft es Ihnen jetzt bei der Entscheidung für oder gegen den Urlaub?

Zeitmanagement ist Selbstmanagement. Und es geht immer nur um diese eine Frage:

WAS IST IHNEN IM MOMENT WICHTIG? Was hat Priorität?

Ist es Ihnen wichtig, das alles entscheidende Finale des Projektes mit einem genialen Twist abzuschließen? Hat das wohltuende Schulterklopfen oder die geile Rechnung Priorität?

Oder ist es Ihnen wichtig, den warmen weißen Sand zwischen Ihren Zehen zu spüren, während Sie auf den Sonnenuntergang warten? Können Sie sich nichts Besseres vorstellen, als die beiden Kleinen vorn am Wasser zu beobachten, wie sie ihre Sandburg vor den Wellen schützen? Gibt es nichts Wichtigeres, als die braunen Pünktchen in den graublauen Augen neben Ihnen zu zählen?

Was ist IHNEN im Moment wichtig? Ihre Antwort weist Ihnen den Weg. Ohne Schuldgefühle. Ohne genervtes „GLEICH“.

---

i

Wichtig ist dabei, dass Sie sich diese Frage ehrlich beantworten und die Antwort an Ihre Lieben ehrlich kommunizieren. Nichts ist schlimmer als faule Kompromisse, Halbwahrheiten oder vorgespielte Aufmerksamkeit.

Wichtig ist Ihre Aufmerksamkeit. Egal, wie Sie sich entscheiden: Ihre Aufmerksamkeit wird sich dieser Sache zuwenden und diese zu einem einzigartigen Moment machen.

Wichtig ist, dass Sie sich entscheiden. Denn ohne Entscheidung, wird Ihre Aufmerksamkeit zwischen allem Möglichen hin und her springen; nichts wird Ihre Aufmerksamkeit lange genug fesseln, um sich entwickeln zu können. Die Menschen in Ihrer Umgebung werden frustriert darauf reagieren, von Ihnen keine Antwort zu erhalten: Aufgrund der diffusen Signale, die Sie aussenden, werden Sie von Ihnen ständig angezogen und abgestoßen und nicht wissen, wo Sie sich gerade mit Ihrer Aufmerksamkeit befinden.

Was hat das mit Zeitmanagement zu tun?

Zeitmanagement ist Selbstmanagement. Und die ständige Beantwortung der Frage: Was hat für mich Priorität. Um sich darauf mit Ihrer vollen Aufmerksamkeit zu konzentrieren.

Nichts anderes gilt für Ihre Anwaltstätigkeit und Ihre Kanzlei: Ohne gutes Zeitmanagement ist beides ein aussichtsloses Unterfangen.

Vielleicht befinden Sie sich am Anfang Ihrer beruflichen Karriere als Anwalt. Vielleicht starten Sie gerade erst ins Berufsleben. Vielleicht starten Sie aber auch gerade wieder nach einer Familienpause oder einfach nochmal anders nach einem beruflichen Wechsel aus anderen juristischen Berufen: In jedem Fall stehen Sie unmittelbar vor der Realisierung des Projektes „Ich, der Anwalt und Kanzleiinhaber“. Ein schönes Projekt. Ein anspruchsvoller Beruf.

Wie Sie wissen, dachten das außer Ihnen sich das derzeit allein in Deutschland fast 165.000[1] andere auch. Bei weiterhin rückläufigen Bevölkerungszahlen sind das im Moment nur noch ca. 500 Einwohner pro Anwalt[2], eine der geringsten Quoten europaweit. Und die deutschen Mandanten sind nicht streitsüchtiger als ihre europäischen Nachbarn. Deutsche Anwälte verdienen keinesfalls mehr pro Mandat als ihre europäischen Kollegen. Der Konkurrenzdruck ist groß. Viele Anwälte arbeiten achtzig Wochenstunden und mehr. Kanzleien stehen vor dem wirtschaftlichen Aus. Sie tun also gut daran, sich mit Fragen des Zeitmanagements in der Anwaltskanzlei, im Anwaltsberuf zu beschäftigen.

Man möchte meinen, dass gutes Zeitmanagement nur eine „App“ entfernt ist.

Noch nie gab es so viele Ratgeber und Hilfsmittel zu diesem Thema wie heute. Ausgeklügelte Planer und Organisationssysteme in gedruckter und digitaler Form schaffen Ordnung und Vorhersehbarkeit. Fast täglich drängen neue online-Dienste auf den Markt, die Sie bei der Erledigung Ihrer Aufgaben unterstützen und Ihnen Zeit einsparen. Terminerinnerungen, Diktier- und Übersetzungssysteme, Blumendienst, Rund-um-die-Uhr-Kinderbetreuung, flexible Öffnungs- und Arbeitszeiten, Putz- und Bringdienste schaffen Ihnen Freiräume. Gesundes Fastfood in konzentrierter oder pürierter Form, Personal Trainer und Fitnessprodukte garantieren Gesundheit ohne Zeitaufwand. Die Digitalisierung hat die Informationsbeschaffung und Kommunikation revolutioniert: Schlüsselpositionen im Anwaltsberuf, denken wir nur an Recherchetätigkeiten und den Rechtsverkehr mit Gerichten und Behörden, war nie leichter. Und noch nie so kompliziert. Während andere Branchen davon in erster Linie profitieren, bereitet es den Anwälten in erster Linie Kopfschmerzen.

Denn wie kann ein Berufsstand, dessen Ausübung an Recht und Gesetz hängt, innovative Technik nutzen, für die die vorhandenen Gesetze nicht gemacht sind und die er selbst nicht mehr vollständig versteht, um beispielsweise

1 Aktuelle Zahl: 165.551 BRAK-Statistik vom 1.1.2020.

2 Die Zahl der Anwaltszulassungen hat sich seit 1990 verdreifacht. 1950 kamen noch 5.000 Einwohner auf einen Anwalt.

Datenschutz garantieren zu können? Fragen, die die Anwaltschaft nicht erst seit der Einführung des beA umtreibt.

Informationen sind nun rund um die Uhr, in nahezu unendlicher Fülle jedoch von meist zweifelhafter Herkunft zu beschaffen. Automatisierte Rechtsauskünfte im Internet reduzieren zusätzlich Kanzlei-Geschäftsmodelle. Hinzu kommt die ständige (24/7) Erreichbarkeit jedes einzelnen, die Auflösung der traditionellen Öffnungs- und Ruhezeiten (Tag-Nacht, Woche-Wochenende, Büro-Urlaub), die Vermischung von Beruflichem und Privatem.

Und nicht zuletzt die Herausforderung, in der sogenannten „Rush-Hour" des Lebens Familie und Beruf gleichermaßen zu realisieren, ohne sich später mit Ende Vierzig fragen zu müssen, ob man nicht zu Lasten der Familie auch noch die falsche Karriereleiter erklommen hat.

Durch die langen Ausbildungszeiten und dem damit verbundenen späten Berufseinstieg fällt dieser heute oft mit der ebenfalls nach hinten verlagerten Familiengründung zusammen. Die intensive Zeit der Kleinkindbetreuung und des Ausfalles wegen Familienzeit kollidiert dabei zumeist mit der ersten Festanstellung, in der man sich als Junganwalt bewähren möchte oder gar mit der Doppelbelastung Karriere plus berufsbegleitende Promotion oder betriebswirtschaftliches Aufbaustudium. Meine Karrierecoachings für die Berufseinsteiger drehen sich fast ausschließlich um die Bewältigung dieser Doppel- und Dreifachbelastung – zumeist verbunden mit einer ersten intensiven Phase der Hinterfragung, wie sehr man mit diesem Beruf die Bedürfnisse und Erwartungen der Eltern oder seine eigenen erfüllt hat und wo genau dieser Weg hinführen soll. Fand diese Doppel- und Dreifachbelastung hingegen in dieser Phase nicht statt, weil man sich voll und ganz auf seine berufliche Karriere fokussiert hat und das Privatleben ausblendete, habe ich genau diese Kandidaten dann spätestens mit Mitte vierzig, wenn sie einen gewissen Karrierelevel erreicht haben, mit der Sinnfrage im Karrierecoaching.

Keine Frage: der Beruf des Anwalts und die Führung einer Kanzlei sind zeitintensiv und der Arbeitsalltag wird von Besprechungsterminen, Deadlines, Rotfristen und Gerichtsterminen bestimmt. Gleichzeitig sind unsere Kraft und unsere Lebenszeit begrenzt. Diese Begrenzung anzunehmen und mit unseren Ressourcen sinnvoll zu haushalten, ist der Beginn guten Zeitmanagements.

Erinnern Sie sich an die Zeit Ihres Ersten Juristischen Staatsexamens und die Vorbereitung darauf. Während manche „abgetaucht" sind, haben es bestimmt auch einige geschafft, „nebenbei" zu arbeiten und/oder sich um Kinder und Familie zu kümmern. Manche sind vielleicht auch dazu gekommen, ihren Hobbys nachzugehen. Während der Referendarzeit vergrößerte sich wegen der verschiedenen vorgegebenen Aufgaben bis zum Zweiten Staatsexamen der „Zeitdruck“: Examensvorbereitung, Arbeitsgemeinschaften, Klausuren und parallel dazu die Ausbildungsstationen, vielleicht ein Job, Familie oder gar eine Promotion.

Aber jeder Tag hat für jeden nur vierundzwanzig Stunden. Warum haben die einen „keine Zeit“, die anderen schon? Das liegt nicht an der Zeit an sich, sondern an den Aktivitäten, die wir entfalten: Wer „keine Zeit“ hat, beschäftigt sich im Zweifel mit zu vielen, zu schwierigen oder unwichtigen Dingen, während sich andere gut organisiert genau um die „richtigen“ Dinge kümmern.

Wenn Sie das nicht überzeugt, dann schauen Sie sich gedanklich einmal die Leute an, die in Ihren Augen beruflich und privat erfolgreich sind: Sind das nicht häufig die, die nicht nur „Karriere machen“ und alle Zeit hierauf verwenden, sondern die, die gleichzeitig Bücher lesen, reisen oder ein Instrument spielen, Freunde treffen und auch Zeit für die Familie haben?

Wie Sie am Umfang dieses Abschnitts erkennen können, halte ich die Bedeutung dieses Themas für immens wichtig. Gleichzeitig spielt es in viele bereits besprochene Bereiche hinein: die richtige Positionierung Ihrer Kanzlei, die richtige Ausstattung, die richtigen Leute können „Zeit sparen“ und natürlich auch die richtigen Strukturen, das richtige Controlling.

Doch um Zeitmanagement wirklich zu verstehen, bedarf es meiner Ansicht nach des „Big Pictures“. Ich erlaube mir also den Luxus, hier etwas weiter auszuholen und nicht bloß Tipps zur Steigerung von Effizienz und Profitabilität beizusteuern.

Um Zeit wirklich „managen“ zu können, muss man voraussetzen, dass es so etwas wie Zeit gibt. Und dass dieses Etwas in irgendeiner Weise organisierbar ist, so dass es quantitativ besser eingeteilt wird. Wir setzen voraus, dass Zeit endlich ist, vergeudet werden kann und dass es gut ist, Zeit zu haben.

Zeit. Sie begleitet uns unser ganzes Leben, bestimmt alle wichtigen und unwichtigen Ereignisse, definiert, ob wir jung oder alt sind, in welchem Tempo wir uns bewegen und welchen Dingen wir uns zuwenden. Zeit ist Geld. Zeit hat man nicht, man muss sie sich nehmen. Und nichts ist so alt wie die Zeitung von gestern.

Die Frage ist aber: Ist Zeit ein Paradoxon, was es gar nicht gibt?

Wenn die Zeit nicht existiert, sondern bloß eine Illusion ist, dann gibt es in Wirklichkeit gar keinen Ablauf von Ereignissen. Dieser „Ablauf“ wäre nur unsere subjektiv irrige Empfindung. Schwer zu glauben, wenn man doch häufig viel zu wenig Zeit hat oder ängstlich auf seinen Alterungsprozess starrt. Der Mathematiker Hermann Weyl hat dies in seinem Buch „Philosophie der Mathematik und Naturwissenschaft“ schon 1927 folgendermaßen beschrieben: „Der Schauplatz der Wirklichkeit ist nicht ein stehender dreidimensionaler Raum, in dem die Dinge in zeitlicher Entwicklung begriffen sind, sondern die vierdimensionale Welt, in welcher Raum und Zeit unlöslich miteinander verwachsen sind. Diese objektive Welt geschieht nicht, sondern sie ist – schlechthin; ein vierdimensionales Kontinuum, aber weder Raum noch Zeit".

Die Zeit als vierte Dimension hat schon 1895 der britische Schriftsteller Herbert George Wells beschrieben – in seinem Roman „Die Zeitmaschine". Und noch früher, 1884, spekulierte der britische Mathematiker Charles Howard Hinton über eine vierdimensionale Raumzeit, in der gewöhnliche Partikel gleichsam als Fäden vorkommen; eine fast prophetische Vorwegnahme der „Weltlinie", die in der Relativitätstheorie eine zentrale Rolle spielt.

Die vierdimensionale Realität wird oft als „Block-Universum" bezeichnet, denn sie entwickelt sich nicht, sondern ist gleichsam als Ganzes und auf einmal da. Wenn es Gott gäbe und er außerhalb der Zeit existierte, wie schon der Kirchenvater Augustinus glaubte, könnte er gewissermaßen die Welt in ihrer Totalität von Anfang bis Ende überblicken. Der Begriff des unveränderlichen Block-Universums geht auf den amerikanischen Psychologen und Philosophen William James zurück. In seinem Essay „The Dilemma of Determinism" von 1884 kritisierte er die Vorstellung des Determinismus, die der Idee eines freien Willens widerspräche.

Ashtekars Kollege Carlo Rovelli, Physik-Professor an der Universität Marseille, hält die Zeit ebenfalls für ein Truggebilde: „Auch, wenn ich es nicht beweisen kann, bin ich überzeugt, dass Zeit nicht existiert. Ich glaube, dass es eine Möglichkeit gibt, das Funktionieren der Natur zu beschreiben, ohne die Begriffe Zeit und Raum zu benutzen. ‚Raum' und ‚Zeit' werden nur innerhalb gewisser Näherungen sinnvoll bleiben – so wie der Begriff ‚Wasseroberfläche' seine Bedeutung verliert, wenn wir auf die Atome des Wassers im Detail schauen: Sieht man genau genug hin, gibt es so etwas wie eine Wasseroberfläche gar nicht." Ganz ähnlich verhält es sich mit Zeit und Raum: „Es sind nur makroskopische Näherungen – Illusionen, die unser Bewusstsein geschaffen hat, um die Realität zu verstehen." Das „Fließen" der Zeit ist im Rahmen der Relativitätstheorie eine Illusion. Alles ist gewissermaßen „auf einmal" in der Raumzeit fixiert.

Wie die Wissenschaftler „Zeit" definieren ist das eine. Eine andere Sache ist, wie Sie „Zeit" empfinden, mit Ihr umgehen. Dies kann genetisch und individuell determiniert sein aber auch durch Erziehung und Gesellschaft bestimmt. Im Allgemeinen nimmt man beispielsweis an, dass Männer „Zeit" als etwas eher (eindimensional) Lineares begreifen, weshalb unser derzeitiges gesellschaftliches Verständnis von Zeit vom Patriarchat seit Jahrhunderten geprägt als „Geschichte – Gegenwart – Zukunft" quasi auf einem Zeitstrahl definiert wird. Das weibliche Prinzip versteht „Zeit" hingegen eher als (zweidimensionale) Welle oder besser (dreidimensionale) Spirale. Das weibliche Verständnis von Zeit sagt, Dinge wiederholen sich (wie die Gezeiten, der Monatszyklus, die Jahreszeiten, Lebenszyklen und Karma), immer wieder jedoch niemals ident. Ähnlich wie beim Jurastudium, wo mit dem Allgemeinen Teil des BGB begonnen wird und Semester für Semester „weitere Schichten aufgetragen werden" oder besser vom Allgemeinen zum Speziellen übergegangen wird, kann die Gesamtheit des Rechtssystems (des Universums?) erst am Ende (oder nur am Anfang) erfasst werden[3]. Auffallend ist wohl auch, dass „Pünktlichkeit" und „Zeitwert" offensichtlich nicht überall auf der Welt dasselbe bedeuten. Fünf Minuten Verspätung können in Westeuropa bereits eine diplomatische Krise auslösen. In Osteuropa vermögen das noch nicht einmal fünf Tage. Zeit ist relativ – in mehrfacher Hinsicht.

Doch zurück zum Wesentlichen: Wofür ist das wichtig?
Wichtig ist, dass Sie sich Ihre persönliche Determinierung von „Zeit", Ihr ureigenes Verständnis von dieser Illusion bewusst machen. Und eben nicht als „allgemeingültig" unterstellen. Zeit und Pünktlichkeit sind völlig wertneutral. Erst Sie (be)werten das und zwar nach Ihrer subjektiven Vorstellung davon. Haben Sie sich also selbst Ihre genetische Veranlagung und Ihre gesellschaftliche Prägung zum Thema „Zeit" bewusst gemacht, kommt es auf Ihre individuellen Persönlichkeitsmerkmale an. Denn selbstverständlich sind wir Westeuropäer nicht alle pünktlich und wir Deutschen nicht immer zuverlässig.

Zunächst sollten Sie für sich herausfinden, welcher „Zeittyp" Sie sind.
Die Menschen sind verschieden: Während der eine alles bis ins letzte Detail plant und sehr gründlich erledigt, plant der andere so gut wie gar nicht und kommt immer gleich auf den entscheidenden Punkt; der eine arbeitet langsam, aber beständig, der andere reagiert häufig spontan. Wieder ein anderer kann sich gut organisieren, plant und arbeitet routiniert und systematisch und lässt sich wenig ablenken, der nächste ist ein „Chaot", der vor einem Tisch voller Akten sitzt, ständig viel Unerledigtes vor sich herschiebt und sich so von einer zur anderen Aufgabe „durchhangelt"; der eine hat regelmäßig genügend Zeit für Privates, der andere dagegen nie. Daran, wie jeder von uns mit vorgegebenen Terminen umgeht, wie er sich und andere diszipliniert, wie viel Energie er für die Erfüllung einzelner Aufgaben hat, aber auch daran, wie er eigene Ziele setzt und auf deren Erreichen hinarbeitet, kann man die vier nachfolgend beschriebenen Typen erkennen.

3 Als Synästhet habe ich ohnehin noch ein ganz anderes Verständnis von Zeit.

Grundlage bildet das **DISG-Persönlichkeitsmodell:**
DISG: Dominant – Initiativ – Stetig – Gewissenhaft[4].

Die unterschiedlichen Verhaltensstile leiten sich daraus ab, dass Menschen sich eher extrovertiert oder introvertiert sowie eher menschen- oder sachorientiert verhalten[5]. Wir alle haben ganz unterschiedliche Stärken und Schwächen. Wer seine Stärken kennt, nutzt und ausbaut und dabei um seine Schwächen weiß, kann am effektivsten sein. Nehmen Sie sich also Zeit und versuchen Sie, herauszufinden, welcher Typ Sie sind.

Der **dominante Typ** verhält sich aufgabenorientiert und extrovertiert. Kontrolle und Ergebnisse sind ihm absolut wichtig. Dieser Typ analysiert Sachverhalte schnell, kann Wesentliches von Unwesentlichem unterscheiden, verliert seine Ziele nicht aus dem Blick und merkt sofort, wenn die konkrete Situation das Erreichen seiner Ziele gefährdet. Er bewertet Aktivitäten ergebnisorientiert. Dominante Typen wollen, dass alles am besten so schnell wie möglich erledigt wird; deswegen schieben sie Arbeiten nicht gerne vor sich her, sondern machen lieber vieles nebeneinander oder nebenbei. Auf andere üben sie dementsprechend Druck aus. Pünktlichkeit ist ihnen wichtig und im Gespräch mit anderen sind sie die Dominanten. Wenn ihnen etwas wichtig ist, unterbrechen sie andere, wollen aber umgekehrt nicht gestört werden. Allerdings will sich der dominante Typ nicht mit langweiligen Arbeiten befassen. Er tut nur, was unbedingt gemacht werden muss. Weil Angehörige dieses Typs oft zu viele Aufgaben nebeneinander beginnen, arbeiten sie oft unorganisiert und unterschätzen die für die Bewältigung der Aufgaben benötigte Zeit. Durcheinander und Hektik sind häufig Folge dieses Verhaltens. Es hilft dominanten Typen, sich Zeit zu nehmen, ihre Ziele zu formulieren und Prioritäten zu setzen. Wenn sie neue Aufgaben annehmen wollen, sollten sie deren Bewältigung und den Zeitbedarf vorab im Detail planen. Außerdem sollten sie mehr auf ihre Mitmenschen und Kollegen achten, indem sie von ihnen einerseits nicht zu viel verlangen und ihnen andererseits im Gespräch aktiv zuhören.

Der **initiative Typ** verhält sich menschenorientiert und extrovertiert. Andere zu motivieren, zu überzeugen und sie zu beeinflussen ist ihm wichtig. Initiative Menschen handeln spontan, analysieren selten, sind immer für neue, interessante Aufgaben offen und wechseln Prioritäten häufig. Sie sind emotional und reden lieber mit anderen, als zu arbeiten. Dabei legen sie mehr Wert auf Beziehungen, planen optimistisch und achten nicht so sehr auf Uhrzeit und Termine. Andererseits kommen initiative Menschen deswegen häufig zu spät

4 Seiwert, Wenn Du es eilig hast, gehe langsam, S. 201 ff.
5 Seiwert, Wenn Du es eilig hast, gehe langsam, S. 204 ff.

und haben ein schlecht organisiertes Büro. Sie verstricken sich immer wieder in zu viele Aufgaben und lassen sich gerne ablenken. Routinearbeiten werden gemieden und nur erledigt, wenn sie unbedingt notwendig sind. Angehörige dieses Typs organisieren sich besser, wenn sie (z.B. durch drohenden Ansehensverlust) dazu gezwungen werden. Es hilft initiativen Typen, Dinge konsequent zu Ende zu bringen, bevor sie mit Neuem beginnen. Sie sollten dazu ihre Aufgaben planen und die Prioritäten festlegen. Weiter sollten sie auf Pünktlichkeit achten und sich nicht – schon gar nicht durch unwichtige Dinge – unterbrechen lassen.

Der **stetige Typ** verhält sich hingegen menschenorientiert und introvertiert. Stabilität und Harmonie, Unterstützung anderer und geordnete Beziehungen sind ihm wichtig. Die stetigen Typen arbeiten gründlich, langsam, beständig und zuverlässig. Sie gewichten ihre Aufgaben, schaffen und halten Ordnung und sind gut organisiert; sie arbeiten eine Sache nach der anderen ab. Angehörige dieses Typs brauchen Zeit, um ihre Aufgaben in Ruhe zu durchdenken und bringen ihre fachliche Autorität ein. Sie sind ebenso wie der dominante Typ pünktlich. Auf der anderen Seite fällt es stetigen Typen schwer, Nein zu sagen. Weil sie ihre Beziehungen nicht belasten wollen, vermeiden sie Konfrontationen. Lieber bearbeiten sie nicht so dringende und weniger wichtige Aufgaben, als anspruchsvollere Aufgaben mit Termindruck. Zu viele Aufgaben zur selben Zeit überfordern sie. Verantwortung übernehmen diese Menschen nur ungern, aber Bestätigung von anderen ist ihnen sehr wichtig. Stetige Typen sollten mehr Selbstvertrauen haben und auch öfter einmal Nein sagen. Sie sollten kreativ sein auf der Suche nach effizienteren Arbeitsweisen und diese ausprobieren und nicht immer an bewährten Abläufen festhalten. Hilfreich ist es auch, wenn sie sich öfter mit anderen absprechen und abstimmen. Stetige Typen sollten den Arbeitstag früher beginnen, um Zeitdruck zu vermeiden und mehr an die Ergebnisse denken, als an den Arbeitsaufwand.

Der **gewissenhafte Typ** verhält sich aufgabenorientiert und introvertiert. Das Richtige präzise und genau zu tun und dabei Ärger zu vermeiden ist ihm wichtig. Gewissenhafte Typen haben einen aufgeräumten Schreibtisch, auf dem alles seinen festen Platz hat. Sie sind immer pünktlich und gut vorbereitet und beachten Vorschriften peinlich genau. Um sicher zu gehen, dass alles richtig gemacht wird, fragen sie lieber oft nach. Alles wird detailliert geplant und vorbereitet. Auf der anderen Seite tendiert der gewissenhafte Typ dazu, sich in Einzelheiten zu verzetteln. Spontan kann er deswegen auch nur schwer Entscheidungen treffen. Oft verbringt er zu viel Zeit mit Planung und Vorbereitung, die ihm dann für die eigentliche Durchführung der Aufgabe fehlt. Wenn ihm eine Aufgabe nicht in sein Konzept passt, lehnt er sie ab. Den gewissenhaften Typen hilft es, wenn sie ihre Planungszeiten kritisch überdenken, nicht alles bis ins

Detail analysieren und sich auf Arbeitsergebnisse konzentrieren. Es muss nicht immer alles perfekt sein. Sie sollten also auch ihre hohen Ansprüche etwas zurückschrauben. Diese Typen sollten sich bewusst machen, dass Fehler passieren; sie können nicht jedes Risiko und jede Eventualität einplanen. Ziele sollten realistisch gesetzt werden, und zuletzt sollten gewissenhafte Menschen mindestens so aufmerksam bezüglich ihrer Mitmenschen sein, wie sie es mit Blick auf abstrakte Vorschriften und Regeln sind.

Neben diesen vier verschiedenen Typen mit Zeit und Organisation umzugehen nach dem DISG-Modell, kann man die Menschen auch nach McGee in **Systematiker und Chaot** einteilen. Wie oben schon angesprochen, sind manche Menschen gut organisiert, während andere im Chaos, also desorganisiert leben. Diese Menschen sind deswegen nicht weniger intelligent, schlampig, dumm oder faul, sie gehen einfach nur anders mit ihrer Zeit um, verarbeiten Informationen anders und motivieren sich selbst anders[6].

Nur wenn Sie wissen, welcher Typ Sie sind, können Sie erkennen, auf welche Dinge Sie achten müssen, um effizient mit Ihrer Zeit umzugehen.

Systematiker planen im Voraus, orientieren sich streng an der Uhr, denken konzentriert und fokussiert und achten auf Ordnung. Außerdem richten sie sich nicht so sehr nach dem, was andere von ihnen erwarten, sondern mehr nach ihren inneren Signalen.

McGee-Cooper spricht von

- monochronischen Zeitmanagern,
- konvergenten Denkern bzw.
- intrinsisch Motivierten.

Im Gegensatz zu den Systematikern lassen sich **Chaoten** nicht in ein Uhrenschema pressen. Sie wollen oft mehrere Dinge gleichzeitig erledigen und sind nicht berechenbar. Sie denken in verschiedene Richtungen und haben immer wieder neue Ideen und reagieren außerdem auf das, was andere von ihnen wollen.

McGee-Cooper spricht von

- polychronischen Zeitmanagern,
- divergenten Denkern bzw.
- extrinsisch Motivierten.

6 McGee-Cooper, „Time Management for Unmanageable People“, S. 25.

Ein weiterer nicht zu unterschätzender Punkt ist die Frage, welcher Lerntyp Sie sind. Denn schließlich lesen Sie ja dieses Kapitel, weil Sie unzufrieden sind mit der gegenwärtigen Situation und sie etwas verändern möchten (s.o.)

Aber auch Ihre individuelle Leistungsfähigkeit und Lebenssituation spielt eine nicht unerhebliche Rolle. Selbstverständlich ist es ein Unterschied, ob Sie jung, alt oder schwanger sind; ob Sie die ganze Nacht wegen des Babys oder wegen Ihrer Rückenschmerzen nicht schlafen konnten, Sie ein Frühaufsteher oder eine Nachteule sind und wie Sie sich ernähren.

Die meisten Menschen haben am Vormittag eine sehr hohe Leistungsbereitschaft, am frühen Nachmittag ein Tief, später noch einmal ein Zwischenhoch, und ab dem frühen Abend fällt die **Leistungskurve** dann kontinuierlich ab[7]. Aber es gibt auch Menschen, die sich als „Nachtmenschen" bezeichnen und am liebsten abends und in der Nacht arbeiten. Mehr Qualität sowohl bezogen auf das Ergebnis der Arbeit, wie auch im Sinne von Lebensqualität erzielt, wer die Phasen hoher Leistungsbereitschaft ausnutzt, um Leistungen zu erbringen.

Finden Sie also für sich heraus, wie Ihre eigene Leistungskurve aussieht: Eine Möglichkeit besteht darin, über eine gewisse Zeit Notizen darüber zu machen, wie Sie sich zu welcher Tageszeit fühlen. Sie werden einen gewissen Rhythmus erkennen und sollten bei der Tagesplanung hierauf Rücksicht nehmen. Aber auch den Rhythmus von Arbeitswoche und Wochenende sollte man beachten. Die Zäsur, die das Wochenende mit sich bringt, ermöglicht es uns, die während der Woche getanen Arbeiten emotional zu verarbeiten und uns auf die nächste Woche einzustellen. Sie können zusätzlich Ihre Energie durch einen entsprechenden **Lebenswandel** steigern: Eine gesunde Ernährung, bestehend aus mehr frischem Obst und Gemüse sowie Vollwertkost, weniger Koffein, dafür mehr Kräutertees, Säfte und viel Wasser, wird sich sofort spürbar bemerkbar machen. Keine Sorge, Sie sollen nicht von heute auf morgen Ihr Leben komplett umstellen, aber versuchen Sie einmal, die eine oder andere „schlechte" Gewohnheit teilweise durch eine gesündere Alternative zu ersetzen. Wenn Sie den positiven Effekt spüren, wird es Ihnen leichtfallen, andere schlechte Gewohnheiten zurückzufahren. Daneben sollten Sie sich körperlich betätigen und bewusst atmen. Langsames, tiefes Ein- und Ausatmen kann den Energiepegel erheblich auffrischen[8].

Auch sollte Ihr Arbeitsplatz Ihren Bedürfnissen entsprechen. Damit meine ich nicht nur, dass er ergonomisch auf Sie ausgerichtet ist und den wesentlichen Arbeitsschutzempfehlungen entspricht. Er sollte vor allem Ihre Kreativität ansprechen: denn das ist Ihre wichtigste Ressource im Arbeitsalltag. Dabei ist es völlig egal, ob Sie

7 Seiwert, „Das neue 1×1 Zeitmanagement", S. 50 f.
8 Seiwert, „Wenn Du es eilig hast, gehe langsam", S. 195 ff.

- einen leeren, aufgeräumten Schreibtisch brauchen,
- einen gut organisierten Schreibtisch nach dem Toyota-Prinzip oder aber
- viele Aktenstapel und „kreatives" Chaos um sich herum

Es muss „Ihr" Schreibtisch sein, also Ihren Arbeitsstil abbilden. Ein Schreibtisch bildet Ihre Persönlichkeit ab. Co-Working-Spaces und Kanzleien, in denen es keine definierten Arbeitsplätze gibt, sondern sich morgens jeder mit seiner Box an einen der freien Gemeinschaftstische setzt, vergeben sich daher individuelle Potenzialentfaltung.

Zeitmanagement ist also per se nicht möglich. Wir haben keinen Einfluss darauf, wie schnell oder wieviel Zeit vergeht. Wir können nur bestimmen, was wir tun, wann wir es tun und wie lange wir es tun. Wir können nur unseren eigenen Wirkungskreis bestimmen.

Und genau da sind wir beim Thema: Was ist unser Wirkungskreis. Oder besser, was soll unser Wirkungskreis sein? Was wollen wir bewirken? Seien Sie sich darüber im Klaren, was Sie in Ihrem Leben bewirken wollen und was Ihnen besonders wichtig ist. Es ist Ihre Zeit. Ihr Leben. Entscheiden Sie sich ganz bewusst dafür, womit Sie Ihre Lebenszeit verbringen möchten.

Vielleicht geht nicht alles auf einmal. Vielleicht hat manches auch „seine Zeit". Bei den meisten Dingen – und erste Recht bei den Wichtigen – kommt es nicht darauf an, wann Sie sie tun, sondern dass Sie sie tun. Machen Sie sich das bitte bewusst, wenn ich Ihnen im Folgenden Tipps für mehr Effizienz gebe. Es geht darum, sich auf die wirklich wichtigen Dinge fokussieren zu können und nicht mit Nebensächlichkeiten herumzutrödeln.

1. Work – Life Balance

Beginnen sollten Sie daher für sich ganz persönlich mit der Erarbeitung Ihrer Ziele – Ihrer „Bucket List"[9], wenn man so will – Ihrer Grundwerte und Lebensvision, um sich daran bei der Priorisierung ausrichten zu können. Hier gilt nichts anderes als für ihre Kanzlei.

In meinen Trainings kommt an dieser Stelle gern der Einwand: „Was hat das mit Work-Life-Balance zu tun?" Und da sind wir bei der Frage: Was ist Work – Life Balance?

9 Auf der „Bucket List" stehen all die Dinge, die Sie im Leben erreichen oder erleben möchten.

Geht es um die Frage, wieviel Leben am Ende der Arbeit noch möglich ist? Geht es darum, ob die Arbeit Ihr Leben ist – und umgekehrt?

„Wer für das lebt, was er tut, muss nie wieder arbeiten."

Ist es das?
Es gibt genug Routinearbeiten, ungeliebte Nebenschauplätz, Pflichtübungen, denen man sich nicht entledigen kann, die Lebenszeit und -kraft kosten.

Ziel meiner Ausführungen zum Thema „Zeitmanagement" ist es, Ihnen einfache und praktikable Tipps zu geben, wie Sie sinnvoll mit Ihrer wertvollen Zeit umgehen können, um einerseits den Stress im Beruf zu reduzieren und andererseits auch Zeit für die anderen „schönen Dinge des Lebens" zu haben.

Sie sollen dazu beitragen, dass Sie freie, also unverplante Zeit gewinnen. „Zeit haben" sollte erstes Ziel effizienten Zeitmanagements sein! Wer jedoch nur anstrebt, noch effizienter „die Zeit zu nutzen", ohne ein Ziel damit zu verbinden, wird voraussichtlich mehr schaffen, mehr leisten und mehr verdienen. Ob das glücklicher macht, ist fraglich. Dies können wir nach meiner Überzeugung erreichen, wenn wir es schaffen, unser Zeitmanagement so auszurichten, dass wir gleichzeitig individuellen Bedürfnissen und Rhythmen gerecht werden.

Nicht jeder von Ihnen wird jeden Tipp umsetzen; dazu sind wir alle als Persönlichkeiten viel zu unterschiedlich, genauso wie die Aufgaben, die wir bewältigen wollen, völlig unterschiedlich sein werden. Aber ich hoffe, Sie für viele, häufig scheinbar nebensächliche, Themen sensibilisieren zu können.

Natürlich habe ich das Zeitmanagement nicht erfunden. Seit vielen Jahren wird dieses Thema zunehmend populärer, und Sie können sehr viele gute Bücher internationaler Autoren dazu finden. Meine Aufgabe verstehe ich darin, Ihnen praktische Tipps für den Berufsalltag als Anwalt bzw. Kanzleiinhaber zu geben. Sie werden Ihre Ziele leichter erreichen, ausgeglichener sein und hoffentlich den Spaß an der Arbeit nicht verlieren.

Das Richtige zuerst tun

Haben Sie herausgefunden, welche Persönlichkeitsmerkmale Sie aufweisen und zu welchem Typ Sie tendenziell zuzuordnen sind, geht es nun darum, Ihre persönlichen Ziele und Prioritäten zu definieren. Es klingt so selbstverständlich und einfach: **Definieren Sie Ihre Ziele!**

Aber legen Sie einmal ein leeres Papier vor sich auf den Tisch, nehmen sich zehn Minuten Zeit und schreiben Sie auf, was Ihre beruflichen und privaten Ziele sind.

i

Ziele können sich im Wesentlichen aus vier Bereichen ergeben[10]:

1. dem Leben an sich
   Mit Leben ist das Leben im biologischen Sinn gemeint; dazu gehören natürlich Gesundheit, möglicherweise auch Kinder oder die Sicherung des Lebens anderer.
2. dem Wunsch Ihrer Eltern
   Mit dem Wunsch der Eltern ist gemeint, dass diese (meist unbewusst) einen Wunsch mit ihrem Kind verbinden, der das Leben des Kindes indirekt steuert.
3. Ihren Begabungen und Schwächen
   Dass Begabungen und Schwächen die Ziele jedes Menschen maßgeblich mitbestimmen, ist offenkundig.
4. Ihrem Lebenstraum
   Und schließlich spielt der Lebenstraum eines jeden Menschen eine Rolle, die Vision, die wir alle früher vielleicht einmal hatten und wahrscheinlich längst aus den Augen verloren haben. Denn: Ohne eine Vision oder ein Leitbild vor Augen zu haben ist es sehr schwer, zielgerichtet den Weg dorthin zu beschreiten.

Sie werden merken, dass das gar nicht so leicht ist: Natürlich wollen wir alle gesund, erfolgreich und glücklich sein, aber was heißt das konkret für jeden Einzelnen? Welche Aktivitäten entfalten wir, um unsere Ziele zu erreichen?

Nur, wenn die Ziele klar, plastisch und griffig umschrieben sind, wird es möglich sein, das eigene Leben auf die Erreichung derselben aktiv, aber auch unterbewusst auszurichten. Mit einer reaktiven Lebenseinstellung, Sie sich also passiv jeder Lebenssituation fügen mit der Einstellung, die Zukunft ohnehin nicht beeinflussen zu können, werden Sie Ihre Ziele nicht erreichen.

Nach einer Langzeitstudie der Harvard-Universität über den Werdegang von Studienabgängern über einen Zeitraum von zehn Jahren ergaben sich folgende Ergebnisse zur Zielerreichung:

- 83% hatten keine Zielsetzung für ihre Karriere und jetzt ein durchschnittliches Einkommen
- 14% hatten eine klare Zielsetzung für ihre Karriere, diese aber nicht schriftlich festgelegt; Sie hatten im Durchschnitt das dreifache Einkommen der ersten Gruppe,
- 3% hatten eine klare, schriftlich formulierte Zielsetzung für ihre Karriere; Sie verdienten im Durchschnitt das Zehnfache der zuerst genannten Gruppe[11]

Neben der Vision, die Sie vielleicht von Ihrem Leben haben, wird es einige Ziele geben, deren Realisierung sich auf einen Zeitraum von mehreren Jahren er-

10 Küstenmacher/Seiwert, „Simplify your life", S. 287 ff.
11 Seiwert, „Wenn Du es eilig hast, gehe langsam", S. 95.

streckt, manche Ziele sind innerhalb eines Jahres zu erreichen, ganz viele natürlich in kürzeren Abschnitten. Wenn Sie im Alltag nicht die „großen" Ziele aus den Augen verlieren, werden Sie die anderen Ziele automatisch an Ihrem Traum orientieren. Definieren Sie also zunächst schriftlich Ihre Ziele. Sie sollten nicht nur die beruflichen, sondern auch die privaten Ziele formulieren. Denn erfolgreich können Sie nur als Mensch mit all Ihren Rollen und mit all Ihrer Verantwortung sein.

Haben Sie Ihre Ziele definiert, geht es nun darum, **Prioritäten** zu setzen.

Wie schon angesprochen, füllen Sie in Ihrem Privat- und Berufsleben verschiedene Rollen aus, in denen Sie auch mehr oder weniger Verantwortung tragen (Einzelanwalt und Kanzleiinhaber, Doktorand, Fachanwalt in Ausbildung, Referent, Partner, Vater, Sohn, Bruder, Nachbar, Elternbeiratsmitglied, Vereinsmitglied usw.). In Stress gerät man meistens dann, wenn man zu viele Rollen gleichzeitig ausfüllen muss. Vor allem, wenn Sie sich vom Beruf so sehr vereinnahmen lassen, dass Ihre Beziehung, Familie, Hobbys, Gesundheit oder kulturelle Interessen zu kurz kommen, können Berufs- und Privatleben aus dem Gleichgewicht geraten.

Wie gehen Sie am besten mit dieser Situation um? **Mehr Lebensqualität gewinnen Sie, wenn Sie sich auf das Wesentliche konzentrieren.** Natürlich sind manche Ihrer Rollen vorgegeben, Sie können sie nicht abgeben (z.B. Eltern, Beziehungspartner, berufliche Hauptaufgaben, u.U. ein bestimmtes Hobby). Zumeist gibt es viele „Nebenrollen", bei denen Sie Abstriche machen könnten. Machen Sie sich bewusst, auf welche Rollen Sie vielleicht sogar ganz verzichten könnten. Vielleicht wollen Sie z.B. das Amt als Kassenführers in Ihrem Verein schon lange nicht mehr führen und trauen sich nur nicht, diesen Wunsch auch umzusetzen? Andere Rollen können Sie möglicherweise auf weniger Aktivitäten reduzieren? Orientieren Sie sich dabei immer auch an Ihren Zielen, die Sie ja mittlerweile konkret formuliert haben.

Nach Zach sollten Sie sich darauf konzentrieren, Ihr Zeitmanagement darauf auszurichten, dass Sie die „wichtigen, aber nicht dringenden" Dinge tun. Das bedeutet nicht, dass Sie die dringenden Dinge schlicht ignorieren. Nach Zach wird es dringende Dinge dann nicht mehr geben, wenn Ihr Zeitmanagement optimiert ist[12].

---

12 Zach, „Zeitmanagement für Rechtsanwälte", S. 13.

Prioritäten setzen

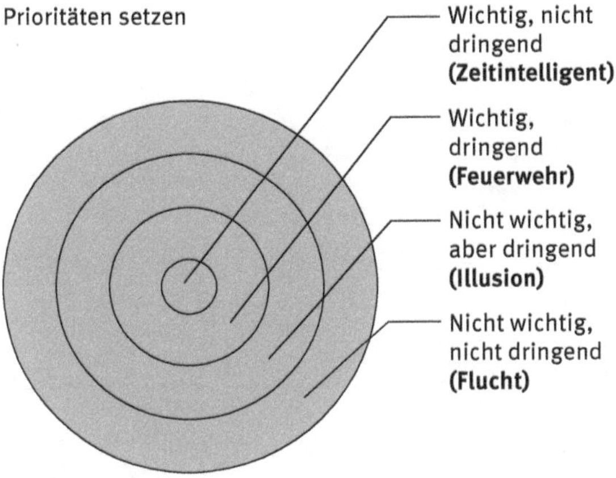

Modell nach Zach Davis

Welche Prioritäten setzen, © Dr. Geertje Tutschka

Wenn Sie Prioritäten richtig setzen wollen, sollten Sie auch darauf achten, was Sie am Besten können, was Ihnen am meisten Spaß macht und womit Sie mit Blick auf Ihren Lebenstraum die größte Wirkung erzielen können[13]. Denn dann können Sie am Wahrscheinlichsten einen entscheidenden Beitrag zur Erreichung eines bestimmten Zieles leisten. Vernachlässigen Sie aber Ihre Stärken zugunsten Ihrer Schwächen, werden Sie allenfalls durchschnittliche Leistungen bringen. Auch bei den Prioritäten müssen Sie schließlich konkret werden, das heißt Sie sollten überlegen, welche Aufgaben Sie tatsächlich in welcher Ihrer Rollen haben. Erst dann können Sie Prioritäten setzen.

Die zu bewältigenden Aufgaben sind mehr oder weniger wichtig und mehr oder weniger dringend, d.h. es gibt
- wichtige und dringende,
- unwichtige und dringende,
- wichtige, aber nicht dringende sowie
- unwichtige und nicht dringende Aufgaben.

Nach Eisenhower können diese Parameter so dargestellt werden[14].

13 Seiwert, „Wenn Du es eilig hast, gehe langsam“, S. 142 ff.
14 Töpfer in Landenberg, „Erfolgreich starten als Rechtsanwalt“, S. 288.

Prioritäten setzen

Modell nach dem Eisenhower Diagramm

Prioritäten setzen, © Dr. Geertje Tutschka

Die unterschiedlichen Prioritäten herauszufinden, bedeutet, dass Sie sich mit den einzelnen Aufgaben auseinandersetzen müssen. Tun Sie das nicht, werden Sie sich sicher mit vielen Dingen beschäftigen, die an Sie herangetragen werden, obwohl Sie diese eigentlich gar nicht zu Ihren Aufgaben machen müssten.

Alles Planung

In **einer Woche** können Sie, auch wenn Sie beruflich voll ausgelastet sind, sehr viel unterbringen: Neben der Arbeit können Sie auch private Dinge tun, Freundschaften pflegen, Ihren Hobbys nachgehen und idealerweise auch ein bisschen Zeit für sich selber haben. Dass das kein unrealistischer Idealzustand ist, zeigt sich daran, dass es einige Menschen gibt, die das auch schaffen. Und das ist doch das Ziel effizienten Zeitmanagements!

Wer allerdings die Woche am Montag Morgen beginnt, indem er zur Arbeit geht, um dort all die Aufgaben zu bewältigen, die bis zum Freitagabend an ihn herangetragen werden und dabei andere Dinge nicht eingeplant hat, wird erst ab Freitag Abend „frei“ sein. Nach einer anstrengenden Arbeitswoche ist jeder am Freitag Abend jedoch mehr oder weniger erschöpft, und am Wochenende komprimieren sich dann eine Reihe anderer Aufgaben, zu denen man unter der Woche nicht gekommen ist. Zeit für einen selber bleibt meistens nicht und das führt früher oder später zu Unzufriedenheit und Gereiztheit. Wer dagegen einen Wochenplan erstellt und dabei realistisch die Erledigung beruflicher Aufgaben neben privaten plant und daneben auch noch Privatleben und Zeit für sich einplant, wird sich wohl fühlen[15]. Nehmen Sie sich also irgendwann am Wochen-

15 Töpfer in Landenberg, „Erfolgreich starten als Rechtsanwalt“, S. 285.

ende ein bisschen Zeit und schreiben Sie auf, was in der kommenden Woche alles ansteht. Auch der Besuch beim Zahnarzt und die Geburtstagsfeier eines Freundes gehören auf den Zettel, genauso wie Zeit für die Familie oder den Partner.

Und hier kommen wieder die oben erarbeiteten Zeittypen ins Spiel:

Wenn Sie zu den „Systematikern" gehören, werden Sie einen übersichtlichen und detaillierten Wochenplan erstellen und die Woche dann auch entsprechend gestalten.

Wenn Sie eher zu den „Chaoten" gehören, dann zwingen Sie sich nicht dazu, einen herkömmlichen Wochenplan zu machen: Beschreiben Sie kleine Notizzettel (einen für jede Aufgabe) und legen Sie diese dann vor sich auf den Tisch. Überlegen Sie, wie viel Zeit Sie für welche Aktion benötigen und legen Sie die Zettel in entsprechender Anordnung vor sich auf den Tisch.

Wichtig ist einfach nur, dass Sie eine **realistische Wochenplanung** erstellen.

---

i Egal wie Ihr Wochenplan aussieht: Sie können abstreichen, was Sie bereits erledigt haben. Das gibt immer ein gutes Gefühl und Sie werden den Überblick über die Woche behalten. Wichtigstes Planungsprinzip ist die Schriftlichkeit. Ein schriftlicher Plan entfaltet (psychologisch) eine gewisse Verbindlichkeit: Sie arbeiten zielorientierter, außerdem entlastet Sie der schriftliche Plan, weil Sie sich nicht alles merken müssen, und Sie dokumentieren auf diese Weise automatisch, was Sie wann erledigt haben. Der Wochenplan kann und soll nicht sehr detailliert sein. Es geht mehr um die Einteilung der Woche.

Aber auch **jeder einzelne Tag** und vor allem jeder Arbeitstag sollte geplant werden, wenn man sich nicht von den Aufgaben und Anliegen, die an einen herangetragen werden, bestimmen lassen will: Notieren Sie zunächst die zu bewältigenden Aufgaben. Wenn Sie hierzu eines der Formulare verwenden, wie sie in den verschiedenen Zeitplanern angeboten werden, erleichtern Sie sich die Arbeit und den Umgang mit Ihren Tagesplänen[16]. Dann ist es wichtig, den Zeitbedarf für die einzelnen Aufgaben realistisch zu kalkulieren, denn die Erfahrung zeigt, dass wir uns oft viel zu viel vornehmen mit der Folge, dass wir frustriert sind, wenn wir nicht alles geschafft haben. Pufferzeiten zur Erledigung von unvorhergesehenen Aufgaben sollten unbedingt eingeplant werden. Sie werden entscheiden müssen, welche Aufgaben Sie an einem bestimmten Tag erfüllen wollen, denn Sie werden fast nie in der Lage sein, alles, was auf Ihrem Aufgabenkatalog steht, an einem Tag zu erledigen. Setzen Sie also Prioritäten, machen Sie Abstriche und übertragen Sie Aufgaben auch auf andere. Zuletzt sollten Sie regelmäßig kontrollieren, ob Sie die Aufgaben gemäß Ihrem Tagesplan bewältigt haben.

---

16 Seiwert, „Das neue 1×1 Zeitmanagement", S. 38 f.

Ob Sie sich eher für einen Wochenplan oder einen Tagesplan entscheiden – oder beides kombinieren – bleibt Ihnen überlassen. In jedem Fall sollten Sie jedoch immer mit der Morgenroutine in den Tag starten, sich auf die Prioritäten des Tages zu fokussieren und den Tag in wesentlichen Abschnitten durchzustrukturieren.

PLANUNG		
Wochenplan	**vs.**	**Tagesplan**
• 5 Prioritäten pro Woche		• 2 Prioritäten pro Tag
• Mehr Überblick		• Mehr Fokus
• Mehr Flexibilität		• Besser kontrollierbar

Mein Tipp: Fokus auf der Morgenroutine

Planung, © Dr. Geertje Tutschka

Alles können wir nicht vorausplanen. Deswegen ist es im Berufsalltag wichtig, **Pufferzeiten** einzuplanen. Nur dann sind Sie in der Lage, z.B. eine unerwartete Fristsache zu erledigen oder aber einem Freund, der Sie darum bittet, einen Gefallen zu tun oder Ihr Auto in die Werkstatt zu bringen, weil es nicht mehr fährt. Aber auch wenn gar nichts Unerwartetes passiert, werden Sie Pufferzeiten brauchen, einfach deswegen, weil wir keine Maschinen sind und unseren Tagesplan nicht immer genau so abspulen können, wie wir es geplant haben. Es ist ein Trugschluss, zu meinen, keine Zeit für Pufferzeiten zu haben. Mit diesem Argument verplanen viele Kollegen ihre Arbeitstage vollständig und geraten früher oder später „ins Schleudern“. Denn es ist ja nicht so, dass man in einer Stunde, die als Pufferzeit eingeplant war, nichts tut, die Stunde also vergeudet, nur, weil nichts Unvorhergesehenes passiert ist. Natürlich kann man und wird diese Stunde zur Bewältigung einer anderen wichtigen Aufgabe nützen. Aber man bleibt in der angenehmen Situation, selber über seine Zeit zu bestimmen, man wird nicht von den Aufgaben beherrscht. Das ist wesentlich.

Während Pufferzeiten dazu da sind, zusätzliche oder unerwartet zeitintensive Aufgaben zu erledigen, für die sonst keine Zeit wäre, die sie also nur unter Aufopferung Ihrer privaten Zeit erfüllen könnten, sollten Sie auch **Auszeiten** einplanen, in denen Sie konzentriert und absolut ungestört arbeiten wollen. Sie kennen sicher alle den „Sägeblatteffekt“: wird man auch nur für einen Moment von seiner Arbeit abgelenkt, benötigt man zur Weiterarbeit an gleicher Stelle unverhältnismäßig viel Anlauf- und Einarbeitungszeit[17]. Wenn Sie also wissen, dass eine bestimmte Aufgabe Ihre volle Konzentration erfordert, dann planen

17 Seiwert, „Das neue 1×1 Zeitmanagement“, S. 53.

Sie eine entsprechende Auszeit, in der Sie nicht (auch nicht vom Telefon) gestört werden, ein. Wenn Sie so den Sägeblatteffekt ausschalten, gewinnen Sie nicht nur Zeit, sondern Sie fühlen sich auch viel besser. Und wenn Sie eine eingeplante Auszeit einmal nicht für eine schwierige Arbeit benötigen, dann nützen Sie diese „stille Stunde" für die Erledigung anderer Aufgaben oder für sich. Sie können also nur gewinnen.

Eine einfache Möglichkeit, einen Tagesplan unter Beachtung der oben dargestellten Tipps zu erstellen, ist die so genannte **A-L-P-E-N-Methode**. Jeder Buchstabe steht für einen bestimmten Schritt:
- *A*ufgaben notieren,
- *L*änge der Aufgabenbewältigung schätzen,
- *P*ufferzeiten reservieren,
- *E*ntscheidungen treffen
- *N*achkontrolle.

Spaß und Freude sind maßgeblich für die Selbstmotivation. Wer den **Tag positiv beginnt**, wird die zu bewältigenden Aufgaben leichter und wahrscheinlich auch besser erfüllen, als derjenige, der genervt oder gestresst ist. Aber wie viele von uns stellen den Wecker zu spät oder schlafen zu lange mit der Folge, dass sie zu wenig oder keine Zeit zum Frühstücken geschweige denn für ihre Familie oder den Partner haben, um dann durch den Berufsverkehr ins Büro zu hetzen, wo bereits die erste Besprechung begonnen hat. Achten Sie deshalb darauf, den Tag positiv zu beginnen. Nehmen Sie sich Zeit für die Zeitung oder ein gutes Frühstück, zum Laufen oder worauf Sie sonst Lust haben, und starten Sie mit positiver Energie in den Tag. Ein positiver Start wirkt sich dabei nicht nur günstig auf die Erfüllung Ihrer Aufgaben aus, Sie kommunizieren ja auch mit Ihrer Umwelt: Wer gute Laune hat, geht entsprechend mit seinen Mitarbeitern um, und auch das wirkt sich positiv auf die Arbeit und das Arbeitsklima aus.

Nein – nicht meine Baustelle

Der Druck im Arbeitsleben steigt wegen der Angst um den Arbeitsplatz bzw. der Angst um Aufträge (Mandate). Aber auch im Privatleben kommen wegen der Doppelbelastung von Beruf und Familie oft mehr Aufgaben auf den Einzelnen zu. Wer sich dadurch jedoch überfordert oder überfordern lässt, wird früher oder später gereizt, angespannt und unzufrieden, vielleicht sogar krank.

Sagen Sie deshalb „Nein",
- wenn es nicht in Ihren Zuständigkeitsbereich fällt
- wenn Sie zu viele Aufgaben zu erledigen haben.

Wer seine Ziele und Prioritäten kennt und Tagespläne macht, kann gut erkennen, wann er „Nein" sagen muss. Das gilt für das Privatleben wie für den Beruf. Ein gesundes Selbstbewusstsein ermöglicht „Neins". Wenn wir „Ja" sagen, obwohl wir „Nein" meinen, lassen wir uns manipulieren nach dem Motto „Das schaffen Sie doch locker!". Dagegen hilft natürlich ein starkes Ego. Mit einem schroffen „Nein" kann man eine geschäftliche oder private Beziehung belasten. Es ist also wichtig, ein „Nein" beziehungsorientiert zu verkaufen, z.B. indem Sie sich etwas Bedenkzeit ausbedingen oder Anliegen der anderen Seite zunächst würdigen. Natürlich können Sie auch souverän „Nein" sagen, wobei Sie dies nicht begründen sollten, um weitere Diskussionen zu vermeiden.

Ja – aber Müll

Fällt es hingegen in Ihren Zuständigkeitsbereich, ist es jedoch wertlos, weil es auf keine Ihrer Prioritäten einzahlt, benutzen Sie den Papierkorb. Das gilt für Mandate ebenso wie für Anfragen, Angebote und Postsendungen.

Werfen Sie Papier weg, wenn Sie wissen, dass Sie es nicht benötigen. Das gilt für alle möglichen Unterlagen, die sich innerhalb kürzester Zeit auf dem Schreibtisch oder auch im Posteingangsfach stapeln. Solche Stapel zu sortieren oder etwas von dort herauszusuchen kostet nämlich sehr viel Zeit. Werfen Sie uninteressante Werbesendungen sofort weg (das können Sie teilweise auch delegieren). Sie sollten aber auch andere Unterlagen (z.B. Einladungen, die Sie nicht wahrnehmen können oder wollen oder Infobriefe zu Themen, die Sie nicht interessieren) wegwerfen. Im Zeitalter des Internets kann man ohnehin fast alle Informationen jederzeit wiederbeschaffen, so dass die Hemmschwelle, etwas wegzuwerfen, niedriger sein sollte. Was man nicht wegwirft, sollte mit System abgelegt oder abgeheftet werden.

Ja – klein zuerst

Ähnlich wie bei Rettungseinsätzen sollte Sie sich „Kinder zuerst" zum Mantra für Mini-Aufgaben machen. Wann ist es eine Mini-Aufgabe? Wenn der Zeit- und Energieaufwand überschaubar gering ist und es nicht eine Vielzahl davon gleichzeitig gibt.

Sie kennen das sicher: Sie müssen noch schnell eine Geburtstagskarte besorgen, die Hemden zum Bügeln bringen, die Kontoauszüge abholen, eine Glühbirne austauschen, einen Bekannten zurückrufen usw., usw. All diese Dinge sind ja ganz schnell zu erledigen – das ist schon richtig. Wenn Sie aber all das neben Ihren geplanten Aufgaben machen wollen, wenn Sie diese Zeit nicht eingeplant haben, dann kommen Sie schnell „ins Schleudern". In der Summe addiert sich nämlich die benötigte Zeit spürbar. Machen Sie sich das bewusst und planen Sie entweder auch die Erledigung dieser Miniaufgaben bewusst in Ihre Tagespläne ein oder delegieren Sie diese. Vielleicht können Sie auch die eine oder andere Aktion komplett streichen.

In jedem Fall leert das schnelle Abhaken der Kleinstaufgaben Ihren Aufgabenzettel und Terminkalender, verschafft Erfolgserlebnisse und Motivation für größere Aufgaben. Wenn Sie also kleinere Aufgaben „gleich" erledigen können, sollten Sie das tun. Sie gewinnen deswegen Zeit, weil Sie sich mit der individuellen Aufgabe nur einmal beschäftigen, nämlich in dem Zeitpunkt, in dem sie an Sie herangetragen wird. Außerdem müssen Sie die Erfüllung dieser Aufgabe nicht für einen späteren Zeitpunkt planen. Möglich ist die Erledigung von Aufgaben „lieber gleich" natürlich nur, wenn entsprechende Pufferzeiten zur Verfügung stehen. Man sollte sich auch nicht durch die hohe Messlatte an der sofortigen Erfüllung einer Aufgabe hindern lassen: „So gut wie nötig", nicht unbedingt perfekt, sollte die Leistung sein.

Ja – aber delegieren

Das Delegieren von Aufgaben ist ein effizientes Mittel, um Zeit für die Erledigung anderer Aufgaben, die nicht delegiert werden können, aber auch Zeit für sich zu gewinnen. Dabei kann eine Aufgabe entweder dauerhaft übertragen oder auf einmalige Fälle beschränkt werden. Natürlich behält derjenige, der Aufgaben delegiert, als „Vorgesetzter" immer die Führungsverantwortung. Wenn Sie Aufgaben delegieren, sollten Sie die notwendigen Kompetenzen und die Handlungsverantwortung auf die betreffende Person übertragen[18]. Würden alle Schritte bis ins letzte Detail vorgeschrieben, hätte also die Person, auf die eine Aufgabe übertragen werden soll, keine Handlungsverantwortung, würde deren Motivation wahrscheinlich vermindert sein. Auf die Übertragung von Verantwortung reagieren die meisten Menschen positiv. Natürlich müssen Sie im Berufsleben die richtigen Mitarbeiter auswählen, die Verantwortungsbereiche abgrenzen, eine Aufgabe so frühzeitig wie möglich delegieren, und die betreffende Person fördern, beraten und mit allen erforderlichen Informationen versorgen. Wenn Sie mehrere Aufgaben delegieren, müssen Sie diese koordinieren. Und zuletzt müssen Sie natürlich immer kontrollieren, ob alles in Ihrem Sinn funktioniert. Nur dann macht Delegation Sinn. Ein wesentlicher Vorteil von Delegation besteht darin, dass Sie die Kenntnisse und Erfahrun-

18 Seiwert/Buschbell/Mandelkow, Zeitmanagement für Rechtsanwälte, S. 135 ff.

gen der Person, die eine Aufgabe für Sie wahrnimmt, auf diese Weise nutzen können.

Wer nicht nur anspruchslose Aufgaben auf andere überträgt, sondern Herausforderungen, der fördert im Zweifel die Selbständigkeit, Eigeninitiative und die Kompetenz, aber auch die Motivation und die Zufriedenheit der Person, an die eine Aufgabe delegiert wird. Stellen Sie daher durchaus auch den Reiz der einzelnen Aufgabe heraus, wenn Sie diese an jemanden übertragen. Ist die Aufgabe zu groß, sollten Sie diese mit Zwischenzielen delegieren und regelmäßig kontrollieren, ob der andere nicht überfordert ist. Sie sollten zum Zwecke der eigenen Entlastung insbesondere auch Routine- und vorbereitende Arbeiten delegieren. Wenn es sich um unangenehme oder langweilige Aufgaben handelt, dann sprechen Sie mit der betreffenden Person darüber und übertragen Sie vielleicht zusätzlich eine anspruchsvollere Aufgabe, um zu zeigen, was Sie der Person zutrauen. Auf diese Weise können Sie sicher die Motivation fördern.

Ja – aber planen und managen

Es kommt vor, dass die Dinge (noch) nicht „reif" dafür sind, von Ihnen umgesetzt zu werden.

Entweder, weil es eine Aufgabe ist, die Sie als Team bewerkstelligen müssen, oder aber bestimmte Serviceprovider eingebunden sind (z.B. der Webdesigner bei der Erstellung der Webseite). Dann besteht Ihre Aufgabe nicht darin, es schnell selbst zu erledigen, sondern vielmehr ein Projektmanagement mit Verantwortlichkeiten, Prozessen, Zeitvorgaben und Kontrollsequenzen aufzusetzen.

Ein nützliches Tool, komplexe Prozesse in ihrer Gesamtheit zu erfassen, um daraus strukturiertes Projektmanagement entwickeln zu können, ist das Anfertigen einer sogenannten „Mind Map", auf der die verschiedenen Aspekte gesammelt werden und sodann zueinander in Relation gesetzt werden. Diese kann von Ihnen selbst aber auch gut von ganzen Teams entwickelt werden. Professionelle Anleitung und Moderation kann auch hier das Meeting produktiv, effektiv und zeitschonend gestalten.

Geht es hingegen zunächst darum, sich langsam vorzutasten, wo sich bestimmte Dinge hinentwickeln sollen, kann „Brainstorming" eine gute Methode sein, die Ideen und Gedanken des Teams dazu einzusammeln. Allerdings sollte diese Methode immer in den beiden Sequenzen „storming" und „norming" vollständig abgebildet werden.

Zeitdiebe entlarven

Sie kennen sicher alle diese Situation: Sie haben sich etwas vorgenommen und die dafür erforderliche Zeit realistisch eingeplant, und dann läuft es doch nicht wie geplant. Die vielen kleinen, aber tückischen Zeitdiebe, die immer nur für „einen Moment" Ihre Aufmerksamkeit in Anspruch nehmen, haben wieder zugeschlagen. Im ersten Schritt geht es darum, die Zeitdiebe zu enttarnen, um sich dann von ihnen wirkungsvoll zu verabschieden. Hand auf's Herz: Häufig sind wir selber schuld, wenn wir eine Aufgabe nicht in der dafür vorgesehenen, realistisch kalkulierten Zeit bewältigen. Jeder kennt sich selbst am besten und kann bestimmt schnell aufzählen, wodurch er sich selbst oft im Weg steht. Tun Sie das am besten wieder schriftlich, und überlegen Sie sich Strategien, wie Sie diese inneren Zeitdiebe am besten fassen können. Nachfolgend will ich auf typische Zeitfresser und Möglichkeiten, sie zu beherrschen, eingehen:

Aufschieberitis: Der „innere Schweinehund"

Es gibt unzählige Lebenssituationen, in denen wir immer wieder einen inneren Widerstand überwinden müssen, um das in die Tat umzusetzen, was wir eigentlich wollen. Ob es darum geht, unsere Fremdsprachenkenntnisse aufzufrischen, die Wohnung aufzuräumen, die Eltern wieder einmal anzurufen, gesünder zu essen, weniger zu trinken, mehr Sport zu treiben oder aber einen Mandanten zurückzurufen, ein (vermeintlich) schwieriges Rechtsproblem für einen konkreten Fall zu lösen oder eine unliebsame Akte weiter zu bearbeiten. Es gibt tausende Beispiele aus allen Lebensbereichen. Wenn Sie herausfinden, in welchen Lebensbereichen Sie sich von Ihrem „inneren Schweinehund" überrumpeln lassen, wenn Sie ergründen, welche miesen Tricks Ihr „innerer Schweinehund" dabei anwendet, dann können Sie auch Strategien entwickeln, den „inneren Schweinehund" zu überwinden[19].

Drei Angriffsmöglichkeiten hat unser „innerer Schweinehund":

– Verhinderung eines Entschlusses zum Handeln
  Oft können wir uns schon gar nicht dazu entschließen, etwas zu tun, weil wir uns irgendetwas einreden, z.B. „Das schaffe ich nie!", „Das ist viel zu schwierig!", „Dafür habe ich keine Zeit!", „Ich müsste einmal ..." oder „Warum soll ausgerechnet ich das tun?". Sie sehen schon: Wenn wir einen Entschluss nicht ernsthaft fassen, dann kann daran schon dessen Umsetzung scheitern[20].

---

19 v. Münchhausen, „So zähmen Sie Ihren inneren Schweinehund", S. 32.
20 Töpfer in Landenberg, „Erfolgreich starten als Rechtsanwalt", S. 291.

- Störung des Entschlusses an sich
  Wenn wir unser Ziel nur unklar formulieren, z.B. „Ich mache meine Steuererklärung bald" oder „Ich werde gesünder essen", dann fehlt es an der konkreten Bezeichnung dessen, was wir machen wollen. Ein Entschluss kann aber auch dadurch gestört werden, dass wir uns viel zu viel auf einmal, d.h. etwas Unrealistisches vornehmen, z.B. „Ab morgen laufe ich jeden Tag 20 km".

- Verhinderung oder Beeinträchtigung der Ausführung
  Zuletzt verhindern oder beeinträchtigen wir die Ausführung geplanter Aufgaben durch Ablenkung, z.B. dadurch, dass wir vor der Erledigung der geplanten Aufgabe noch irgendetwas anderes erledigen müssen oder durch Aufgabe nach dem Motto „Das bringt doch alles nichts".

---

i Wenn Sie Ihren „inneren Schweinehund" durchschaut haben, werden Sie ihn in Schach halten können, und er wird Ihnen nicht Ihre wertvolle Zeit klauen.

- Definieren Sie deswegen Ihre Ziele klar und eindeutig,
- beginnen Sie konkret mit der Umsetzung der Aufgaben und
- bleiben Sie diszipliniert bei der Bewältigung derselben.

Perfektion: Die hohe Messlatte

Wer sehr hohe oder zu hohe Ansprüche an sich stellt, fängt eine Arbeit unter Umständen gar nicht erst an, weil entweder die zur Verfügung stehende Zeit nicht ausreicht, um die Aufgabe perfekt zu lösen, oder weil es am nötigen Selbstvertrauen fehlt. In unserer Gesellschaft zählt Perfektionismus[21]: Schneller, reicher, besser, schöner, erfolgreicher wollen oder sollen alle sein. Aber in Wirklichkeit ist Perfektion selten und flüchtig. Auch von ihren Mitmenschen verlangen nicht alle, die an sich selber sehr hohe Ansprüche stellen, das gleiche Maß an Perfektion. Schrauben Sie deshalb Ihre Ansprüche ruhig ein wenig zurück, und werden Sie aktiv. Eine Aufgabe zu erledigen, auch wenn vielleicht nicht alles perfekt gemacht ist, ist viel besser, als sie über einen langen Zeitraum vor sich zu haben.

Der Zeitdieb zu Besuch; Die äußeren Umstände

Neben den inneren Zeitdieben belästigen uns die vielen Zeitfresser von außen. Die einzelne Störung ist häufig nur von kurzer Dauer, aber über den Tag verteilt summiert sich die verlorene Zeit:

---

21 Töpfer in Landenberg, „Erfolgreich starten als Rechtsanwalt", S. 292.

- Ein Anrufer, der „nur eine schnelle Auskunft“ erbittet und dabei nicht ahnt oder daran denkt, dass das einen nicht nur bei der Arbeit stört, sondern dass die schnelle Auskunft unter Umständen in längerer Zeit erarbeitet werden muss (jeder Jurastudent kennt dieses Übel),
- Spontanbesuche von Bekannten im Büro,
- Anrufe von Freunden,
- aber auch unnötige Anrufe von Mandanten oder
- der Besuch eines Kollegen, der einfach nur gerne ein paar Takte mit Ihnen reden möchte,
- aber auch die auf Ihrem PC eingehenden E-Mails, Postsendungen usw.

Jeder reagiert unterschiedlich auf diese Störungen von außen: Manche blocken alles rigoros ab, andere – z.B. initiative Typen – lassen sich sogar recht gern von der Arbeit ablenken, und wieder andere bemühen sich, alles auf einmal zu machen.

Schließen Sie die Türe: Ein paar der Zeitdiebe kommen einfach zu Ihnen ins Arbeitszimmer, weil die Türe geöffnet ist. Der Störer, der so zu Ihnen kommt, hat möglicherweise gar nicht das Gefühl, zu stören. Schwerer fällt es da schon, wenn man anklopfen muss, weil die Tür geschlossen ist. Sobald Sie mit mehreren Menschen zusammen arbeiten, sollten Sie darauf achten, dass Sie klar kommunizieren, wann Sie absolut nicht gestört werden wollen und wann Sie offen sind für welche „Störungen“.

---

i

So kann man z.B.
- mit geschlossener Türe sagen, dass man absolut nicht gestört werden will („Auszeiten“),
- mit angelehnter Türe, dass man nur „im Notfall“ gestört werden darf (natürlich ist dann zu definieren, was unter solchen Notfällen zu verstehen ist) und
- mit geöffneter Türe, dass man Sie danach fragen darf, ob man Sie wegen eines bestimmten Anliegens stören kann.

Kontrolle
Sie haben sich Ziele gesetzt, geplant, wie Sie diese erreichen können; dazu haben Sie Entscheidungen getroffen, an der Realisierung Ihrer Ziele gearbeitet und sich entsprechend organisiert. Nun sollten Sie unbedingt kontrollieren, ob Sie die angestrebten Ziele auch erreicht haben. Gegebenenfalls können Sie korrigierende Maßnahmen ergreifen und so Ihr Selbst- und Zeitmanagement verbessern[22].

22 Seiwert/Buschbell/Mandelkow, „Zeitmanagement für Rechtsanwälte“, S. 229 ff.

Was auch immer die Aufgaben sind, die Sie erfüllen wollen, ob berufliche, soziale oder familiäre, Sie sollten sich regelmäßig die Zeit nehmen und sich fragen,

- ob Sie die für die Erreichung Ihrer Ziele notwendigen Aufgaben erfüllen, oder ob Sie diese schon wieder aus dem Blick verloren haben,
- ob Sie diese Aufgaben nach ihrer Gewichtung anpacken oder die gesetzten Prioritäten aus den Augen verloren haben,
- ob Sie Ihre Zeitpläne eingehalten haben,
- ob Sie die Störfaktoren und Zeitdiebe im Griff haben,
- ob Sie schlechte Gewohnheiten abgestellt haben,
- ob auf andere übertragene Aufgaben von den entsprechenden Personen in Ihrem Sinn erledigt wurden usw.

Selbstkritische Ablaufkontrollen sollten Sie schriftlich machen. Der Zwang, etwas aufzuschreiben, zwingt dazu, sich konkret mit den einzelnen Themen auseinanderzusetzen. Nur dann kann man auch erkennen, an welchen Punkten man mit korrigierenden Maßnahmen ansetzen kann. Die Ergebnisse, die Sie erreichen, können nur vor dem Hintergrund Ihrer Ziele als positiv oder negativ eingestuft werden. Sie sollten daher regelmäßig kontrollieren, ob Sie die Tages-, Wochen-, Monats-, Jahres- sowie Ihre längerfristigen Ziele erreicht haben. Bei komplexen Aufgaben sollten Sie kontrollieren, ob Sie Zwischenziele erreicht haben. Je nach dem Ergebnis Ihrer Zielkontrolle sollten Sie die sich ergebenden Konsequenzen ziehen, im Einzelnen:

- Prüfen Sie zunächst, welche Ziele Sie erreicht haben bzw. welche hierfür zu erledigenden Aufgaben Sie erfüllt haben.
- Vergegenwärtigen Sie sich sodann, welche Ziele Sie nicht erreicht haben, vor allen Dingen, was die Gründe hierfür waren.
- Möglicherweise ergeben sich diese Gründe bereits aus Ihrer Ablaufkontrolle
- Nunmehr können Sie Ihre weiteren Pläne an die aktuelle Situation anpassen, um so die Erreichung Ihrer Ziele realisieren zu können.
- Achten Sie darauf, diese Kontrollen frühzeitig durchzuführen, um etwaige korrigierende Maßnahmen rechtzeitig einleiten zu können.

Auf diese Weise ist man bald in der Lage, einerseits Zeitpläne zu machen, deren Umsetzung realistisch ist, und andererseits mit der nötigen Disziplin an der Erfüllung seiner Aufgaben zu arbeiten. Das ist Voraussetzung für gutes Zeitmanagement.

Grundsätzlich kann man unter zwei Blickwinkeln auf Leistungssteigerung bzw. Zeitmanagement schauen: aus dem Blickwinkel der Effizienz mit dem Fokus auf die Reduzierung von „Zeitdieben“ oder mit dem Blick auf die Erhöhung der Effektivität.

EFFIZIENZ und EFFEKTIVITÄT

Effizienz: Reduzierung von	Effektivität: Erhöhung von
Zeitfallen	Gewinn
Leerlauf	Status
Dopplungen	Hierarchieebene

Effizienz vs. Effektivität, © Dr. Geertje Tutschka

Während es bei Letzterem um gute Planung und Umsetzung geht, geht es bei Ersterem vor allem um strenges Controlling. So kann beispielsweise die Zeiterfassung einerseits natürlich wirksames Controlling sein, um Optimierungsbedarf einschätzen zu können.

Wenn Sie sich hingegen selbst einmal die Mühe machen Ihre Tätigkeiten nach Zeit zu erfassen, kann Ihnen das verdeutlichen, ob Sie sich wirklich vor allem mit den wichtigen Dingen, Ihren Prioritäten beschäftigen[23].

EFFIZIENZ vs. EFFEKTIVITÄT

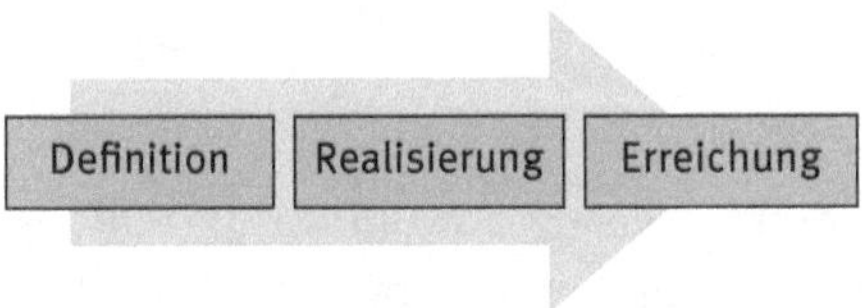

Effektivität, © Dr. Geertje Tutschka

EFFIZIENZ vs. EFFEKTIVITÄT

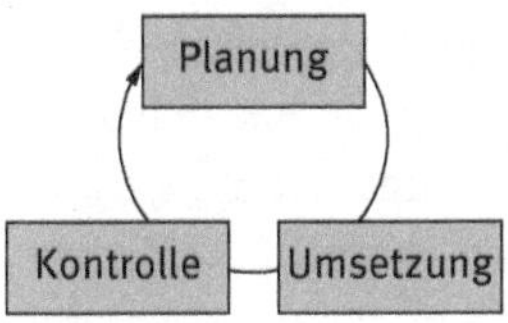

Effizienz, © Dr. Geertje Tutschka

23 Heussen, „Anwaltsunternehmen führen“, S. 69.

Idealerweise sollte beides Hand- in Hand gehen, damit sich effektive Maßnahmen auszahlen durch effiziente Kostenkontrolle beispielsweise:

EFFIZIENZ und EFFEKTIVITÄT

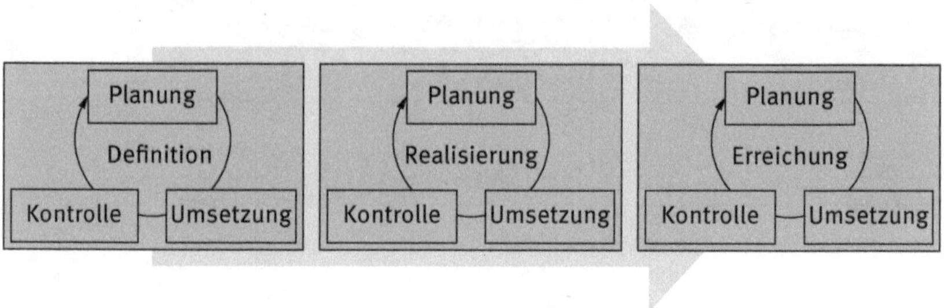

Effizienz vs. Effektivität, © Dr. Geertje Tutschka

Die Ansatzpunkte

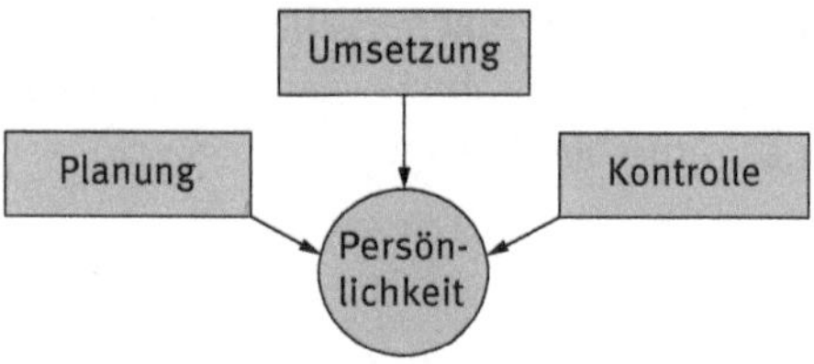

Ansatzpunkt Persönlichkeit, © Dr. Geertje Tutschka

Viele der allgemeingültigen Effizienzmodelle spielen sowohl in Ihre Rolle als Anwalt als auch in Ihre Rolle als Kanzleiinhaber hinein. Um Ihre eigenen Arbeitsabläufe mit gutem Zeitmanagement zu optimieren, kommt es sehr auf Ihre eigene Persönlichkeit an, wie beispielsweise die oben erwähnten Zeittypen. Geht es hingegen um ideales Zeitmanagement in Ihrer Kanzlei, tritt Ihre Persönlichkeit in den Hintergrund und andere Aspekte spielen eine Rolle.

Wichtig ist, dass Sie sich bei der situativen Entscheidung jeweils sehr bewusst darüber sind, in welcher Rolle, aus welchem Blickwinkel Sie sich gerade für das eine oder andere entscheiden. Denn wie Sie in der nachfolgenden Gegenüberstellung sehen können, unterscheiden sich die jeweiligen Zielsetzungen bei der Beurteilung der Frage, welche Maßnahme ausgewählt werden soll:

Ihre Rolle bestimmt Ihr Tun

	Anwalt	Kanzleiinhaber
Fokus	Karriere	Kanzlei
Geld	Gehalt	Gewinn
Rechtsgebiet	Fachanwaltsspezialisierung	Positionierung im Markt
Mitarbeiter	Kollegen/Auszubildende	Angestellte/Personal

Anwalt vs. Kanzleiinhaber, © Dr. Geertje Tutschka

Als Kanzleiinhaber mit dem Fokus, die Entwicklung der Kanzlei voranzutreiben, ist also weniger Ihre eigene Kariere sondern vielmehr die Positionierung der Kanzlei insgesamt am Markt wichtig und die Effizienz der allgemeinen Strukturen und Prozesse in der Kanzlei ist relevant – weniger ihre eigenen.

EFFIZIENZ und EFFEKTIVITÄT plus ROLLE

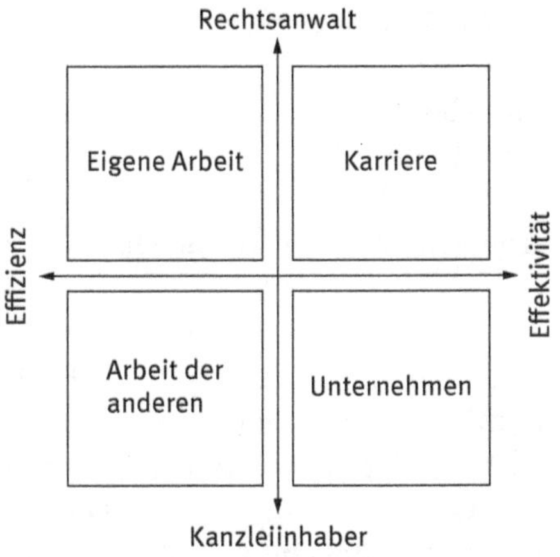

Effizienz und Effektivität vs. Rolle, © Dr. Geertje Tutschka

Die allgemeingültigen Effizienzmodelle sind immer und für jeden anwendbar.

Im Folgenden sollen diese nun auf konkrete Abläufe im anwaltlichen Arbeitsalltag angewendet werden. Dabei gehen sie zum Teil sehr ins Detail und sind möglicherweise für den einen oder anderen „alten Hasen" ohnehin Routine. Nach meiner Erfahrung ist aber doch immer noch das eine oder andere Neue für jeden dabei gewesen – und wenn letztlich auch nur noch einmal die eigenen

Prozesse und Abläufe hinterfragt werden. Anwälte in kleinen bis mittelständischen Kanzleien am Anfang ihrer Kariere werden ohne Zweifel das meiste daraus ziehen können.

2. Kommunikation

Als Anwalt wissen Sie, dass das **Telefon** Ihr wichtigstes Kommunikationsmittel ist, jedoch auch, wie viel Zeit am Telefon vergeudet wird. Dabei ist das Telefon wesentliche Schnittstelle zwischen Mandant und Anwalt. Es ist einerseits ein ganz wichtiges Instrument zur unmittelbaren, rationellen Kommunikation und zum Informationsaustausch, auf der anderen Seite ist es ein großer Zeitfresser. Es sind oft mehrere Stunden, die Anwälte täglich mit unnützem Telefonieren verbringen.

Die häufigsten Telefonsünden sind:

- Wenn man jemanden anrufen will und die richtige Nummer nicht weiß,
- wenn man telefoniert, ohne ein konkretes Ziel zu verfolgen,
- wenn man auf das Gespräch schlecht vorbereitet ist,
- wenn man zu einem ungünstigen Zeitpunkt telefoniert,
- wenn man ohne die für das Gespräch nötigen Unterlagen telefoniert,
- wenn man vor dem Telefonat keine Stichworte notiert,
- wenn man seine Gesprächsabsicht nicht erklärt,
- wenn man monologisiert anstatt aktiv zuzuhören,
- wenn man keine Telefonnotizen macht,
- wenn man keine konkreten Vereinbarungen mit dem Gesprächspartner trifft.

Dabei bietet das Telefon gegenüber allen anderen Kommunikationsmöglichkeiten einen unglaublichen Zeitvorteil, weil Informationen unmittelbar ausgetauscht werden. Sie können Kosten sparen (Porto, Papier, Personalkosten) und vermeiden die Ansammlung von unnötig viel Papier. Außerdem können etwaige Fragen unmittelbar geklärt werden, und der persönliche Kontakt zum Gesprächspartner (wie z.B. zu einem Richter oder einem Kollegen) bietet häufig die Basis dafür, Informationen auszutauschen, die in schriftlicher Form vielleicht nicht getauscht würden. Ob das Telefon bei Ihnen zur Zeitersparnis oder zur Zeitverschwendung beiträgt, haben Sie selbst in der Hand.

Sobald in einer Kanzlei mehrere Personen (Sekretariatsmitarbeiter und/oder Anwälte) ans Telefon gehen, besteht die Gefahr, dass ein Mandant, der wegen desselben Anliegens mehrfach anruft, von verschiedenen Personen unterschiedliche Informationen erhält. Man sollte deshalb klar regeln, wer in welchen Angelegenheiten der richtige Ansprechpartner ist. Selbstverständlich sind hier abhängig von der Kanzleistruktur ganz unterschiedliche Varianten denkbar. Ist nur eine Person fürs Telefon zuständig, dann ergeben sich viele Probleme erst gar nicht. Das Risiko, dass verschiedene Personen Informationen betreffend ein und dasselbe Mandat haben oder weitergeben, besteht nicht. Möglich ist es auch, dass eine Person eingehende Anrufe annimmt und diese dann an die zuständige Sekretariatsmitarbeiterin weiterleitet. Die für einen Anwalt zuständige Sekretärin kann im Zweifel sogar Auskünfte zur Sache geben (z.B. ob ein Schriftsatz der Gegenseite einging). In größeren Kanzleien ist diese Form der Büroorganisation (die Bildung von Teams bestehend aus Anwalt und Büromitarbeitern) üblich und absolut sinnvoll. Wenn der Anwalt selber mit dem Anrufer sprechen muss, dann kann die für ihn zuständige Büromitarbeiterin im Zweifel besser beurteilen, ob bzw. wann er die Gelegenheit dazu hat. Außerdem kann eine Mitarbeiterin, die einen Überblick über die Mandate des Anwalts hat, gezielte Fragen an den Anrufer richten und auf diese Weise die Arbeit für den Anwalt erleichtern.

Das Führen von Anruflisten gehört zu einer guten Büroorganisation. Auf einer Liste werden alle eingehenden Anrufe unter Angabe des Datums, Namens des Anrufers, der Sache, des Anliegens des Anrufers und des Verbleibs mit dem Anrufer schriftlich notiert. Solche Anruflisten dokumentieren alle Anrufe. Als Anwalt können Sie regelmäßig nachvollziehen, wer angerufen hat. Sie können auch sehen, ob ein Mandant mehrfach versuchte, Sie zu erreichen, und ihn gegebenenfalls zurückrufen, obwohl er darum gar nicht gebeten hatte. Das macht natürlich einen guten Eindruck. Sie können aber auch nachvollziehen, ob ein Mandant wirklich schon mehrfach (wie er vielleicht vorwurfsvoll behauptet) versuchte, Sie zu erreichen. Häufig werden Ihnen Anrufe nicht durchgestellt werden können, weil Sie nicht im Büro oder in einer Besprechung sind oder weil Sie nicht gestört werden wollen. In solchen Fällen sollten Ihre Büromitarbeiter den Anrufer richtig „bedienen". Möglicherweise kann eine Frage des Anrufers von Ihrer Sekretärin beantwortet werden. Sofern der Mandant mit Ihnen sprechen muss/will, sollte ihm im Sinne von gutem Service Ihr Rückruf innerhalb eines bestimmten Zeitfensters zugesagt werden. Außerdem sollte erfragt werden, worum es dem Anrufer konkret geht. Als Anwalt benötige ich also den Namen des Mandanten, ich muss wissen, wann ich ihn unter welcher Nummer erreichen kann und was er von mir will (dies ist insbesondere dann wichtig, wenn mehrere Mandate für diesen Mandanten geführt werden).

Wenn Sie entsprechende **Anruflisten** führen lassen, können Sie Anrufer ganz gezielt zurückrufen. Gezielt und damit effizient deswegen, weil Sie das Anliegen des Anrufers kennen, so dass Sie sich entsprechend vorbereiten können. Gezielt können Sie auch deswegen zurückrufen, weil Sie wissen, wann Sie ihn unter welcher Nummer erreichen können. Man kann sonst schnell wertvolle Zeit dadurch vergeuden, dass man jemanden wiederholt vergeblich zu erreichen versucht. Es spielt dabei nicht nur die durch das Anwählen der Nummer und das Warten vertane Zeit eine Rolle, vielmehr müssen Sie sich im Zweifel vor jedem Anrufversuch auf das geplante Gespräch vorbereiten, was einen erheblich höheren Zeitaufwand bedeutet. Auf diese Weise können Sie bezogen auf einen vollen Arbeitstag viel Zeit sparen und Sie vermeiden zudem die unangenehme Situation, dass Ihr Mandant Sie „kalt erwischt", weil Sie seinen Fall nicht im Kopf haben. Achten Sie jedoch peinlich genau darauf, dass Zusagen, die Ihren Mandanten gemacht werden, auf jeden Fall eingehalten werden. Andernfalls riskieren Sie einen nur schwer wieder gutzumachenden Vertrauensverlust.

Einen **Anrufbeantworter** hat fast jeder. Es ist jedoch kritisch zu beurteilen, welche Vorteile dieses Gerät bringt. Denn nur in wenigen Fällen werden sich Mandanten (und andere) damit begnügen, eine Nachricht auf Band zu hinterlassen. Regelmäßig werden sie noch einmal anrufen, um die Angelegenheit zu besprechen, oder, wenn es um die Verabredung eines Termins betreffend eine neue Sache geht, gleich einen anderen Anwalt anrufen. Aber gerade als Einzelanwalt, der keine Vollzeitmitarbeiter hat, sollten Sie einen Anrufbeantworter haben, damit eingehende Anrufe auch in Zeiten Ihrer Abwesenheit bei Ihnen „ankommen"; es geht insbesondere um die Abwesenheiten während der üblichen Geschäftszeiten. Dem Anrufer sollte die Möglichkeit gegeben werden, Nachrichten auf Band zu hinterlassen. In der Ansage sollte man sagen, welche Informationen man vom Anrufer erbittet (z.B. Name und Telefonnummer) und innerhalb welches Zeitraumes das Band abgehört wird. Wenn Sie den Anrufern die Möglichkeit einräumen, Nachrichten auf Band zu hinterlassen, können Sie unter Umständen in der konkreten Angelegenheit aktiv werden, bevor Sie zurückrufen. Gibt es diese Möglichkeit nicht, ist fraglich, was der Anrufbeantworter überhaupt bringen soll. Fest steht, dass Nachrichten auf Band von irgendjemandem bearbeitet werden müssen. Das kostet natürlich Zeit, und – hieraus ergibt sich der Nachteil zum direkten Kontakt bei einem Gespräch – etwaige Rückfragen können nicht gestellt werden. In Kanzleien, in denen das Telefon durchgehend während der Geschäftszeiten – mit Ausnahme der Mittagspause – besetzt ist, braucht man nicht unbedingt einen Anrufbeantworter. In einigen Kanzleien gibt es keinen Anrufbeantworter bzw. nur einen mit einer informativen Nachricht ohne Aufnahmemöglichkeit, in vielen schon. Letztlich ist es eine Frage des Marketings, wie man sich entscheidet.

Sie sollten sich genau überlegen, ob bzw. wem gegenüber Sie Ihre **Privatnummer** also Ihre Handynummer publik machen (z.B. generell auf Visitenkarten oder im Einzelfall). Das birgt nämlich das Risiko, dass man Sie jederzeit stören kann. Andererseits kann es Situationen geben, in denen es außerordentlich wichtig sein kann, eine Information so schnell wie möglich zu erhalten. Unabhängig davon erwarten manche Mandanten häufig zu Unrecht, dass Sie als Anwalt ständig erreichbar sind. Wir Dienstleister müssen uns jeden Tag aufs Neue neben vielen Mitbewerbern hervortun. Permanente Erreichbarkeit ist sicher einer der wesentlichen Aspekte für gutes Marketing. Meine Erfahrung ist die, dass Mandanten, die meine Privatnummer haben, in der Regel zurückhaltend damit umgehen. Wenn ich diese Nummer an einzelne Mandanten weitergebe, dann immer mit der Bitte, mich nur in „Notfällen" oder in bestimmten Situationen anzurufen. Das zeigt einerseits mein Engagement für das konkrete Mandat, andererseits habe ich immer noch die Möglichkeit, ein Gespräch auf meine Bürozeiten zu verlegen, wenn ich sehe, dass die Angelegenheit nicht so dringend ist.

Besprechungen mit Mandanten kosten häufig viel mehr Zeit als nötig. Ist jedoch ein Mandant erst einmal bei Ihnen im Büro, ist es oft schwierig, ein Ende zu finden: Sofern Sie kein Stundenhonorar vereinbart haben, neigen Mandanten dazu, mehr oder weniger „by the side" noch das eine oder andere Rechtsproblem klären zu wollen. Außerdem sind sie regelmäßig nicht in der Lage, für die Mandatsbearbeitung Wesentliches von Unwesentlichem zu unterscheiden mit der Folge, dass sie viel zu viel erzählen, was wertvolle Zeit kostet. Unabhängig davon, dass Sie natürlich durch geschickte Gesprächsführung den Gang einer Besprechung steuern sollten, können Sie eine Reihe von Besprechungen sicher gut durch **Telefontermine** ersetzen[24]. Wie für eine Besprechung sollten Anwalt und Mandant vorbereitet sein und so können Sie ganz gezielt die zu klärenden Punkte am Telefon abarbeiten. Gerade dann, wenn schon ein persönliches Gespräch mit dem Mandanten stattgefunden hat, wenn also Anwalt und Mandant sich bereits kennen, stellen Telefontermine eine günstige Alternative zu Besprechungen im herkömmlichen Sinn dar.

Dokumentation ist für den Anwalt „die halbe Miete". Dies nicht nur aus haftungsrechtlichen Gesichtspunkten, sondern schlicht wegen der korrekten Mandatsbearbeitung: Wer sich pro Tag mit dreißig, vierzig oder mehr Akten beschäftigt, kann sich nicht merken, was mit wem in welcher Sache vereinbart wurde. Es ist also absolut wichtig, zu dokumentieren, was Inhalt eines Telefonats war. Häufig haben Sie nicht die Möglichkeit, sofort im Anschluss an ein Telefonat den nächsten Schritt anwaltlichen Vorgehens zu veranlassen. Nach meiner Erfahrung ist es deswegen günstig, am Ende jeder Telefonnotiz unter

24 In Zeiten von Videokonferenzen und Video-Calls verschwimmen ohnehin die Grenzen zwischen Telefon- und Besprechungstermin. Allenfalls die neuen Datenschutzregelungen geben hier gewisse Beschränkungen vor hinsichtlich der Sicherheit der Anbieter.

dem Stichwort „Verbleib“ zu notieren, ob und gegebenenfalls was in dieser Sache als Nächstes veranlasst ist.

Besprechungen mit Mandanten ufern häufig aus, sofern sie nicht zielgerichtet geführt werden (es sei denn, es wurde ein Stundenhonorar vereinbart). Denn der einzelne Mandant hat typischerweise ein „großes“ Problem, das ihn massiv beschäftigt. Außerdem kann er regelmäßig nicht Wesentliches von Unwesentlichem unterscheiden, so dass er, wenn er nicht geführt oder gebremst wird, alles erzählt, was seiner Ansicht nach eine Rolle spielt. Dass dabei häufig die für den Anwalt wichtigen Fakten unvollständig mitgeteilt werden, ist ein weiteres Problem. Zwar muss der Mandant sich abgeholt und verstanden fühlen. Das bedeutet aber nicht, dass der Anwalt für den Mandanten immer zur Verfügung stehen muss. Es gibt nämlich Mandanten, die grundsätzlich nach Erhalt eines Schreibens einen Besprechungstermin mit ihrem Anwalt vereinbaren (möchten), um das Weitere zu besprechen. Wer dies zulässt, wird wertvolle Zeit wahrscheinlich völlig unwirtschaftlich vergeuden. Sie sollten daher immer die Erforderlichkeit einer Besprechung prüfen und gegebenenfalls die Vereinbarung eines Termins ablehnen, stattdessen einen Telefontermin vereinbaren. Natürlich sollten Sie dies dem Mandanten nachvollziehbar erläutern. Sie werden sehen, dass Mandanten dieses Vorgehen durchaus akzeptieren, wenn sie wissen, dass die Bearbeitung ihres Falles dadurch nicht behindert wird. Zudem sollte der Zeitrahmen der Besprechung vorab festgelegt werden und jedem Gesprächspartner die erforderlichen Informationen/Unterlagen zur Verfügung gestellt werden. Neben dem Termin sollten Sie auch das konkrete Thema, den Anlass der Besprechung genau vereinbaren. Das klingt vielleicht trivial, aber jede Unklarheit kostet Zeit. Achten Sie darauf – vor allem, wenn mehrere Gesprächspartner beteiligt sind –, dass jeder schriftlich Kenntnis von Zeitpunkt und Ort der Besprechung erlangt. Es ist misslich, wenn ein Gesprächspartner fehlt, weil sich niemand verantwortlich fühlte, ihn über den Termin zu unterrichten. Definieren Sie außerdem das Ziel der Besprechung. Die Besprechung kann dadurch zielgerichtet und ergebnisorientiert geführt werden. Nebenthemen werden erkannt und eliminiert.

Solche Ziele sind immer dann abstrakt zu formulieren, wenn die Interessenlage der Beteiligten unterschiedlich ist:
- Herausarbeiten der Übereinstimmungen und Streitpunkte in Gesprächen mit gegnerischen Kollegen oder Parteien
- Herausarbeiten der Ziele und Motivationen der Parteien. Denn wenn man weiß, warum jemand etwas will oder nicht will, dann kann man erstens dessen Ziele besser nachvollziehen, zweitens kann man gezielte Kompromissvorschläge erarbeiten. (wesentliches Element der Mediation.)

Es klingt trivial. Aber starten Sie Besprechungen immer **pünktlich und gut vorbereitet**. Nur so können Sie Ihren Tagesplan effektiv umsetzen. Unabhängig davon verstimmen Sie Ihre Gesprächspartner, wenn diese warten müssen, und das belastet im Zweifel die Besprechung und das Verhältnis zum Gesprächspartner.

Fertigen Sie eine **Tagesordnung mit Zeitvorgaben**. Gerade in einer laufenden Angelegenheit zu einem komplexen Sachverhalt können Sie als Verhandlungsführer immer wieder auf Einhaltung dieser Vorgaben in zeitlicher und inhaltlicher Sicht hinwirken. Zudem wird die Besprechung zeitlich und inhaltlich planbar und damit effizient. Natürlich kostet das Entwerfen einer Tagesordnung Zeit. Diese Zeit ist jedoch gut investiert. Gibt es nämlich keine Tagesordnung, ist die Gesprächsführung ungleich schwieriger.

Sie können außerdem zur Vorbereitung einen **Fragenkatalog** fertigen, was vor allem bei Erstbesprechungen Sinn machen kann. Darüber hinaus empfiehlt sich bei Routinearbeiten die Arbeit mit Checklisten. Checklisten sind wie Fragebögen ein probates Mittel, wesentliche Informationen zu erfragen. Checklisten können dem Mandanten sogar zur Beantwortung vorab übermittelt werden, so dass man sich noch gezielter auf das geplante Gespräch vorbereiten kann.

Hören Sie aktiv zu. Wer seinem Gesprächspartner **„aktiv zuhört"**, befolgt eine wichtige Kommunikationsregel, weil der Sprechende signalisiert bekommt, dass das, was er sagt, gehört und verstanden wird. Hat er diesen Eindruck nicht, wird er dasselbe immer wieder wiederholen. Als Anwälte erkennen wir normalerweise sehr schnell, ob ein Themenkomplex für den zu bearbeitenden Fall von Bedeutung ist oder nicht. Für den Mandanten können diese „Geschichten" jedoch wichtig sein, damit er den Sachverhalt erfassen und einordnen kann. Reagieren Sie dementsprechend: Wer sich desinteressiert zurücklehnt, wird dieselbe Geschichte immer wieder hören, weil der Gesprächspartner, der doch verstanden werden will, meint, er habe sich noch nicht verständlich machen können. Es geht also darum, die Gratwanderung zwischen zielgerichteter Gesprächsführung und dem „aktiven Zuhören" zu meistern. Signalisieren Sie Ihrem Gegenüber, dass das, was es sagt, bei Ihnen „angekommen" ist, und lenken sie dann das Gespräch wieder in die richtige Richtung.

So zeigen Sie Interesse:
- bleiben Sie Ihrem Gegenüber zugewandt
- nicken Sie zustimmend
- fragen Sie aktiv nach
- machen Sie auch bei irrelevanten Schilderungen kurze schriftliche Notizen
- fassen sie die Gesprächsinhalte kurz zusammen
- lenken Sie das Gespräch auf wesentliche Inhalte

i Die eigene Zusammenfassung des Gesprächsergebnisses ist schon deswegen sehr wichtig, weil Sie so sichergehen, dass Sie die Ausführungen Ihres Gegenübers richtig verstanden haben. Gleichzeitig zeigen Sie diesem, dass und was sie verstanden haben. Etwaige erforderliche Richtigstellungen sind sofort möglich. Ansonsten bleibt das Risiko eines Missverständnisses, dessen Entdeckung und Korrektur im Laufe der Mandatsbearbeitung unangenehm, eventuell sogar riskant und vor allen Dingen zeitintensiv ist.

Unangemeldete Besucher bringen jeden Zeitplan durcheinander. Wer voll ausgelastet ist, sollte sich daher grundsätzlich nicht überrumpeln lassen. Klare Anweisungen für die Sekretariatsmitarbeiter zum Umgang mit dieser Situation sind daher wichtig. Allerdings kann es natürlich auch hier Ausnahmen geben bei besonderer Dringlichkeit

Zuletzt noch ein Wort zu (kanzleiinternen) Meetings. In den meisten Kanzleien gibt es ab einer bestimmten Größe zwar regelmäßige „Gesprächsrunden" (z.B. immer mittwochs nachmittag). Allerdings sind diese oft unergiebig und verlaufen sich in Banalitäten. Die wirklich wichtigen Entscheidungen bleiben hingegen liegen oder man kann sich nicht einigen. Eine intelligente, auf die Bedürfnisse der Kanzlei abgestimmte Meetingsstruktur aufzubauen, die zielführend und ressourcenschonend ist, sollte oberstes Ziel sein. Ich empfehle, in den Meetings NICHT Rollen tauschen zu müssen. Meetings sollten daher thematisch getrennt einem bestimmten Zweck dienen:
1. dem fachlichen und mandatsbezogenen Austausch (Anwaltsrolle)
2. der Alltagsroutine bzw. deren Management (Managementrolle)
3. der strategischen Entwicklung der Kanzlei (Führungsrolle)

Zusätzlich sollten vierteljährliche Termine für Business Development, Personal und Projekte eingeplant werden sowie mindestens zwei Mal im Jahr ein Strategiewochenende.

Zusätzlichen Treffen der Supporter und Projektteams sowie eventuelle Vorbereitungen, externer Input, Schulung etc. kommen hinzu.

Innerhalb der Meetings sollten
- klare Regeln gelten,
- eine straffe Agenda mit Zeitangaben und
- ein Ergebnis- und Entscheidungsprotokoll gepflegt werden

Moderne Software Lösungen machen die Erstellung heute einfach und kreativ. Auch kann helfen, sich aus dem Angebot an Tools und Methoden für effektive Meetings etwas zu eigen zu machen. Fachliteratur oder auch ein individuelles

Training verschafft einen Überblick; gern führt ein externer Coach auch in die Neugestaltung des Meetings anfangs ein, bis sich Routinen etabliert haben und eine neu Meetingskultur etabliert ist.

3. Aktenarbeit und Recherche

Als Anwalt haben Sie viel mit Papier zu tun; insbesondere die Inhalte von Gerichtsverhandlungen, Besprechungen und Telefonaten werden dokumentiert. Eine Pflicht zur Führung von Handakten ergibt sich direkt aus der Berufsordnung für Rechtsanwälte.

Mit Ausnahme von ganz einfach gelagerten Sachverhalten kommen pro Mandant unterschiedliche Informationen von verschiedenen Seiten zusammen, u.a.:

- Korrespondenz mit dem Mandanten,
- Korrespondenz mit der Rechtschutzversicherung des Mandanten,
- Korrespondenz mit dem Gegner, dem gegnerischen Anwalt,
- Korrespondenz mit Gerichten und Behörden,
- Korrespondenz mit Dritten (z.B. Streitverkündeten, Zeugen, Gutachtern).

Weiter sind wichtige Daten jeden einzelnen Mandanten betreffend in der einzelnen Akte zu dokumentieren, genauso wie eingehende und ausgehende Zahlungen. Effiziente Aktenarbeit bedeutet also, dass Sie organisieren müssen, wie Sie sich gut und schnell in der einzelnen Akte zurechtfinden können. Vergleichen Sie am besten die unterschiedlichen Organisationsformen und diskutieren Sie mit Kollegen, um herauszufinden, welche Form Ihnen am besten liegt.

Wichtige **Daten** sind nicht nur elektronisch in der Akte selbst zu notieren, u.a.:

- Name und Anschrift des Mandanten/des Gegners/des gegnerischen Anwalts,
- ggf. Name der Firma mit Angabe des Vertretungsorgans,
- Telefon- und Telefaxnummer mit der Angabe, ob es sich um die Privat- oder die Geschäftsnummer handelt,
- E-Mail-Adressen,
- Angaben zur Rechtschutzversicherung des Mandanten (Name, Adresse, Versicherungsnummer),
- Angabe des zuständigen Gerichts nebst Aktenzeichen.

Standard-Software für Anwälte bietet diese Möglichkeiten selbstverständlich. Und von der reinen e-Akte sind die meisten Kanzleien noch Lichtjahre entfernt.

Vielfach wird aber noch der gute Handaktenbogen, auf dem die wesentlichen Stammdaten enthalten sind, vorne in jeder Akte abgeheftet. So sind Sie z.B. jederzeit in der Lage mit den Parteien und anderen Beteiligten zu telefonieren, ohne vorher die Telefonnummern heraussuchen zu müssen. Natürlich müssen diese elektronisch gespeicherten Daten gepflegt werden. So viel aktuelle Stammdaten wert sind, so viel Mühe und Zeit kann es kosten, die richtigen Daten zu ermitteln, wenn die gespeicherten Daten nicht mehr aktuell sind.

Auch eine **arbeitsfreundliche Sortierung der Akten** kann zum effizienten Arbeiten beitragen. Wie oben schon ausgeführt, kommen ganz verschiedene Informationen zusammen. All diese Informationen brauchen Sie im Laufe der Mandatsbearbeitung, zum Teil auch mehrfach. Je nach Umfang der Unterlagen zu einem Mandat kommen Aktendeckel oder Ordner in Betracht. So gibt es verschiedene Varianten von Aktendeckeln (z.B. Doppel- oder Einfachheftung, Heftung von links nach rechts oder umgekehrt, verschiedene Farben). Unabhängig davon, dass Akten einzelner Anwälte oder betreffend verschiedene Rechtsgebiete durch verschiedene Farben kenntlich gemacht werden können, bieten die Aktendeckel die Möglichkeit, das Stammdatenblatt und die Kostenblätter separat zu heften, ebenso Mandantenkorrespondenz und Korrespondenz.

Sinnvoll ist es, das Stammdatenblatt obenauf zu heften, danach könnten die Kontenblätter geheftet werden (da es sich nur um eine oder wenige Seiten handelt, die man leicht überblättern kann, wenn man anderen Informationen aus der Akte sucht), danach kann die Korrespondenz mit Mandant und Gegner und anderen geheftet werden.

Zur Unterteilung eignen sich farbige Trennblätter, die auf der Seite über die DIN A4-Seiten hinaus reichen, so dass man am Rand den Inhalt notieren kann. Bei diesem System sind mehr Unterteilungen möglich als bei Aktendeckeln, so dass man auch Rechnungen separat abheften kann und/oder die Korrespondenz mit der Rechtschutzversicherung. Zusätzlich können wichtige Unterlagen mit bunten „post-its" markiert werden. Gehören zu einem Mandat so viele Unterlagen, dass diese alleine einen oder mehrere Ordner füllen, dann können Sie eine normale Akte mit Aktendeckel anlegen und die Unterlagen im Ordner lassen, wobei in der Akte ein Hinweis auf den Ordner sein sollte. Nur wer sich in seinen Akten schnell zurechtfindet, kann effizient arbeiten, telefonieren oder vor Gericht oder in Besprechungen fundiert argumentieren. Sortierung der Akten mit System ist daher wesentlich für effizientes Arbeiten. Arbeiten in einer Kanzlei mehrere Anwälte, kann es sein, dass jeder sein eigenes Aktenführungssystem hat. Das ist natürlich möglich. Die Sekretariatsmitarbeiter müssen sich hierauf entsprechend einstellen; vor allem, wenn diese jeweils für mehrere Anwälte arbeiten, ist es umständlich, verschiedenen Systemen zu folgen. Fehler sind leichter möglich, und das kann im Ergebnis bedeuten, dass ein erheblicher Zeitaufwand nötig ist, diese zu finden und zu korrigieren. Dass es insgesamt effizienter ist, wenn in einem Büro einheitlich ein System genutzt wird, liegt auf der Hand.

Die Aktenarbeit kann erheblich erleichtert werden, wenn wesentliche Informationen oder Gedankengänge in Form von **Aktennotizen** zusammengefasst werden. Wie schon gesagt, bearbeiten wir zum Teil dreißig und mehr Akten an einem Tag. Ein Mandat kann sich zudem über mehrere Jahre erstrecken. Wer zur Rekapitulation eines komplexen Sachverhalts jedes Mal die gesamte Akte durchblättern und wichtige Schriftsätze durchlesen muss, wird ungleich mehr Zeit benötigen als derjenige, der in Aktennotizen Wesentliches notiert hat. Hinzu kommt, dass die Arbeit viel mehr Spaß macht, wenn man nicht das Gefühl hat, seine Zeit mit doppelter Arbeit zu vertun. Aktennotizen erleichtern auch einem Kollegen die Arbeit, wenn dieser den Sachbearbeiter wegen Krankheit oder einer Terminkollision vertreten muss. Zudem werden Sie gezwungen, für die Mandatsbearbeitung Wesentliches von Unwesentlichem zu unterscheiden, und wenn Sie Ihre Argumentation zur Abwehr oder Begründung eines Anspruchs stichwortartig skizzieren, werden Sie zwangsläufig frühzeitig erkennen, wo etwaige Schwachpunkte sind. Im Interesse der Mandanten sollen wir meist ohnehin frühzeitig eine Abschätzung darüber abgeben, welche Chancen und Risiken wir sehen, genauso wie wir regelmäßig Angaben zum zeitlichen Rahmen des einzelnen Mandats machen sollen. Je genauer wir solche Prognosen abgeben (was häufig schlicht unmöglich ist), umso besser fühlt sich der Mandant beraten, und umso besser können wir selber planen. Basierend auf diesem Umstand können Aktennotizen leicht gefertigt werden.

Das Spektrum anwaltlicher Tätigkeit ist heute so groß, dass es unmöglich ist, jeden Fall zu bearbeiten. Spezialisierungen bilden sich schon seit Jahren immer weiter heraus. Selbst der so genannte Allgemeinanwalt bearbeitet häufig keine öffentlich- oder strafrechtlichen Mandate. Dass Mandate von Anwälten bearbeitet werden, die sich im betreffenden Rechtsgebiet gut auskennen bzw. die ihren Interessensschwerpunkt entsprechend gewählt haben, liegt auf jeden Fall im Interesse der Mandanten. Aber auch effizientes Arbeiten und damit Zeitmanagement ist besser möglich, wenn **Spezialisierungen** von Anwälten genutzt werden. Sie sollten deshalb vielleicht nach einer anfänglichen Orientierungsphase anstreben, eine Spezialisierung zu entwickeln. Diese kann sich auf Rechtsgebiete, aber auch Mandanten beziehen, z.B.:

- Fachanwaltschaften (z.B. im Arbeits-, Sozial-, Familien-, Insolvenz-, Verwaltungs-, Versicherungs- oder im Strafrecht),
- Interessen- und/oder Tätigkeitsschwerpunkte,
- Spezialisierung auf bestimmte – auch „exotische“ – Rechtsgebiete (z.B. Skirecht),

- Spezialisierung auf Mandantengruppen (z.B. Arbeitgeber, Vermieter, Frauen).

Eine Zusammenarbeit mit spezialisierten Kollegen macht natürlich besonders viel Sinn innerhalb derselben Kanzlei, weil das betreffende Mandat in der Kanzlei bleibt. Beim Einzelanwalt oder in einer kleinen Sozietät wird es häufig nicht möglich sein, alle Mandate „im Hause“ zu bearbeiten. Sie könnten jedoch mit einem oder mehreren externen Kollegen vereinbaren, Mandate eines Bereichs dorthin zu empfehlen, wenn Sie umgekehrt Mandate „Ihres“ Spezialgebiets geschickt bekommen. Wer nicht gezwungen ist, sich juristisch in jede neue Sache einzuarbeiten, kann seine eigentliche Spezialisierung ausbauen und sich am Markt besser positionieren – und spart obendrein Zeitaufwand und minimiert das Risiko, welches in Halbwissen steckt. Außerdem kann er im Zweifel besser planen, weil er kalkulieren kann, wie viel Zeit er für die Bearbeitung bestimmter Fragestellungen voraussichtlich brauchen wird.

Auch die Sekretariatsmitarbeiter können sich spezialisieren und dies im Sinne effizienter Arbeit nutzen. **Spezialwissen** steht bei dem einen oder anderen Mitarbeiter vielleicht in folgenden Bereichen zur Verfügung:
- Telefon (durch Telefontraining in Akquise und Kundenbindung kann man sich auch hier spezialisieren),
- Mahnwesen,
- Zwangsvollstreckung,
- Betreuungssachen,
- Verkehrsunfallsachen,
- Abrechnung.

Notieren Sie **Fristen und Wiedervorlagen** realistisch. Oben war davon die Rede, Wochen- und Tagespläne zu machen. In unserem Beruf gehört nun zwingend zur Mandatsbearbeitung, Fristen und Wiedervorlagen zu notieren. Dies ergibt sich bereits aus dem Berufsrecht sowie aus Gründen der Qualitätssicherung. Anders wäre es auch gar nicht möglich, eine größere Zahl von Mandaten parallel zu bearbeiten. Heute beinhaltet jede Anwaltssoftware Fristen- und Wiedervorlagekalender, was Sie unbedingt nutzen sollten. Es sind verschiedene Fristen zu unterscheiden:
- gesetzliche Fristen
  z.B. Verjährung, Sachmängelanzeige, Frist zur Erhebung einer Kündigungsschutzklage im Arbeitsgerichtsprozess, Trennungsjahr bei Scheidung
- gerichtlich gesetzte Fristen, auch Notfristen
  z.B. zur Verteidigungsanzeige, Klageerwiderung, Berufung, Stellungnahme Einzahlung von Gerichtskostenvorschüssen

- andere Fristen z.B. vom Gegner gesetzte Fristen zur Stellungnahme oder Zahlung

Spätestens zum Zeitpunkt des Fristablaufs sind die entsprechenden Aktionen vorzunehmen. Im Falle der Einreichung einer Klageerwiderung oder einer Berufungsbegründung kann das bedeuten, dass mehrere Stunden Arbeit einschließlich Besprechungen aufzuwenden sind. Natürlich kommt man dann „ins Schleudern“, wenn man Kenntnis vom Ablauf einer solchen Frist erst am Tag des Fristablaufs erlangt. Fristen werden typischerweise von außen gesetzt, so dass Sie bei Ihrer Wochen- und Tagesplanung hierauf Rücksicht nehmen müssen. Abhängig von der geforderten Handlung sollte daher jede Frist in Verbindung mit einer so genannten **Vorfrist** (von z.B. acht oder zehn Tagen) im Kalender notiert werden. Auf diese Weise können Sie realistisch planen. Wer sich täglich eine Fristenliste bezogen auf die jeweils nächste Woche ausdrucken und vorlegen lässt, hat immer einen guten Überblick über alle zu erledigenden Fristen. Darüber hinaus sind Akten zu gewissen Zeitpunkten wiedervorzulegen.

Solche Wiedervorlagen werden häufig in folgenden Fällen notiert:

- Sachstand
- Stellungnahme erfolgt
- Zahlung des Gegners eingegangen
- Vorschuss von Mandant bezahlt
- Rechnung bezahlt
- Klage erheben
- Entwurf eines Schreibens an Gegner an Mandant schicken zur Klärung von Details

Die meisten Anwälte nutzen EDV im Büro und lassen sich täglich die Fristen für die aktuelle Woche vorlegen. Unabhängig davon sollten Sie sich in Ihrem eigenen Kalender diejenigen Aufgaben (einschließlich Fristsachen) notieren, deren Erledigung viel Zeit kostet. Auf diese Weise können Sie immer gezielt planen. Wenn Sie z.B. in einer Woche drei schwierige Schriftsätze machen müssen, einen Kindergeburtstag vorbereiten und ausrichten und einen Gerichtstermin, zu dem fünf Zeugen geladen sind, wahrnehmen müssen, dann verfügen Sie nur die absolut nötigen Wiedervorlagen für diese Woche und planen keine zeitintensiven Aufgaben zusätzlich ein. So können Sie das Zusammentreffen von zu vielen bzw. zeitintensiven Aufgaben einigermaßen gut vermeiden. Fristen sollten Sie grundsätzlich so frühzeitig wie möglich bearbeiten. So können Sie bei unerwarteten Fragen Ihrer Mandanten, die normalerweise spätestens in der Woche vor Fristablauf nervös werden, wenn die geforderte Aktion noch nicht erfolgt ist.

Wenn Sie sich mit einer Akte befassen, dann sollten Sie zielgerichtet etwas verfügen oder veranlassen. Vermeiden Sie es, die Akte nur zu „schieben", indem Sie nichts tun außer einer neuen Wiedervorlage zu verfügen.

Wenn Sie z.B. dem Gegner eine Frist zur Zahlung der Werklohnforderung Ihres Mandanten gesetzt haben, dann sollten Sie sich die Akte am Tag nach Fristablauf wiedervorlegen lassen, um zu prüfen, ob Zahlung erfolgte.

- Wenn ja, dann müssen Sie Fremdgeld unverzüglich auszahlen (evtl. nach Verrechnung mit Ihrer Honorarforderung),
- wenn nein, dann sollten Sie mit Ihrem Mandanten die weiteren Schritte besprechen (Klage erheben oder den Erlass eines Mahnbescheides beantragen sowie um die Zahlung eines Vorschusses bitten)

Erledigen Sie dies am besten sofort.

Ineffizient wäre es z.B. in der zweiten Alternative, die Akte zunächst wieder wegzulegen, um zu einem späteren Zeitpunkt den Mandanten zu fragen, wie nun weiter verfahren werden soll. Jedes Mal, wenn Sie eine Akte bearbeiten, sollten Sie sich im Klaren über den nächsten Schritt sein und eine darauf abzielende Verfügung treffen. Die Bearbeitung der Akte wird so vorangetrieben. Das ist regelmäßig im Interesse der Mandanten und gleichzeitig zielgerichtet und effizient. Zudem kommt das nicht nur Ihnen, sondern auch Ihren Sekretariatsmitarbeitern zugute.

---

i An dieser Stelle noch einmal kurz zu **effizienter Kommunikation**:
Häufig müssen Sie Fragen an Ihre Mandanten richten (zum Sachverhalt, zum weiteren Vorgehen, zu Zeugen). Je vager Sie solche Fragen formulieren, umso wahrscheinlicher ist es, dass die Mandanten nicht die vollständige Antwort geben. Sie müssen dann nochmals nachhaken, was im Zweifel bedeutet, dass die Akte noch einmal zu Ihnen gebracht werden, bearbeitet und wieder aufgeräumt werden muss. Fragen Sie deshalb ganz gezielt, indem Sie z.B. konkret Vor- und Zunamen sowie Adresse eines Zeugen oder genaue Zeit- und Ortsangaben oder aber auch genaue Produktbezeichnungen erbitten. Formulieren Sie einfach und umgangssprachlich – weniger im juristischen Kontext. Sie sind der Anwalt Ihres Mandanten und werden dafür bezahlt, komplizierte Rechtslagen allgemeinverständlich, individuell sensibel mit einem klaren Lösungsvorschlag zu „übersetzen". Muss Ihr Mandant nachfragen oder versteht die Frage nicht, haben Sie Ihren Job nicht erfüllt – und Kosten ohne Mehrwert für Ihre Kanzlei produziert.

Viele Schreiben, mit denen Anwälte täglich konfrontiert werden, enthalten für den juristischen Laien unverständliche Formulierungen und geben deshalb Anlass zu weiterer Korrespondenz oder Kommunikation:

- Was bedeutet „Kostenfestsetzungsbeschluss"?
- Was bedeutet die Forderung zur Einzahlung eines Vorschusses (im Zusammenhang mit einem Beweisbeschluss)?

- Was bedeutet „Versäumnisurteil“?
- Was bedeutet es, wenn ein Urteil erging, dieses aber noch nicht rechtskräftig ist?
- Was bedeutet „Termin zur Verkündung einer Entscheidung“?
- Was bedeuten konkrete rechtliche Ausführungen (z.B. Gesamtschuld, Eigentumsvorbehalt, Nacherbe)?

Senden Sie die Abschrift von Schriftsätzen oder Beschlüssen lediglich „zur Kenntnis“ an Ihren Mandanten, wird er Sie im Zweifel anrufen und nachfragen. Dieses Telefonat können Sie vermeiden, wenn Sie ein kurzes, erläuterndes Begleitschreiben versenden. Ich habe mir daher angewöhnt, den Mandanten grundsätzlich entsprechende Erläuterungen zu geben. Das spart Ihnen und den Sekretariatsmitarbeitern täglich viel Zeit und die Mandanten fühlen sich zudem besonders gut beraten. Nutzen Sie Standardschreiben und Textbausteine, wenn Sie angebracht sind. Auf diese Weise können Sie Zeit gewinnen. Ihren Mitarbeitern ersparen Sie Zeit, weil sie nur wenige individuelle Einfügungen in dem Text vornehmen müssen:
- Deckungsschutzanfrage bei der Rechtschutzversicherung des Mandanten,
- Verteidigungsanzeige bei Gericht (nach Klage gegen den Mandanten),
- Erläuterung zur Anfechtungsmöglichkeit eines Urteils,
- Kostenfestsetzungsgesuch/Kostenausgleichsgesuch.

Gleiches gilt für Kurzanweisungen. Sie müssen nicht alles diktieren. Das hat den Vorteil, dass die Sekretariatsmitarbeiter sofort wissen, um welche Kurzanweisung es sich im Einzelfall handelt. So hilft es beispielsweise, einem Aktenstapel eine entsprechende schriftliche Kurzanweisung anzufügen, als diese bloß zu diktieren, um den Mitarbeitern eine bessere Entscheidungsgrundlage dafür zu geben, wann sich wer damit befasst. In folgenden Fällen kann man sehr gut mit Kurzanweisungen arbeiten:
- Eintragen von Wiedervorlagen im Kalender,
- Senden einer Abschrift eines Schreibens an den Mandanten,
- Auszahlung von Fremdgeld,
- Einwohnermeldeamtsanfrage bzgl. Gegner veranlassen,
- Anforderung eines Handelsregisterauszuges bzgl. Gegner,
- Aktenendablage,
- Akte in Ordner umheften, zusammenfassen oder ausgliedern

Wichtig ist in diesem Zusammenhang, dass die Büromitarbeiter genau instruiert sind, was sie in welchem Fall tun müssen. Aber das ist nur eine Frage guter Delegation.

Nach Beendigung eines Mandats ist die **Akte abzulegen und zu archivieren**. Das kann man gut delegieren und sogar mittels Kurzverfügung veranlassen. Auf diese Weise kann man nicht nur Zeit, sondern auch richtig Platz sparen (Aktenschränke sind nicht billig). Voraussetzung ist natürlich, dass der Mandantenauftrag erfüllt, alle Buchungen erfolgt sind (inklusive der Auszahlungen) und dass Mandantenunterlagen (z.B. Titel, Originalurkunden, Belege) zurückgegeben wurden. Wer ein Mandat zielgerichtet und mit Progress führt, kommt automatisch an den Punkt, an dem die Akte abzulegen ist. Versäumen Sie aber nicht, die Endablage tatsächlich zu veranlassen. Wer das nicht tut, wird irgendwann zu einem späteren Zeitpunkt mit seinen Aktenleichen konfrontiert. Wenn man sich dann nicht mehr an das Mandat, geschweige denn an dessen Beendigung, erinnern kann, muss man sich zwangsläufig noch einmal einlesen und einarbeiten. Diese Arbeit ist absolut unbefriedigend und raubt wertvolle Zeit. Hier sollten Sie auch im Blick haben, ab welchem Ablagevolumen es sich lohnt, ein elektronisches Ablagesystem zu nutzen.

Als Juristen werden wir mit einer Unmenge von **Literatur** konfrontiert. Hinzu kommen die Fachbeiträge der Fachmagazine sowie die Tageszeitung, lange Rundbriefe, Zeitschriften und vielleicht auch noch ein ganz normales Buch. Manager wenden angeblich ca. 30% ihrer Zeit für Lesen auf; Anwälte sind mindestens im gleichen Umfang mit Lesen beschäftigt. Wer also eine Steigerung seiner Leseleistung erreicht, kann entsprechend viel Zeit für anderes gewinnen. Selektieren Sie den Lesestoff. Wer sich neugierig auf alle eingehenden Poststücke stürzt, um sich dann durch alles zu lesen, was ihn spontan interessiert, wird sich am Ende des Tages eingestehen müssen, dass vieles überhaupt nicht hätte gelesen werden müssen. Sie sollten sich deshalb bewusst entscheiden, was Sie lesen und was nicht. Was Sie aus beruflichen Gründen lesen müssen, können Sie sicher gut definieren. Was Sie lesen sollen und wollen, sollten Sie zielgerichtet und ergebnisorientiert lesen. Wenn Sie feststellen, dass Sie etwas überhaupt nicht zu lesen brauchen, dann beschäftigen Sie sich auch nicht weiter damit.

Wichtige Passagen aus längeren Texten können Sie aus einer gefertigten Kopie herausschneiden und z.B. direkt in eine Akte heften[25]. Sie können auch einen Ordner anlegen, in dem Sie einzelne, ausgeschnittene oder kopierte Texte sortiert nach Thematik abheften.

Verbessern Sie Ihre Lesemethode und -geschwindigkeit.

25 Nutzen Sie außerdem die Fotofunktion und den Screenshot Ihres Smartphones, um schnell und unkompliziert etwas der e-Akte zuzuweisen.

Orientierendes Lesen

Der Lesestoff wird erstmals erfasst, um abzuschätzen, was einen als Leser erwartet. Sie sollten beim „Überfliegen“ daran denken, welche Informationen für Sie wichtig sind. Gegebenenfalls können Sie sofort Markierungen im Text vornehmen oder Stichworte herausschreiben. Achten Sie auf Schlüsselworte und Schlusssätze. Zeitungsartikel, Kommentare und Fachartikel enthalten die wesentlichen Informationen typischerweise am Anfang oder am Ende; Sie können gezielt diese Passagen lesen.

Studierendes Lesen

Bedeutet umfassendes und auswertendes Lesen. Erfassen Sie den Inhalt in kurzen Stichpunkten. Sie sollten sich nicht scheuen, Texte, die Sie lesen, zu bearbeiten, indem Sie diese markieren. Wichtige Passagen oder Schlüsselwörter können einfach mit Textmarkern gekennzeichnet werden, Sie können aber auch mit bestimmten Zeichen Verschiedenes hervorheben (z.B. „!“ für wichtig, „?“ für fraglich, „P“ für Problem, „K“ für Kopieren etc.). Wenn Sie Ihr eigenes System für die Markierung von Texten gefunden haben und diesem treu bleiben, können Sie sich auch nach langer Pause in einmal bearbeiteten Texten schnell und gut zurechtfinden.

Zusammenfassendes Lesen

Bedeutet synoptische Zusammenstellung des Inhalts sowie kritische Wertung des Erarbeiteten. Lesen Sie Titel, Untertitel und Überschriften sowie Inhaltsangaben, Vorbemerkungen und Klappentexte. Sie können Passagen mit offensichtlich geringerem Informationsgehalt schnell „überfliegen“, sollten dafür wichtige Passagen aufmerksam und langsam lesen.

---

i

Die Lesegeschwindigkeit können Sie mit einiger Übung wie folgt erhöhen
- Silbenweises Lesen anstelle von buchstabenweisem Lesen,
- Vermeiden von innerem Mitsprechen,
- Konzentriertes anstelle von oberflächlichem Lesen,
- Augenbewegungen anstelle von Kopfbewegungen,
- Lesen in bequemer, komfortabler Stellung,
- Abschaffen störender Umwelteinflüsse (z.B. Lärm, unzureichende Beleuchtung).

---

4. Effiziente Büroprozesse

Viele Büroabläufe können standardisiert und damit effizient gestaltet werden. Klare Anweisungen an die Mitarbeiter sind hierfür Voraussetzung. Ebenso das Erstellen von Listen und Systemen.

Wiedervorlagelisten

Akten sind aus den verschiedensten Gründen wiedervorzulegen. Das habe ich oben schon ausgeführt. Allerdings heißt das nicht, dass der Anwalt selbst jede Akte sehen muss. Manche Wiedervorlagen können direkt an Mitarbeiter delegiert werden, so dass diese dann selbst den nächsten Schritt veranlassen können, z.B. „Kostenvorschuss bezahlt, ggf. Mahnung und neue WV". Mit virtuellen Wiedervorlagen ist es nicht nötig, dass Sie die einzelne Akte in die Hand nehmen, weil Sie den nächsten Schritt „aus dem Kopf" veranlassen können, z.B. „Rückäußerung des Mandanten da?". (Wäre eine Äußerung des Mandanten bis dato eingegangen, wüsste man dies als Anwalt bereits. Ein kurzes Schreiben an den Mandanten zur Erinnerung sowie eine neue Wiedervorlage können ohne die Akte verfügt werden.)

Die regulären Wiedervorlagen sollten einem bestimmten Platz in ihrem Arbeitszimmer zugewiesen werden – was ohnehin nicht erst jetzt seit der neuen Datenschutzregelung im Hinblick auf das Mandatsgeheimnis mehr als bedenklich ist. Nicht jedoch auf Ihrem Schreibtisch liegen. Sie sollten diese Akten jeden Tag vollständig bearbeiten. Wer dies nicht tut, generiert innerhalb kurzer Zeit einen Aktenstapel, von dem bald niemand mehr weiß, welche Akten sich darin befinden. Das kann lästiges Aktensuchen bedeuten, hat aber auch zur Konsequenz, dass die Bearbeitung der einzelnen Mandate nicht progressiv erfolgt, was nicht im eigenen, aber auch nicht im Mandanteninteresse sein kann.

Fristenlisten

Fristenlisten sollten täglich aktualisiert für die Woche oder die nächsten zwei Wochen ausgedruckt vorliegen. Ebenso die Vorfristen. Je nach der geforderten Aktion sollten Sie unterschiedliche Vorfristen notieren lassen. Die Erledigung bestimmter Fristsachen kann delegiert werden, z.B. bei einer Frist zur Einzahlung eines Gerichtskostenvorschusses für die Beauftragung eines Sachverständigen: Sofern das Geld vom Mandanten bereits gezahlt wurde, kann auch ein Mitarbeiter aus dem Sekretariat die rechtzeitige Einzahlung bei Gericht veranlassen und die Frist sodann löschen. In jedem Fall sind Fristen zu löschen, sobald die geforderte Aktion erfolgt ist. Andernfalls riskiert man Irritationen, die wiederum viel Zeit kosten können. Denn man kann sich bei entsprechender Aktenmenge unmöglich alles merken; wer versäumt, die Löschung einer Frist nach Erledigung zu veranlassen, muss die Akte nochmals in die Hand nehmen, um sich zu vergewissern, dass alles erledigt ist.

Aktenmanagementsystem

In vielen Kanzleien werden wöchentlich- manchmal auch täglich- einige Stunden (!) mit Aktensuche vergeudet, weil sich die Akten nicht an den definierten Plätzen befinden. Dies kann vermieden werden, wenn dafür gesorgt wird, dass sich jede Akte grundsätzlich an „ihrem" Platz befindet (z.B. Hängeakten in alphabetischer Reihenfolge im Aktenschrank, Ordner entsprechend im Regal).

In folgenden Fällen befinden sich Akten zwangsläufig nicht an „ihrem" Platz:

- wenn der Anwalt mit der Akte arbeitet (die Akte befindet sich auf dem Schreibtisch oder ggf. zu Hause),
- wenn der Anwalt auf dem Weg zu einem Termin ist (die Akte befindet sich in dessen Koffer oder im Auto),
- wenn Post zugeordnet wird (die Akte befindet sich im Posteingangsfach),
- wenn die Akte wiedervorgelegt wird (die Akte befindet sie sich im Wiedervorlagefach),
- wenn der Anwalt etwas diktiert hat (die Akte befindet sich im Diktatfach),
- wenn der Anwalt etwas per Kurzanweisung verfügt hat (die Akte befindet sich im Fach „Kurzanweisungen")

Akten sollten **nur** in den Fällen, in denen es nicht anders möglich ist, von „ihrem" Platz weggenommen werden, d.h. wenn mit einer Akte nicht gearbeitet wird, sollte sie unbedingt sofort an „ihren" Platz zurückgebracht werden. Viele Mandantenprogramm bieten bereits die Möglichkeit, ohne die Papierakte viel wesentliche Aktenarbeiten zu veranlassen und zwar von mehreren Arbeitsplätzen gleichzeitig. Nutzen sie auch die Funktion mancher Mandantenprogramme, den Standort der Papierakte im Büro nachzuverfolgen[26]. Vermeiden Sie unbedingt die Bildung von Aktenstapeln bei den Anwälten oder den Sekretariatsmitarbeitern.

26 Manche Anwälte arbeiten immer noch mit so genannte Fehlblättern, auf denen notiert wird, wo sich eine einzelne Akte befindet, wenn sie nicht an „ihrem" Platz ist.

Postsystem

Filtern Sie Ihre Post oder lassen Sie diese filtern. Treffen Sie konkrete Anweisungen, was zur Akte sortiert und vorgelegt, gescannt oder gleich bearbeitet wird. Bereits der für den Posteingang zuständige Mitarbeiter kann einzelne Postsendungen wegwerfen, ohne sie vorher vorzulegen. Geben Sie entsprechende Anweisungen für Werbesendungen. Manche lassen diese in einer separaten Mappe zusammenfassen. Dann sollte hierfür unbedingt definiert werden, wer diese Mappe in welchen Zeitabständen durchsieht und entrümpelt.

Die **technischen Möglichkeiten** stellen auch an die Anwaltschaft neue Anforderungen ihre Arbeitsabläufe sowie deren technischen Hilfsmittel den Bedürfnissen und Arbeitsweisen der Mandanten anzupassen. Mit allem Streben nach Modernität und zeitgemäßer Rechtsberatungsangebote dürfen weder die rechtlichen Rahmenbedingungen der eigenen Arbeit übersehen noch das besondere Vertrauensverhältnis zwischen Mandant und Anwalt außer Acht bleiben.

Die technischen Hilfsmittel erfordern auch im Verhältnis zu den Mandanten und dem möglichen Mandantenkreis Anpassungen z.B. in den Mandatsbedingungen über den Einsatz elektronischer Kommunikation sowie der Art und Weise und des Inhalts von Kanzleiwebseite. Im Deutschen Anwaltsverein (DAV) befassen sich die Arbeitsgemeinschaft Informationstechnologie mit IT-rechtlichen und die Arbeitsgemeinschaft Anwaltsmanagement mit Hinweisen zu kanzleitypischen IT- und Telekommunikationstechnischen Fragestellungen. Seit 2006 gibt es die Fachanwaltschaft Informationstechnologierecht (IT- Recht), die zu den Fragen des EDV-, Software-, Internet-, Telekommunikationsrechts sowie den hierzu spezifischen Fragen des Urheber- und Kennzeichen-, insbesondere des Domainrechts, Datenschutzes, Strafrechts, Vergaberechts, internationalen sowie Prozess- und Verfahrensrechts mit jeweils unterschiedlichen Schwerpunkten ausgebildet und erfahren sind.

Datenschutz und Datensicherheit sind nicht erst seit Mai 2018 ein Thema. Mit der Neufassung der DSGVO gehen zahlreiche Verschärfungen zum Schutz von Verbraucher und Dateninhaber einher. Die Installation eines Datenschutzbeauftragten ist nach wie vor ab einer gewissen Personenzahl bei der automatisierten Datenverarbeitung vorgegeben und wird in der modernen Anwaltskanzlei der Regelfall sein. Es ist also festzustellen, wie viele Personen unabhängig von Voll- oder Teilzeit, angestellt oder als freier Mitarbeiterschaft oder Inhaber mit dem Erheben, Verarbeiten und Nutzen der personenbezogenen Daten automatisiert beschäftigt sind. Nach wie vor kann auch ein externer Datenschutzbeauftragter bestellt werden, ohne der Besorgnis der Verletzung der Verpflichtung zur Berufsverschwiegenheit zu begegnen.

Vom Datenschutz zu unterscheiden ist die Datensicherheit. Ersterer erfasst den Schutz von personenbezogenen Daten im Sinne einer Reduzierung von Datenvolumen. Die Datensicherheit meint den Schutz der IT-Systeme (Hardware, Software, Infrastruktur, Netze, Daten) vor der Gefahr des Verlustes, der Zerstörung oder der Nutzung, also des Missbrauchs durch Unbefugte. Verarbeitung, Speicherung und Kommunikation von Informationen sind so zu gestalten, dass die Vertraulichkeit, Verfügbarkeit und Integrität der Informationen und Systeme in ausreichendem Maß besteht, Bedrohungen erkannt und Risiken minimiert werden (IT-Risiko-Management). Das IT- Grundschutzhandbuch des Bundesamtes für Sicherheit in der Informationstechnik (BSI) kann hierfür brauchbares Basiswissen bieten. Das BSI bietet auf seiner Website außer kompakten Basisinformationen den Leitfaden IT-Sicherheit und die IT-Grundschutz-Kataloge zum Download an[27].

Software ist immer wieder das Ziel von Hackerattacken, die Sicherheitslücken suchen. Die jeweiligen aktuellen Updates schließen diese Sicherheitslücken. Antivirenprogramme (Virenscanner/Virenschutz) spüren Computerviren, Computerwürmer und Trojanische Pferde au, blockieren und beseitigen diese. Die Pflicht zur Aktualisierung vorhandener Software wird von der Rechtsprechung mittlerweile anerkannt. Eine Firewall ist ein System aus Software- (Paketfilter, Proxyserver) und Hardwarekomponenten (Router, Hosts), das den Zugriff zwischen verschiedenen Rechnernetzen beschränkt, um ein Sicherheitskonzept umzusetzen. Der Einsatz einer Firewall erfolgt in der Anwaltskanzlei an der Schnittstelle vom lokalen Netzwerk zum Internet. Die Datensicherung hat manuell oder automatisiert regelmäßig, im Idealfall täglich zu erfolgen. Letztlich sollte eine Regelung zur Datensicherung installiert werden sowie zur Sicherheit ein Abgleich, ob die Datensicherung ordnungsgemäß erfolgte und im Ernstfall die Daten wieder herstellbar sind.

Die wichtigsten Maßnahmen im Überblick:
- Software aktualisieren
- Antiviren-Software einsetzen
- Firewall installieren/konfigurieren
- Benutzerrechte verwalten und einschränken
- Verschlüsselung sensibler Daten
- Datensicherung
- Mitarbeiterschulungen
- Notfallplan erstellen

27 www.bsi-bund.de.

Die Ausstattung der Kanzlei mit **Telekommunikationslösungen** kann von Kanzlei zu Kanzlei sehr unterschiedlich sein. Dennoch ist die passgenaue Ausführung ein wichtiger Baustein im Zeitmanagement für die Kanzlei.

Standard dürfte sein:

- Festnetz-Telefonanlage
- Anrufbeantworter,
- Faxgerät,
- Mobiltelefone/Smart Phone
- Kartenlesegerät
- Frankiergerät,

Die Telefonanlage ist eine Vermittlungseinrichtung, die mehrere Endgeräte z.B. Telefone, Fax, Anrufbeantworter sowohl untereinander als auch mit dem öffentlichen Telefonnetz verbindet. Das Koppelfeld ist bei der TK-Anlage die wesentliche Funktionseinheit, deren Ein- und Ausgangskanäle durch ein Steuerwerk geschaltet werden. Vorteile des Einsatzes einer Telefonanlage sind erstens die kostenlosen internen Gespräche zwischen den verschiedenen an die Anlage angeschlossenen Endgeräten. Zweitens werden die kostenpflichtigen Amtsanschlüsse (Leitungen) besser ausgenutzt, da nicht jedes Endgerät eine eigene Teilnehmeranschlussleitung benötigt. Die Telefonanlage besitzt eigene Zusatzfunktionen zum Verwalten und Bearbeiten der Telefonate, wie z.B. Weiterverbinden von Telefongesprächen, Makeln, Rufumleitung, Anruflisten, Einzelgesprächs- und Gebührenauswertungen. Außerdem ist oftmals ein Abfrageplatz vorgesehen, an dem die Anrufe zentral angenommen und an die entsprechenden Personen weitervermittelt werden. Über eine TK-Anlage ist auch die Festlegung möglich, welche Gespräche von einzelnen Nebenstellen aus geführt werden dürfen und inwieweit Nebenstellen von außen erreichbar sind. Die Umschaltung zwischen internen und externen Gesprächen wird üblicherweise über eine ein- oder mehrziffrige Vorwahl, die Verkehrsausscheidungsziffer, durchgeführt. Oft ist dies die in Deutschland auch sonst als Verkehrsausscheidungsziffer übliche „0“. Telefonanlagen gibt es auch für kleine Einheiten. Bei der Entscheidung zwischen Tischgeräten oder schnurlosen Geräten ist zu überlegen, welche Funktionalitäten gebraucht werden. Ein schnurloses Gerät macht sicherlich für die Kanzlei dann Sinn, wenn es weite Wege gibt. Üblich, weil praktisch und gesund für die Körperhaltung, ist heute vor allem aber auch ein Headset für den Telefondienst, der diesem außerdem die Hände freihält. Der Telefondienst der Kanzlei lässt sich im Übrigen auch vollständig über Dienstleister abbilden. Diese bieten zu Pauschalen oder Grundpreisen individualisierte Telefon- und Sekretariatsdienste an.

Die anwaltliche Tätigkeit ist trotz Einzug des PC-Arbeitsplatzes auch auf den Schreibtischen der Berufsträger stark durch das **Diktieren** geprägt. Ob über gute Spracherkennungsprogramme oder aber klassisch als Aufnahme auf Smart-Phone oder separatem Gerät: eine gute Diktiereinheit ist ebenso wie hochwertige Geräte für den Schreibservice (mit Kopfhörer und Pedal) ein effektives Tool für optimales Zeitmanagement. Denn nichts ist so zeitaufwendig und mühsam wie schlecht funktionierende Technik oder Störgeräusche. Auch hier sind externe Sekretariats- und Schreibservices temporär gut nutzbar.

Dokumentenrecherche für Gesetzestexte, Entscheidungen, juristische Fachliteratur in Fachzeitschriften, Kommentaren und Fachbüchern sowie Muster, Antragsformulare, Registerauszüge, Beweisstücke und Publikationen über Fachverbände und -tagungen wird zeitsparend heute über die Nutzung von Online- oder CD-Rom-Recherchemöglichkeiten oder aber über Wissensmanagement-Tools abgebildet. Das Internet bietet eine gute Möglichkeit der Recherche auch nach juristischen Informationen. Hier gibt es Portale, welche juristische Informationen bereithalten, Gerichtsentscheidungsdatenbanken, Kanzleiwebsites mit juristischen Informationen, Websites der jeweiligen Verbände mit Online-Publikationen oder Tagungsunterlagen und vieles mehr. Das Bundesministerium der Justiz stellt in einem gemeinsamen Projekt mit der juris GmbH unter www.gesetze-im-internet.de nahezu das gesamte aktuelle Bundesrecht kostenlos im Internet bereit. Die Gesetze und Rechtsverordnungen können in ihrer geltenden Fassung abgerufen werden. Sie werden durch die Dokumentationsstelle des BMJ fortlaufend aktualisiert[28]. Das Portal der Universität des Saarlandes bietet eine große Auswahl an Landes- und Europäischen Rechtsnormen[29]. Die Rechtsnormen der Europäischen Union finden sich unter http://europa.eu.int/eur-lex/en/.

Was hat Ihnen das Kapitel gebracht?
Sie kennen die wichtigsten Methoden und Werkzeuge für effektives Zeitmanagement bezogen auf die Arbeitsabläufe in Kanzleien. Jetzt müssen Sie sie nur noch anwenden!

28 Achtung: Die im Internet abrufbaren Gesetzestexte sind nicht die amtliche Fassung. Diese ist nur im Bundesgesetzblatt unter www.bundesanzeiger.de zu finden, welches als Abonnement-Dienst kostenpflichtig ist.
29 Unter http://www.jura.uni-sb.de/.

E. Kanzleiführung und Personalmanagement

Die Personalentwicklung ist einer der wichtigsten Bausteine bei der Kanzleientwicklung: Ihre Mitarbeiterinnen und Mitarbeiter sind Ihre wichtigste Ressource, Ihr größtes Potenzial, Ihr Aushängeschild bei bestehenden und zukünftigen Mandanten.

Aufgrund des Fachkräftemangels haben Kanzleien nach wie vor Probleme damit, geeignetes Personal zu finden. Auch der Anstieg der Personalkosten im Allgemeinen ist für viele Kanzleien ein Thema. Kanzleiinhaber versuchen dies mit der Einführung von Kanzlei-Software auszugleichen, die Prozesse und Abläufe automatisiert sowie effektiver und effizienter gestaltet und so Personal einspart. In der Regel gleichen sie dies aber vor allem durch die Erhöhung ihrer persönlichen Arbeitszeit aus.

Mitarbeiterinnen und Mitarbeiter in der Kanzlei zu halten, stellt hingegen für viele (noch) kein Problem dar, wenn es sich um kleinere und mittlere Kanzleien handelt, in denen in der Regel trotz der enormen Arbeitsbelastung eine eher familiäre und persönliche Atmosphäre herrscht. Diese kompensiert durch die starke Bindung an die Kanzlei und das hohe Vertrauensverhältnis einiges. In der gesamten Rechtsbranche hat sich jedoch gerade in den letzten fünf bis zehn Jahren ein **Trend zum Wechsel der Kanzlei** und des Arbeitgebers entwickelt – sowohl bei Anwältinnen und Anwälten als auch bei Kanzleimitarbeiterinnen und –mitarbeitern. Experten sehen den Grund dafür in der starken Verunsicherung der Branche durch tiefgreifende Veränderungen, aber auch dem wachsenden Bewusstsein für und Anspruch an die eigene Lebensqualität und eine sinnstiftende, erfüllende Arbeit.

Bei der Entwicklung einer bestehenden Kanzlei sehen sich Kanzleiinhaber mit zwei Themenkomplexen konfrontiert:

1. Habe ich die richtigen Mitarbeiterinnen/Mitarbeiter an Bord, um meine strategischen Ziele zu erreichen?
2. Können meine Mitarbeiterinnen/Mitarbeiter sich so weiterentwickeln, dass sie die zukünftigen Herausforderungen meistern werden, oder benötige ich anders qualifizierte und talentierte Fachleute?

Um den genauen Bedarf an Kompetenzen, Stärken und Qualifizierungen zu ermitteln, kann die sog. „SWOT-Analyse" helfen. Hier werden die Stärken (S für strengths), Schwächen (W für weaknesses), Chancen (O für opportunities) und Risiken (T für threats) für jede einzelne Mitarbeiterin bzw. jeden einzelnen Mitarbeiter ermittelt[1].

---

1 Sie erinnern sich vielleicht an das Tool aus einem der vorherigen Kapitel.

https://doi.org/10.1515/9783110726428-005

Gleichzeitig fließen aber auch die Anforderungen des Marktes an die Kanzlei in die SWOT-Analyse mit ein: NewWork, Arbeit 4.0, Agilität, flache Hierarchien – der Arbeitsmarkt steht gerade vor einer Transformation, welche auch vor der Rechtsbranche nicht Halt macht. Auch Kanzleien werden darüber nachdenken müssen, ob es zukünftig neuer Aufgabenfelder und Verantwortungen bedarf, um diese Herausforderungen zu meistern. So gibt es in Kanzleien ab einer bestimmten Größe mittlerweile nicht nur Gender-Beauftragte sondern auch sogenannte Feelgood-Manager.

Mögliche Themen beim Personalmanagement mit der SWOT-Analyse:

- Arbeitsorganisation und -prozesse (Stichwort: Agile Leadership)
- Arbeitsorte und -zeiten (Stichwort: Work-Life-Balance)
- Arbeitsinhalte und -aufgaben (Stichwort: New Work)
- Arbeitskultur und -führung (Stichwort: Mitarbeiterverantwortung)
- Arbeitsmodelle und -formen (Stichwort: Neue Partnermodelle)
- Arbeitsmittel und -tools (Stichwort: Wissenstransfer)

Unternehmer, die auch zukünftig als verantwortungsvolle Arbeitgeber wahrgenommen werden wollen, müssen sich den beiden großen Themen unserer Zeit proaktiv stellen und Position beziehen: Diversität und Klimawandel. Das fällt vielen Kanzleien besonders deshalb nicht leicht, weil die eher konservative Branche bislang von allzu vielen Umbrüchen und Reformationen weitgehend verschont geblieben ist.

Dennoch: Diesen Themen so lange wie möglich auszuweichen, wird wahrgenommen – sowohl von den Mitarbeiterinnen und Mitarbeitern als auch von den Kunden. Entscheiden Sie selbst, wofür Sie stehen wollen. Meine Empfehlung: Selbst eine polarisierende Haltung ist besser als keine. Als Anwältin oder Anwalt sollten Sie in jedem Fall einen klaren Standpunkt zu gesellschaftspolitischen Themen vertreten – und sich gleichzeitig Ihrer Verantwortung als Vorbild bewusst sein.

Der Kampf um die sog. High Potentials – also besonders talentierte und leistungsstarke Mitarbeiterinnen und Mitarbeiter – ist längst entbrannt. Arbeitnehmer dürfen heute anspruchsvoller sein. Immerhin wollen sie selbst ja auch mehr Verantwortung übernehmen. Das Employer Branding (also das Marketing zum Recruiting neuer Mitarbeiterinnen und Mitarbeiter) wird zunehmend zur dritten wichtigen Säule des Marketing, welches sich bislang eher um neue und bestehende Mandate drehte.

Vor allem aber soll es dazu dienen, die richtigen Mitarbeiterinnen und Mitarbeiter anzuziehen und an Bord zu holen; also diejenigen, die zur Unternehmenskultur passen.

Zuletzt soll an dieser Stelle auf die Schlüsselrolle des Vorgesetzten, der Führungskraft, eingegangen werden. Als Anwalt und Kanzleiinhaber oder -partner trifft Sie bereits eine Doppelrolle, die so manche Entscheidung nicht gerade erleichtert. Denn selbst wenn zum Beispiel das banale Update einer Kanzleisoftware aus anwaltlicher Sicht durchaus eine Erleichterung in der täglichen Arbeit darstellen kann, kann es aus unternehmerischer Perspektive zum Desaster werden, weil sich abzeichnet, dass diese (zeitliche und finanzielle) Investition allenfalls kurzfristig, nicht aber langfristig eine Lösung sein kann.

Und hier sind wir bereits mitten im Thema: Als Führungskraft geht es immer in erster Linie um Rollenklärung. In welcher Rollenfunktion stellt sich Ihnen gerade diese Aufgabe? Nur wenn Sie dies klar vor Augen haben, können Sie auch die damit verbundenen Rechte und Pflichten wahrnehmen.

Als Führungskraft haben Sie in der Tat insgesamt vier Ebenen zu beachten: Neben Ihrer **persönlichen Rollenklärung** ist immer auch die Relevanz für das **Gesamtsystem Kanzlei** von Bedeutung. Hier kommt einerseits Ihre Verantwortung für den Fortbestand des Unternehmens Kanzlei zum Tragen (und wie Sie wissen, sind nicht alle Entscheidungen für die Kanzlei in Ihrem persönlichen Interesse oder im Interesse Ihrer Mitarbeiterinnen und Mitarbeiter). Andererseits fließen hier aber auch die besonderen **Aufgabendefinitionen der Mitarbeiterinnen und Mitarbeiter und Ihre eigene Selbstführung** ein.

Ein weiterer, nicht ganz unwesentlicher Aspekt ist Ihre eigene Persönlichkeit und Sozialisation. Führungsstile variieren auch heute noch vom streng hierarchischen bis hin zum coachenden Führungsstil. Als Führungskraft sollten Sie zumindest für sich selbst reflektiert haben, warum sie eher dem einen oder anderen Führungsstil zugeordnet werden können. Vor allem aber auch, ob dieser Führungsstil Ihrer Kanzlei und Ihren Mitarbeiterinnen und Mitarbeitern guttut. Das Bewusstsein für die eigene Führung ist nicht von ungefähr wesentlicher Bestandteil starker Führungspersönlichkeiten.

Neben der Reflektion über den eigenen Führungsstil (die im Übrigen auch sehr gut durch Tools wie das 360-Grad-Feedback oder das Hogan Leadership Assessment unterstützt werden kann) ist daher vor allem auch ein Gespür für den Entwicklungsstand der eigenen Kanzlei wichtig: Wo genau befindet sie sich z.B. im System der sog. Spiral Dynamics. Welchen Führungsstil würden Kanzlei und Personal jetzt idealerweise benötigen?

Eine Kanzlei lebt von und durch ihre Mitarbeiterinnen und Mitarbeiter: It's a people business.

Sich mit den Anforderungen Ihrer Kanzlei und dem Potenzial Ihrer Mitarbeiterinnen und Mitarbeiter konstruktiv auseinanderzusetzen und gleichzeitig sich selbst als die größte Herausforderung bei der Weiterentwicklung Ihrer Kanzlei zu betrachten, ist sicherlich Anspruch genug.

I. Führung und Führungsstile

Wozu sollten Sie dieses Kapitel lesen?
Sie erfahren, woran Sie gute Kanzleiführung erkennen und was Sie dafür brauchen.

Übersicht

1. **Partnerschaften und andere Formen der Zusammenarbeit**
2. **Managing Partner und Managementteam**
3. **Performance Management und Vergütungssysteme**

Kanzleientwicklung ist Personalentwicklung[1]. Der Faktor Mensch ist die wesentliche Ressource jeder Kanzlei[2]: It's a people business. Themen wie Employer Branding, Talent- und Diversity-Management finden jedoch erst langsam in die Strategiebesprechungen.

Die Art der Zusammenarbeit, Führungsstile, Mitarbeitermotivation und –bindung aber auch Teambuilding und Wissentransfer sind Schlüsselfaktoren auf Ihrem Weg zur erfolgreichen Kanzlei egal welcher Größe. Doch wie gelingt heute Führung und Mitarbeitermotivation? Wer führt eigentlich in einer Anwaltskanzlei?

Als Anwalt sind Sie juristischer Sachbearbeiter, der Produzent des Produktes Rechtsberatung. Sie führen in dieser Funktion juristische Mitarbeiter und Kollegen, vielleicht sogar ein Team oder eine Abteilung, in jedem Fall aber auch die Assistenzen und Fachangestellten sowie Auszubildende.

Als Kanzleiinhaber führen Sie die Kanzlei. Kanzleiführung ist Unternehmensführung. Aus betriebswirtschaftlicher Sicht ist idealerweise der Eigentümer nicht mit dem Manager bzw. Geschäftsführer identisch. Warum? Es können widerstreitende Interessen bestehen.

Kanzleien leisten sich daher ab einer gewissen Größe „Managing Partner", die sowohl für die täglichen als auch längerfristigen zentralen Managementaufgaben zuständig sind und so die Anwälte in Ihrer juristischen Tätigkeit als auch die Partner für die strategische Arbeit entlasten. Ein nicht zu unterschätzender Vorteil, der zur zentralen, transparenten und nachhaltigen innerbetrieblichen Führung der so gesteuerten Kanzlei hinzukommt.

---

1 Nach JUVE benötigte in den letzten 10 Jahren eine Kanzlei durchschnittlich 50% Mitarbeiterzuwachs, um ihre Position am Markt zu halten, JUVE Handbuch 2017.

2 Dr. Kraus in Schieblon, „Kanzleimanagement in der Praxis", S. 52.

Als selbstständiger Rechtsanwalt führen Sie also in mehrfacher Hinsicht. Wie gut gelingt Ihnen das und wie steht es eigentlich um Ihren Führungsstil?

Die deutschen Arbeitnehmer stellen nach der **Studie „Emotionale Führung am Arbeitsplatz"** der Unternehmensberatung Rochus Mummert[3] ihren Chefs ein vernichtendes Zeugnis aus:

- **Anerkennung und Lob? Fehlanzeige**
  Kein Tadel ist schon Lob genug – so offenbar die Einstellung der Chefs. Nur ein Drittel der Arbeitnehmer darf sich über lobende Worte und Anerkennung durch die Führungskraft freuen. Positive Bestärkung erwünschten Verhaltens gehört heute nach gesicherten Erkenntnissen der Psychologie zum Standardrepertoire der modernen Erziehung in Eltern- und Pädagogenkreisen; ja selbst beim Hundetraining. In der Personalführung ist es jedoch bei der Mehrheit noch nicht angekommen.

- **Ein offenes Ohr für Probleme? Wozu.**
  Einen Chef, der auch bei Problemen und in Krisensituationen immer ansprechbar ist, haben nur ein Drittel der Befragten. Ansonsten gilt offenbar: in stürmischer See kämpft die Mannschaft an Bord ohne den Kapitän. Kein Wunder, denn nur zwei von zehn Chefs können offenbar mit Kritik umgehen.

- **Entdeckung und Entwicklung der Mitarbeiter? Kein Interesse**
  Wer sich im Job entwickeln möchte und vielleicht auch innerhalb des Unternehmens aufsteigen möchte, ist auf seinen direkten Vorgesetzten angewiesen. Vier von fünf Arbeitnehmern fühlen sich von ihrem Chef bei der Karriereplanung aber nicht unterstützt.

Das Ergebnis ist ernüchternd: Nur ein Drittel hält den eigenen Chef für fachlich kompetent und charakterlich als Chef geeignet. Befragt wurden dafür 1.000 Arbeitnehmer aus allen Bereichen. Die Ergebnisse sind also einigermaßen repräsentativ und für alle Berufszweige, inklusive der Legal Branche, anwendbar.

Anders werden laut dieser Studie offenbar nur Chefs beurteilt, die einen coachenden Führungsstil bevorzugen.

---

3 Die Studie „Emotionale Führung am Arbeitsplatz" wurde von der Personalberatung Rochus Mummert durchgeführt und am 26.4.2016 veröffentlicht. Für die Studie wurden 1.000 Arbeitnehmer in Deutschland befragt.

- über die Hälfte der Arbeitnehmer hält seinen coachenden Chef für uneingeschränkt fachlich geeignet und charakterlich absolut geeignet.
- und ebenso viele bescheinigen ihrem Chef darüber hinaus, bei Problemen wirklich immer ansprechbar zu sein.

„Der bei den Arbeitnehmern beliebteste und qualifizierteste Vorgesetzten-Typ ist in deutschen Betrieben leider unterrepräsentiert. Nicht einmal jeder vierte Beschäftigte arbeitet bei einem Unternehmen, in dem Coaching an erster Stelle steht", sagt Hans Schlipat von Rochus Mummert. „Dabei hat nur ein emphatischer Manager nach Art eines Trainers das Potenzial, jeden Arbeitnehmer und damit den Erfolg des gesamten Betriebs langfristig positiv zu beeinflussen. Er handelt authentisch und holt den Einzelnen auch emotional dort ab, wo dieser gerade steht." Ein ganz wesentlicher Aspekt dabei ist jedoch, mit Coaching ein Verständnis dafür zu entwickeln, dass die Kanzlei ein in sich abgeschlossenes System darstellt, in welchem bestimmte Dinge eine gewisse Eigendynamik entfalten können[4] und welchen Führungsstil der jeweilige Mitarbeiter braucht. Denn nicht jeder Mitarbeiter kann gleich gut mit ein- und demselben Führungsstil geführt werden[5].

Doch kommt es als Chef immer darauf an, bei den Mitarbeitern beliebt zu sein? Nein, selbstverständlich nicht. Zu führen heißt, auch unbequeme Entscheidungen zu treffen und durchzusetzen. Immer auf Konsens zu setzen, mag Sie zum guten Teamplayer machen, nicht jedoch zu einem kompetenten Chef. Es gibt Situationen, die besser mit dem einen oder besser mit dem anderen Führungsstil gemeistert werden.

Sie sollten sich jedoch über Ihren eigenen bevorzugten Führungsstil bewusst sein und hier nicht auf „Autopilot" fahren nach der Devise: Ich mach das schon immer so.

Wie evaluieren Sie Ihren Führungsstil[6]?

Dies kann durch anonyme **Mitarbeiter-Feedbacks** erfolgen[7] oder aber auch durch spezielles Coaching wie „Coaching on the Job" oder „Schattencoaching". Dabei begleitet der Coach die Führungskraft eine Zeitlang quasi wie ein Schatten still im Hintergrund, um ihr im Anschluss ein Feedback aus der Posi-

4 König, „Einführung in das systemische Denken und Handeln", S. 195 ff.; Lencioni, „Die 5 Dysfunktionen eines Teams", S. 157.

5 Blanchard, „Führungsstile, situatives Führen", S. 23.

6 Auch hier können Sie Ihr Profil aus dem „Strengthsfinder" (gallup) nutzen oder einen der anderen ausführlicheren Tests, wie beispielsweise den Reiss-Potenzialtest, absolvieren.

7 Wie beispielsweise durch die Methode des „360 Grad-Feedbacks".

tion eines „objektiven Beobachters" geben zu können. Auch problematische Interaktionen mit Mitarbeitern, Teamschwierigkeiten, Kommunikationsdefizite oder auch „Betriebsblindheit" können hier aufgedeckt werden.

Nach Rochus Mummert führt etwa die überwiegende Zahl der Chefs „befehlend". Wie sinnvoll ist es, beim Personalrecruiting nach den talentiertesten und hochqualifizierten Mitarbeitern zu suchen, um dann konservativ auf blinden Gehorsam zu setzen und Mitarbeiter zu unselbstständigen Handlangern zu degradieren. Es folgen ein fordernder (16%), ein visionärer (15%), ein demokratischer (13%) und ein gefühlsorientierter Stil (10%).

Ein erfolgreicher Chef setzt bewusst immer wieder einen coachenden Führungsstil ein:

- weil motivierte Mitarbeiter doppelt soviel leisten und kreativer sind
- weil nur so das volle Potenzial eines gut funktionierenden Teams genutzt werden kann
- weil Mitarbeiter, die hinter ihm stehen, die eigene Position im Unternehmen stärken

Indem er mit seinen Mitarbeitern im Gespräch bleibt, sie richtig fragt und aktiv zuhört:

- **Stellen Sie offene Fragen.** Das sind Fragen, die nicht mit JA oder NEIN beantwortet werden können, sogenannte W-Fragen z.B. „Was können Sie hier anders tun, um zu einem erfolgreichen Ergebnis zu gelangen?" Stellen Sie die Frage: „Was noch?".
  Lehnen Sie sich nach jeder Frage zurück und lassen Sie Ihren Mitarbeiter nachdenken und mit der Antwort kommen. In diesem Spiel gilt: Wenn Sie sich zuerst rühren, haben Sie verloren! Die einfachste Frage ist „Und?" Nutzen Sie auch Techniken wie das Spiegeln (Wiederholen) der Mitarbeiteraussage.
- **Hören Sie zu.** Dazu gehört in erster Linie eigenes Ego-und Aufmerksamkeitsmanagement, also E-Mails und Handy aus, genügend ungestörte Zeit einplanen, die eigene Energiekurve und die des Mitarbeiters beachten. Aktives Zuhören ist aber auch, auf Zwischentöne („das Thema hinter dem Thema") zu hören, Mimik- und Körpersprache (richtig) zu deuten. Oder den interkulturellen Kontext einzubeziehen.

Das alles ist nicht neu. Richtig angewendet jedoch eine Kunst, die wie alles andere auch besser mit einer fundierten und geprüften Ausbildung erlernt wird.

Denn nichts ist gefährlicher als Halbwissen und Missverstehen. Die Investition in eine Basis-Coachingausbildung gilt heute nicht von ungefähr als modernes Leadership-Training.

Doch egal zu welchem Führungsstil Sie tendieren, Sie sollten als Chef für ein **positives Arbeitsklima** sorgen, indem Sie
- vermitteln, dass Sie Spaß an Ihrer Arbeit haben
- eine positive Grundeinstellung zu Ihren Mitarbeitern haben
- aufmerksam und präsent sind[8]

Menschen neigen dazu, nur engagiert und produktiv zu sein, wenn Sie zufrieden sind und sich gesehen fühlen. Druck kann zwar kurzfristig in einer Krisensituation angebracht sein und helfen, erzeugt jedoch als Dauerdruck Widerstand, der unnötig Energie und Aufmerksamkeit abzieht.

Gute Führung kann gelingen. Sie fängt mit Selbstführung an.

Und zum Schluss: Wann haben Sie sich das letzte Mal bei Ihren Kollegen, Mitarbeitern und Assistenzen, die Sie bei Ihren Erfolgen unterstützen und Ihnen den Rücken freihalten, bedankt? Ich meine damit nicht den monatlichen Gehaltscheck als „Gegenleistung“, auch nicht das regelmäßige Mitarbeitergespäch oder den Plausch in der Kaffee-Küche. Ich meine die konkrete und ausdrückliche Anerkennung der Leistung eines anderen als wertvollen Beitrag für den Kanzleierfolg. Manchmal genügt schon eine kleine Aufmerksamkeit. Manchmal muss es aber auch ein ganz deutliches DANKE sein. Vergessen Sie im Alltagsstress nicht, die Menschen um sich herum wahrzunehmen. Und unterschätzen sie nicht das Potenzial, welches in dieser Geste liegt:

Wenn Sie sich bedanken, zeigen Sie Ihre **Wertschätzung**
- für die Unterstützung, die Sie erfahren haben. Und Sie werden noch mehr unterstützt.
- für die Person. Sie festigen Loyalität, Verbundenheit und Vertrauen.

In großen Kanzleien sind Boni, Sonderzulagen und Gewinnbeteiligungen keine Seltenheit. Sie sollen Mitarbeiter anspornen und einen gewissen Ausgleich für die vielen unbezahlten Überstunden, Nacht- und Wochenenddienste bieten. Auch das in Aussichtstellen einer Partnerschaft kann zu Höchstleistungen motivieren. Der Nachteil: Sind diese Anreize regelmäßiger Bestandteil des Vergütungssystems, rechnen Mitarbeiter damit und sehen es als Teil Ihres Vergü-

8 Hier beispielhaft für viele gute Bücher zu Leadership mein Lieblingsbuch zum Thema, welches es kurz, knackig und unterhaltsam auf den Punkt bringt: Lundin, „Fish“, S. 87.

tungsanspruchs an. Die beabsichtigte Zusatzmotivation entfällt. Stattdessen entsteht Verlustangst, was eher demotiviert und frustriert. Die Folge: Dienst nach Vorschrift. Eine wirkliche Dankesgeste und Motivation sind hingegen unregelmäßige und überraschende Belohnungen:

- Damit bleibt der Zufalls-Reward die Ausnahme von der Regel und behält seinen „Cherry on top"-Status.
- Der Reward wirkt zurück: Der Chef/das Unternehmen drückt rückwirkend Dankbarkeit und Wertschätzung für den erzielten Erfolg aus.
- Der Spot Award wirkt zukünftig als Motivationsbooster.

Und mit ca. zehn Prozent des Jahresgehaltes bleibt die Investition in derartige **Spot Awards** überschaubar und bestenfalls in das beabsichtigende Ergebnis einkalkulierbar. Soll nun also nach dem Gießkannenprinzip ein Teil des eingefahrenen Gewinns an den jeweiligen Mitarbeiter spontan überwiesen werden? Nein. Ein so gehandhabter Spot Award würde die Motivation der Mitarbeiter untergraben und Unruhe im Team stiften.

---

i

Wichtig ist, sich an folgende drei Grundprinzipien für Spot Awards zu halten[9]:

1. *Transparenz*
   Die Zuteilung des Awards muss immer mit individuellem Feedback einhergehen und einer gewissen Teamgerechtigkeit Rechnung tragen. Mit geschickter Kommunikation sollte die Zuteilung für alle Beteiligten gut nachvollziehbar sein.
2. *Verhältnismäßigkeit*
   Das Budget des Awards sollte im finanziellen Kontext zur Regelvergütung und zum erzielten Gewinn stehen. Experten empfehlen eine Größenordnung von 5–10 Prozent des Jahresbruttoverdienstes.
3. *Konnexität*
   Letztlich sollte der Spot Award in sachlichem und zeitlichem Zusammenhang zum erzielten Ergebnis stehen. Ein Geldbetrag ist nicht empfehlenswert. Um der oben beschriebene Anreiz zu sein, sollte der Award erkennen lassen, dass sich der Chef/das Unternehmen Gedanken und Mühe gemacht hat, seine Wertschätzung auszudrücken und zu motivieren. Dies können personalisierte Sachpreise (gravierte Füllfeder etc.) oder bestimmte Statussymbole innerhalb der Büroorganisation sein (bestimmter Parkplatz/Büro, besondere Einrichtung) sein. Dies können aber auch besondere Retreats, Events und Locations sein, die zusätzlich den Teamgeist stärken oder mit Premiumweiterbildung verbunden werden.

Ein Spot-Reward als Incentive, der belohnt und motiviert und gleichzeitig das Team stärkt ist damit also der ideale Baustein für Unternehmen wie Kanzleien, deren größtes Potenzial und größtes Risiko nun mal die Mitarbeiter sind!

---

9 Dr. Tutschka, „Spot Awards – der ideale Baustein für die Personalführung" vom 20.6.2016 im CLP-Blog.

Führung

Zunächst gilt es, Führung oder auch Leadership sauber von den Begriffen Leitung und Management zu trennen:

Führung: Hier geht darum, ein Leuchtturm zu sein, Verantwortung zu übernehmen. Visionen, Werte und Inspiration sind wichtig, um die Mitarbeiter intrinsisch zu motivieren.

Leitung: Bei der Leitung geht es eher um den fachlichen Vorgesetzten, der aufgrund der vorgegebenen Hierarchie oder mit Druck Leistung erzeugt.

Management: Ein guter Manager kümmert sich um effektive Prozesse und die effiziente Organisation. Er stellt Ressourcen für die Problemlösung zur Verfügung.

Gute Führung braucht
1. Selbstreflexion und Beziehungsmanagement
2. Feine Kommunikationstechnik und
3. Verständnis für die Bedürfnisse der Mitarbeiter

Ich möchte daher mit einigen der gängigen Kommunikationstools beginnen:

Das **Vier-Ohren-Modell** von Friedemann Schulz von Thun ist auch bekannt als Vier-Seiten-Modell oder Kommunikations- bzw. Nachrichtenquadrat. Das Kommunikationsmodell besagt, dass jede Äußerung einer Person vier Botschaften gleichzeitig übermittelt:
1. Kundgabe
   Was offenbart sie über sich?
2. Sachebene
   Worüber spricht sie?
3. Appell
   Was will sie von mir?
4. Beziehungsebene
   Wie steht sie zu mir?

Merke:
Das 4-Seiten-Modell zeigt, wo Missverständnisse entstanden sind oder im Prozess entstehen können.

Die Sachebene zeigt auf beiden Seiten noch das Gleiche, doch schon bei der Selbstoffenbarung und Beziehung kommen meist unterschiedliche Interpretationen und Bewertungen ins Spiel. Missverständnisse entstehen, wenn der Empfänger eine Information des Senders anders annimmt.

Ähnlich das **Sender-Empfänger-Modell,** eines der einfachsten und technischsten Kommunikationsmodelle, von Claude E. Shannon und Warren Weaver. Es besagt, dass es bei der Kommunikation immer einen Sender und einen Empfänger gibt.

Dabei codiert der Sender seine Botschaft (die Message) in ein Signal (z.B. Sprache). Der Empfänger nimmt das Signal (in diesem Beispiel mit seinem Ohr) auf und decodiert den Inhalt. Bei der Übertragung kann es Störungen geben, wodurch Missverständnisse entstehen[10].

Beispiele für Störfaktoren:
- Die Gesprächspartner sprechen unterschiedliche Sprachen – durch die Übersetzung kann sich der ursprüngliche Inhalt verändern
- Doppeldeutigkeiten
- Sarkasmus, der nicht verstanden wird
- Unklare Ausdrucksweise
- Außengeräusche
- Fehlende Aufmerksamkeit

Der Klassiker des **Eisberg-Modells** stammt von Sigmund Freud. Der renommierte Psychoanalytiker war der Überzeugung, dass unsere Kommunikation größtenteils unsichtbar erfolgt. Wie bei einem Eisberg sind 20 Prozent sichtbar (die sog. Sachebene) und 80 Prozent unter der Oberfläche verborgen (die Beziehungsebene). Genau das macht den Austausch zwischen Menschen so kompliziert und führt zu vielen Problemen.

Freuds Modell haben verschiedene Wissenschaftler übernommen und weitergedacht – auch außerhalb der reinen Kommunikationswissenschaft. Zum Beispiel ist die Aufteilung 80-zu-20 als Pareto-Prinzip bekannt.

Paul Watzlawick erweiterte die vorherigen Modelle. Er fasste sie mit Don D. Jackson und Janet H. Beavin zu den fünf Axiomen zusammen.

Sie beschreiben unter anderem die zwischenmenschliche Kommunikation, die auf einer Metaebene abläuft.

Dazu gehört, dass Menschen immer kommunizieren, auch wenn sie das nach eigenem Ermessen nicht direkt tun. Deswegen ist ein Nicht-Kommunizieren nach Watzlawick unmöglich.

1. Man kann nicht nicht kommunizieren.
2. Jede Kommunikation hat einen Inhalts- und einen Beziehungsaspekt.
3. Kommunikation ist immer Ursache und Wirkung.

10 Auch das sog. Organon-Modell geht von ähnlichen Kommunikationsmustern aus.

4. Menschliche Kommunikation bedient sich analoger (nonverbale Kommunikation) und digitaler Methoden (verbale Kommunikation).
5. Kommunikation ist symmetrisch (auf Augenhöhe) oder komplementär (hierarchisch).

Welcher Führungsstil tatsächlich am wirkungsvollsten ist, entscheidet sich an folgenden Kriterien:
- System und Rolle im System
- Mitarbeiter und
- Führungskraft

Hier kommen einerseits die Werte und Kultur der Kanzlei ins Spiel (siehe Spiral Dynamics: Welche Menschen braucht das System?), andererseits die Rolle der Führungskraft. Es macht einen Unterschied, ob ich nur fachlicher Vorgesetzter bin oder ob ich Personalentwickler bin oder gar verantwortlicher Partner. Selbstverständlich spielen auch die Persönlichkeiten und Werte von Mitarbeitern und Führungskraft eine Rolle.

Mitarbeiter können gezielt nach bestimmten Fähigkeiten und Kompetenzen, aber auch nach Typen und Charakteren ausgewählt werden, um eine ideale Teamzusammensetzung zu gewährleisten.

Wichtig ist, zu verstehen, dass Mitarbeiter im Sinne der Maslow´schen Bedürfnispyramide Bedürfnisse haben, damit sie zufrieden sind:
- Sie wollen sinnstiftende und fordernde Aufgaben.
- Sie wollen sich als Teil des Ganzen sehen und fühlen, aber auch als Person gesehen werden.
- Sie wollen für ihre Arbeit geachtet und wertgeschätzt werden.
- Sie wollen ihre Wünsche und Ideen teilen, um ihren Beitrag zu leisten.
- Sie wollen sich auf das Wort des Vorgesetzten verlassen können.

Zufriedene Mitarbeiter sind aber noch keine engagierten Mitarbeiter und erst recht keine an die Kanzlei langfristig gebundenen. Aber es ist eine wichtige Voraussetzung.

Engagierte Mitarbeiter erkennen Sie an ihrer positiven Einstellung; daran, dass diese sich mit den Kanzleiwerten identifizieren und das Gesamtbild sehen[11].

Doch wie kann ich die Zufriedenheit und das Engagement meiner Mitarbeiter erhöhen?

---

11 Mitarbeiter Engagement verstehen, kununu.

Aufgaben, Verantwortung, Sinn und gut funktionierende Prozesse sind das Eine. Gute Mitarbeitergespräche das Andere:

Die Gesprächschoreografie sollte einen Spannungsbogen haben (wie ein Deutschaufsatz). Es gibt eine Einleitung, einen Hauptteil und einen Schluss. Emotionen und Austausch sollten im Hauptteil deutlich zunehmen, den entsprechenden Raum haben, um dann auch wieder im Schluss beruhigt zu werden. Idealerweise werden Gespräche partnerschaftlich und positiv beendet, in dem klaren Bewusstsein, was besprochen worden ist und mit welchem Ziel und wer für welche nächsten Schritte bis wann die Verantwortung trägt.

Die Einleitung kann mit Small Talk gestartet werden sowie einer Festigung der Beziehungsebene, indem z.B. unmittelbare Bedürfnisse (Kaffee, Wasser, Sonnenschutz, Stuhl etc.) befriedigt werden. Sodann startet der Hauptteil mit der thematischen Einführung der Führungskraft und dem Gesprächsziel gefolgt von einem Feedback (positiv-negativ-positiv werden eigene Wahrnehmungen geschildert). Die Sicht des Mitarbeiters und die Erwartungen des Vorgesetzten folgen und werden ggf. diskutiert. Kontext und übergeordnetes Ziel, Verhandlungsspielräume werden geklärt und Lösungsvorschläge erarbeitet. Es werden gemeinsam Ziele und Maßnahmen vereinbart, Ressourcen zur Verfügung gestellt und die nächsten Schritte und Termine geklärt und das Ganze idealerweise schriftlich fixiert. Nach einer kurzen Zusammenfassung und ggf. Feedback für den Vorgesetzten wird zum Abschluss mit Smalltalk verabschiedet[12]. Das Ganze sollte 30–60 min. dauern und in regelmäßigen fixen Terminen in geschütztem Rahmen stattfinden.

Die Top 10-Gründe, warum Mitarbeiter sich aus der Kanzlei verabschieden sind[13]:

1. Führungsstil inadäquat
2. Teamprobleme
3. Uneinigkeit des Führungsteams
4. Überlastung (zu viel Arbeit und/oder inhaltlich überfordert)
5. Prozesse und Workflows nicht definiert, unlogisch, veraltet, ineffektiv
6. IT und Arbeitsmittel veraltet
7. Sicherheit (finanziell/wirtschaftlich, aber auch frei von sexuellen Übergriffen und Aggressivität)

---

12 Dies entspricht in etwa auch der Struktur der Legal Coaching Gespräche, weshalb die Perfektionierung und das tiefe Verständnis davon, warum und wie dies praktisch umgesetzt wird, um den optimalen Gesprächserfolg zu erzielen Herzstück unserer Legal Coaching Ausbildung für Juristen bei der CLP-Academy ist. Hinzu kommt das Erlernen und Trainieren der bewußten Gestaltung der drei parallelen Gesprächsebenen Beziehung, Sachebene und Umgebung/Kontext.

13 *Sabine Olschner*, Jedem Partner sein eigenes Süppchen, LTO vom 16.4.2021.

8. Sinn (Nachhaltigkeit, Weiterentwicklung, Engagement, wertvolle Arbeit)
9. Bezahlung
10. Familiäre Gründe

Eine nicht unwesentliche Rolle spielt der verwendete Führungsstil.

Führungsstile werden danach unterschieden, wie hoch die Entscheidungskompetenz des Mitarbeiters ist:
- Autoritär
- Patriarchalisch
- Bürokratisch
- Beratend
- Konsultativ
- Partizipativ
- Delegativ
- Demokratisch
- Beziehungsorientiert
- Kooperativ
- coachend

Hier steigert sich die Entscheidungskompetenz des Mitarbeiters.

Doch wie sieht das in Kanzleien aus?
Leider ist das Datenmaterial dürftig. Dennoch:
Die Führungsstile der kleinen bis mittleren Kanzleien orientieren sich an den vorhandenen Strukturen. Das bedeutet von klassisch konservativ/autoritär/patriarchalisch bis hin zu bürokratisch/beratend. Mit zunehmender Größe ist zwischen den Führungsstilen der jeweiligen Vorgesetzten aufgrund der Kanzleikultur und der Aufgabenaufteilung zwischen Management und Partner zu unterscheiden: Die Partner und hier insbesondere die Equity Partner sind der Dreh- und Angelpunkt der Kanzlei. Sie bestimmen Werte, Kultur, Vision, Positionierung und Strategie. Selbst das professionellste modernste Management Team kommt dagegen nicht wirklich an. Daher wird dort eher konsultativ/partizipativ gearbeitet. In nur 6% der Kanzleien entscheidet das Management tatsächlich autoritär[14]. Zufrieden mit der Kanzleiführung sind dennoch nur 13%. Wirklich delegativ, beziehungsorientiert oder kooperativ und coachend wird nur in Einzelfällen innerhalb von gut funktionierenden Geschäftsbereichen gearbeitet. Sie ahnen es schon: Diese sind dann überraschenderweise mit deutlich jüngeren Berufsträgern besetzt.

---

14 Marktstudie „Moderne Führungsstrukturen in Kanzleien" von Schön u.C.

Etwas Anderes finden wir hingegen in der Legal Tech-Entwicklung:
Der Rechtsmarkt befindet sich im Wandel. Mit der Digitalisierung eroberte die Innovation die Rechtsbranche. Diese bringt jedoch nicht nur Innovationen im Legal Tech-Bereich hervor, die stupide Standardarbeit erleichtern, sondern auch solche, die ganze Geschäftsfelder der Anwaltschaft sich plötzlich in Luft auflösen lassen. Oft gehen diese Innovationen mit der Notwendigkeit einher, Strukturen und Prozesse in den Kanzleien zu überarbeiten und neu zu definieren. Nicht erst seit dem besonderen elektronischen Anwaltspostfach (beA) sind viele Kanzleien aus der Papierakten-Steinzeit ins Hier und Jetzt der digitalen Akte katapultiert worden. Der Anwalt ist heute zumindest per E-Mail direkt und immer für jeden erreichbar und kommt damit endlich auf die Augenhöhe des Mandanten; aber auch oft an die Grenzen seiner Belastbarkeit.

Kanzleien sind nun emsig bemüht, Schritt zu halten: Da werden Innovation-Hubs ins Leben gerufen, um mit ambitionierten Junganwälten oder zugekauften IT-Nerds Legal Tech-Anwendungen zu kreieren und neue Geschäftsfelder zu generieren. Oder zumindest einen gewissen Marketing-Effekt zu erzeugen: Für die Mandanten aber auch für das Employer Branding. Innovation Awards zeigen die Vielfältigkeit der Ergebnisse.

Dabei muss die Frage erlaubt sein: Bringt das etwas?

Richtig ist sicher, dass Innovation heute für Unternehmen nicht mehr nur die Kür, sondern Pflichtprogramm sind, wenn sie zukunftsfähig bleiben wollen. Zutreffend ist auch, dass das Jurastudium kein Kreativkurs an der Waldorfschule ist. Im Gegenteil: Es hat schon so manch Ambitioniertem das Kreativsein ein für alle Mal ausgetrieben. Können also Innovation Hubs und Innovation Awards juristische Kreativität beflügeln?

Nach Kohl-Boas, Head of HR Northwest, Central & Eastern Europe bei Google, bedarf es für Innovationen mehr:

1. Innovationskultur und Eigenverantwortung
2. Information und Infrastruktur
3. Angepasste Entscheidungsprozesse und Führung

Zwar können die von der Kanzleiführung unterstützten Innovation Hubs und Legal Tech-Arbeitsgruppen eine gewisse Innovationskultur in Gang setzen. Vielen fehlt es dann jedoch an einer gewissen Struktur, um Kreativität entwickeln zu können. Dazu können Techniken wie Scrum gehören. Kreativität kann aber auch durch viele andere Tools unterstützt werden. Durch eine entsprechende Arbeitsatmosphäre zum Beispiel, aber auch durch Eigenverantwortung, Information und eine unterstützende Infrastruktur. Das kann bedeuten, dass strategische Entscheidungen der Kanzleiführung oder bestimmte Umsatzzahlen transparent an das Entwicklungsteam kommuniziert werden oder beispielsweise auch Mandatsinterna.

Die zumeist unterschätzten Faktoren sind jedoch Führung und Entscheidungsprozesse. Kanzleien greifen hier für die Innovationsteams einfach auf die vorhandenen hierarchischen Strukturen zu; dass Innovation anderer Strukturen bedarf als eine streng hierarchisch geführte Kanzlei liegt jedoch auf der Hand. Agilität ist gefragt, Mut zum Risiko, aber auch eine andere Fehlerkultur. Auch kommt aus meiner Sicht noch eine vierte Komponente hinzu: Cross Competencies. Sowohl bei den Mitarbeitern als auch den Führungspersönlichkeiten. Cross Competencies setzen einerseits einen gewissen Grad an Professionalität, Erfahrung und Knowhow in einem Bereich, nämlich dem juristischen, voraus und zusätzlich einen weiteren in einem völlig anderem Feld.

Dies bestätigt, dass in der Rechtsbranche sogenannte Cross Competencies, etwa Fremdsprachenkenntnisse, eine immer größere Rolle spielen. Gerade in der Großkanzlei wird neben der Muttersprache verhandlungssicheres Englisch vorausgesetzt. In Zeiten der Globalisierung ist auch die juristische Ausbildung in mehr als nur einem Land oder gar eine komplette Juristenausbildung in zwei verschiedenen Rechtssystemen gerne gesehen. Zunehmend gefragt ist aber auch die Absolvierung einer zusätzlichen akademischen Fachausbildung, z.B. Medizin neben einer Spezialisierung im Arzthaftungsrecht oder Betriebswirtschaftslehre durch in der Wirtschaft tätige Juristen. Die Aufwand-Nutzen-Analyse dürfte hier jedoch wenig überzeugen. Dennoch wird vielfach die Forderung laut, dass Juristen das, was sie regeln wollen, zumindest auch verstehen sollten. Dem wird häufig entgegnet, man habe sich durch die ständige Bearbeitung entsprechender Mandate quasi nebenbei ein ausreichendes Grundwissen und Verständnis in den relevanten Bereichen – Medizin, IT, MINT oder BWL – angeeignet. Das mag zwar auf Unternehmensjuristen zutreffen, die jederzeit auf die Expertise entsprechender Fachkräfte oder anderer Abteilungen im Unternehmen zugreifen können und damit in gewisser Weise schon immer in sog. agilen Teams gearbeitet haben. Nicht aber auf die meisten Anwälte, die, auch wenn sie lange und ausschließlich bestimmte Rechtsgebiete betreut haben, über kein fachspezifisches Wissen verfügen.

Eine sinnvolle, ressourcenschonende Alternative kann die Implementierung sog. agiler Teams darstellen. Das sind Teams, bestehend aus Mitarbeitern unterschiedlicher Fachrichtungen oder Berufsgruppen, mit meist flachen Hierarchien. Hierdurch werden Kompetenzen gebündelt, Probleme umfassend aufbereitet und Entscheidungsprozesse vereinfacht. Mittlerweile wird diese im IT-Sektor entwickelte Methode branchenübergreifend angewandt, um Kundenbedürfnissen schneller und besser gerecht zu werden. Erste Vorstöße in der Rechtsberatung gibt es in der Form von Zusammenschlüssen verschiedener Berufsgruppen, etwa von Anwälten mit Medizinern im Arzthaftungsrecht, mit Sachverständigen im Verkehrsunfallrecht, mit Architekten im Bauhaftungsrecht oder mit Steuerberatern. Dennoch wird diese Entwicklung voranschreiten, da schlicht ein großes Bedürfnis nach Cross Competencies besteht, das nicht immer in ein und derselben Person abbildbar ist.

Solche agilen Teams bedürfen einer besonderen Führung, zumal wenn sie Teil einer konservativen Unternehmenskultur sind, die nicht durch Innovation und Eigenverantwortung, sondern durch hierarchische Strukturen und Reglementierung geprägt ist. Dies gilt umso mehr in einer digitalen Welt, die mitunter massive Unsicherheit unter Mitarbeitern erzeugt – denn IT kann nun Menschen ersetzen, prozesstechnisch "versklaven" und deren Daten kontrollieren.

Die in einer Google-Studie von 2016 festgestellten Grundbedürfnisse von Mitarbeitern sollten daher unbedingt in den Fokus der Führung rücken. Mitarbeiter sehnen sich demnach nach:

- Sicherheit: Mehr im psychologischen Sinne als im tatsächlichen (Gefühls- und Kommunikationsmanagement)
- Klarheit: Bei Strukturen, Zielen und Aufgaben (verlässliche Beziehungen)
- Bedeutung: Der eigenen Arbeit, der Unternehmenswerte

Merke:
Agile Leadership ist in der Lage, unterschiedliche Führungsstile situativ miteinander zu kombinieren und auf die Bedürfnisse der Mitarbeiter einzugehen.

Das erfordert in erster Linie Know How, aber auch gutes Selbstmanagement und hier vor allem auch Egomanagement. Falsch ist daher die geläufige Annahme, der IT-affine Partner oder ambitionierte Junganwalt sei gleichzeitig auch der bestgeeignete Teamleader[15].

Man kann dies jedoch erlernen. Um dies als Anwalt zu können, kann ein Coach helfen. Dieser erarbeitet Stärken und Schwächen, analysiert Potenzial und treibt Entwicklung voran. Entwicklung kann dabei aber nur beim Anwalt selbst und zwar nach innen stattfinden.

Eine Coachingausbildung oder eine Ausbildung in „Agiler Führung" wird sehr viel tiefer ansetzen und nachhaltigere Erfolge auch nach außen erzeugen: Und darauf kommt es schließlich an, wenn dem Juristen Personalverantwortung oder die Entwicklung und Führung derartiger agiler Teams übertragen wird zum Zweck, Innovation zu ermöglichen. Er wird ein Verständnis für menschliche Beziehungssysteme, Bedürfnisse, Kommunikationsmuster und Paradigmen entwickeln und in die Lage versetzt werden, seinen Mandanten besser zu verstehen,

15 *Dr. Tutschka*, Agile Leadership in a digital World, Legal Revolutionary 07/2018.

vor allem aber auch sich selbst. Um ein Team zu kreativen Höchstleistungen führen zu können, muss man in erster Linie an sich selbst arbeiten. Selbstreflektion, Egomanagement, Achtsamkeit, Perspektivenwechsel, Ziele setzen und erreichen zeichnen ihn aus. In seiner Coachingausbildung hat er sich daher mit den eigenen Stärken und Schwächen, Ängsten, Triggern und Glaubenssätzen auseinandergesetzt. Das ist intensiv und nicht leicht und führt zumeist zu einem anderen Selbstverständnis und Verhältnis zu sich selbst. In ein Burn Out oder eine tiefe Lebenskrise rutscht dieser Jurist jedoch nicht mehr ohne Weiteres. Er ist persönlich gewachsen und reifer geworden. Das wird ihn zu einem reflektierten und in sich ruhenden Chef machen, dem gegenseitige Achtung und Respekt wichtig sind, aber auch Klarheit, Transparenz und Vertrauen. Er weiß, wofür er und seine Kanzlei stehen und welche Mitarbeiter zu seiner Kanzlei und dem Team passen. Er kennt aber auch die Bedürfnisse seiner Mitarbeiter und beschäftigt sich deshalb mit Personal- und Teamentwicklung. Strukturen und Prozesse sollen die Eigenverantwortlichkeit der Mitarbeiter unterstützen und nicht behindern. In Teamkonflikten kann er sich vermittelnd einbringen. Schwierige Themen werden nicht ignoriert, sondern sensibel angegangen. Die Mitarbeiter kommen gerne ins Büro und identifizieren sich mit ihrer Arbeit, sodass das gesamte Team an einem Strang zieht, was für ein gesundes Arbeitsklima sorgt.

Der Nutzen einer solchen Ausbildung für Juristen mit Führungsverantwortung liegt also auf der Hand:

- Es zahlt sich für ihn persönlich aus, weil er selbst zufriedener ist.
- Es zahlt sich in seinem Umfeld aus, weil die Mitarbeiter zufriedener sind.
- Es zahlt sich in seinem Geschäft aus, weil seine Mandanten zufriedener sind.

Und nicht zuletzt: Auch derartige Zusatzausbildungen stellen für Juristen wertvolle Kombinationen aus sog. Cross Competencies dar. Verbunden mit ihrer individuellen Berufs- und Lebenserfahrung werden sie unverwechselbar, nicht austauschbar. Agil. Und das ist der einzige Weg in die Zukunft der Beraterbranche in der digitalen Welt[16].

Doch Achtung:
Der Einsatz von Coaching in der Führungsverantwortung wurde lange Zeit abgelehnt.

Einerseits entsprach es nicht dem Zeitgeist von Führung. Anderseits gab es ethische Bedenken, wenn der Einsatz von Coaching im Führungskontext nicht

16 *Dr. Geertje Tutschka*, Agile Leadership in a digital World, Legal Revolutionary vom 31.7. 2018.

ausreichend transparent gemacht wird und bestimmte Grenzen eingehalten werden. Der Einsatz von Coachingtools, eines Coachingmindsets und der Gesprächschoreografie eines Prozesses sind zulässig, wenn die Verantwortungen des Führungsverhältnisses gewahrt bleiben und nicht im Sinne des Coaching verändert werden.

Merke:
Komplette Coachingprozesse im Führungsverhältnis sind mit und ohne Aufklärung NICHT zulässig.

Und zuletzt: Der amerikanische Psychologe Daniel Goleman hat das Konzept der Emotionalen Führung entwickelt und unterscheidet dabei hinsichtlich der Emotionen in sechs verschiedene Führungsstile: Visionär, coachend, gefühlsorientiert, demokratisch, fordernd und befehlend.

Ob die Legal-Branche jemals dort ankommt, bleibt abzuwarten.

Weil es aber bei der Gestaltungsfreiheit des persönlichen Führungsstiles ganz entscheidend auf die eigene Rolle, Verantwortung und Pflicht im System Kanzlei ankommt, werden im Folgenden die Führungsstrukturen in den Partnerschaften und die Führungswerte der Partnerverträge beleuchtet.

1. Partnerschaften und andere Formen der Zusammenarbeit

Wer über eine Einzelkanzlei hinaus mit Kollegen kooperiert, ist schnell bei der Frage: Wie mache ich das am besten.

Neben den oben beschriebenen Rechtsformen zur (über)regionalen Zusammenarbeit oder Bürogemeinschaft besteht die Möglichkeit der Partnerschaft und Sozietät.

Partner ist, wer
- Geschäftsanteile besitzt („Teileigentümer")
- Gewinnbeteiligung bezieht (auch Risiko mitträgt)
- Stimmrechte hat (und das Recht auf Information)

Selbstverständlich bergen Partnerschaften per se erhebliches Konfliktpotenzial in sich – wie eben jede gute Ehe auch[17]. Diese zu steuern, auszugleichen und zu lösen ist die Aufgabe des Partnervertrages, aber auch der Partnerversammlungen.

---

17 Ich selbst bin mit einem Juristen verheiratet und habe mit ihm gemeinsam partnerschaftlich unsere Kanzlei geführt – ich weiß also warum dieser Vergleich so gut passt.

Die meisten Partnerschaften sind leider immer noch von den beiden Gedanken getragen,

- dass jeder Anwalt unbedingt Partnerstatus erreichen möchte und bereit ist zu investieren
- dass jeder Partner Partner bleiben möchte.

Daher haben sie zumeist ein ausgeklügeltes System dafür, was zukünftige Partner als Vorleistung „liefern" müssen auf Ihrem oft mehrjährigen Weg. Ein Anreizsystem für Junganwälte, die nicht Partner werden wollen, fehlt hingegen. Die Vorleistung besteht fast immer aus einer Kombination von Umsatzgenerierung und Mandantenpotenzial, besondere Talente gelten allenfalls als Bonus, die monetäre Bemessung dieser Vorleistung fehlt[18]. Dieses Pyramidensystem kennt nur eine Spielregel: „Up or Out", d.h. entweder man klettert Schritt für Schritt als sogenannter Associate die Leiter zum Partnerstatus empor oder verabschiedet sich aus der Kanzlei[19].

Das Ausscheiden eines Partners aus Altersgründen ist zumeist detailliert geregelt obgleich es auch hier zu schwierigen Szenarien kommen kann, wie der DAV-Ausschuss Anwaltsethik und Anwaltskultur berichtet: Sozieten sind längst keine Verbindungen für die Ewigkeit oder wengistens für die Dauer des beruflichen Lebens – wohl eher Lebensabschnittspartnerschaften. Rechtsfragen werden bei Sozietätsverträgen meist detailliert geregelt. Aber die Ethik im partnerschaftlichen Umgang miteinander kommt eher zu kurz, erst recht das Pflegen eines respektvollen Umgangs miteinander und einer Gesprächskultur. Dass mit Neueinsteigern heute verhandelt werden muss, mag den meisten Senior Partnern nicht gefallen, denn Sie haben meist als sogenannte Boomer Generation oft die vorgefundenen Verträge einfach fortgeschrieben, die auf Wachstum und unbedingte Verpflichtung zur Kanzlei basierten. Die Folge-Generationen suchen hingegen ihren Lebenssinn außerhalb der beruflichen Verwirklichung als Partner. Sozietätsverträge müssen daher heute flexibel genug sein, dass aushalten zu können und von einer Kultur des gegenseitigen Respekts und der Wertschätzung getragen sein[20].

Der Partner-Wechsel ist hingegen eher nicht vorgesehen. Ebenso wenig ein zeitweiser Ausfall oder Leistungsabfall wegen Familienzeit[21]. So wundert es nicht, dass trotz starkem Personalzuwachs in den Großkanzleien immer noch

---

18 Siehe die Geschichte von Mag. Kosa LLM. von Schönherr Im Blog von CLP vom 2.5.2016.

19 Hartung in Schieblon, „Kanzleimanagement in der Praxis", S. 101f.

20 Markus Hartung, „Auf ewig Dein" in Anwaltsblatt vom 8.1.2021.

21 Siehe die Geschichte von Dr. Schönbohm von Linklaters im CLP-Blog.

weniger als 10% Partnerinnen ernannt werden[22] und Anwälte das Schlusslicht bei gleichberechtigten Paarbeziehungen sind[23].

In meinen Karrierecoachings mit Junganwälten erfahre ich immer wieder, wie sehr dieses System von der Lebenswirklichkeit der nächsten Generationen entfernt ist. Gleichzeitig können die Partner als Teil des Systems Kanzlei sich nur sehr schwer bis gar nicht in diese neuen Wertemodelle hineinversetzen. So verblassen die implementierten Karriereentwicklungsprogramme zu rein kosmetischen Maßnahmen. Die Notwendigkeit, einen Wertewandel für die Kanzlei zu vollziehen, wird negiert. Ein Systemfehler, der bereits kräftig im Getriebe der Kanzleien knirscht.

Partnerschaft

Folgende typische juristische Karrierelevel auf dem Weg zur Partnerwerdung gibt es:

- Berufsanfänger: Associate/Senior Associate
- Fortgeschrittener: Counsel
- Experte/Eigentümer: Salary Partner/Senior Salary Partner, Managing Partner, Senior Partner, Equity Partner

Das allgemeine Anforderungs- und Perfomanceprofil sowie eine Kompetenzenübersicht können von Kanzlei zu Kanzlei unterschiedlich ausgestaltet sein. Abweichungen finden sich in den Partner-Titel-Beschreibungen, im Vergütungssystem sowie in den Anforderungen an den Businessplan.

Entscheidend sind zusätzlich folgende Kriterien:

- Konkrete Auswahlkriterien für den externen Eintritt in jede Partnerstufe (Werteabgleich, Zielvorgaben, Kompetenzen)
- Konkrete Auswahlkriterien für den Onboarding- und Integrationsprozess sowie die Evaluierung
- Konkrete Auswahlkriterien für den internen Eintritt in die nächste Partnerstufe (Mandantenpool, Umsatz, BD Strategie, Businessplan)
- Das Vergütungssystem der Partner (Lockstep, Merit Based etc.)
- Evaluierung der Partnerperformance und Unterstützungsprogramm (Mentoring, Training)

Das Verhältnis zwischen den „echten" Partnern, also den Anteilseignern (Equity Partnern) und sonstigen Berufsträgern liegt in der Regel in Großkanzleien

22 Dr. Byok, „Partnerinnen-Barometer 2015"; Heussen, „Anwaltsunternehmen führen", S. 123 ff.
23 Dr. Tutschka, „Female Leadership im Legal Sector", S. 137, DjbZ 3/2017.

bei 1 : 3,5 – dabei werden nichtjuristische Berufsträger wie Steuerberater und Patentanwälte nicht mit eingerechnet. Von einer Großkanzlei spricht man ab 50 Berufsträgern. In den umsatzstarken Top-Kanzleien gibt es meist mehr als 100 Berufsträger: Freshfields Bruckhaus Deringer (500 Berufsträger), CMS Hasche Sigl (560 Berufsträger).

Beispielverteilung: 96 Associates, 7 Of Counsel, 82 Salary Partner, 9 Senior Salary Partner, 46 Partner

Beachte:
Counsel und Salary Partner sind im Wesentlichen gleichgestellt. Die Bezeichnung Partner dient hier eher als „Etikett" nach außen ohne echte Entscheidungsbefugnis nach innen. Die Vergütung kann aufgrund der variablen Tantieme beim Salary Partner sogar unter der des Counsel liegen.

Achtung: Der Level Salary Partner dient entweder als Alternative zur Partnerschaft (Endstation) oder als formaler Zwischenschritt zur Partnerschaft (Durchlaufstation):
- Im ersten Fall wird mehr Wert auf den Umsatz gelegt,
- Im zweiten Fall fallen hier bereits erste Management- und Führungsaufgaben an.

Auf „Up or out" setzen eher konservative Kanzleien. Was sind die Argumente?
- Der Wille zum Unternehmertum sei exzellenten Anwälten immanent.
- Salary Partner liefern für die Partnerschaft keine ausreichende Performance; sie werden innerhalb der Kanzlei nicht ernst genommen.
- Der Salary Partner-Status trage dem Phänomen Rechnung, dass es zu viele Juristen mit guten Abschlüssen gebe („Fachidioten").

Gegen „Up or out" entscheidet sich heute häufig die nächste Generation. Warum?
- Weil Partnerschaft mit den Zusatzaufgaben in Management und Führung wenig attraktiv erscheint im Hinblick auf Work-Live-Balance oder aber
- die Frage, ob man Werte und Kultur der Kanzlei teilt und als Partner dafür auch als Person stehen möchte, zum ersten Mal offen und ehrlich mit einem NEIN beantwortet wird (als Angestellter ist Distanzierung möglich).
- Partnerschaft ist auf Dauer angelegt, was heute nicht mehr in das Konzept flexibler Lebensabschnitte passt (daher hohe Fluktuation in den ersten fünf Berufsjahren in den Kanzleien).

Beispiel Nutzung des Salary Partner-Status:
- Salary Partner als Zwischenstation: Beiten Burkhardt
- Salary Partner als Endstation: Hengeler Mueller
- Keine Salary Partner: Herbert Smith Freehills

Vergütung[24]:
- Junior Associates bis drei Jahre Berufserfahrung: Jahresgehalt bei 50.000–140.000 €
  Fortbildungsverpflichtung, Netzwerkaufbau, Integrierung in die Kanzlei und die Teams
- Senior Associates bis fünf Jahre Berufserfahrung: Jahresgehalt bei 120.000–170.000 €
  Arbeitet an seiner Positionierung: Fachanwalt, Promotion, LL.M.; nimmt für die Kanzlei an Veranstaltungen teil und stützt die Kanzleimarke
- Counsel ab fünf Jahren Berufserfahrung: Jahresgehalt bei 150.000–250.000 €
  Etabliert sich als Experte (Anwaltsmarke), Fach- und Führungsverantwortung, steht für die Kanzleimarke, eigener Mandantenstamm
- Salary Partner ab sechs Jahren Berufserfahrung: Jahresgehalt bei 100.000–130.000 € zzgl. <50.000 € Tantieme
  Wie Counsel – ist aber als „unechter“ Partner das „Gesicht“ der Kanzlei
- Senior Salary Partner: Jahresgehalt bei 130.000–180.000 € zzgl. <100.000 € Tantieme
- Salary Partner sind als hochqualifizierte Fachexperten vor allem für starken Umsatz verantwortlich, Angestelltengehalt plus Variable (nach Umsatz oder billable hours); Außenauftritt als Partner oft ohne Unterscheidung; haben Voting-Recht, aber kein Entscheidungsrecht; müssen Anteile der Kanzlei nicht abkaufen; Verwaltungs- und Führungsaufgaben
- Managing/Senior Partner: Jahreseinkommen bei 250.000–500.000 €
  Wie oben
- Equity Partner: Jahreseinkommen bei 350.000–500.000 €[25]
  Das Gehalt ist vom Umsatz abhängig; hat bestimmte Zusatzaufgaben der Kanzleiführung; verfügt über Entscheidungsrecht bei allen Fragen: besitzt Anteile der Kanzlei als Gründer oder als Teilerwerber

---

24 Den eigenen Marktwert kann man übrigens online beim Personalvermittler Legalhead checken: https://legalhead.de/blog/karriere-in-der-grosskanzlei/.

25 Laut dem Portal www.finanz.at können dies sogar in Österreich bis zu 700.000 € sein.

Die jährliche Anpassungsrate liegt bei 5–10%. Die Wochenarbeitszeit bei 50–80 Stunden plus Veranstaltungen und Dienstreisen.

Die Vergütungssysteme der Partnerschaften sind sehr unterschiedlich und häufig Mischformen. In der Regel werden sie als veraltet und familiendiskriminierend wahrgenommen. Neueste Zahlen zeigen: mit 43% fangen jedoch überdurchscnittlich viele junge Anwältinnen in Wirtschaftskanzleien an (insgesamt liegt der Frauenanteil in der Anwaltschaft in Deutschland bei 35%, bei 49% Absolventinnen, in ländlichen Regionen sind Anwältinnen kaum vertreten; in den ostdeutschen Bundesländern ist der Frauenanteil besonders hoch mit zum Teil 38%). Dennoch liegt der weibliche Anteil in den höheren Karrierestufen in Wirtschaftskanzleien wie bei den Counsels bei nur 31% und bei den Equity Partnern sogar bei nur 11%, was dafür spricht, dass die dortigen Systeme veraltetet und familienfeindlich sind. Dies entspricht in etwa den Zahlen aus den USA. Schlechter sieht es insgesamt beim Frauenanteil im Anwaltsberuf nur in der Schweiz aus mit 29% und in Österreich mit 22%[26]. Am häufigsten findet sich das Merit Based-, gefolgt vom Lockstep-Verfahren. Am wenigsten sind die beiden Extremlösungen „eat what you kill" (unechte Partnerschaft) und „alle für einen – einer für alle" (alles in einen Topf und zu gleichen Teilen ausgeschüttet – echte Partnerschaft) zu finden.

Executive Summary der Studie zur Partnervergütung 2015 (Schoen und Company[27]):

1. Ein Drittel der Systeme ist älter als 15 Jahre.
2. Ein Drittel der Partner ist unzufrieden und findet das System ungerecht.
3. Insgesamt 61% der Partner sehen eine Notwendigkeit zur Anpassung.
4. 42% aller Systeme basieren rein auf einem Typus, die anderen sind Mischsysteme.
5. In Lockstep-Systemen wird die Leistung negativ beeinflusst, in Merit Based-Systemen die Partnerernennung.
6. Merit Based-Systeme werden zukünftig stark zunehmen.
7. Komplexere Systeme, die viele Einflussfaktoren berücksichtigen, sind erwünscht.
8. Insbesondere sollen Marketing, Akquisitionsleistung und Managementaufgaben stärker berücksichtigt werden.
9. Die höchsten Gewinnmargen werden mit Eat What You Kill-Systemen nach Teamleistung und mit einigen Lockstep-Systemen erzielt.

---

26 Kilian, Geschlechtsspezifischer Wandel in der Anwaltschaft, Anwaltsblatt von 30.01.2020; brand.eins/thema 2021, Die Branche in Zahlen, S. 79.

27 http://www.schoen-company.com/files/redaktion/pdf/schoen__company_-_studie_gewinnverteilungssysteme_in_kanzleien.pdf.

Merke:
Zusätzlich wird es in der Zukunft darauf ankommen, inwieweit weiche Faktoren, wie z.B. Klimaneutralität, Diversität, gesellschaftliches Engagement, Mentoring und Wissenstransfer, Frauenförderung monetär in diese Vergütungssysteme und Partnerschaftsverträge einbezogen werden. Denn nur dann werden diese Faktoren wirklich eine relevante Rolle in den Kanzleien spielen und ein Werte- und Kulturwandel stattfinden.

In Zeiten, in denen sich immer mehr Partner aus diesem engen Korsett befreien und neue eigene Wege einschlagen, sind moderne Partnerschaften gefragt[28]. Einerseits, um dem Ausscheiden eines Partners das Krisenpotenzial für die Partnerschaft zu nehmen und andererseits, um diese Partner mit modernen Konzepten in den Partnerschaften zu halten.

Kritisch beobachtet wird der Partnerstatus in Großkanzleien mittlerweile im Hinblick auf die „Unabhängigkeit des Anwalts als Organ der Rechtspflege“: Kann der einzelne Anwalt noch frei, sachlich und unabhängig i.S.d. § 43a BRAO Mandatsinteressen vertreten bei stark kommerzialisierten Partnerschaftsstrukturen[29]? Das BVerfG stellt als Leitbild den „unabhängigen, verschwiegenen und nur den Interessen des eigenen Mandanten verpflichteten Rechtsanwalt“ auf, der jedoch „ebenso als freiberuflicher Unternehmer wirtschaftliche Verantwortung trägt“[30]. Insoweit hat also auch hier die Legal Branche ihre ganz eigene, individuelle Gradwanderung auf ihrem Weg zum Unternehmertum zu meistern.

Eine besondere Form der Zusammenarbeit kann der Status eines „Counsel“ oder „Off-Counsel“ haben, wo ein Partner sich noch nicht oder nicht mehr vollumfänglich in die Partnerschaft einbringen kann oder möchte. Die Gründe sind so vielfältig wie das Leben. Hier gilt es Sonderabsprachen zu treffen und umzusetzen, die dennoch für alle Beteiligten ein ausgewogenes partnerschaftliches Verhältnis gewährleisten[31]. Ob diese alternative Form der Zusammenarbeit sich aber zu einer echten Konkurrenz zum Pyramidensystem entwickeln wird – wie manche meinen – bleibt abzuwarten[32].

---

28 Siehe die Geschichte von Dr. Naber und Neuwerk alias Freshfields im CLP-Blog.

29 Hartung in „Berufsbild des Anwalts: Großkanzleien, Geld und Werte“, S. 3 LTO vom 10.1. 2018.

30 BVerfG vom 3.6.2003 und 12.12.2006 zu § 1 BORA.

31 Heussen, „Anwaltsunternehmen führen“, S. 123 ff.

32 Hartung in Schieblon, Kanzleimanagement in der Praxis“, S. 105.

2. Managing Partner und Managementteam

Haben Kanzleien eine gewisse Größe, ist ein besonderes Management Team erforderlich.

In der Regel gilt dies ab einer Größe von ca. 50 Anwälten, was immerhin gut 75 Kanzleien in Deutschland betrifft[33]. Bei den Top 5 gilt es sogar, bis zu 700 Anwälte pro Kanzlei zu managen, die immerhin gut 20% des Gesamtumsatzes der gesamten Branche erwirtschaften[34].

Managing Partner

Kanzleien werden in der Regel nicht mit einer Geschäftsführung und einem Managementsystem gegründet, sondern entwickeln sich dahin:

- Einzelkanzlei
- Bürogemeinschaft
- Klassische Partnerschaft: Keine Managementunterstützung, keine Freistellung für Managementaufgaben
- Funktionale Partnerschaft: Einzelne Partner sind funktional verantwortlich für Kernbereiche; keine Freistellung für Managementaufgaben, einzelne Support-Mitarbeiter (in der Regel: Buchhaltung, Personal, IT, Marketing)
- Management Team: Das Managementteam hat eigene Entscheidungshoheit; Freistellung der Partner für Managementaufgaben (in der Regel anfangs mit Zeitbudget), professionelle Support-Mitarbeiter
- Management Board (supra pares): Managing Partner und Executive Team stehen dem Partnerkreis vor und treffen einige Entscheidungen eigenständig; Management wird gesondert vergütet; große professionelle Supportabteilungen; die Kanzlei beginnt, sich zum Unternehmen zu entwickeln
- Externes Management: C-Level-Funktionen sind mit externen Experten (in der Regel mit betriebswirtschaftlichem Hintergrund) besetzt, die keine Mandatsarbeit leisten; alle wichtigen Unternehmensbereiche und Funktionen sind etabliert; die (Groß-)Kanzlei ist zu einem Wirtschaftsunternehmen geworden

Ab welcher Größe sind welche Strukturen und Aufgaben notwendig und entwickeln sich die nichtjuristischen Bereiche wie das Management proportional zum Kanzleiwachstum?

---

33 Heussen, Anwaltsunternehmen führen", S. 322.

34 Schieblon, „Kanzleimanagement in der Praxis", S. 1.

Zum besseren Verständnis stelle ich im Folgenden eine Kanzlei mit 50 Berufsträgern und eine mit 150 Berufsträgern gegenüber[35] und zeige den Anteil der Support-Mitarbeiter jeweils im Verhältnis zur Kanzleigröße:

Finanzen/Buchhaltung:	22% / 16%
Office Management:	19% / 9%
IT:	15% / 28%
Personal:	10% / 16%
Sonstiges:	10% / 2%
Marketing:	9% / 8%
Controlling:	6% / 6%
PR:	6% / 3%
Business Development:	4% / 11%

Was man erkennen kann ist, dass die Kanzleien mit wachsender Größe ihre Prozesse standardisieren und automatisieren, um das Wachstum bewältigen zu können: Der Anteil der IT-Support-Mitarbeiter hat sich bei einer Verdreifachung der Kanzleigröße aber nur verdoppelt. Hingegen ist der Anteil in den verwaltungsintensiven Bereichen Buchhaltung und Office Management stark gesunken und auch der Bereich „Sonstiges" hat sich „aufgeräumt". Personal und Business Development sind stärker gefragt – bei Letzterem hat sich der Anteil sogar proportional zum Kanzleiwachstum verdreifacht.

Managing Partner werden je nach Gesellschaftervertrag durch Mehrheitsbeschluss auf bestimmte Zeit mit besonderen Rechten ausgestattet, die ihnen bestenfalls erlauben, nicht nur die alltäglichen, sondern auch in gewissem Umfang strategische Entscheidungen zur Ausrichtung der Kanzlei zu treffen. Dabei steht Ihnen oftmals ein Managementteam zur Seite.

Im Unterschied zu anderen Branchen wird dieser „Geschäftsführer" in der Legal Branche in den meisten Fällen ein Jurist sein, der jedoch auch gewisses betriebswirtschaftliches Verständnis mitbringen sollte. Warum? Einerseits sollte der Managing Partner Ahnung vom Geschäft einer Kanzlei haben, andererseits auch mit den Partnern auf Augenhöhe sein, um von diesen ernst genommen zu werden.

Es überrascht nicht, dass diese Position bislang nicht von Anwältinnen für sich entdeckt wurde[36]. Allerdings keine Regel ohne Ausnahme: In der seit 20 Jahren in Wien etablierten Wirtschaftskanzlei PHH wurde vor zwei Jahren nicht

35 Die Zahlen sind einer Studie von Schön und Company aus dem Jahr 2015 entnommen.

36 So versammelt beispielsweise Schieblon seit Jahren nur Männer als Managing Partner großer deutscher Kanzleien als Autoren in ihrem Buch „Kanzleimanagement in der Praxis".

nur ein Generationenwechsel eingeleitet, sondern auch Geschichte geschrieben. Senior Partner Stefan Prochaska übergab das Management an Rainer Kaspar und Julia Fritz, die die Kanzlei seither sehr erfolgreich in die Zukunft führen. Denn die Position und Aufgaben des Managing Partners und seines Teams machen ihn weder zum „Lieblingskollegen" noch zum „Kollegen des Monats". Er sollte über eine gewisse Schmerzunempfindlichkeit und Sturheit verfügen[37] und nicht auf eine langjährige stetige Karriere in dieser Kanzlei angewiesen sein. Ähnlich den Interim Managern sind sie „für's Grobe". Ihre Aufgabe besteht darin, aufzuräumen, Klartext zu reden, zu ordnen, zu strukturieren, unbequeme Fragen zu stellen und auf die Einhaltung von Regeln und Absprachen zu pochen. Hier rollen Köpfe – im Zweifel der eigene[38]. Das muss man so wollen; das muss man aushalten können. Vor allem aber sollte man sich bewusst machen, dass das in der eigenen Persönlichkeit Spuren hinterlässt[39].

Insofern kann es ab einer gewissen Größe auch von Vorteil sein, wenn man als Kanzleiinhaber diese Aufgaben nicht mehr nur allein innehat, sondern sie in gewissem Maße delegieren kann.

Da Managing Partner in der eigenen Kanzlei oft auf sehr einsamen Posten agieren, kann ein Austausch mit Management Partnern anderer Kanzleien durchaus wertvoll sein. Das Professional Management Network (PMN) ist ein Netzwerk zum Austausch für Management- und Business-Service-Fachleuten in Kanzleien, wie Management Partner, Finanzleitung, Human Ressources, Marketing und Business Development, welches ebenso Fortbildung anbietet und seit 2009 die PMN Management Awards vergibt[40].

3. Performance Management und Vergütungssystem

Das primäre System zur Performance Motivation ist in Kanzleien immer noch das Vergütungssystem[41].

Neben den klassischen Einzelkämpfermodellen „Anteilsgleichheit[42]" und „Lockstep[43]" etablieren sich jedoch immer mehr Teammodelle wie das „Bei-

37 Sowie Humor und Lebenserfahrung sagt Heussen in „Anwaltsunternehmen führen", S. 235.
38 Über die Vielschichtigkeit und Schwierigkeiten dieser Aufgaben erfahren Sie mehr bei Rizor in Schieblon, „Kanzleimanagement in der Praxis", S. 76 f.
39 Zumal hier Supervision zur „Psychohygiene" bislang nicht etabliert ist.
40 Schieblon, „Kanzleimanagement in der Praxis", XV.
41 Erst recht solange die Partnerwerdung von derartigen „Vorleistungen" abhängt.
42 Gleiche Gewinnanteile für jeden Partner.
43 Punktesystem, welches Eintritt, Zeitspanne der Zugehörigkeit und Plateau als Punktezahl definiert.

tragssystem[44]" oder die „Verteilung nach Teams[45]". Grund dafür sind die starke Spezialisierung der Anwälte und die Unvergleichbarkeit der Mandate aus verschiedenen Rechtsgebieten[46].

All diese Vergütungssysteme verlangen eine korrekte Datenerfassung und -auswertung. Neben diesen „harten" Faktoren können auch sogenannte „weiche" Faktoren bewertet werden, wie z.B. wann und wie die Gebührennote erstellt und gezahlt worden ist[47]. Welches Vergütungssystem das für die jeweilige Kanzlei richtige ist, kann sich an der Mandantenstruktur orientieren, mehr aber noch an der Qualität der Partnerschaft und den Kanzleiwerten. So setzen die weniger leistungsorientierten Systeme sehr viel mehr gegenseitiges Vertrauen voraus[48].

Ist dies heute noch zeitgemäß?

Einerseits ist natürlich auch der angestellte Rechtsanwalt in gewissem Maße Unternehmer. Er sollte sich also über Markt und Zielgruppe ebenso wie über seine Ressourcen Wissen, Zeit und Arbeitskraft im Klaren sein, mit anderen Worte wirtschaftlich orientiert handeln.

Immerhin soll seine Rechtsberatung weder rein ehrenamtliches Engagement noch Hobby sein. Und Vergütung ist dabei der einzige Messwert.

Andererseits gilt es, den Herausforderungen der Branche mit Innovation und ganzheitlichen Services zu begegnen. Gerade in der Zeit der Entwicklung und Erprobung können diese aber nicht in die gängigen Vergütungssysteme integriert werden. Die Folge: Innovation findet nicht statt. Zudem können verschlankte, durchstrukturierte Prozesse dank Legal Tech Kosten reduzieren und damit Mehrwert generieren, ohne dass deren Implementierung besonders vergütet wird.

Hier gilt es also, zumindest mit Vergütungs-Mischformen Anreize dafür zu schaffen, zukunftsfähige Lösungen zu entwickeln.

Was hat Ihnen das Kapitel gebracht?

Sie wissen jetzt, worauf es bei guter Kanzleiführung ankommt, kennen verschiedene Führungsstile und den Unterschied zur Kanzleileitung und können einschätzen, welch wichtige Rolle dabei Partner- und Vergütungssysteme spielen.

---

44 Orientiert sich daran, wer das Mandat geholt hat, wer es bearbeitet hat und wer den Mandanten betreut hat.

45 Orientiert sich daran, welches Team was geleistet hat.

46 Seisler in Schieblon, „Kanzleimanagement in der Praxis", S. 81 ff.

47 Seisler in Schieblon, „Kanzleimanagement in der Praxis", S. 88 f.

48 Ebenda.

II. Personalmanagement

Wozu sollten Sie dieses Kapitel lesen?
Sie erfahren wie Sie gute Mitarbeiter finden und binden.

Übersicht

1. **Legals, Para Legals und Legal Tech**

2. **Personalentwicklung und Teambuilding**

– Segmentierung
– Spezialisierung
– Diversity

1. Legals, Paralegals und Legal Tech

Die Mitarbeiter sind das größte Kapital einer Kanzlei. Das gilt für Anwälte ebenso wie für die juristischen Mitarbeiter (Paralegals), Assistenzen und Fachangestellten. It's a people Business.

Diejenigen Mitarbeiter zu finden, die sich engagiert und nachhaltig für die Kanzlei einsetzen, ist nicht leicht. Das hat mit Loyalität zu tun, aber auch mit Investition und Vertrauen. Denn einen langjährigen Mitarbeiter an die Konkurrenz zu verlieren, heißt, dass die Investition in Ausbildung oder Einarbeitung sich nicht trägt. Schlimmstenfalls sogar, dass man Mandanten mitabgibt.

i Kanzleien tun also gut daran, rechtzeitig in Nachwuchskräfte zu investieren und Systeme zu entwickeln, damit diese bleiben. Jahrzehntelang wurde dies durch die Ausbildung im eigenen Haus realisiert. Kanzleien und Rechtsanwälte waren und sind also auch Ausbilder[1].
Das Berufsbildungsgesetz (BBiG) regelt die Rechte und Pflichten des Ausbildungsverhältnisses.

Wichtig ist, auch beim Personalmanagement strategisch vorzugehen, langfristig zu planen und vorzusorgen. Zwar können Spitzenzeiten auch durch Teilzeitkräfte, Lawyers on Demand oder Interims abgedeckt werden. Dies ersetzt jedoch kein gut funktionierendes und aufeinander abgestimmtes Kanzleiteam. Voraussetzung dafür ist, dass Sie als Kanzleiinhaber genau wissen, wofür Sie die einzelnen Arbeitskräfte benötigen: Kompetenz-, Stellen- und Aufgabenbeschreibung sind also die Grundlage einer reibungslosen Büroorganisation[2], die

1 Fendt, „Der Rechtsanwalt als Ausbilder", S. 9 f.
2 Philipp, „Die erfolgreiche Kanzleigründung", S. 118 f.

darüber hinaus abgestimmte Arbeitsprozesse bedarf. Regelmäßige Mitarbeitergespräche, Weiterbildungen sowie Teammaßnahmen unterstützen den Aufbau Ihrer stärksten Ressource.

Dies scheint nicht erst durch Legal Tech in Frage gestellt zu sein.

Die Personalkostenquote liegt seit Jahren deutlich über den Vergleichszahlen anderer Branchen und ist mit ca. 34% des Umsatzes immer noch relativ hoch[3] bei den meisten Kanzleien. Wie oben gezeigt, wäre ein Anteil von ca. 25% adäquat. Ebenso die Ausbildungskosten. Die Folge sind nicht nur Einsparungen durch Effizienzsteigerung sondern auch höherer Druck auf die Arbeitnehmer und Verringerung der Ausbildungen. Gerade letztere sind in den letzten Jahren deutlich zurückgegangen, vor allem wenn man bedenkt, dass sich die Branche mit Rechtsanwälten in dieser Zeit verdreifacht hat[4].

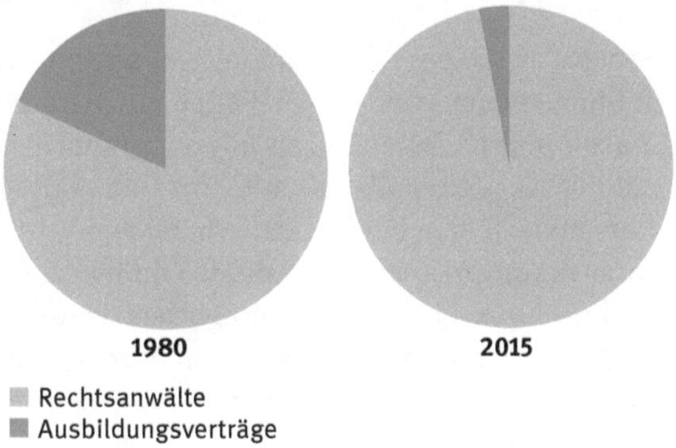

Verhältnis von Rechtsanwälten und ReNo-Ausbildungen[5], © Dr. Geertje Tutschka

Die Einführung des beA wird in den meisten Kanzleien zum Anlass genommen, die Arbeitsprozesse und die diese unterstützende Kanzlei – Software unter die Lupe zu nehmen, zu modernisieren, auszubauen. Nicht selten führt dies natürlich zur Verschlankung von Prozessen, Reduktion von Dopplungen und unsinnigen Arbeitsschritten. Personalleistungen werden eingespart.

Doch was für die Kanzlei gut ist, sehen Mitarbeiter kritisch. Misstrauisch wird jede Software-Umstellung beäugt, ja sogar sabotiert. Legal Tech macht Angst. Die Mitarbeiter fürchten um ihre Arbeitsplätze.

3 Branchenbericht der Sparkasse 2020, S. 2.

4 Was sicherlich auch zum Teil auf die Umstellung im Rahmen der Wiedervereinigung zurückzuführen ist.

5 Kilian, Forschungsbericht „Rechtsanwälte und Ihre Mitarbeiter" Soldan Institut.

Ein klares Konzept des Kanzleiinhabers, wann und wozu Legal Tech – Hilfsmittel eingesetzt werden und wann und wozu Mitarbeiter, wie mit freien Kapazitäten der Mitarbeiter umgegangen wird und wozu diese nun genutzt werden, würde in vielen Fällen die Situation deutlich entspannen und vieles einfacher machen.

Karriere

Für Berufsanfänger kann es mitunter schwierig sein, sich zwischen einer kleineren Kanzlei, einer Boutique-Kanzlei oder gar einer Wirtschaftskanzlei zu entscheiden. Die Kanzleiübernahme direkt zum Berufsstart scheidet zwar in der Regel aus; aber auch die Selbstständigkeit wird mit zunehmender Digitalisierung attraktiver.

Wirtschaftskanzleien haben einiges zu bieten: Für ambitionierte Juristen ist es das Höchstmaß beruflicher Erfüllung, an den ganz großen Fällen mitzuarbeiten. Bedeutende Mandanten zu haben und für eine Kanzlei mit exzeptioneller Reputation zu arbeiten, erfüllt jeden passionierten Anwalt mit Stolz und Zufriedenheit. Nicht zu vergessen der Nervenkitzel, den ein Fall mit erheblichen wirtschaftlichen und realpolitischen Auswirkungen auslösen kann. In Großkanzleien warten häufig spannende Mandate auf Rechtsanwälte. Außerdem können bei der Arbeit in einem großen und internationalen Netzwerk von Mandanten interessante Bekanntschaften gemacht werden. Wer sich geschickt zu vernetzen weiß, kann hier den Grundstein für zukünftige berufliche Chancen legen.

Ist der Fuß erst mal in der Tür, gibt es auch vielversprechende Berufschancen in der Wirtschaft, zum Beispiel als Syndikusanwalt. Auch eine Karriere im Unternehmen abseits der Tätigkeit als Rechtsanwalt ist nicht ausgeschlossen. Insbesondere in Österreich werden Rechtsanwaltsanwärter nach bestandenem Anwaltsexamen (nach fünf Jahren Praxisausbildung in einer Kanzlei) sehr gern in die Wirtschaft geholt. Dorthin zieht es vor allem Juristinnen, die sich von der konservativen, männerdominierten, familienfeindlichen und arbeitsintensiven Anwaltswelt schnell wieder verabschieden wollen.

Wirtschaftskanzleien locken heute mit internen und externen Fortbildungsangeboten, für die beachtliche finanzielle Mittel aufgewendet werden, um die eigenen Experten noch weiter zu fördern. Es ist allseits bekannt, dass Anwälte, die in Wirtschaftskanzleien gearbeitet haben, in den Genuss einer herausragenden Ausbildung gekommen sind und zu den Besten der Besten gehören. Anschließend stehen ihnen in Sachen Karriere alle Türen offen. Zusätzlich bieten die rund um die Welt verteilten Standorte reisefreudigen Menschen die Gelegenheit, bei Geschäftsreisen für internationale Mandate und längeren Auslandsaufenthalten andere Kulturen und Rechtssysteme kennenzulernen.

Zudem wird die Möglichkeit geboten, einen Doktortitel oder einen LL.M. zu machen: Mit der Promotion arbeitet sich der Doktorand in einen speziellen juristischen Sachverhalt ein und erlangt dadurch besondere Kenntnisse darin. Die Promotion macht den Kandidaten zu einem Spezialisten und damit attraktiv für Kanzleien aller Art. Der Master of Laws (LL.M.) ist ein postgraduales Studium von 2–5 Semestern zum Wirtschaftsjuristen. Zwar können diese auch als Fernstudium z.B. bei der Fernuniversität Hagen absolviert werden – auch zum Thema Kanzleiführung (früher Anwaltsrecht). Die meisten nutzen den LL.M. jedoch als Möglichkeit für einen Auslandsaufenthalt und erwerben diese Zusatzqualifikation zum Beispiel im englischsprachigen Raum – häufig verbunden mit einer Station in einem der Auslandsbüros der Kanzlei. Neben der Verbesserung der Sprachkenntnisse liegt der Fokus hierbei auf dem Kennenlernen eines fremden Rechtssystems. Gerade international agierende Großkanzleien sehen das als eine wichtige Zusatzqualifikation an. Aber auch ohne einen LL.M. sind verhandlungssichere Englischkenntnisse für die Arbeit in der Großkanzlei unabdingbar. Mangelnde Englischkenntnisse sind ein absolutes Ausschlusskriterium. Weitere Sprachkenntnisse sind natürlich gerne gesehen. Auch sehr geschätzt werden Auslandsaufenthalte, da Einblicke in und das Verständnis für fremde Länder und Kulturen bei international ausgerichteten Großkanzleien von besonderer Bedeutung sind.

In Wirtschaftskanzleien werden hochspezialisierte Juristen ausgebildet: Wer gerne Experte in einem speziellen Fachgebiet werden möchte, ist bei Großkanzleien oft an der richtigen Adresse. Einen Generalisten wird man dort also nicht finden. Ebenso wenig wird man einen Mandanten von Beginn an und bis zum Schluss alleine betreuen. Hier ist man Teil eines großen Teams und beschäftigt sich mit sehr speziellen Teilprozessen innerhalb vieler verschiedener Projekte. Die zwischenmenschliche Ebene von Anwalt und Mandant ist dadurch wesentlich unpersönlicher als beispielsweise in einer Boutique oder mittelständischen Kanzlei. Es agieren die Repräsentanten des Unternehmens mit dem Team der Großkanzlei und nicht der Rechtsanwalt mit einer Privatperson.

Wirtschaftskanzleien weisen zudem eine hohe Arbeitsbelastung auf: Zwischen 60 und 80 Stunden gelten als normal und unerledigte Aufgaben werden nicht selten über das Wochenende mit nach Hause genommen. Auch wird von den Anwälten verlangt, in dieser Zeit eine ausgezeichnete Leistung zu erbringen. Die hohen Ansprüche der bedeutenden Mandanten resultieren in einem enormen Leistungsdruck. Was für einige ein aufregender und spannender Ansporn ist, endet für andere im Stress. Auch die häufigen Geschäftsreisen können in Form eines Jetlags auf das Gemüt und die Gesundheit schlagen. Die hohen Anfangsgehälter von 50.000–150.000 € im Jahr werden insofern durch Einschnitte bei der Lebensqualität und mögliche gesundheitliche Beeinträchtigungen relativiert.

Die komplexe Hierarchiestruktur lässt Karrierewege oft strukturiert, jedoch auch sehr langwierig und ungewiss erscheinen. In mittelständischen und Boutique-Kanzleien ist der Weg zum Partner deutlich kürzer und die Konkurrenz ist kleiner. Das ist vor allem für Junganwältinnen relevant, die noch ihre Familienpause vor sich haben oder mittendrin stecken. Die wenigsten Kanzleisysteme ermöglichen es, die für die Partnerwerdung vorgesehenen Businesspläne in Teilzeit oder als bloßer Zuarbeiter zu erfüllen. Auch ist oft ungewiss, wie lange eine Familienpause dauern wird und ob man mit einer jungen Familie jemals wieder in die übliche 60-80-Stunden-Woche zurück möchte. Tatsache ist auch, dass es sich hier immer noch um traditionelle Männersysteme handelt, die Junganwälte eindeutig übervorteilen: Während die Absolventinnen in der Regel die besseren Abschlüsse haben, weisen sie nach drei Jahren deutliche Einbußen gegenüber ihren Kollegen auf – auch ohne Familienpause: Partner stellen ihre Teams intuitiv bevorzugt aus jungen Kollegen zusammen, übergeben ihnen unterschiedliche Mandate, mehr Verantwortung und lassen Sie mehr Erfahrungen sammeln – was wiederum bei der Beförderung einen unaufholbaren Vorteil bringt. Kerstin Knopp, Partnerin bei Clifford Chance, berichtet daher vom kanzleiinternen Netzwerk „Inclusion und Diversity“, das Junganwältinnen mehr zu unterstützen sucht[6].

Insgesamt sind die vakanten Stellen der Großkanzleien unter Juristen heiß begehrt. Wirtschaftskanzleien sind daher in der komfortablen Position, sich unter den besten Fachkräften die passenden Talente auszusuchen. Die Anforderungen, welche Großkanzleien an die Qualifikationen ihrer Anwälte stellen, sind dementsprechend hoch: In aller Regel wird ein doppeltes Prädikatsexamen gefordert. Kommuniziert wird dies als „überdurchschnittliche Studienleistungen“, was in der Realität mindestens 9,00 Punkte im ersten und zweiten Staatsexamen bedeutet. Dass es bei den akzeptierten Bewerbern auch Ausnahmen gibt, ist klar. Auch ohne doppeltes Prädikatsexamen hat man Chancen auf die beliebten Stellen. Gerade der LL.M. und Berufserfahrung durch einschlägige Nebenjobs sind beliebte Mittel, um die Aussichten auf den Traumjob zu erhöhen.

Es passiert gar nicht so selten, dass renommierte Großkanzleien Interesse an Kandidaten ohne doppeltes Prädikatsexamen bekunden. Wer mit seinem Lebenslauf und Qualifikationen überzeugen und zuletzt beim Bewerbungsgespräch mit einem authentischen und kompetenten Auftreten glänzen kann, darf

---

6 *Kerstin Knopp*, Top-Anwältin Kerstin Knopp im Interview, Business Insider vom 23.12. 2020.

sich höchstwahrscheinlich über eine der begehrtesten Stellen unter Juristen freuen.

In der Regel folgen die Bewerbungsverfahren in Wirtschaftskanzleien strukturierten Mustern. Während die Einstellung von Associates und Counsels durch HR, den verantwortlichen Partner sowie den fachlichen Vorgesetzten in ein bis zwei Gesprächen erfolgt, zieht sich die Aufnahme in die Partnerschaft über einen Zeitraum von vier bis zwölf Wochen:

1. Erstgespräch mit einem Gründungspartner und Fragen
2. Zweitgespräch mit weiteren Gründungspartnern und Fragen
3. Drittgespräch nach Übersendung des Partnerschaftsvertrages und Gespräch mit allen Gründungspartnern
4. Abschluss des Partnerschaftsvertrages und Aufnahme in die Partnerschaft

Aufgrund des seit knapp zehn Jahren nur noch langsam ansteigenden Angebots an jungen Anwälten wandelt sich jedoch der Arbeitsmarkt im juristischen Umfeld immer mehr zum Arbeitnehmermarkt, wodurch auch junge Anwälte ohne Prädikatsexamen Chancen auf einen Einstieg in einer Großkanzlei haben.

Die Pandemie hat hier mit der Personalfluktuation Bewegung in den Markt gebracht. Dem Personalabbau standen viele Neueinstellungen gegenüber. Die allgemeine Wirtschaftskrise wurde bei Bedarf mit Fördermitteln abgefangen. Die Reduzierung der Partnerentnahmen und das Einfrieren der Gehälter konsolidierten die Kanzleibudgets. Zwar berichten 40%, keine Neueinstellungen vorgenommen zu haben. Dem standen jedoch 50% gegenüber, die Einstellungen vornahmen und dafür auch noch 50% mehr Bewerbungen erhielten. Einstellungsgespräche fanden weit überwiegend, nämlich zu zwei Dritteln, online statt. Allerdings fehlte es oft an wertvoller Einarbeitungszeit. In der Regel werden juristische Stellen aber in drei bis fünf Monaten zu 80% nachbesetzt.

Die meisten nutzten dafür Branchen-Stellenmärkte (93%), Karriere-Webseiten (92%) und die Übernahme von Referendaren (91%), ebenso Karriereevents (9%)[7].

Nach ersten Schwierigkeiten ist die Branche weitgehend im Home Office und in der Digitalisierung angekommen und hat sich beruhigt. Dennoch: Für viele bleibt remote zu arbeiten fester (Teil-)Bestandteil des Arbeitslebens – kaum einer möchte in den alten Trott aus unendlichen Büroanwesenheitsstunden zurück: 46% haben nun regelmäßig die Möglichkeit für Home Office, 28% sogar in überwiegendem Umfang[8].

---

7 Das Legal Recruiting Playbook, LTO 08/2020.

8 *Christian Dülpers*, Ergebnisse der Arbeitgeber-Umfrage: So reagiert der juristische Arbeitsmarkt auf die Corona Krise, LTO vom 26.6.2020; *Marion Proft*, Corona trifft Fachkräftemangel in

Nachhaltige Auswirkungen hatte die Pandemie auch auf Ausbildungsplätze: Knapp ein Drittel der Kanzleien verzichtete deswegen ganz auf Ausbildungen. Insgesamt wurden Ausbildungsbudgets um ein Drittel gekürzt.

Die größte Herausforderung sehen Fachleute daher darin, in den nächsten Jahren geeignete Bewerber zu finden. Die Sichtbarkeit als Employer-Marke halten 69%[9] für erfolgsentscheidend, gefolgt von der Verbesserung der Mitarbeiterbindung sowie dem Aufbau eines Talentpools.

2. Personalentwicklung und Teambuilding

Kanzleientwicklung ist Personalentwicklung.

Die meisten meiner Kunden denken bei Personalentwicklung an Vorstellungsgespräche und Kündigungen sowie Fort- und Weiterbildungen und damit eher an Quantität als an Qualität bei Personalentwicklung.

Klassischerweise enthalten Personalkonzepte also[10]:
- die Stellenbeschreibungen
- die Gehaltsstruktur
- die Fortbildungsmaßnahmen

Damit werden Sie jedoch ganz wesentlichen Aspekten nicht gerecht.

Merke:
Die Erarbeitung eines schlüssigen Personalkonzeptes ist der Schlüssel für den zukünftigen, nachhaltigen Erfolg.

Team

Teamentwicklungsmaßnahmen wie Training, Coaching, Teambuilding und Assessments zielen darauf ab, das Team auf optimale Performance zu programmieren – ohne Reibungsverluste durch Streit, Boykott und Grabenkämpfe.

Die erste Frage ist natürlich, sind Sie ein Kanzleiteam – oder nur eine Ansammlung von Menschen, die zufällig täglich miteinander arbeiten?

Kanzleien, Legal Profession vom 29.7.2020; *Jutta Rump*, Personalpolitik in der Corona-Krise, Studienbericht vom 9.4.2020; Konrad Fischer, Geht nach Hause, Wirtschaftswoche vom 22.5. 2020.

9 brand.eins/thema 2021, Die Branche in Zahlen, S. 79.

10 Pothe in „Kanzleimanagement in der Praxis", S. 164.

An diese Konstellation erinnert in der Tat unser Fallbeispiel 1, in welchem die Kleinteams nicht als großes Ganzes miteinander kooperieren. Teamentwicklungsmaßnahmen könnten hier wertvolle Unterstützung bieten.

Ein Team ist eine Ansammlung von Menschen mit mindestens einem gemeinsamen Ziel sowie gemeinsamen Werten, die sich zusammen in einem bestimmten System befinden.

Merke:
Ein Team ist daher mehr als die Summe seiner Mitglieder.

Dazu gehört nicht die Führungskraft. Beim Teamcoaching oder auch Teambuilding unterstützt der Coach bei der Erreichung des gemeinsamen Ziels, indem er die Entwicklung des Teams in einem kreativen und reflektierenden Prozess begleitet und dabei Dynamiken und Beziehungen innerhalb des Teams nutzt.

Eine Gruppe ist demgegenüber eine Ansammlung von Menschen mit mindestens einer Gemeinsamkeit. Gruppencoaching bedeutet in der Regel, dass der Coach beim Lernen unterstützt und das individuelle Lernergebnis fördert.

Merke:
Eine Gruppe ist die Summe ihrer Mitglieder.

Die Führungskraft ist für die Leistungserbringung einzelner oder mehrerer Personen oder ganzer Teams verantwortlich. Beim Führungscoaching hilft der Coach der Führungskraft, an deren Führungskompetenzen und -stil zu arbeiten und ihrer Verantwortung gerecht zu werden.

Die eigene Haltung der Führungskraft sollte Menschenfreundlichkeit, Wertschätzung und Respekt vor der Souveränität des Mitarbeiters zum Ausdruck bringen, also eine gewisse Demut vor den Lebensentscheidungen anderer. Hieran sollte er kontinuierlich arbeiten, sich seiner Prägungen, Werte und Moralvorstellungen bewusst werden und das eigene Verhalten reflektieren. Ziel ist eine offene, respektvolle, wissbegierige, empathische und neutrale (nicht objektive) Haltung gegenüber den Mitmenschen.

Ausgehend von dem Grundsatz, dass der Mensch ein soziales Wesen und auf sein Gegenüber angewiesen ist, sollte sie sich selbst erkennen und weiterentwickeln. Hierfür stellt ihr der Vorgesetzte einen professionellen, strukturierten und geschützten Rahmen zur Verfügung.

„Das ICH wird am DU." Martin Buber

Wenn ich mit meinem Team in Kanzleien geholt werde, um Partnermeetings zu begleiten, zu moderieren, zu strukturieren, ist der Anlass oft nicht etwa, dass – wie im Auftrag angegeben – strategischer Input benötigt wird. In aller Regel sind in diesen Fällen monatelange unproduktive, anstrengende und zermürbende Partnermeetings vorausgegangen und die Situation ist vielleicht bereits eskaliert.

Hinter vorgehaltener Hand wird mir mitgegeben: „Vielleicht können sich die Herren ja wenigstens in Anwesenheit einer Dame wie Erwachsene benehmen."

Hier geht es darum, in erster Linie die Beziehungs- und Vertrauensebene der Partnerschaft zu konsolidieren, um überhaupt auf der Sachebene arbeiten zu können.

Und dies ist eine Besonderheit der Branche in puncto Organisationsentwicklung: Die meisten Kanzleien werden von Führungsteams geleitet.

1. Anders als in Organisationen fehlen auf dieser Ebene kontrollierende und ausbalancierende Hierarchien und die seit dem 19. Jahrhundert praktizierte „Verantwortungsteilung", also die Aufteilung der Verantwortung in Teilbereiche/Zuständigkeiten. Die Partner sind mehr oder weniger gleichberechtigt und selbst bei unterschiedlichen Anteilen oder Partnerstufen sticht Ego (Ober) Partnerstufe (Unter). Mangels Zuständigkeiten und Verantwortungsteilung fühlen sich alle für alles und keiner für irgendetwas verantwortlich.
2. Anders als in Organisationen sind diese Partner mehr oder weniger zugleich auch die besten Mitarbeiter, nämlich sachbearbeitende Anwälte. Um das Ganze noch zu verschärfen, entscheiden Rentabilität und Erfolg als sachbearbeitender Anwalt darüber, ob man Partner wird und damit in das Führungsteam aufsteigt. Auf diese Weise wird es dem Zufall überlassen[11], wie es um die für die Führungsaufgabe erforderlichen Fähigkeiten und Kompetenzen bestellt ist. Auch wird das Führungsteam nicht im Hinblick auf das strategische Ziel der Kanzlei aus passenden Typen und Charakteren zusammengestellt. Ganz im Gegenteil: Die Kanzlei wird für die vorhandenen Partner passend gemacht.

Dysfunktionale Führungsteams sind denn auch die Ursache für 90% der Probleme der Kanzlei.

---

11 Etwas abgefedert durch interne Weiterbildungsmaßnahmen und die „Partnerprüfung".

Das bedeutet nicht etwa, dass Juristen per se keine guten Führungspersönlichkeiten sein oder dass sie nicht sehr erfolgreich ihr kleines Team durch den Anwaltsalltag navigieren können. Um aber in der Partnerrunde gemeinsam zu führen, braucht es mehr oder besser gesagt: Etwas anderes. Nämlich zusätzlich ein Miteinander, ein Partnerteam.

Und es braucht die Fähigkeit, gekonnt zwischen diesen unterschiedlichen Rollen und Führungsstilen zu wechseln.

Nun ist es so, dass die wenigsten Führungsteams dies als das eigentliche Problem oder zumindest ein gemeinsames Problem ansehen. Immerhin ist man selbst ja gut in dem, was man macht, und alles läuft. Wer braucht schon eine Paartherapie? Es muss also an den anderen liegen.

Wie immer starte ich mit einer Analyse der Situation – denn jede Kanzlei ist natürlich anders. Vertrauliche Einzelgespräche, Persönlichkeitsprofile der Partner[12] und ein Team Assessment[13] können wirkungsvoll bei der Diagnose unterstützen. Das Bild der individualisierten Kanzlei-Führungsteam-Pyramide mit mehreren Ebenen in den möglichen Farben grün (alles knuffig, wir haben uns alle lieb), gelb (ich muss die nicht jeden Tag sehen) und rot (wie komme ich hier bloß wieder raus), welches das Assessment erstellt, hat bislang noch jede Partnerrunde davon überzeugt zu sagen: Ok, wir haben ein Problem.

Das ist der Einstieg, aus dieser Partnerrunde ein Team zu formen. Erst dann kann tatsächlich mit der Kanzleientwicklung begonnen werden.

Einem Paar, das nicht wirklich miteinander kann, würden sie ja auch nicht empfehlen, ein Haus zu bauen oder ein Kind in die Welt zu setzen.

Der starke Konkurrenzkampf in der Legal Branche hat den internen Leistungsdruck auf die Kanzleiteams enorm verstärkt. Gleichzeitig werden gutausgebildete und engagierte Mitarbeiter von vielen Kanzleien gesucht, so dass diese durchaus die Wahl haben, zu welcher Kanzlei sie gehen oder wechseln möchten. Die eigene Ausbildung von Nachwuchskräften wird damit risikohafter, weil die Gefahr besteht, diese an die Konkurrenz zu verlieren.

Die Ausbildung des Nachwuchses wird durch Legal Tech teurer. Die mit Legal Tech verbundene Standardisierung von Prozessen führt wiederum dazu, dass Mitarbeiter leichter austauschbar sind. Oft wird bei der Investition in die techni-

---

12 Auf die Schnelle hilft schon der Strength Finder. Wenn es etwas mehr sein darf, gerne auch den MBTI oder besser noch den Hogan.

13 Ich arbeite hier gerne mit Lencionis „5 Dysfunktionen eines Teams“ und dem Assessment der Table Group.

sche Zukunft der Kanzlei oder der Rechtsabteilung übersehen, dass es in erster Linie um die Mitarbeiter, die Menschen in den Teams geht, die hier vor enormen Herausforderungen, Veränderungen und Unsicherheiten stehen und damit allein gelassen werden. Ohne die Teams hier abzuholen und mitzunehmen, ist jede Investition in Legal Tech zum Scheitern verurteilt.

Einen solchen Prozess professionell zu begleiten, erst Recht, wenn tiefgreifende Veränderungen damit verbunden sind, heißt verantwortungsvoll mit seiner wichtigsten Ressource umzugehen – dem Kanzleiteam.

Ich werde mit meinem Team im Allgemeinen als Personalentwicklungsmaßnahme eingekauft. In den Coachings erfahren wir von dem enormen Leistungsdruck, der sich oftmals seit der Schullaufbahn aufgebaut und zum alltäglichen Begleiter gemausert hat. Wir erfahren von der Frustration und dem Resignieren vielversprechender Talente vor verkrusteten Strukturen und Machtverhältnissen, wir erfahren von existenziellen Versagensängsten, überwältigender Doppelbelastung und herzergreifenden Vereinsamungen. Der Anwaltsberuf könnte ein sehr erfüllender sein, weil damit Menschen in Not sinnvoll und nachhaltig geholfen werden kann. Die Alltagsrealität der Juristen sieht leider anders aus. Bei all den Herausforderungen und Chancen der Branche müssen wir darauf achten, dass Anwälte nicht zermahlen werden.

In den Coachings können wir kleine Verbesserungen erreichen, indem wir Zeitmanagement, Achtsamkeit, Work-Live-Balance thematisieren. Sehr viel effektiver sind wir jedoch, wenn wir mit Weitsicht FÜR Personalentwicklungsmaßnahmen eingekauft werden: wir starten dann mit der Partnerriege sowie eventuellen HR Support Teams den Status Quo des Personalkonzepts auf der Grundlage der Kanzleistrategie zu evaluieren in der Regel begleitet von Feedback Runden der verschiedenen relevanten Level inklusive persönlicher Gespräche. Das Ergebnis unseres Audits kann eine positive Anerkennung der wertvollen Arbeit sein und eine Bestätigung, dass die Kanzlei auf dem richtigen Weg ist. In der Regel werden wir aber nicht ohne Anlass hinzugezogen und unser Audit zeigt das ungehobene Potenzial der Kanzlei oder Schwachstellen und Risiken auf. In einem nächsten Schritt kann die Kanzlei entscheiden, ob wir die Erstellung eines aktualisierten Konzepts begleiten sollen mit Know how, der Moderation von Partnermeetings, Teamcoachings und der Erarbeitung der internen Budgetplanung, Kommunikations- und Umsetzungsschritte (das klassische Personalkonzept umfasst ca. 25 Seiten – heute geht es aber mit entsprechender Software gern auch digital und inklusiv). Erst dann wird entschieden, inwieweit wir dabei einzelne Module wie Coachingstundenbudgets zusätzlich übernehmen, ob langfristig Inhouse Ressourcen dafür aufgebaut werden können oder andere externe Anbieter dafür geeignet sind. Den Personalverantwortlichen von Anfang an derart zu unterstützen bedeutet strategisch und überlegt zu handeln; nicht nur auf Überlastung, Personalengpässe, schlechte kununu-Bewertungen und Nachwuchssorgen zu reagieren. Langfristig gesehen fallen dann nicht nur Kollateralschäden weg, werden Nerven und Beziehungen geschont, sondern es wird richtig Geld gespart, weil nämlich die richtigen Maßnahmen an den richtigen Stellen Hebelwirkung für erfolgreiches Personalmanagement entfalten und auf die strategischen Ziele der Kanzlei einzahlen. Verstehen Sie mich nicht falsch: Soft Skill Trainings und Karrierecoachings „von der Stange" haben neben der fachlichen Weiterbildung ihre Berechtigung, wenn es sich um gut ausgebildete und zertifizierte Trainer und Coaches handelt, die die Rechtsbranche kennen. Der Fehler liegt darin, diese Weiterbildungsbausätze mit strategischer Personalentwicklung zu verwechseln. In Anbetracht der steigenden Anforderungen an Anwälte und Kanzleien, sich in einer hochkomplexen und technologisierten Welt (Organisationsentwickler nennen sie VUCA) ihre Daseinsberechtigung zu beweisen, wird in der Erstellung kluger Personalkonzepte und der engen Anbindung an die strategische Entwicklung der Kanzlei ein Schwerpunkt liegen müssen: Personalentwicklung wird zur Chefsache[14].

Die Herausforderungen der Branche (Digitalisierung, Konkurrenzkampf und Veränderung des Berufsbildes) greifen also auch unmittelbar in die Kanzleistrukturen hinein. Strategisch sinnvolle Personalentwicklung muss die Herausforderungen der Branche treffen und die für Ihre Kanzlei richtige Lösung finden. Dabei macht es grundsätzlich keinen Unterschied, ob es sich um die Entwicklung von Nachwuchsjuristen oder von nichtjuristischen Mitarbeitern handelt.

Doch wer kümmert sich um das wichtige Thema **Personalentwicklung** in Kanzleien?

Human Ressources bzw. eine eigene Personalabteilung leisten sich Kanzleien in der Regel erst ab einer bestimmten Mitarbeiterzahl bzw. Umsatzzahl. Bis dahin sind die jeweiligen Partner für die Einstellung weiterer Anwälte bzw. die Dezernatsführer für die Einstellung der Junganwälte und nicht juristischen Mit-

14 Die heutige VUCA Welt: volatility, uncertainty, complexity, ambiguity – also schwankend, unsicher, komplex und mehrdeutig, erfordert besondere Strategie und Führung. Ähnlich wie in der Architektur brauchen derartige Bedingungen klar definierte Ziele, flexible Strukturen, Agiliät, Leichtigkeit und Schnelligkeit. Stahl-Beton-Wolkenkratzer und komplexe Werksgelände aus gebranntem Ziegel – an die metaphorisch in der Tat einige Kanzleistrukturen erinnern – sind nicht gemacht für Sturm, Beben und Flutwellen.

arbeiter zuständig. Die Kanzleikultur, Positionierung und Strategische Ausrichtung spielen dabei ebenso wenig eine Rolle wie Employer Branding und Personalentwicklungsprogramme: man schafft die Arbeit nicht mehr allein, also braucht man Unterstützung – am besten eine preiswerte Kopie seiner selbst. So hat sich in Anwaltskanzleien über Jahrzehnte eine sehr homogene Personalstruktur etabliert. Die Folge: Die damit angebotenen Dienstleistungen und Dienstleister sind so homogen, dass sie austauschbar sind – durch den Kollegen oder durch Technik ersetzbar. Eindimensionale Weltbilder verhindern Innovation. Führung wird mit Management verwechselt. Hier wird versucht, mit Quantität mehr Qualität zu erzeugen.

Durch gesteigerte Ansprüche an die fachliche Qualifikation der Nachwuchsjuristen, wie überdurchschnittliche Examensnoten und Zusatzqualifikationen wie Fachanwaltsabschlüsse, LL.M. und Promotion wird versucht, Spezialisierung abzubilden. Durch die Ausrichtung auf spezielle Zielgruppen wird Marktsegmentierung vorgetäuscht[15].

Personalentwicklungsprogramme bilden heute neben der Fachfortbildung vor allem drei Bereiche ab

- Mentoring auf dem Weg zur Partnerschaft[16]
- Coaching für die persönliche Weiterentwicklung[17]
- Coaching für den Wiedereinstieg in den Beruf nach Familienpause (Frauenförderung)

Meiner Erfahrung nach werden diese Bereiche gern intern durch ambitionierte Personalverantwortliche oder Partner abgebildet. Beim Mentoring wird jungen Associates ein Partner als Mentor zugewiesen. Dies ist zumeist der Partner und damit Vorgesetzte des eigenen Geschäftsbereiches. Als Mentor kann er zwar seine eigenen Erfahrungen auf seinem Weg zum Partner in dieser Kanzlei weitergeben. Reflektierte Begleitung des jungen Associate auf seinem individuellen Weg ist jedoch nicht vorgesehen. Eine Ausbildung oder zumindest eine einheitliche Vorstellung davon, was Mentoring ist, ist nicht vorhanden.

Beim Coaching werden zumeist hausinterne Personalmitarbeiter aktiv. Ziel ist eine individualisierte Karriereberatung, die auch interne Streitigkeiten und

15 Heussen, „Anwaltsunternehmen führen", S. 213.

16 *Dr. Geertje Tutschka*, „Der Blick über den Tellerrand" in Unternehmensjurist 05/2018.

17 *Dr. Geertje Tutschka* Artikelserie „Coaching in der Rechtsabteilung" in Unternehmensjurist 02/2021; Dr. Geertje Tutschka „Coaching ist das was der juristischen Fachexpertise fehlt" in CoachingMagazin 01/2019; Dr. Geertje Tutschka, „Coaching oder nicht" in PE Managerseminare vom 06/2018.

Stressstrategien abdecken soll. Übersehen wird hierbei, dass hausinternes Coaching erst ab einer gewissen Unternehmensgröße[18] sinnvoll ist, die einen ausreichenden Abstand zwischen dem Coachee und dem internen Coach ermöglicht. Selbst dann ist internes Coaching nur für bestimmte abgegrenzte Themenbereiche und Berichtstrukturen nutzbar[19], wenn gleichzeitig ein entsprechendes Qualitätsmanagement des Einzelcoachings implementiert ist, wie beispielsweise Supervision, besondere Vertraulichkeit, Kombination mit externen Coaches etc.[20].

Einige Kanzleien leisten sich einen Pool an externen Coaches, aus denen die Mitarbeiter auf der Grundlage eines jährlichen Budgets frei wählen können. Andere setzen auf die Kooperation mit Vermittlern wie BetterCoach oder Coachimo. Die Personalprogramme für Anwältinnen nach der Familienpause zur Erleichterung des beruflichen Wiedereinstieg werden von diesen eher nicht genutzt. Einerseits möchten Anwältinnen sich im Vergleich zu Kollegen nicht als besonders „förderungswürdig" einschätzen lassen. Andererseits gehen diese Programme regelmäßig nicht über Plattitüden und die Vermittlung von Allgemeinplätzen hinaus[21]. Junge Väter werden in der Regel nicht angesprochen. Auch hier gilt: Familienpausen sind höchst persönliche und individuelle Angelegenheiten. Nach heutigem Verständnis auch kein reines Frauenthema mehr. Individuelle professionelle Unterstützung von außen und die Schaffung von familienfreundlichen Strukturen, wie Betreuungskontingente in der KiTa nebenan, flexible Arbeitszeiten und Home Office Möglichkeiten, Teilzeitmodelle sowie alternative Wege zur Partnerschaft jenseits von Umsatz wären Modelle, die tatsächlich die Bedürfnisse der Junganwälte treffen. Klassischerweise wird in den Kanzleien jedoch nach wie vor allenfalls die Möglichkeit der berufsbegleitenden Promotion oder eines Zweitstudium angeboten. Linklaters geht hier bereits neue Wege: Mit „YourLink" können individuelle Arbeitszeitkontingente

---

18 In der Wirtschaft regelmäßig ab mehreren 1.000 Mitarbeitern, wobei zusätzlich die Struktur und das Reporting des Unternehmens, die Qualifikation des internen Coaches sowie der Umfang des internen CoachPools eine wichitge Rolle spielen (Dr. Tutschka im Interview zur Broschüre „Qualitätsmanagement im Einzelcoaching" in „Managerseminare – Sonderheft Coaching" 05/2018).

19 Siehe auch die „Global Consumer Awareness Study" ICF 2017.

20 Dr. Tutschka, „Qualitätsmanagement im Einzelcoaching", S. 5.

21 Initiativen, diesen Zustand zu ändern, Bewußtsein zu schaffen und Strukturen aufzubrechen gibt es bereits einige: wie „Breaking.Through" für Role-Models von Nadja Harraschain in Frankfurt oder übergreifende Kanzleikinderbetreuung von Rechtsanwältin Kosa in Wien (beide mit Artikeln im Blog bei CLP vorgestellt).

vereinbart werden, ohne mit dem negativ behafteten Teilzeitstatus in der Bedeutungslosigkeit zu versinken[22].

Tatsächlich kann den Herausforderungen der Branche jedoch nur in ihrer Gesamtheit begegnet werden:

Sinnvolle Reaktionen auf die Herausforderungen der Legal Branche, © Dr. Geertje Tutschka

Segmentierung:

Auch und gerade für die Personalentwicklung gilt es, die Werte und Kultur Ihrer Kanzlei sowie die erarbeitete strategische Ausrichtung umzusetzen. In den allermeisten Kanzleien passiert dies jedoch nicht[23].

Was nützt es dann, wenn sich eine Kanzlei als innovativ, modern und offen beschreibt, um sich strategisch auf Start ups und junge Technologien auszurichten, die regelmäßig Mitglieder der Generation Y und Millennials flach hierarchisch organisieren – wenn das eigene Kanzleiteam aus homogenen Mittvierzigern streng hierarchisch organisiert und autoritär geführt wird? Dass nicht nur der Anwalt, sondern auch die Paralegals die Zielgruppe der Kanzlei mit all ihren Besonderheiten mögen muss, liegt auf der Hand. Aber muss man die Wer-

22 Eine sehr ausführlich und aktuelle Übersicht findet sich im jährlich erscheinenden e-fellows „Perspektiven für Juristen", in welchem allein 2021 20 der größten Kanzleien hinsichtlich ihrer strategischen Ausrichtung, Werte und Kultur, dem Personalprofil und den Personalentwicklungsmaßnahmen vorgestellt werden, im Buch ab S. 174, 247 ff. Dr. Tutschka, „Verlässliche Arbeitszeiten trotz Großkanzlei" vom 9.2.2018 im CLP-Blog.

23 Es gibt noch nicht einmal ein verschriftlichtes Konzept.

te seiner Zielgruppe gleich selber leben? Die Antwort lautet ja. Gegenfrage: Lassen Sie sich gern von Jemandem Ihr Geschäft erklären, der voller Vorurteile gegenüber Anwälten und Juristen ist und keine Ahnung von Ihrer Branche hat? Ich berate jetzt mit meiner Firma seit zehn Jahren Kanzleien in DACH: die wichtigste Erkenntnis daraus ist, dass man nur dann beraten kann, wenn man mit seinen Kunden auf Augenhöhe ist und einschlägige Branchenerfahrung besitzt. Das hat mit Vertrauen und Kompetenz zu tun.

Und genau das muss Ihr Kanzleiteam für Ihre Kunden abbilden: Mitarbeiter, die nicht nur die Eigenheiten Ihrer Klientel kennen und mögen, sondern bestenfalls Teil der Zielgruppe sind und deren Werte leben.

Spezialisierung:

Fachliche Qualifikation ist das eine. Das wird vorausgesetzt. Vorausgesetzt wird ferner, dass die Spezialisierung heute unterstützt wird durch geeignete Datenbanken und Research Tools, spezialisierte Software für Datenabgleich und Baukastensysteme sowie die Zusammenarbeit mit Experten.

Spezialisierung heißt heute aber noch mehr. Es bedeutet, dass man eine besondere Kombination bestimmter Ausbildungen, Soft Skills und Erfahrungen in sich vereint. Hier geht es nicht darum, zwei Standardausbildungen wie BWL und Jura oder Medizin und Jura zu kombinieren, um sich als Wirtschaftsjurist oder Medizinrechtler zu positionieren. Es geht um mehr. Es geht darum, Ihre besonderen Eigenschaften und Talente zu kultivieren, zu professionalisieren. Sind Sie also ein besonders guter Verhandler, sollten Sie weitere Kommunikationsausbildungen oder vielleicht sogar eine Mediationsausbildung in Erwägung ziehen. Sind Sie ein Teamplayer, macht vielleicht eine interkulturelle Ausbildung Sinn. Sind Sie ein Stratege und geborener Anführer machen Leadership Trainings Sinn.

Diversity:

Teams, die eine große Bandbreite unterschiedlicher Lebenserfahrung in sich versammeln, sind innovativer und können auf Herausforderungen mit flexiblen Lösungsstrategien reagieren. Unterschiedliche Lebenserfahrungen können sich dabei aus verschiedenem kulturellen Hintergrund, unterschiedlichen Lebensphasen oder auch Geschlechterperspektiven ergeben[24]. Die vielfältigen Herausforderungen der Legal Branche ernst zu nehmen, bedeutet also auch, mit diver-

24 Hasebrook, „Lebensphasen- und Kompetenzmanagement“, S. 12f.

sen Entscheiderteams die Komplexität der Situation tatsächlich erfassen zu können[25].

Auffällig ist, dass Anwältinnen bislang weder bei den Topverdienern noch in Führungspositionen noch bei den Sozietäten und Partnerschaften nachgezogen haben. In den juristischen Berufen ist der Abstand zu den Einkommen der Männer sogar am Größten. Sollte es also zukünftig auch für Anwaltskanzleien eine Frauenquote geben?

	Deutschland	Österreich	Belgien	Niederlande
Anwälte	164.000	5.800	17.800	17.500
Anteil Frauen ca.	33%	20%	42%	43%
Einwohner pro Anwalt ca.	500	1.500	600	1.000

Diversity in der Anwaltschaft 2019, © Dr. Geertje Tutschka

Gut, dass die Zahl der zugelassenen Anwältinnen in den letzten Jahren von 33 Prozent auf 49 Prozent gestiegen ist. Die Zahl der Studentinnen im Fach Rechtswissenschaft liegt nach einer Studie des Deutschen Anwaltvereins von 2013 schon jetzt bei knapp 60 Prozent. Gut auch, dass die Arbeitsgemeinschaft der Anwältinnen im DAV in den vergangenen Jahren bereits eine Frauenquote für Referentinnen in der Deutschen Anwaltsakademie durchgesetzt hat. Um so besser, dass Initiativen wie PANDA Law gezielt weiblichen Führungskräftenachwuchs nun auch bei den Juristen unterstützen[26].

„Gender Diversity ist für Kanzleien kein Nice-to-have. Es ist ein Must-have: Mandatierungskriterium, Schlüsselkompetenz der Zukunft und Ausweis für gutes Kanzleimanagement. Wie soll sich glaubhaft für Recht einsetzen, wer Chancengerechtigkeit im eigenen Haus nicht lebt? Alle Seiten profitieren, wenn Frauen und Männern gleiche Entwicklungsmöglichkeiten offenstehen."

Katharina Miller, Präsidentin European Women Lawyers Association in Madrid und Beirätin PANDA Women Leadership Contest & Network sowie Isabelle Hoyer, CEO PANDA Women Leadership Contest & Network

Gemischte Entscheiderteams, in denen die Frauen nicht mehr selbstverständlich die Themen Personal und Eventorganisation übernehmen, Rechtsbereiche,

25 Dr. Hohenstatt zur Initiative ALICE, „Diversity in deutschen Kanzleien" vom 18.11.2016 im Blog bei CLP.

26 Dr. Tutschka, „We are PANDA. Und was machen Sie?", vom 6.10.2017 im Blog bei CLP.

die nicht mehr ausschließlich von Kollegen oder Kolleginnen beackert werden, und Netzwerke, in denen sich Kollegen mit Kolleginnen austauschen, führen zu einem neuen Verständnis innerhalb der Anwaltschaft.

Hat das Auswirkungen auf Hierarchien innerhalb von Kanzleien? Ja.

Kann dies Streitkultur verändern? Absolut.

Wer heute beim „Gender Shift" und der Veränderung des anwaltlichen Berufsbildes immer noch allein an Vereinbarkeit von Beruf und Familie, Home Office und Work-Life-Balance denkt, verkennt, dass die nächste Generation an Juristen dies insgesamt einfordern wird. Denn so wie es in der Gesellschaft bei Gender Equality auch immer um Gender Diversity geht, muss der Unterschied zwischen den Geschlechtern eben auch im Rechtssystem spürbar bleiben. Damit unser Rechtssystem an der gesellschaftlichen Realität bleibt und diese widerspiegelt.

Im Anwaltsberuf kommt ein weiterer wichtiger Aspekt hinzu: Dass Frauen und Männer unterschiedlich kommunizieren, ist längst bekannt. Und dass auch Juristen Menschen, vor allem aber Männer und Frauen sind, auch. Letztlich geistern aber auch die althergebrachten Rollenbilder zu Streitverhalten und Autorität immer noch bewusst oder unbewusst durch die Köpfe. Eine streitbare Anwältin kann da schon mal als „Zicke" oder „Mannweib" wahrgenommen werden – ihr Kollege hingegen als „kämpferischer Gewinnertyp"[27].

Auswirkungen auf die Praxis:
die Chance, das männliche und weibliche Prinzip in Einklang zu bringen

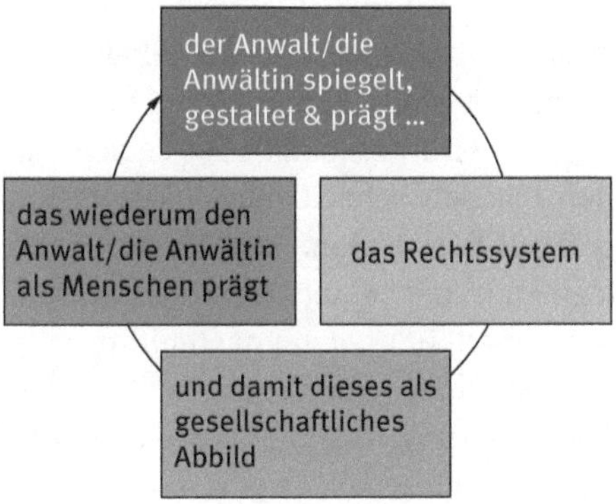

Diversity in der Anwaltschaft, © Dr. Geertje Tutschka

27 Dr. Tutschka, „Jurist oder Juristin – (k)ein Unterschied", vom 8.3.2015 im Blog bei CLP.

„Lawyers are society's professional problem solvers." Rennard Strickland & Frank T. Read

Dann sollte die Anwaltschaft auch die Gesellschaft abbilden. Und die besteht nun mal jeweils zur Hälfte aus Männern und Frauen[28].

Unternehmen setzen in schwierigen Verhandlungssituationen je nach Situation heute ganz bewusst entweder einen Anwalt oder eine Anwältin ein. Mandanten wollen sich in ihrer Scheidung nur von einem Mann oder aber nur von einer Frau vertreten lassen. Alles Kopfsache? Der Anwaltsberuf fordert wie kaum ein anderer typisch männliche ebenso wie typisch weibliche Kommunikationsmuster geradezu ein[29].

Personalentwicklung für Kanzleien muss also nicht nur wertebasiert und auf ihre strategische Ausrichtung abgestimmt sein, sondern Diversity, Segmentierung und Spezialisierung leisten, um zukunftsfähig zu sein.

Eine nicht zu unterschätzende Aufgabe ist es letztlich, aus den so aufgebauten Mitarbeitern ein Team zu formen. Die Kanzleien, die schon heute in Teamentwicklung investieren, sind die Großkanzleien. Und das nicht, weil Sie dafür das nötige Kleingeld haben, sondern eher, weil Sie sich die Leute mit wirtschaftlich-strategischem Weitblick leisten können: Die Entwicklung und Investition in das Team halten diese Leute für essentiell. Bei kleinen und mittleren Kanzleien funktioniert Teamentwicklung eher „natürlich": Man gibt die Regeln vor und überlässt dann das Team sich selbst. Entwickeln wird sich auch dort sicherlich etwas, die Frage ist nur: was.

Kennen Sie die Kanzleien, in denen sich alle gut miteinander verstehen, sich duzen und sogar privat miteinander befreundet sind? Schon wenn man die Kanzlei betritt, fühlt man sich beschwingt. Es wird gescherzt und gelacht, in der Küche trifft man sich zum gemütlichen Plausch bei selbstgebackenem Kuchen. Da stören auch nicht die Aktenstapel auf dem Boden. An's Telefon geht, wer gerade Zeit hat. Der junge neue Kollege kann mit seiner Nachfrage warten. Und dann gibt es die Kanzleien, die sich jeden Donnerstagnachmittag zum Teammeeting treffen. Mit Themen wie Business-Development, Aus- und Weiterbildungsprogramm und strategischer Positionierung. Aufgabenbereiche werden dort nicht durch den eigenen Schreibtisch beschrieben. Es gibt so etwas wie kanzleidefinierte Arbeitsabläufe, Prioritäten und Kontrollsysteme. Effizienz und Effektivität soweit das Auge reicht. Jeder gibt sein Bestes und fokussiert

28 Aus Diversity schlechthin, wie Herkunft, Alter, Kultur etc.

29 Dr. Tutschka, „Frauenquote für Anwaltskanzleien", vom 8.11.2015 im Blog JurCoach.

sich auf die Arbeit. Anwalt sein ist kein Kindergeburtstag. Leidenschaft, Freundschaften und „Menscheln“ darf woanders. Muss man sich also entscheiden zwischen einer super Teammannschaft und der professionellen Effizienz einer gut geölten Maschine? Braucht man überhaupt ein Mannschaftsgefühl, wenn alles läuft?

Merke:
Höher als Personalkosten sind nur die Kosten, um gutes Personal durch gutes ersetzen zu müssen.

Doch woher wissen Sie, wie gut oder schlecht Ihr Team ist und wie es tatsächlich funktioniert? Meinen Kunden empfehle ich hier gern, dies im Rahmen eines Teamevents herauszufinden. Dabei muss das Teamevent zur Teamkultur passen und auf die Bedürfnisse und Themen zugeschnitten sein. Sonst hat man bestenfalls einen Nachmittag miteinander Spaß – jedoch keine Teamarbeit geleistet.

Im Mannschaftsport gilt es, mit Profis ständig daran zu arbeiten, ein Team zu bleiben oder zu werden. Eins, das größer ist als die Summe aller einzelnen Spieler. Was kostet es, eine gut ausgebildete und eingearbeitete Mitarbeiterin zu ersetzen – erst recht, wenn man sie an die Konkurrenz verliert? Was kostet es, dem vielversprechenden Nachwuchsjuristen kein attraktives Angebot unterbreitet zu haben, wie er künftig mehr Zeit mit seiner kleinen Tochter verbringen kann – erst recht, wenn sich viele Mandanten bei ihm gut bis besser aufgehoben gefühlt haben? Talente und Potential zu verschenken oder ungenutzt zu lassen, können wir uns heute nicht mehr leisten. Sie müssen entdeckt, gefördert und langfristig gebunden werden. Das alles kann ein Team leisten. Ein gutes Team kann sogar noch mehr: es multipliziert die so gebundenen Talente.

„Wer allein arbeitet, addiert, wer mit anderen zusammenarbeitet, multipliziert.“ (Nossrat Peseschkian).
Eine Kanzlei ist ein Unternehmen. Es geht um Zahlen, um wirtschaftlichen Erfolg. Und um Menschen. Die Produkte der Kanzlei werden schließlich von Menschen produziert: aus Wissen und Können, Lebenserfahrung und Empathie. Die Mitarbeiter sind Ressource und Kapital zugleich. Und die Produkte gestalten Menschenleben. Wann haben Sie das letzte Mal in Ihr Team investiert?

Was bedeutet das für unsere drei Fallbeispiele?
Während es bei **Fallbeispiel 1** mit den Wachstumsschmerzen um ein Führungsthema geht, steht **Kanzlei Nummer 2** mit den „falschen Mandanten“ vor der Aufgabe, die passenden personellen Ressourcen anzuwerben. Lawyer on Demand oder Projektjuristen können kurzfristig und zur Überbrückung helfen.

Langfristig gesehen wird es hier ein abgestimmtes Personalkonzept brauchen, welches zur richtigen Zeit die richtigen Mitarbeiter in richtiger Anzahl aufgebaut und zu einem gut eingespielten Team geeint hat. Kanzlei Nummer 1 wäre gut beraten, sich mit der eigenen internen Struktur zu beschäftigen und sinnvolle und effiziente Möglichkeiten zu schaffen, schnell einheitliche Entscheidungen treffen zu können. Ob es dafür bereits ein Management braucht, hängt von der Größe der Kanzlei ab. Im Moment scheint es eher zumindest von den Zahlen her eine Kanzlei mit ca. 50 Berufsträger zu sein (siehe die Studie von Schön) oder eine große Kanzleien mit einem Kostenproblem aufgrund schlechten Managements.

Und **Kanzlei Nummer 3** mit dem Nachwuchsproblem? Der Werte- und Kulturwandel muss von der Führungsebene nicht nur initiiert werden sondern dort beginnen, wenn man es mit der Zukunft der Kanzlei ernst meint. Das Personalmanagement und die durchdachten Programme hatten ja bereits Ergebnisse erzielt – diese konnten jedoch keinen nachhaltigen Erfolg bringen[30]. Weitere Maßnahmen in diese Richtung wären also wenig zielführend. Manchmal kann an dieser Stelle auch eine Neubetrachtung des Sozietätsvertrages inklusive der vorhandenen Partnerstrukturen und des Vergütungs- und Bonitätssystems untersützen. Dann geht es für die Partner nämlich bei der Veränderung um Zahlen und Fakten und vor allem um den eigenen Verdienst bzw. Gewinn und nicht mehr nur um Werte und Einstellung – die folgen dann (hoffentlich) nach. Immerhin werden der Sozietätsvertrag und die Partnerstrukturen von dem etablierten und veralteten Wertesystem getragen und zementieren es gleichzeitig. Diese Wechselwirkung kann man sich geschickt zunutze machen.

Was hat Ihnen das Kapitel gebracht?
Sie kennen die Personalstruktur einer erfolgreichen Kanzlei und wie Sie diese aufbauen.

30 Ich habe in den letzten Jahren zahlreiche engagierte Initiativen von Nachwuchskräften in den unteren Karriere-Leveln gute und sehr gute Projekte anstoßen sehen z.B. zum Thema „wie können wir Nachwuchskräfte halten", zum Teil sogar vom Management bzw. von den Partnern beauftragt und anfangs unterstützt, um dann am Ende bei der Umsetzung und nachhaltigen Implementierung absichtlich oder unabsichtlich zu scheitern und in der Schublade zu verschwinden, weil an den Grundfesten nunmal nicht gerüttelt werden sollte. Das wiederum hat bei den Nachwuchskräften noch größere Frustration ausgelöst, wirkte es doch nun wie eine „hinhaltende, sinnlose Beschäftigung" mit der Folge, dass sie sich noch schneller aus der Kanzlei verabschiedeten und es auch noch weiter erzählten.

F. Kanzleimarketing und Akquise

Marketing für Kanzleien war immer schon ein sehr diffuses Thema mit branchentypischen Besonderheiten, Eigenarten und Spielregeln – für Marketingagenturen seit jeher eine große Herausforderung.

Covid-19 mit seinen Lockdowns und der Wirtschaftskrise hat den Konkurrenzdruck in der Branche erhöht und die Digitalisierung befeuert. Das blieb nicht ohne Auswirkungen auf das Kanzleimarketing.

Vor 2020 war das Thema Marketing in den meisten Kanzleien ein eher beiläufig erwähntes Thema. Man überließ es weitgehend sich selbst. Eine Anbindung an die Kanzleistrategie war kaum vorhanden. Die Führungsriege sah sich hier nicht in der Verantwortung: Immerhin setzte man seit Jahrzehnten erfolgreich auf sein berufliches Netzwerk, pflegte seine Mandatsstruktur und hatte die klassische, historisch gewachsene Annahme verinnerlicht, dass Marketing nichts für das seriöse Anwaltsgeschäft sei. Ja, man hatte verstanden, dass die Webseite die digitale Repräsentanz der Kanzlei und hierfür eine entsprechende Investition erforderlich ist. Doch nur selten wurde das tatsächliche Potenzial dieser Hochglanzseiten gezielt für strategisches Marketing und Vertrieb eingesetzt.

Immerhin wurde das Kanzleimarketing gerade im Kampf um die High Potentials entdeckt. So erhielten Kanzleiwebseiten plötzlich innovative Zusatzmodule für das Employer Branding oder man investierte sogar in separate Einheiten mit enger Anbindung an Social Media.

Alleine für das Employer Branding wurde Kanzleimarketing strategisch und professionell genutzt.

Dies schien eine vielversprechende Investition in die Zukunft zu sein und immerhin lernte man daraus auch so einiges über das allgemeine Kanzleimarketing.

Doch ab März 2020 war alles anders: Lockdown und Wirtschaftskrise führten dazu, dass einige Kanzleien reihenweise Mitarbeiter entließen, um Personalkosten einzusparen. Andere froren sämtliche Budgets für Mitarbeiterentwicklung, Netzwerke und Marketing ein. Die gesamte Branche von der Einzel- bis hin zur Großkanzlei war mit der Umstellung des Geschäftsbetriebs auf Home Office, der Erarbeitung von Bürohygienekonzepten und den sich rasant verändernden Mandatsthemen oder sogar der Mandatsstruktur beschäftigt.

Employer Branding existierte quasi nicht mehr: Man verabschiedete sich oder versuchte, seine Leute mit aller Macht zu halten. Virtuelle Einstellungsgespräche und virtuelles Onboarding waren noch nicht erfunden.

https://doi.org/10.1515/9783110726428-006

Als auf Kanzleien spezialisierte Beratungsagentur konnten wir dieses Umschalten beim Thema Marketing in der gesamten Branche unmittelbar erfassen:

Bis zum ersten Quartal 2020

- umfasste noch 1/3 unseres Beratungsgeschäfts reine Marketingthemen von der strategischen Positionierung bis zur Webseite, mit Tendenz zu Großaufträgen im Sinne umfassender und grundlegender Strategiekonzepte für Positionierung, Marketing und Kommunikation sowohl für die Kanzleigründer als auch für bestehende Kanzleien,
- 1/3 bezog sich auf das Unterstützen, Veranstalten und Abhalten von Netzwerktreffen und Eventformaten für Marketing und Vertrieb und
- 1/3 befasste sich mit Privatanfragen von Juristen zu Personal Branding, also dem Erwerb eines Expertenstatus für spezialisierte Anwälte, Juristen etc.

Im zweiten und dritten Quartal war all dies gestoppt; es drehte sich nur noch um das Überleben im Tagesgeschäft.

Doch mit dem Alltagsdruck traten „alte Baustellen" und Schwachpunkte in den Kanzleien deutlich zu Tage.

Schlechte Führung wurde nun unerträglich, umständliche Prozesse waren nicht mehr akzeptabel, Überlastung, Unterbezahlung und mangelnde Ausbildung – war am Krisenanfang noch jeder Arbeitnehmer froh, einen Job zu haben, waren nun viele bereit, zu gehen und höhere Ansprüche zu stellen.

Nur einige wenige Kanzleien nutzten die zweite Jahreshälfte, um sich grundsätzlich strategischen Fragen nach der Covid-19-Erfahrung zu stellen, interne Prozess- und Führungsthemen aktiv anzugehen und ihren Online-Auftritt entsprechend neu auszurichten und sich mutig und bewusst bei digitalen Marketingaktivitäten wie Podcasts und Life-Diskussionsrunden und als Krisensprecher für Politik und Verwaltung zu positionieren oder mit ausgefallenen Formaten wie Online-Weinverkostungen zu punkten und diese auszubauen.

Recruiting und Einstellung funktionierten plötzlich online. Das Employer Branding war zurück.

Der Arbeitsmarkt hatte dramatisch an Dynamik und Geschwindigkeit gewonnen. Auch waren plötzlich Qualifikationen und Erfahrungen in Online-Formaten, persönliche Reichweite in den sozialen Medien und beruflichen Netzwerken sowie Podcast-Talent gefragt.

Mutig, flexibel und agil agierten in unserer Wahrnehmung vor allem kleine und mittlere Kanzleien, auch wenn Investitionen in erste Versuche mit modernen Formaten in den Partnerrunden heiß diskutiert wurden und ihnen viel Gegenwind entgegenschlug.

Als Gewinner sind heute, 15 Monate nach dem ersten Lockdown, eindeutig diejenigen Kanzleien aus der Pandemie hervorgegangen, die

1. Ihre Kanzleistrategie umfassend und grundlegend neu aufgestellt,
2. Ein darauf abgestimmtes Marketing- und Akquisekonzept entwickelt und
3. Mutig neue und moderne digitale Formate außerhalb ihrer Komfortzone ausprobiert haben.

Galt dies nur für Kanzleien? Ja und nein: Einerseits hat Covid-19 mit Lockdown, Wirtschaftskrise und Digitalisierungsschub sicherlich Marketing und Vertrieb jeder Branche grundsätzlich verändert. Bildschirmzeiten erhöhten sich drastisch: Es wurde mehr digital konsumiert, kommuniziert und angeboten als jemals zuvor. Nicht ohne Grund erzielten Amazon und Zoom Rekordwerte, legten alle Netzwerke „Traumzahlen" vor oder wurden komplett neu gestartet, wie z.B. Clubhouse. Arbeit und Lehre wurden zwangsdigitalisiert. Und obgleich die Bildschirmmüdigkeit zunahm:

Das Nutzerverhalten änderte sich nachhaltig hin zum Digitalen und zu wertvollen oder zumindest unterhaltsamen Inhalten.

Die immer schon bestehenden Besonderheiten für das Marketing in der Rechtsbranche konnten nun nicht mehr als Ausrede für Defizite herhalten.

Auch hat die Situation der Kanzleien, im Corona-Krisenmodus quasi 200% leisten zu müssen, deutlich gemacht, dass man sich ungenutztes Potenzial im Marketing nicht mehr leisten kann[1].

Merke:
Kanzleien, die heute noch dasselbe Marketing wie vor 2020 betreiben und nicht über ein strategisches Marketingkonzept verfügen, werden unwiederbringlich entscheidende Marktanteile verlieren und schon bald nicht mehr relevant sein.

---

1 *Dr. Tutschka*, Wie Covid-19 das Kanzleimarketing für immer veränderte, Haufe.Recht vom 23.7.2021.

I. Marketing und Kommunikation

Wozu sollten Sie dieses Kapitel lesen?
Marketing und Akquise sind das Herzstück Ihrer Kanzlei, das Herzstück Ihrer unternehmerischen Tätigkeit und damit Chefsache. Sie lernen die Komplexität des Marketings kennen, verstehen die feinen Unterschiede bei der Markenbildung und werden Spaß dabei haben, den einen oder anderen Marketing-Tipp direkt umzusetzen.

Übersicht

1. **Markenbildung und Personal Branding**
- Kanzleimarke
- Produktmarke
- Markenbotschafter
- Anwaltsmarke
- Corporate Influencer
- Persönlichkeitstypen
- Expertenstatus und Authentizität post Corona

2. **Kommunikationskonzept**
- Mandantenkommunikation
- Kanzleiumfeld
- Webseite
- Social Media
- Zusammenfassung

3. **nachhaltige Mandantenbindung**
- Newsletter und Rundschreiben
- Blog
- Youtube und Podcast
- Messanger
- Presse-Fachartikel und Co.
- informative Downloads
- Sach- und Fachbücher

4. **Reputation**

5. **Business Networking**

6. **Kooperationspartner**

7. **Employer Branding**

Seit 1996 ist das Werbeverbot für Anwälte aufgehoben; gerade noch rechtzeitig, um die Branche mit dem Boom an Möglichkeiten, die die Digitalisierung, neue Technologien und die sozialen Medien mitbrachten, wach zu küssen.

Doch was ist Marketing überhaupt? „Marketing" ist ein schillernder Begriff. Marketing wird als betriebswirtschaftliche Disziplin, als eine Universalwissenschaft, die sich der Erkenntnisse zahlreicher Disziplinen bedient und als Kunst, Beziehungen zu Klienten zu knüpfen und aufrechtzuerhalten, verstanden. Marketing wird auch als eine Kunst definiert, die nicht etwa darin besteht, „eine knifflige Methode auszudenken, wie man das, was man erzeugt, wieder los wird[1]. Marketing ist die Kunst, wirklich wertschöpfend für den Kunden zu wirken. Es ist die Kunst, Kunden so zu betreuen, dass es ihnen bessergeht." Alle diese Beschreibungen haben trotz ihrer unterschiedlichen Aussagen etwas für sich. Die Marketinglehre behandelt einen komplexen Gegenstand.

Von vornherein ist mit einem verbreiteten Vorurteil aufzuräumen: Marketing darf nicht mit „Werbung" im herkömmlichen Sinn gleichgesetzt werden. Marketing ist weitaus umfangreicher. Werbung im herkömmlichen Sinn, die etwa durch Annoncen in Zeitungen betrieben wird, oder klassische TV-Werbung, an die sich diejenigen Leser vielleicht erinnern, die nicht aus der Generation Netflix stammen, ist nur ein untergeordneter und nachrangiger, noch dazu kleinerer Bestandteil von Marketing. Die Marketinglehre ist ein noch junger, jedoch sehr wichtiger Bestandteil der Betriebswirtschaftslehre. Ein wenig vereinfacht formuliert befasst sich die Marketinglehre mit der Vermarktung von Waren, Dienstleistungen und Gütern. Die Betriebswissenschaftler sind sich selbst noch nicht darüber einig geworden, welches die gültige Definition für den Begriff „Marketing" sein soll.

Eine verbreitete Definition lautet: Marketing bedeutet Planung, Koordination und Kontrolle aller auf die aktuellen und potentiellen Märkte ausgerichteten Unternehmensaktivitäten. Durch eine dauerhafte Befriedigung der Kundenbedürfnisse sollen die Unternehmungsziele im gesamtwirtschaftlichen Güterversorgungsprozess verwirklicht werden. Marketing ist damit nichts anderes als die Summe aller marktbezogenen Aktivitäten eines Anwalts. Doch wie jede Aktivität sollte auch das Marketing nicht spontan, sondern geplant und organisiert durchgeführt werden.

Leider gehört die Beschäftigung mit Marketingfragen auch heute noch für die meisten Anwälte nicht zwingend zu Ihrem Berufsbild – egal ob als Anwalt oder als Kanzleiinhaber. Dies mag daran liegen, dass Marketing als der Betriebswirt-

1 Meine Lieblingsdefinition.

schaft zugehörig und damit fachfremd betrachtet wird. Die Scheu vor dem Marketing mag auch aus der falschen Gleichsetzung von Werbung und Marketing herrühren. Lange wurde die Werbung für Dienstleistungen eines Anwalts fälschlicherweise als vollständig verboten angesehen, weil es für den Anwalt als Organ der Rechtspflege nicht angemessen schien, Werbung reklamehaft zu betreiben[2]. Das ist natürlich Unsinn und als „reine Schutzbehauptung zu werten" – um im Kontext der Branche zu bleiben – sich nicht damit beschäftigen zu müssen oder über die eigene Unfähigkeit auf diesem Gebiet hinwegzutäuschen. Hinzu kommt, dass das Dienstleistungsmarketing anderen Regeln folgt als das reine Produktmarketing. Rechtsberatung wird jedoch erst neuerdings als Dienstleistung und Service begriffen.

Doch zugegebenermaßen verkauft der Anwalt nun einmal keine Kfz-Reparatur oder einen günstigen Haarschnitt, wo es darum geht, sich gegenüber dem Mitbewerber abzuheben. Rechtsberatung, Vertretung und Begleitung des Mandanten ist nicht irgendeine Dienstleistung. Erfolgreiches Anwaltsmarketing muss berücksichtigen, dass die Inanspruchnahme und die Auswahl eines Rechtsanwalts in höchstem Maß Vertrauenssache ist. Weil die Dienstleistung eines Anwalts kaum sichtbar, nicht greifbar und in ihrer Qualität nur in den seltensten Fällen von einem Mandanten kontrollierbar ist, spielt das Vertrauen in die Qualität des Anwalts und seiner Arbeit eine so große Rolle. Sowohl der Erwerb des Vertrauens, der über Ersatzindikatoren funktioniert, als auch der dauerhafte Erhalt dieses Vertrauens stellen ganz besondere Anforderungen an den Rechtsanwalt bei der Vermarktung seiner Dienste. Und schließlich werden Anwaltskanzleien gegenüber anderen Dienstleistungsunternehmen in ihrer Distributionspolitik ganz erheblich dadurch benachteiligt, dass sie sich ihre Mandanten nicht in jedem Fall aussuchen dürfen. Nach den §§ 48 bis 49a BRAO ist jeder Rechtsanwalt verpflichtet, Mandate, die er vielleicht gar nicht will, zu übernehmen. Nur aus wichtigem Grund kann er solche Mandate ablehnen. Ein Anwalt kann also unter Umständen sogar gezwungen werden, eine gar nicht in den Marketing-Mix seiner Kanzlei passende Prozessvertretung zu übernehmen.

Doch was macht gutes Marketing aus?

Gutes Marketing folgt einem Gesamtkonzept, bei dem alle erfolgversprechenden und für Zielgruppe und Markt relevanten Marketinginstrumente fein aufeinander abgestimmt sind und ineinandergreifen. Das Gesamtkonzept dient der Erreichung der Kanzleiziele, die mit der strategischen Ausrichtung der Kanzlei und der Kanzleistrategie verfolgt werden. Kanzleimarketing ohne Marketingstrategie ist wertlos und manchmal sogar schädlich!

---

2 Branchenbericht der Sparkasse 2020, S. 23.

Soll das Kanzleimarketing Geschäft bringen und den Umsatz steigern, sollte es vor allem in den für die Kanzlei interessanten Geschäftsfeldern betrieben werden, in denen die Kanzlei Know-how und die notwendigen Ressourcen besitzt. Anderenfalls war das Marketing eine Fehlinvestition. Kanzleien, die Kanzleimarketing weiterhin ohne Marketingstrategie oder nicht im Einklang mit der eigenen Kanzleistrategie betreiben, werden sich das nicht mehr leisten können. Auf Kanzleimarketing hingegen ganz zu verzichten, ist bei der gegenwärtigen Entwicklung der Branche allerdings auch nicht mehr möglich, dafür ist der Legal Markt zu umkämpft und konkurrenzstark. Kommunikation und Marketing sind zu sehr miteinander verschmolzen. Kanzleien, die heute also noch meinen, ohne Kanzleimarketing auszukommen, wird es morgen nicht mehr geben.

Kanzleimarketing sollte sowohl die Kanzlei als Ganzes als auch die dahinterstehenden Persönlichkeiten einbeziehen: Kanzleimarketing muss daher die Anwaltspersönlichkeiten, die Gesichter der Kanzlei, in den Mittelpunkt des Marketings rücken, sie dem Zielpublikum näher bringen, sie greifbarer und menschlicher machen.

Gleichzeitig muss Kanzleimarketing heute aber nicht nur für die Mandantenakquise, sondern auch für die Anwerbung von High Potentials zur Verfügung stehen (Stichwort: Employer Branding). Mit dem richtigen Marketing kann man zukünftige Anwaltspersönlichkeiten und Fachkräfte auf sich aufmerksam machen – und zwar diejenigen, die zu Ihnen, Ihrem Team und Ihrer Kanzleistrategie passen. Nicht zuletzt bringen Top-Performer nicht selten Top-Mandate mit. Auch dadurch erhöhen sich Geschäft und Umsatz. Nur so entfaltet Ihr Kanzleimarketing sein gesamtes Potenzial: Teurer als unstrategisches Kanzleimarketing ist nur kein Marketing[3].

Ihr Marketing sollte also

1. Ihren Kanzleiwerten, Ihrer Positionierung und Kanzleistrategie entsprechen
2. sowohl Ihre Kanzlei als auch Ihre Anwaltspersönlichkeiten präsentieren
3. die beiden unterschiedlichen Zielgruppe Mandanten und zukünftige Mitarbeiter abholen

Mandanten können weiter danach unterschieden werden, ob es sich um Kanzleimandanten handelt oder erst um zukünftige/potenzielle Mandanten.

Warum wird diesem Thema hier noch einmal ein ganzes Kapitel gewidmet?

Die Komplexität von Marketing, die Bedeutung von Markenbildung, Sales und Akquise ist vielen Kollegen noch nicht bewusst. Es wird daher entwe-

3 Dr. Tutschka, „Kanzleimarketing kompakt“ S. 25.

der komplett ausgeblendet oder aber ausgelagert, in dem externe Dienstleister eingekauft werden, die sich mit diesem Thema dann „für die Kanzlei" beschäftigen sollen. Gleiches gilt, wenn Marketingexperten in die Kanzlei integriert werden bzw. innerhalb der Kanzlei ein Mitarbeiter die Verantwortlichkeit für das Marketing erhält[4]. Gemeint ist in den meisten Fällen nämlich „statt des Kanzleiinhabers". Doch die Marketingstrategie, das Marketingkonzept und die Markenbildung sind Chefsache, da Sie das unmittelbare „äußerliche" Gegenstück zum eher „innerbetrieblichen" Prozess der Erarbeitung der Kanzleiwerte und -kultur und der Positionierung darstellt. Fachexpertise und Know How können daher erst in einem zweiten Schritt (ergänzend) eingekauft werden. Sie lassen sich ja heute auch nicht mehr Ihre Kleidung morgens von Mama rauslegen[5]!

Merke:
Ich möchte daher schon an dieser Stelle mit fünf Illusionen rund um das Thema Kanzleimarketing aufräumen. Bitte verinnerlichen Sie:
1. Marketing müssen Sie als Kanzleiinhaber **und** als Anwalt betreiben
2. Marketing können Sie nicht komplett an Mitarbeiter oder Dienstleister ausgliedern.
3. Es gibt kein allgemeingültiges Kanzleimarketingkonzept
4. Es gibt kein ewig gültiges Kanzleimarketingkonzept für ihre Kanzlei
5. Marketing ist ein Begleitprozess, kein Projekt. Es wird niemals abgeschlossen sein.

Zuletzt noch ein Wort zu den externen Dienstleistern im Kanzleimarketing. Hier haben sich mittlerweile diverse auf die Legal Branche spezialisierte Agenturen etablieren können, einerseits um die Besonderheiten der Regulierung und des Berufsbildes und andererseits um das besondere Vertrauensverhältnis Anwalt-Mandant wissen. Dies war und ist sicherlich eine sehr gute Ausgangsposition, möchte man nicht einer x-beliebigen Agentur, die gerade um die Ecke oder in der Stadt ist, diese Dinge erklären müssen. Auch können diese spezialisierten Agenturen natürlich aus ihrer Erfahrung mit anderen Kanzleien schöpfen und wissen oft sehr viel schneller und besser, was gut funktioniert und was nicht:

„Try and Error" ist zwar gut und schön, aber besser, wenn das nicht nur auf Ihre Kosten geht.

Pia Löffler, selbst Rechtsanwältin und Inhaberin von Anwaltstexte.com bringt es auf den Punkt:

---

4 So hat Deloitte beispielsweise die Inhouse-Marketingabteilung derart erfolgreich auf- und ausgebaut, dass diese mittlerweile als Marketingagentur nach außen in Erscheinung tritt.

5 Bitte antworten Sie mit JA.

„Kanzleimarketing als Marketing für die Dienstleistung „Rechtsberatung" hält einige Herausforderungen bereit, denen es sich aber zu stellen lohnt.

Zunächst ist Kanzlei nicht gleich Kanzlei. So banal das klingt, aber von Strategie und Größe einer Kanzlei hängt entscheidend ab, welche Marketingkanäle und -maßnahmen zu einer Kanzlei passen. Eine Familienrechtskanzlei in einer Kleinstadt hat vollkommen andere Anforderungen an Marketing als eine etablierte Wirtschaftskanzlei in Berlin. Suchmaschinenmarketing kann im ersten Fall sehr effizient im zweiten Fall vollkommen überflüssig sein. Das muss erkannt und konsequent in einem individuellen Marketingkonzept umgesetzt werden – offline wie online.

Außerdem ist Rechtsberatung im Vergleich zu anderen Dienstleistungen eine komplexe und oft erklärungsbedürftige Dienstleistung. Zielgruppengerechte bzw. mandantengerechte und damit verständliche Ansprache in der Marketingkommunikation ist deshalb für erfolgreiches Kanzleimarketing enorm wichtig.

Welche Auswirkungen hat das konkret? Geht es um Unterstützung im Kanzleimarketing, ist vertieftes inhaltliches Wissen notwendig, zugleich Wissen über die Mandantenbedürfnisse der individuellen Zielgruppe. Denn nur, wenn Inhalte zielgruppengerecht, korrekt aufbereitet und über passende Marketingkanäle (Print, Website, Social Media etc.) kommuniziert werden, ist es möglich glaubwürdige Inhalte zu erschaffen und zu verbreiten. Eben das schafft einen Vertrauensvorschuss, sogar bevor ein Mandat entsteht. Und der ist nötig, denn Rechtsberatung ist nicht nur eine komplexe, sondern auch eine vertrauensbasierte Dienstleistung.

Nicht zuletzt ist Rechtsberatung ein „Produkt" ohne Vergleichbarkeit der Preise im Markt. Auch das hat Auswirkungen auf ihre Vermarktung. Die Beraterpersönlichkeit muss neben der Beraterkompetenz im Fokus stehen und genau das wird in Zukunft noch an Bedeutung gewinnen. Denn der onlinebasierte Vertrieb von standardisierten Beratungsprodukten zum Festpreis, z.B. über Anwaltsportale, wird in Teilen des Marktes zunehmend deutschlandweiten Wettbewerb schaffen. Eben dieser Wettbewerb wird es künftiger noch wichtiger machen, mit effektivem Kanzleimarketing Beraterpersönlichkeit zielsicher zu kommunizieren um sich von Wettbewerbern abzuheben – ob in einer kleinen, mittleren oder großen Kanzlei."

Pia Löffler, Rechtsanwältin/Wirtschaftsjuristin Universität Bayreuth und Inhaberin von Anwalttexte.com (Agentur Anwalts.marketing)

Akzeptieren Sie also Marketing und Kommunikation als einen wesentlichen Baustein Ihrer Kanzleistrategie und Ihres Kanzlei-Business, der weder ausschließlich von Experten und Spezialisten außerhalb Ihrer Kanzlei übernommen werden kann, noch komplett vernachlässigt werden kann. Lernen Sie Marketing zu lieben. Um aus der Fülle an Möglichkeiten den für Sie und Ihre Kanzlei richtigen Weg im Marketing und die für Sie und Ihrer Kanzlei richtigen Tools herauszufiltern und zu nutzen, sind dann erfahrene Experten da.

Doch auch hier gilt: der Weg ist das Ziel. Marketing ist ein Sie ständig begleitender Prozess.

Das gilt sowohl für die Kanzleigründung als auch beim Management. Ein Gründungsprozess bedarf eines anderen Marketingkonzeptes als eine seit Jahren am Markt etablierte Kanzlei. Auch die Begleitung einer geschäftlichen Neuausrichtung kann und muss mit Marketing erfolgen.

„Um heute und in Zukunft eine moderne Anwaltskanzlei erfolgreich zu managen, wird die Integration von Kanzleimarketing und Legal Tech immer wichtiger. Das gilt in jeder Phase des Kanzlei-Lebenszyklus – und ganz besonders in der Gründungsphase."

Markus Weins, Geschäftsführer FFI-Verlag GmbH

Geben Sie sich nicht der Illusion hin, dass dieses „Projekt" irgendwann abgeschlossen ist. Und dieser Prozess wird auch viel „Try and Error" sein, Neuausrichtungen und Anpassungen erfahren. Es gibt weder das eine einzig wahre Kanzleimarketing für alle noch Ihre ewig gültige Kanzleimarketingstrategie. Manche Sachen müssen sicherlich einfach ausprobiert werden, um sie in ihrem Aufwand und ihrer Wirkung einschätzen zu können.

Nicht nur deshalb unterliegt letztlich auch das Marketing dem **Controlling**. Dabei geht es einerseits darum, Budget und Kosten im Auge zu behalten. Auf der anderen Seite aber noch viel mehr darum, die wirklich wirksamen Marketinginstrumente herauszufiltern[6], um so Effektivität und Effizienz zu steigern. Ihnen wird an dieser Stelle das eine oder andere bekannt vorkommen. Ich möchte es jedoch noch einmal spezifisch auf das Marketing hinunterbrechen.

Die wesentlichen Elemente des Controllings beim Marketing sind ebenfalls Planung, Information, Kontrolle und Steuerungsmaßnahmen. Controlling ist auch hier ein kreislaufartiger Prozess, der eine ergebnisorientierte Steuerung der einzelnen Maßnahmen erlaubt. Ohne Controlling bleibt der Erfolg von Marketingaktivitäten dem Zufall überlassen.

Der Controllingkreislauf beginnt mit dem Bestimmen von **Marketingzielen**. Stehen die Ziele fest, sind die zum Erreichen der Ziele erforderlichen Kennzahlen zu definieren und Marketingaktivitäten festzulegen. Zur Planungsphase gehört auch, den Zeitrahmen zu setzen, bis die Ziele erreicht werden sollen. Es muss geklärt werden, mit welchem sachlichen, monetären und personellen Aufwand die Maßnahmen betrieben werden (Budget). Schließlich ist es unabdingbar zu bestimmen, wer welche Aktivitäten selbst ausführen oder für die Ausführung verantwortlich sein soll.

Alle an Marketingmaßnahmen beteiligten Kanzleimitarbeiter müssen über die Marketingziele sowie die Art und den Umfang der ihnen jeweils übertragenen Teilaufgaben informiert werden. Umgekehrt muss der für das Marketing-

6 Dies erinnert wieder an das Pareto-Prinzip (80:20).

controlling Verantwortliche kontinuierlich über die erreichten Fortschritte und etwa auftretende Probleme informiert werden. Abhängig von der Kanzleigröße ist hierzu nicht unbedingt ein formalisiertes Berichtswesen erforderlich. Kurze Absprachen können genügen. Wichtig dabei ist, dass der Controller die Informationen nicht nur sammelt und prüft, sondern auch auswertet.

Es muss also einerseits durch einen Vergleich zwischen der für diesen Zeitpunkt angestrebten Situation, dem Soll, und der tatsächlich bestehenden Situation, dem Ist, geprüft werden, ob und bis zu welchem Grad das Ziel erreicht wurde und andererseits die festgestellten Abweichungen analysiert werden. Die Abweichung des Ist-Zustands von der Soll-Vorgabe kann zum einen daraus resultieren, dass die Kanzlei nicht die geeigneten Maßnahmen ergriffen hat, um das Ziel zu erreichen. Möglich ist auch, dass die ergriffenen Maßnahmen zwar geeignet waren, jedoch nicht mit der erforderlichen Intensität betrieben wurden, die Qualität nicht passt oder schlicht das Timing nicht passte. Schließlich kann das Ergebnis der Analyse auch sein, dass das Ziel nicht richtig gewählt wurde oder aus heutiger Sicht nicht mehr als richtig erscheint.

Praktisches Beispiel: Eine Kanzlei in Österreich hatte sich zum Ziel gesetzt, im Lauf eines Jahres zwei Workshops für Rechtsanwaltsanwärter abzuhalten zur Vorbereitung der Kandidaten auf die mündliche Anwaltsprüfung. In Österreich absolvieren zukünftige Anwälte statt des deutschen Referendariats mit Anwaltsstation eine fünf jährige Konzipientenausbildung in der Kanzlei, an deren Ende die Anwaltsprüfung steht. Damit wollte die Kanzlei einerseits einen Mehrwert für ihre eigenen Anwärter bieten, dass diese mit einem guten Ergebnis abschließen und ein gutes Bild für die Kanzlei erzeugen. Das Seminar sollte aber auch und vor allem Teil des Employer Brandings sein und externe Rechtsanwaltsanwärter auf die Kanzlei aufmerksam machen. Eine erste Analyse ergab, dass dieses Angebot sehr gut angenommen wurde, insbesondere auch von vielen externen Anwärtern. Es waren vor allem aktuelle und populäre Rechtsthemen ausgewählt worden, um möglichst für viele Teilnehmer interessant zu sein. Das Seminar selber begeisterte die Teilnehmer. Eine genauere Analyse ergab jedoch, dass viele Teilnehmer als zukünftige Anwälte für die Kanzlei nicht in Frage kamen, da sie auf andere Rechtsgebiete spezialisiert waren. Hier erarbeitete ich mit der Kanzlei ein sehr viel differenziertes Marketing für die folgenden Seminare, welches gezielt die „richtigen" Teilnehmer ansprechen sollte. Dafür konnte aber das erste Seminar sehr gut ausgewertet werden.

Um den Grund der Abweichung von der Soll-Vorgabe feststellen zu können, ist also eine Fülle von Informationen erforderlich. Vielfach werden diese für das Controlling notwendigen Informationen nicht gezielt gesammelt geschweige denn konsequent ausgewertet. Zugegebenermaßen ist es aber auch nicht immer ganz einfach, die erforderlichen Informationen zu gewinnen. Immer wieder ist zu beobachten, dass Anwälte sich für neue Ideen begeistern, sich mit Feuereifer an das Umsetzen der Ideen machen – und es dabei bewenden lassen. Überraschend häufig wird nicht geprüft, zu welchem Ergebnis „tolle Maßnahmen" geführt haben. Die Auswertung von Marketingergebnissen wird regelmäßig zugunsten der Erledigung „dringender" Sachbearbeitungsaufgaben aufgeschoben. Abhilfe schafft nur das konsequente Einhalten fixer Termine zur Auswertung von Marketingmaßnahmen im Zweifel auch in einem Klausurtermin mit allen Verantwortlichen. Grundsätzlich sollte jedoch ein monatlicher Jour fixe etabliert werden, an dem die mit Marketingaufgaben betrauten Anwälte und Mitarbeiter sich ausschließlich mit der Auswertung und Steuerung der Marketingmaßnahmen befassen. Zum anderen sollte bereits bei der Planung kurzfristiger Marketingmaßnahmen, wie beispielsweise der Veranstaltung eines Vortrags oder einem Directmailing der Termin festgelegt werden, an dem das Projektergebnis ausgewertet wird. Fest steht: Marketing kostet nicht nur Geld sondern auch Zeit und Aufwand, die dem Mandanten nicht in Rechnung gestellt werden können. Der Anwalt, der Marketing sachgerecht betreiben will, muss sich dafür die erforderliche Zeit nehmen.

Zur Etablierung des Marketingcontrollings in einer Kanzlei gehört auch, dass die Mitarbeiter abgeholt werden. Sie sind nicht nur über die Marketingstrategie zu informieren, sondern auch über einzelne Maßnahmen und deren Zielrichtung. Ist Marketing schon beim Kanzleiinhaber oder den Partnern nicht Priorität, wird es das auch nicht bei den Mitarbeitern sein. Gleiches gilt für das Controlling. Und erst Recht gilt das für die Wirksamkeit des Marketings: Halbherzigkeit wird man einer Marketingmaßnahme immer ansehen. Sie wird dadurch nicht nur weniger wirkungsvoll sein, sondern schlimmstenfalls sogar Schaden am Kanzleiimage anrichten.

1. Markenbildung und Personal Branding

Der Wunsch, aus der Masse herauszuragen, aufzufallen, in den Augen von Konsumenten besonders interessant zu erscheinen, unverwechselbar zu sein, ist weder neu, noch allein den Produzenten und Verkäufern von Waren vorbehalten. Nach Bekanntheit, möglichst einer Alleinstellung, müssen auch Anwälte streben, die ihre Position auf dem Rechtsberatungsmarkt behalten, festigen oder erst noch etablieren wollen.

Eine etablierte Marke ersetzt nicht, aber unterstützt Überzeugungsarbeit und Qualitätsbeweis. Erfolgreiche Marken, gleichgültig für welches Produkt oder für welche Dienstleistung sie stehen, haben einiges gemeinsam. Die Markennamen sind kurz, einprägsam und leicht erinnerbar. Marken vermitteln ein Lebensgefühl, verleihen unter Umständen ein Image, das weit über den eigentlichen Nutzen des Produkts oder der Dienstleistung hinausgeht. Im Extremfall kann derjenige, der Produkte einer bestimmten Marke nicht nutzt zum Außenseiter werden.

Beim Thema Markenbildung ist grundsätzlich zwischen der Kanzleimarke und der Anwaltsmarke zu unterscheiden. Die Kanzleimarke ist die Unternehmensmarke (Corporate Brand). Der Anwalt selbst kann zusätzlich als Experte für ein bestimmtes Rechtsgebiet gelten und bestenfalls sogar eine eigene Personenmarke (Personal Brand) aufbauen. Man spricht auch von einem „Corporate Influencer".

Beides vermischt sich, wenn es sich um einen Einzelanwalt handelt. Die Personenmarke des Anwalts sollte dann im Vordergrund stehen: Menschen beauftragen Menschen. Authentizität und Vertrauen der Marke lebt beim Einzelanwalt also von dessen Person. Bei Partnerschaften hingegen steht die Kanzleimarke im Vordergrund; die Partner und Anwälte müssen nicht notwendigerweise eigene Anwaltsmarken aufbauen, wenn es nicht explizit als Teil der Partnerwerdung erwartet wird. In aller Regel werden jedoch im Laufe der Zeit einzelne markante Anwaltspersönlichkeiten „für die Kanzleimarke" stehen, so dass es auch hier zu einem ineinandergreifen kommt. Kanzleimarken können zusätzlich von sogenannten Markenbotschaftern unterstützt werden. Das sind Mitarbeiter, die sich stark mit der Kanzleimarke identifizieren, diese nach außen tragen, für sie werben bzw. empfehlen.

- **Kanzleimarke**

Anwälte haben in Deutschland erst vor etwa fünfzehn Jahren damit begonnen, eine Marke als wichtigen Bestandteil der Kommunikationspolitik zu entdecken. Englische und amerikanische Kanzleien haben uns beigebracht, dass nicht der Name jedes Partners auch im Kanzleinamen auftauchen muss. Zwei, besser noch nur ein einziger Name, genügen. War es früher noch üblich, die Namen aller in einer Kanzlei tätigen Anwälte auf das außen an der Kanzlei angebrachte Schild zu schreiben, so ist dies heute, jedenfalls den sehr großen Kanzleien, gar nicht mehr möglich. Angesichts der Vielzahl beschäftigter Anwälte müsste das Kanzleischild sich über mehrere Stockwerke hin erstrecken, um die Namen aller Anwälte aufzuführen.

Die Inhaber und Gesellschafter von Kanzleien sehen diese Entwicklung mit einem lachenden und einem weinenden Auge. So sehr es manchen auch stören mag, seinen Namen nicht mehr täglich auf dem Kanzleischild und den Drucksachen der Kanzlei vorzufinden, so sehr wird es ihn doch beruhigen, dass die Leistungen aller beschäftigten Anwälte in erster Linie der einzig nach außen in Erscheinung tretenden Kanzlei und nicht mehr dem individuellen Anwalt zugerechnet werden. Es muss nicht länger befürchtet werden, dass Expertise nur einem bestimmten Anwalt zugeschrieben wird und die zugeschriebene Expertise eventuell gemeinsam mit dem betreffenden Anwalt in ein anderes Büro wechselt. Wer von „International Lawyers" betreut werden will, dem ist es gleichgültig, ob der Rechtsanwalt Müller oder der Rechtsanwalt Meier die Arbeit erledigt, solange es nur irgendein Mitarbeiter von „International Lawyers" ist. So die Hoffnung vieler Anwälte. Der Aufbau einer Dienstleistungsmarke ist jedoch weitaus schwieriger als der einer Produktmarke. Die Dienstleistung des Anwalts ist zu einem erheblichen Teil von dem Vertrauen, das ein Mandant in „seinen" Anwalt setzt, geprägt. Dieses Vertrauen ist personengebunden. Es lässt sich nur sehr schwer auf eine Marke übertragen. Rechtsberatung ist ein „people business". Es ist daher zu unterscheiden zwischen der Marke des Rechtsanwaltes und der der Kanzlei. Gleichzeitig sind diese keinesfalls losgelöst voneinander zu betrachten. Natürlich ist das Herzstück des Kanzleimarketings das „Vermarkten der Anwälte"[7]. Es wäre daher falsch, sich nur auf das Marketing für die Kanzlei oder nur das der Anwälte zu konzentrieren[8]. Personal Branding für jeden einzelnen Anwalt ist also heute unverzichtbarer Bestandteil des Berufs: sowohl aus Sicht der Kanzlei als auch aus Sicht des jeweils einzelnen[9].

In den meisten Kanzleien wird der Aufbau der Kanzleimarke externen Spezialisten überlassen, ohne diesen weiteren Input zu geben bzgl. der Anwälte oder Kanzleiprodukte. So kann das professionellste Marketing zu einer leeren Hülse verpuffen. Gleichzeitig findet sich fast jeder Anwalt insbesondere der neuen Generationen beruflich und/oder privat irgendwie in den sozialen Medien wieder; oft sogar vermischt, da man als Student/Schüler eingestiegen war und irgendwann als Anwalt immer noch denselben Account bediente. Das kann jedoch für die Marke der Kanzlei fatal sein, auf die es dann im Zweifelsfall zurückfällt.

Doch was gehört nun zum **Aufbau einer Marke**?

1. ein der Positionierung und den Kanzleiwerten entsprechender Auftritt (z.B. Logo)
2. ein einheitlicher Gesamtauftritt (der einzelnen Anwälte und der Kanzleikommunikation)

7 Auch wenn manche lieber ihre Mandanten und Mandate in den Vordergrund stellen.

8 Dr. Geertje Tutschka „In drei Schritten zu Ihrem Kanzlei-Marketingplan" in Huffington Post vom 18.11.2015.

9 Schulz, „Erfolg braucht Dein Gesicht", S. 62ff.

3. Konsistenz und Nachhaltigkeit im Markt.

Die Marke sollte die Kanzlei, deren Geschäftsbereich und Positionierung auch mit den besonderen Vorzügen und ihrem speziellen Arbeitsstil verbinden, so dass die Erwähnung der Marke im Bewusstsein der Marktteilnehmer sofort die Assoziation mit diesen besonderen Vorzügen weckt.

Inhaltlich erfolgt Markenbildung also:
- dem marktbekannten Namen
- der Besonderheit der Dienstleistung
- Ihrer Persönlichkeit

Die **Wiedererkennbarkeit** einer Kanzlei wird durch einen einheitlichen und konstanten Außenauftritt gefördert. Dazu gehören Logo, ein einheitlicher Webauftritt, ein definierter Briefkopf, Visitenkarten und sonstige Drucksachen. Ein Kanzleilogo muss auffallen; darf aber nicht aufdringlich sein. Je schlichter desto besser. Meine Empfehlung: verzichten Sie dabei vollständig auf alle klassischen/traditionellen Symbole der Branche (Justitia, Waage, Paragraph, Schreibfeder mit Papier, Bücher etc.). Sie wollen sich mit dem Logo ja nicht vom Friseurmeister unterscheiden, sondern von Ihren Kollegen (die aber alle dieselben Symbole nutzen dürfen). Die Namen der wichtigsten Partner oder Gründungspartner – ausgeschrieben oder abgekürzt – ist auch standesrechtlich vorgesehen. Sehr viel wichtiger ist es jedoch, ein einheiltiches Konzept mit Markenthema, Farbe und Bildern zu entwickeln. Ich kann hier beispielsweise das Sportmotiv der Wiener Kanzlei Fellner-Wratzfeld und Partner (www.fwp.at) empfehlen, welches nicht nur auf die Kanzleiwerte abgestimmt ist sondern auch bis zu den Bildern der Anwälte und den Broschüren durchdekliniert ist.

Beim **Farbkonzept** dominieren immer noch die Farben Schwarz, Grau und Blau die Branche, stehen diese doch für Seriosität, Kompetenz, Vertrauen und konservatives Understatement. Grün ist als Alternative auf dem Vormarsch sowie alle Kombinationen der traditionellen Farbtöne mit Knallfarben[10]. Ob man das Farbkonzept auf seine persönlichen Vorlieben oder Erfolgsfarben abstimmt oder gar Fengshui und sonstiges bemüht, ist Geschmackssache. Wichtig ist, dass Sie sich als Kanzleiinhaber persönlich im Farbkonzept wiederfinden, denn immerhin soll es Ihnen Spaß machen, Ihre Kanzlei derart nach außen zu tragen.

Sind Sie mit einem großen Mitarbeiterstamm mit einem Namen wie Schönherr[11] am Markt, besteht Ihre Markenbildung im Wesentlichen darin, die bestehende

---

10 Kocourek, „Rot in der Anwaltskanzlei" auf Kanzleimarketing.de vom 7.2.2018.
11 Schönherr gehört zu den Top 10 in Österreich und Südosteuropa.

Corporate Identity des Unternehmens Schönherr national zu adaptieren und intern dieselben Strukturen und Systeme aufzubauen. Wesentlich ist, dass Sie sich nicht von der Marke in anderen Ländern unterscheiden und eine gleichbleibende Qualität garantieren können.

– **Produktmarke**

Möchten Sie sich hingegen als jemand positionieren, der mit einer modernen, zukunftsträchtigen und Legaltech basierten Idee auf den Markt kommt, wie beispielweise „flightright", dann gilt es in erster Linie, diese Idee und die Vorteile der automatisierten und einheitlichen Bearbeitung dieser Rechtsfälle in den Vordergrund Ihrer Markenbildung zu stellen.

Wie oben ausgeführt, wird die Entscheidung zu treffen sein, ob für diese Idee nicht eine Ausgründung besser wäre. Das kann nicht nur sinnvoll sein aufgrund Haftungsfragen, Gesellschaftsform und Investment, sondern auch im Hinblick auf die berufsrechtlichen Einschränkungen im Marketing für Anwälte und Kanzleien. Die Konkurrenz auf diesem Markt wird in der Regel aus branchenfremden Tech-Unternehmen bestehen, die derartige Einschränkungen nicht haben. Es ist nur fair, hier also auf Augenhöhe konkurrieren zu können. Auf der anderen Seite sind diese Tech-Unternehmen nach wie vor daran gehindert, Rechtsberatung anzubieten.

In den allermeisten Fällen wird es jedoch darum gehen, dass Sie aufgrund Ihrer persönlichen Eigenschaften, Erfahrungen und Fähigkeiten, Ihren „Unique Selling Point" ermittelt haben.

Die Markenbildung Ihrer Kanzlei besteht dann darin, Ihre Person und Persönlichkeit in den Vordergrund und in das Zentrum Ihrer Kanzlei zu rücken[12]. Der Vorteil ist, dass Sie sich selbst am Besten kennen. Der Nachteil besteht darin, dass Sie nicht austauschbar sind[13].

Merke:
Sie müssen nicht selbst zum Marketingexperten werden. Lassen Sie sich von Profis unterstützen und investieren Sie in die Besten[14].

---

12 Ilona Cosack, „Praxishandbuch Anwaltsmarketing", S. 13 f.

13 Branchenbericht der Sparkasse, S. 24.

14 Das jährlich erscheinende Kanzlei-MarketingVerzeichnis sortiert die Besten nach Ihrem Spezialgebiet: wie z.B. CLP für die strategische Positionierung (KanzleimarketingVerzeichnis 2022)

- **Markenbotschafter**

Brand Ambassadors werden auch als Jobbotschafter oder „Employee Advocacy“ bezeichnet. Das sind Mitarbeiter, die als Fürsprecher ihrer Kanzlei und deren Themen, Produkte, Dienstleistungen oder auch als Arbeitgeber auf ihren persönlichen Social Media Profilen wie Facebook, Instagram, LinkedIn aber auch offline wie z.B. beim Nachbarschaftsgrillen, im Fußballverein oder auf dem Elternabend fungieren.

Sie teilen, liken und kommentieren den Content ihrer Kanzlei und der Anwälte, den sie gut finden und nehmen sie auch mal in Schutz, wenn es Kritik hagelt.

Marketing mit Markenbotschafter funktioniert über Quantität: Daher sollten viele Markenbotschafter mit großer Reichweite so oft als möglich tätig werden. i

---

Idealerweise sollte es für diese Botschafter
- entweder Arbeitszeitanrechnung oder eine Zusatzvergütung/Prämie und Wertschätzung geben, aber auch
- eine Anbindung und Einbeziehung in die aktuelle Marketingstrategie und die verfolgten Ziele, das Corporate Branding der Kanzlei sowie die wichtigsten Tipps und (rechtlichen) Stolperfallen via Workshops und Seminaren geben.
- Ein zentraler Koordinator der Posts und der entsprechenden Information an die Markenbotschafter erhöht die Wirksamkeit enorm.

Markenbotschafter sind genau die Richtigen, wenn es darum geht, die Kanzleimarke mit einer einfachen Botschaft in der breiten Öffentlichkeit Reichweite zu verschaffen -entweder mit einem Thema oder aber als Employer Branding für die Rekrutierung.

Merke:
Markenbotschafter sind eine Vielzahl von geschulten Mitarbeitern, die eigene private Profile in den Sozialen Medien unterhalten und bereit sind, diese zur Unterstützung der Kanzleimarke einzusetzen.

- **Anwaltsmarke**

Personal Branding oder auch „Human Branding“ bezeichnet eine Personenmarke, also die Anwaltsmarke in unserer Branche. Nur Juristen, die sich selbst als „Personen-Marke“ definieren, werden künftig die erforderliche Aufmerksamkeit generieren und halten können. Es ist daher schon längst nicht mehr nur ein Muss für Politiker und Speaker sondern ebenso wie für Juristen, für CEOs, Führungskräfte, Freiberufler, Wissenschaftler sowie Mitarbeiter in Unternehmen – kurz für jeden, der einen relevanten gesellschaftlichen Beitrag leisten möchte. Mittlerweile ist es zu einem Super-Trend geworden. Wer wahrgenommen werden möchte, muss mit Hilfe von Storytelling seine Eigenmarke über die sozialen Medien ausbauen. Die erforderliche Aufmerksamkeit baut Meinungsführerschaft auf; die Followerzahl zeugt vom Expertenstatus. Wer online nicht zu finden ist, hat nichts zu sagen. Lange Zeit galt dies nicht für partnerschaftlich organisierte Kanzleien: die Kanzleimarke stand im Vordergrund und man sah es gar nicht gern, wenn jemand sichtbarer wurde als die Kanzlei.

Dies hat sich geändert:
Gerade in Großkanzleien aber zunehmend auch in mittelständischen Kanzleien und Boutique Kanzleien ist es Anwälten wichtig, einen Expertenstatus aufzubauen, der nur an ihrer Person hängt. Kanzleipartnerschaften und Anwaltskarrieren in derselben Kanzlei sind heute nicht mehr für die Ewigkeit. Das Personal Brand wird als „Asset" verstanden, welches den Marktwert steigert ähnlich wie bei Fußballspielern. Es wird eines der wenigen Dinge sein, die man erlaubterweise beim Ausscheiden aus der Kanzlei mitnehmen kann. Und es wird beim Neustart eine entscheidende Rolle spielen, ob in der nächsten Anstellung, in der nächsten Partnerschaft oder in der Selbstständigkeit.

Auf der anderen Seite haben Kanzleien verstanden, dass „It's a peoples business" auch im Marketing gilt: Kanzleimarken sind heute längst nicht mehr so cool wie sie mal waren. Unternehmen lassen durch ihre Juristen die nächste Kanzlei für den Großauftrag aussuchen -und diese entscheiden sich für den spezialisierten Kollegen, dem sie vertrauen können und nicht für eine Marke. Deshalb wird zunehmend für den erfolgreichen Karriereweg durch die Partnerstrukturen nicht nur eingefordert, dass man als Markenbotschafter auf die Kanzleimarke einzahlt, sondern desto höher es die Karriereleiter hinaufgeht konsequent auch am eigenen Expertenstatus und der Anwaltsmarke baut.

– **Corporate Influencer**

Bei Corporate Influencern geht es im Gegensatz zu Markenbotschaftern um die eigene fachliche Expertise für ein eher kleines, aber besonders einflussreiches Publikum des Unternehmens Kanzlei, für das sie ihre Fachthemen vertreten. Sie sind dabei näher an ihren fachspezifischen Inhalten dran als an der Marke, gerne auch mal auf der Seite der Rechtsbranche im Allgemeinen und nicht nur auf der Kanzleiseite. Sie produzieren eigene, sehr individuelle Inhalte, diskutieren mit

Fachleuten in Foren und LinkedIn-Gruppen, sind auf den Fachevents der Branche zu finden, veranstalten eigene Podcasts oder betreuen Kanäle auf Youtube, TikTok, Instagram und Co. Auch bei den Fachseminaren der Branche oder auf allgemeinen Weiterbildungsforen, dann aber mit ihrem spezifischen Thema, sind sie zu finden. Veröffentlichungen, ob regelmäßig in Fachmagazinen, in Fachforen oder auch per Buch, sind Standardreportoire. Dieses Engagement ist offizieller Teil ihres Jobs und sie haben dafür in der Regel dezidierte Ressourcen[15].

Exzellente Corporate Influencer agieren nicht nur als Kanzleibotschafter nach außen. Auch nach innen gestalten sie oft ambitionierte Veränderungsinitiativen ihres Arbeitgebers maßgeblich mit. Wer Großes bewegen will, tut sich wesentlich leichter, wenn man ihn als jemanden wahrnimmt, der für etwas steht, der Einfluss hat, der etwas bewirkt und den man deswegen kennt[16].

Eine Influencer-Markenpersönlichkeit erkennt man an vier Punkten:

1. Die Persönlichkeitsmarke entspricht **authentisch dem Wertesystem** dieser Person.
   Sie will einen Beitrag in der Gesellschaft leisten und hat einen Purpose.
2. Diese Human Brand wird mit einem Bild mit **Wiedererkennungsfaktor** verbunden.
   Sie besitzt ein markantes Accessoire, einen Ausspruch, ein Motto oder einen Spleen. Zum Beispiel war die Leitidee, also sozusagen das Markenzeichen von Angela Merkel die Raute, das von Ex-Daimler-Chef Dieter Zetsche der Schnauzer, das von Ulrich Wickert in den Tagesthemen der Schlusssatz „Ich wünsche Ihnen eine geruhsame Nacht!".
3. Sie fesselt mit **Story Telling, also Geschichtenerzählen,** ihre Zuhörer.
   Zahlen, Daten, Fakten locken niemanden hinterm Ofen vor: Zu langatmig, zu langweilig, zu uninspiriert. Wer aber einnehmend und begeisternd erzählt, dem hört man zu und dem folgt man gern.
4. Die Persönlichkeitsmarke ist **konstant und konsequent.**
   Regelmäßige, miteinander verzahnte und aufeinander aufbauende Aktivitäten wirken stringent und potenzieren sich gegenseitig. Online und offline sollten unbedingt ineinandergreifen. Die Person verschwindet quasi hinter der Marke.

Im Allgemeinen unterscheidet man gefragte Influencer nach Reichweiten: im mindestens mittleren 6stelligen Bereich haben wir es mit den sogenannten

---

15 Daniel Hanke, Die Corporate Influencer Formel: Expertise + Engagement + Einfluss, LinkedIn vom 9.6.2020.

16 *Oxana Zeitler*, Lead the Future, Shape your Brand, Haufe 2019.

Mega-Influencern zu tun, die mit Popstars oder Filmstars verglichen werden. Makro-Influencer befinden sich im knapp 6stelligen Bereich – immerhin immer noch soviel wie die Reichweite von TV-Sendungen. Mikro-Influencer hingegen bewegen sich je nach Nische im 4–5 stelligen Bereich, zeichnen sich jedoch als Spezialisten ihrer Branche/Nische aus und erzielen eine extrem hohe „Engagement-Rate". Das machte Mikro-Influencer für bestimmte Produkte und Dienstleistungen post Corona zu einem gefragten Marketing-Partner. Im Rechtsbereich haben wir es zumeist mit Mikro-Influencern zu tun. Ich selbst zähle mich mit meiner Reichweite im mittleren 5stelligen Bereich ebenfalls dazu. Das ist nicht für jeden etwas.

– **Persönlichkeitstypen**
Welchen Persönlichkeitstyp sollten also Influencer haben?

Extrovertierte Menschen sind nach außen gewandt, sie schätzen neue Erfahrungen und brauchen Aktivität. Sie lassen sich von attraktiven Zielen und dem Reiz des Ungewissen locken. Optimismus und Unbekümmertheit sind ihre Markenzeichen. Sie suchen nach Abwechslung und nehmen das Leben leicht. Ihre Disposition sorgt für Pioniergeist, was sie oft charismatisch erscheinen lässt und es ihnen leicht macht, schnell eine große Followerschar für sich zu gewinnen. Andererseits stehen sie aber auch für unkalkulierbare Risikobereitschaft und bisweilen für Chaos. Geduld ist nicht ihre Stärke; sie wirken auch flatterhaft, rastlos und unzuverlässig. Sie haben ein hohes Mitteilungsbedürfnis und äußern bisweilen allzu voreilig ihre nicht zu Ende gedachten Ideen.

Introvertierte Menschen sind nach innen gewandt. Sie schätzen Ruhe und Berechenbarkeit, lassen sich eine Sache sorgfältig durch den Kopf gehen und spielen die möglichen Varianten ausführlich durch. Sie sind zuverlässig, beharrlich und gründlich und denken und handeln sehr unabhängig von anderen. Sie sind daher weniger auf die direkte Resonanz anderer Menschen – wie Likes – angewiesen. Viel wichtiger ist ihnen, sich in einer Umgebung sicher zu fühlen. Viele Nobelpreisträger sind introvertierte Menschen, da diese meistens beharrlich bei einer Sache bleiben, der sie sich verschrieben haben. Andererseits neigen sie zur Vorsicht und sind zögerlich, machen sich eher Sorgen und werden bisweilen von Zweifeln geplagt. Aus einem Harmoniebedürfnis heraus halten sie leider oft auch lieber den Mund. So können sie nicht immer zeigen, wie wertvoll sie in Wirklichkeit sind. Öffentlicher Beifall ist ihnen eher peinlich. Das ist in der schnelllebigen Welt der Sozialen Medien nicht unbedingt von Vorteil.

Weil sie jedoch fundiert argumentieren und hierdurch sehr glaubhaft wirken, ist ihre sanftere Art und Weise des Influencing dennoch vielfach sehr effizient[17].

Jeder Mensch hat intro- und extrovertierte Eigenschaften. Diejenigen, bei denen beide Anteile in etwa gleich groß sind, nennen wir ambivertiert oder **Zentros**. Meist ist jedoch die eine oder andere Seite (sehr viel) stärker ausgeprägt. Viele glauben, dass Extrovertierte als Influencer besser geeignet sind. Doch das stimmt, wie wir gerade gesehen haben, nur bedingt.

Bei Steuerberatern und Anwälten sind nur wenige zum Rockstar geboren, im Rampenlicht wollen die wenigsten stehen. Persönliche Außendarstellung findet daher allenfalls beim Pitch und der Akquise für die Kanzlei statt. Und das ist für die meisten Kollegen schon fast zu viel. Doch was passiert, wenn der nächste Karriereschritt ansteht, z.B. die Frage nach der Partnerschaft gestellt wird oder eine andere Kanzlei mit besseren Konditionen winkt? Und was passiert, wenn eine eigene Kanzleigründung der nächste konsequente Schritt zu sein scheint und man sowohl Alt- als auch Neumandate ohne große Kanzlei im Hintergrund vom eigenen Expertenstatus überzeugen muss?

Unter anderem in diesen Situationen wird das eigene Expertenpotenzial unmittelbar in die Waagschale für den eigenen Marktwert gelegt.

– Expertenstatus und Authentizität post Corona

Ob man sich selbst als Experte wahrnimmt oder man objektiv tatsächlich DER Spezialist ist, der viel mehr zu einem Thema weiß als alle anderen, ist dabei tatsächlich zunächst zweitrangig.

Doch wie baut man den **Expertenstatus** auf?

Hier hilft Personal Branding. In der Beraterbranche ist es schon längst kein Geheimnis mehr, dass Erfolg ein Gesicht braucht. Gemeint ist damit, dass reale, authentische Personen sich am besten eignen, um im vertrauensbasierten Consulting-Geschäft gebucht zu werden – und zwar immer wieder. Menschen sind Beziehungstiere. Sie müssen ihr Gegenüber spüren können und wollen mit Geschichten emotional angesprochen werden. Nicht austauchbar werden ist das Geheimnis jeden Beraters. Das spiegelt sich auch in seiner Positionierung, seinem Marketing und Personal Branding wider. Diese Erkenntnis nutzen heute Professoren ebenso wie Politiker und CEOs. Nichts währt ewig – erst recht keine gut bezahlte Position. Gut, wenn man dann vorgesorgt hat, sodass der eigene Name auch ohne eine bestimmte Position Marktwert hat. Zwar gehörte für eini-

---

17 *Anne M. Schüller*, Querdenker verzweifelt gesucht, Gabal 2020, S. 15 (ein Titel, der post Corona wenig glücklich gewählt scheint).

ge wenige die Erarbeitung eines gewissen Expertenstatus durch Veröffentlichungen und Vorträge schon immer zum Geschäft. Ebenso der Aufbau eines Netzwerkes und die Übernahme von Ehrenämtern. Strategisch gingen dabei jedoch die wenigsten vor, allenfalls intuitiv und spontan.

Ein Anfang ist für die meisten das Anlegen eines Profils in den beruflichen Netzwerken Xing und/oder LinkedIn. Mit der Aktualisierung und Pflege wird es für die meisten jedoch mühsam. Überlegungen zur Positionierung und strategischen Entwicklung, die Definition der Zielgruppe, die Auswahl der geeigneten Maßnahmen und Inhalte sowie die Entscheidung, in welchen Gruppen man sich warum und wie zeigt oder ob man gar eine eigene Gruppe gründen sollte, finden hingegen nicht statt.

Dabei lohnen sich diese Profile und das daran geknüpfte Netzwerk unmittelbar für den eigenen Expertenwert und das gratis oder für relativ wenig Geld. Nicht von ungefähr bieten diese Profile heute viele Features, die einem Profil Wiedererkennungswert verleihen können, z.B. individualisierte Header. Recruiter und Head Hunter durchforsten diese Profile täglich nach High Potentials. Personalverantwortliche, Kollegen und Vorgesetzte checken regelmäßig vor Terminen die Profile. Und nicht zuletzt wird heute ganz überwiegend die gute alte Bewerbermappe nicht mehr nur durch die Online-Bewerbung ersetzt, sondern auch durch die Verknüpfung mit dem LinkedIn-Profil. Die fortschreitende Digitalisierung macht es möglich, dass hierauf immer und von überall zugegriffen werden kann – was für die auf den Arbeitsmarkt strömenden Generationen auch ganz selbstverständlich dazugehört. Dabei werden die Profile auf Xing und LinkedIn in die Gesamtstrategie zum Aufbau des eigenen Expertenstatus eingebunden. Ein Veröffentlichungsplan, gut durchdachte Netzwerkarbeit, eine persönliche Webseite als Visitenkarte im Netz, die gezielte Nutzung von Social Media wie Facebook, Twitter, Instagram, YouTube und Co. sowie die Rückkopplung zur Kanzleiseite sind ebensolche Bestandteile. Nicht zu unterschätzen ist dabei neben dem eigentlichen Profil die Interaktion mit „Mitnutzern“, weil sich dadurch Werte, Denk- und Kommunikationsmuster oft sehr viel authentischer ablesen lassen. Das also, was Gen Z den „Vibe“ einer Person nennen und ein wenig mehr als der konservative Begriff „Ausstrahlung“ bedeutet. Das interessiert potentielle Mandanten, aber auch potentielle Mitarbeiter oder Partner. Äußerungen zu aktuell-politischen Themen sollten daher nur gefiltert veröffentlicht werden.

Bemerkenswert ist, dass die Nachfrage nach professioneller Unterstützung beim Aufbau explizit und ganz selbstverständlich von jüngeren Berufsträgern eingefordert wird. Und zwar bevor der Schritt vom Angestelltenverhältnis zum Partner/Kanzleieigentümer erfolgt, um diesen quasi vorzubereiten.

Merke:
Kein Marketing ist besser als schlechtes Marketing.

„Ich kann jedem, der darüber nachdenkt, ein Instagram-Profil zu erstellen, ans Herz legen, dies zu tun. Gerade im beruflichen Kontext sind die Aspekte Akquise und Netzwerken enorm wichtig. Häufig habe ich Anfragen direkt über Instagram, oder Mandanten bzw. Mandantinnen erzählen mir, dass sie mich auf Instagram entdeckt hätten. Viele der Mandanten und Mandantinnen folgen mir auch. Durch die Einblicke in den Kanzleialltag wissen sie, wie unsere Abläufe sind. Der Netzwerk-Aspekt ist bei Instagram ebenfalls enorm. Ich habe schon oft Terminsvertreter:innen über einen einfachen Post in meiner Story gefunden oder mir wurde ein Tipp von Kollegen und Kolleginnen gegeben. Und auch meine beiden Netzwerke @mastermind.law und @femalelawyership habe ich darüber entdeckt bzw. gefunden. Ich muss zugeben, dass das Instagram-Profil Arbeit mit sich bringt: Ich schreibe alle Texte selbst, erstelle die Grafiken selber (inklusive Recherche) und muss immer für ein passendes Foto sorgen. Die Fotos mache ich oft mit meinem iPhone und dem Selbstauslöser, wenn mein Mann gerade nicht in greifbarer Nähe ist. Um all das unter einen Hut zu bekommen, erstelle ich meist einen groben Content-Plan für die Woche. Natürlich kann ich diesen nicht immer penibel einhalten, aber ich kann mich daran orientieren. Es gibt auch andere Beispiele: Kollegen und Kolleginnen, die Instagram wirklich nur nutzen, um ihren Anwaltsalltag zu zeigen. Auch das ist okay. Jeder sollte so viel zeigen, wie er mag. Probieren Sie es einmal aus. Und wenn Sie schon da sind, lassen Sie einen Like da."

Selbstständige Rechtsanwältin Alisia Gianna Liebeton, Heinsberg
Instagram-Profil: @rechtsanwaeltinliebeton, 1.617 Follower

Merke:
Es gibt viele gute Anwälte. Manche sind bekannter als andere. Nur wenige sind als Experten ihres Fachs gefragte Ansprechpartner oder gar berühmt. Der strategische Aufbau eines Expertenstatus als Anwalt oder Jurist gehört nicht zum Standardrepertoire des Kanzleimarketing. Und das ist gut so. Personal Branding ist nicht für jeden etwas.

Dabei geht es ja beim Personal Branding nicht darum, mit Marketingmitteln "den Lauten" zu machen. Personal Branding ist mehr: Es setzt an der Persönlichkeit an, dringt zu den Kernwerten der Anwaltspersönlichkeit vor. Dort, wo sich die **Authentizität** befindet. Es gilt, diese (wieder) zu entdecken und deren kraftvolle Energie zu nutzen.

Auf der anderen Seite geht es um Können, um Fachwissen, Erfahrung und um Expertise. Aus dieser einzigartigen Kombination gilt es, eine Personal Brand zu machen. Eine Anwaltsmarke, wenn man so will.

Merke:
Eine Anwaltsmarke ist ein Statement, das sichtbar ist.

"Der Fokus von Personal Branding liegt nicht wie beim klassischen Produktmarketing auf dem ‚Was', sondern auf dem ‚Wer'. Schließlich heißt es PERSONAL Branding. Es geht um den Menschen, der hinter der Marke steht und um seine Personality. Produkte und Dienstleistungen sind in der heutigen Zeit austauschbar – das Angebot am Markt fast grenzenlos. Es ist der Mensch, der den Unterschied macht und genau dieser wird mit Personal Branding mit allen Ecken und Kanten nahbar gemacht und authentisch in die Außendarstellung gebracht. Der Kern unserer Arbeit ist Personal Branding und damit letztlich auch der Mensch – es geht um die Befähigung von Unternehmerinnen und Unternehmern. Die Verbindung von Marketing, Vertrieb und Unternehmertum ermöglicht es erst, eine Personal Brand zu werden. Es ist weit mehr als klassisches Marketing, das darauf abzielt, Produkte in eine zielgruppenkonforme Gestalt zu pressen, es geht darum, Menschen nach vorne zu bringen. Grundsätzlich lässt sich Personal Branding in allen Branchen und für alle Menschen nutzen. Dennoch gibt es unterschiedliche Voraussetzungen, unter denen sich jemand entscheidet, Personal Branding für sich anzuwenden. Menschen haben zum Beispiel die Möglichkeit, Personal Branding gezielt bei der Arbeitsplatzsuche einzusetzen. Oder sich als Angestellter intern strategisch sinnvoll zu positionieren und sich von Kollegen abzuheben. Es bietet ebenfalls die Chance, zu Kunden, Geschäftspartnern, Zulieferern etc. eine einzigartige Nahbarkeit und damit eine belastbare Verbundenheit aufzubauen. Unternehmen, die als eigenständige Marke nicht den eigenen Namen nutzen, haben durch Personal Branding die Möglichkeit, die persönliche Wirkung nach innen und außen bewusst und gezielt zu gestalten. Unternehmer und Selbstständige, deren eigener Name die Marke ist, stehen immer im Fokus. Mittels Personal Branding gelingt das authentischer und erzeugt eine nachhaltige Kundenverbundenheit.

Juristen sagt man nach, sie wirkten unnahbar, nüchtern und paragraphensachlich. Ich glaube, dass Personal Branding große Vorteile bietet, wenn es darum geht, auf der menschlichen, emotionalen Ebene Vertrauen aufzubauen. Klienten, die einen Anwalt aufsuchen haben ein emotionales Druckthema. Sie werden aber meist nur über die Sachebene und sehr nüchtern angesprochen. Personal Branding bietet die Chance, nahbar und empathisch aufzutreten und somit den Mandanten auch emotional abzuholen. Wir sind mit CLP in der Lage, in der Zusammenarbeit unterschiedliche Kompetenzen zu bündeln, die einen Gesamtmehrwert für jede Anwaltskanzlei dieses Landes haben.

Menschen kaufen bei Menschen. Wenn wir verstanden haben, dass nicht nur irgendeine Dienstleistung oder eine Sache gekauft wird, würde sich die Sicht auf die Kunden verändern und damit die Erlebbarkeit und das Verhalten gegenüber dem Kunden. Es braucht meines Erachtens die Grundhaltung von ‚Menschen kaufen bei Menschen'."

Personal Brand-Spezialist Ben Schulz[18]

Das gefällt nicht jedem: Denen nicht, die es selber gerne wären und denen nicht, die für andere Kernwerte stehen. Und man selbst ist sowieso immer der schlimmste Kritiker.

18 Mehr zu Ben Schulz in den CLP-Interviews und in seinem Buch „Das große Personal Branding Handbuch", Campus 2019. Mit ihm und seiner Full Service Agentur Ben Schulz und Partner haben wir bei CLP schon so manches Personal Branding, so manchen Bewerbungsprozess und politische Karriere und auch die Umsetzung der Kanzleimarketingstrategie begleitet.

Sie müssen aber auch nicht jedem gefallen. Einer der am Weitesten verbreiteten Irrtümer im Zusammenhang mit Personal Branding ist, dass hier eine glattgeschliffene Kunstfigur geschaffen wird, die den Mainstream bedienen muss. Darum geht es ganz und gar nicht. Eine markige, nahbare Anwaltspersönlichkeit oder eine offene charismatische Anwältin kommt viel besser an.

Den meisten fallen jetzt bestimmt der Youtube-Star Solmecke, die Insta-Influencerin Carmen Thornton oder der singende Fernsehanwalt Dominik Herzog ein. Personal Brands und Anwaltsmarken aus der ersten Reihe. Aber das sind Giganten, die Einhörner der Branche, wenn man so will.

"Angefangen hat alles vor elf Jahren. Mein erstes Video habe ich noch mit einer Webcam gedreht. Es handelte von Ed Hardy-Abmahnungen. Das Mode Label hat damals Abmahnungen an eBay-Verkäufer verschickt, sofern sich herausstellte, dass aus der Türkei mitgebrachte Ed Hardy-Kleidungsstücke Fälschungen waren. Für mich war es damals schon eine Herausforderung, die Webseite YouTube ordentlich bedient zu bekommen. Daher hatte ich mir über die Optik des Videos und die Technik keine Gedanken gemacht. Eine Freundin schüttelte über dieses erste YouTube-Video nur den Kopf. Sie arbeitete bei Stern TV und war eine wesentlich bessere Qualität gewöhnt. Das führte bei mir dazu, dass ich das Thema YouTube ein Jahr ad acta gelegt habe, dann allerdings mit besserem Equipment und vor allen Dingen einer guten Beleuchtung vor nunmehr exakt zehn Jahren durchgestartet bin. Mittlerweile habe ich zwei Juristen, die sich ausschließlich um unsere Publikationen und insbesondere den YouTube-Kanal kümmern. Immer mittwochs ist Redaktionskonferenz. Dort werden die neuen Themen präsentiert. Die Themen finden wir in juristischen Fachzeitschriften, in Tweets bekannter Kollegen oder in den klassischen Medien. Meist sind es Themen, die eine breite Masse interessieren. In der Regel führen die Themen bei uns auch nicht unmittelbar zu Geschäft. Dafür ist das von uns ausgewählte Spektrum viel zu breit gestreut. Hier verfolge ich folgenden Ansatz: YouTube ist Content Marketing. Content Marketing ist zu 90% Entertainment und zu 10% Verkauf. Das bedeutet, dass die meisten Videos die Menschen mit Rechtsthemen unterhalten sollen und nur wenige Videos darauf abzielen, den Menschen unsere Rechtsdienstleistungen näher zu bringen. Bislang klappt das sehr erfolgreich. Die schlechte Nachricht vorab: Mein Publikum besteht zu 92% aus Männern und nur zu 8% aus Frauen. Die Hintergründe dazu konnten wir noch nicht klären. Selbst so Themen wie die Haftung des Friseurs bei fehlerhafter Haarfärbung haben kurioserweise mehr Männer als Frauen angesprochen.

Erfreulich ist allerdings, dass unser Kernpublikum zwischen 25 und 38 Jahre alt ist. Das ist eine sehr schöne Zielgruppe; darunter befinden sich etliche Startups, die sich dann zunächst an uns wenden, wenn sie eine Rechtsfrage haben. Allerdings hat jede Plattform ihr eigenes Publikum: Noch ältere Menschen erreichen wir über unsere Facebook-Auftritte, bei Instagram können wir eher Frauen ansprechen und ein sehr junges Publikum erreichen wir mit unserer neusten Präsenz auf der Plattform TikTok. Sehr erfolgreich ist aktuell unser Instagram-Kanal recht2go, den wir zusammen mit den Machern von Stern TV betreiben. Dort erklären wir täglich eine Minute juristische Alltagsfragen. Das kommt bei den Menschen gut an. Letztlich muss sich jeder fragen, was er genau unter dem Beruf eines Juristen versteht.

Im Studium lernt man das juristische Abarbeiten. Dabei wird allerdings viel zu häufig vergessen, dass man nur abarbeiten kann, was auch auf dem Tisch liegt. Die entscheidende Frage war für mich schon zu Beginn der Anwaltstätigkeit: Wie kommt man an Mandate? Insofern sehe ich die Akquise ganz klar als Teil meines Jobs. Und natürlich kann gerade Akquise nur erfolgreich sein, wenn man sie mit Leidenschaft angeht. Leidenschaftlich kann man sein, wenn Dinge einem Spaß machen und YouTube macht mir großen Spaß. Mittlerweile haben wir ein größeres Team zusammengestellt, welches für die Publikation der Kanzlei verantwortlich ist. YouTube ist aber nur ein Baustein. Zwei Juristen schreiben die Texte, andere erstellen die Thumbnails, YouTube-Spezialisten laden die Videos hoch und der Dreh erfolgt von mir mittlerweile komplett alleine im Selbstfahrer-Studio.

Vor zwei Jahren habe ich endlich realisiert, wovon ich schon lange geträumt habe: Ein eigenes Studio, welches so aufgebaut ist, dass Videos nach dem Dreh nicht mehr geschnitten werden müssen. Die unterschiedlichen Kamera-Perspektiven schneide ich während des Drehs in Echtzeit mit den Füßen.

Ein bisschen ist es wie Klavier spielen; man muss es einmal erlernen und dann klappt das automatisch. Für uns hat es dazu geführt, dass wir auch auf tagesaktuelle Themen in Echtzeit reagieren konnten und somit vom YouTube-Algorithmus mit einer hohen Position belohnt werden.

Kollegen, die ins Marketing einsteigen möchten, sollten vielleicht nicht unbedingt mit YouTube beginnen. Wie immer im Leben zahlt sich natürlich Hartnäckigkeit aus, bei YouTube kann es aber bis zu ein Jahr dauern, bis man akzeptable Fanzahlen zusammengetragen hat. Schneller geht es ja schon, wenn man erst einmal ein Blog aufsetzt oder bei Twitter einsteigt. Auch eine Facebook Community ist verhältnismäßig einfach aufgebaut, genauso sieht es bei Instagram aus, wenn man eine Affinität zu schönen Fotos hat. Und dann gilt natürlich: Nicht einschüchtern lassen, wenn das Wachstum am Anfang sehr langsam ist. Ich habe zum Beispiel sieben Jahre gebraucht, bis ich die ersten 100.000 Fans bei YouTube hatte, drei Jahre später bin ich nun bei 600.000 Fans. Wenn man bestimmte Schwellen überschreitet, spielen einen die sozialen Netzwerke eher aus und man wächst auch schneller."

Rechtsanwalt Christian Solmecke, Kanzlei Wilde, Beuger, Solmecke, Köln
Christian Solmecke ist auf nahezu allen Social Media-Kanälen zu finden, vor allem aber auf Youtube zu Hause. Seine Videos werden regelmäßig von über 600.000 Abonnenten angesehen.[19]

"Mit meiner Präsenz auf Social Media, und insbesondere Instagram, möchte ich insbesondere jungen Frauen zeigen, dass der Beruf der Rechtsanwältin ein spannender und facettenreicher Beruf ist, der auch familienkompatibel ist. Ich habe bereits vor knapp drei Jahren begonnen, im Magazin WOMAN eine Online-Kolumne zu schreiben. Diese Kolumnen wollte ich bekannter machen und habe daher dringend einen Online-Auftritt gebraucht.
Die Wahl von Instagram erfolgte hingegen eher zufällig. Ich bin über Freunde auf Instagram aufmerksam geworden und habe anfangs den Nutzen der Plattform überhaupt nicht verstanden.
Der Zweck von Facebook war mir klar, da man mit Facebook mit Bekannten in Kontakt bleiben konnte, aber über Instagram Fremden zu folgen, fand ich seltsam. Doch dann ist mir aufgefallen, dass es in Österreich in den konservativeren Branchen professionell kaum genutzt wird, wohingegen dies in den USA zum Beispiel weit verbreitet ist.
Anfangs habe ich meine medialen Beiträge und Kolumnen zum Familienrecht gepostet, aber da Instagram ein visuelles Medium ist, hat das nur mäßig funktioniert, da visuelle Beiträge mit Schriftzeichen in der Sichtbarkeit zurückgestuft werden. Weitaus besser ging es, als ich begon-

19 (Die zahlreichen Profile finden Sie aufgelistet bei den CLP-Interviews.)

nen habe, meinen Arbeitsalltag, mein Büro und meine Bürooutfits zu posten. Ich poste regelmäßig meinen Arbeitsalltag mit Gerichtsterminen und Besprechungen, aber auch meinen privaten Alltag mit Kindergeburtstagen, privaten Einladungen und Urlauben. Der Schwerpunkt liegt aber weiterhin auf meinen Kolumnen und den dahinterstehenden rechtlichen Problemen und gesellschaftspolitischen Themen. Außerdem versuche ich regelmäßig, persönliche Anfragen meiner Follower zu beantworten und Frauen untereinander zu vernetzen. Meine Followerstruktur besteht hauptsächlich aus Frauen und besonders vielen Studentinnen."[20]

Selbstständige Rechtsanwältin Carmen Thornton, Wien
Instagram-Profil: @carmenthorntonlaw, 17.600 Follower

"Meine YouTube-Kanäle nutze ich vor allem zur unterhaltsamen Motivation des juristischen Nachwuchses (über 16.000 Subscriber) und zur Vermittlung von anwaltlichen Tipps. Derzeit bin ich ausschließlich bei YouTube und Spotify für Kollegen, Nachwuchs aber auch fachfremdes Publikum, das sich gerne inspirieren lässt. Vielleicht bin ich auch irgendwann einmal wieder auf einer richtigen Bühne anzutreffen, wenn es die Kanzlei und Corona zulassen. Ich denke, das ist der Unterschied zwischen blassen und austauschbaren Anwaltssachbearbeitern und echten Anwaltspersönlichkeiten, ob nun aus der Groß- oder Einzelkanzlei: Wer verstanden hat, dass man seiner inneren Stimme folgen muss (und diese auch überhaupt erst einmal hört), der hat eine andere Ausstrahlung als derjenige, der Dinge tut, von denen er denkt, er müsste sie tun, weil die Außenwelt es von ihm vielleicht erwartet."

Rechtsanwalt Dominik Herzog, SILVENSTEIN, München
(Die zahlreichen von Dominik Herzog finden Sie aufgelistet bei den CLP-Interviews.)[21]

Ist Personal Branding auch etwas für den Arbeitsrecht-Nerd oder den allzeit bereiten Strafrechtler?

Der strategische Aufbau einer solchen Marke macht bei Einzelanwälten Sinn und ersetzt in vielen Fällen das Kanzleimarketing. In den letzten Jahren haben aber gerade Anwälte aus Großkanzleien und Boutique-Kanzleien das Thema für sich entdeckt: Schließlich möchte ein Experte seines Fachs seine Lorbeeren nicht ausschließlich für die Brand der Kanzlei nach deren Compliance Police ernten. Er möchte selbst sichtbar sein und auch ein stückweit selbst und unabhängig entscheiden, wie er seinen Expertenstatus strategisch auf- und

---

20 Mag. Carmen Thornton ist selbständige Rechtsanwältin in Wien. Ihre Kanzlei ist spezialisiert auf Trennungen und Scheidungen sowie Obsorge- und Unterhaltsverfahren. Sie schreibt regelmäßig Kolumnen zu familienrechtlichen und gesellschaftspolitischen Themen in der Tageszeitung Der Standard und dem Magazin WOMAN. Sie ist verheiratet und hat zwei Kinder. Sie ist als eine der ersten Rechtsanwälte in Österreich auf Social Media vertreten, um den Beruf der Rechtsanwältin unter angehenden Juristinnen attraktiver zu machen. Sie erhielt 2020 den JUSTITIA AWARD, den Award im Rahmen der Promoting the Best Awards in der Kategorie Beste Juristin 2020 und war unter den Top 3 in der Kategorie Legal des DIGITAL FEMALE LEADER AWARD. Mehr zu Carmen Thornton in den CLP-Interviews vom 19.11.2020.

21 Mehr von Dominik Herzog und seinen Jura-Songs bei den CLP-Interviews vom 23.10.2020.

ausbaut. Immerhin sind der Expertenstatus und seine damit aufgebaute Mandantschaft das einzige, was ihm bleiben, falls es mit der Kanzlei nicht auf immer und ewig hält.

Doch wie hat sich der Aufbau des Expertenstatus mit der **Pandemie** verändert?

Punkt 1: Online ist das neue Offline

Wie bereits im vorherigen Artikel beschrieben, haben die Lockdowns die Menschen in die Online-Welt katapultiert. Wurde vorher ein Großteil des Marketingbudgets auf Business Network-Veranstaltungen, Konferenzen und Messen, repräsentative Anzeigen in Fachmagazinen und gut platzierte, bezahlte Artikel verwendet, machte es plötzlich keinen Sinn mehr, für Präsenzveranstaltungen und Printmedien tausende Euro auszugeben.

Manches wurde einfach kopiert nach online transferiert. Schnell war jedoch klar, dass Online-Formate einer anderen Logik folgen und Online-Zielgruppen andere Bedürfnisse haben.

Die Social- und Business Networks haben davon profitiert: Twitter, Instagram, LinkedIn hatten beispielsweise rasante Zuwächse zu verzeichnen und konkurrieren mittlerweile auf Augenhöhe mit den klassischen Rundfunk- und Fernsehmedien. Und: Sie sind personenbezogen – nicht mehr fach- oder themenbezogen. Das ist ein Unterschied, der für Sie arbeitet, wenn man als Experte für ein bestimmtes Thema stehen will.

"Die sozialen Medien haben den Anwaltsberuf wie nie zuvor geöffnet. Als ich 18 Jahre alt war und eine Karriere als Anwalt in Erwägung zog, fühlte sich der Beruf verschlossen und schwer zugänglich an. Jetzt können die Studenten sehen, wie Anwälte online ihrem Berufsleben nachgehen, sie können mit ihnen interagieren und erste berufliche Beziehungen knüpfen. Im weiteren Sinne hat die Öffentlichkeit einen Appetit darauf, mehr über einen Beruf zu erfahren, der – zumindest im Vereinigten Königreich – recht ungewöhnlich sein kann. Die Perücken und Kleider, die wir tragen, sind altmodisch, und es wird oft angenommen, der Beruf sei es auch. Wir hoffen, dies zu entmystifizieren und den Beruf zu erklären, damit ein breiteres Spektrum von Studenten in Erwägung zieht, sich uns anzuschließen."

Selbstständige Rechtsanwältin Joanna Hardy-Susskind, London
Twitter-Profil: Joanna@Hardy-Susskind, 44.205 Follower[22]

---

22 Joanna Hardy ist Strafverteidigerin und lebt in London. Sie ist preisgekrönt. Ihr Kampf gegen sexuelle Witze über weibliche Anwälte durch ihre Kollegen ging 2019 viral: In mehreren Tweets auf Twitter hatte sie an ihre männlichen Kollegen appelliert, vor Gericht keine Witze mehr über Brüste und Röcke zu machen. Hardy hat ca. 34.000 Follower auf Twitter. Ihr Ziel war es, die Flucht der Frauen aus dem Anwaltsberuf zu stoppen. Lesen Sie das ganze Interview bei den CLP-Interviews vom 27.10.2020.

Auch Tages- und Fachzeitschriften und Magazine haben mit ihren Online-Versionen seit 2020 signifikant zugelegt. Ausgebaut haben sie vor allem ihr Online Event-Angebot: Für das sie Experten suchen.

Außerdem sind neue Formate dazugekommen:

Clubhouse[23] startete beispielsweise nach 2020 in den USA in den Neujahrstagen 2021 auch in Deutschland als exklusives Apple Network für Live-Diskussionen durch. LinkedIn startete mit Storys und Livestreams durch und verzeichnete massive Zuwächse bei den LinkedIn-Video-Tutorials. Reels und IGTV als Video-Schnipsel bei Instagram sind die neuen Mega-Booster.

Aber auch der Podcast- und der Weiterbildungsmarkt legten zu.

Dabei wurden die Angebote mit den neuen Online-Möglichkeiten immer niederschwelliger: Ein kleines Online-Tutorial, eine Mini-Webinar-Reihe, ein How-To-Comic – und das ganze 24/7 abrufbar auf einer Trainingsplattform.

Punkt 2: Personal ist das neue Professional

War es vor Corona noch eher fortgeschritten, auf der Kanzleiwebseite neben den Fachartikeln und Veröffentlichungen noch einige Kurzvideos mit Fachbeiträgen zu führen, wirken diese heute altbacken und verstaubt. Live und nahbar möchte es das Publikum.

Clubhouse mit seinen Live-Diskussionen wurde daher schon bald in Deutschland nicht nur von Celebrities und Politikern entdeckt, sondern auch von Juristen, die sich in den Diskussionsrunden profilierten und sogar eigene regelmäßige Formate einstellten.

Eine andere und neue Facette zeigten Juristen, die sich engagierten und dies auch öffentlich machten, um ein Zeichen zu setzen:

Zum Beispiel im Rahmen der Lockdowns als Experte für die sich ständig ändernden Regeln für die Wirtschaft aus Arbeitgebersicht. Die Kanzlei Kliemt war hier ein Paradebeispiel.

Andere schlossen sich Lawyers4Future an, die sich als Untergruppe der Fridays4Future politisch für einen aktiven Klimaschutz in Deutschland einsetzen. Lawyers4Future – Monate vor Corona gegründet – erlebte im letzten Jahr geradezu einen Ansturm an neuen Mitgliedern[24].

Auch „Pulse of Europe“ wurde von Juristen gegründet: die Frankfurter Anwälte Sabine und Daniel Röder gaben 2016 den Impuls.

---

23 *Dr. Tutschka*, Clubhouse – der neue heiße Scheiß in der social media Welt, CLP-Blog vom 22.1.2021.

24 Mit CLP – Consulting for Legal Professionals begleiten wir Lawyer4Future in der strategischen Entwicklung, der Positionierung sowie beim Thema Leadership.

Und warum nicht als Jurist als Wikipedianer Verantwortung für die Inhalte der größten Wissensdatenbank übernehmen? Immerhin gehört Wikipedia, ein gemeinnütziges Projekt zur Erstellung einer freien Internet Enzyklopädie, mittlerweile zu den Massenmedien. Dem ehrenamtlichen Präsidium des Vereins Wikimedia Deutschland, der sich u. a. mit 160 Mitarbeitern um die hinter Wikipedia stehende Software kümmert, steht seit 2018 der Jurist Lukas Metzger vor.

Punkt 3: Neue Inhalte für neues Publikum

Hierbei geht es einerseits um „Edutainment" – eine unterhaltsame (und verständliche) Vermittlung von rechtlichem Grundwissen –, anderseits um „Coachsulting" (in der Juristerei auch Legal Coaching genannt) – eine klientenzentrierte Beratung, die nicht Fachwissen, sondern Demut vor den Lebensentscheidungen anderer in den Mittelpunkt stellt.

Das Online-Magazin „Legal Layman"[25] steht dafür ebenso wie „Herr_Jurist" und „Frau Rechtsanwältin" auf Instagram und „Herr Anwalt" auf TikTok.

„Legal Layman" ist eine juristische Zeitschrift für Nichtjuristen, in der wir aktuelle Themen und komplexe Materien aus dem Rechtsbereich einfach und verständlich erklären wollen. Es geht also auch hier darum, rechtliche Anforderungen und Hintergründe so zu gestalten und zu kommunizieren, dass sie jeder verstehen kann. Ich sehe meine berufliche Tätigkeit daher nicht getrennt von „Legal Layman", sondern vielmehr als perfekte Symbiose. Wir hatten es eingangs bereits erwähnt.

*„Das, was ich sonst in Unternehmen mache, kann ich nun auch innerhalb der Bevölkerung machen. Ich schaffe einen angemessenen Zugang zu juristischem Wissen für diejenigen, die keinen rechtlichen Bildungshintergrund haben – denn immerhin werden Gesetze nicht nur für Jurist*innen gemacht, sondern für alle. Die Zeitschrift richtet sich an interessierte Nichtjuristen. Mit Nichtjuristen sind aber nicht nur Verbraucher, sondern auch Unternehmer gemeint. Wir möchten diejenigen ansprechen, denen Informationen in den gängigen Massenmedien nicht ausreichen, sich gleichzeitig aber auch keine juristische Fachzeitschrift kaufen würden. In der Zeitschrift legen wir inhaltlich zudem sehr viel Wert auf Innovation und etwas ‚frischeren Wind'."*

Wirtschaftsjuristin Anna Murk[26], Gründerin von Legal Layman

---

25 Wirtschaftsjuristin Anna Murk richtet sich mit „Legal Layman" mit juristischen Themen an Nichtjuristen.

26 Wirtschaftsjuristin Anna Murk bietet Seminare, Unternehmensberatung und ein externes Compliance Management mit der Methode des Legal Design Thinkings an und konzipiert Legal Tech Tools für Nichtjuristen. Für sie müssen theoretische Anforderungen so gestaltet und kommuniziert werden, dass sie auch tatsächlich bei ihnen ankommen, von ihnen verstanden und in die Praxis umgesetzt werden können. Zum Team von Legal Layman gehören außerdem Justin Völkel, Wirtschaftsjurist und Legal Engineer, Lina Krawietz, Co-Founder von „This is Legal Design" sowie Dr. Benedikt Quarch, M.A., Co-Founder und Managing Director der "RightNow Group". Lesen Sie mehr von Anna Murk in den CLP-Interviews vom 19.11.2020.

„In der Rechtsberatung wird es immer komplizierter und gleichzeitig hat die Digitalisierung vieles vereinfacht – nur menschlicher ist es nicht geworden. Darum finden wir diesen innovativen Ansatz von CLP großartig und freuen uns, dass hier endlich auch einmal der Jurist als Mensch in den Mittelpunkt gestellt wird."

Ein großes Dankeschön für dieses tolle Kompliment an das Team um Anna Murk bei Legal Layman[27].

„Ich habe vor drei Jahren angefangen, mich mit Social Media (speziell Instagram) zu beschäftigen, als mein Sohn 15 Jahre alt war. Zum Einen wollte ich meinem Erziehungsauftrag nachkommen und gucken, was es dort auf dieser Plattform zu sehen und zu tun gibt, zum Anderen wollte ich bei ihm natürlich konkurrenzfähig bleiben. Nach kurzer Zeit habe ich festgestellt, dass ich dort unglaublich viele interessante Menschen kennenlerne, mit denen auch ein persönlicher, freundschaftlicher Austausch möglich ist. Mittlerweile haben wir eine spezielle Anwaltsgruppe (Mastermind-Law) gegründet, in der auch außerhalb von Social Media regelmäßige persönliche Treffen stattfinden, jeder aus seinem Fachgebiet abwechselnd einen Vortrag für die Kollegen hält und spontaner Austausch aus anderen Rechtsgebieten immer möglich ist, falls man mit einer bestimmten Problemstellung in einer Akte nicht weiterkommt. Das ist großartig! Social Media ist keine Arbeit für mich, sondern Vergnügen und Therapie zugleich. Ich sitze morgens um 6 Uhr mit dem ersten Kaffee in der Küche und schreibe über die Fälle, die mich gerade am meisten beschäftigen, bewegen und wo ich eine Ungerechtigkeit empfinde, die man mit minimalem Wissen hätte besser lösen oder verhindern können. Manchmal rege ich mich allerdings auch über etwas Erlebtes so auf, dass ich sofort das Bedürfnis verspüre, es mit einer möglichst großen Menge von Menschen zu teilen, damit sie diesen Fehler nicht machen. Das kann dann auch nicht warten und muss sofort runtergeschrieben werden, was meine Familie oft amüsiert. Danach beginnt für mich das ganz normale Anwaltsleben: Familie, Kanzlei, Gericht, Mandanten. Allerdings nehme ich mir abends regelmäßig die Zeit, auf Fragen der Follower einzugehen und diese zu beantworten oder mit Instagram-Freundinnen bestimmte Themen zu besprechen oder uns gegenseitig private Dinge und Veranstaltungstipps zu erzählen oder uns gegenseitig zu motivieren. Meine Follower sind – ähnlich wie meine Mandanten – nahezu zu gleichen Anteilen männlich und weiblich, wobei Frauen deutlich kommunikativer und mutiger sind, in Kontakt zu treten. Die Bandbreite geht von 13 bis 70 Jahren, was mich besonders freut, da offensichtlich auch rechtliche Themen für alle Altersklassen interessant sind und präventives Wissen besonders bei jungen Frauen wichtig ist. Neulich schrieb mir eine junge Mutter, dass sie eigentlich nach einer Mütter-Gruppe auf Instagram gesucht hätte, da sie gerade ein Baby bekommen habe, aber jetzt gemerkt hätte, dass ihr meine Seite viel mehr Spaß macht und sie dort viel wichtigere Dinge gelernt hätte. Das macht mich glücklich und stärkt mich in dem Wissen, das dieser Teil meiner Arbeit wichtig ist. Es sind viele kluge und interessante Menschen aus fast allen Berufssparten, auch viele Kollegen, Jura-Studentinnen, Fashion Lover, aber auch z.B. ein Berufsmusiker aus New York ist dabei. Besonders stolz bin ich auf eine ganze Gruppe von untereinander befreundeten weiblichen Pastorinnen, die mein Leben auch durch eine ganz andere Art, zu denken und zu leben, bereichern und für völlig neue Einblicke sorgen. Allerdings sollte nicht verschwiegen werden,

---

27 Legal Layman, 03/2021, S. 17.

dass manche Männer die sozialen Netzwerke auch als Kontaktbörse missbrauchen möchten. Zum Glück erkennt man schon an der Anrede, was darauf folgt, so dass man diese Nachrichten gar nicht erst öffnet. Ich finde meine Follower durchweg großartig. Aus manchen werden Gesprächspartner oder gute Bekannte, aus manchen werden Mandanten. Wer sich als Jurist nicht engagiert, hat definitiv den falschen Beruf ergriffen. Wie kann ich die Interessen von Menschen gut (auch vor Gericht) vertreten, wenn ich mich nicht engagiere und nicht dafür brenne? Das ist völlig undenkbar. Wir sind in gewissem Umfang dem Staat, dem Recht und natürlich auch dem Menschen verpflichtet. Diese Obliegenheit hört nicht auf, wenn der Aktendeckel geschlossen ist oder die Kanzleitür schließt. Dies gilt immer, auch im privaten Bereich. Zudem sind wir allein durch unsere Ausbildung privilegiert mit einem Bonus an Wissen auf einem Gebiet, was für Laien nicht immer ganz leicht zugänglich und verständlich ist. Das ist essentiell und verpflichtet. Und macht zudem auch Freude. Ferner ist es auch für Juristen mittlerweile wichtig, in Social Media-Kanälen in die Sichtbarkeit zu gehen. Nicht umsonst fangen auch renommierte Großkanzleien an, Kanäle oder Blogs zu führen. Sowohl soziales Engagement, aber auch Engagement in eigener Sache sind heute ein Muss. Entgegen vielerlei Annahmen ist mein Blog eine ganz selbstgemachte Sache und wird nicht von einem Fachmann oder einer Agentur begleitet. Nur mein Handy, mein Morgenkaffee und ich. Das erklärt auch die gelegentlichen Tippfehler, weil ich morgens noch keine Brille aufhabe. Die besten Fotos macht mein Sohn und unterstützt mich insoweit. Da das aber nicht mehr ganz oben auf der Prioritätenliste eines 18-Jährigen steht muss ich dafür auch freundlich sein und bin ihm insoweit etwas ausgeliefert. Generell als sehr angenehm erlebe ich aber die Unterstützung von Instagram-Kollegen, mit denen man Siege, neue Gedanken und Projekte besprechen kann oder auch gelegentliche Niederlagen austauscht."

Selbstständige Rechtsanwältin Anna Maria Göbel
Instagram-Profil: frau.rechtsanwalt, 48.800 Follower[28]

"Die Medien können uns helfen, eine größere Unterstützungsbasis zu schaffen, und sie können bestimmte Dinge beschleunigen. Ich bin Teil der #metoo-Bewegung. Als ich in einem belgischen Rechtsmagazin ein Interview darüber gab und vorschlug, bei den Anwaltskammern regelmäßig einen ständigen vertraulichen Berater für sexuelle Übergriffe in der Anwaltschaft einzusetzen, war die Antwerpener Anwaltskammer die erste, die mich unterstützte. Wir müssen davon ausgehen, dass viele Menschen unmittelbar betroffen sind, dass es aber auch viel Widerstand gegen Aufdeckung und Veränderungen gibt. Jede Frau sollte sich jedoch bewusst sein und wissen, dass sie nicht allein ist. Kleine Bemerkungen, zum Beispiel über die Kleidung, die sie trägt, die Art, wie sie lächelt, den Gebrauch ihrer Stimme, Aktivitäten außerhalb der Arbeitszeit und mehr, können große Folgen auf die Karriere als Anwältin haben – sollten sie aber nicht. Ein wichtiger Punkt dabei ist, dass noch nicht alle bereit sind, diese Dinge zu ändern und manche sie sogar bis heute verleugnen. Veränderungen geschehen eben nicht einfach plötzlich. Es wird viele Jahre dauern, aber schließlich werden wir es schaffen. Ich hoffe nur, dass wir schneller dort ankommen als in 300 Jahren, wie man sagt... Dafür möchte ich meinen Beitrag leisten."

Selbstständige Rechtsanwältin Nele Somers, ARTES Antwerpen (Belgien)
Instagram-Profil: Nele.Somers, 22.300 Follower

---

28 Lesen Sie das ganze Interview in den CLP-Interviews vom 19.11.2020.

Um auf die eingangs gestellte Frage zurückzukommen:

Personal Branding ist definitiv etwas für den Arbeitsrechts-Nerd, wenn er beispielsweise auf LinkedIn mit Livestreams und regelmäßigen Updates Unternehmen durch die Lockdowns begleitet.

Und es ist definitiv etwas für die Strafrechtlerin, die sich nahbar und authentisch auf dem Weg zur für ihren Mandanten wichtigsten Verhandlung seines Lebens auf Instagram zeigt, wie z.B. Dr. Arabella Poth auf Instagram[29].

Es gäbe noch viele, sehr individuelle Beispiele zu nennen, wie sehr die letzten fünfzehn Monate bei vielen Anwälten die Weichen für (oder gegen) eine Anwaltsmarke gestellt haben. Beides ist eine persönliche Entscheidung des Einzelnen. Mir bleibt nur aufzuzeigen, wo sich gerade viel bewegt und was bei Kollegen funktioniert.

Personal Branding bleibt also ein spannendes Thema für die Rechtsbranche: Und es hat gerade erst begonnen[30].

Bei unseren drei Fallbeispielen stehen folgende Herausforderungen beim Thema Marketing an:

In **Fallbeispiel 1** ist zu erwarten, dass man beim Zusammenschluss dieser Kleinteams zwar eine einheitlichen Kanzlei-Brand gebildet hat. In der Regel ist dies oft sogar der Anlass des Zusammenschlusses: Marketing wird als Last wahrgenommen und soll so ressourcenschonend und optimiert wie möglich ablaufen – am besten durch eine externe Agentur. Diese tun dann auch oft ihr Bestes, um das umsetzen zu können, was sie gelernt haben. In den meisten Fällen gehören dazu jedoch nicht die Besonderheiten des anwaltlichen Berufsrechtes zum Thema Marketing und Vertrieb. Daher werden sie von den Kanzleien an der kurze Leine gehalten; Kommunikation zwischen Kanzlei und Agentur findet nur bedingt statt. So kann weder Kreativität noch Authentizität und Spontaneität entstehen. Doch Marketing lebt von situativem Humor, punktierten Insidern und anziehender Lebendigkeit. Die einheitliche Kanzleimarke mit gemeinsamer Aktivität zu füllen, und zwar strategisch klug und zentral koordiniert, wird eine der Herausforderungen dieser Kanzlei auf ihrem Weg zur Großkanzlei sein.

Fallbeispiel 2 steht vor der Entscheidung der Neuausrichtung: Marketing ist dabei wesentlicher Bestandteil der Positionierungsanpassung. Eine sensible und logische Marketingstrategie kann die Bestandsmandate dabei begleiten,

---

29 Dr. Arabella Poth (Instagram Profil @arabella_poth), Strafrechtlerin in Dortmund und bereits beim Thema Kanzleigründung mit ihrem Buch zu den steuerlichen Fragen der Kanzleigründung erwähnt, gilt mit 17.800 Followern durchaus als Influencerin.

30 Dr. Tutschka, Verändertes Personal Branding – Was Anwälte in und nach der Pandemie zu Experten macht, Haufe.Recht vom 23.7.2021.

ohne im Markt Irritation zu erzeugen und die bisherige Marke zu zerstören. Wie oben ausgeführt, wird die Entscheidung zu treffen sein, ob für diese Idee nicht eine Ausgründung besser wäre. Das kann nicht nur sinnvoll sein aufgrund von Haftungsfragen, Gesellschaftsform und Investment, sondern auch im Hinblick auf die berufsrechtlichen Einschränkungen im Marketing für Anwälte und Kanzleien. Die Konkurrenz auf diesem Markt wird in der Regel aus branchenfremden Tech-Unternehmen bestehen, die derartige Einschränkungen nicht haben. Es ist nur fair, hier also auf Augenhöhe konkurrieren zu können. Auf der anderen Seite sind diese Tech-Unternehmen nach wie vor daran gehindert, Rechtsberatung anzubieten.

Fallbeispiel 3 hat auf den ersten Blick kein Marketingproblem, sondern sollte ja wie oben gezeigt, zunächst an der Modernisierung der eigenen Werte und Kultur arbeiten. Dennoch: Es ist ein Irrglaube, wenn man meint, dass in dieser Situation Marketing z.B. im Sinne des Employer Branding das Letzte ist, was akut und notwendig sei. Tatsächlich werden auch diejenigen als indirekte MarkenbotschafterInnen wahrgenommen, die die Kanzlei verlassen. Selbst wenn diese nicht aktiv in ihrem sozialen Umfeld online und offline die Kanzlei erwähnen, weiß das nähere Umfeld in der Regel von den Kanzleiproblemen. Hier gilt es, aktiv gegenzusteuern und zwar sofort. Andernfalls ist ein massiver Reputationsverlust bzw. eine Beschädigung der Kanzleimarke in puncto Employer Branding zu befürchten, die nur schwer zu beheben ist.

Beispiele dafür gibt es zur Genüge:

Während des ersten Covid-19-Lockdowns 2020 setzten einige Großkanzleien auf die vorsorgliche Reduzierung der Personalkosten und entließen scharenweise wissenschaftliche Mitarbeiter, studentische Hilfskräfte und Associates. Der Shitstorm in den sozialen Medien war beispiellos.

Ein Post-Corona-Beispiel findet sich auf Instagram: Unter @IchbinRefa postet eine Rechtsanwaltsfachangestellte nahezu täglich aus ihrem Kanzleialltag Bitterböses wie dieses:

- „Morning Routine – Arbeit oder Straftat?“
- „Der gute Anwalt, das Einhorn jeder Kanzlei... existiert nicht“
- „ReFa Nachwuchs: O steht für OMG, ich werde niemals als ReFa tätig.“

Noch hat sie sich selbst oder ihre Kanzlei nicht bekannt gegeben. Die wachsende Anzahl der Follower, Likes und Kommentare unter ihren Posts zeigt aber, dass sie mit ihren Ansichten und Erfahrungen nicht allein ist. Es ist nur eine Frage der Zeit, ab wann die Kanzlei in puncto Kanzleimarke und Employer Branding erpressbar wird.

2. Kommunikationskonzept

Kanzleimarketing und Kommunikation sollten konzeptionell ganzheitlich durchdacht und vorbereitet werden.

Das Kommunikations- und Marketingkonzept besteht im Wesentlichen aus folgenden Punkten:
1. Zieldefinition inklusive Kennzahlen und Indikatoren aufgrund der Kanzleistrategie
2. zielgruppendefinierte und spezifische Maßnahmen, die aufeinander einzahlen und sich ergänzen
3. Finanzbudget und Zeitplan
4. Verantwortung klären
5. Einkauf von Expertise
6. Evaluierung, ggf. Anpassung oder Neuausrichtung

Die Zieldefinition basiert auf der Kanzleistrategie, die einerseits die konkreten wirtschaftlichen Ziele und andererseits die in der Kanzlei gelebten Werte und die Kanzlei-Kultur umfasst.

Wichtige Impulse für die beruflichen Werte und Ethik gibt die anwaltliche Berufsordnung vor! **i**

Außerdem sollte es Ihr Alleinstellungsmerkmal und Ihr besonderes Rechtsgebiet nach außen tragen und Sie als Persönlichkeit in den Mittelpunkt stellen.

Hier sind wir wieder im Bereich des Personal Brandings. Dabei gibt es für Einzel- und Kleinkanzleien eine ganz wichtige Besonderheit im Verhältnis zu Freiberuflern und Beratern aus anderen Branchen zu berücksichtigen: Zwar punktet auch hier eine charismatische und authentische Persönlichkeit des Anwalts. Anders als zum Beispiel Experten aus der Speaker Szene, Erfolgscoaches oder Unternehmensberater Marken muss das Marketingkonzept hier eher thematisch als personenzentriert aufgebaut werden. Die anwaltliche Berufsordnung sieht Werbung, die die Anwaltsperson werblich präsentiert und fokussiert, nach wie vor kritisch. Die Anwaltspersönlichkeit muss also IMMER in allererster Linie mit dem Expertenthema präsentiert werden. Das ist ein feiner, aber wichtiger Unterschied, den nur wenige Marketingagenturen bislang begriffen haben UND umsetzen können -bedeutet es doch, aus den standardisierten Pfaden innerhalb der Agentur auszubrechen. Und zwar für jedes einzelne Marketing-tool, von der Farbe bis zum Logo-Design, der Bildsprache bis hin zu den Texten[31].

Merke:
Desto größer die Kanzlei, desto unpersönlicher wird das Kommunikationskonzept sein (müssen).

Gleichzeitig sollte es sowohl die direkte (z.B. Newsletter, Mandantenrundschreiben) als auch die indirekte Kundenansprache (Flyer, Artikel) sowie online (z.B. Webseite, Blog) und offline-Kommunikation (z.B. Weihnachtskarte) beinhalten vor allem jedoch die Kanäle, in denen sich Ihre Ziel-Mandantschaft in der Regel einfindet.

- **Mandantenkommunikation**

Ist eine auf die strategische Ausrichtung der Kanzlei abgestimmte Marketingstrategie entwickelt, heißt es, geeignete Marketingmaßnahmen zu planen und zu ergreifen, um die Kanzleiziele zu erreichen. Leider greifen immer noch die meisten Kanzleien zu den falschen Maßnahmen: Nach einer Studie von Soldan verwenden Kanzleien beispielsweise mit Vorliebe genau die klassischen Marketinginstrumente, von denen sie am wenigsten überzeugt sind[32] oder die in der Tat die am wenigsten geeigneten sind. Zudem kranken die ergriffenen Marketingmaßnahmen daran, dass sie nicht von einem Gesamtkonzept getragen ineinandergreifen bzw. nur halbherzig umgesetzt sind oder die Anwälte und Kanzleiinhaber nicht voll dahinter stehen. So können selbst sehr wirkungsvolle und zielgenaue Marketinginstrumente verpuffen[33].

Neben der direkten, persönlichen Ansprache von potentiellen Mandanten kommen im Wesentlichen drei Instrumente zu Werbezwecken in Betracht: Annoncen, Directmailing und das Internet.

„Ein ordentlicher Anwalt steht nur zweimal in seinem Leben in der Zeitung: Mit seiner Geburtsanzeige und mit seiner Todesanzeige“. – Noch vor zwanzig Jahren konnte man genau diese Antwort auf den Fluren einer großen deutschen

---

31 Das Kanzleimarketingverzeichnis listet entsprechend geschulte Agenturen auf. Wir selbst arbeiten bei CLP seit Jahren mit der großen full service Agentur Ben Schulz und Partner zusammen, die wir in mehreren Pilotprojekten zu den verschiedenen Marketingtools (Foto, Video, Buch, Webseite, Presse etc.) geschult haben.

32 Dr. Kilian in „Wirksamkeit anwaltlicher Marketingmaßnahmen“, S. 29, 32, Soldan-Studie 2011.

33 Busmann, „Chefsache Mandantenakquisition“, S. 220, De Gruyter 2016.

Anwaltskanzlei auf die Frage, ob dem Managermagazin ein Interview gegeben werden solle, hören. Diese Zeiten sind vorbei.

In Tageszeitungen, Fachzeitschriften und gelegentlich auch Wirtschaftsmagazinen annoncieren Anwälte ihre Dienste. Die Zahl der Annoncen, in denen die Leser unmittelbar um die Erteilung eines Mandats gebeten werden, ist vergleichsweise gering. Überwiegend betreiben Anwälte durch Annoncen in Printmedien eine eher der Öffentlichkeitsarbeit zuzurechnende Imagewerbung. Die Kanzlei soll bekannt gemacht werden. Auch die Stellenanzeigen in der NJW, die zum Teil vorrangig die Vorzüge der werbenden Kanzlei in einem großen Teil der Anzeige, die Erwartungen an den Bewerber jedoch nur in sehr knappen Worten schildern, dienen öfter als man glaubt nicht der Besetzung einer freien Stelle, sondern der Selbstdarstellung der Kanzlei. Ein weiteres Werbemittel sind adressierte Werbebriefe, die nicht nur an bereits betreute Mandanten, sondern auch an potentielle Mandanten versandt werden können. Beim Directmailing kommt es darauf an, eine Antwort des Adressaten zu erzeugen. Nur eine Reaktion des Angeschriebenen ermöglicht die Entstehung eines Mandats. Directmailings sind sowohl per Briefpost als auch per E-Mail möglich. Noch sind Directmailings von Anwälten ungewöhnlich. Der werbende Anwalt muss damit rechnen, dass Directmailings auf seine potentiellen Klienten eher befremdend wirken. Eine weitere Form des Directmailings sind Mandantenrundbriefe und Newsletter. Diese dienen in erster Linie der Mandantenbindung und der Imagewerbung[34]. Nur in Ausnahmefällen, wenn beispielsweise über eine aktuelle Rechtsänderung, aus der Beratungsbedarf resultiert, berichtet wird, kann diese Form des Directmailings unmittelbar auf eine Mandatserteilung oder Weiterempfehlung gerichtet sein. Vorsicht ist hingegen bei Kaltakquise in Kombination mit Direktmailing geboten: Werbebriefe, ob per Post oder email, an eine Fülle potentieller Kunden versendet, deren Adressen einfach aus dem Telefonbuch kommen oder gekauft worden sind, ist verboten und kann neben Abmahnungen empfindliche Geldstrafen nach sich ziehen.

Die Marketinglehre unterscheidet herkömmlich vier Instrumente des operativen Marketings. Diese Instrumente betreffen das Produkt, den Weg, auf dem das Produkt zu den Nachfragern gebracht wird, den Preis und die sonstigen Konditionen, die als Gegenleistung für das Produkt verlangt werden, sowie die Kommunikation, die sowohl Informationselemente als auch Beeinflussungselemente nutzt, um den Vertrieb der angebotenen Leistung zu ermöglichen. Dabei steht der Kunde/der Mandant im Mittelpunkt eines erfolgreichen Marketingkonzep-

---

34 Doch Vorsicht: Nach der Einführung der DSGVO im Mai 2018 sollten Sie nicht nur Ihre Webseite entsprechend angepasst haben, sondern auch Ihre Kommunikation (Double Opt-In) und Datenverwaltung sowie die entsprechenden Cookie-Einstellungen vorgenommen haben.

tes: der Mandant mit seinen Bedürfnissen, seinen Vorlieben, Problemen und sonstigen Wesensmerkmalen.

Wie schon bei der Frage nach der richtigen Produktstrategie und Positionierung der Kanzlei, spielen die Bedürfnisse des Mandanten auch beim Marketing eine zentrale Rolle:

Traditionelles Marketing

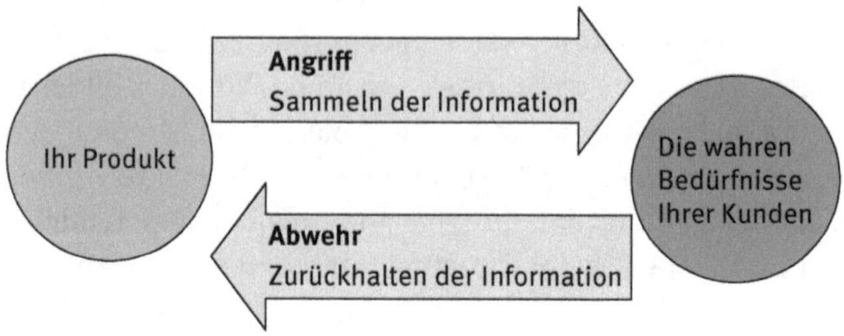

Traditionelles Marketing1, © Dr. Geertje Tutschka

Traditionelles Marketing

Traditionelles Marketing2, © Dr. Geertje Tutschka

Zielgruppenorientiertes Marketing...

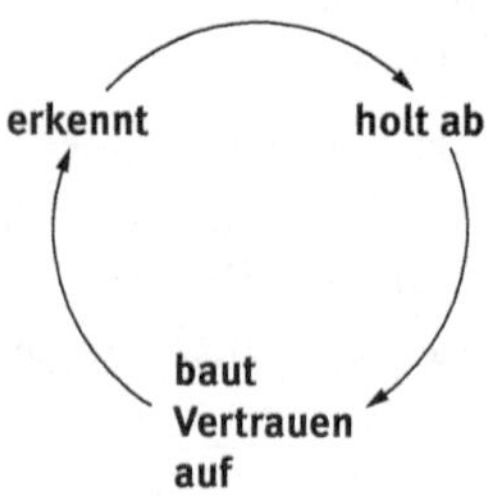

Traditionelles Marketing3, © Dr. Geertje Tutschka

Zielgruppenorientiertes Marketing

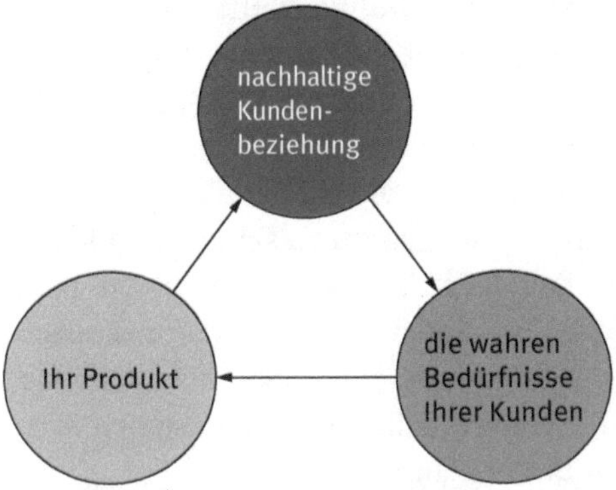

Traditionelles Marketing4, © Dr. Geertje Tutschka

Kreieren einer individuellen Lösung

Traditionelles Marketing5, © Dr. Geertje Tutschka

Ihr Marketing muss also unmittelbar darauf ausgerichtet werden, wie Ihr Produkt die Bedürfnisse Ihrer Kunden bedient und gleichzeitig an einer nachhaltigen vertrauensvollen Mandantenbeziehung arbeiten[35].

– **Kanzleiumfeld**

Der Ausgangspunkt ihrer Kanzleimarketingstrategie sind offline Ihre Kanzleiräumlichkeiten.

Selbstredend, dass Ihre Kanzlei sowie Anwälte und Mitarbeiter auch optisch an die Zielgruppe angepasst sind.

---

35 Zu welchem Zeitpunkt welche Marketingstrategie geeignet ist, wurde bereits im Rahmen des Krisenmanagements erörtert.

Verstehen sich die Anwälte beispielweise als Spezialisten im Gesellschaftsrecht, womöglich als solche, die überwiegend für Großkonzerne arbeiten wollen, dann müssen Büroausstattung und auch das äußere Erscheinungsbild der Anwälte diesem Anspruch gerecht werden. Wer in unseren Breitengraden im Polohemd und Bermudashorts aufläuft, mag ein brillanter Jurist sein, wird aber nicht als Spezialist im Aktienrecht wahrgenommen. Dies hängt also immer von der Zielklientel der Kanzlei ab. Wer Familien mit Kindern zu seinen Mandanten zählt, sollte ruhig eine Spielecke in der Kanzlei haben. Wer sich auf die Beratung von Frauen spezialisiert hat, sollte in seinem Kommunikationskonzept sehr viel mehr Wert auf typisch weibliche Kommunikation und entsprechendes Design legen. Doch hüten Sie sich vor Klischees: nicht alle Frauen stehen automatisch auf die Farbe „Pink“ und mögen Blümchen.

Das allerdings nur dann, wenn Sie auch Ihre persönliche Rechtsberatung im Rahmen Ihrer Kanzlei verkaufen möchten[36]. Besteht das Konzept jedoch darin, beispielsweise standardisierte Pauschalleistungen anzubieten, wird der Fokus Ihrer Marketing- und Kommunikationsstrategie darin bestehen, die Transparenz und Vorhersehbarkeit von pauschalierter Rechtsberatung in den Vordergrund zu stellen.

– **Webseite**

Etwas differenzierter ist dies bei der Webseite zu sehen, also Ihrer online Webpräsenz, wenn es sich um diverse Webseiten handelt.

Eine professionell wirkende Website ist heute bereits für sehr wenig Geld zu erhalten. Ab einer Monatsgebühr von ca. 10 € ist sowohl die Registrierung Ihrer Domäne, das heißt Ihre „www.Adresse“ als auch Ihr Website-Provider inklusive verschiedener Designs und Möglichkeiten wie Newsletter und Blog sowie die Verlinkung zu den Sozialen Netzwerken möglich. Das alles ist schnell und einfach an einem Sonntagnachmittag selbst erstellt, ohne dass es dafür der Einbindung von Spezialisten bedarf. Die Diskussion darüber, ob eine selbstgemachte Baukasten-Webseite für eine Kanzlei professionell genug ist, kann man sich geben. Man kann es aber auch schlicht für sich entscheiden, ob es im Moment das passende ist. Eine Webseite ist nicht für die Ewigkeit. Sie ist per Tastendruck sofort offline („unsichtbar“) oder im völlig neuen Design wieder online. Ohnehin gehen die meisten ängstlich davon aus, dass sofort die ganze Welt und erst Recht die Kollegen und Mandanten nach online-Schaltung der Webseite sofort ausgiebig die Webseite durchstöbern. Ich kann Sie beruhigen – oder

36 Dr. David Hoeflmayr, „Kanzleimarketing“, S. 81f.

auch enttäuschen, je nachdem – dem ist nicht so. Ihre Webseite wird keinen einzigen Besucher haben, wenn Sie nicht auf die Webseite aufmerksam machen. Stellen Sie es sich so vor: Ihre Webseite sind Ihre virtuellen repräsentativen Räumlichkeiten, also „Ihre Kanzlei". Allerdings liegt diese Kanzlei irgendwo im Niemandsland ohne Straßen und Publikumsverkehr. Es ist an Ihnen, Straßen und Wege zu bauen, vielleicht auch noch einen zusätzlichen Anreiz zu schaffen[37].

---

i

Fakt ist, dass diese **Selfmade-Webseiten** heute nur von Profis tatsächlich als solche erkennbar sind. Jedoch den Vorteil haben, flexibel und einfach an Ihre Bedürfnisse angepasst werden können. Gerade diejenigen, die für eine Webseite vom Profi plädieren, haben sich noch nie wirklich eingehend mit der eigenhändigen Erstellung beschäftigt. Alles in allem ist diese Diskussion also eher politisch als konstruktiv. Optik und Inhalt dieser Seiten sind durchaus als durchschnittlich gut zu bezeichnen.

Der Vorteil der **Profi-Webseiten** liegt nicht – wie die meisten meinen – darin, dass man sich die Zeit für das eigene Erstellen erspart. Selbstverständlich sollte Optik und Inhalt vom Profi einwandfrei sein. Und sicherlich bekommt man auch erst ab einer bestimmten Investition eine Individuallösung. Auch Profis arbeiten mit Baukastensystemen wie die Selfmade-Webseiten auch. Ein Nachteil kann aber darin liegen, dass der Profi nicht ausreichend vorbereitet und informiert worden ist und er am Ende seine Arbeit einfach nach bestem Wissen und Gewissen gemacht hat. Solche Seiten wirken dann wie die Grabrede des Vertretungspfarrers – irgendwie seltsam unpassend. Auch bei der Beauftragung einer professionellen Agentur sollten Sie also immer und unbedingt ausreichend Zeit für die Zusammenarbeit und das Briefing einplanen. Gute Agenturen erarbeiten mit den Kunden ein wertebasiertes Branding (inklusive Logo, Farben, Bildkonzept und Keywords). Verbunden mit einer professionell definierten und optimal ausgearbeiteten Seite hinsichtlich SEO, Keywords

37 Früher kamen findige Landgastwirte auf die Idee, neben den Gasthof eine Kirche und ein Pfarrhaus zu bauen – das Geschäftsmodell hat sich bewährt, der Landgasthof Gmachl in Elixhausen bei Salzburg wurde 1334 eröffnet und zählt jetzt zu den ältesten familiengeführten Hotels in Österreich. Hier haben wir bis zur Pandemie sehr gern regelmäßig unsere Präsenz-Seminare durchgeführt. Nicht ganz so alt sind die ältesten Kanzleien, wie etwa die familiengeführte Kanzlei Dr. Wolff in Salzburg (Österreich) von 1919 oder Dr. Eick in Hamm (Deutschland) von 1909 -letztere schon lange nicht mehr familiengeführt war eine meiner ersten beruflichen Stationen als Junganwältin. Dr. Wolff repräsentiert als Präsident des Österreichischen Rechtsanwaltskammertages ÖRAK die österreichischen Anwälte. Da er nach über 100 Jahren Kanzlei Wolff und als ÖRAK Präsident wie kaum ein anderer um die Herausforderungen einer erfolgreichen Kanzleigeschichte weiß, bin ich besonders stolz, dass er bereit war, das Vorwort zu dieser 2. Auflage zu verfassen.

und Metatags kann diese Seite schon bald ihr wichtigstes Akquiseinstrument sein[38].

Bei der Hinzuziehung von Profis ist selbstverständlich die Preisspanne nach oben offen. Mit einer Investition ab 5.000 € dürfen Sie zumindest mit einem soliden „One Pager" rechnen – kommen SEO optimierte Textüberarbeitungen, ein umfangreiches professionelles Fotoshooting sowie bestimmte „Zusatztools" wie Newsletter-Abo, ein Blog oder Downloadbereich etc. hinzu, werden Sie eher bei 7.000–8.000 € liegen (Erarbeitungszeit ab 2 Wochen). Geht es um das Aufsetzen einer mehrseitigen Seite mit umfangreichen Zusatztools bewegt es sich auf 10.000–12.000 € zu mit mindestens 6 Wochen Erarbeitungszeit.

Dies alles selbstverständlich nicht vom Start weg, sondern zu diesem Zeitpunkt stehen

- die Kanzleipositionierung und -strategie
- das Marketing- und Kommunikationskonzept
- die Vorarbeiten zu Farbe, Layout, Logo

und sind preislich auch schon abgerechnet mit bis zu 3.000–5.000 € (für eine Kanzlei mit bis zu 3 Partnern).

Planen Sie außer den laufenden Kosten für die Domain und das Hosting in jedem Fall auch „Pflegekosten" ein sowie alle 2–3 Jahre ein komplettes „Make over". „Nichts ist so alt wie die Zeitung von gestern" – gilt auch für Webseiten.

---

i Praktische Tipps zur Erstellung einer Website bzw. zur Beauftragung von entsprechenden Spezialisten liefern diverse Internetforen, aber auch das **Praxishandbuch „Onlinemarketing für Rechtsanwälte" von Pia Löffler**. Nützliche Tipps zur SEO und SEM Optimierung, zu AdWords sowie zu den Anwaltssuchdiensten und der Einbeziehung der Social Media komplettieren diese Ausgabe. Auch rechtliche Hinweise zur Datenschutzerklärung und zum Impressum sowie zum Urheberrecht von Texten, Fotos und Videos sind darin enthalten.

Legen Sie gerade als Anwalt besonderes Augenmerk auf alle rechtlichen Erfordernisse wie Impressum, Bildrechte und Datenschutz etc.[39]. Manche Kollegen scheinen sich einen ganz besonderen Spaß oder ein Geschäftsmodell daraus zu versprechen, die Webseiten der Kollegen akribisch auf Unzulänglichkeiten und rechtliche Fehltritte zu überprüfen, um dann teure Abmahnungen zu schicken[40]. Man kann davon ausgehen, dass es Ihnen nicht unbedingt in erster Linie

38 Pia Löffler, „Praxishandbuch Onlinemarketing für Rechtsanwälte", S. 30.
39 Ebenda.
40 Dies vor allem nun nach dem Inkrafttreten der immensen Strafen für DSGVO-Verstöße.

um die Ehre des Berufsstandes geht. Das sollte es Ihnen aber. Also machen Sie Ihre Hausaufgaben!

Besonders wichtig ist in diesem Zusammenhang, dass Sie sich mit Ihrer Webseite wohl fühlen, dass diese das ausstrahlt, was Sie und Ihre Kanzlei vertreten und Sie sich darin wiederfinden. „It's a people business" sollte unbedingt auch in der Webseite widergespiegelt werden. Das gelingt erfahrungsgemäß kleinen und mittleren Kanzleien noch recht gut: die Anwälte und auch das Kanzleiteam stehen im Vordergrund. Justizia, Richterhammer, Paragraphen, Waagen der Gerechtigkeit und erst Recht die Papierseiten mit Schreibfeder gehören endlich der Vergangenheit an. Vermeiden Sie auch sogenannte bezahlte „Stockfotos" von „Beratungssituationen" und „menschlichen Körperteilen" (z.B. sich gegenseitig schüttelnde Hände). Die Besucher Ihrer Webseite suchen nach Ihnen, dem Anwalt. Das bedeutet, Sie sollten auch auf den Fotos zu sehen sein – und zwar souverän, gelassen und glücklich Ihre Werte verkörpernd. Das ist harte Arbeit; aber es lohnt sich. Absolut verboten ist, die letzten Familienfotos zu nutzen oder einen Freund mit guter Kamera/die nette Hochzeitsfotografin zu bitten, ein paar Schnappschüsse zu machen. Bilder sagen mehr als tausend Worte. Das ist eine ganze Menge. Stellen Sie sicher, dass es die Richtigen sind. Personal Branding heißt, dass Sie und Ihre Mitarbeiter sich zeigen müssen. Ein professionelles Foto-Shooting mit einem auf Personal Brands spezialisierten Fotografen, der entsprechend über die Werte und Zielgruppe der Kanzlei gebrieft worden ist, ist also Pflichtprogramm (ca. 500 €).

Die Homepage einer Kanzlei ist ein besonders wichtiges Aushängeschild. In vieler Hinsicht gleicht die Homepage der Kanzlei einer Kanzleibroschüre. Gegenüber der Kanzleibroschüre hat sie jedoch den Vorteil, nicht in den Papierkorb wandern zu können, sobald der Anwalt das Büro des Zielmandanten verlassen hat. Doch mit der Webseite ist es wie mit den Kanzleiräumlichkeiten und dem Marketing insgesamt: auch diese ist Teil des Begleitprozesses von der Gründung der Anwaltskanzlei über die gesamte Zeit. Auch die Webseite wird niemals vollständige als „Projekt" abgeschlossen sein, so wie Ihre Kanzleiräumlichkeiten immer wieder Nachbesserung, Renovierung, Modernisierung bedürfen.

Daher stellen Sie unbedingt sicher, dass Ihre Internetpräsenz auch funktioniert, sobald sie angegeben ist. Für Mandanten und andere Interessenten ist es frustrierend, wenn sie die auf dem Briefbogen oder auf der Visitenkarte angegebene Internetadresse einer Kanzlei anwählen, um festzustellen, dass sich diese Internetpräsenz noch im Aufbau befindet.

Zum Schluss noch etwas zum Aufbau:

Allgemeingültige Regeln für den **Aufbau und den Umfang einer Anwaltshomepage** gibt es auch hier nicht. Jeder Internetauftritt einer Anwaltskanzlei sollte aber wenigstens einige grundlegende Elemente enthalten:

Auf der Eingangsseite sollten zumindest der **Name** der Kanzlei und eine Übersicht des Inhalts der Internetpräsenz (Menüführung) aufgeführt sein sowie das Logo, soweit vorhanden.

Auf einer Unterseite sollten die Anwälte über ihre **Arbeitsbereiche** informieren. Dabei brauchen sie sich nicht an die für Laien ohnehin wenig aussagekräftigen Kategorien Tätigkeitsschwerpunkte und Interessenschwerpunkte zu halten. Auch die Aufzählung möglichst vieler Rechtsgebiete, in denen die Kanzlei angeblich arbeitet, ist wenig sinnvoll. Mandanten interessieren sich nicht für Rechtsgebiete. Sie interessieren sich für die Lösung ihrer Probleme. Eine Unterseite sollte Informationen über den Arbeitsstil der Kanzlei, ihre Zielgruppe und andere, für Interessenten vielleicht wissenswerte Aktivitäten der Kanzlei, wie beispielsweise über die pro-bono-Tätigkeit im Interesse einer gemeinnützigen Einrichtung, informieren. Die Anwälte können den Besucher über die Ziele der Kanzlei informieren. Des Weiteren sollten sie auf den besonderen Nutzen, den sie ihren Mandanten bieten, hinweisen („Bedürfnisstiller" und „Problemlöser").

Mandanten wollen wissen, mit wem sie es zu tun haben. Ein **Kurzporträt des beruflichen Werdegangs** der in einer Kanzlei tätigen Anwälte, Informationen über ihre speziellen Arbeitsbereiche und besonderen Qualifikationen (akademische Grade, Doppelstudien, Fachanwaltsbezeichnungen) sind üblich. Ein zweites und drittes Bild des betreffenden Anwalts sollte nicht fehlen. Anders als früher wird heute auch das Kanzleipersonal mit Foto und Aufgabenbereich abgebildet, was eine wertschätzende, mitarbeiterzentrierte Kanzleikultur erahnen lässt. Noch einen Schritt weiter geht die Idee, hinter jedes Portraitfoto ein zweites zu legen, welches ein „Stilleben" mit Symbolen für Interessen und Hobbies der betreffenden Person abbildet. Zu sehen beispielsweise bei den www.indigoheadhunters.com. Beachten Sie bitte, dass Sie hier nichts dem Zufall überlassen. Ebenso wie bei einem direkten Kontakt erkennt jeder an subtilen Zeichen sofort, ob der Auftritt professionell und souverän ist oder „selbstgestrickt". Dies fängt bei den Fotos an, die nicht nur ein Fotograf gemacht haben sollte, sondern auch ein auf diese Art von Imagefotos, die im Netz wirken müssen, spezialisiert ist. Ein Hochzeitsfotograf, Künstler oder Passbildspezialist wird einen anderen Fokus mitbringen. Gleiches gilt für den Text, das Logo und die Imagefarben. Auch hier gibt es mittlerweile nicht nur Spezialisten, sondern insbesondere solche, die sich auf die Besonderheiten der Legal Branche spezialisiert haben. Sparen Sie hier nicht am falschen Ende. Bedenken Sie, das die Investition in einen guten Experten am Ende preiswerter ist als die wiederholten Nachbesserungsversuche von Laien. Immerhin wollen Sie sich und Ihre Kanzlei professionell zeigen. Sie sollten also mit Profis arbeiten. Im Übrigen erlebe ich in meiner Arbeit immer wieder, dass die Arbeit mit einem professionellen Coach zur Erarbeitung der Kanzleimarke[41] (Farbe, Logo, USP) den anschließenden Umsetzungsprozess deutlich verkürzt und vereinfacht. Weitere Bilder der Kanzleiwebseite sollten stimmig eingebunden werden und nicht sogenannte „Stockfotos" sein, die wenig aussagekräftig sind. die Bildsprache sowie Stil und Farbe müssen in ein Gesamtkonzept passen.

Neu sind sogenannte 3DVisualisationen. Das sind kurze Videos in Endlosschleife. Dies sollte nur durch eine Agentur eingebunden werden, da diese gewisse technische Vorrichtungen brauchen, um die Seite nicht zu langsam laden zu lassen.

Inwieweit die Seite mehrsprachig angeboten wird, entscheiden Sie, sollte sich jedoch schon in Kürze mit den sich stetig verbessernden automatischen Webseiten-Übersetzungen erledigt haben.

Employer Branding: Webseitenrubrik Karriere

Das Employer Branding muß auf die Kanzleiwerte und Kanzleivision abgestimmt werden: nichts ist geschäftsschädigender, als wenn die „falschen" High Potentials zu Partner-Kandidaten aufgebaut werden – für die Senior Partner, für die Klienten und für die High Potentials der nächsten Generation.

Es kann nicht schaden, sich mit den „Bedürfnissen" und der Sprache der „Next Generation" vertraut zu machen: Themen wie Nachhaltigkeit, Sinnstiftung, Weiterentwicklungsmöglichkeiten, Social Engagement, Diverstity, Klimaverträglichkeit, Gesundheit und „Well Beeing" gehören zu den „Must Haves". Ebenso die Möglichkeit, sich mit seinem LinkedIn Profil zu bewerben. Listung und gute Bewertungen auf den einschlägigen Job-Plattformen gehören ebenfalls dazu.

Merke:
Junganwälte können sich heute ihre Arbeitgeber aussuchen. Und das tun sie auch.

Personal Development Programme mit verschiedenen Trainings zu Soft Skills, individuelle Coachings und Mentoring für den Netzwerkaufbau sollten daher unbedingt ebenso kommuniziert werden wie die Kooperation mit der Unter-

41 Und damit meine ich nicht das „Brainstorming" mit dem IT-Spezialisten, sondern professionelles Coaching.

nehmens-KITA, dem Vollwert-Bio-Caterer und der klimaverträglichen Hemden-Reinigung von nebenan.

Kurzpräsentation der Kanzlei

Zusätzlich kann auch eine Kurzpräsentation der Kanzlei und Ihres Spezialgebietes nicht schaden. Dieser „Pitch" kann schriftlich oder auch als Video auf die Seite gestellt werden. Auch ein „Call-to-action" Button sollte nicht fehlen[42], also die klare Aufforderung, sich zu dem einen oder anderen Thema wie mit der Kanzlei sofort in Verbindung zu setzen. Prozesstransparenz hilft dem Kunden einzuschätzen, wann er was erwarten kann. Und bereitet damit den Weg für Kundenzufriedenheit.

Kundenkommunikation: Newsletter

Ein weiterer nützlicher Aspekt Ihrer Webseite: Sie können damit Mandanten und Kunden in einen Kommunikationsprozess einbinden, z.B. mit der Möglichkeit, einen Newsletter zu bestellen. Damit werden nicht nur aktive Mandanten nachhaltig gebunden sondern auch interessierte potenzielle Mandanten abgeholt.

Anwaltshonorar auf der Webseite?

Insbesondere potentielle Mandanten interessiert die Höhe des zu erwartenden Anwaltshonorars. Die Information, dass die Kanzlei ihre Honorare nach dem RVG berechnet, hilft Interessenten nicht weiter. Besser ist es in diesem Fall, wenn die Kanzlei auf ihrer Homepage Berechnungsbeispiele anbietet oder einen Gebührenrechner zur Verfügung stellt. Mit dem Gebührenrechner muss man allerdings umgehen können. Ein Mandant muss nicht wissen, dass die Einigungsgebühr im außergerichtlichen Bereich mit einem Satz von 1,5, im Rahmen eines gerichtlichen Verfahrens jedoch mit einem Satz von 1,0 berechnet wird. Geschmackssache ist, ob die Kanzlei auf ihrer Homepage ihre Stundensätze bekannt gibt. Zumindest sollten die Anwälte die Besucher ihrer Internetpräsenz darüber informieren, nach welchem Modus sie ihre Honorare berechnen, ab wann es Geld kostet und dass ein kostenfreies Erstgespräch selbstverständlich ist.

---

42 Branchenreport der Sparkasse 2020, S. 17.

Kontaktaufnahme zur Kanzlei
Eine Unterseite sollte den zur Kontaktaufnahme mit der Kanzlei erforderlichen Daten wie der Anschrift, Telefonnummer und (noch) Telefaxnummer sowie der E-Mail-Adresse vorbehalten bleiben. Hierher gehören auch die sonstigen nach § 5 TMG erforderlichen Angaben. Eine druckbare Anfahrtsskizze, eventuell ein Routenplaner, und die Möglichkeit, unmittelbar per E-Mail eine Rückmeldung an die Kanzlei zu geben, runden den Inhalt des Kontaktdatenblatts ab.

---

i Zuletzt gilt: Die Homepage einer Kanzlei muss sich schnell aufbauen und zumindest mit den gängigen Internetbrowsern öffnen lassen. Nicht jeder Internetnutzer verfügt über einen schnellen Internetzugang. Der Anwalt, der seinen Internetauftritt mit all zu viel technischem Schnickschnack versieht und damit überlange Ladezeiten verursacht, darf sich nicht wundern, wenn Internetnutzer diese Webadresse nicht ein zweites Mal aufsuchen.

SEO und SEA
Die Kanzleiwebseite sollte unabhängig davon, ob sie selbst, mit Baukastensystem oder von Profis erstellt worden ist, optimiert sein für SEO und SEA.

SEO ist Such-Maschinen-Optimierung. SEA ist Such-Maschinen-Advertising (online-Werbeanzeigen).

Bei **SEO** geht es darum, Ihre Webseite für Google attraktiv zu machen. Für die älteren Semester unter den Lesern: Vergleichbar ist dies etwa damit, ihren „Laden" in die Gelben Seiten zu bringen. Was bedeutet das? Google springt als programmierte Intelligenz auf bestimmte „Indikatoren" wie z.B. bestimmte Suchbegriffe, Zufriffszahlen und Aktualisierungen einer Webseite. Sie folgt grundsätzlich der Logik, daß, wenn eine Seite vom Anbieter immer wieder aktualisiert wird und gleichzeitig für den Nutzer „relevante" Suchbegriffe enthält (es wird also von den Verbrauchern z.B. sehr oft nach „Spezialist für Kurzarbeit" gesucht), dann muß diese gerade im Moment besonders „wichtig" sein. Ich nenne dies „Katzenlogik", weil auch die Home Office Katze sich immer schnurrend genau darauf legt, worauf gerade meine Aufmerksamkeit gerichtet ist: sei es die Tastatur des Laptops, die Zeitung oder die Baurechtsakte in fünf Ordnern. Google mag, wenn diese Schlagworte in Überschriften, im Text und auf den Unterseiten zu finden sind.

Bei **SEA** geht es um online-Werbeanzeigen; Also entweder um die sog. Ads, die bei der Eingabe eines Suchbegriffes bei Google an 1.–3. Stelle erscheinen oder aber in den „Sozialen Medien" an der Seiten- und Headerleiste als Werbe-Banner-Einblendungen erscheinen.

Wichtig ist hier, dass Sie diese knappen Ads punktgenau abstimmen

1. auf die Zielgruppe (Sprache, Farbe, Link)

2. auf das Produkt (Pitch)
3. auf den Link (Landing Page oder Webseite)

Da SEA – Maßnahmen IMMER Geld kosten, kann nicht nur mit einer ungenauen und unprofessionellen Ad-Schaltung viel Geld „versenkt“ werden, sondern auch mit einem zu knappen Budget. Selbst bei einer „Pay for Klick“ Ad-Kampagne braucht es einen gewissen Sockelbetrag, um die Investition zum Erfolg zu führen[43]. Und die Ads sollten nicht zu kurz geschalten werden: der Algorithmus des Ad lernt, immer passgenauere Treffer zu landen. Das braucht ca. 2 Wochen pro Ad, gern länger. Eine Ad-Kampagne sollte also entweder langfristig für mehrere Monate oder besser ein Jahr für die Kanzlei im Allgemeinen angelegt sein, für einzelne Angebote mindestens über 3–6 Monate mit einem Budget von mindestens 50 € am Tag, also ca. 1.500 € im Monat plus die Kosten der Ad-Agentur von ca. 4.000 € Einrichtung und ca. 1.500 € monatlich für das Monitoring der Ads.

Was noch?

Eine Optimierung der Seite für mobile Endgeräte sollte selbstverständlich sein. Ebenso der Brancheneintrag sowie der Eintrag in Google (Google.maps bzw. Google my business) und eventuell weiterer Suchmaschinen, einerseits um gefunden zu werden aber auch, um Rezensionen und Google Sterne für ein besseres Ranking erhalten zu können. Zurückverlinkungen von anderen Seiten tragen ebenso dazu bei. Die Anbindung an die Social Media Profile (und von diesen zurück) und vielleicht sogar ein kleiner News-Ticker eines Profils schafft Bewegung auf der Seite.

– Social Media

Ihre Webseite braucht „Bewegung“ und „Traffic“, um im Netz keine Spinnweben anzusetzen. Dies erreichen Sie durch die sozialen Medien und entsprechende Verlinkung zur Seite oder von der Seite mit den entsprechenden Icons zur Social-Media-Präsenz[44].

Eine Social Media-Präsenz ist für mich kein Kommunikationstool wie ein Newsletter oder ein Podcast, sondern eine Web-Präsenz: Für die Kanzlei und/oder für den Anwalt und zusätzlich für bestimmte Lobby- und Interessengruppen sowie Veranstaltungen.

---

43 Pia Löffler, „Mandanten dringend gesucht –so klappt kurzfristige Akquise“, Beck-Shop-Forum vom 22.2.2021.

44 Löffler in „Praxishandbuch Onlinemarketing für Rechtsanwälte“, S. 55, TeleLex.

Sie ist daher eher mit der Webseite (für Kanzlei und/oder Anwalt) vergleichbar.

Die Möglichkeiten der Social Media-Kanäle sind mittlerweile vielfältig.

Facebook gehört für einige kleine Kanzleien wohl immer noch irgendwie dazu. Tatsächlich hat es meiner Meinung nach jedoch keine positiven Auswirkungen auf die Akquise und bedeutet damit schlecht investierte Zeit und Geld. Ich kann mir kein Rechtsgebiet vorstellen, wofür der Mandant seinen Anwalt auf Facebook finden möchte. Es mag sich für bestimmte Events, Interessengruppen oder auch LIVE-Schaltungen vereinzelt lohnen. Vielleicht sogar für bestimmte bezahlte Werbeschaltungen, da Facebook immer noch den besten Algoritmus hat, die meisten Nutzer und dennoch das beste Preis-Leistungsverhältnis. Man muss jedoch wissen, dass Facebook im Business-Kontext als unseriös wahrgenommen wird, was nicht nur mit den datenschutzrechtlichen Bestimmungen zu tun hat. Und das Nutzerpublikum mit 50 + aus den sozial schwächeren Schichten bis hin zum Mittelstand ist für Kanzleien eher übersichtlich.

Xing und LinkedIn als rein berufliche Netzwerke können sich auszahlen, aber nur, wenn die Anwaltsprofile professionell und markenkonform aufbereitet sind und einen Bezug zur Kanzlei aufweisen. Von untergeordneter Bedeutung sind auf diesen Berufsnetzwerken hingegen die separaten Kanzleiprofile, die jedoch unbedingt zwecks Verlinkung vorhanden sein sollten. Xing verliert allerdings gerade massiv an Bedeutung – obgleich es in den letzten Jahren in der deutschsprachigen Community fest etabliert war. Funktionen sind vielfach nur noch in den bezahlten Versionen verfügbar, Recruiting, Analyse Tools und Hashtags sind nur rudimentär verfügbar. Versuche wie das Top Coach Siegel mit der Sonderplattform Xing Coaches oder die Plattform Xing Freelancer sind gescheitert. Relevant ist Xing allenfalls noch für bestimmte Themengruppen oder Events – aber auch hier nicht mehr wirklich.

Von Interesse ist daher zunehmend LinkedIn, dort vor allem das Anwaltsprofil und bestimmte Themengruppen. Meist wichtiger als der angedeutete Lebenslauf sind das Tool für Artikel und Blogbeiträge, die Skills und Endorsements, der Publishing- und Feature-Abschnitt des eigenen Profils und die beiden Zielgruppen Kontakte und Follower. Recruiting und Vertrieb werden bei LinkedIn in den Profi-Profilen durch wirkungsvolle Suchmaschinen unterstützt. In den meisten Fällen ist die Handy-App zwar weniger praktikabel, ermöglicht aber mit Emojis und Stories im Gegensatz zu den Beiträgen eine schnellere Reaktion und mittlerweile zum Teil sogar Funktionen, die nur in der App erhältlich sind. Die PC-Version bietet hingegen mit der Darstellung von Kurzpräsentationen, Live-Video-Schaltungen, Umfragen etc. alles, was ein modernes Netzwerk heute können muss.

Merke:
Das persönliche LinkedIn-Profil wird zunehmend zur maßgeblichen Webpräsenz des anwaltlichen Experten für Personal Branding.

Ob darüber hinaus noch eine kleine Webseite notwendig ist, ist (fast) Geschmackssache. Alleine die Tatsache, dass Social Media schnelllebig ist und der Post vom Vormittag schon am Nachmittag alt ist, sowie die Tatsache, dass alle Kontakte/Follower, Testimonials, Gruppen etc. auf den Servern des Netzwerkes liegen und im Zweifel über Nacht abgeschaltet werden können oder auch nur das eigene Profil blockiert oder gehackt werden kann, lässt mich am Ende doch immer auch eine persönliche Webseite empfehlen, wenn man es mit dem Reputationsaufbau ernst meint. Das gilt natürlich nicht für Einzelanwälte.

Twitter spielt im deutschsprachigen Raum zumindest im Business- und politischen Kontext eine Rolle, wenn es denn ein persönliches Profil ist. Am Beispiel Donald Trump ist zu sehen, dass auch dieses Netzwerk/dieser Nachrichtendienst ausschließlich über Personen, nicht über Institutionen und Unternehmen funktioniert.

Wer also als Kanzlei mit Hilfe eines „Profis" twittert, outet sich als Social Media-Neandertaler, der das Prinzip noch immer nicht verstanden hat. Und glauben Sie mir, Ihr vermeintlicher „Twitter-Profi" wird der Letzte sein, der Sie darüber aufklärt. Einfach ist es, wenn das Twitter-Profil an den LinkedIn-Account gekoppelt ist und insofern meistens parallel mit bedient wird. Die Automatisierungstools wie Buffer für sog. Cross Postings empfehle ich in der Regel nicht, da der Nutzen meines Erachtens durch die hohe Fehlerquote relativiert wird.

Auch Instagram wird zunehmend von der Anwaltschaft entdeckt: Ursprünglich als „Bilderplattform" gestartet, gehören mittlerweile auch hier kleine Videosequenzen, sog. Reels oder IGTV, zum Standardrepertoire. Zahlreiche Beispiele wurden oben aufgezeigt.

TikTok – aus musical.ly für die Zielgruppe der 8- bis 14-Jährigen entstanden und ursprünglich bekannt für kurze Playback-Oberkörpertanzeinlagen – hat sich zum ernstzunehmenden Hauptkommunikationstool der Generation Z, der heute 20-Jährigen, entwickelt. Einige in die Zukunft denkende Anwälte haben die Plattform denn auch erfolgreich als Spielplatz potenzieller Mandanten für sich entdeckt, wie z.B. die spritzigen Einlagen von Herr Anwalt zeigen.

Merke:
Auf all diesen Kanälen gilt das Prinzip, dass, wer sie nutzt, sich dort auch tatsächlich nahezu täglich vernetzen und austauschen will.

Das bedeutet auch, dass es hier nicht in erster Linie um Selbstpräsentation, Marketing und Akquise geht, sondern um sinnstiftende positive Sachbeiträge. Zwar geht es auf diesen Businessnetzwerkseiten mittlerweile sehr viel persönlicher zu – auch private Posts vom Mittagessen, der Katze oder dem Wochenende sind erlaubt. Der berufliche Austausch steht jedoch im Vordergrund und das Geben sollte das Nehmen deutlich überwiegen. Das erfordert auch, täglich Lebenszeit zu investieren und Spaß an der Sache zu haben. Denn „negative Vibes" mag hier keiner, ebenso wenig blutleere, Wochen im Voraus entworfene Posts ohne jeglichen Bezug zum Tagesgeschehen.

Ein sensibles Thema ist, wen man in sein Netzwerk hineinlässt und wem man selber folgt: Nur wirklich bekannten Gesichtern oder tatsächlich auch spannenden Kollegen oder Experten zur Erweiterung des Horizonts? Ich empfehle Letzteres: Jedes Netzwerk lebt vom inspirierenden Austausch. Der Ansatz, sich nur mit Bekannten vernetzen zu wollen, stammt aus einer Offline-Welt vor Digitalisierung und in jedem Fall vor Corona. Also nur Mut und mit einer netten Nachricht um Kontaktaufnahme bitten.

Gerade nach der Pandemie hat sich in puncto Social Media in den (Groß-)Kanzleien vieles geändert: Auch Marketing- und Business Development Teams dürfen und sollen nach neuesten Studien nun twittern, posten und liken[45].

Für englische und amerikanische Kanzleien hat ganz klar CRM (Customer Relationship Management) an Bedeutung gewonnen, also die strukturierte Klientenkommunikation unter Verwendung von Analysetools. Auch die Budgets haben sich deutlich vergrößert: In Großbritannien gaben vor der Pandemie nur sieben Prozent der Kanzleien mehr als 30 Prozent ihres Marketingbudgets für digitales Marketing aus. Für die Zeit nach Covid-19 gehen 87 Prozent aller Sozietäten davon aus, dass sie in den nächsten drei bis fünf Jahren einen deutlich größeren Teil ihres Marketingbudgets in digitales Marketing und neue Technologien investieren werden. Dies deckt sich auch mit der Aussage von über 90 Prozent der befragten Kanzleien, dass digitale Fähigkeiten nach der Pandemie stärker gefragt sein werden[46].

So geht auch Dominic Krohne, Leiter BD bei Squire Patton Boggs, davon aus, dass die zusätzlichen Aufgaben durch die Verlagerung ins Digitale nach der Pandemie fortbestehen werden. „Das originäre People's Business samt Geschäftsanbahnung, wie wir es kennen, erfährt aktuell natürlich eine Zäsur. Wir profitieren vom vorpandemischen Netzwerk, sehen aber auch Chan-

45 *Barbara Helten/Adrian Raub*, Kanzleimarketing in der Pandemie – dem Wandel angepasst, lto vom 18.3.2021.

46 Ebenda.

cen in der aktuellen Lage, da sich Mandanten und Geschäftskontakte ebenfalls im Homeoffice befinden und sich auf diese Weise ein Austausch über Telefonate oder Videokonferenzen ergibt, der teils auch persönlicher und privater ist als in Nicht-Corona-Zeiten. Der Fokus hat sich also nicht verändert, aber die Kommunikationswege sind anders und kreativer. Covid-19 hat auch gezeigt, dass es sinnvoll ist, Digital Natives und Millennials im BD-Team zu haben."

Nicht nur auf Digital Natives setzen etwa Allen & Overy und Morrison Foerster. Die beiden Kanzleien haben eigene Bild- und Tonstudios eingerichtet, in denen Live-Diskussionen stattfinden können – Hybrid-Veranstaltungen, mit Anwesenden im Studio und Zuschauern zuhause.

Ulrich Horstschäfer, Head of Marketing and Business Development bei Allen & Overy, berichtet, dass die Kanzlei mit diesem neuen Format schon einmal 350 Teilnehmer verzeichnen konnte. „Hätten wir das als Veranstaltung im Büro gemacht, wären vielleicht 35 gekommen", so Horstschäfer. Eine sinnvolle Investition, liegt es doch nahe, ein solches Studio auch nach Bewältigung der Pandemie für Pitches, Rehearsals und vieles mehr zu nutzen.

Auch Susanne Krüger, Director Business Development and Corporate Communications bei Greenberg Traurig, berichtet, dass ihre Kanzlei bei digitalen Veranstaltungen im Vergleich zu analogen höhere Teilnehmerzahlen registriert habe. Positiv sei auch, dass sie Inhalte später über die sozialen Medien weiter verbreiten könnten. Aber, so erklärt sie weiter, „wo Chancen sind, gibt es auch oft Herausforderungen, zum Beispiel in der Akquise von Neugeschäft. Wir haben letztes Jahr zwar viele neue Mandanten gewinnen können, aber einige kamen über unsere globale Partnerschaft. Live-Konferenzen, Events und Branchentreffen fehlen aber schon sehr, um persönlich zu netzwerken und Kontakte zu knüpfen. Eine große Chance sehe ich daher in ausgeklügelten Teststrategien für Veranstaltungen, solange die Impfraten noch nicht hoch genug sind."

Es gibt kaum eine Kanzlei, die ihre Business Development- und Marketing Teams in der Pandemie verkleinert hat. Denn Arbeit ist da, sie hat sich nur verlagert. „Unser Event Team ist voll ausgelastet mit virtuellen Veranstaltungen. Wir begleiten unsere Anwälte in Web-Seminaren, kreieren spannende Formate, unterstützen den gesamten Online-Prozess vom Einladungsmanagement bis zur Moderation und Nachbereitung. Das war eine riesige Umstellung. Wir mussten vieles neu lernen. Wie gestaltet man rein digitale Produkte interessant und unterhaltsam?", so Christoph Tillmanns, Director Marketing bei Clifford Chance.

„Tolles Feedback" für die Anstrengungen habe es von Mandanten und Anwälten gegeben, sagt er. Seiner Meinung nach wird es ab jetzt im gesamten

Marketing darum gehen, virtuelle mit analogen Formaten und Kanälen zu verbinden[47].

Einig sind sich aber fast alle: Langatmige Veranstaltungen mit edlen Häppchen und Champagner auffangen – das wird nicht mehr gehen. „Content ist King", sagt dazu Ulrich Horstschäfer. „Wir müssen weg von langangelegten, langwierigen und im Vorfeld endlos abgestimmten Kampagnen, hin zu schnelleren und spontaneren Formaten."

„Die Arbeit der Marketing- und Business Development Teams ist insgesamt anspruchsvoller geworden, die Themen wechseln viel schneller als noch vor der Pandemie", so Janine Weller-Beunings von Beiten Burkhardt. Jetzt sind also die Ideen- und Impulsgeber gefragt, die aktuelle Trends aufgreifen oder antizipieren. Veränderungen in der Politik, Gesellschaft, Technologie, Wirtschaft – die Arbeit der Business Development Teams wird deutlich anspruchsvoller.

„Global tätige Kanzleien benötigen BD-Manager, die komplexe volkswirtschaftliche und technische Sachverhalte verstehen und aus diesen Opportunities identifizieren können – Berufsbild, aber auch marktübliche Vergütungen werden unter diesen sich wandelnden Bedingungen sicher noch attraktiver", so Ulrich Horstschäfer[48].

Da uns unsere drei Beispielkanzleien erst am Ende des Kapitels wieder mit ihren jeweiligen Herausforderungen im Bereich Marketing und Kommunikation begegnen werden, möchte ich an dieser Stelle aus meiner persönlichen Erfahrung mit Internetpräsenzen und Sozial Media berichten. Um ganz ehrlich zu sein, halte ich bei diesem Thema nichts von vermeintlichen „Theorie-Experten". Ob, seit wann und wie erfolgreich sich jemand damit beschäftigt und die nötige Erfahrung als Experte hat, zeigt sich ganz direkt im Analysetool der von ihm betreuten Webseite (Besucherfrequenz bzw. deren Wachstum, Verweildauer auf der Seite, Google Ranking etc.) sowie an den gut sortierten Kontakten und Followern sowie deren Testimonials – idealerweise auf genau diesen Kanälen, also Google Bewertungen und Referenzen auf Facebook oder LinkedIn. Doch Vorsicht: Hier könnte geschummelt worden sein, lassen sich doch gerade für neue Accounts „künstliche" Follower kaufen, die sich entweder als Fakeprofile entpuppen oder dafür irgendwo auf der Welt mit Cents bezahlt worden sind. Diese Kontakte und Follower interagieren nicht, also liken nicht, verfassen keine inhaltlich passenden Kommentare und resharen nicht. Wenn Sie also Profile mit hohen Followerzahlen sehen und sich die einzelnen Posts ansehen, die dann kaum oder nur im einstelligen Bereich Interaktionen aufweisen, wissen Sie Bescheid. Ich rate unseren Kunden davon ebenso ab wie von vermeintlichen

47 Ebenda.

48 Ebenda.

„Netzwerken“ in denen man sich nach dem Schneeballprinzip gegenseitig folgt, um so schnell die Followerzahl zu erhöhen. Wenn Sie Social Media wirklich zum Aufbau Ihrer Marke und Ihres Netzwerkes nutzen wollen, dann mischen Sie bitte nicht aus Ungeduld derartige Dummies in Ihr Publikum. Ihr reales Publikum wird es merken, sich reingelegt fühlen und verabschieden.

Bei CLP – Consulting for Legal Professionals (www.consultingforlegals.com) – handelt es sich um eine umfangreiche, mehrseitige Webpräsenz mit zahlreichen Funktionen (Newsletter, Schlagwortcloud, Downloadbereich, interaktive, direkt teilbare Newsposts für Social Media und mehreren Domains inklusive der nicht öffentlichen Lernplattform der CLP-Academy).

Im Gegensatz dazu finden Sie meine persönliche Seite unter www.geertjetutschka.com als sog. One Pager, also eine einzige Seite, auf der alle Informationen zu meiner Person nach unten hin aufklappbar nachlesbar sind. Die kleine Web-Präsenz unserer Kanzlei (www.kanzlei-Tutschka.de/at) fokussiert sich vor allem auf den Spagat zwischen Deutschland und Österreich sowie unsere Spezialgebiete Vertragsrecht und Rechtsvermittlung.

Mit mittlerweile 20.000 Besuchern jährlich hat sich die CLP-Seite nach ca. drei Jahren gut etabliert, bestehend aus einem gesunden Mix aus Neu- und Bestandskunden und solider Verweildauer. Meine persönliche Seite mit knapp 6.000 Besuchern jährlich ist rege Anlaufstelle für alle, die mich in der Branche als Expertin kennen, was umso bemerkenswerter ist, wenn man bedenkt, dass diese Seite nirgendwo beworben wird. Beide Seiten haben seit dem Frühjahr 2020 mit Beginn der Pandemie an Beliebtheit gewonnen. Im Gegensatz dazu dient die Kanzlei-Webseite nur als „Visitenkarte“ im Netz mit den nötigen Informationen zur Kontaktaufnahme. Akquise findet über diese Seite nicht statt – und soll es auch nicht. Wenn Sie sich die Kanzlei-Seite aufmerksam ansehen werden Sie feststellen, dass diese sich kaum merklich von anderen Kanzlei-Webseiten unterscheidet. Sind also die meisten Seiten nicht zur Akquise im Netz gebaut worden?

Sowohl CLP als auch die CLP-Academy unterhalten auf LinkedIn, Xing, Instagram und Facebook Firmenprofile; auf LinkedIn und Xing zusätzlich die Interessengruppe JurBiz aus unserem Alumni- und Kundennetzwerk. Zusätzlich bin ich persönlich auf allen relevanten Social Media-Kanälen vertreten: Der Schwerpunkt liegt jedoch auf LinkedIn, da hier der weitaus größte Teil meiner deutsch- und englischsprachigen weltweiten Zielgruppe aus Juristen und Coaches zu finden ist.

Die Firmenprofile in den Berufsnetzwerken mit insgesamt knapp 1.000 Kontakten wachsen langsam, aber stetig. Interessanter mit einer Engagement Quote (Reaktionen meiner Follower bezogen auf ihre Anzahl) von ca. 3 % sind meine persönlichen Profile, die sich insgesamt mittlerweile auf die 40 K zu bewegen. Das mag mich noch nicht zum Mega-Influencer machen wohl aber zum Mikro-

Influencer, da bezogen auf die verhältnismäßig kleine Branchenzielgruppe dies jedoch bereits so beachtlich ist, dass es für die Branche weltweit nur eine Hand voll Experten mit ähnlicher Reichweite gibt. Zu bedenken ist auch, dass ich bereits 2012 mit diesen Netzwerken gestartet bin und schon 2012 „most vieved LinkedIn Profile“ war (Top 10% out of 200 Million LinkedIn Members) sowie 2016 „Best Xing Networker“ (Top 5% out of 10 Million Xing Members). Allein auf LinkedIn „socialize“ ich täglich mit 10.000 Kontakten und knapp 11.000 Followern, mit weiteren 10.000 auf Xing und Facebook. Twitter und Instagram als jüngste Profile kratzen gerade jeweils an der 500er-Marke. Die Reels laufen zum Teil außerordentlich gut mit durchschnittlich 2.500, manchmal knapp 5.000 Views. Die durchschnittliche Interaktionsrate variiert zwischen den verschiedenen Plattformen, liegt aber bei den Spitzenwerten im oberen zwei- bis dreistelligen Bereich. Ca. einmal im Monat geht einer meiner Posts viral, was bedeutet, dass er eine extrem hohe Reichweite und Interaktionsrate über 1.000 erreicht und in der Regel durch die mittlerweile zahlreichen Multiplikatoren in meinem Netzwerk gepusht wird. Da meine Stärke im Schreiben liegt und dies auch nach wie vor mit den Vorlieben meiner Zielgruppe harmoniert, nutze ich bislang die neuesten Tools mit Videos und Live-Schaltungen (noch) nicht, obwohl diese als neue Suchmaschinen-Lieblinge den Profilen oft enorm verbesserte Rankings bescheren. Besser kann es in der Regel nur als LinkedIn Top Voice oder LinkedIn Trainer werden.

Mittlerweile werde ich (auch) als Speaker eingeladen, um meine gut sortierte Reichweite für die Events nutzen zu können, wie z.B. von einem niederländischen Juristinnennetzwerk zu ihrem Jahreskongress nach London. Wichtiger ist aber, dass ich damit vor allem auch das Marketing und die Reichweite unserer Kanzlei- und Anwaltskunden unterstützen kann, indem ich mit deren mit uns erarbeiteten Profilen bewusst interagiere und sie so gezielt meinem Netzwerk vorstellen kann – wodurch meist ein Raketenstart des social media Auftritts unserer Kunden initiiert wird.

Alles in allem bin ich begeisterter Social Media Junkie und ziehe ca. jeden zweiten Auftrag aus diesen Netzwerken, auch wenn ich mir mindestens einmal im Jahr eine mehrwöchige Detox-Auszeit nehme, die ich jedem hier ob des Suchtpotentials ebenfalls dringend empfehlen möchte.

Zuletzt noch ein Wort zum Pflichtprogramm:
Das Analysetool sollten sie ebenso oft besuchen wie ihre Profilseite und beides sollte regelmäßig evaluiert und optimiert werden. Auch Hashtags (und das Taggen – verlinken – von anderen Profilen) und deren regelmäßige Evaluation und Analyse sorgen dafür, dass die Zeit, die Sie hier verbringen mit jedem Tag wert-

voller und nicht verloren ist. Wenn es irgendwie möglich ist, sollten Sie in jedem Fall auch überprüfen, woraus sich Ihre Kontakte zusammensetzen (entsprechen Sie Ihrer Zielgruppe?), ob Multiplikatoren und A-Kontakte (High Potentials) dabei sind und ob, was und wie oft sich aus Ihren Aktivitäten welche Chancen, Benefits und Mandate ergeben haben.

Für Sie selbst, aber im Zweifel auch für Ihre Kanzlei und Mitarbeiter sollte es nicht nur Guidelines und Compliance-Regeln geben, sondern auch sogenannte How To-Schulungen mit CookBooks und Corporate Influencer Programmen[49].

Und natürlich sollten Sie als Jurist nicht nur ein gut formuliertes Impressum nebst Datenschutzerklärung haben, sondern auch genau wissen, wann und wie Ihre Posts als Werbung zu deklarieren sind:

Gemäß dem Leitfaden der Medienanstalten[50] bestehen Kennzeichnungspflichten für Werbung in Social Media-Angeboten wie Xing, LinkedIn, Instagram, Twitter, Facebook, YouTube, TikTok und sonstigen Online-Medien wie z.B. Blogs und Podcasts. Grundlage sind die Werberegeln des Medienstaatsvertrags (MStV) und des Telemediengesetzes (TMG), die dem Schutz der Nutzenden vor Irreführung dienen und kommerzielle Inhalte transparent machen. Dabei gelten für Video- und Audio-Angebote andere Kennzeichnungsanforderungen als für Bild-/Text-Angebote, sodass zwischen diesen beiden unterschieden werden muss:

Aus folgenden Vorschriften können Kennzeichnungspflichten folgen:
- Video- und Audioangebote: § 8 und § 10 MStV gelten entsprechend über § 74 Satz 1 MStV
- Bild-/Text-Angebote: § 22 Abs. 1 MStV, § 6 Abs. 1 Satz 1 TMG
- Jugendmedienschutzrechtliche Anforderungen aus § 6 Jugendmedienschutzstaatsvertrag.

Besonderheiten können sich ergeben bei
- Gewinnspielen, aus
- Impressumsvorgaben
- Datenschutzrichtlinien sowie
- BRAO

Die Erwähnung oder Darstellung von Produkten, Marken, Dienstleistungen, Unternehmen, Regionen, Events, Reisen usw. aufgrund einer werblichen Vereinbarung oder Kooperation ist immer Werbung, vor allem wenn eine Gegenleistung in Form eines wie auch immer gearteten Vorteils erbracht wird.

---

49 *Dr. Pascal Schneider,* Führungskräfte bei Social Media – Karrierekiller oder Booster, ZUJ 06/2020, S.61.

50 Leitfaden der Medienanstalten, 06/2021: Der Leitfaden enthält zusätzlich eine Kennzeichnungsmatrix.

Bei Videos (jedenfalls YouTube-Videos, IGTV-Inhalte, On Demand-Videos in Mediatheken) sowie bei Podcasts und ähnlichen Audioinhalten gelten die Werberegelungen für den Rundfunk. Es kommt daher bei der richtigen Kennzeichnung von Werbeinhalten auf die Art und Weise und die Intensität an, in der Werbung in den Beitrag eingefügt wird. Wird z.B. ein Produkt in einem Beitrag nur beiläufig erwähnt oder gezeigt, ist eine Kennzeichnung zu Beginn des Beitrags mit „enthält Produktplatzierung", „unterstützt durch <Produktname>" oder „enthält bezahlte Werbung" ausreichend. Diese Kennzeichnung ist bei kostenlos erhaltenen Produkten nur erforderlich, wenn der Wert des Produkts (oder die Summe der Produkte einer Marke) 100 Euro übersteigt. Keine Produktplatzierung, sondern Werbung liegt vor, wenn das Produkt der entsprechenden Sequenz in den Vordergrund rückt und die positive Hervorhebung Kern der Sequenz ist, auch wenn diese zeitlich im Vergleich zum Rest des Videos nur einen geringen Anteil ausmacht. Auch die Einblendung von Rabattcodes, Rabattaktionen oder Bezugsmöglichkeiten im Video führt dazu, dass keine Produktplatzierung gegeben ist, sondern das Video bzw. die entsprechende Sequenz als Werbung zu beurteilen ist. Rückt der Beitrag dagegen das Produkt, das Unternehmen oder die Marke in den Mittelpunkt, dominiert also der Werbecharakter den Inhalt (Hauptrolle), handelt es sich um einen insgesamt werblichen Beitrag. Dieser ist daher im Video mit einer Dauereinblendung „Werbung" oder ähnlich (z.B. „Werbevideo") zu kennzeichnen. Dabei muss der Schriftzug ausreichend groß gestaltet, ohne Überlagerung durch andere Bildelemente deutlich sichtbar und in einer gut wahrnehmbaren Farbe gehalten sein. Bei Audioinhalten wie Podcasts erfolgt die Kennzeichnung durch einen entsprechenden akustischen Hinweis vorab. Ebenfalls möglich ist die Nutzung eines geeigneten Jingles (bestimmte Tonfolge oder ein Geräusch), der nur für die Ankündigung der Werbung verwendet wird.

Werden werbliche Inhalte im Stil eines „Werbeblocks" in den redaktionellen Beitrag eingefügt, ist dieser Teil bei Videos durch einen Schriftzug/eine Grafik mit dem Wort „Werbung" ausreichend lange bzw. durch eine Ansage deutlich anzukündigen. Alternativ kann die entsprechende Werbesequenz dauerhaft mit der Einblendung „Werbung" gekennzeichnet werden. Bei Podcasts kann diese Ankündigung ebenfalls durch einen akustischen Hinweis oder Jingle erfolgen. Auch die Fortsetzung des redaktionellen Teils des Beitrags ist ggf. durch eine Ansage oder den Jingle deutlich zu machen, soweit diese nicht schon aus der Gestaltung des Übergangs klar hervorgeht.

Wird eine Sendung durch einen Sponsor unterstützt, ist darauf zu Beginn in vertretbarer Kürze hinzuweisen. Der Hinweis darf lediglich imagefördernd für den Sponsor sein, nicht aber mit Kaufappellen auf den Absatz von Produkten hinwirken. Werden dagegen Produkte und deren Erwerbsmöglichkeiten vorgestellt oder Rabattcodes bekanntgegeben, handelt es sich nicht um einen Sponsorhinweis, sondern vielmehr um einen der Sendung vorgelagerten Werbeteil, der entsprechend als Werbung zu kennzeichnen ist.

Enthalten Beiträge in Sozialen Medien oder Blogs (statische Bild-/Text-Beiträge, einzelne Kurzvideos wie Instagram Stories oder TikTok Clips) Werbung, so muss dies klar gekennzeichnet werden. Für die Nutzenden muss auf den ersten Blick zu erkennen sein, dass es sich bei einem Beitrag um Werbung handelt. Deshalb muss die Werbekennzeichnung bereits zu Beginn eines Beitrags und auf jedem Story Slide erfolgen. Auch bei werblichen Blogartikeln muss eine Kennzeichnung zu Beginn des Textes, also oberhalb oder unmittelbar unterhalb der Überschrift, erfolgen. Handelt es sich um einen reinen Bild-Beitrag ohne Text, ist ein deutlich sichtbarer grafischer Hinweis im Bild erforderlich. Eine undeutliche, kleine oder in transparenter Schrift gehaltene Kennzeichnung ist jeweils nicht ausreichend.

Die Kennzeichnung kann, neben der Kennzeichnung durch „Werbung" oder „Anzeige", ebenfalls durch den vorangestellten Zusatz „bezahlte Werbepartnerschaft" erfolgen. Kennzeichnungspflichtig ist jeweils der werbliche Beitrag selbst.

Sofern weder eine Kooperation mit einem Unternehmen noch ein entsprechender kommerzieller Anreiz durch Dritte vorliegt, stellt die Erwähnung und Darstellung von Produkten usw., die etwa selbst zu den marktüblichen Konditionen erworben wurden oder aus rein redaktionellen Motiven gezeigt werden, in der Regel keine Werbung dar. Gemeint ist hiermit insbesondere die Vorstellung von Produkten mit Vor- und Nachteilen, aber auch eine positive Produktvorstellung aus eigener Motivation ohne Werbeabsicht. Auch das Verlinken durch sogenanntes Tagging von Bekannten, Orten oder sonstigen Accounts als redaktionelle Angabe und ohne werbliche Kooperation bedarf keiner Werbekennzeichnung. Jedoch kann die werbliche Absicht unterstellt werden, wenn das Produkt bzw. die Dienstleistung so angepriesen wird, dass bei objektiver Betrachtung der Eindruck entsteht, dass Absatz und Verkauf gefördert werden sollen. Indizien hierfür können beispielsweise sein: Überaus positive Darstellung, Aufforderung zum Kauf, Werbesprache, Thematisierung immer derselben Produkte/Dienstleistungen/Marken, fehlender Anlass für eine Veröffentlichung, Nennung von Preisen und Bezugsquellen, Kombination mit Affiliate Links. Wird ein werblicher Beitrag verlinkt, muss bereits in dem Teaser/Anreißer (Artikelübersicht) erkennbar sein, dass der verlinkte Beitrag Werbung ist. Ansonsten können die Nutzenden nicht erkennen, dass sie bei Auswahl eines (vermeintlich) redaktionellen Artikels zu einem Text mit werblichen Inhalten gelangen[51].

51 Ebenda.

Merke:
Wenn das Verlinken oder die Nennung von Marken allein aus Informationszwecken erfolgt, ist nach Auffassung der Landesmedienanstalten keine Werbekennzeichnung erforderlich. Das gilt auch für Hinweise auf eigene Veröffentlichungen, Veranstaltungen oder Produkte, die in einem klar erkennbaren Zusammenhang mit der eigenen Person oder einer beruflichen Tätigkeit der Person stehen.

Zuletzt noch der Hinweis auf das Telekommunikations-Telemedien-Datenschutz-Gesetz, welches am 01.12.2021 in Kraft getreten ist.

Profile in sozialen Netzwerken unterliegen in Deutschland dem postmortalen Persönlichkeitsschutz. Die Angehörigen haben daher das Recht, eventuelle Manipulationen seitens der Erben zu verbieten. Diese nehmen das postmortale Persönlichkeitsrecht für den Erblasser wahr und können Verletzungen mit Unterlassungsansprüchen gerichtlich verhindern. Facebook bietet wie auch Instagram die Möglichkeit eines Nachlasskontaktes an. Dieser vom Kontoinhaber angegebene Kontakt kann sich nach dem Tod des Facebook Account Inhabers um das Konto kümmern. Leider ist diese nützliche Funktion in Deutschland nicht verfügbar.

Abgesehen von der Möglichkeit des Gedenkzustandes können Angehörige bei Facebook mit einem entsprechenden Formular und Nachweis die Löschung des Accounts beantragen (so z.B. auch bei Xing und den meisten anderen). Eine Herausgabe der Account-Zugangsdaten schloss Facebook, wie alle anderen Plattform-Anbieter, bislang aus. Seit 12/2021 kann der digitale Nachlass nur noch durch eine entsprechende testamentarische Verfügung geschützt werden. Zum digitalen Nachlass können übrigens nicht nur Profile bei sozialen Netzwerken und Chats in Messengerdiensten gehören wie PayPal-Guthaben, Bitcoins, E-Books und an Verträge mit Netzdiensten, Streamingdienste-, E-Mail- oder Onlinespieldienste. Wer seine Passwörter zu Lebzeiten geheim hält, der ist nach dem Tod den Erben ebenso ausgeliefert wie die Chatpartner. Dienstanbieter sind nämlich auch ohne Kenntnis von Logindaten verpflichtet, Erben Zugang zu Nutzeraccounts zu gewähren. Wer das verhindern will, muss eine entsprechende Verfügung ins Testament aufnehmen, um ihre Kommunikation in sozialen Netzwerken mit ins Grab nehmen zu können. Unabhängig von Social Media nutzen Sie bitte auch Anwaltssuchdienste, wie www.Anwalt.de oder www.advocado.de und Plattformen wie die Mitgliederplattform des Deutschen Anwaltvereins unter Deutsche Anwaltauskunft – dem Rechtsportal des Deutschen Anwaltvereins (www.anwaltauskunft.de) – oder Netzwerke wie www.insolvenzanwalt24.de.

- **Zusammenfassung**

Zurück zu unseren drei Fallbeispielen:

Die **erste Kanzlei** mit den Wachstumsproblemen hat kein wirkliches Marketing- und Akquiseproblem – auch wenn es in diesem Bereich erfahrungsgemäß immer etwas zu optimieren gibt. Angebracht wäre aber ein längerer Blick auf die Marktpositionierung und den Außenauftritt der Kleinteams: Stichwort Marktverwirrung durch widersprechende Botschaften.

Bei **Kanzlei Nummer 2** ist dies schon anders: ist die Marktverwirrung hier doch schon eingetreten oder steht unmittelbar bevor. Eine strategische Grundsatzentscheidung steht an, welche Mandanten zukünftig das Kerngeschäft ausmachen sollen – und wofür entsprechende Infrastruktur und Ressourcen aufgebaut werden. Ist diese Entscheidung getroffen, muss unbedingt schnellstmöglich ein fein justiertes Marketing- und Kommunikationskonzept die Umsetzung der Entscheidung begleiten – und zwar abgestimmt auf die Zielgruppe der alten und neuen Mandanten, das Employer Branding nach innen und außen sowie Netzwerke und Kooperationspartner der Kanzlei.

Die **Kanzlei mit dem Gender- und Generation Shift** hat einen handfesten Kultur- und Wertewandel vor sich. Das geht nicht über Nacht. Und funktioniert vor allem nicht schmerzlos, ohne Widerstände und Rückschläge. Die innerbetriebliche Kommunikation steht dabei vor allem in der ersten Hälfte im Fokus. In dieser Phase gilt es: Mitarbeiter mitzunehmen, auch kleine Erfolge zu feiern, die Außenwirkung auf ein Minimum zurückzufahren und zunächst penibel von allem zu befreien, was für alte Zeiten steht. Zeigen sich erste Erfolge und sind gewisse neue Routinen etabliert, kann dieser Veränderungsprozess behutsam in ein intelligentes und sensibles neues Marketing- und Kommunikationskonzept übersetzt werden.

3. nachhaltige Mandantenbindung

Für eine nachhaltige Mandantenbindung ist ein **elegante Kommunikations- und Informationspolitik** notwendig.

So kann Sie sich mit juristisch aufbereiteten Informationen auf der Homepage nicht nur in den Suchmaschinen positionieren, sondern auch ganz allgemein Internetnutzer auf sich aufmerksam machen. Ein nicht zu unterschätzendes Erfolgskriterium für die Internetpräsenz ist deren leichte Auffindbarkeit durch Einträge in Internetverzeichnissen und Suchmaschinen.

– **Newsletter und Rundschreiben**

Die Verfügbarkeit eines Newsletters ist ebenfalls zu empfehlen. Mit einem solchen kann sachlich über anstehende Termine, Vorträge oder neue Anwälte informiert werden also Kundenkommunikation betrieben werden. Eine andere davon zu unterscheidende Frage ist, ob man Rundschreiben zu gesetzlichen Neuregelungen oder Entscheidungen rausschickt. Ich empfehle meinen Kanzleien, dies nicht zu vermischen und das eine als „Entschuldigung" für das andere zu nutzen. Nicht zuletzt ist schon aus rechtlichen Gründen – und nicht nur aus Marketingsgesichtspunkten – eine saubere Inhaltsbeschreibung für neue Abonnenten unerlässlich. Wie übrigens auch neben dem perfekten Impressum der „unsubscribe"-Button und ein sauberer Abmeldeprozess.

– **Blog**

Neben diesen beiden Kommunikationskanälen für Mandanten kommt auch ein BLOG mit unterhaltenden, erzählenden Beiträgen in Betracht.

Ein Block ist quasi das Feuilleton Ihrer Webseite: ein zu Ihrer Expertise passendes Thema wird unterhaltsam und gut recherchiert präsentiert. Wohlgemerkt: ein Blog ist keine Urteilsbesprechung! Sie erhalten hier die Aufmerksamkeit potentieller Mandanten oder Bestandskunden, weil Ihr Text gut ist! Egal wie relevant er ist.

Hier machen die allermeisten Kanzleien den Fehler, den Blog zur bloßen Berichterstattung über Mandate und Prozesse oder – noch schlimmer – als Plattform für ihre persönlichen Fehden mit Richtern und Kollegen zu nutzen. Schaden werden solche Beiträge nur dem Verfasser.

– **Youtube und Podcast**

Des Weiteren entdecken immer mehr Anwälte und Kanzleien youtube/ Vimeo und Podcast. Die Anbieter für Video-Formate sind vielfältig. Von „gezeichneten Erklärvideos" über kurze Teaser-Filmchen zu einem bestimmten Topic bis hin zu Imagefilmen – wichtig ist dabei, dass die Videos nicht nur professionell aufgenommen sind, sondern auch professionell geschnitten, aufgesetzt (mit Logo, Jingle, Abspann, Stehbild und optimierter Suchmaschinendefinition) sowie professionell platziert und beworben sind.

Podcasts als reine Audio-Formate können beispielsweise zu bestimmten Themen regelmäßig in weniger als fünf Minuten für Ihren Zielgruppenkreis das wichtigste zusammenfassen. Ein Podcast unterscheidet sich ganz wesentlich von Ihrem Kanzleimarketingvideo, welches Sie von einem Spezialistenteam erstellen lassen sollten. Podcasts sind durchaus mit zahlreichen Anbietern wie

Periskope, Anchor etc. professionell selbst erstellbar und auf Spotify oder Apple – oder auf der eigenen Webseite – hochladbar.

Eine moderne Alternative zu Video und Audio stellen heute LIVE – Schaltungen dar, wie z.B. auf LinkedIn und Facebook oder auch Instagram und Snapchat oder TikTok möglich. Sie dienen in erster Linie dazu, kurzen Experten Input live zur Verfügung zu stellen und damit Aufmerksamkeit aufzubauen. Ähnlich verhält es sich mit Clubhouse, der neuen Live – App für Apple Nutzer, welche quasi nur Audio wie ein „Live Radio Format" in unterschiedlichen Foren zu Live Diskussionen mit Experten einlädt (wie oben schon ausführlich beschrieben).

i Das Allerwichtigste jedoch: auf keinen Fall sollten diese Videos mehr als fünf Minuten lang sein. Für viele Juristen undenkbar, weshalb sie dieses überaus wirkungsvolle Medium eher meiden.

Die erfolgreichen Newcomer-Podcasts „Das Rechtsgespräch"[52], „The First Year"[53] und „Du bist. Laute(r) Impulse für Deinen Kanzleialltag"[54] sowie der Podcast der LTO „Irgendwas mit Recht" für Referendare[55] sind Beispiele, wie sich die Zielgruppe dieser Angebote neu zusammensetzt: Aus juristisch Interessierten (potentielle Mandanten), beruflichen Neustartern (potentiellen neuen Mitarbeitern) und Kanzleimitarbeitern (potentielle Multiplikatoren). Selbst das Bundesministerium der Justiz[56], die BRAK[57] und der DAV[58] sind seit Corona mit Podcasts vertreten. Empfehlenswert sind außerdem der Podcast der FAZ „Einspruch" und „Recht, Justiz und Politik", „Die Rechtsbelehrung", die „Fußnote – zwei Juristen drei Meinungen", „Jura und die Welt da draußen", „Jura to go", „JuraCast", „iudicum – der Podcast von und mit Jurastudenten", „BeYour-

52 Rechtsanwalt Cord Brügmann ist außerdem Historiker. In seinem Podcast finden Sie Themen zum Rechtsstaat, dem Rechtsmarkt und seiner Regulierung sowie die Perspektive des rechtssuchenden Publikums.

53 Rechtsanwalt Dr. Arne Fischer bietet mit „The First Year" eine interessante Übersicht über die Themen des ersten Berufsjahres als Jurist. Dr. Tutschka hören Sie zum Thema „Kanzleigründung als Berufsstarter" in diesem Podcast in Episode 19. Leider hat Arne den Podcast aus Zeitgründen 2021 vorläufig eingestellt.

54 Sina Töpfer bietet mit „Du bist. Laute(r) Impulse für deinen Kanzlei-Alltag" vielfältige Einblicke in den Kanzleialltag aus der Sicht der Re-fas. Leider hat Sina den Podcast aus Zeitgründen 2021 eingestellt.

55 Der Podcast der LTO „Irgendwas mit Recht" unter https://www.lto-karriere.de/podcast?

56 Der Podcast des BMJ „Recht so", unter https://www.bmjv.de/DE/Themen/Rechtso/Rechtso_node.html

57 Der Podcast der BRAK „(R)echt Interessant", unter https://brak.de/service/podcast/.

58 Der Podcast des DAV „zuRechtgehört!", unter https://anwaltverein.de/de/der-dav/eber-uns/geschichte/150JahreDAV/podcast.

BestLawStudent“, „Das letzte Wort“, „Die JustizreporterInnen“, „Die Lage der Nation“, der Verfassungsblog „Corona Constitutional“ sowie die beiden „True Crime“ Serien.“

"Der Podcast ‚Du bist. Laute(r) Impulse für Deinen Kanzlei-Alltag' ist in der Idee im Jahr 2019 entstanden. Ich bin ein großer Fan dieses Mediums und ziehe den Hauptanteil meiner Informationen und Inspirationen daraus. Es ist für mich eine Antwort darauf, meine Zeit mit etwas Sinnvollem zu verbringen, wenn ich gerade kein Buch lesen kann, weil ich im Auto sitze oder die Zeit mit Warten verbringe. Und ich bin nicht damit beschäftigt, die ganze Zeit in mein Telefon zu starren, weil ich nichts Visuelles aufnehmen muss, um an Informationen zu kommen. Der Prozess dahinter war ziemlich zäh. Die Kurzfassung lautet: Ich nehme so viel aus den Recruitingprozessen an Themen mit, die ich zwar immer mal wieder mit meinem Netzwerk oder im Freundeskreis diskutiert habe. Ich habe aber gemerkt, dass das nicht reicht, um die Veränderung, die wir alle durch Digitalisierung, Fachkräftemangel, Klimakrise etc. sowieso schon spüren, aktiv mitzugestalten. Der Ansatz dahinter ist Aufklärung und Sichtbarmachung, so nach dem Motto: ‚Hast Du daran schon mal gedacht in dem Zusammenhang?'"

Rechtsfachwirtin Sina Töpfer, Podcast-Betreiberin[59]

Und genau darin liegt die Veränderung: Personal Branding, der Aufbau eine Anwaltsmarke, muss neuerdings immer alle diese Zielgruppen bedienen. Nicht gleichzeitig, aber ganzheitlich.

- **Messanger Dienste**

WhatsApp, Threma, WeChat, SnapChat &Co können ergänzend sicherlich hinzugezogen werden, wenn dies denn dem Image der Kanzlei und den Anwälten – und der Zielgruppe – entspricht und ihnen leichtfällt. Für eine chinesische Zielgruppe kann daher beispielsweise „WeChat“ eine Rolle spielen. Ein Händchen für die Wirksamkeit von Fotos, Bildern und Posts und deren Platzierung sowie den „ungeschriebenen Regeln“ dieser Netzwerke (z.B. Zeit und Häufigkeit der Posts, ob und wann Wiederholungen notwendig sind, Likes und Follows anderer, LiveChats und Hangouts, Bildbearbeitung etc.) sollte man in jedem Fall mitbringen.

- **Presse-Fachartikel und Co.**

Mit regelmäßigen Beiträgen und Artikeln in entsprechenden Print- und Onlinemedien zum Spezialgebiet wird die Präsentation abgerundet. Die Auswahl soll-

---

59 Sie finden den Podcast bei CLP unter https://www.consultingforlegals.com/aktuelles/tag/podcast/.

ten Sie daran orientieren, wo und was Ihre Zielgruppe liest bzw. welche Plattformen Ihrer Zielgruppe einen gewissen Mehrwert bieten und nicht in erster Linie daran, welche Sie selber lesen. So bieten sich beispielsweise Ratgeberseiten für Familien und Mütter mit Kinder für Familienrechtler an oder auch Medizinforen für Medizinrechtler, Wirtschaftsmagazine hingegen für Wirtschaftsrechtler.

– **informative Downloads**

Generell sollten Sie bei der Entwicklung Ihrer nachhaltigen Kanzleikommunikations- und Marketingstrategie darüber nachdenken, welche Produkte Sie hier langfristig als Mehrwert für Ihre Kunden kostenfrei anbieten möchten.

Checklisten und Anleitungsskizzen oder auch Studien und White-Paper zu einem Spezialthema sind erfahrungsgemäß potentiellen Mandanten sehr willkommen. Sie können ebenso wie allgemeine Vertragsentwürfe einfach als Download auf Ihrer Website angeboten werden.

Diese sind einfach und unproblematisch mit kostenlosen Tools und Apps zu erstellen. Selbst ein ansprechendes eBook Cover ist heutzutage einfach und schnell abbildbar. Powerpoint Präsentationen oder besondere Produkte wie kleine Fachmagazine und Berichte, sind mit Tools wie Canva oder Prexi einfach zu erstellen und mit einem Tool wie Issue ins Netz zu geben.

– **Sach- und Fachbuch**

Neben Beiträgen und Artikeln sowie Podcast und Videos, ist auch an die Veröffentlichung von Experten-Sachbüchern bzw. Fachbüchern zu denken, die ebenfalls in Umfang, Form und Ausgabe sehr variabel sein können und vom wenige Seiten umfassenden e-Book, über das selbst verlegte kleine Sachbuch bis hin zu einem Verlagsbuch reichen.

Mit diesem Teil des Marketingkonzeptes bauen Sie über das Personal Branding der einzelnen Anwälte an der Reputation der Kanzlei. Nach meiner Erfahrung wird dies von kleinen bis mittelgroßen Kanzleien für selbstverständlich gehalten, jedoch von Großkanzleien oft vernachlässigt. Dabei besteht hier das Dilemma, dass die Anwälte austauschbar werden, sobald sie gesichtslos ohne eigenes Profil in der Masse der Anwälte der Kanzlei untergehen. Das mag auf Partnerebene nicht zwingend für die Namensgeber und Gründer gelten. Sind jedoch namhafte Spezialisten mit internationaler Expertise unter Vertrag, ohne dass diese auf derartigen Webseiten zur Geltung kommen, verschenkt man wertvolles Potenzial für das Kanzleimarketing. Hier ist es wichtig, dass das Personal Branding für den Experten separat – unter Umständen mit eigener persönlicher Webseite – erfolgt. Denn die Zielrichtung der Webseiten derartiger Großkanzleien ist eine völlig andere als die kleinerer und mittlerer Kanzleien. Sie dient nicht zur Akquise, so wie diese Kanzleien auch nicht von Laufkundschaft leben. Es ist lediglich ihr „Standort" im Netz: ebenso wie der lokale Standort soll er Status, Prestige und Größe ausstrahlen.

Gleichzeitig ist es auch dem einzelnen Anwalt dringend zu empfehlen, frühzeitig an seinem Personal Branding und dem Aufbau seiner Reputation zu arbeiten und eine eigene Webseite mit Domain (hierfür genügt ein sogenannter „One-Pager") aufzubauen.

4. Reputation

Und damit sind wir auch schon beim Thema Reputation.

Werbung, Reklame, Imagepflege, Marketing, Öffentlichkeitsarbeit – bei der Verwendung dieser Begriffe herrscht ein munteres Durcheinander. Marketing ist ein Oberbegriff. Dieser Oberbegriff betrifft alle Aktivitäten, die ein Marktteilnehmer mit Blick auf den Markt betreibt. Werbung ist nur ein kleiner Teil von Marketing. Das Wort Reklame hat dabei einen unangenehmen Beiklang. Als „reklamehaft und marktschreierisch" qualifiziert die Rechtsprechung (noch) unzulässige Werbung ab. Zu Unrecht: Denn Reklame ist nichts anderes als eine Selbstanpreisung. Und genau das muss ein Anwalt tun, um neue Mandanten zu gewinnen und bereits vorhandene Mandanten zu behalten.

Die **Öffentlichkeitsarbeit** einer Kanzlei dient der Mehrung des Ansehens und der Reputation der Kanzlei beim Mandanten, potentiellen Mandanten, Mandatsmittlern und anderen Marktteilnehmern. Sie soll den Bekanntheitsgrad der Kanzlei und die Wertschätzung, die sie von anderen erfährt, erhöhen und damit ein bestimmtes „Images" einer Kanzlei aufbauen und pflegen, sie als Marke etablieren.

Kanzlei und Anwalt müssen also sich selbst und ihr Leistungsportfolio anpreisen. Und Selbstanpreisung ist durchaus erlaubt, solange sie nicht unsachlich wird. Plumpe Selbstbelobigungen sind jedoch kaum geeignet, Ruhm und Ansehen des einzelnen Anwalts oder seiner Kanzlei zu mehren. Besser ist es, der Öffentlichkeit das Engagement und die Arbeitsweise des Anwalts in anderen Bereichen als der Aktenbearbeitung zu demonstrieren.

Der Autor eines Kommentars oder eines Fachbuchs erhöht durch die Publikation nicht nur seinen Bekanntheitsgrad, sondern er hält mit seinem Buch zugleich ein **Werbemittel** in der Hand, das er seinen Mandanten überreichen kann, um sie von seiner Kompetenz zu überzeugen. Der Mitautor oder gar Herausgeber eines Handbuchs weist sich in den Augen der Öffentlichkeit als Fachmann aus. Beiträge in juristischen Fachzeitschriften beeindrucken nicht nur Kollegen. Der Mandant, dem ein Sonderdruck mit freundlicher Empfehlung des Verfassers übersandt wird, unterstellt ganz selbstverständlich, dass die Veröffentlichung die herausragende Fachkompetenz seines Anwalts beweist. Auch allgemeinverständliche Veröffentlichungen zu juristischen Themen in Branchenblättern oder den Mitteilungen der örtlichen Industrie- und Handelskammer verfehlen ihre Wirkung nicht. Oft wird nicht der Artikel, jedoch der Name des Anwalts gelesen. Mit der Zahl der Veröffentlichungen steigen Bekanntheitsgrad und Ansehen des Anwalts. Um die gewünschte Wirkung zu erreichen, darf es jedoch nicht bei einer Veröffentlichung bleiben. Es kommt auf Kontinuität an. Auch für die Öffentlichkeitsarbeit gilt, dass steter Tropfen den Stein höhlt. Wenn Sie das erste Mal von Kollegen zitiert werden, wissen Sie, dass Sie den nächsten Level an Reputation erreicht haben.

Eine Möglichkeit für einen kontinuierlichen Aufbau der **Reputation** ist sicherlich, sich Pressediensten und Agenturen für die Beziehungsarbeit mit Journalisten zu bedienen. Kaum ein Anwalt ist fähig, eine Pressemitteilung zu formulieren, die geeignet ist, das Interesse eines Journalisten zu wecken. Anwälte müssen sich von dem Gedanken verabschieden, Journalisten für ihre Zwecke instrumentalisieren zu können. Ein Journalist wird nur dann über ein Thema berichten und eventuell den Kanzleinamen in seinem Bericht erwähnen, wenn das Thema für ihn und sein Publikum von Interesse ist. Abgesehen von einem darauf spezialisierten Magazin interessiert die Medien regelmäßig nicht, ob Partner X oder Associate Y die eine Kanzlei verlassen und sich der anderen Kanzlei angeschlossen hat. Berichtenswert kann aber eine grundlegende, manchmal auch eine skurrile Entscheidung eines Gerichts in einer die Öffentlichkeit interessierenden Frage sein. Dabei differenziert die Lokalpresse häufig nicht danach, ob es um eine Entscheidung des Bundesgerichtshofs oder eine solche des örtlichen Amtsgerichts geht. Die Mitteilung, dass der Bundesgerichtshof über die Gültigkeit von Eheverträgen befunden hat, kann für Journalisten ebenso interessant sein, wie die Nachricht, dass das örtliche Arbeitsgericht in erster Instanz dem Betriebsrat in der Auseinandersetzung mit einem bekannten Unternehmen Recht gegeben hat. Sie sollten nicht unterschätzen: Medienarbeit ist Beziehungsarbeit. Hat ein Journalist wiederholt interessante Informationen von einem Rechtsanwalt erhalten, die er für seine Arbeit verwenden kann, dann wird er möglicherweise diesen Rechtsanwalt, wenn er ein juristisches Thema zu bearbeiten hat, um Hintergrundinformationen bitten und eventuell auch in seinem Beitrag den Anwalt als seinen Informanten zitieren oder gar interviewen. Punktuelle Kontakte zu Journalisten nützen regelmäßig nichts. Der Schlüssel zu einer erfolgreichen Medienarbeit ist die Kontinuität.

Reputation speist sich auch aus den Profilen der Berufsnetzwerke Xing und LinkedIn. Ist das Profil nicht nur professionell sondern auch markenwirksam aufbereitet, sollte es unbedingt auch zum Aufbau der eigenen Reputation eingesetzt werden.

Reputation wird hier zum einen durch den Aufbau eines aussagekräftigen Netzwerkes erzeugt. Hier kommt es sowohl auf Quantität als auch auf Qualität an. 23 Kontakte sind nur dann argumentierbar, wenn das Profil nicht älter als 6 Monate ist (der Profilstart ist im Profil ablesbar). Ein „Netzwerk" von mehreren tausend Kontakten sollte ein Spezialist und Experte aufweisen, wenn er nicht unmittelbar am Anfang seiner Karriere oder eines Umbruchs steht. Das Netzwerk muss aus einschlägigen Kontakten bestehen, das heißt aus gleichrangigen und höhergestellten Experten zu Ihrem Thema, A-Mandanten und Multiplikatoren sowie namhaften „Celebrities" Ihres Geschäftsfeldes. 250 Kontakte zu Key Account Managern, Assistenten, alten Schulfreunden und Profilleichen sind nicht nur wenig nutzbar, sondern schaden auch Ihrer Reputation, wenn dies Ihre einzigen Kontakte sind. In 2.500 Kontakten gehen diese jedoch auf. Reputation kann in diesen Netzwerken auch über Beiträge und Kommentare in einschlägigen Gruppen und Postings anderer zu Ihrem Thema aufgebaut werden. Auch sollten Sie in Erwägung ziehen, bestimmte Veranstaltungen (auf Xing Event) oder Artikel (auf LinkedIn) zu posten. Eine weitere Möglichkeit ist, sich Empfehlungen und Endorsements von Kunden und Kollegen (LinkedIn) geben zu lassen sowie seinem Profil jeweils nicht nur seine Webseite, sondern auch Unterlagen als pdf, Videos und Awards und Auszeichnungen beizufügen. Eine immer größere Rolle spielen Positionen im Ehrenamt, die nicht nur auf Zusatzkompetenzen wie beispielsweise Erfahrung in der Führung von Volunteer-Teams hinweisen sondern auch ehrenamtliche Verdienste und besonderes gesellschaftliches und/oder soziales Engagement für die Top-Themen unserer Zeit zeigen.

So wie ein schlecht aufgesetztes und vernachlässigtes Profil in den Berufsnetzwerken können aber auch sonstige „fahrlässige" Bemerkungen und schlechte Darstellungen Ihrer Reputation schaden. Sie sollten daher ebenso wie beim Aufbau Ihrer Reputation auch dem Schutz Ihrer Reputation Aufmerksamkeit widmen. Beschädigte Reputation kann schwerwiegendere, nachhaltigere Folgen haben als keine Reputation. Pressevertreter im Gerichtssaal, die sensationslüstern spontan das Mikro in Ihr Gesicht halten, telefonische Schnellauskünfte an Journalisten und Branchenvertreter oder auch private Unregelmäßigkeiten[60] können schnell zu einem unkontrollierbaren „Shitstorm" werden.

---

60 Wie auch das unreflektierte Veröffentlichen Ihrer unpopulären Privatmeinung zu brisanten Themen wie Abtreibung etc. auf Facebook und Co. (Politik und Religion sind nicht nur als Tischgespräch mit Vorsicht zu genießen).

Manchmal bringen auch Mandate oder ganze Rechtsgebiete und Zielgruppen ein erhöhtes Risikopotenzial mit. Damit muss man umgehen und umgehen können. Es zu ignorieren ist wenig hilfreich, da diese Themen dann eine Eigendynamik entfalten. Für das entsprechende Know How beim Umgang mit derartigen Situationen gibt es Experten wie Martin Wohlrabe von Consilium:

„Anwälte kämpfen vor allem innerhalb des Gerichtssaals. Nicht aus dem Blick verlieren dürfen sie dabei allerdings die Öffentlichkeit. Worauf man achten sollte, damit es am Ende nicht heißt: OP gelungen, Patient verstorben.

Während im Gerichtssaal das strenge Gesetz von Recht und Gesetz gilt, schaut die Welt draußen anders aus. Hier urteilt die Öffentlichkeit nach Moral und Gerechtigkeit. Eine gefährliche Mischung, wenn Betroffene darum kämpfen einen Rechtsstreit zu gewinnen und am Ende feststellen Verfahren gewonnen, aber Öffentlichkeit verloren. Damit dies nicht passiert, ist es gerade für Anwälte wichtig die öffentliche Wirkung in ihre Überlegungen miteinzubeziehen. Beim Angriff geht es darum, eigene Ansprüche medial zu unterstützen, bei der Verteidigung vor allem darum den Ruf zu schützen. Stets muss geschaut werden: Wie könnte sich der Rechtsstreit in den Medien entwickeln? Wann nutzt Öffentlichkeit und wie setzt man sie ein? Ebenso wichtig: Wie hält man eventuell einen Fall aus der Presse draußen ohne gleich mit der Keule des Medienrechts zu kommen. Das Mittel der Wahl lautet häufig: Hintergrundgespräche. Dies sind vertrauliche Unterhaltungen mit Journalisten. Den Journalisten helfen sie, den Sachverhalt einzuordnen. Erst wenn sich ein Gesamtbild ergibt, können sie differenziert berichten. Und gerade beim Reputations-Schutz ist dies auch der Schlüssel zum Erfolg. Oberstes Gebot bei der Litigation-PR ist die Anwalts-Strategie zu unterstützen – es geht also nicht darum ein PR-Paralleluniversum neben dem eigentlichen Fall aufzubauen.

Ziel bei Angriffsmandaten ist in allen relevanten Märkten der Gegenseite PR im Sinne des eigenen Mandanten zu betreiben. Beim Gegenüber soll die Auffassung erreicht werden, dass eine lang anhaltende öffentliche Diskussion über den strittigen Sachverhalt tendenziell mehr Schaden nimmt als die rechtliche Auseinandersetzung. Anders sieht es bei Verteidigungsmandaten aus: Ziel hier ist, den Ruf zu schützen oder auch einmal möglichst wenig der geforderten Summe zu zahlen. Juristen neigen schnell zur „no-comment“-Strategie. Abgesehen von Einzelfällen eine fatale Entscheidung. Denn so geben Betroffene ihre eigene Deutungsmacht auf. Die Folge: Unkommentierte Negativ-Meldungen verbreiten sich (besonders online) schnell. Außerdem sorgt dieses Verhalten bei Journalisten in aller Regel zu unnötigem Misstrauen und im ärgsten Fall Trotzreaktionen.“

RA Martin Wohlrabe ist Geschäftsführer der CONSILIUM Rechtskommunikation GmbH. Der PR-Berater hält einen Lehrauftrag für strategische Rechtskommunikation an der Uni Freiburg. Sein Unternehmen veranstaltet den jährlichen Rechtskommunikationsgipfel.

Reputationsfördernd sind hingegen **Vorträge und Seminare** (auch online als Webinar), die ein Anwalt selbst hält beziehungsweise leitet. Zum einen erhält er die Gelegenheit, seine Zuhörer davon zu überzeugen, dass er über Fachwissen verfügt und dieses allgemeinverständlich und praxisbezogen vermitteln kann. Zum anderen hat es der Anwalt im Regelfall mit einem interessierten Zuhörerkreis zu tun. Eine Kanzlei kann eigene Seminare veranstalten, zu der nicht nur

Mandanten, sondern auch andere Personen, die die Kanzlei gerne als Mandanten gewinnen möchte, eingeladen werden. Ein „Mandantenseminar" muss durchaus nicht immer das Kartellrecht, das Gesellschaftsrecht oder neuste Änderungen zum Steuerrecht zum Gegenstand haben und nur für Unternehmer als Mandanten bestimmt sein. Auch Allgemeinkanzleien können solche Seminare, Informationsveranstaltungen oder „Tage der offenen Tür" abhalten. Eine Kanzlei, die sich vorwiegend mit dem Wohnungsmietrecht befasst, kann mit der Einladung zu einem „Informationsabend für Wohnungsmieter" eine hohe Resonanz erzielen, wenn es ihr gelingt, diese Einladung auch in der lokalen Presse zu veröffentlichen. Vorträge und Seminare führen automatisch zu Rückfragen der Veranstaltungsteilnehmer und einem darauf aufbauenden Gespräch. In einer Gesprächsrunde lassen sich etwaige „Berührungsängste" gegenüber Anwälten leichter abbauen. Seminare und Vorträge müssen auch nicht immer selbst organisiert und beworben werden. Kooperationen auch mit Nicht-Kollegen bieten sich hier ebenso an, wie Veranstalungsreihen von Gemeinde, Ämtern, Institutionen aber auch Fortbildungen wie über die Deutsche Anwaltsakademie.

Zuletzt sind schließlich Rankings, Auszeichnungen und Awards zu nennen. Man mag Rankings und „Top 100 – Siegel[61]" kritisch und differenziert sehen. Reputationssteigernd sind sie allemal. Zumal diese oft von großen Medien unterstützt werden und damit eine gewisse Reichweite bei der Vermarktung erzeugen.

Anders verhält es sich hingegen mit verdienten Zertifikaten, Titeln und Auszeichnungen für Anwälte und Kanzleien. Dazu gehört klassischerweise der Doktortitel und der LL.M. aber auch ein Fachanwaltstitel oder das Ausbildungszertifikat zum Mediator, Legal Coach oder Legal Project Manager kann so gewertet werden. Ebenso aber auch das Weiterbildungszertifikat der BRAK „Qualität durch Ausbildung".

Mittlerweile hat sich eine vielfältige Award-Kultur etabliert, die zu ganz unterschiedlichen Kategorien mit unterschiedlicher Zielrichtung jährlich die „Besten" kürt. Ich möchte hier nur beispielhaft die JUVE-Awards (z.B. „Kanzlei des Jahres") und die azur-Awards (z.B. „Aus- und Fortbildung"), der „Innovation Award" von STP oder die „PMN Management Awards" oder auch den „Women in Law Award" sowie den „Legal Awards" und den „Global Law Experts Awards" nennen. Auch der Deutsche Anwaltverein und der Juristinnenbund vergeben besondere Preise und Auszeichnungen für engagierte Berufsträger wie den „Maria-Otto-Preis".

61 Aufgrund zweifelhafter Qualitätskriterien oder der Kombination mit monetären Lizensgebühren zur Nutzung der Logos.

Gerade in den letzten Jahren hat sich dieser Bereich aus einer relativ konservativen Ecke hin zu frischen Formaten und Zielgruppen entwickelt:

In erster Linie suchte natürlich der Legal Tech-Bereich nach neuen Anreizen, da ihm die klassischen Auszeichnungen verwehrt blieben. Neben dem American Legal Technology Award und dem British Legal Technology Award wurden der Leaders in Legal Tech Award und der European Women of Legal Tech Award sowie der Woman of Legal Tech Award ins Leben gerufen.

Gerade die Hervorhebung und Auszeichnung verdienter Juristinnen findet sich weltweit auch in anderen Bereichen: Der Justitia Award für Juristinnen, der Women in Law Award für Anwältinnen sowie der Marie-Elisabeth-Lüders-Preis für Rechts- und Wirtschaftswissenschaftlerinnen.

Dr. Alix Frank-Thomasser, Wiener Rechtsanwältin und Vorsitzende der Women in Law, zum Justitia Award:

„Im Jahr 2020 hat der Verein „Women in Law“[62] gemeinsam mit dem Rechtsbuchverlag MANZ die Auszeichnung JUSTITIA für herausragende Frauen im Recht ausgelobt mit der Verleihung in der feierlichen Halle des Justizpalastes in Wien. Zu den ersten Preisträgerinnen gehörte etwa Frau Brigitte Bierlein, welche die erste (Interims-)Bundeskanzlerin der Republik Österreich war. Juristinnen und ihre männlichen Verbündeten aus allen juristischen Berufsgruppen und Fachrichtungen der Rechtsberufe sprechen wir ebenso an wie Studierende, beruflich aktive und auch bereits pensionierte Juristinnen und Juristen in Österreich und Europa. Unsere Kooperationspartner befinden sich aber auch im außereuropäischen Ausland, wie beispielsweise WOZA, Women in Law South Africa. Wir wollen diesen internationalen Gedankenaustausch, weil wir der Ansicht sind, dass wir voneinander lernen können und daher gemeinsam viel erreichen können. Wir wollen auch ganz bewusst den Gedankenaustausch mit der Wissenschaft und der Praxis. Ich finde es ganz wichtig, eine Brücke zwischen theoretischer Auseinandersetzung und praktischer Umsetzung im Arbeitsalltag zu schlagen. Nur mit fundiertem Hintergrundwissen und Verständnis für Ursachen und Wirkungsweisen können wir mit unserer Initiative als Verein seriös und nachhaltig ein Umdenken bewirken und Veränderung erzielen.“

Dr. Alix Frank-Thomasser, Wien, Women in Law und Justitia Awards.

Aber auch Awards, die auf das Employer Branding abzielen, werden immer beliebter:

Aus eigener Erfahrung kann ich sagen, dass Weiterbildungs- oder Personalentwicklungsprogramme durch eine Prämierung seitens einer unabhängigen Fachjury sowohl intern als auch extern enormen Aufwind erfahren. So darf ich seit 2017 die Verleihung des Coachingpreises Prism Award des weltweit größten Berufsverbandes für Coaches, der International Coaching Federation, in

62 Mehr dazu bei den Netzwerken.

Deutschland leiten. Unter den Preisträgern finden sich neben Volkswagen, adidas, SAP und vodafone insbesondere auch CMS Legal Services mit dem Partner Peak Performance Program (PPPP). Als solider Coachingbaustein, eingebettet in ein gut strukturiertes und evaluiertes Weiterbildungssystem, richtet es sich vor allem an die Leistungsträger, die sog. Rainmaker der Kanzlei, um deren Persönlichkeit und die Bindung untereinander sowie an die Großkanzlei zu stärken. Dies steuert gerade in Zeiten großer Umbrüche – etwa durch die Digitalisierung – Personalfluktuation wirksam entgegen. Das PPPP der Kanzlei soll aber vor allem nachhaltig und zukunftsfit, unter Einbeziehung aller Stakeholder, einen Wandel einläuten und eine Coaching-Kultur in einer Branche etablieren, die dessen Wirksamkeit gerade erst entdeckt:

---

*„Für Juristen kann Coaching in vielerlei Hinsicht vorteilhaft sein. Sei es zur Unterstützung der eigenen Karriereperspektiven, beim Wechsel von einer Associate-Rolle in die Partnerschaft einer Kanzlei, aber auch für gestandene Partner*innen und Führungskräfte bis hin zu GC, die mit großen Teams arbeiten und ihre Effektivität steigern möchten. Ein (Neben-)Effekt kann auch sein, dass die Erfahrung als Coaching-Klient Lust weckt, selbst eine Coachingausbildung zu absolvieren, um Gelerntes weiterzugeben oder den eigenen Führungsstil in Richtung Coaching zu verändern oder auszubauen. Schlussendlich glaube ich auch, dass der im Rahmen des Coachings erlernte Perspektivwechsel es Juristen ermöglicht, in Verhandlungssituationen leichter in die Schuhe des anderen zu schlüpfen, die richtigen Fragen zu stellen und so ein besseres Verhandlungsergebnis für alle Parteien zu erzielen. In unserem Unternehmen, einer der weltweit größten Law Firms, nutzen wir Coaching auf internationaler Ebene gezielt für die Entwicklung unserer Partner. Insbesondere Partner, die Teams führen und innerhalb der Organisation Leitungsfunktionen wahrnehmen, möchten wir mit Angeboten zur Selbstreflexion, etwa in Bezug auf ihren Führungsstil, und in diesem Zusammenhang auch mit Coaching unterstützen. Das Angebot wird sehr geschätzt, und für mich ist es immer wieder wunderbar zu sehen, wie mit relativ geringen Interventionen große Wirkung erzielt werden kann. Wir arbeiten mit renommierten Business Coaches zusammen, die von unseren Programmteilnehmern enorme Wertschätzung erfahren und exzellentes Feedback erhalten.“*[63]

Ulrike Staats, Head of Global HR, Learning and Development, CMS

„Der ‚Stonewall Top 100‘-Index, ein Ranking, das Unternehmen im Hinblick auf LGBT-Gleichstellung bewertet, ist in UK sehr populär. Nahezu alle Unternehmen wollen dort in den Top 100 vertreten sein und geben sich allergrößte Mühe, die vielen Kriterien zu erfüllen, die Stonewall dafür aufstellt. Das schafft das richtige Bewusstsein. Es geht nicht mehr darum, ‚kein Problem‘ mit LGBT+ zu haben, sondern man will beweisen, dass man sich positiv für Diversity einsetzt. Vielfalt und Diversity liegen tatsächlich im Eigeninteresse der Unternehmen. Gemischte Teams, bezogen auf Geschlechterverteilung, Herkunft, sexuelle Orientierung und auch Behinderung, schaffen eine mehr auf Kollegialität ausgerichtete Atmosphäre. Wer offen er/sie selbst sein kann, ist leistungsfähiger. Im Übrigen: Gute Mitarbeiter und Führungskräfte werden

---

63 Pressemeldung im Unternehmensjurist 02/2019, S. 68.

immer knapper – warum sollten erfolgreiche Unternehmen sich von einer so großen und kreativen Gruppe wie den LGBT+ abschotten?“

Dr. Klaus-Stefan Hohenstatt, Partner in der Anwaltssozietät Freshfields Bruckhaus Deringer in Hamburg

Auch Zertifikate, die bestimmte Auditierungsergebnisse voraussetzen, zeigen nach wie vor Wirkung und beeinflussen die Reputation positiv. In den vergangenen Jahren waren das etwa ISO-Zertifizierungen, die besonders effiziente und moderne Prozesse attestieren. Aktuell kommen vor allem Nachhaltigkeits- und Umweltsiegel in Betracht, z.B. der Ecological Footprint.

Aber auch Online Ranking-Bewertungen – von Google über Amazon bis zu Arbeitgeberplattformen – spielen eine zunehmend große Rolle und sollten nicht mehr dem Zufall überlassen werden. Reputation wird durch das Vertrauen aktueller Mandanten aufgebaut, die dann wiederum einen gewissen Vertrauensvorschuss potenzieller Neumandanten generieren durch direkte Empfehlung oder moderne online Bewertungen: dies kann in speziellen Portalen für Experten oder Arbeitgeber erfolgen, aber auch auf Anwaltssuchdiensten oder in Google (Maps). Mit Sternchen werden ähnlich wie bei Amazon bestimmte Leistungen und Services anonym oder mit Namen, mit oder ohne Text bewertet, was wiederum zu einem bestimmten Ranking für die Suchmaschine innerhalb des Portals führen kann. Dies zahlt unmittelbar auf die Auffindbarkeit ein (Stichwort SEO) oder kann als „Vertrauenssiegel“ auf der Kanzlei-Webseite gezeigt werden (z.B. „ProvenExpert“). Ebenso gibt es natürlich auf internationaler Ebene die verschiedensten Formate.

Am Ende haben Sie die Wahl, auf welchem Gebiet Sie sich besonders profilieren und messen lassen möchten.

5. Business Networking

Konkurrenzdruck und Wettbewerb sind in unserer Berufsgruppe in den letzten Jahren dramatisch angestiegen. Man möchte meinen, dass sich dadurch Anwaltsnetzwerke erledigt haben, weil sich jeder selbst der nächste ist. Das Gegenteil ist der Fall:

Der Zusammenschluss von personellen, materiellen und kommunikativen Ressourcen (z.B. Räume, Technik, Finanzen, Kontakte, Kompetenzen) erweitert Handlungsspielräume für jeden Einzelnen und ermöglicht neue und größere gemeinsame (Netzwerk-)Angebote und Leistungen (Veranstaltungen, Publikationen, öffentliche Aktionen, Service-Leistungen), durch die auch die einzelnen

Beteiligten größere Befriedigung und Anerkennung erfahren können. Bestätigt durch die im August 2022 in Kraft tretende große BRAO Reform werden auch interdisziplinäre Netzwerke und Kooperationen für Juristen immer interessanter und dürften zukünftig zum absoluten Muss werden.

Die Erweiterung des beruflichen und persönlichen Erfahrungshorizontes kann zudem auch neue Chancen für die berufliche Weiterentwicklung mit sich bringen. Jedes Netzwerk funktioniert nach seinen eigenen Spielregeln und hat einen bestimmten Fokus.

Schließlich kann ein Netzwerk auch gegenseitig unterstützen, Zugehörigkeit Heimat und Identität stiften oder einfach Spaß machen. Zwanglos neue Ideen kreieren, gemeinsame Ziele verfolgen, sich in einer angenehmen Atmosphäre treffen und neue Vorstellungen und neue Leute kennenlernen: Dieser „Wohlfühl-Faktor“, die emotionalen Bindungen sind enorm wichtig für die Bereitschaft, sich in ein Netzwerk einzubringen und dabei zu bleiben[64].

Es gibt genau drei Kategorien von Menschen. Diejenigen, die offen und neugierig auf Ihre Mitmenschen offline wie online einfach zugehen. Sie sind kommunikativ, extrovertiert, haben Humor und Mitgefühl. Diesen Menschen fällt es nicht nur leicht, ja sie lieben es geradezu zu „netzwerken“, sie brauchen den Austausch mit anderen. Diese „netzwerken“ quasi nebenbei. Ein Nutzen entsteht dabei jedoch für keinen der Beteiligten – allenfalls einige kurzweilige Momente. Das Gegenteil sind Menschen, denen Small Talk ein Gräuel ist. Diese sind eher still und introvertiert. Dies sind die Schüchternen und Denker. „Netzwerken“ ist für diese eine lästige Pflicht, oft verkrampft und hölzern. Meist sind beide Seiten dankbar, wenn es „vorbei“ ist. Mehrwert? Null.

Und dann gibt es die Menschen, die mit dem „Netzwerken“ etwas erreichen möchten, für die Netzwerken schlicht eine Methode ist, ihr Ziel zu erreichen. Das Ziel im Blick spielt es für diese eine untergeordnete Rolle, ob sie kommunikativ sind oder nicht. Für den Erfolg eines Unternehmers ist auch nicht in erster Linie entscheidend, ob er auf der Bühne der Superstar ist (Steve Jobs) oder eher nicht (Bill Gates).

Vergegenwärtigen Sie sich also Ihr Ziel und nutzen Sie das **Netzwerken als „Mittel zum Zweck“**. Überlegen Sie genau, mit wem Sie wie und wann in Kontakt treten.

Ihr Netzwerken sollte demnach:

1. Strategisch
2. Zielgruppendefiniert und
3. Terminiert sein

---

64 Dr. Tutschka, „Drei Gründe, warum Netzwerken für Juristen so wichtig ist“ im Blog bei CLP vom 22.2.1015.

Welche Möglichkeiten gibt es für Anwälte und Juristen im deutschsprachigen Raum zum Netzwerken? Natürlich gibt es die berufsständischen Vereine (wie den DAV), das moderierte Mittagsmeeting oder auch den ungezwungenen monatlichen Stammtisch mit Kollegen.

Doch auch darüber hinaus gibt es vielfältige Möglichkeiten, mit Kollegen zu netzwerken:

1. Ausbildungen
   Ausbildungen schweißen die Teilnehmer zusammen und es entwickeln sich oft auch nach Abschluss der Ausbildung enge gegenseitige Unterstützungen („buddy-Programm“).
2. online Netzwerke
   Mit wenig Zeit und Geld kann man die online- Möglichkeiten zum Netzwerken nutzen: XingGruppen wie JurBiz, aber auch Beiträge und Austausch in Blogs bieten unkomplizierten, regelmäßigen Austausch mit anderen Anwälten und Juristen.
3. Kongresse, Tagungen und Messen
   Der wichtigste alljährliche Kongress unserer Berufsgruppe ist sicherlich der Deutsche Anwaltstag alljährlich im Frühsommer mit der begleitenden Messe, der Advotec, und dem Abendprogramm. Anwaltstage gibt es aber auch auf regionaler Ebene. Oder aber bei den österreichischen Kollegen alljährlich im September. Darüber hinaus sind natürlich LegalTech Konferenzen und Messen wie der „Zukunftskongress“ oder die Legal ®Evolution, Fachsymposien wie es die STP-Tagung in Bensberg war, der Verkehrsrechtstag und viele andere und nicht zu vergessen der Juristentag alle zwei Jahre im September gute Gelegenheiten, Kollegen zu treffen und sich auszutauschen. In den allermeisten Fällen bilden sich schon bald fest Gruppen, die sich zu der einen oder anderen Veranstaltung regelmäßig wiedertreffen.
4. Bälle
   Natürlich zählen auch die gesellschaftlichen Anlässe dazu, zu denen sich die Juristen und Anwälte treffen, wie eben zu den entsprechenden Bällen wie dem alljährlichen Juristenball in der Wiener Hofburg, den DAV Empfängen oder auch den Gala- und Awardveranstaltungen.

Abschließend ist diese Aufzählung sicherlich nicht. Und sie bezieht sich auch ausschließlich auf reine Branchen-Veranstaltungen der Juristen und Anwälte. Darüber hinaus kommen sicherlich noch viele andere Branchenveranstaltungen in Betracht, wo die Juristen dabei sind, aber nicht exklusiv zusammenfinden. Auch sollte jeder das für sich passende herausfinden, denn was für den einen funktioniert, mag für den anderen alles andere als befriedigend sein.

Doch Vorsicht. Sie sollten auch das Business-Networking strategisch und zielgerichtet angehen. Denn nicht jedes Treffen ist schon Netzwerken.

Zum Netzwerken wird ein Treffen erst, wenn man
1. es im Vorfeld auf seine Bedürfnisse und Ziele abgestimmt hat,
2. sich zum Treffen mit einer bestimmten Agenda begibt und die dort dann verfolgt und
3. hinterher ein engagiertes Follow up vornimmt.

Unabhängig von diesem Offline-Netzwerk gewinnt das **Online-Netzwerk** immer größere Bedeutung. Im offline-Netzwerk stellen Verabredungen zu bestimmten Zeiten an bestimmten Orten sicher, dass alle relevanten Personen miteinander kommunizieren können.

Anders im online-Netzwerk. Die online-Welt kennt keine Öffnungszeiten. Sie kennt noch nicht einmal die Bezeichnung 24/7 – denn das ist Teil ihrer DNA. Sie beschränkt sich auch nicht auf nur einen Ort: sie ist hier und überall gleichzeitig. Ja es gibt sie noch: die Kollegen, die ihre Kanzlei ohne Internet betreiben und als Anwalt niemals „online" sind.

Doch was genau ist Ihr online-Netzwerk?

Ihr online-Netzwerk sind Ihre „Listen". Welche Listen? Nun die nach den verschiedenen Kategorien sortierten Kontakte. Dies können beispielsweise Ihre Mandanten sein, Ihre Kooperationspartner aber eben auch Ihre Kollegen. Sie können auch noch weiter spezifizieren. Beispielsweise die familienrechtlichen Mandate von den strafrechtlichen unterscheiden, die Stammkunden von den Einmalkunden und diese wiederum von den „Interessenten" und „potentiellen Mandanten" unterscheiden. Wichtig ist, dass Sie Ihre Kontakte definieren und sortieren. Sie sehen wie einfach es ist zu starten, denn Kontakte in irgendeiner Form hat jeder.

Bevor Sie nun loslegen, sollten Sie sich noch einmal kurz zurücklehnen und definieren, was Sie mit Ihrem Netzwerk erreichen wollen. Denn nur dann sind Sie in der Lage aus der Fülle an Möglichkeiten bei den Kontakten und aus der Vielfalt der Möglichkeiten, mit diesen in Verbindung zu treten, die richtige Wahl zu treffen.

Dies ist gerade beim online-Netzwerken wichtig, weil Ihnen die online-Möglichkeiten eine unerschöpfliche Vielfalt rund um die Uhr bieten. Umso mehr müssen Sie geschickt auswählen, welche davon am erfolgversprechendsten sind. Sie können nicht alles ausprobieren[65]. Weil die online-Welt vernetzt ist und sich damit Chancen potenzieren oder zu Katastrophen entwickeln können. Ein zufriedener Kontakt, ein zufriedener Kunde kann in Sekundenbruchteilen mit ei-

65 Dr. Tutschka, „Fünf Erfolgstipps für Netzwerken im Internet" im Blog bei CLP vom 14.10. 2016.

nem Mausklick Ihren Marktwert enorm steigern – und zwar über Ländergrenzen hinweg – oder einen Großteil Ihrer potentiellen Neukunden für immer verschrecken[66].

Netzwerken und „Werken im Netz" sind eben nicht dasselbe[67].

Wie genau greifen online- und offline-Netzwerk ineinander?
Wie oft tauschen Sie im Alltag und im beruflichen Kontext Visitenkarten aus? Zurück im Büro sollten Sie sowohl ein individuelles Follow up per mail schreiben als auch sich mit dem Gesprächspartner auf Xing oder LinkedIn vernetzen. Häufig gelingt es in Netzwerken leichter, in Kontakt zu bleiben, die eigenen Kompetenzen darzustellen und die weitere Entwicklung und Aktivitäten des Gesprächspartners mitzuverfolgen.

Die Bedeutung des Business-Netzwerkens fasst meine Kollegin Dr. Schunder-Hartung als Veranstalterin der Netzwerktreffen AHA-Kanzleireihen zusammen:

„Warum Anwälte netzwerken müssen: Die Anwaltschaft steht unter Druck wie nie – und das erstmals in ihrer Geschichte auch als Berufsgruppe. Legal Tech ist auf dem Vormarsch, und je mehr Algorithmen in der Lage sein werden, auch komplexe Wenn-Dann-Subsumtionen abzubilden, desto mehr geht es ans Eingemachte. Gleichzeitig hat § 5 RDG das Tor Dienstleistern aus anderen Branchen geöffnet, die eigentlich Bankprodukte oder Versicherungen verkaufen oder Unfallautos reparieren, ihren Kunden aber die damit zusammenhängende Rechtsberatung gleich mitliefern dürfen. Die Mandantschaft wiederum ist anspruchsvoller denn je, und zwar gerade auch auf den wirtschaftsrechtlichen Gebieten, die bisher am lukrativsten waren. In der Finanzkrise hat man inhouse zu arbeiten gelernt, jetzt lässt man „pitchen und paneln". Und statt umso mehr heranzuklotzen, besinnt sich der Anwaltsnachwuchs immer stärker auf die bei den Alten eher berüchtigte Work-Life-Balance.

Wer in dieser Situation als Sozietät behauptet, ideal aufgestellt zu sein, der hat vor allem eins: Selbstbewusstsein und/oder eine sehr offensive Marketingstrategie. Für alle anderen gilt, dass sie vor allem gezielt danach suchen müssen, was noch gangbar ist und was nicht. Gefragt sind in dieser Situation besonders Normalitätsstrategien! Die allerdings findet man nicht im Austausch mit den Kolleg(inn)en der eigenen Kanzlei, auch nicht in den fachbezogenen Arbeitsgemeinschaften: Schmoren Anwälte im einen Fall im eigenen Saft, so tauschen Sie sich im anderen Fall mit Leuten aus, die nur eine Teilebene ihrer Sozietäten repräsentieren (können). Stattdessen ist der ehrliche Blick über den Zaun gefragt, und zwar auf die gesamten Nachbargrundstücke. Wie das geht? Durch den (a) kontinuierlichen, (b) vertraulichen Austausch über (c) die unterschiedlichsten Themen (c) auf Augenhöhe. Netzwerken eben, im besten Sinne.

Dr. Anette Schunder Hartung ist Inhaberin von aHa Strategische Kanzleientwicklung. Sie ist Rechtsanwältin, Business Coach IHK und seit über 20 Jahren ausschließlich im juristischen Markt und artverwandten Berufen tätig. In Frankfurt, München und im Rheinland betreibt sie

---

66 Dr. Tutschka, „Die drei größten Fehler beim Online-Netzwerken" im Blog bei CLP vom 9.6. 2016.

67 Sie verzeihen die kleine Wortspielerei :-).

derzeit insgesamt sieben regelmäßige AHA Kanzleireihen-Netzwerktreffen, teilweise speziell zu Zukunftsthemen.

Netzwerke sprechen innerhalb der Branche oft gezielt bestimmte Zielgruppen an. So finden sich Angebote für Absolventen und Berufsanfänger ebenso wie für Frauen oder zu bestimmten Fachthemen.

Mit dem Netzwerk werden oft ganz bestimmte Ziele verfolgt, wie z.B. der fachliche Austausch, gegenseitige Geschäftsbeziehungen, Recruiting und Jobsuche, Austausch zu den neuesten Entwicklungen und Produkten im Rechtsmarkt, die Vergabe von Stipendien, der Ausgleich von Benachteiligungen oder auch die sinnstiftende gesellschaftliche oder soziale Veränderung. Mit CLP sind wir bei fast all diesen Formaten von Beginn an bei der Konzeptentwicklung und der Einführung in den Markt dabei, unterstützen mit Veranstaltungsmodulen und Preisen oder begleiten die Führungsspitze in der Strategieentwicklung.

Der Berufsverband Deutscher Anwaltverein bietet neben einer Vielzahl von Arbeitsgemeinschaften zu den jeweiligen Fachanwaltsthemen auch das FORUM Junge Anwaltschaft, die AG Anwältinnen, die AG Kanzleimanagement oder auch die länderübergreifenden Netzwerke der Auslandvereine oder seit Neuestem online Intervisionsgruppen[68]. Aber auch spontane, projektbezogene Zusammenschlüsse wie die Gruppe Master Mind Law auf Instagram zum regelmäßigen kollegialen Austausch jenseits großer Institutionen finden sich. Daneben werden Quasi-Netzwerke gern von Großkanzleien oder Serviceprovidern und Produktentwicklern der Branche initiiert[69].

Das Liquid Legal Institute hat es sich zur Aufgabe gemacht, ein Innovationsnetzwerk für die Rechtsbranche zu sein[70].

Das Netzwerk multikultureller JuristInnen e.V. (NMKJ) ist ein Ort der Begegnung, des Austausches und der Karriereförderung für Juristen, die sich als multikulturell empfinden. Sie sehen ihre Diversität als Bereicherung und Zusatzqualifikation.

Branchenübergreifend sei speziell für People of Color (poc) das Afro Deutsche Akademiker Netzwerk ADAN e.V. genannt, welches auch zahlreiche poc-Juristen und -Juristinnen in seinen Reihen zählt.

In den USA hat man schon lange erkannt, wie wichtig Vernetzung ist: Insbesondere für LGBTI-JuristInnen für den beruflichen Erfolg und die Durchset-

---

68 Ich selbst darf aktuell als Präsidentin dem DAV Auslandverein Österreich vorstehen, dem Netzwerk aus deutschen und österreichischen Anwälten.

69 Wie z.B. WoltersKluwer.

70 *Kai Jakob* u.a., Liquid Legal: Towards a Common Legal Platform, Law for Professionals.

zung von LGBTI-Rechten: Die Lavender Law Conference & Career Fair ist die größte Veranstaltung für LGBTI-JuristInnen mit über 400 BesucherInnen, 167 Kanzleien und anderen juristischen Organisationen. Hier wird voneinander gelernt, sich ausgetauscht und „genetzwerkt". Seit 2015 gibt es auch eine solche Plattform in Deutschland: Mit zehn Unternehmen und 50 BesucherInnen hatte ALICE 2015 ihren Auftakt als kleine Karrieremesse. Nun wurde intensiv am Konzept gefeilt, um die Veranstaltung attraktiver und interaktiver zu gestalten. Das Programm: Unter dem Motto „Finding Unicorns – Connecting LGBTI Lawyers" wartet der ALICE Juristensummit 2016 in Köln mit einem vielfältigen Programm auf und bietet noch mehr Raum für Networking, Weiterbildung, politische Diskussionen und gemeinsame Aktivitäten.

Großkanzleien nehmen sich dieser Themen an, weil „Zertifizierungen" für das Employer Branding winken:

"Rechtsanwälte sind in der Regel freiheitsliebende und liberale Menschen. Inzwischen kann man zumindest bei den international tätigen Sozietäten von einem LGBT-freundlichen und aufgeschlossenen Klima ausgehen. Die Fortschritte sind nicht zu übersehen. Einige unserer Mandanten bei Freshfields haben sehr große und aktive LGBT+-Netzwerke, allen voran die Banken und Versicherungen, zunehmend aber auch Industrieunternehmen. In Deutschland kommt es noch nicht so oft vor, dass Dienstleister über ihre Einstellung zu Diversity Rechenschaft ablegen müssen, wie dies in UK und den USA häufig der Fall ist. Bei Freshfields merken wir aber schon, dass unser großes Engagement für LGBT+ von Mandanten ganz überwiegend sehr positiv gesehen wird.

‚Halo' ist das LGBT-Netzwerk bei Freshfields mit rund 100 Mitgliedern. ‚Halo' heißt ‚Heiligenschein' und spielt auf unser Firmenlogo an – den Erzengel Gabriel aus dem Familienwappen der Freshfields. Wir treffen uns regelmäßig, um gemeinsame Aktivitäten zu planen, die Firma bei ihren Diversity-Unternehmungen zu unterstützen, das Recruitment für Freshfields zu unterstützen – und einfach auch als soziale Plattform, auf der wir uns wohlfühlen. Zusätzlich haben wir ein sogar noch größeres Netzwerk von Unterstützern – Friends of LGBT+ –, die wir bei Freshfields ‚Halo Champions' nennen. Dies sind weltweit über 130 Anwält/innen und Business Services, die uns bei unseren Aktivitäten unterstützen und dafür sorgen, dass die Offenheit und Vielfalt von der gesamten Firma gelebt wird."

Dr. Klaus-Stefan Hohenstatt, Partner in der Anwaltssozietät Freshfields Bruckhaus Deringer in Hamburg

---

Diversity kann aber auch in branchenübergreifenden Netzwerken gelebt werden:

Beispielhaft erwähnen möchte ich die Women in Law Initiative, das PANDA Lab LAW für Berufseinsteigerinnen, bei der CLP die berühmten Karriere-Speed Coachings abhält, sowie die Role Model Initiative von Breaking.Through[71] und habe dazu die Initiatorinnen zu Wort kommen lassen:

---

71 https://www.breakingthrough.de/portraet-geertje-tutschka.

„Gefühlt erinnert hatte ich es nicht immer leicht, in einer in den 80er-Jahren im Wirtschaftsleben und in meinem Berufsstand doch sehr vorherrschenden Männerdomäne als Frau zu bestehen und wahrgenommen zu werden. Da wäre einiges aus dem beruflichen ‚Nähkästchen' zu erzählen, komische, unangenehme, aber auch sehr schöne Situationen. Als sehr konsequente Frau habe ich letztlich immer das erreicht, was ich wirklich wollte. Wenn ich unseren Berufsstand heute betrachte, so bedrückt es mich, dass wir mehr als die Hälfte Abgängerinnen des Jusstudiums sind, auch noch immer mehr als die Hälfte Frauen für den Anwaltsberuf vorbereiten, aber am Ende des Tages im Anwaltsberuf in Österreich maximal zu 20% vertreten sind. Das ist kein Einzelfall im Anwaltsberuf. Auch in vielen anderen Rechtsberufen zeigen sich in Österreich, aber auch international durchaus ähnliche Bilder. In meiner internationalen Tätigkeit habe ich viele unterschiedliche Frauenschicksale in der Industrie, im Handel, in der Politik und natürlich auch in Rechtsberufen kennengelernt. Aus anfänglichem Gedankenaustausch wurde und wird immer mehr strukturierte Vernetzung, mit dem Ziel, Frauenkarrieren in Rechtsberufen zu fördern. Im Frühjahr 2018 erhielt ich eine internationale Auszeichnung als Frau im Recht. Das war dann letztlich der finale Auslöser, wirklich aktiv zu werden. Die Basis dazu bildete die langjährige Tätigkeit unserer Kanzlei im Antidiskriminierungsrecht und die beeindruckende Arbeit und Kooperation mit einer sehr weisen Rechtsanwaltskollegin und ehemaligen Präsidentin der Law Society in London, Christina Blacklaws. Gemeinsam mit meinem beruflichen Partner Professor Mag. Mag. Franz J. Heidinger haben wir im Frühjahr 2018 die national und international ausgerichtete Initiative Women in Law, Vienna ins Leben gerufen, ganz im Zeichen unserer Initiative, nur gemeinsam werden die Geschlechter den richtigen Zugang zu erfolgreicher Diversität im Unternehmen finden. Der Verein hat im Jahr 2019 eine erste internationale Konferenz organisiert und abgehalten. Die für 2020 geplante zweite internationale Konferenz wurde aus Gründen ‚Corona' in den September 2021 verschoben. In Zusammenarbeit mit der Universität Wien gelang es dennoch, im Sommersemester 2020 den ersten Lehrgang Women in Law – Frauen im Recht in den Wahlfachkörben Gender Legal Studies und Legal English abzuhalten."

Dr. Alix Frank-Thomasser, Women in Law Initiative, Wien

„Ich habe während meiner mehrjährigen Mitarbeit in einer Wirtschaftskanzlei erlebt, wie ein seit wenigen Wochen angestellter Referendar von seinen Erlebnissen beim abteilungs- und hierarchieübergreifenden regelmäßigen Fußballspiel in loser Runde berichtete, zu dem er von mehreren Anwälten eingeladen worden war. Auf die Idee, auch Frauen zu den regelmäßigen Treffen einzuladen, war natürlich niemand gekommen; viele wussten nicht einmal von der Existenz dieser regelmäßigen Treffen. Ich gehe nicht unbedingt davon aus, dass eine böse Absicht hinter dieser selektiven Einladungspraxis steckte und ich denke, sie muss nicht mal bewusst passiert sein. Doch illustriert das Beispiel anschaulich, wie viel leichter es Männern fallen kann, Verbindungen zu Kollegen aus anderen Abteilungen und über Hierarchiestufen hinweg aufzubauen, die Frauen oftmals vorenthalten bleiben.

Umso wichtiger ist es daher für Frauen, sich Zugänge zu Netzwerken zu suchen und zu verschaffen. Das fängt an, indem man Veranstaltungen besucht, die einen interessieren, oder indem man sich einem Netzwerk anschließt. Wir wollen Juristinnen darin bestärken, eine mögliche Karriere nicht vorschnell aufzugeben. Natürlich ist es eine höchst individuelle Entscheidung, wie man seinen beruflichen Werdegang gestalten möchte. Aber wir erleben immer wieder, dass Frauen aufgrund mangelnder Vorbilder den Eindruck haben, ‚es nicht schaffen zu können' und deshalb früher als nötig eine Karriere aufgeben. Daneben rauben Zweifel schlicht wertvolle Kraft, die man sinnvoll in andere Sachen investieren könnte. Durch das Aufzeigen von

Vorbildern in persönlichen Interviews zu karriere- und frauenrelevanten Fragen, durch unsere Ratvermittlung und unsere Veranstaltungen wollen wir dagegen Inspirationen schaffen und so neue Energien freisetzen, die die Frauen in ihrem Werdegang bestärken können. breaking.through richtet sich allgemein an karriereinteressierte Juristinnen, unabhängig davon, in welchem Lebensabschnitt diese sich befinden. Unsere Veranstaltungen werden von Juristinnen in der Ausbildung, Praktikerinnen aus verschiedenen Berufszweigen mit mehreren Jahren Berufserfahrung, aber auch von Professorinnen und Präsidentinnen von Hochschulen besucht. Auch sind immer wieder Juristinnen dabei, die das Berufsleben schon ganz oder beinahe hinter sich haben und sich dafür interessieren, ob sich die jüngeren Generationen noch mit denselben Fragen beschäftigen. Diese Vielfalt zeigt uns, dass wir Themen ansprechen, die zahlreichen Juristinnen unter den Nägeln brennen. Aber auch Männer, die sich für dieselben Themen interessieren, sind bei uns immer gerne willkommen."

Dr. Nadja Harraschain, Frankfurt, Gründerin der juristischen Rolemodel Plattform „Breaking.Through"

„We are PANDA existiert in Deutschland seit 2013. Und wurde ursprünglich als branchenübergreifende Veranstaltung für Führungsfrauen entwickelt. Heute finden jährlich drei bis fünf PANDA-Events statt – die Hauptveranstaltung mit 200 Teilnehmerinnen weiterhin offen für alle Branchen und Unternehmensformen sowie zusätzlich branchenspezifische Specials. Zudem ist eine Women Leadership Community mit aktuell ca. 800 Teilnehmerinnen entwickelt. Seit 2015 gibt es PANDA nun auch speziell für die Frauen in der Rechtsbranche. Bereits die Premiere 2015 war ein voller Erfolg. ‚Es gibt so viele höchst qualifizierte Juristinnen, dass es doch eigentlich nicht mehr lange dauern kann, bis die Führungsriegen in Kanzleien maßgeblich weiblich besetzt sind...' Frau Dr. Ulrike Binder ist Partnerin bei Mayer Brown LLP. Damit ist sie eine Ausnahme-Erscheinung, denn obwohl über die Hälfte der Jura-AbsolventInnen weiblich sind, liegt der Anteil der Kanzlei-Partnerinnen bei unter 10%. Die Rechtsbranche gilt als konservativ und veränderungsresistent. Die Gehaltslücke zwischen Männern und Frauen ist mit durchschnittlich 42% in der Rechtsberatung noch deutlich größer als die 23% im bundesweiten Branchendurchschnitt. Und so geht das Eingangszitat noch weiter: ‚... Könnte man denken. Aber fachliche Qualität allein führt nicht nach oben. Wichtig ist auch, sich zu zeigen, mutig zu sein und Chancen zu nutzen. Dafür braucht es Förderer, Vorbilder und Gelegenheiten.'

Förderer, Vorbilder, Gelegenheiten – genau das wollen die Initiatoren von PANDA Frauen bieten. PANDA ist eine Initiative und Community für mehr Frauen in Führung. Frauen in Führungs- und Führungsnachwuchsrollen finden hier eine Plattform, um gezielt ihre Netzwerke auszubauen, Erfahrungen austauschen und sich durch konstruktives Feedback gegenseitig zu stärken. Sie werden aktiv mit Unternehmen zusammengebracht, die Chancen bieten bzw. explizit Führungsfrauen suchen. Mit dem PANDA Lab LAW ist ein Format entstanden, das die Facetten einer Führungslaufbahn spiegelt: Von anderen lernen, sich weiterentwickeln, im Team arbeiten, sich durchsetzen, gemeinsam relevante Themen diskutieren und am Ende die Vernetzung der Teilnehmerinnen untereinander und Gespräche mit den anwesenden Partner-Kanzleien. Angebote wie der CV-Check und Speed-Coaching machen die Teilnehmerinnen fit für eine steile Karriere."

Isabelle Hoyer, Initiatorin PANDA

Erwähnen möchte ich aber auch die Legal (R)evolution, die als Europas größte Veranstaltungsplattform mit Online- und Offline-Formaten Juristen aus der ganzen Welt zu den neuesten Trends auf dem Rechtsmarkt zusammenbringt und die CLP mit der CoachingLounge unterstützt, die Lawyer4Future sowie Karrierenetzwerke wie clavisto, talentrocket oder e-fellows[72], welche interessante Stipendien vergeben[73].

„Wenn mir ein Rechtsanwalt sagt, er interessiere sich nicht für die Nutzung neuer digitaler Techniken wie Vertragsautomatisierung, Wissensmanagement und E-Discovery, dann frage ich ihn: Was machst du persönlich, um auch in Zukunft wettbewerbsfähig zu bleiben? Die Rechtsberatungsbranche hat es im Unterschied zu vergleichbaren Branchen geschafft, in den letzten 50 Jahren ohne wesentliche Änderungen auszukommen, daher steckt die Digitalisierung des Rechtsmarkts noch in den Kinderschuhen. Die Einwände rühren also aus dem bekannten Argument ‚das haben wir schon immer so gemacht'. Die entscheidende Frage lautet jedoch: ‚Quo vadis, Advocatus? ‚Bereits heute nehmen Computeralgorithmen die Prüfung von Ansprüchen und Bescheiden, etwa die Prüfung bestimmter Ansprüche von Fluggästen oder die Prüfung eines Hartz IV-Bescheids, vor, wenden das Recht also an. Zu erwarten ist eine extensive Ausdehnung algorithmusbasierter Rechtsanwendung in der Zukunft. Die Digitalisierung des Rechts hat sich rasant beschleunigt und wird die Ordnung und die Strukturen des Rechtsmarkts grundlegend verändern. Verstärkt wird dieser Umstand durch die Neigung des europäischen Gesetzgebers und der Rechtsprechung, Berufsausübungsschranken abzubauen. Begünstigt durch Investitionen in rechtliche Innovation werden in den kommenden Jahren und Jahrzehnten völlig neue Marktteilnehmer in den Rechtsmarkt eintreten.Dies ist für die Anwaltschaft als große Chance zu verstehen, da Rechtsanwälte es durch die Ausnutzung des Potentials neuerer und effizienterer digitaler Technik noch immer selbst in der Hand haben, auch auf dem Rechtsmarkt der Zukunft eine wichtige Rolle zu spielen. Juristen und andere Spezialisten auf dem Rechtsmarkt werden auf diese Entwicklungen nur angemessene Antworten finden, wenn sie jetzt anfangen, ein besseres Verständnis für die digitalen Techniken zu entwickeln. Genau dies war die Motivation, eine jährliche Kongressmesse über Legal Innovation und Legal Technology zu veranstalten."

Jochen Brandhoff, Initiator der Legal (R)evolution, Frankfurt

---

„e-fellows.net ist ein Karrierenetzwerk und Recruiting-Dienstleister. Über ein Stipendium binden wir sehr gute Studierende an uns und bringen sie in Kontakt mit interessanten Arbeitgebern. Was ich an e-fellows.net liebe: Wir stellen eine Win-Win-Win-Situation her. Unsere Stipendiaten erhalten attraktive Leistungen und Unterstützung beim Berufseinstieg, die Unternehmen finden bei uns absolute High Potentials und wir selbst profitieren natürlich auch von

---

72 e-fellows.net, Perspektiven für Juristen, 2021.
73 Mein Tipp: Wenn Sie zu den aktuellen Formaten, Veranstaltungsterminen und Bewerbungsfristen der Branche immer auf dem Laufenden sein wollen, abonnieren Sie den monatlichen Newsletter von CLP. Zusätzlich werden mehrmals jährlich besondere Partnerangebote und Stipendien für CLP-Kunden und Newsletterabonnenten ausgelobt. Im CLP-Blog finden Sie auch Interviews mit allen hier im Buch zu Wort kommenden Spezialisten der Branche.

dem Austausch. Aktuell fördern wir etwa 34.000 Stipendiatinnen und Stipendiaten, die zu den besten 10 Prozent der Studierenden in Deutschland und der Welt gehören. Unser Fokus liegt ganz klar auf den High Potentials, die nicht nur exzellente Noten haben, sondern auch mit Praktika und Auslandsaufenthalten ihre Eignung zum Einstieg in Top-Unternehmen unter Beweis stellen. Je etwa ein Viertel unserer Stipendiaten sind Wirtschaftswissenschaftler und Juristen, danach folgen Mediziner und Studierende aus den MINT-Fächern.

Mit über 7.000 Rechtswissenschaftlern dürften wir den größten Pool an 9-Punkte-Nachwuchsjuristen in Deutschland haben. Unsere drei Partnerkanzleien Freshfields Bruckhaus Deringer, Hengeler Mueller und Clifford Chance gehören ebenfalls zur absoluten Oberklasse im Rechtsmarkt und begleiten uns nun schon fast 20 Jahre. Andere Kanzleien können unsere Stipendiaten bei Events kennenlernen. Perspektive Wirtschaftskanzlei auf Schloss Montabaur gilt sowohl bei vielen Personalfachleuten als auch bei den Absolventen als die Spitzenveranstaltung in Deutschland. Der LL.M. Day ist ein wichtiges Student-Recruiting-Tool für zahlreiche internationale Law Schools, darunter mehrere Ivy-League-Universitäten – und ein großes Glück für informationshungrige Studierende: Wo sonst trifft man an einem Nachmittag auf zehn der 20 besten U.S.-Law-Schools? Netzwerken kann man schon im Grundstudium! Wer frühzeitig über Praktika und Recruiting-Events seine Fühler ausstreckt, wird beim Berufseinstieg beste Karten haben."

Dr. Michael Koch, Produkt-, Account- und Marketing-Manager bei e-fellows.net, München

6. Kooperationspartner

Netzwerken und Kooperieren kann und sollte Hand-in-Hand gehen.

Mit den Kollegen **Kooperieren statt Konkurrieren**, kann eine Win-win-Situation auslösen: Ein umfangreicheres Fachbuch wie dieses zu schreiben ist nicht jedermanns Sache; ein Großprojekt und für die meisten Kollegen unattraktiv, da schlicht die Zeit dafür nicht zur Verfügung steht. Doch warum nicht so wie hier das funktionierende Netzwerk für eine Kooperation nutzen und zu Wort kommen lassen? Oder wie im Fachbuch von Frau Schieblon „Kanzleimanagement in der Praxis" das PMN-Netzwerk an Management-Partnern nutzen, um ein Gemeinschaftswerk dieser Kollegen zu erstellen?

Aber auch Kooperationen mit Anbietern anderer Bereiche, die ebenfalls einen Mehrwert für Ihre Zielgruppe generieren, kann sich auszahlen. Das muss nicht das klassische Autohaus oder die Autoreparaturwerkstatt oder der Versicherungsmakler als Partner sein. Es darf kreativer sein: etablieren Sie sich beispielsweise als Vortragender bzw. Keynote-Sprecher für Autohaus-Events oder nutzen Sie die Möglichkeiten bei Familienservices sich als Ansprechpartner für rechtliche Fragen zu etablieren[74].

74 Busmann, „Chefsache Mandatenakquisition", S. 405.

Letztlich an dieser Stelle noch ein Wort zur Kooperation innerhalb der Kanzlei: Neben der immer wieder zu beantwortenden Frage, wie ein Anwalt seinen Mandanten am besten dienen kann, muss er sich auch damit befassen, auf welche Weise er das Erreichen der Kanzleiziele fördern und wie er seine Kollegen am Besten unterstützen kann. Die ist nicht nur eine Frage des persönlichen Ehrgeizes oder gar der „Hackordnung" in einer Kanzlei. Diese Mitwirkungspflicht betrifft jeden Anwalt in der Kanzlei. Ältere Anwälte, die besonders gelungene Vertragsentwürfe wie den heiligen Gral hüten und sorgsam darauf bedacht sind, ihr Spezialwissen allenfalls tröpfchenweise auf jüngere Kollegen herabträufeln zu lassen, verkennen, dass ein solches Verhalten in krassem Widerspruch zu der für den Kanzleierfolg unerlässlichen Dienstleistungsmentalität steht. Ihre Pflicht ist es nicht nur, ihr Wissen und ihre Erfahrung in den Dienst der Mandanten zu stellen. Ihre Pflicht ist es auch, jüngere Kollegen zum Wohl der Kanzlei daran teilhaben zu lassen. Eine Kanzlei wird gute Nachwuchsanwälte auf die Dauer nur halten können, wenn sie diese auch fördert. Wer versucht, junge Anwälte „dumm zu halten", schadet seiner Kanzlei in unverantwortlicher Weise.

Jegliche Maßnahme – ob Netzwerken, Kooperation oder Weiterempfehlung – wird nur dann Erfolg haben, wenn es dem Anwalt gelingt, dem potentiellen Mandanten den Nutzen der Mandatserteilung aufzuzeigen und insbesondere den speziellen Vorteil darzulegen, den die Mandatierung gerade dieses und keines anderen Anwalts dem Mandanten bietet. In der Praxis mag dabei eine emotional begründete Hervorhebung (Unique Advertising Proposition) erfolgreicher sein, als eine sachlich fundierte Hervorhebung der Besonderheit einer Kanzlei und ihres Dienstleistungsangebots (Unique Selling Proposition).

7. Employer Branding

– Employer Branding

Nochmal ein Wort zum Employer Branding, also der Positionierung und strategischen Ausrichtung Ihrer Kanzlei mit dem Ziel, hochqualifizierte Mitarbeiter und Nachwuchsjuristen für Ihr Spezialgebiet und Ihr Team zu gewinnen.

Die Top-Arbeitgeber bei jungen Nachwuchsjuristen sind:[75]

1. Auswärtiges Amt
2. Freshfields Bruckhaus Deringer
3. Europäische Kommission

75 FAZ Nr. 206 vom 3.9.2016, S. C1.

4. Bundeskriminalamt
5. Audi
6. BMW

Die zukünftigen High Potentials werden heute immer noch daran gemessen, ob sie ein bzw. zwei Prädikatsexamen mitbringen, das heißt das erste und/oder das zweite juristische Staatsexamen mit der Note „voll befriedigend", „gut" oder „sehr gut" abgeschlossen haben.

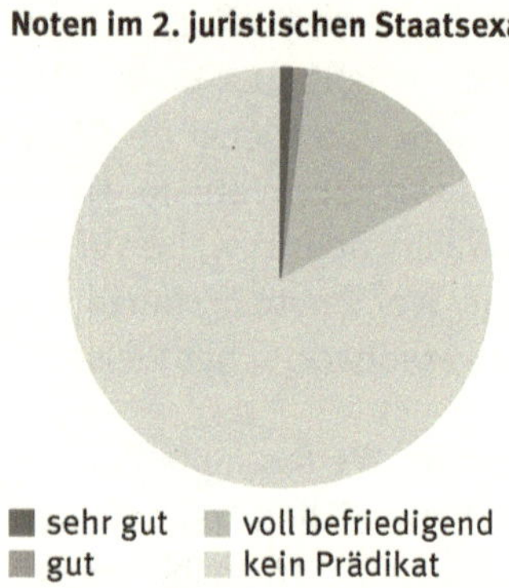

Noten im 2. Juristischen Staatsexamen[76], © Dr. Geertje Tutschka

Immerhin knapp 1.700 Referendare im Jahr schließen ihre Ausbildung mit einem solchen Prädikatsexamen ab, der Bedarf an guten Absolventen ist aber weitaus höher. Hart umkämpft ist daher der Markt für diese zukünftigen Top-Juristen.

Wirtschaftskanzleien locken in erster Linie mit hohen Einstiegsgehältern. Bis zu 120.000 € jährlich kann ein Prädikatsabsolvent heute bei über vierzig Sozietäten erwarten. Vor zehn Jahren waren gerade einmal drei Kanzleien bereit, eine derartige Summe zu zahlen[77]. Andere Kanzleien müssen also Wege finden, für diese hochqualifizierten Nachwuchskräfte interessant zu werden. Besondere Ausbildungsprogramme – etwa die Möglichkeit einer berufsbegleitenden Promotion, Kommunikations- und Performancetrainings sowie Traineeprogramme mit Entsendungen ins Ausland[78] – müssen durch ein auf diese zukünftigen Arbeitnehmer zugeschnittenes Marketing (Employer Branding) ergänzt werden.

76 Soldan Institut, Pressemitteilung vom 28.1.2016.
77 Branchenbericht Sparkasse 2020, S. 18.
78 *Dr. Tutschka* USA Expat Quick Guide, S. 5.

Employer Branding findet an der Schnittstelle zwischen Positionierung, Recruiting, Teambuilding und Marketing statt.

Wer ausschließlich auf interne Ausbildung des Nachwuchses setzt, verkennt, dass der Kostenfaktor hierfür heute um ein Vielfaches höher ist als noch vor einigen Jahren. Häufig unterschätzt wird außerdem die Tatsache, dass der umkämpfte Markt Kanzleien heute zwingt, punktgenau und innerhalb kürzester Zeit auf Top-Performance zugreifen zu können. Langjährige Ausbildungen können jedoch in der Regel nicht derart punktgenau absolviert werden. Ganz wesentlich ist aber, dass der intern ausgebildete Mitarbeiter weder Mandate noch wertvolle Impulse und den Blick von außen auf eingefahrene Routinen und Abläufe mitbringt.

Stattdessen erfährt das interne Erklimmen der Karriereleiter oft noch mehr Gegenwind, weshalb in diesen Situationen überproportional oft ein Coach zur Unterstützung herangezogen werden muss.

Beim Recruiting der High Potentials wird wiederum gerne allein auf Stellenbeschreibung und Gehalt fokussiert. Doch Top-Performer und High Potentials, also Ihre zuverlässigen und engagierten Mitarbeiter und Mitarbeiterinnen von morgen, wollen heute umworben werden. Sie wollen wissen, wofür Ihre Kanzlei steht und welche Projekte sie unterstützt. Wie die Arbeitsatmosphäre ist und wie die Kanzlei sich um die Gesundheit der Mitarbeiter bemüht. Welche Fortbildungsprogramme Ihre Kanzlei anbietet und wie sie die Mitarbeiter in schwierigen Situationen, durch Coaches, Trainer und Mentoren unterstützt. Einige Kanzleien entdecken daher im Moment verschiedene Event-Formate jenseits von Assessment Centern für sich, um sich – etwa bei kostenfreien Workshops mit gemeinsamem Abendprogramm und in ungezwungener Atmosphäre – als attraktiver Arbeitgeber zu präsentieren.

Talentrocket, eine auf das Personalrecruiting für Juristen spezialisierte Plattform, bringt es auf den Punkt:

„Personalentwicklung gehört zu einem grundlegenden Bereich der Kanzleientwicklung. Um erfolgreich Personalentwicklung zu betreiben ist es wichtig, die richtige Personalmarketingstrategie zu verfolgen. Diese hängt nicht vom Budget, sondern vielmehr von einem planvollen, stimmigen Vorgehen ab. Hier sind in den letzten Jahren viele neue Möglichkeiten für Kanzleien im Onlinebereich entstanden. Insbesondere sollte eine Kanzlei drei Punkte beachten, um möglichst effizient neue Mitarbeiter zu gewinnen:

1. *Zunächst gilt es, die eigene Kanzlei als Marke zu verstehen. Eine starke Marke zieht automatisch interessiertes Personal an und macht es leichter, sich von anderen Kanzleien abzuheben und zu unterscheiden. Insbesondere sollte jede Einheit herausfinden, welches Alleinstellungsmerkmal sie hat und dies online kommunizieren.*
2. *Dies funktioniert nur mit einer gut durchdachten Onlinepräsenz. Diese sollte einen eigenen Karrierebereich haben und damit nicht nur potentielle Mandanten ansprechen, son-*

dern den interessierten Kandidaten abholen und überzeugen. Eine Kanzlei sollte in Ihrer Onlinepräsenz bestmöglich das eigene Gesicht zeigen und dem Kandidaten einen Überblick über das Angebot als Arbeitgeber geben.

3. *Zu guter Letzt ist es essentiell, dass Sie moderne Stellenanzeigen verfassen und diese passend platzieren."*

Sebastian von Glahn, Geschäftsführer der TalentRocket GmbH, der führenden Karriereplattform für Juristen in Deutschland

TalentRocket arbeitet mit über 125 Kanzleien zusammen und erreicht im Monat über 150.000 Juristen.

Eine Rubrik „Karriere" ist mittlerweile üblich. Diese sollte sich jedoch nicht auf die Ausschreibung offener Stellen beschränken, sondern für einen starken Auftritt im Zuge des Employer Branding genutzt werden. Dazu gehören Förder- und Karriereprogramme ebenso wie eine Image- und Mitarbeiterbroschüre zum Herunterladen.

Das Employer Branding muss auf die Kanzleiwerte und -vision abgestimmt werden: Nichts ist geschäftsschädigender als „falsche" High Potentials zu Partnerkandidaten aufzubauen – für die Senior Partner, für die Klienten und für die High Potentials der nächsten Generation.

Es kann nicht schaden, sich mit den Bedürfnissen und der Sprache der nächsten Generation vertraut zu machen: Themen wie Nachhaltigkeit, Sinnstiftung, Social Engagement, Diversity, Klimaverträglichkeit, Gesundheit und Wellbeing gehören zu den Must Haves[79].

Personal Development-Programme mit verschiedenen Trainings zu Soft Skills, individuelle Coachings und Mentoring für den Netzwerkaufbau sollten daher unbedingt ebenso kommuniziert werden wie die Kooperation mit der Unternehmens-KITA, dem Vollwert-Bio-Caterer und der klimaverträglichen Hemdenreinigung von nebenan.

So wird unser CLP-Mentoring-Programm gerade in den letzten Monaten stark nachgefragt, obgleich es Mentoring-Programme in vielfältiger Form in den meisten Kanzleien bereits gibt (z.B. für Einsteiger aber auch zur Partnerwerdung). Unsere Erfahrung ist es jedoch, dass diese Programme zum Teil überhaupt nicht beworben werden, strukturell schwach sind, nur wenig prozessbegleitendes Material zur Verfügung steht und die Betroffenen weitgehend alleine gelassen werden.

---

79 *Dr. Tutschka* u.a., Kanzleimarketing kompakt – wie Sie Mandanten finden und binden, Deutscher Anwaltverlag.

Wir unterstützen beim Ausarbeiten und Etablieren eines erfolgreichen Programms, mit einer kurzen Zusatzausbildung für die zukünftigen Mentoren und im Prozessmanagement. Ein gut durchdachtes Mentoringprogramm ist Gold für den Netzwerk- und Wissenstransfer einer jeden Kanzlei. Halbherzig ausgeführt kann es hingegen wirkungslos bis geschäftsschädigend sein und alle Beteiligten nur Zeit und Nerven kosten.

Was hat Ihnen das Kapitel gebracht?
Sie machen Marketing und Akquise ab sofort zur Chefsache und können erste Marketing-Tipps direkt umzusetzen.

Worauf setzen Sie beim Marketing und was wird heute Ihr nächster Schritt beim Marketing sein?

II. Sales und Akquise

Wozu sollten Sie dieses Kapitel lesen?
Sales und Akquise können reißerisch und aufdringlich sein oder aber elegant und stilvoll. Sie erfahren in diesem Kapitel, was den Unterschied macht.

Übersicht

1. **Die richtigen Mandanten finden und binden**
2. **Ganzheitliche Services**
3. **Verkauf von Know How und Expertise**
4. **Wissensvermittlung**
5. **Engagement für Berufsstand und Gesellschaft**

„Nichts ist schwerer als sich selbst verkaufen" – vielleicht auch aus diesem Grund scheuen viele Anwälte vor einer in anderen Branchen üblichen Werbemethode zurück, der Direktwerbung durch den Besuch eines potentiellen Mandanten. Natürlich ist es günstiger, für das Vorstellungsgespräch eines Anwalts bei einem potentiellen Mandanten einen Anknüpfungspunkt, etwa ein erstes Kennenlernen bei einer vorangegangenen kulturellen Veranstaltung, zu haben. Aber auch die „Kaltakquise" ist möglich und erlaubt. Der Anwalt darf nur keine Angst davor haben, einen Korb zu erhalten. Die Erfolgsquote von Kaltakquiseversuchen ist selbst bei Rainmakern relativ klein. Aber es gibt eine Erfolgsquote.

Kalt-Akquise ist nicht nur verpönt, sondern auch nur unter ganz engen Voraussetzungen zulässig.

Eine elegantere Form ist, sich bei „arrangierten" Gelegenheiten in Bestform zu präsentieren. Entscheidend ist dabei der überzeugende „Pitch". Zwar ist es dem Anwalt verboten, um die Erteilung eines Mandats im Einzelfall zu werben, § 43b BRAO. Der Anwalt darf aber um einen bestimmten Mandanten werben. Anwälte dürfen ihre Wunschkandidaten für eine neue Mandatsbeziehung direkt ansprechen, sich bei den potentiellen Mandanten vorstellen und darum bitten, ihnen ein Mandat zu erteilen oder sie zumindest weiterzuempfehlen.

Verboten ist allein die Werbung um ein bereits konkretisiertes Mandat. Der potentielle Mandant soll vor aufdringlichen Anwälten geschützt werden. Manchmal benötigt der Mandant diesen Schutz gar nicht. Bei einem beauty contest[1] ist

1 Busmann in Chefsache Mandantenakquisition", S. 39.

das zu erteilende Mandat bereits sehr konkret umschrieben. Der Mandant will keinen Schutz vor aufdringlichen Anwälten. Vielmehr ist es der Mandant selbst, der mehrere Anwälte dazu einlädt, sich um die Erteilung dieses speziellen Mandats zu bewerben. Aus diesem Grund halte ich Beauty Contests für mit § 43b BRAO vereinbar.

Die Möglichkeiten sind also vielfältig. Die Weiterempfehlung ist jedoch nach wie vor die Königsdisziplin und als eine der besten Werbemethoden von Anwälten bezeichnet. Genaugenommen ist die Weiterempfehlung nämlich kein eigentliches Werbeinstrument. Denn der Anwalt hat allenfalls mittelbaren, nicht jedoch direkten Einfluss auf diese Werbemethode.

1. Die richtigen Mandanten finden und binden

Hier geht es nicht nur um die optimale **Abrundung des Marketing- und Kommunikationsprozesses**, so dass bloße Interessenten (wie beispielsweise die Leser des Kanzlei-Newsletters) zu Mandanten werden und langfristig Mandanten bleiben. Sondern es geht darum, die richtigen Mandanten zu finden und diese auch zu halten. Sales und Akquise gehen hier Hand in Hand mit Marketing und Kommunikation und bauen aufeinander auf.

Ist Ihre Positionierung und strategische Ausrichtung klar und ihre Marketing- und Kommunikationsstrategie darauf abgestimmt, kann diese nur die für Ihre Spezialisierung und Ihre Ressourcen richtigen Mandanten ansprechen.

Warum ist das wichtig?

Einerseits können Sie diese Mandanten natürlich sehr gut bedienen. Das erhöht das Potenzial auf Weiterempfehlung und unterstützt Ihren Expertenstatus. Ich möchte hier auch noch einmal an das Pareto-Prinzip erinnern. Nur die richtigen Mandate werden das Potenzial haben, 80 Prozent Umsatz zu erzeugen. Andererseits sind aber eben auch sehr viel besser in der Lage, kostenbewusst zu arbeiten, Prozesse zu optimieren und Ihre Qualität insgesamt zu verbessern. Dass es dennoch hin und wieder zu einem sprunghaften Anstieg dieser Mandate kommen kann, die Ihre Kapazitäten übersteigen, ist gewollt. Sie wollen ja schließlich wachsen. Spitzenzeiten können selbstverständlich mit temporären Lösungen abgefangen werden (dazu wurde im Rahmen des Business Developments berichtet).

Die falschen Mandanten anzuziehen bzw. langfristig zu bedienen kann hingegen fatale Folgen haben. Sie blockieren Ressourcen und zwingen zu uneffektiven Prozessen. Sie müssen sich mühsam in unbekannte Rechtsgebiete einarbeiten und erzeugen ein hohes Haftungsrisiko. Es kann sogar dazu führen, dass Sie diese Mandaten zu wichtigen finanziellen Bausteinen in Ihrem Business Plan werden, so dass Sie sich sogar über kurz oder lang überlegen müssen, Ihre Positionierung und strategische Ausrichtung entsprechend anzupassen. Ein Gefühl der Fremdbestimmtheit und der „feindlichen Übernahme“ wird sich einstellen.

Sie sollten sich also auch am Ende Ihrer Akquisekette auf die Bedürfnisse Ihrer idealen Zielgruppe ausrichten und auch die Konsequenzen ziehen: Im Zweifel also ein Mandat ablehnen oder an den Kollegen verweisen, auch wenn es noch so lukrativ ist.

Zur Erinnerung daher noch einmal die Fragen, die Sie sich stellen sollten, um zum „Bedürfnisstiller“ Ihrer Zielgruppe zu werden:

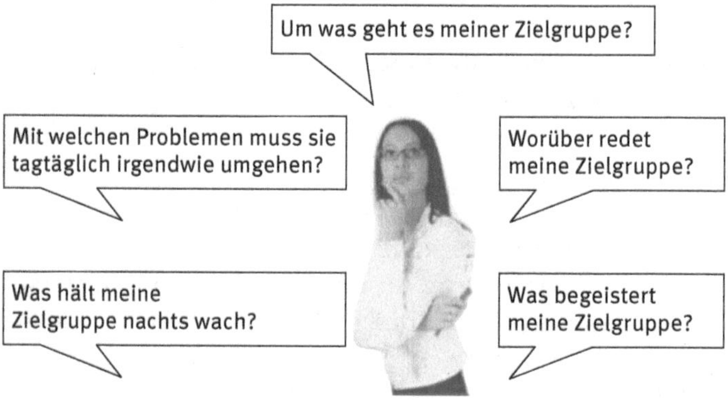

Fragen zur Bedürfnisanalyse, © Dr. Geertje Tutschka

Zusammenfassend – und auch auf die Gefahr hin, dass sich das eine oder andere wiederholt – lasse ich Johanna Busmann, Autorin von „Chefsache Mandantenakquisition“, zu Wort kommen, die für dieses Buch ihre persönlichen Akquise-Sofort-Tipps für Ein- und Umsteiger im Anwaltsmarkt zusammengefasst hat:

A-, B- und C Mandanten!

Nicht jeder Mandant ist gleich viel „Wert“. Auch wenn Sie diese Bemerkung anfangs als „politsch unkorrekt“ empfinden: Sie kommen nicht drumrum, Ihre Mandanten aufzuteilen:

- *A-Mandanten bringen hohes „organisches Referenzpotenzial „(Pastoren, Steuerberater, Ärzte, Friseure, Mitglieder im Tennisclub etc.), passen in Ihre (zukünftige) Ausrichtung, bringen hohe Umsätze, sind Lieferanten Ihrer eigentlichen Ziele oder führen Sie in eine ganz neue Mandantengruppe ein. Sie tragen manchmal ein für Sie neues Rechtsgebiet vor, in das Sie sich nächtelang einarbeiten – und später verlieben!*

- *B-Mandanten sind „die Masse“ – für das Brot- und Buttergeschäft. Besonders wichtig am Anfang der Kanzlei und in der Umbruchphase einer Konzentration auf nur eine einzige Mandantengruppe. Nach und nach fokussieren!*
- *C-Mandanten gehören nicht in Ihre Kundenkartei. Sie haben Ministreitwerte, Bedarfe im „falschen“ Rechtsgebiet“, verhalten sich inadäquat. Wegdelegieren!“*

Johanna Busmann, Autorin von „Chefsache Mandantenakquisition“ und Inhaberin von www.anwalts-akquise.de in Hamburg.

2. Ganzheitliche Services

Ganzheitliche Services sind davon gekennzeichnet, den Mandanten in seiner Lebenswirklichkeit umfassend abzuholen. So können Familien als Zielgruppe ein bestimmtes Bedarfs-Spektrum haben. Dieses muss jedoch nicht immer mit Rechtsberatung bedient werden.

Informationsabende, auf Familien abgestimmte Kanzleiprozesse (Öffnungszeiten, Spielecke etc.), passende Angebote von Kooperationspartnern können dazu beitragen, dass sich Mandanten bei Ihnen aufgehoben und abgeholt fühlen.

Die bedarfsgerechte Pflege dieser bestehenden Mandantenkontakte kann diese nicht nur zu langfristigen Mandatsbeziehungen ausbauen sondern auch zu sogenannten A-Mandanten machen[2]. Auch können mit sogenanntem „Cross Selling“ Begleitdienstleistungen angeboten werden[3].

Letztlich gehört auch eine gut **gebriefte Assistentin** am Telefon und Empfang der Kanzlei dazu. Zumeist sitzt diese Assistentin zwischen dem Dilemma, dass Mandanten den Anwalt sprechen möchten, der Anwalt den Mandanten jedoch nicht sprechen möchte. Bestimmte Strukturen und Routinen helfen der Assistentin, auf elegante Art und Weise den Mandanten zufrieden zu stellen und gegebenenfalls sogar das Mandat zu erweitern. Bedenken Sie, dass die Assistentin Ihr Kommunikationskanal zu Ihren Kunden ist. Eine entsprechend professionell auftretende Assistentin kann Ihren Verkauf und Ihre Akquise enorm steigern[4].

---

2 Constanze Eich, Networking und Akquise für Rechtsanwälte, S. 32f.

3 Johanna Busmann, Chefsache Mandanten Akquisition, S. 60.

4 Dr. Geertje Tutschka, „Wie aus Ihrem Kanzleiteam eine Mannschaft wird“ in NJW 24/2016.

3. Verkauf von Know How und Expertise

Für bestimmte Mandate wird es erforderlich sein, einen sogenannten **Pitch** abzuliefern.

Dieser sogenannte „Beauty Contest“[5] verlangt die Präsentation einer bestimmten Kanzleileistung im Wettbewerb mit anderen Kanzleien. Neben den inhaltlichen Argumenten kommt es in erster Linie auf die Präsentation und die Performance der vortragenden Anwälte an. Es gibt vielfältige Spezialisten, beispielsweise für die professionelle Erstellung von Präsentationen oder Stimm- und Performancetrainer, die hierbei unterstützen können. Am Ende wird auch die eigene Erfahrung eine gewisse Rolle spielen. Sie werden bei jedem Pitch besser werden!

„Ein guter Pitch zeichnet sich durch verschiedene Faktoren aus. Die Selbstdarstellung der eigenen Kanzlei spielt dabei die geringste Rolle – wie viele Büros und Anwälte weltweit, das ist einfach nicht wichtig und darüber haben wir uns in der Regel vorher schlau gemacht. Auf die Pitchunterlage könnte ich gut verzichten!“

Weniger Hochglanzbroschüre, mehr echtes Wissen über Unternehmen, Themen und Geschäftsmodelle also. Dafür sei das genaue Zuhören ganz wesentlich. Nach wie vor redeten die Anwälte in den Pitchterminen viel und fragten wenig. Das sei aber immens wichtig, um besser zu verstehen, wobei externe Hilfe gebraucht werde, wundern sich die befragten Unternehmensjuristen. „Ich beobachte häufig, dass sich die Anwälte keine Zeit für einen Perspektivwechsel nehmen,„ so der Rechtsabteilungsleiter eines globalen Technologieunternehmens. Dieser sei unerlässlich für eine gute Beratung und komme meist viel zu kurz[6].

Zudem sollte man die Zusammensetzung des diversen Teams nicht nur gut überlegen, sondern dieses Team auch inhaltlich vorbereiten sowie die Präsentation im Team üben. „Wir führen vor größeren Pitches Rollenspiele durch, um die Situation zu simulieren. Ob es dann tatsächlich auch im realen Pitch passt für das Gegenüber, wissen wir aber erst danach“, so Dr. Thomas Lappe, Praxisgruppenleiter für Corporate bei der Kanzlei K&L Gates.

Institutionalisiert sind Rehearsals dennoch in vielen Kanzleien noch lange nicht. Dabei besteht Einigkeit darüber, dass sich ein gut organisiertes Rollenspiel mit neutralem Beobachter und präziser Auswertung eigentlich immer lohnt – und wenn es nur dazu dient, die Teamzusammengehörigkeit zu stärken[7].

---

5 Johanna Busmann, Chefsache, Mandantenakquisitition, Seite 39,

6 Barbara Helten, „Tipps für den erfolgreichen Pitch“ in LTO vom 25.5.2021.

7 Ebenda.

„Ich staune sehr darüber, dass der Auftritt vieler Kanzleien auch im Jahr 2021 auffallend unzeitgemäß ist", so die Juristin eines großen deutschen Konzerns. „Ganz oft sind zum Beispiel keine Anwältinnen in den Teams – selbst, wenn die Kanzlei weiß, dass das Mandat seitens der Rechtsabteilung ausgewogen zusammengesetzt ist oder hauptsächlich von einer Juristin betreut wird. Die Zusammenstellung der Pitch-Teams, die schlechte Arbeitsatmosphäre untereinander, aber eben auch die fehlende Diversität sind oft atemberaubend!"

Diese und andere Kritik wird laut, wenn man Unternehmensjuristen nach ihren Erfahrungen mit Kanzleien fragt. Selten geht es um fachliche Schwäche, fast immer steht das Zwischenmenschliche im Vordergrund. Woran liegt das? Unternehmen pflegen ihre Kultur, Mitarbeiter sind interkulturelle Trainings und natürlich Teamarbeit gewöhnt, man setzt auf Diversität[8].

„Ich habe überhaupt kein Problem damit, wenn es sich im Pitch um Associates oder Senior Associates handelt, die noch keine dreißig Jahre Berufserfahrung auf dem Buckel haben. Ich möchte schon im Pitchtermin die treffen, die ich dann auf einem kurzen Weg anrufen kann, wenn ich Fragen habe. Dass stattdessen meist mehrere Partner zum Pitchtermin kommen, nervt mich eher", so die Rechtsabteilungsleiterin einer großen deutschen Projektentwicklungsgesellschaft weiter.

Auch das in Kanzleien allseits gewünschte Cross-Selling gehe manchmal an der Sache vorbei, so die Rechtsabteilungsleiterin. Sie verstehe zwar, dass die Kanzleien viele gute Experten haben. Diese benötige sie aber in ihrem sehr speziellen Rechtsgebiet meist gar nicht. Und: Unternehmensjuristen stellen gern auch mal Fragen über die Pitch-Unterlagen, die die Kanzlei mitbringt oder versendet. Zum Beispiel zu den ausgewählten Fotos, die oftmals Anlagen des Unternehmens zeigten. Dabei stellt sich manches Mal heraus, dass die Anwälte nicht wussten, um welche Anlagen es sich handelte.

„Gut ist, wenn der Anwalt darüber nachgedacht hat, was meine Abteilung gerade beschäftigt und mir Angebote macht, wie er mir helfen kann. Eine Diskussion darüber hilft mir viel mehr als das Vortragen seiner Referenzmandate. Diese mögen eindrucksvoll sein – haben aber mit mir und meiner Arbeit nichts zu tun", so die Rechtsabteilungsleiterin[9].

Ein Pitch unterliegt einem bestimmten Aufbau. Er sollte in der Regel zwanzig Minuten betragen. Die sollten Sie nutzen, um den Kunden von sich zu überzeugen. Das wird nicht mit „Power Point Schlachten", „Bull Shit Bingo", oder „Phrasenhallali" funktionieren.

8 Ebenda.
9 Ebenda.

Sie sollten sich darauf konzentrieren, einen (Nicht)Juristen innerhalb kürzester Zeit

- von Ihrer Kompetenz,
- von dem Return on Investment im Falle des Vertrauensbeweises der Mandatierung, sowie
- von Ihrer Person überzeugen.

Ein Pitch folgt in der Regel folgendem Aufbau:

1. Stellen Sie sich, Ihre Kanzlei und Ihre Lösung vor (5 min.)
2. Erklären Sie, warum Ihre Lösung so genial ist, welches Budget Sie dafür vorsehen und warum dieses Budget die Investition wert ist (10 min.)
3. Machen Sie ein Angebot (2 min)
4. Schließen Sie Ihren Pitch mit einer überraschenden Idee, einem überzeugenden Argument, einem gesamtgesellschaftlichen Bezug ab, der Ihren Zuhörer einfängt und Sie in Erinnerung bleiben lässt (3 min)

Während es am Anfang und am Ende vor allen Dingen um sogenanntes „Framing“ geht, das heißt die Darstellung Ihrer Kompetenz und die Dringlichkeit der Lösung des Rechtsproblems, geht es bei Punkt 2 und Punkt 3 um die perfekte Präsentation der Keyfacts, der auf den Punkt gebrachten Rechtsfrage, sowie der Präsentation einer eleganten, individuellen Lösung. Wichtig ist hier auch, innerhalb des Präsentationsteams auf die jeweiligen Stärken und Schwächen zu achten und im Vorfeld Zuständigkeiten und Rede-Slots genau festzulegen. Die Präsentation im Team hat darüber hinaus den Vorteil, flexibel auf das Gegenüber reagieren zu können.

Haben Sie sich ein Rechtgebiet ausgesucht, indem regelmäßig Pitches verlangt werden, sollten Sie unbedingt in professionelles Pitching investieren und Ihr Team entsprechend trainieren[10].

Und zuletzt: nach dem Pitch ist vor dem Pitch. „Nach dem Pitch sind wir selbstkritisch und hinterfragen, was wir hätten besser machen können. Auch hier besteht immer die Gefahr, dass dieser Schritt aus Zeitgründen versäumt wird. Aber nur so können wir lernen. Mir ist besonders wichtig, die Gründe zu erfahren, wenn wir mal ein Mandat nicht bekommen. Ich scheue mich dann überhaupt nicht, direkt nachzufragen“, so Dr. Peter Schorling, Managing Partner bei Greenberg Traurig Germany.

Nachfragen sind noch längst nicht bei allen Kanzleien die Regel. Die befragten Unternehmensjuristen finden, dass noch immer viel zu wenig Anwälte nach

---

10 Oren Klaff, Pitch Anything, S. 97.

den Ablehnungsgründen fragen. Dabei stünden sie zur Verfügung, die Gründe zu benennen und schlössen eine spätere Zusammenarbeit gar nicht aus. Wenn allerdings kaum jemand frage, könnten sie auch keine Verbesserungstipps geben.

Es gibt also viele Möglichkeiten für Kanzleien, ihre Selbstdarstellung zu optimieren und sich von der Masse abzuheben. So ist auch eine freundliche Follow-Up Mail, in der sich für das interessante Gespräch nach dem Termin bedankt wird, durchaus hilfreich[11]. Know How und Expertise werden aber nicht nur beim Pitching „verkauft“, sondern auch bei allen **reputationssteigernden Marketinginstrumenten**, wie z.B. Veröffentlichungen, Vorträgen, Seminaren. Auch hier sollten Sie sich an den wesentlichen Punkten des Pitchings orientieren, um auch tatsächlich zu einer Mandatierung zu gelangen.

Anwaltliches Marketing beginnt aber nicht erst an der Bürotür. Auch **innerhalb der Kanzlei** müssen Anwälte sich und ihre Leistung vermarkten. Das gilt für den Gründungspartner ebenso wie für den jüngsten angestellten Anwalt. Mancher junge Anwalt macht sich nicht bewusst, dass sein Aufstieg in einer Kanzlei auch davon abhängt, wie er seine eigene Leistung intern vermarktet. Wer sich nicht für die die gesamte Kanzlei betreffenden Belange einsetzt, wer nicht bereit ist, Eigeninitiative zu entwickeln und beispielsweise das Konzept für ein kleines Seminar aus eigenem Antrieb auszuarbeiten, wer sich nicht dafür interessiert, an welchen Fällen die Kollegen in der Kanzlei gerade arbeiten und wie er sie möglicherweise unterstützen kann, der darf sich nicht wundern, wenn er auf seinem Schreibtisch nur die „ollen Kamellen“ und „uninteressanten Fälle“ findet. Junge Anwälte haben häufiger den Eindruck, dass ihre Partner sie nicht „an die richtigen Sachen“ heranlassen. Manchmal haben sie (leider) Recht. Dem können junge Anwälte jedoch entgegenwirken. Niemand verbietet es einem jungen Anwalt, sich ein Spezialgebiet, eine Nische zu suchen, in der er sich hervortut. Ein junger Anwalt kann sich beispielsweise vornehmen, den etwas verstaubten Internetauftritt der Kanzlei zu überarbeiten und sowohl den Inhalt als auch vielleicht das Layout besser zu gestalten. Der junge Anwalt kann auch versuchen, die Produktpalette der Kanzlei zu erweitern. Gerade LegalTech-Produkte bieten hier neue Möglichkeiten. Er wird prüfen, ob es ein zur strategischen Ausrichtung der Kanzlei passendes Rechtsgebiet gibt, in dem die Kanzlei bislang noch gar keine oder vielleicht nur rudimentäre Leistungen anbietet. Findet er einen solchen Bereich, dann kann er sich in diesem Bereich gezielt fortbilden und durch seine Spezialisierung nicht nur sich selbst, sondern auch seiner Kanzlei nutzen. In einer ordentlichen Kanzlei ist das Bessere stets des Guten Feinds.

11 Ebenda.

Macht der Nachwuchsanwalt seinen Vorschlag im richtigen Moment – bitte nicht, wenn die beiden Seniorpartner gerade ununterbrochen seit zwölf Stunden über einem komplizierten Projekt brüten – dann wird er mit seinem Vorschlag vermutlich auch Erfolg haben. Der Grundstein dafür, ihm mehr zuzutrauen, ist gelegt. Außerdem hat er bewiesen, dass er im Interesse der Kanzlei über den Tellerrand der ihm zur Bearbeitung zugeteilten Akten hinausschaut.

Internes Kanzleimarketing ist nicht allein auf die Anwälte beschränkt. Auch allen anderen Mitarbeitern der Kanzlei müssen die Anwälte immer wieder die eigene Kanzlei und die Kanzleiziele „verkaufen“. Die Mitarbeiter der Kanzlei müssen nicht nur um die Strategie- und Marketingziele wissen. Sie müssen auch dahinterstehen. Menschen sind viel lieber Teil eines erfolgreichen Teams als einer Truppe von Verlierern. Arbeitnehmer sind stolz darauf, bei xyz zu schaffen. Sie identifizieren sich mit dem Unternehmen, der Kanzlei, für das sie arbeiten und setzen sich dementsprechend mehr für ihr Unternehmen ein. Sie werden ihren Bekannten und Freunden weitaus lieber von Ihren Erfolgen bei der renommierten Kanzlei xyz berichten. Erfolge der Kanzlei müssen deshalb nicht nur nach außen, sondern auch intern kommuniziert werden. An den Erfolgen einer Kanzlei, gleichgültig ob es sich dabei um gewonnene Prozesse, die Erteilung eines besonders interessanten Mandats oder das Gewinnen eines Marketingpreises handelt, sollte eine Kanzlei alle Mitarbeiter teilhaben lassen. Wird ein Anwalt im Fernsehen interviewt oder erscheint sein Aufsatz in der NJW, dann sollten alle Mitarbeiter der Kanzlei dies wissen. Außerdem: Nichts verbreitet sich so schnell wie „Gerüchte“ und „schlechte Nachrichten“. Haben Sie versäumt, Ihren Mitarbeitern „Erfolgsgeschichten“ und „Redestoff“ zu bescheren, werden diese dennoch über die Kanzlei reden. Schlimmstenfalls sich über Ihren ignoranten Chef beschweren und darüber, wie sehr sie ausgenutzt werden. Beugen Sie dem also rechtzeitig vor. Schließlich gehört zum kanzleiinternen Marketing auch der immer faire Umgang mit allen Mitarbeitern. Mehrarbeit und Überstunden fallen im Sekretariat einer Anwaltskanzlei häufiger als in anderen Unternehmen an. Jeder Anwalt sollte seinen Mitarbeitern zeigen, dass er ihren überobligatorischen Einsatz zu schätzen weiß. Anerkennung gegenüber Mitarbeitern hat nicht immer etwas mit einer Gehaltserhöhung zu tun. Auch Kleinigkeiten zählen. Das Weitergeben eines von einem Mandanten ausgesprochen Lobs, der Blumenstrauß zum Geburtstag oder die Bemerkung, dass in den chaotischen Vertragsverhandlungen der einzige Lichtblick die von der eigenen Sekretärin perfekt erstellte Dokumentation aller relevanten Unterlagen war, zeigen, dass ein Anwalt an seine Mitarbeiter denkt und ihnen ihr Engagement dankt[12].

---

12 Dr. Tutschka in „Kanzleimarketing kompakt“, S. 34.

4. Wissensvermittlung

Ein Bindeglied zwischen dem Verkauf von Expertise und Know How und dem ehrenamtlichen Engagement ist die Wissensvermittlung.

Auch dies sollte einerseits intern erfolgen durch die Weitergabe von Erfahrungswerten und „Produkten“ an die nachfolgenden Generationen. Empfehlenswert ist, dies gerade in den Schlüsselqualifikationen der Kanzleimitglieder strategisch und strukturiert im Rahmen des Wissensauf- und –ausbaus- anzugehen. Dies kann durch interne Datenbanken, regelmäßige Treffen zur gemeinsamen Erarbeitung aktueller Rechtsprechung etc. aber auch durch gezieltes Talentmanagement und Personalentwicklung erfolgen. Ferner gehören in diese Rubrik die internen Mentorenprogramme, in denen erfahrene Partner junge Associates auf ihrem Weg zur Partnerschaft begleiten.

Mit der Wissenvermittlung außerhalb der Kanzlei können Anwälte sich als engagierte Experten profilieren, beispielsweise im Rahmen der Nachwuchsförderung an Universitäten und Repetitorien oder auch in der beruflichen Weiterbildung für Kollegen oder Nichtjuristen.

Auch hierbei können neue, innovative Produkte aus dem LegalTech-Bereich unterstützen und spielerisch den Zugang zum nächsten Mandat ebnen. Meine Empfehlung ist daher, sich regelmäßig im interessierten Kollegenkreis zum „Design Thinking“ zu treffen, um über neue Wege und Produktideen zur Wissensvermittlung (mit oder ohne Technik) nachzudenken.

Dr. Jochen Brandhoff, Gründer der Legal ®Evolution bringt es auf den Punkt:

„Recht gut anwenden – das reicht nicht mehr aus. Ein Anwalt muss heute innovativ sein, in Geschäftsprozessen denken und Technik einsetzen, um wettbewerbsfähig zu sein.“

Dr. Jochen Brandhoff
Gründer der LEGAL ®EVOLUTION und Geschäftsführer der European LegalTech Expo GmbH, Frankfurt

---

5. Engagement für Berufsstand und Gesellschaft

Für die meisten gehört das Engagement für Berufsstand und Gesellschaft nicht selbstverständlich zu ihrem Berufsbild dazu.

Auch wenn Anwälte gerngesehene Mitglieder und Funktionäre in Vereinigungen, Organisationen und Selbstverwaltungen sind, sehen sie dies eher als lästige Pflichtübung und/oder allenfalls Freizeitspaß.

Vereinigungen bieten jedoch gute Akquisitionsmöglichkeiten. Ein Anwalt wird kaum einen Sportverein, eine politische Partei oder den regionalen Industrieclub finden, in dem nicht mindestens ein weiterer Rechtsanwalt bereits Mitglied – nicht selten: Vorstandsmitglied – ist. Auch hier gilt die Devise: Wettbewerb belebt das Geschäft. Durch aktives Mitwirken in einer Vereinigung kann ein Anwalt den anderen Mitgliedern sehr schnell einen Eindruck von seinem common sense, seiner Servicebereitschaft und gelegentlich auch seiner fachlichen Kompetenz vermitteln. Nicht jeder Verein eignet sich für jeden Anwalt als Akquisitionsterrain oder Bühne zur Selbstdarstellung gleich gut. Nur der, dem die Verbands- und Vereinstätigkeit liegt, der zudem ein echtes Interesse am Gegenstand der Verbandstätigkeit hat, wird in diesem Verband oder Verein erfolgreiche Öffentlichkeitsarbeit für seine Kanzlei und sich betreiben können. Für den Anwalt, der die Juristerei einer ihm möglichen Karriere als Fußballprofi vorgezogen hat, wird sich eine Verbandstätigkeit im Bereich des Sports oder die Förderung des örtlichen Fußballvereins eher eignen als die Mitgliedschaft im Kleintierzüchterbund. Der Anwalt, dessen berufliches Ziel es ist, sozial schwachen Privatpersonen rechtlichen Beistand und Unterstützung zu geben, wird sich möglicherweise im Wirtschaftsclub nicht wohl fühlen. Wer von „Vereinsmeierei" nichts hält, sollte diese auch nicht betreiben.

Auch die Mitgliedschaft in Berufsverbänden, wie beispielsweise dem örtlichen Anwaltverein, gehört dazu. Ich selbst engagiere mich zwar auch im Anwaltverein, dem Juristinnenbund und dem ÖRAK, seit Jahren jedoch insbesondere im internationalen Berufsverband für Coaches (Internationale Coaching Federation – ICF). Die Tätigkeit als Verbandsjurist wäre für mich nie in Betracht gekommen, da ich gestalterisch und führend an der Profession Coach mitwirken und das Potenzial von Coaching international mitentwickeln möchte. Als Delegierte im Round Table der deutschsprachigen Coachingverbände (RTC) kann ich Deutschland- und Europaweit die gesetzliche Definition von Coaching und der Profession Coach aktuell mitgestalten. Eine sehr spannende Aufgabe.

Es sollte sich also jeder Anwalt gut überlegen, welche Verbandsmitarbeit ihm persönlich liegt (Führung, Beratung oder bloße Mitgliedschaft). Der eine internationale Ausrichtung anstrebende junge Anwalt wird sich für eine Mitgliedschaft bei AIJA interessieren. Kontakte zu jungen Unternehmern und dem Führungsnachwuchs kann man bei den Wirtschaftsjunioren Deutschland e.V. knüpfen. Die Mitgliedschaft in einer politischen Partei hat schon so manchem Anwalt eine Karriere eröffnet, wenn auch nicht immer als Rechtsanwalt, sondern als Berufspolitiker.

Die Leistungen, die der Rechtsanwalt dabei erbringt sind nicht nur ehrenamtlich, sondern vielmals auch „Pro bono", also unentgeltlich (nicht kostenlos). Eine pro-bono-Tätigkeit kann darin bestehen, für einen gemeinnützigen Verein eine Satzung zu entwerfen, die Mitgliederversammlung zu organisieren, für die Eintragung des Vereins in das Vereinsregister und die Erteilung der Bescheinigung über die Steuerbefreiung des Vereins zu sorgen. Pro-bono-Tätigkeiten sollten mit demselben Engagement und Qualität erfolgen wie professionelle Rechtsberatung. Immerhin wollen Sie als Profi wahrgenommen werden und nicht als Dilettant. Nur dann haben sie den gewünschten öffentlichkeitswirksamen Effekt. Diese unentgeltlichen Dienstleistungen dienen im allgemeinen einem guten Zweck, das heißt, sie werden im Interesse einer gemeinnützigen Institution, die sich qualifizierte Rechtsberatung aus finanziellen Gründen nicht leisten kann, oder im Interesse einer anderen guten Sache erbracht. Wer für einen guten Zweck arbeitet, fördert nicht nur das Gemeinwohl. Er erwirbt auch das Wohlwollen und die Anerkennung seiner Mitmenschen. Dies setzt voraus, dass die pro-bono-Aktivität der Kanzlei bekannt gemacht wird.

Ehrenamtliche Tätigkeit ist jedoch am Ende immer mehr als ein reines Marketinginvestment: Sie tun das vor allem für sich selbst, für Ihre Kanzlei, Ihre Mitarbeiter, Kollegen und Mandanten. Für Sie persönlich ist es sinnstiftend und befriedigend. Allen anderen beweisen Sie damit, dass Sie Ihre Hausaufgaben gemacht haben und Sie als Anwalt und Kanzleiinhaber einen gewissen Erfolg haben: Sie erinnern sich an die Maslow'sche Bedürfnispyramide – Ehrenamt gilt als Königsdisziplin.

III. Honorargespräch

Die meisten Anwälte scheuen sich nach wie vor, während der Mandatsanbahnung über das Honorar zu sprechen. Dabei ist dies ein ganz selbstverständlicher wie wichtiger Teil der Mandats- und Vertrauensbeziehung zwischen Anwalt und Mandant.

Die Situation ist bekannt: Der Mandant sitzt erstmalig in der Besprechung mit dem Rechtsanwalt. Er hat alle seine Unterlagen und Informationen präsentiert und der Anwalt hat einen ersten Lösungsvorschlag entwickelt. Bevor der Mandant nun die entsprechende Bevollmächtigung erteilt, stellt er die Frage nach dem Honorar. Der Anwalt schluckt und blättert verlegen in den Unterlagen. Im Allgemeinen hat er eine fähige Assistentin, die die Honorarrechnungen ordnungsgemäß erstellt. Er selbst ist lediglich grob informiert. Um sich keine Blöße zu geben, bleibt er in seinen Auskünften wage. Zum Glück ist zu Beginn des Mandates in den meisten Fällen nicht absehbar, welche konkreten Handlungen bis zum Erfolg notwendig sind und damit abrechenbar wären. Immerhin kann während dieser Zeit, die oft einen Zeitraum von mehreren Monaten oder Jahren umfasst, viel passieren. So verlässt sich der Anwalt bei der Bezifferung seines Honorars eher auf sein Gefühl, welches aus der Erfahrung zur Abrechnung vergleichbarer Fälle gespeist wird, und wirft einen pauschalen Wert in das Gespräch. Fragt der Mandant nun genauer nach wie sich dieser Wert zusammensetzt, kann der Anwalt lediglich pauschal darauf verweisen, dass der Streitgegenstandswert maßgeblich ist und es für die Abrechnung eine Rechtsgrundlage gibt.

Dass dies kein Verkaufsgespräch ist, welches den Mandanten zum sofortigen Abschluss animiert, ist auch einem Verkaufslaien klar.

Dies ist auf folgende Fehler zurückzuführen:

1. Mangelnde Detailkenntnis des Anwalts zum Gebührenrecht und zu seiner Kostenstruktur
2. Gesetzliche Zwänge bei der Gebührenabrechnung
3. Mangelnde Kreativität des Anwalts bei der Gestaltung seiner Gebührenkalkulationen
4. Private und standesrechtliche Vorurteile, anwaltliche Leistung und Bezahlung in unmittelbaren Bezug zueinander zu setzen.

Diese Vorbehalte und Vorurteile des Anwaltes übertragen sich unmittelbar auf den investitionswilligen Mandanten und lassen diesen plötzlich daran zweifeln, das Mandat zu übertragen.

Was hindert Sie, das Honorar offen und direkt anzusprechen?

Neben Unkenntnis und Halbwissen sind es oft auch die eigenen Glaubenssätze zum Thema Geld. Hier kommen Sätze vor wie:

- Über Geld spricht man nicht
- Der Spatz in der Hand ist besser als die Taube auf dem Dach
- Geld stinkt nicht
- Geld hat man zu haben
- Verkäufer sind unehrlich

Kommen Sie Ihren eigenen Glaubenssätzen auf die Spur! Notieren Sie Sie Ihre eigenen Glaubenssätze, die Ihnen zum Thema Geldverdienen, Gewinnerzielen und Verkaufen einfallen, notieren sie außerdem Stichpunkten dazu, wie Sie persönlich zu diesen Themen stehen. Notieren Sie nun wie Sie meinen, von Anderen dazu wahrgenommen zu werden. In einem nächsten Schritt sollten Sie Familie und Freunde, vielleicht sogar Mitarbeiter im Büro befragen, wie diese Sie im Umgang mit Geld, beim Verkaufen oder bei der Mandatsakquise wahrnehmen. In den meisten Fällen gibt es hier bereits einige aufschlussreiche Aha-Momente.

Möchten Sie tiefer in dieses Thema einsteigen oder weichen Ihre persönliche Einschätzung und die Wahrnehmung Anderer zu sehr voneinander ab, empfehle ich Ihnen an dieser Stelle einen Coach oder Berater zu engagieren, der in relativ kurzer Zeit professionell genau die Knackpunkte heraus filtert und mit Ihnen daran arbeitet, die Sie daran hindern, erfolgreiche Verkaufsgespräche zu führen und Sie blockiert, sich voll und ganz unternehmerisch zu entfalten. An dieser Stelle möchte ich Sie dringend bitten, aufmerksam und verantwortungsbewusst mit diesem Thema umzugehen. In meiner Beraterpraxis mit Anwälten und Kanzleien treffe ich immer wieder auf Situationen, in denen Erfolgsstrategien an persönlichen Blockaden und Paradigmen des Kanzleiinhabers zu diesem Thema scheitern.

IV. Kanzleimarketing post Corona

Kanzleimarketing soll einfach und direkt sein, spielerisch leicht mit einem Hauch von Humor und Selbstironie. Schwer genug – doch was darf das Kanzleimarketing von morgen überhaupt noch? Datenschutz, Kennzeichnungspflichten und die Verpflichtung zu „Clean Language" stellen hohe Anforderungen an Werbesprüche.

Die Pandemie hat viel verändert. Politische Bewegungen wie Black Lives Matter, LGBTQ+ und Fridays For Future haben viel verändert. Der Equal Pay Day, der Gehaltsauskunftsanspruch und die Frauenquote verändern beim Thema Gleichstellung. Artensterben und Flutkatastrophen verändern. Flüchtlingsbewegungen und der Brexit verändern. Wo bleibt da die Leichtigkeit?

Eine Knigge-Regel empfiehlt, sich auf dem gesellschaftlichen Parkett nicht über Politik und Religion zu äußern. Gilt das auch für das Kanzleimarketing?

Kanzleimarketing post Corona – hier sind die zehn zukunftsrelevanten Faktoren im Kanzleimarketing, die zehn Must-haves des Post Corona-Kanzleimarketings:

1. Der lange Weg der Mandantenakquise

Marketing hat ein Ziel: Es soll neue Kunden gewinnen. Deshalb wird Marketing durch das Verhalten und die Bedürfnisse der potentiellen Klienten bestimmt. Diese erwarten, dass juristische Inhalte leicht verständlich aufbereitet, einfach und direkt, aktuell und kostenlos abrufbar sind. Den Anwalt ihres Vertrauens wählen sie anhand der Kriterien Expertise und Charisma. Sie erwarten also, dass Anwälte nahbar sind und sich persönlich zeigen. Gerne möchten sie den Anwalt ihrer Wahl auch zu einschlägigen Themen publizieren oder podcasten sehen. In der Fachsprache nennt man dies multiple touch points. Ergibt sich tatsächlich ein Rechtsproblem, erwarten sie unkomplizierte, moderne und zeitschonende Prozesse. Bis dahin findet alles – also auch Ihr Kanzleimarketing – online statt.

Und: Ihr Marketing sollte genau das versprechen, was sie liefern können – nicht mehr und nicht weniger.

2. Menschenrechte und Diversity

Das Kanzleimarketing muss die Themen der Zeit nicht nur sensibel aufgreifen, sondern auch einen Standpunkt erkennen lassen. Niemand mag allgemeingültige Aussagen. Nicht Stellung zu beziehen bedeutet – bei aller gebotenen Neutralität –, ungewollt eben doch Stellung zu beziehen.

3. Umwelt, Klima und Nachhaltigkeit
Das Gleiche gilt für Umweltthemen. Hier spielt gerade beim Kanzleimarketing zusätzlich die Frage hinein: Wie klimaneutral ist mein Marketing? Indem etwa der Deutsche Anwaltsverein seine Willkommensmappen für neue Mitglieder aus Plastik herstellen lässt und mit einer Flut von Print-Flyern füllt, die niemand liest, positioniert er sich zu diesem Thema – ob bewusst oder unbewusst. Machen Sie es besser.

4. Social Business und Social Change
Marketing heißt, sich den großen Fragen unserer Zeit zu stellen. Daraus folgt, dass kein Unternehmen umhin kommt, sich zu fragen, ob und wie es sich vor der eigenen Haustür, in der eigenen Community oder im großen Ganzen engagiert – getreu dem Motto „Tu Gutes und rede darüber". Ob soziale Projekte, Charity und Fundraising, Unterstützung für die Stadtteilschule, mit dem Fahrrad über die Alpen für den Kilometersponsor oder auch ganz anders: Das möchten Ihre Mandanten wissen.

5. Local Offline and Global Online
Marketing wird alles und alles überall können müssen: Offline und online, lokal und global. Das erfordert in den meisten Kanzleien eine deutliche Aufwertung des globalen Online-Marketings. Übersetzungsprogramme werden immer besser und es wird bald keine Rolle mehr spielen, in welcher Sprache sie lesen, sprechen und hören – denn Inhalte werden simultan in jede Sprache dieser Welt übersetzt werden.

Damit erweitern sich Ihre Möglichkeiten – nutzen Sie diese.

Gleichzeitig wird die lokale Beziehungspflege immer wichtiger werden. Menschen brauchen menschlichen Kontakt außerhalb der Online-Welt. Diesen professionell herzustellen und eine vertrauensvolle Beziehung aufzubauen, die mehr bietet als nur abrufbares Expertenwissen, wird eine der wichtigsten Herausforderungen für die Daseinsberechtigung von Anwälten sein.

6. Authentizität
Glattgebügeltes und uniformes Hochglanz-Marketing braucht in Zeiten permanenter Reizüberflutung niemand mehr. Marketing muss Geschichten von echten Menschen erzählen, braucht eine nahbare und sensible Foto- und Bildsprache und sollte gleichzeitig zu den Werten und Visionen der Kanzlei passen.

Eben authentisch sein.

7. Strategie
Nur strategisches Marketing ist Marketing.

Profis mit dem Kanzleimarketing zu beauftragen, ihnen aber weder eine Kanzlei- noch eine Marketingstrategie an die Hand zu geben, ist Geldverschwendung.

Daher gilt: Marketing ist Chefsache. Schließlich soll es das Gesicht der Kanzlei und Ihre Persönlichkeit nach außen transportieren.

8. Kooperationen und Multiplikatoren
Das Gute an der Sache ist: Niemand ist allein. Man sollte es sich abgewöhnen, in erster Linie an Konkurrenz zu denken. Das ist verschwendete Energie. Denkt man stattdessen unter Kollegen an strategische Partnerschaften, Netzwerke und Multiplikatoren, schaffen es alle gemeinsam und miteinander.

Die Menschen im näheren Umfeld wertzuschätzen, sich dankbar zu zeigen und nachhaltig zu handeln, ist das wichtigste Marketing-Tool.

9. Kanzleipersonal und -mitarbeiter
Kanzleipersonal und -mitarbeiter werden häufig unterschätzt. Diese bauen nicht nur einen „eigenen“ Klientenstamm auf. Oft ist dem Anwalt gar nicht bewusst, wie sehr Klienten tatsächlich eher an die Mitarbeiterin oder den Mitarbeiter gebunden sind als an ihn selbst. Offensichtlich wird dies, wenn die Mitarbeiterin oder der Mitarbeiter geht. Kanzleimarketing muss also auch nach innen wirken: Die Mitarbeiter, das Kanzleiteam sind eine der wichtigsten Zielgruppen.

10. Personal Branding und Kanzleipositionierung
Kanzleimarketing muss heute vieles können. Eine der wichtigsten Aufgaben ist jedoch die sinnvolle Koordination zwischen Personal Branding der einzelnen Experten und dem Aufbau der Kanzleimarke als solcher. Dies erfordert viel Einsatz und Budget, langfristig werden sich beide Faktoren aber gegenseitig verstärken.

Hier die vorhandenen Ressourcen strategisch und sinnvoll einzusetzen, wird eine Herausforderung darstellen.

Alles in allem: Marketing wird immer mehr zur Chefsache und damit vielmehr ein höheres zeitliches als ein finanzielles Budget benötigen[1].

Was hat Ihnen das Kapitel gebracht?
Sales und Akquise haben ihren Schrecken verloren. Sie führen Honorargespräche souverän und ganz selbstverständlich.

---

1 *Dr. Tutschka* Kanzleimarketing post Corona – die neuen „Must Haves“, in: Haufe.Recht 08/2021.

Was können Sie besonders gut bei einem neuen Mandanten? Was werden Sie bei der nächsten Mandatierung anders machen und warum?

Und zu guter Letzt möchte ich Sie einladen, sich jetzt für unsere drei Beispielkanzleien (Stichworte: Wachstumsschmerzen, falsche Mandanten, Gender- und Generationshift) jeweils drei Maßnahmen für Marketing und Vertrieb auszuwählen (idealerweise kurz-, mittel- und langfristig), die bei den Kanzleien einen Unterschied machen könnten. (Tipp: Lesen Sie am Anfang des Buches dazu noch mal die spezielle Situation aller Beispielkanzleien durch).

Schreiben Sie mir gern Ihre Vorschläge, ich werde in jedem Fall antworten. Sie finden mich. Wo auch immer Sie suchen werden. Soviel zum Thema Marketing.

G. Zurück in die Zukunft

Wozu sollten Sie dieses Kapitel lesen?
Eine Kanzlei gründet man heute nicht mehr in erster Linie für die Ewigkeit oder zumindest zur Altersvorsorge. Sie erfahren, worauf es im Falle eines Falles ankommt und wo die „Ausgangstür" ist.

Überblick

I. Routinearbeit: Kanzleivision und -strategie

II. Beobachten, Orientieren, Investieren

III. Wieder auf Anfang

Deutschlands führender Zukunftsvisionär Sven Gabor Janszky von „2b AHEAD" hat in seiner Trendstudie zum **Kundenverhalten** 2020 ermittelt:

„Heute sind die Kunden von morgen gerade mal 17 Jahre alt. Im Jahr 2020 werden die Menschen zur gleichen Sekunde über Handy, Spielekonsole, ICQ, studiVZ kommunizieren und im Hintergrund MP3s hören und evtl. läuft der Fernseher auch noch. Man trifft sich mit seinen Communities und entscheidet darüber, ob Marken relevant sind oder nicht. Die Vernetzung des Konsumenten hat die Machtverhältnisse verschoben. Der Konsument vertraut mehr denn je seinen Wahlverwandtschaften. Interagiert und kommuniziert wird mit anderen Menschen. Der Weg zum Kunden führt daher verstärkt nicht mehr über Werbemedien – sondern über seine Beziehungen. Produktdifferenzierungen finden vorrangig in immateriellen Dimensionen statt – nicht in technischen Details und Preis. Die Bedürfnisse des Konsumenten sind sozialer und emotionaler Art: Anerkennung, Zugehörigkeit, Vertrauen, Orientierung. Die wichtigsten zukünftigen Innovationen finden im Servicebereich statt. Spezialistenwissen wie bei Ärzten und Anwälten wird an Bedeutung verlieren" – so seine ausdrückliche Mahnung.

Als die drei wichtigsten Punkte in der **Arbeitswelt** von heute identifizierten Experten:
1. Sicherheit: mehr im psychologischen Sinne als im tatsächlichen (Gefühls- und Kommunikationsmanagement)
2. Klarheit: bei Strukturen, Zielen und Aufgaben (verlässliche Beziehungen)
3. Bedeutung: der eigenen Arbeit, der Unternehmenswerte

Diese Google-Studie von 2016 bezog sich zwar auf die eigenen Mitarbeiter – und man wird sagen können, dass dies nicht aussagekräftig ist für die Legal Bran-

https://doi.org/10.1515/9783110726428-007

che, für die deutschsprachigen Kanzleien – dass Juristen anders sind. Mag sein. Die Paralegal-Teams in den Kanzleien sind es nach unserer Erfahrung jedoch nicht. Definitiv vergleichbar sind aber die Teams in der Wirtschaft – also die Klienten.

Sicherheit, Klarheit und Bedeutung: Was dabei in den Fokus rückt, ist der **Faktor Mensch**. Der Mensch mit seinen Ängsten und Bedürfnissen: seinem Charisma und seiner Persönlichkeit, seinen Talenten und Fähigkeiten, seiner Empathie und seiner Fähigkeit zu und seinem Bedürfnis nach Gemeinschaft, Kommunikation und Beziehung. Schlicht all dem, was ihn unverwechselbar macht; was ihn von jeder reproduzierenden, effektiven Maschine unterscheidet.

Soll das heißen, die Kanzlei von gestern ist die Kanzlei von morgen? Der hemdsärmelige Feld-, Wald- und Wiesenanwalt als Einzelkämpfer mit Charisma, Charme und Schreibmaschine als der Gewinner?! Den „Faktor Mensch" bringt dieser ohne Frage mit; im Guten wie im weniger Guten.

Rechtsinformationen werden für jeden immer und überall kostenfrei abrufbar sein. Ein Besprechungstermin mit dem Anwalt in einigen Tagen? Viel zu lang. Neumandate purzeln heute via Messenger bei Instagram auf den Frühstückstisch. Kanzleien werden sich auf das Kunden-/Mandantenverhalten einstellen und ebenso flexibel, online und rund um die Uhr reagieren, zumindest mit automatisierten Prozessen. Mandantenakquise wird in den Hintergrund treten; Pflege nachhaltiger Mandantenbeziehungen hingegen in den Fokus rücken müssen.

Kanzleien müssen eine **Servicekultur** entwickeln. Und eine **„menschliche Identität"**. Nur damit sind ihre Leistungen unterscheidbar und nur dann bedienen sie Mandanten- und Mitarbeiterbedürfnisse[1].

Fachweiterbildungen und Fachanwaltsspezialisierungen? Austauschbar! Kann der Anwalt gegenüber der Wissens-Konkurrenz aus den online-Foren hier tatsächlich standhalten? Und wodurch genau unterscheidet sich der Fachanwalt für Verkehrsrecht vom Kollegen um die Ecke, ebenfalls Fachanwalt für Verkehrsrecht? Was uns als Anwälte unverwechselbar macht und unsere Mandanten an uns binden wird, wird unsere Persönlichkeit sein.

Akquise durch Kanzleimarketing und Entwicklung von Kanzleimarken? Kann schmückendes Beiwerk sein. Aber am Ende des Tages können wir nur persönlich überzeugen. Ein knackiger Slogan oder eine Corporate Identity in dunkelblau wird den Mandanten nicht die emotionale Anerkennung und Zugehörigkeit vermitteln können oder Vertrauen und Orientierung geben.

---

1 Dr. Geertje Tutschka, „Die Kanzlei des 21. Jahrhunderts" in HERO 02/2018.

Die Prognose für den Anwaltsmarkt hört sich für mich nach den „guten alten Zeiten" an: als der Mandant nämlich zum Anwalt kam, weil der schon immer helfen konnte, ein echt super Typ war und in der Stadt diese ein, zwei Projekte wirklich zum Laufen gekriegt hat.

I. Routinearbeit: Kanzleivision und -strategie

Als Anwalt können Sie Ihre Kanzlei nicht auf alles vorbereiten[1].

Was Sie aber können ist, offen und neugierig zu sein:

- Trends beobachten,
- Innovationen verfolgen,
- Ihren Kindern zuhören.

Und an sich und Ihrer Kanzlei kontinuierlich zu arbeiten[2].

Das heißt, mit regelmäßigen Strategiemeetings sich auf die Veränderungen des Marktes im Allgemeinen und Ihrer Zielgruppe im Besonderen einzustellen. Das bedeutet auch, kontinuierlich an Kanzleiwerten und -kultur zu arbeiten. Und dies anschließend nicht für sich zu behalten, sondern an die zu kommunizieren, die es in erster Linie betrifft: Ihre Mitarbeiter und Mandanten.

---

i Meine Empfehlung:
Fokussieren Sie sich! Suchen Sie sich Ihre ganz persönliche Herausforderung!
Formulieren Sie diese laut und deutlich. Wählen Sie Ihren ganz persönlichen Weg, sich dieser Herausforderung zu stellen! Und egal wie oft Sie dieser Weg in die Irre führt, Sie stolpern oder Umwege gehen müssen: wenn es Ihr Weg ist, dann behalten Sie Ihr Ziel im Auge bis der Tag kommt, an dem Sie Ihr Ziel erreicht haben.

Kanzleigründung und -management ist eben in erster Linie Kanzleientwicklung. Und Ihre persönliche Entwicklung. Bewusst, zielgerichtet und professionell. Es ist Wachstum, aber nicht um jeden Preis.

Interessant mag für Sie an dieser Stelle sein zu hören, dass es bestimmte Automatismen, Muster und Strukturen bei jedem Entwicklungsprozess gibt – ähnlich wie beim oben erwähnten Veränderungsprozess. Diese zu kennen und zu verstehen hilft, den Überblick und Ruhe zu bewahren, wenn wie in der Kindererziehung im hektischen Alltag mal wieder alles aus dem Ruder läuft. Die sogenannten Spiral Dynamics von Beck und Cowan – basierend auf dem Modell von Clare Graves – verdeutlichen diese Zusammenhänge und Wachstumsbewegungen komplexer Systeme wie Organisationen, Unternehmen, Gesellschaften aber auch von Teams, Kulturen und Familien. Als Kanzleiberater erlebe ich immer wieder, wie in Kanzleien das Einführen moderner Prozesse oder von Frauen-

---

1 Der Originaltext aus der 1. Auflage von 2018 hat in der 2. Auflage von 2021 eine andere Lesart und lässt vor allem an Wirtschaftskrisen und die Pandemie denken.

2 Statt **in** Ihrer Kanzlei rund um die Uhr zu arbeiten, wie es Gerber betont in „The E-Myth Attorney“, S. 57.

förderprogrammen, die Aufnahme neuer Partner oder das Fusionieren großer Kanzleien scheitert, obwohl dies einen wichtigen Mehrwert darstellen würde und sich zuvor fähige Leute lange Gedanken darüber gemacht haben. Sie haben jedoch die Spiral Dynamics vernachlässigt – Neuerungen können nur dann erfolgreich und nachhaltig implemtiert werden, wenn die Maßnahmen auf die jeweilige Entwicklungsstufe von Kanzlei, Team und Führung abgestimmt sind. Gleichzeitig kann anhand dieses Modells sehr gut auch die Entwicklung bestimmter Geschäftsmodelle, Branchen oder auch die Zukunft Ihrer Kanzlei prognostiziert werden[3].

Routinearbeit

Gerade in den beiden Pandemiejahren 2020 und 2021 hat sich wie eingangs gezeigt der Rechtsmarkt an der einen oder anderen Stelle für immer verändert – ob wegen oder trotz Covid-19 ist dabei erstmal egal.

Mittlerweile können diese Entwicklungen mit (relativem) Weitblick betrachtet werden, Studienergebnisse vorgelegt und die ersten Lehren daraus gezogen werden.

So haben die oben schon beschriebenen Kurzschlussreaktionen der Führungsetage während der Pandemie[4] nicht nur in Großkanzleien stattgefunden, sondern weltweit in jeder Branche. Das führende Hogan Leadership Assessment konnte nach Auswertung der Daten feststellen, dass viele Organisationen homogene Führungsetagen aufwiesen und insofern auch nur ein sehr eingeschränktes Reagieren auf Krisensituationen möglich war: Nur die wenigsten handelten auch in der Krise souverän und führend. Die meisten zogen sich zurück, scheuten Entscheidungen oder verhielten sich aggressiv gegenüber Mitarbeitern.

Der MBTI (Meyer-Briggs-Typen-Indikator) hatte schon 2012 festgestellt, dass 85% der Manager und Executives zum sog. harten Führen neigen, weil sie die Typen Kommandeur (ETHG) und Inspektor (IPHG) verkörpern[5]. Die Organisationen waren in ihrem Werte- und Hierarchiesystem für die strategische Entwicklung auf solche Führungskräfte angewiesen und stellten diese denn auch bevorzugt ein. Einige Jahre später hatten diese Führungskräfte ihren „typischen"

3 Leider gibt es noch kein Buch explizit zu den Spiral Dynamics in der Legal Branche. Allgemeines zum Modell jedoch bei Beck/Cowan, „Spiral Dynamics" oder Krumm, „9 Levels of Value Systems".

4 Gemeint ist die Entlassung der wissenschaftlichen Mitarbeiter bei Taylor Wessing im März 2020.

5 Ashridge Studie zu MBTI von 2012.

Fußabdruck im System hinterlassen und es zementiert. Patriarchale und konservative Führungsstrukturen spielten ihnen zu. Wichtig zu verstehen ist dabei, dass nicht „die Männer“ an sich also diese Strukturen am Leben erhielten, sondern in erster Linie Wirtschaftsunternehmen, die diesen bestimmten Führungstyp jahrelang bevorzugten.

Hogan empfahl daher dringend, – ähnlich einem Krisenplan für die Pandemie – für Krisensituationen mit einem heterogenen, diversen Führungsteam vorzusorgen.

Das erfordert Changemanagement – Knowhow, welches man von externen Experten erwerben oder sich selbst aneignen kann. Syndizi scheinen der Anwaltschaft hier Längen voraus zu sein[6].

Aber auch der Kanzleimarkt hat sich verändert. So läuft das Geschäft bei den meisten zwar nach wie vor gut. 44% bzw. 46% gaben an, keine Umsatzeinbußen bzw. Mandatsrückgänge verzeichnet zu haben[7]. 55% haben keine größeren Außenstände als vorher. Und auch die Mandatseingänge haben sich seit dem Sommer 2020 stabilisiert (46%). Gerichtstermine per Videoschaltung haben zwar um ca. 35% zugenommen, dennoch sind nach wie vor 40% der Verfahren verzögert.

Kanzleibewertungen sind jedoch auf dem Sinkflug[8]. Kooperationen und die strategische Vernetzung mit Kollegen sind angesichts der seit August 2021 entbürokratisierten Vertreterregelungen nach §§ 53,54 BRAO zu überdenken.

Dennoch: „Die Anwaltschaft befindet sich – wenn auch nicht mehr so dramatisch wie zuvor – mitten in der Krise“, So lautet das Fazit der dritten Umfrage der Bundesrechtsanwaltskammer (BRAK) zu den Auswirkungen der Coronakrise auf die deutsche Anwaltschaft, an der mehr als 6.500 Berufsträger zwischen 05/2021 und 06/2021 teilgenommen haben.

Fast 53 % aller Befragten hatten aufs Ganze gesehen allerdings Umsatzeinbußen zu verzeichnen. „Besorgniserregend“ bleibe laut BRAK der große Anteil derjenigen, die glauben, die Krise wirtschaftlich nicht überwinden zu können. Von einem Zehntel der Befragten im Herbst verringerte sich der Anteil der Betroffenen nur minimal auf knapp 9 %.

Besonders gut – also ohne Umsatzeinbußen – stehen Anwält:innen da, die im Verwaltungsrecht (47,3 %), Steuerrecht (56 %), Medizinrecht (48,5 %) oder

6 Sind Syndizi die besseren Changemaker? diruj 6/2020, S. 12.

7 Umfrage über die Auswirkungen der Coronakrise auf die deutsche Anwaltschaft, BRAK vom 15.6.2021, S. 6.

8 Branchenbericht der Sparkasse 2020.

Handelsrecht (rund 59 %) tätig sind. Besonders gefährdet scheinen dagegen andere Anwält:innen: 12,2 % aller Sozialrechtler:innen, 15,9 % der Straßenverkehrsrechtler:innen, 11,4 % der Strafrechtler:innen und knapp 12 % der Insolvenzrechtler:innen fürchten, sich nicht von der Krise erholen zu können. Sie liegen mit ihren Rechtsgebieten deutlich über dem Durchschnitt von rund 9 %.

Partner in Kanzleien mit mehr als 20 Anwälten haben nur zu 2% Sorgen um ihre Existenz, der Einzelanwalt dagegen in 11,8% aller Fälle. Auf die Länder gesehen steht Schleswig-Holstein besonders gut da. Hier bangen „nur" 6,4% um ihre Zukunft. Schlechter sieht es in Rheinland-Pfalz (12,2%) aus und „besorgniserregend", so die BRAK, sei die Situation in Thüringen: Dort bangten rund 22% um ihre Zukunft.

Unzufrieden sind viele Anwälte mit den coronabedingten Digitalisierungsfortschritten in der Justiz, der Anteil an Videoverhandlungen sei immer noch äußerst gering: Fast 74% der Befragten gaben an, an überhaupt keiner derartigen Verhandlung teilgenommen zu haben. 19% vermeldeten einen Anteil der Videoverhandlungen von 5–15%. Von mehr als 50% Videoverhandlungen können noch nicht einmal 2% der Anwälte berichten.

Neu abgefragt wurde im Rahmen der dritten Corona-Umfrage nunmehr die Einschätzung der Anwaltschaft zur technischen Ausstattung der Gerichte: Knapp 60% gaben dabei an, dass die Ausstattung ihrer Wahrnehmung nach auch während der Pandemie gleich geblieben sei. Lediglich 15% hatten den Eindruck, dass sich die Ausstattung der Gerichte verbessert habe und deshalb deutlich mehr Videoverhandlungen durchgeführt worden seien. 26% meinten, dass sich die Ausstattung zwar verbessert, aber gleichwohl nicht mehr Videoverhandlungen stattgefunden hätten.

BRAK-Präsident, Rechtsanwalt und Notar Dr. Ulrich Wessels zeigte sich in diesem Zusammenhang enttäuscht: „Insbesondere im Hinblick auf den Pakt für den Rechtsstaat und die Forderungen der BRAK ist dies mehr als bedauerlich, hätte doch eine rasche digitale Aufrüstung der Gerichte helfen können, Verfahrensverzögerungen und damit einen zumindest vorübergehenden Stillstand der Rechtspflege zu vermeiden. Hier muss dringend nachgebessert werden!"

Auswirkungen hat die Pandemie auch weiterhin auf die Dauer der Gerichtsverfahren: Rund 41% aller Befragten gaben an, dass es zu Verfahrensverzögerungen von durchschnittlich mehr als acht Wochen gekommen sei. Besonders stark betroffen sind davon u.a. die Rechtsgebiete Strafrecht, Sozialrecht, Miet- und Familienrecht. Im Medizinrecht haben aktuell sogar 48,17% der Befragten mit besonders langen Verzögerungen zu kämpfen, im Verwaltungsrecht gaben dies mehr als 51 % der Befragten an.

Mit Blick auf die Bundesländer nimmt auch hier Thüringen mit 62,5% einen unrühmlichen Spitzenplatz ein. Überdurchschnittlich viele Verzögerungen von mehr als acht Wochen vermeldeten aber auch knapp 49% der Befragten für Berlin und 46,5% für Brandenburg.

Da sich zahlreiche Anwältinnen und Anwälte in diesem Jahr wegen Fragen zur Impfpriorisierung an die Kammer gewandt hatten, stellte die BRAK nunmehr erstmals auch eine Frage zur Impfung – und zwar zu einem Zeitpunkt, als die Priorisierung noch nicht, wie seit Juni bundesweit geltend, aufgehoben war.

Probleme, einen Impftermin als Anwältin oder Anwalt zu bekommen, gab es danach vor allem in Thüringen (16%), NRW (20,3%) und Sachsen-Anhalt (16,67%). In anderen Bundesländern ging die Impfung der Anwaltschaft dagegen besonders gut voran, wie die BRAK-Umfrage ergab: Die zweite Impfung hatten zum Zeitpunkt der Befragung bereits knapp 53% in Sachsen, 38,8% in Baden-Württemberg, 35,41% in Bayern und rund 33% in Schleswig-Holstein erhalten[9]. Ähnlich verlief die Immunisierung in Österreich: Mit leichter Priorisierung konnten landesabhängig im Spätsommer 2021 nahezu alle österreichischen Anwälte eine Zweitimpfung erhalten – so sie denn wollten.

Die globale Pandemie war ein Katalysator für sofortige Veränderungen als Antworten auf die Krise und auch eine Zeitmaschine, die den Wandel im Rechtsmarkt hin zur Digitalisierung beschleunigte.

Diesen Markt zu beobachten und die Strategie entsprechend anzupassen, wird zukünftig noch wichtiger werden.

9 *Hasso Suliak*, Anwaltschaft noch immer mitten in der Krise, LTO vom 23.6.2021.

II. Beobachten, Orientieren, Investieren

Die Branche und Ihre Zielgruppe zu beobachten, sich an Wettbewerbern und wirkungsvollen Lösungen anderer Branchen orientieren, um an den richtigen Stellen zu investieren, wird die Basis Ihrer Kanzleientwicklung sein.

Dabei zeichnen sich folgende Trends ab:
- es wird weniger, dafür aber größere Kanzleien geben bzw. mehr Kooperationen zwischen den Kleineren[1]
- Qualitätsmanagement wird zunehmend systematischer und damit auch technikbasierter
- die Mandantenstruktur wird zukunftsentscheidend

Spezialisierungen auf der einen Seite und ganzheitliche Mandatsbearbeitung auf der anderen drängen Anwälte in Kooperationen mit Kollegen und anderen Dienstleistern. Dies optimiert gleichzeitig Prozesse, schont Ressourcen und reduziert Kosten. Weniger als die Hälfte der Nachwuchsjuristen möchte zukünftig keine eigene Kanzlei führen, sondern sich lieber auf die anwaltliche Tätigkeit fokussieren[2].

Das bedeutet für Sie als Kanzleiinhaber, dass sich Ihre Führungs- und Management – Aufgaben steigern werden und Sie für diese Themen professionelle Unterstützung benötigen. Das bedeutet aber auch, dass die beiden wertvollsten Ressourcen für Ihre Kanzleientwicklung Ihre Mitarbeiter und Ihre Kanzlei-IT (Legal Tech) sind:

Nehmen Sie das Bedürfnis der **Nachwuchsjuristen** ernst und richten sie Ihre Kanzlei und das „Employer Branding“ danach aus. Schließen Sie nicht von sich auf andere. Investieren Sie also nicht mit Partnerprogrammen in die Ausbildung zukünftiger Partner, sondern in umfängliche Spezialisierung und Persönlichkeitsentwicklung Ihrer High Potenzials. Stimmen Sie die Entwicklung und Spezialisierung der nichtjuristischen Mitarbeiter auf das Know How und die Struktur Ihrer Nachwuchsjuristen ab und nicht auf die der Partner. Ihre Mitarbeiter und Ihr Kanzleiteam sind Ihr wertvollstes Entwicklungspotenzial.

Der Einsatz und die Entwicklung passgenauer **Kanzlei-IT** werden die kanzleiinternen Strukturen und Prozesse neu sortieren. Diese Investitionen werden

1 Der Einzelkämpfer wird verschwinden, so der aktuelle Branchenbericht der Sparkasse 2020 und die Prognos Studie 2013 zur Zukunft der Anwaltschaft für den deutschen Markt und LexisNexis WhitePaper „Die Digitalisierung der Rechtsbranche“, S. 58 von 11/2017 für den österreichischen Markt.

2 LexisNexis WhitePaper „Die Digitalisierung der Rechtsbranche“, S. 57 von 11/2017.

gleichzeitig Ressourcen freisetzen und Kosten sparen. Der wesentliche Aspekt ist jedoch: sie können die Qualität Ihrer Beratungsprodukte nicht nur steigern, sondern auch immer wieder abliefern – und wissen sogar anhand zahlengenauer Auswertungen ganz genau, mit welchen Maßnahmen die Qualität noch gesteigert werden kann.

Zusätzlich sollten Sie Legal Tech auch für Innovation und Produktentwicklung[3] nutzen. Denn hinter Legal Tech stehen häufig nicht etwa junge technikaffine Nichtjuristen sondern etablierte Anwaltskanzleien: e-recht24.de, flightright.de, perconex.de und janolaw wurden allesamt von Kanzleien mitgegründet[4]. In den meisten Fällen geht es hier um „Standardisierung“ und „Packaging“ bis hin zu „Kommodifizierung“ und „Industrialisierung“ (dann ehemals) anwaltlicher Dienstleistung. Diese Leistungen werden aus dem Portfolio der anwaltlichen Rechtsberatung verschwinden (müssen)[5] – das jedenfalls prognostizieren 89,4% der Kanzleipartner in den USA[6].

Sogenannte Roboter-Anwälte mit KI würden Mandanten einer Umfrage zufolge in folgender Rangordnung in Anspruch nehmen: Für

1. Entschädigungsansprüche
2. Miet- und Wohnrechtsservice
3. Vertragserstellung und -prüfung
4. Strafrecht

Auffallend war, dass

- die Juristen die Antworten der Mandanten komplett anders eingestuft hatten[7],
- Männer immer viel mehr als Frauen standardisierte Technologieprodukte bevorzugten (34% zu 24%) und
- deutlich weniger gar nicht an Roboter-Anwälten interessiert waren (16%) als von den Juristen angenommen (5%)[8].

Blockchain-Technologien, Smart Contracts und intelligente Recherche sind die Zukunftsjoker unter den LegalTech-Produkten[9].

---

3 Branchenbericht der Sparkasse 2017, S. 22.

4 LexisNexis WhitePaper „Die Digitalisierung der Rechtsbranche“, S. 57 von 11/2017.

5 Law Firms in Transition Survey, n=356, Altmann Weil.

6 LexisNexis WhitePaper „Die Digitalisierung der Rechtsbranche“, S. 7 von 11/2017.

7 Sowohl bei der Rangstufe als auch in den Beweggründen (98% der Juristen dachten wegen des Preisvorteils würde Technik bevorzugt, tatsächlich haben das nur 73%).

8 So die LexisNexis Umfrage der Online Marktforschungs GmbH 04/2017.

9 LexisNexis WhitePaper „Die Digitalisierung der Rechtsbranche“, S. 38, 57 von 11/2017.

III. Wieder auf Anfang

Die Legal Branche befindet sich inmitten der größten Umwälzung der letzten Jahrzehnte:

- der sog. „Gender and Generation Shift“ – Millennials und Familien stellen selbstbewusst völlig neue Anforderungen an die Arbeitswelt; Anwältinnen beanspruchen die gleichen und ebensoviele Entscheidungs-Positionen für dasselbe Gehalt in der Branche, Unternehmensmandate setzen Diversität voraus
- die Digitalisierung und globale Vernetzung – der Arbeitsalltag (Prozesse und Strukturen) von Anwälten und Juristen erfährt eine grundsätzliche Umstrukturierung, nicht erst seit beA
- Konkurrenz und disruptive Innovation – Legal Tech und neue Geschäftsmodelle drängen von außen in den Legal Markt und verschärfen die ohnehin immer stärker werdende Konkurrenzsituation

Noch werden diese Themen („Legal Tech“, „beA“ und „Gender Equality“) auf allen Konferenzprogrammen, Medien und Netzwerken der Branche als „Hot Topic“ angepriesen. Doch sind Sie das wirklich?

Obgleich die sog. „Zukunftsstudie des DAV“ bereits 2013 festgestellt hat, dass „die Zukunft der Anwaltschaft weiblich ist“, titelte die Kolumne der NJW noch drei Jahre später im April 2016 mit „Das Anwältinnenproblem“. Obwohl bereits der Deutsche Anwaltstag DAT 2016 des Deutschen Anwaltvereins mit der Arbeitsgemeinschaft Kanzleimanagement den Schwerpunkt „Digitalisierung und Legal Tech“ setzte, wurde auch der DAT 2017 unter dem Motto „Innovation und Legal Tech“ veranstaltet und verspricht damit „besonders zukunftsweisende Themen, die den Anwaltsmarkt künftig noch stärker bewegen werden“. Ähnlich auch der sog. Anwaltzukunftskongress (Soldan/Wolters Kluwer), der sich seit 2016 ausschließlich mit Legal Tech und Digitalisierung beschäftigt – und dabei übrigens fast ausschließlich auf die Herren der Branche setzte. Wirklich neu ist also keines dieser Themen.

Die Themen der Branche werden im immer wieder neuen Format präsentiert und besprochen in der Hoffnung, Handlungsalternativen aufzeigen zu können. Selbstverständlich ist es unsere Aufgabe, die Digitalisierung rechtlich zu gestalten. Natürlich müssen wir als starker Partner des Mittelstandes diesen bei der Digitalisierung begleiten. Wenn wir Anwälte und Kanzleien es jedoch ernst meinen mit der neuen Servicekultur und uns endlich als Wirtschaftsfaktor begreifen wollen, dann müssen wir vor allem auch in eigener Sache zu der internationalen Diskussion zum Thema Digitalisierung mehr als nur „rechtliche Bedenken“ äußern. Begriffe wie „Legal Innovation“ und „Start up LEGAL“ sollten wir mit Leben, Ideen und Projekten füllen. Think Tanks, Scrum und agile Teams, interdisziplinäre Konferenzen und Round Tables können hier Anstöße liefern. Vor allem aber sollte es auf der wöchentlichen Agenda jeder einzelnen Kanzlei stehen.

Schade, dass diese Themen bislang auf Anwaltstagen, der den Deutschen Anwaltstag begleitenden AdvoTec oder auch bei Arbeitsgemeinschaftstreffen des DAV so wenig Beachtung finden. Wir kreisen ausschließlich um die Umsetzung des sogenannten e-Justiz Gesetzes, statt aktiv auf Unternehmen und Innovationen zuzugehen und Chancen zu ergreifen. Die Digitalisierung wird stattfinden. Mit oder ohne uns. Wir können uns auf die Rolle des „Bedenkenträgers" zurückziehen und das beA weiter blockieren oder uns selbstbewusst am Aufbau neuer Märkte und Möglichkeiten beteiligen[1]. Jeder von uns hat die Wahl; die Wahl dabei zu sein[2].

Doch eines noch zum Schluss:
Wir sollten uns dabei nicht persönlich verlieren.
Unsere individuellen Ressourcen, unsere privaten Bedürfnisse und Wünsche sind nicht nur Antreiber und Motivation sondern gleichzeitig auch Gradmesser und Grenze. So wie wir nicht in Geschäftsfeldern arbeiten sollten, die unseren persönlichen Werten widersprechen (Stichwort: Tabakindustrie oder Waffenlobby), sollten wir auch nicht ständig unser Bedürfnis nach Schlaf, Regeneration, Bewegung, Familie und innigen Beziehungen ignorieren.

Wir sind Menschen. Wir leben nur einmal und diese Lebenszeit ist endlich.

Wenn Sie es schaffen, dass Ihre Kanzlei auf Sie und Ihre Bedürfnisse abgestimmt ist, Ihren Werten entspricht und mit einem motivierten Team langjährige zufriedene Mandanten betreut – haben Sie alles erreicht. Und sollten neu starten und die Kanzlei nicht ab- sondern weitergeben.

Warum?
Nichts ist so schwierig wie den Status Quo zu halten. Nicht von ungefähr kommt die Erkenntnis „Wenn es am Schönsten ist, dann soll man gehen". Nur dann können Sie der Kanzlei „Flügel" verleihen. Wenn Sie diesen Moment verpassen, werden Sie die stetige Weiterentwicklung schon bald als Hamsterrad empfinden oder irgendwann ihre Kanzlei einfach nur zuschließen.
Entwicklung ist Wachstum. Sie bauen nicht an der „Kanzlei der Ewigkeit".

---

1 Dr. Tutschka, „Change is not in our DNA" im Blog JurCoach vom 25.3.2016.

2 Theiss, „Digitalisierung – wir brauchen keine Rechtsanwälte mehr" auf trend.at 2016.

Wenn Sie also nur eine Erkenntnis am Ende dieser Lektüre mitnehmen, dann diese:

Haben Sie den Mut für Neuanfänge!
Machen Sie Fehler. Lernen Sie daraus. Machen Sie es besser.

Wenn Sie kein Entwicklungspotenzial in Ihrer Kanzlei sehen – egal aus welchen Gründen: Geben Sie sie auf!

Reiten Sie kein totes Pferd.

Holen Sie sich die nächste Generation in die Kanzlei, so dass neue Ideen, Werte oder Perspektiven frischen Wind bringen. Strukturieren Sie sie vollkommen um bis hin zu einer Umgründung.

Oder haben Sie den Mut, sie zu schließen!

Es muss nicht immer eine Insolvenz sein, die den Schlusspunkt setzt.

Ein Mensch muss sich alle 5–7 Jahre „neu erfinden", um seine Identität zu leben, authentisch zu sein und zufrieden. Ihre Kanzlei sollte ebenso lebendig sein: erlauben Sie es ihr! i

---

Und erlauben Sie es sich.
Sie sind und bleiben Anwalt und Unternehmer (auch ohne Kanzlei).
Treffen Sie erwachsene Entscheidungen!
Sie selbst definieren Erfolg!

Alles auf Anfang ... und manchmal braucht es für den Anfang gar keinen Schlusspunkt:

„Die Leitung der Sommerakademie auf Zakynthos ist für mich Beruf und Berufung zugleich. Eine mich seit fast drei Jahrzehnten zutiefst erfüllende Tätigkeit, die mein Bedürfnis, Plätze zu bauen, an denen Menschen ihr Potential entwickeln und sich mit Kunst, Körper und Seele beschäftigen können, stillt. Das Projekt landete 1991 als schnöder Akt auf meinem Anwaltsschreibtisch – mit beachtlichen rechtlichen und wirtschaftlichen Problemen. Als diese in der darauffolgenden Saison einigermaßen behoben waren, entschloss sich der damalige Betreiber zu meiner Überraschung, den Standort aufzugeben. Da ich zwischenzeitig viel Herzblut in die Sache investiert hatte (Honorar gab es da nie), entschloss ich mich spontan, die arg zersauste, jedoch charmante Akademie am Leben zu erhalten.

Ein spannendes Abenteuer mit sehr ungewissem Ausgang begann, zumal ich weder Touristiker noch Leiter einer Kunstschule war. Auch hatte ich als junger, an seiner Karriere bastelnder Anwalt, damals gerade mal drei Wochen Zeit, mich vor Ort um das mehrere Monate lang laufende Geschäft zu kümmern. Der Rest bestand aus fast täglichen Telefonaten mit der in Griechenland tätigen Organisationsleitung. Irgendwie überstanden wir den Sommer und die Planung des nächsten begann. Dieser Tage haben wir trotz Corona-Virus und Medicane „Ja-

nos" die bereits 28. erfolgreiche SOAK-Saison auf das Strandparkett gelegt. Ich denke, dass mir speziell die im Anwaltsberuf erworbenen Fähigkeiten, beispielsweise Verhandlungsgeschick und analytisch-strategisches Denken, sehr bei der Realisierung meiner Ziele geholfen haben."

Dr. Wolfgang Löhnert ist seit 1989 als Rechtsanwalt in Wien tätig. Er war sieben Jahre Partner in einer Anwaltssozietät und gründete 1998 seine eigene Kanzlei, in der er vorwiegend im Bereich Architekten- und Bauvertragsrecht, Urheberrecht und Tourismusrecht tätig ist[3]. Die SOAK ist in der österreichischen Tourismus-Szene ein Geheimtipp, der nicht nur bei den Teilnehmern sondern als ganzheitliches Kreativprojekt ebenso für die Einheimischen vor Ort als auch die Künstler und Kreativen aus Deutschland und Österreich eine fixe Heimat bietet.

Was hat Ihnen das Kapitel gebracht?
Es ist immer gut zu wissen, wo die „Ausgangstür" ist und wie genau das sogenannte „Worst Case Szenario" (der schlimmste Fall) aussieht. Auch wenn man sich am Ende entscheidet, es ganz anders zu machen oder es anders kommt, als man denkt. Sie sind vorbereitet.

Das Beste zum Schluss
Kanzleigründung: lohnt sich das heute überhaupt noch? Sollte man nicht jedem raten, lieber etwas anderes zu studieren oder zumindest vernünftigerweise nicht in eigener Kanzlei tätig zu sein? Sollte man Unternehmer werden in einer Branche, die sich selbst in puncto Unternehmertum viele Begrenzungen und Regularien auferlegt und vor einem tiefgreifenden Wandel steht, ja vielleicht sogar vor dem Aus?

Kanzleimanagement: ein Begriff, der sich erst in den letzten Jahren im Zusammenhang mit Kanzleien etabliert hat und bislang eher nebenbei „passiert" ist. Und der sich heute von der reinen Verwaltung und Optimierung einer Kanzlei hin zur strategischen Kanzleientwicklung bewegen muss.

Das Beratergeschäft stirbt[4]. Eine der größten Errungenschaften des 20. Jahrhunderts ist, dass das Wissensmonopol einzelner Experten weitgehend obsolet geworden ist: Dank Internet und Digitalisierung kann heute jeder jederzeit überall Informationen kostenfrei abrufen. Wer heute also noch auf den Verkauf von Wissen baut, ist ein Dinosaurier.

3 Lesen Sie das gesamte Interview im CLP-Blog.

4 Terpitz, „Das Geschäftsmodell der Strategen wackelt", in Handelsblatt vom 7.11.2010. e-fellows, „Perspektiven für Unternehmensberater" 2021.

Dasselbe gilt für Prozesse, die automatisiert werden können:
- Online-Scheidungen gibt es bereits in den Niederlanden und machen dort 5% aller Scheidungen aus,
- Kanada stellt eine preisgünstige Plattform für einfache Zivilrechtsstreitigkeiten zur Entlastung der Justiz und als preiswerte Rechtsgestaltung zur Verfügung
- Großbritannien plant ein Online-Gericht für Ansprüche unter 25.000 Pfund

Österreichs Behörden, Notare und Justiz sind Vorreiter bei der Digitalisierung, die dort bereits vor 30 Jahren startete. Heute nutzen 74% diesen Online-Service und es werden insgesamt 10% des Behördenservices digital abgewickelt – so viel wie sonst nirgendwo in Europa[5]. Mit dem Projekt „Justiz 3.0" sollen seit 2016 bis 2020 die österreichischen Gerichte papierlos werden[6].

Kanzleiführung: Damit besteht jedoch auch die Chance, dass zukünftig der Faktor Mensch stärker in den Vordergrund tritt. Die Folge: Universitäten, Verlage[7] und auch Berater müssen umdenken und ihr Businesskonzept neu gestalten.

Und nicht nur das: Legal Tech, Diversity, Millennials, Digitalisierung lösen die klassischen Branchenstrukturen auf und umverteilen die etablierten Machtverhältnisse. Das stark konservative Berufsbild mit dem beschämend geringen Anteil von Anwältinnen in Macht- und Führungspositionen[8] und dem größten Gender Pay Gap aller Branchen[9] wird diesem Druck nicht standhalten können. Es ist schlicht nicht zukunftsfähig. Das erkennen Sie beispielsweise an den stark sinkenden Mitgliederzahlen des einzigen Berufsverbandes Deutscher Anwaltverein (DAV) von zehn Prozent im letzten Jahr[10] in Deutschland[11]. Das erkennen Sie aber auch daran, dass die noch konservativere österreichische Legal Bran-

5 Zum Vergleich: in Deutschland nutzen diesen Service erst 45%, BRZ Direkt 01/2016, BRZ Read_It03/2016.

6 LexisNexis WhitePaper „Die Digitalisierung der Rechtsbranche", S. 36 von 11/2017.

7 So auch LexisNexis zu seiner Zeitschrift ARD im WhitePaper „Die Digitalisierung der Rechtsbranche", S. 58 von 11/2017.

8 Dr. Tutschka in „Justitia, wie haben ein Problem: ein Anwältinnenproblem", JuraBlogs vom 24.4.2016.

9 Dr. Tutschka in „Female Leadership im Legal Sector", djbz 03/17, S. 137; Koch, „Anwältinnen im internationalen Vergleich, Anwaltsblatt 05/2017.

10 Dr. Tutschka im Interview „Es gab ganz entscheidende Entwicklungen" , Wirtschaft und Weiterbildung 07-08/17, S. 54ff.

11 In Österreich spielt der Berrufsverband ohnehin wenn überhaupt nur eine untergeordnete Rolle aufgrund der engagierten und ausgebauten Kammern.

che (hier schafft es aufgrund der berufsrechtlichen und gesellschaftlichen Strukturen nur jede zweite Juristin überhaupt in den Anwaltsberuf[12] trotz Verdreifachung der Anwaltschaft) in den nächsten Jahren 86% ihrer Kanzleien verlieren wird[13].

Kanzleimarketing: Dieser Strukturwandel in der Legal-Branche ängstigt viele. Nicht das WAS (die Information) wird zukünftig wichtig sein, sondern das WIE (der Beratung). Statt Beratung werden die Kunden Mediation, Betreuung und sogar Management einfordern. Und die persönliche, vertrauensvolle Beziehung, die eben nicht austauschbar ist, wird immer wichtiger. Coaching wird in Beratung und Lehre Einzug halten und dort individuelles Lernen und Begleiten professionalisieren. Statt Rechtsberatung wird Rechtscoaching kommen; Legal Coaching, wenn man so will. Was bei Unternehmensberatern schon seit langem das Super Tool für eingefahrene oder schwierige Beratungs- und Umsetzungsprozesse ist, werden endlich auch die Rechtsberater entdecken. Mit einer entsprechenden Ausbildung bekommen Anwälte und Juristen endlich Methoden und Tools an die Hand, um wirklich die für den Mandanten beste Lösung zu finden[14].

Einzelne Branchen machen es bereits vor: keine Familienberatung, keine Unternehmensberatung arbeitet heute mehr ohne Coaching. Es gehört zum Standardrepertoire ganzheitlicher professioneller Beratungsdienstleistungen. Denn nicht selten ist der Kunde zu Beginn oder aber auch in der Mitte des Weges schlicht noch nicht bereit, bestimmte notwendige Schritte zu erkennen oder umzusetzen. Wann Coaching eingesetzt wird, zu welchem Zweck und in welchem Rahmen entscheidet dabei allein der Kunde[15]. Wichtig von Seiten des Coaches und Beraters ist allein, dass Coaching ebenso professionell erfolgt wie die Beratung selbst, das heißt mit einer soliden Ausbildung und anerkannten Zertifizierung[16] sowie profunder Erfahrung. So wie Sie eben auch in anderen Dienstleistungsbereichen – wie beispielsweise im Tourismus – dasselbe hohe Niveau in allen Bereichen eines Vier-Sterne Hotels erwarten – in der Küche ebenso wie im Zimmer und beim Service. Wenn mich heute also jemand fragt, ob ich nun

---

12 Trotz 55% weiblicher JUS-Absolventen stagniert die Quote der Anwältinnen seit Jahren bei unter 30%.

13 LexisNexis WhitePaper „Die Digitalisierung der Rechtsbranche“, S. 58 von 11/2017.

14 Ich biete diese „Legal Coaching„-Ausbildung mit CLP (Consulting und Coaching for legal professionals) in Deutschland, Österreich und der Schweiz an.

15 Buhse, „So sieht die Beratung der Zukunft aus“ in Wirtschaftswoche vom 23.6.2016.

16 Ähnlich der Fachanwaltsausbildung in Deutschland mit einer Kombination aus Ausbildung (Theorie), evaluierter Praxiserfahrung und fortlaufendem Qualitätsmanagement (jährliche Fortbildungsverpflichtung).

Berater-Coach, coachender Berater, nur Berater oder Coach sei, dann antworte ich: Es kommt darauf an. Und zwar allein auf den Kunden, was dieser braucht und was dieser möchte. Ich bin serviceorientierter Dienstleister und kann mit der Erweiterung meiner Kompetenzen meinen Klienten einen Mehrwert bieten. Je nach Bedarf also Beratung oder Coaching[17].

Zukunftsforscher bescheinigen allem, was originär menschliche, emotionale und soziale Fähigkeiten abverlangt – wie Empathie, Individualität, Intuition, Vertrauen, Beziehungsfähigkeit – glänzende Aussichten in einer Zukunft, die von Digitalisierung, Automatismus und Standards geprägt sein wird. Das können auch andere Methoden wie Mediation, Therapie, Training, Mentoring abbilden, aber im Unterschied zu diesen rückt Coaching die persönliche Zukunft des Coachees in den Fokus. Coaching ist eine im Vergleich zu Beratung, Lehre und Therapie sehr junge Methode. Lange war sie Bestandteil der Psychologie, die sich selbst als eigenständige, anerkannte Wissenschaft erst Anfang des 19. Jahrhunderts etabliert hat. In den letzten fünfzig Jahren wurde Coaching dann kontinuierlich weiterentwickelt, als Methode und Profession weitgehend dank der Berufsverbände standardisiert und definiert, so dass sie nun bereit ist, ihr volles Potenzial zu entfalten.

Dabei kann **Coaching** für die Beraterbranche in drei Richtungen wirken:

1. als Spezialmethode vervollständigt sie das Beraterportfolio (Stichwort: Legal Coaching)
2. in Verbindung mit Supervision kann es Berater unterstützen, emotional Belastendes aus ihrer Arbeit besser zu verarbeiten (Stichwort: Psychohygiene) und
3. kann Coaching besser als Beratung eine Branche im Umbruch unterstützen, die ihren eigenen Weg finden muss (Stichwort: Beraterberater)

Auch ich investiere immer wieder in einen Coach – sei es vor wichtigen Entscheidungen oder Herausforderungen oder bei anstehenden Veränderungen. Mit meinem Coach erörterte ich gezielt, warum ich bestimmte Dinge mache und andere nicht.

Damit bin ich mir zu jedem Zeitpunkt sehr bewusst darüber, WARUM ich Dinge tue, mich für Sachen einsetze oder Inititativen aufgebe, wohin ich genau möchte, was mich voranbringt und was nicht. Ich habe selten das Gefühl „im falschen Film“ zu sein.

---

17 *Dr. Tutschka* in „Coaching vs. Beratung – eine Frage der Perspektive“ in Xing Coaches Magazin 06/2017.

Denn es gibt genau zwei Wege zu scheitern:
1. Wir lassen alles beim Alten und bleiben bei dem, was wir gut können oder
2. Wir jagen jeder neuen Idee, jeder Innovation hinterher.

i Tatsache ist: Was Ihnen in den letzten fünf Jahren geholfen hat erfolgreich zu sein und die Bedürfnisse Ihrer Kunden zu treffen, wird Sie nicht weiter wachsen lassen. Zukunftsfähig ist nur, wer bereit ist zu wachsen[18].

Und zwar nicht nur quantitativ, sondern qualitativ:
- Wer bereit ist, sich auf geänderte Bedingungen einzustellen;
- bereit, sich von Dingen zu verabschieden;
- bereit ist, die Perspektive zu wechseln.

Was braucht es also heute – für morgen?

Was es braucht, ist die Veränderung von Systemen wie das System der Ausbildung der Juristen von morgen, das der Fachanwaltschaften, das der Versorgung zukünftiger Juristen oder das der Partnerschaftsernennung.

Wie werden System verändert? Systeme krachen an den veränderten Bedingungen des Marktes und der Branche. Oder werden vorausschauend und zielgerichtet von Innen heraus verändert: durch die Veränderung der dahinterstehenden Strategie, die Anpassung der Führung, dem erforderlichen Kulturwechsel.

Was es braucht für die Legal Branche:
1. *Diversity (statt Gender and Generation Shift)*
   Die Welt wird transparenter und gleichzeitig ethisch komplexer; Vielfalt entsteht nicht durch ein ausgewogenes Geschlechterverhältnis dank Frauenquote, sondern durch religiöse, biographische, kulturelle, perspektivische, menschliche und ethnische Unterschiede. Schon mal was von „Third Culture Kids" gehört, von „Synästhesia"? Die Welt ist bunt. So auch wir.

2. *Kultur- und Strukturwandel (statt Digitalisierung und globaler Vernetzung)*
   „Soft Skills", IT-Skills[19], persönliche Reife und Reflexionsfähigkeit, Charisma, Kommunikationskompetenz (Fragen, Zuhören und Ausschalten der persönlichen Filter/Egomanagement), Change- und Krisenmanagement sind gefragt. Die Juraexamina sind als allgemeiner Ausgangspunkt für die

18 *Dr. Tutschka*, „The Future of the Legal Profession", im Blog JurCoach vom 24.2.2017.
19 LexisNexis WhitePaper „Die Digitalisierung der Rechtsbranche", S. 13 von 11/2017.

eigentlich entscheidenden, differenzierenden Spezialisierungen zu werten (post graduate Talent Development). Dabei sind traditionelle Fachfortbildung und Spezialisierungen nur Qualitätssicherung der Ausgangsausbildung. Betriebswirtschaftliches Know How, die Entwicklung der Soft Skills, Persönlichkeitsentwicklung und Kommunikationsausbildungen differenzieren und verhindern die Austauschbarkeit[20].

3. *Kooperation (statt Konkurrenz und disruptiver Innovation)*
   Mit Teamevents und -incentives investieren Sie in Ihr stärkstes Potenzial. Netzwerke und Kooperationen begleiten Sie und Ihr Team durch emotionales Wildwasser, auf geschäftliche Gipfeltouren sowie in unbekanntes Business-Terrain.

Zeit, neue Ziele zu definieren. Zeit, neue Fragen zu stellen.

Was uns bis hierher gebracht hat, nämlich die Fokussierung auf die Herausforderungen unserer Branche, wird uns nicht in die Zukunft bringen. Wir müssen den Fokus erweitern und fragen:

Wie können wir mit Rechtsberatung als vertrauensvoller Partner und Begleiter unseren Mandanten und deren Kunden und/oder deren Familien helfen?

Dann ist nicht Rechtsberatung unsere Kernkompetenz, sondern die Etablierung der vertrauensvollen Partnerschaft und das kompetente Begleiten unserer Mandanten.

Und dann stimmt es irgendwie doch:
Die Kanzlei von gestern wird die Kanzlei von morgen sein.

Denn das konnte der „Anwalt für alle Fälle“ schon immer.

So manche Prognose wird nicht oder nicht so eintreten. Doch schon heute in uns und unsere persönliche Entwicklung zu investieren wird sich so oder so auszahlen: auch wenn wir am Ende einfach nur als Jurist glücklich sind.
In diesem Sinne – Zurück in die Zukunft.

20 Susskind, „The Future of the Legal Profession“, S. 157.

Autorin und Mitwirkende

Autorin

Dr. Geertje Tutschka, MCC ist seit über zwanzig Jahren Anwältin in Deutschland, Österreich und den USA und begleitet Kanzleien in schwierigen Veränderungsprozessen und bei der Neuorientierung.

1970 in Sachsen-Anhalt geboren war es ihr in der DDR zunächst aus politischen Gründen verwehrt, mit einem Abitur „Mit Auszeichnung" zu studieren, was sie wollte. Sie hatte sich jahrelang in der politischen Kultur-Bewegung engagiert und stand unter der Beobachtung der Staatssicherheit. So ging sie zunächst als Berufsmusikerin für Violoncello ans Theater. Nach der Wiedervereinigung absolvierte sie ihr Studium und Referendariat an der Universität Bielefeld bzw. am Landgericht Bielefeld/OLG Hamm in der kürzestmöglichen Zeit. Mit beiden Staatsexamen gehörte sie jeweils zu den besten 30% ihres Jahrgangs, so dass ihr Studienkredit nachträglich zum Stipendium umgewandelt wurde.

Da ihr Berufsziel von Anfang an Anwältin in eigener Kanzlei war, arbeitete sie schon während des Studiums in Anwaltskanzleien, um soviel Praxiserfahrung wie möglich, vor allem aber Erfahrung in Kanzleimanagement und -führung, strategischer Ausrichtung, Akquise und Marketing zu sammeln. Nach Jahren als angestellte Anwältin in verschiedenen Kanzleien und Rechtsabteilungen, legte sie eine vierjährige Familienpause ein, in der sie ihre drei Kinder bekam, im Vertragsrecht promovierte und sich in eigener Kanzlei selbstständig machte. Als ihr Mann als Unternehmensjurist während der Automobilkrise in die USA entsendet wurde, verlegte sie ihre Kanzlei nach Detroit, USA und spezialisierte sich auf Entsendungsrecht. Zusätzlich ließ sie sich zum interkulturellen Trainer und professionellen ICF-Business-Coach ausbilden und zertifizieren. Bereits hier engagierte sie sich als President of the PA International School und dem First International Round Table in der Organisationsentwicklung, Leadership and Strategy, veröffentlichte zusammen mit einem Autorenteam den „USA Expat Quick Guide" sowie den Roman, „Fern der Heimat so nah" („Home far away from home"), der mit seinen Einnahmen die Straßenkinder Detroits unterstützte und 2013 auf der Shortlist des Indie Awards der Leipziger Buchmesse landete.

Seit ihrer Rückkehr nach Europa lebt und arbeitet sie als Berater, Coach und Trainer in Salzburg und München. Mit „CLP – Consulting for legal professionals" gründete sie eine auf Juristen und Kanzleien spezialisierte Unternehmensberatung für Kanzlei- und Karriereentwicklung. Sie selbst ist auf die Themen Leadership und Strategie spezialisiert und hat dafür die Methoden „LEAD.

https://doi.org/10.1515/9783110726428-008

Learn. Create. Care." sowie die „5 steps to success" entwickelt. Seit 2016 bildet sie in der CLP-Academy als Director of Training Anwälte und Juristen im Legal Coaching aus, einer von ihr entwickelten Methode, die sich an den internationalen Standards einer ICF-Ausbildung zum Konfliktcoach und Krisenmanager orientiert und die Kommunikationskompetenz und Perfomance von Juristen erhöht und damit deren Ausbildung sinnvoll ergänzt. Die Ausbildung ist als ACTP mit dem höchstmöglichen internationalen Akkreditierungslevel als professionelle Coachingausbildung akkreditiert, so dass der Legal Coach Abschluss einer der wirtschaftlich wertvollsten Coachingabschlüsse weltweit und zukunftsweisend ist.

Sie selbst hat als Vorstandsvorsitzende der ICF den weltweit stärksten Verband professioneller Coaches für Deutschland von 2016–2019 repräsentiert und diesen zu den Top 10 Verbänden weltweit entwickelt (wofür sie und ihr Team mit dem internationalen Chapter Recognition Award sowie dem Gift of Coaching Award ausgezeichnet worden sind), und war Mitglied des Global Leaders Forum und Delegierte im Round Table der deutschsprachigen Coachingverbände (RTC). Heute bereitet sie künftige Vorstandsteams auf ihre verantwortungsvolle Führungsrolle als Mitglied der Wahlkommission des ICF Deutschland vor und verantwortet die Vergabe des Coachingpreises Prism Award der ICF Deutschland an Organisationen, der in der Vergangenheit an Coachingprogramme der Volkswagen AG, adidas, Vodafone, SAP gegangen ist sowie an CMS Tax Legal für das Partner Peak Performance Program.

Seit 2020 ist sie Präsidentin des Deutschen Anwaltvereins Auslandverein Österreich, den sie als 12. Auslandverein innerhalb eines Jahres zu einem der größten DAV Auslandvereine entwickelte mit dem Ziel, den Austausch und die Zusammenarbeit zwischen den deutschen und österreichischen Berufsträgern zu fördern.

Sie schreibt regelmäßig für Fachmagazine im In- und Ausland wie NJW, Legal Business World, Anwaltsblatt, Östereichisches Anwaltsblatt, anwalt aktuell, LTO, LinkedIn Pulse, Xing Magazin, NJW, Haufe, Soldan, Beck, Managerseminare, CoachingMagazin, Wirtschaft und Weiterbildung, Training Aktuell und andere Fachmagazine. Als gefragte Keynote-Speakerin zum Thema „Leadership und Strategy" zählt sie seit Jahren zu den internationalen Top Speakern der Branche. Heute gehört sie mit einer 5stelligen Follower Zahl allein aus der internationalen juristischen Branche zu den Top Influencern dieses Bereichs. Den „Women in Law Award" erhielt sie für die Entwicklung der international anerkannten Zertifikatsausbildung im Legal Coaching.

Sie ist Referentin des DAV und des ÖRAK, Mentorin der AG Anwältinnen und des Juristinnenbundes, veröffentlichte mittlerweile zahlreiche Sach- und Fachbücher zu den Themen Kanzleimanagement, -marketing und -entwicklung.

Für die Fernuniversität Hagen verantwortet sie außerdem die Studienunterlagen „Strategische Ausrichtung und Marketing für Kanzleien" und „Zeitmanagement in der Anwaltskanzlei". Sie engagiert sich ehrenamtlich in der Nachwuchsförderung u.a. bei Panda Law und MentorMe, sowie für Klima- und Artenschutz.

Dr. Tutschka lebt mit ihrem Mann und den drei jungen Erwachsenen sowie diversen Tieren direkt auf der deutsch-österreichischen Grenze. Als Synästhetin spielt sie mehrere Instrumente, malt intensive Acrylbilder, schreibt Romane und Gedichte, kocht leidenschaftlich gern und genießt die Salzburger Kultur. Am Wochenende finden Sie sie mit ihrem Hund allein unterwegs in den Alpen, im Winter bei den Schlittenhunden und im Sommer auf einem der Fernwanderwege.

Mitwirkende

Vielen Dank an die zahlreichen Kollegen und Kolleginnen, die ihren Beitrag zu diesem Buch geleistet haben:

Dr. Petra Arends-Paltzer, Rechtsanwältin und Mentorin
Gründerin Davos Digital Forum, Schweiz

Theresia Bohl,
Wirtschaftsmediatorin und Kanzleimanagerin (tb-kama), Hamburg

Dr. Jochen Brandhoff, Rechtsanwalt
Gründer und Geschäftsführer der LEGAL®EVOLUTION, Frankfurt

Dr. Iris Brokamp, Rechtsanwältin und Business- und Management-Coach
Inhaberin LegalFit, Bremen

Johanna Busmann,
Inhaberin von anwalts-akquise.de, Hamburg

Dr. Arndt Eversberg, Rechtsanwalt
Vorstand der ROLAND ProzessFinanz AG, Köln

Christiane Eymers, Rechtsanwältin, Mediatorin und Coach
Fachanwältin für Arbeitsrecht, Fachanwältin für Familienrecht, Syndikusanwältin in der Rechtsberatung der ADEXA-Die Apothekengewerkschaft, Hamburg

Dr. Alix Frank-Thomasser, Rechtsanwältin
Gründerin Women in Law und der Justitia Awards, Alix Frank Rechtsanwälte, Wien

Elisabeth Gawrych, Rechtsanwältin und Legal Coach
Lawyer on Demand, Gewinnerin PANDA Law 2015

Sebastian von Glahn
Geschäftsführer der TalentRocket GmbH, München

Anna-Maria Göbel, Rechtsanwältin und Influencerin
Frau.Rechtsanwalt, Kanzlei in Hagen

Dr. Burkard Göpfert, LL.M., Rechtsanwalt
Fachanwalt für Arbeitsrecht, Partner KLIEMT Rechtsanwälte, München

Dr. Nadja Harraschain, damals Rechtsreferendarin
Gewinnerin Panda Law, Gründerin Breaking.Through, Frankfurt

Joanna Hardy, Rechtsanwältin
Red Lion Chambers, London, UK

Markus Hartung, Rechtsanwalt und Mediator
Vorsitzender des Berufsrechtsausschusses des Deutschen Anwaltvereins, Berlin

Anke Haug, Rechtsanwältin
Geschäftsführerin Anwaltsseminare und Fortbildung GmbH, Renningen

Dr. Dominik Herzog, Rechtsanwalt/Sänger/Influencer
Partner SYLVENSTEIN Rechtsanwälte, München

Prof. Dr. Klaus-Stefan Hohenstatt, Rechtsanwalt
damals Partner Freshfields Bruckhaus Deringer LLP, Hamburg

Jennifer Hülskötter, Hülskötter und Partner
Teil der Geschäftsführung von Hülskötter & Partner und Nachfolgerin des Unternehmensgründers Gerhard Hülskötter (Kanzleisoftware advoware)

Dr. Michael Koch,
Produkt-, Account- und Marketing-Manager bei e-fellows.net, München

Lina Krawietz, Juristin, Design-Thinking-Expertin
Geschäftsführerin This is Legal Design, Co-Chefredakteurin REthinking Law, Advisor Lawyers Magazine, Berlin

Dr. Christina-Maria Leeb, Lawfluencerin
Professorin LL.M. Legal Tech, Universität Regensburg

Pia Löffler, Rechtsanwältin / Wirtschaftsjuristin,
Inhaberin anwaltstexte, München

Dr. Wolfgang Löhnert, Rechtsanwalt
Geschäftsführer der SOAK, Kanzlei in Wien

Christof Kleinmann, Rechtsanwalt
Fachanwalt für Arbeitsrecht, Managing Partner Graf von Westphalen, Frankfurt

Katharina Miller & Isabelle Hoyer
Beirätin & CEO PANDA Women Leadership Contest & Network, Mering

Julia Müller, Rechtsanwältin und Coach
Legal Recruiting bei Clients and Candidates, Frankfurt

Anna Murk, Wirtschaftsjuristin
Founderin Legal Laymann

Dr. Sebastain Naber, Rechtsanwalt
NEUWERK, Hamburg

Jörg Overbeck, Rechtsanwalt
COO Oppenhoff und Partner, Köln

Dr. Daniel Röder, Rechtsanwalt und Konfliktcoach
Kanzlei GREENFORT, Frankfurt

Dr. Andreas R.J. Schnee-Gronauer, Rechtsanwalt und Diplom-Ökonom
Der Unternehmeranwalt, Schüttorf

Dr. Julia Schönbohm, LL.M.
Partnerin Linklaters, Frankfurt

Dr. Anette Schunder Hartung, Rechtsanwältin
Inhaberin von aHa Strategische Kanzleientwicklung, Frankfurt

Sonja Ewerdt-Schlaak, M.M., Mediatorin und Supervisorin
Richterin am Amtsgericht Leipzig

Anika Seidenfaden, Rechtsanwältin und Coach
Vormals Corporate Legal Councel Xing, Hamburg

Sarah Settele, Rechtsanwältin
Inhaberin von Rechtsanwaltskanzlei Settele Krumbach (Schwaben)

Christian Solmecke, LL.M., Rechtsanwalt, Influencer
Kanzlei WBS, Legal Tech Unternehmer, Iurratio, Juridicus

Dr. Nele Somers, Rechtsanwältin und Influencerin
Inhaberin Kanzlei ARTES, Antwerpen, Belgien

Ulrike Staats, Rechtsanwältin und Coach
Prism Award 2018, Senior Manager of Global HR/L&D bei CMS Legal Services, Frankfurt

Carmen Thornton, Rechtsanwältin, Influencerin
Justitia Award 2020, Kanzlei Thornton-Law, Wien

Sina Töpfer, Rechtsfachwirtin, Mediatorin und Coach
Recruiting Sina Töpfer, Podcasterin, Hamburg

Markus Weins
Geschäftsführung FFi Verlag GmbH und Inhaber von Kanzleimarketing.de, Hürth

Christina Wenz, Volljuristin und Mediatorin
Praxis Mediation-Wenz, Kaiserslautern

Stefan Winheller, Rechtsanwalt, LL.M. Tax (USA), Fachanwalt für Steuerrecht
Geschäftsführer WINHELLER Rechtsanwaltsgesellschaft mbH, Frankfurt a.M.

Martin Wohlrabe, Rechtsanwalt
Geschäftsführer der CONSILIUM Rechtskommunikation GmbH, Berlin

Einige waren sogar zu einem ausführlichen Interview bereit.
Die Interviews finden Sie hier:
www.consultingforlegals.com/aktuelles/tag/interviews/

Literaturverzeichnis

ABA Profile of the Legal Profession 2021.
Astrid Auer-Reinsdorff/Andrea Brandenburg, Multimedia und Urheberrecht, 2003.
Edward Beck/Christopher Cowen, Spiral Dynamics, 2011.
Marc R. Benioff, Enterprises in Germany in 2030, Deloitte.
Kenneth Blanchard, Führungsstile, situatives Führen, 2016.
Sabine Bode, Kriegsenkel: Die Erben der vergessenen Generation, 2017.
Claudia Bonacker, Kanzleigründung und Kanzleistrategie, Haufe vom 20.1.2014.
CLP-Interviews, https://www.consultingforlegals.com/aktuelles/tag/interviews/
André Boße, New Work, Nachhaltigkeit, Purpose – Consulting in der Post-Corona-Zeit, Karriereführer vom 1.7.2021.
Prof. Ursula Bredel (Professorin und Expertin für Orthographiedidaktik) in „Es ist gut für´s Gehirn, mit der Hand zu schreiben", Die Welt vom 15.1.2015.
Studie „Dafür nehmen wir uns einen Anwalt – Erwartungshaltung von Unternehmen an moderne Anwälte im Konfliktmanagement", Bucerius Law School (CLP) in Zusammenarbeit mit Taylor Wessing.
New Directions in Legal Services, ARK Group, Bucerius (CLP).
Marcus Buckingham, Entdecken Sie Ihre Stärken jetzt! Frankfurt/New York 2014.
Johanna Busmann, Chefsache Mandantenakquisition, Berlin 2016.
Dr. Nicola Byok, Partnerinnen-Barometer 2015.
Campus, Business Model Generation; Business Model YOU; *Ash Maurya*, Scaling Lean, http://www.startplatz.de/business-model-buecher/
Ilona Cosack, Praxishandbuch Anwaltsmarketing, NWB Verlag 2013.
Ilona Cosack, Die Wahl der passenden Kanzleisoftware, ffi Verlag 2020.
DATEV, Effiziente Anwaltsorganisation, 2. Auflage, TeleLex, Nürnberg 2014.
DAV, Ratgeber für junge Rechtsanwälte und Rechtsanwältinnen, 13. Auflage, Berlin 2013.
Zach Davis, Zeitmanagement für Rechtsanwälte, TeleLex, Nürnberg 2014.
Jochen Dieselhorst/Lars Schreiber, Die Rechtslage zum E-Mail-Spamming in Deutschland, Computer und Recht (CR) 2004, S. 680 ff.
Sind Syndizi die besseren Changemaker? diruj 6/2020, S. 12.
Thomas Degen/Ulrich Emmert in Elektronischer Rechtsverkehr, Verlag C.H. Beck, 2. Auflage, 2021.
Brigitte Dennerlein/Achim Ludwig Otto in Wirksame Führungstechniken in Stuerberater- und Rechtsanwaltskanzleien, Erich Schmidt Verlag, 2021.
Hubertus Drinkuth, Der Nachhaltigkeitsberater im Interview, Karriereführer vom 1.7.2021.
Christian Dülpers, Ergebnisse der Arbeitgeber-Umfrage: So reagiert der juristische Arbeitsmarkt auf die Corona Krise, LTO vom 26.6.2020.
Dietmar Dworschak, Integrated Dispute Management, Anwalt aktuell 01/2021.
E-fellows.net, Perspektiven für Juristen, 2021.
Constanze Eich, Networking und Akquise für Rechtsanwälte, C.H. Beck 2016.
Constanze Eich, Leadership für Rechtsanwälte, Verlag C.H. Beck 2021.
Stefan Ernst, Wireless LAN und das Strafrecht, CR 2003, S. 898 ff.
Michael Felser/Hans-Willi Philipp, Die erfolgreiche Kanzleigründung, Köln 1997.
Andrea Fendt, Der Rechtsanwalt als Ausbilder, TeleLex, Nürnberg 2014.
Eberhard Fedke, Wirtschaftsunternehmen Anwalts- und Notarkanzlei, Köln 1993.

https://doi.org/10.1515/9783110726428-009

Dr. Konstantin Filbinger, Was bedeutet Legal Tech für deutsche Anwälte und Kanzleien, Haufe vom 12.7.2018.
Konrad Fischer, Geht nach Hause, Wirtschaftswoche vom 22.5.2020.
Foitzik, Projektmanagement in Kanzleien, Kanzleimarketing.de vom 21.2.2018.
Alix Frank-Thomasser, Advokaten 1938, 2. Auflage 2021
Future-Law Studie „Die digitale Rechtsabteilung 2035“, 2019.
Future-Law Umfrage „Der Anwaltsberuf 2035“, 2018.
Future Fit Lawyer, Wolters Kluwer 2019.
Future Ready Lawyer, Wolters Kluwer 2020.
Future Ready Lawyer, Wolters Kluwer 2021.
Ignaz Füsgen, Legal Service Portfolio Management, Legal Revolutionary 24.2.2021.
Carolin Gattermann, Drei Business Bücher, die jeder Gründer lesen sollte, Startplatz vom 11.4.2017.
Wolfgang Gaube/Arno Schubach, Musterhandbuch zur Organisation und Qualitätssicherung in der Anwaltskanzlei, Neuwied 1999.
Karlheinz A. Geißler, Zeit – verweile doch ..., 5. Auflage, Freiburg 2003.
Michael Gerber, The E-Myth Attorney, Wiley & Sons, Inc. New Jersey 2010.
Hans Ferdinand Groß, Sozietäten, Bürogemeinschaften und sonstige Zusammenschlüsse von Freiberuflern, TeleLex, Nürnberg 2015.
Maja Göpel, Unsere Welt neu denken – Eine Einladung, 6. Auflage, Berlin 2020.
Dr. Anja Hall, Warum sollte man in der Großkanzlei nicht alt werden können? Legal Tribune Online vom 29.6.2016.
Daniel Hanke, Die Corporate Influencer Formel: Expertise + Engagement + Einfluss, LinkedIn vom 9.6.2020.
Hartung/Bues/Halbleib, Legal Tech – Die Digitalisierung des Rechtsmarktes, München 2018.
Niko Härting, Anwaltliche Werbung im Internet, AnwBl 2000, S. 343 ff.
Niko Härting, IT-Sicherheit in der Anwaltskanzlei, NJW 2005, S. 1248 ff.
Wolfgang Hartung/Volker Römermann (Hrsg.), Marketing und Management (Handbuch für Rechtsanwälte), München 1999.
Markus Hartung, Auf ewig Dein, Anwaltsblatt vom 8.1.2021.
Hartung/Bues/Halbleib, Legal Tech – die Digitalisierung des Rechtsmarktes, 2017.
Joachim Hasebrook, Lebensphasen- und Kompetenzmanagement, Springer 2018.
Dirk Heckmann, Rechtspflichten zur Gewährleistung von IT-Sicherheit im Unternehmen – Maßstäbe für IT-Sicherheit, MultiMedia und Recht (MMR) 2006, S. 280 ff.
Joachim Heilmann/Claudia Tege, Rechte und Pflichten bei der Kommunikation, Arbeit und Arbeitsrecht (AuA) 2001, S. 52 ff.
Matthias Heine, Es ist gut für's Gehirn, mit der Hand zu schreiben", Die Welt vom 15.1.2015.
Barbara Helten/Adrian Raub, Kanzleimarketing in der Pandemie – dem Wandel angepasst, LTO vom 18.3.2021.
Barbara Helten, Tipps für den erfolgreichen Pitch, LTO vom 25.5.2021.
Andreas Hermanutz, Kanzleiorganisation als essentieller Bereich der Digitalisierung, DStR 40/2020.
Benno Heussen, Anwalt und Mandant, Band 6 der Schriftenreihe „Wege zur erfolgreichen Anwaltspraxis“, Köln 1999.
Benno Heussen, Akquisition und Mandatsentwicklung, Neuwied, Kriftel 2001.
Benno Heussen, Time-Management für Anwälte, München 2004.

Benno Heussen, Anwaltsunternehmen führen, München 2016.
Dr. David Hoeflmayr, Kanzleimarketing, Erich Schmidt Verlag, 2012.
Stefan Hradil, Zukunftsszenarien für Deutschland, Bundeszentrale für politische Bildung (bpb) vom 31.5.2012.
Michael Hülskötter im advoblog vom 24.7.2018.
Martin Huff/Dr. Henning Löwe (Hrsg.), Textsammlung, Anwaltliches Berufsrecht 2020, Köln 2021.
Matthias Irle, Miteinander statt gegeneinander, brandeins thema 05/2020.
Kai Jakob/Dierk Schindler/Roger Strathausen, Liquid Legal: Towards a Common Legal Platform (Law for Professionals), 2020.
Dennis Janz/Arabella Poth/Thilo Schnelle, Gründung, Erwerb und Veräußerung einer Rechtsanwaltskanzlei, Erich Schmidt Verlag 2020.
JUVE Handbuch 2017.
Kanzleihandbuch für Anwälte: Effiziente Anwaltsorganisation – Ablaufsicherheit durch optimierte Kanzleiprozesse, TeleLex, Nürnberg 2014.
Dr. Matthias Kilian, Wirksamkeit anwaltlicher Marketingmaßnahmen, Soldan-Studie 2011, Deutscher Anwaltverlag.
Dr. Matthias Kilian, Anteile der Arbeitszeit, Anwaltsblatt 01/2018, S. 32.
Prof. Dr. Matthias Kilian/Kerstin Heckmann, Forschungsbericht des Soldan Instituts „Rechtsanwälte und ihre Mitarbeiter" (Band 22), B.A. Deutscher Anwaltverlag.
Rudolf Kissel, Internet für und gegen alle? NJW 2006, S. 801 ff.
Oren Klaff, Pitch Anything, McGrall Hill, New York 2011.
Nancy Kline, Time to think, London 1999.
Kerstin Knopp, Top-Anwältin Kerstin Knopp im Interview, Business Insider vom 23.12.2020.
Prof. Dr. Harald Koch, Anwältinnen im internationalen Vergleich, Anwaltsblatt 05/2017.
Robert Koch, Haftung für die Weiterverbreitung von Viren durch E-Mails, NJW 2004, S. 801ff.
Andreas Krämer/Reinhold Mauer/Anton Braun, Erfolgreiche Anwaltswerbung, Band 7 der Schriftenreihe „Wege zur erfolgreichen Anwaltspraxis", Köln 1999.
Rainer Krumm, 9 Levels of a value system, 2014.
Eckard König, Einführung in das systemische Denken und Handeln, 2016.
Florian Körber, Neue Medien und Strafrecht, K & R 2004, S. 20 ff.
Mitarbeiter-Engagement verstehen, kununu.
Werner Küstenmacher/Tiki/ Lothar Seiwert, Simplify your life, 8. Auflage, Frankfurt a.M., New York 2003.
Lars Kutzner, Die Beschlagnahme von Daten bei Berufsgeheimnisträgern, NJW 2005, S. 2652ff.
Kristina Läsker, Das Ende der alten Welt, brandeins thema 05/2020.
Frederic Laloux, Reinventing Organizations, München 2015.
Trimborn von Landenberg, Erfolgreich starten als Rechtsanwalt, Deutscher Anwaltverlag 2013.
Patrick Lencioni, Die 5 Dysfunktionen eines Teams, 2014.
Leitfaden der Medienanstalten, 06/2021.
Das Legal Recruiting Playbook, LTO 08/2020.
Jan Lies, Feelgood-Management in der Kanzlei, NWB Verlag Herne, 2021.
Jeffrey Liker, The Toyota Way to Service Excellence, 2016.
Janwillem van de Loo, Palandt umbenennen – das Ende der Geschichte? Anwaltsblatt vom 28.7.2021.

Lars Lorber, Menschenkenntnis – Der große Typentest, C.H. Beck, München 2015.
Pia Lorenz, Ist das beA noch zu retten? LTO vom 28.12.2017.
Pia Lorenz, Näher am Business, doch von Legal Tech weit weg, LTO vom 29.4.2020.
Pia Löffler, Mandanten dringend gesucht – so klappt kurzfristige Akquise, Beck-Shop-Forum vom 22.2.2021.
Pia Löffler, Praxishandbuch Onlinemarketing für Rechtsanwälte, TeleLex, Nürnberg 2015.
LTO-Redaktion, Bundesregierung beschließt Gesetzesentwürfe, LTO vom 20.1.2021.
Dr. Nicolas Lührig, Gesetz zum Legal Tech Inkasso – Erfolgshonorar auch für die Anwaltschaft, Anwaltsblatt vom 20.1.2021.
Dr. Nicolaus Lührig, Große BRAO-Reform gilt ab 1.8.2022: Mehr Freiheit für die Anwaltschaft, Anwaltsblatt vom 14.7.2021.
Stephen Lundin, Fish, 2003.
Prof. Dr. Bruno Mascello, Risikomanagement im Rechtsmarkt neu gedacht, Anwaltspiegel vom 6.1.2021.
Jochen Mai, Zufriedenheit im Beruf, Karriere-Bibel vom 1.5.2016.
Perry Marshall, 80/20 Sales and Marketing, 2013.
Sophie Martinetz/Sarah Maringele, Quick Guide Legal Tech – Schritt für Schritt zur digitalen Kanzlei und Rechtsabteilung, Wiesbaden 2020.
Reinhold Maurer/Andreas Krämer, Marketingstrategien für Rechtsanwälte, 2. Auflage, München 2001.
Prof. Dr. Cordula Meckenstock, Rechtsmarkt 2021, ZUJ 01/2021.
Andreas Molitor, Die Wächter der Ordnung, brandeins thema 05/2020.
Ingo Müller, Furchtbare Juristen. Die unbewältigte Vergangenheit der deutschen Justiz, Edition Tiamat 2018.
Klaus J. Müller, Anwälte und Sprache, NJW 2003, S. 638.
Marco v. Münchhausen, So zähmen Sie Ihren inneren Schweinehund, Frankfurt a.M., New York 2002.
Dr. Sebastian Naber, Partner vs. Associate, JurCoach-Blog vom 17.6.2016.
Joseph S. Nye, The Means To Success In World Politics, 2004.
Ulrich Noack/Sascha Kremer, Professionelle Online-Dienste für Juristen, NJW 2006, S. 3313 ff.
Sabine Olschner, Jedem Partner sein eigenes Süppchen, LTO vom 16.4.2021.
Viola Palupski in Mitarbeiterführung und Personalarbeit; ein Leitfaden für Steuerberatungs- und Rechtsanwaltskanzleien, Verlag Erich Schmidt, 2021.
Dr. Andrea Panzer-Heemeier/Tobias Neufeld, The next big Thing im Rechtsmarkt: Nachhaltigkeit, Anwaltspiegel vom 6.1.2021.
Verena Pausder, Das neue Land – Wie es weitergeht, 2. Auflage, Hamburg 2020.
Werner Pepels /Brunhilde Steckler (Hrsg.), Anwalts-Marketing, München 2003.
Dirk Ploss/Stefan Kramer, Der erfolgreiche Ausbau der Anwaltskanzlei, Frankfurt a.M. 2002.
Marion Proft, Corona trifft Fachkräftemangel in Kanzleien, Legal Profession vom 29.7.2020.
Prognos AG, Der Rechtsdienstleistungsmarkt 2030, Eine Zukunftsstudie für die deutsche Anwaltschaft, DAV 2013.
Rachelle Römermann, Anwaltliches Marketing-Management, Band 10 der Schriftenreihe „Wege zur erfolgreichen Anwaltspraxis“, Hannover 2003.
Jutta Rump, Personalpolitik in der Corona-Krise, Studienbericht vom 9.4.2020.
Thomas Sassenberg, Umgang mit IT in der Anwaltskanzlei, AnwBl 2006, S. 196 ff.
Claudia Schieblon, Kanzleimanagement in der Praxis, 3. Auflage 2015, Verlag Springer-Gabler.

Wolfgang Schiefer/Ulrich Hocke, Marketing für Rechtsanwälte, 3. Auflage, Bonn 1999.
Caspar Tobias Schlenk, Der Smartlaw-Gründer startet das nächste Legal Startup, Gründerszene vom 3.4.2016.
Dr. Wolfgang Schade, Überlegungen zu Szenarien der verkehrlichen und ökonomischen Folgen der Corona-Pandemie in Deutschland, Deutsche und Europäische Szenarien für 2013–2015 (M-Five).
Dr. Anke Nordemann-Schiffel/Dr. Julian Klagge, Brexit and Brands – Was Markeninhaber beachten müssen, Anwaltspiegel vom 6.1.2021.
Dr. Pascal Schneider, Führungskräfte bei Social Media – Karrierekiller oder Booster, ZUJ 06/2020, S. 61.
Marktstudie „Moderne Führungsstrukturen in Kanzleien" von Schön u.C.
Maurus Schreyvogel, Rechtsmarkt 2021, ZUJ 01/2021.
Anne M. Schüller, Querdenker verzweifelt gesucht, Gabal 2020.
Ben Schulz, Erfolg braucht Dein Gesicht, 2016.
Ben Schulz, Artgerechte Bodenhaltung, 2017.
Ben Schulz, Mit Vollgas in den Crash, 2018.
Ben Schulz, Das große Personal-Branding-Handbuch, Campus 2019.
Bärbel Schwertfeger (Psychologin), Sie können alles erreichen, KarriereSpiegel vom 6.12.2013.
Lothar Seiwert, Das neue 1x1 Zeitmanagement, 24. Auflage, München 2002.
Lothar Seiwert, Wenn Du es eilig hast, gehe langsam, 5. Auflage, Frankfurt a.M., New York 2000.
Lothar Seiwert/Hans Buschbell/Dieter Mandelkow, Zeitmanagement für Rechtsanwälte, Landsberg 1992.
Lothar Seiwert/Horst Müller/Anette Labaek-Noeller, 30 Minuten Zeitmanagement für Chaoten, 4. Auflage, Offenbach 2002.
Alexander Sieben, Kanzleistrategie: Mut zum Big Picture / Warum und wozu eine Kanzleistrategie? Haufe vom 18.7.2019.
Alexander Sieben, 5 Gründe, keine Kanzleistrategie zu haben, Sieben&Partner.
Alexander Sieben, Gestärkt aus der Krise, Haufe, Taxulting vom 16.4.2020.
Simon Simek, Start with why, Penguin 2009.
SLM-Redaktion, Digitalkompetenz im Jurastudium, smartlegalmarket vom 7.5.2019.
Soldan Institut, Pressemitteilung, 28.1.2016.
Soldan Institut, Statistisches Jahrbuch der Anwaltschaft 2017/2018.
Sparkassen Branchenbericht Rechtsmarkt 2017.
Arne Storm, Alles was Recht ist, brandeins thema 05/2020.
Hasso Suliak, Anwaltschaft noch immer mitten in der Krise, LTO vom 23.6.2021.
Richard Susskind, The End of Lawyers? Rethinking the Nature of Legal Services, Oxford University Press 2008.
Richard Susskind, Tomorrow's Lawyers: An Introduction to Your Future, Oxford University Press 2013.
Daniel Terwesche, Optimale Online-Identität und Interneträsenz für Steuerberater- und Rechtsanwaltskanzleien, Verlag Erich Schmidt, 2021.
TQM, Qualitätsmanagement in der Anwaltskanzlei, Deutscher Anwaltverein 1997.
Claudia Tödtmann, Die umsatzstärksten Kanzleien in Deutschland, blog.wiwi.de vom 1.10.2020.
Dr. Geertje Tutschka, Kanzleimarketing post Corona – die neuen „Must Haves", Haufe.Recht 08/2021.

Dr. Geertje Tutschka, Wie Covid-19 das Kanzleimarketing für immer veränderte, Haufe.Recht vom 23.7.2021.
Dr. Geertje Tutschka, Kanzleimanagement und Krisenkommunikation in Zeiten der Corona-Pandemie, Haufe.Recht vom 29.4.2020.
Dr. Geertje Tutschka, Coaching oder nicht, PE Managerseminare 06/2018.
Dr. Geertje Tutschka, Coaching ist das, was der juristischen Fachexpertise fehlt, CoachingMagazin 01/2019.
Dr. Geertje Tutschka, Artikelserie „Coaching in der Rechtsabteilung", Unternehmensjurist 02/2021.
Dr. Geertje Tutschka, Der Blick über den Tellerrand, Unternehmensjurist 05/2018.
Dr. Geertje Tutschka, Agile Leadership in a digital World, Legal Revolutionary vom 31.7.2018.
Dr. Geertje Tutschka, Die Kanzlei des 21. Jahrhunderts, HERO 02/2018.
Dr. Geertje Tutschka, Verändertes Personal Branding – Was Anwälte in und nach der Pandemie zu Experten macht, Haufe.Recht vom 23.7.2021.
Dr. Geertje Tutschka, Clubhouse – der neue heiße Scheiß in der social media Welt? CLP-Blog vom 22.1.2021.
Dr. Geertje Tutschka, Kanzleigründung leicht gemacht, MKG 2018.
Dr. Geertje Tutschka u.a., Die Anwaltskanzlei als erfolgreiches Unternehmen, 2019.
Dr. Geertje Tutschka, Was ist Ihnen Ihr Kanzleimarketing wert? Kanzleimarketing.de vom 26.1.2017.
Dr. Geertje Tutschka, Female Leadership in der Legal Branche, S.138 in djbZ 03/2017.
Dr. Geertje Tutschka, Jurist oder Juristin – (k)ein Unterschied, LTO vom 16.12.2015.
Dr. Geertje Tutschka, The Future of the legal Profession (Teil 1 und 2), Blog JurCoach vom 24.2.2017.
Dr. Geertje Tutschka, Der Rechtsanwalt als Unternehmer, TeleLex, Nürnberg 2016.
Dr. Geertje Tutschka, The Pink Elephant in the room, Blog JurCoach vom 24.5.2017.
Dr. Geertje Tutschka, Kanzleigründung ist Unternehmensgründung, Haufe vom 17.12.2015.
Dr. Geertje Tutschka, Partner vs. Associate, Kanzleijob.de vom 17.6.2016.
Dr. Geertje Tutschka, Warum Ihr Kanzleibusinessplan jetzt zählt, JurCoach vom 6.11.2015.
Dr. Geertje Tutschka, In drei Schritten zu Ihrem Kanzlei-Marketingplan, Huffington Post vom 18.11.2015.
Dr. Geertje Tutschka, Diversity in deutschen Kanzleien, Edition F vom 30.3.2016.
Dr. Geertje Tutschka, Justitia, wir haben ein Problem, JuraBlogs vom 26.4.2016.
Dr. Geertje Tutschka, Spot Awards – der ideale Baustein für die Personalführung, Blog JurCoach vom 20.6.2016.
Dr. Geertje Tutschka, Männer und Frauen in juristischen Berufen, LTO vom 16.11.2015.
Dr. Geertje Tutschka, Warum Gender Diversity in deutschen Kanzleien so wichtig ist, Soldan Insight vom 25.2.2016.
Dr. Geertje Tutschka, Business Coaching für Anwälte, NJW 24/2015.
Dr. Geertje Tutschka, Wie aus Ihrem Kanzleiteam eine Mannschaft wird, NJW 24/2016.
Dr. Geertje Tutschka, Wie die Fußball EM Ihre Kanzlei verändern kann, Blog JurCoach vom 27.6.2016.
Dr. Geertje Tutschka im Interview, Coaching ist keine Beratung, IHK-Magazin für München und berbayern – Wirtschaft, 01/2018, S. 55.
Dr. Geertje Tutschka, Coaching vs. Beratung – eine Frage der Perspektive, Xing-Coaches Magazin 06/2017.

Dr. Geertje Tutschka im Interview, Es gab ganz entscheidende Entwicklungen, Wirtschaft und Weiterbildung 07/2017, S. 54.
Dr. Geertje Tutschka, Der Anwalt als Konflikt- und Krisenmanager, JurCoach-Blog vom 3.10.2017.
Dr. Geertje Tutschka, Female Leadership im Legal Sector, DjbZ 03/2017, S. 137.
Dr. Geertje Tutschka, Frauenquote für Anwaltskanzleien, Blog JurCoach vom 8.11.2015.
Dr. Geertje Tutschka, Der Rechtsanwalt als Unternehmer, TeleLex, Nürnberg 2016.
Dr. Geertje Tutschka, Verlässliche Arbeitszeiten trotz Großkanzlei, Blog JurCoach vom 9.2.2018.
Dr. Geertje Tutschka, Legal Coaching – ein Hybrid. Oder: Was der Rechtsberatung Beine macht. NJW vom 19.7.2018.
Dr. Geertje Tutschka, Weiterbildung für Juristen, CLP-Blog vom 13.12.2020.
Dr. Geertje Tutschka, Legal Coaching – the new fish in the pond, Legal Business World 03/2019.
Dr. Geertje Tutschka, Herausforderungen im Beratungsmandat – geschulte Kommunikation in juristischen Krisensituationen, Haufe vom 25.9.2019.
Dr. Geertje Tutschka, Vom Jurist zum Legal Coach, TalentRocket vom 15.8.2018.
Dr. Geertje Tutschka, Verhandlungsführung 4:0; Mediation vs. (Legal) Coaching, Soldan vom 29.1.2019.
Dr. Geertje Tutschka, Der Anwalt als eierlegende Wollmilchsau – was Mandanten heute zusätzlich zur juristischen Fachexpertise einfordern, CLP-Blog vom 24.2.2019.
Dr. Geertje Tutschka im Interview, Legal Coaching – Juristische Fachexpertise wirkungsvoll mit speziellen Kommunikationstechniken unterstützen, AnwaltSpiegel vom 3.4.2019.
Dr. Geertje Tutschka (Autorenteam), Kanzleimarketing kompakt, Deutscher AnwaltVerlag 2016.
Dr. Geertje Tutschka (Autorenteam), Qualitätsmanagement im Einzelcoaching, ICF 2018.
Dr. Geertje Tutschka/Anja Dittmeier/Birgit Kuschel, USA-Expat Quick Guide, Norderstedt 2018.
Umfrage Future Law 2018.
Guido Wagner, Outsourcing – mit Sicherheit, Datenschutz und Datensicherheit (DuD) 2005, S. 130 ff.
Jens Wagner, Legal Tech und Legal Robots – Der Wandel im Rechtswesen durch neue Technologien und Künstliche Intelligenz, 2. Auflage, Wiesbaden 2020.
Christopher Wagner, Die größten Anwaltskanzleien nach Umsatz, Fachmagazin vom 11.11.2020.
Harald Willenbrock, Hausrecht, brandeins thema 05/2020.
Wolters Kluwer, Checkliste Grundlagen des Mandatsmanagements, 2020.
Zukunftsinstitut, White Paper 2021: der Corona-Effekt – vier Zukunftszenarien.
Zukunftsideen für 2040, Laborpraxis Vogel.
Oxana Zeitler, Lead the Future, Shape your Brand, Haufe 2019.

Sachverzeichnis

https://doi.org/10.1515/9783110726428-010

www.ingramcontent.com/pod-product-compliance
Lightning Source LLC
LaVergne TN
LVHW102104300926
849161LV00001B/19